Klaus Schubert, Nils C. Bandelow (Hrsg.)
Lehrbuch der Politikfeldanalyse

Lehr- und Handbücher der Politikwissenschaft

—

Herausgegeben von Dr. Arno Mohr

Bisher erschienene Titel:

Lehrbuch der Politikfeldanalyse

—

3., aktualisierte und überarbeitete Auflage

Herausgegeben von Klaus Schubert und Nils C. Bandelow

DE GRUYTER
OLDENBOURG

ISBN 978-3-486-72510-0
e-ISBN (PDF) 978-3-11-040807-2
e-ISBN (EPUB) 978-3-486-99093-5

Library of Congress Cataloging-in-Publication Data
A CIP catalog record for this book has been applied for at the Library of Congress.

Bibliografische Information der Deutschen Nationalbibliothek
Die Deutsche Nationalbibliothek verzeichnet diese Publikation in der Deutschen Nationalbibliografie;
detaillierte bibliografische Daten sind im Internet über http://dnb.dnb.de abrufbar.

© 2014 Oldenbourg Wissenschaftsverlag GmbH, München
Ein Unternehmen von Walter De Gruyter GmbH, Berlin/Boston
Lektorat: Annette Huppertz
Herstellung: Lucas Meinhardt
Titelbild: thinkstockphotos.de
Druck und Bindung: CPI books GmbH, Leck
♾ Gedruckt auf säurefreiem Papier
Printed in Germany

www.degruyter.com

Vorwort

Mit dieser dritten Auflage legen wir eine, in weiten Teilen völlig überarbeitete und zudem deutlich erweiterte Fassung des Lehrbuchs der Politikfeldanalyse vor. Damit begleiten wir die rasante Entwicklung in unserer politikwissenschaftlichen Subdisziplin und reagieren gleichzeitig darauf, dass sich auch der Kern, der Mainstream unseres Gegenstandes, deutlich erweitert hat.

Seit der ersten Auflage verfolgen wir als Initiatoren und Herausgeber das Konzept eines Lehrbuchs für fortgeschrittene Studierende, Wissenschaftler und Nachfrager politikfeldanalytischer Beratung. Unser Ziel ist es, neben den Grundlagen und Diskussionen in diesem Feld, den Lesern und Leserinnen auch Wissen zu vermitteln, dass sie einerseits zur Reflexion politik- und sozialwissenschaftlicher Forschungsergebnisse befähigt. Andererseits soll das hier vermittelte Wissen aber eben auch zur Reflexion politisch-inhaltlicher Entwicklungen, Prozesse und Entscheidungen beitragen. Da der Gegenstand selbst, die Politikfeldanalyse, sich in vielfältigen Strömungen, inhaltlichen Interessen und entlang unterschiedlicher wissenschaftlicher Grundpositionen fortentwickelt, gibt der Band auch den jeweils führenden Fachvertretern die Möglichkeit, ihre jeweils spezifischen Positionen in Originaltexten vorzustellen. Mit dieser Neuauflage wurde so auch allen Autoren die Gelegenheit gegeben, die teilweise wesentlichen Neuerungen der jeweils vorgestellten Perspektiven einzuarbeiten. Bei einzelnen Themen haben wir den Zuschnitt verändert. Damit war teilweise auch eine Neufassung der Abschnitte durch andere Autoren verbunden. Zudem wurde der Band durch neue Beiträge zu methodischen und methodologischen Fragen erweitert. Den in der politischen Praxis äußerst wichtigen verwaltungswissenschaftlichen Konnex berücksichtigt erstmals ein eigener Beitrag. Dies gilt auch für die international als zentral geltende theoretisch-konzeptionelle Perspektive der „Punctuated Equilibrium Theory", die in dem Lehrbuch bisher vernachlässigt war. Mit diesen Neuerungen kehren wir allerdings auch wieder zurück zu dem ursprünglichen Titel „Lehrbuch der Politikfeldanalyse".

Herzlicher Dank geht an unsere Lehrstuhlteams in Münster und Braunschweig, die an vielen Stellen dieser Neuauflage verlässlich mitgewirkt haben. In Münster lag die Verantwortung bei Kate Backhaus und Alexander Kerkhoff. In Braunschweig haben Mareike Islar, Heike Martin und André Völker wesentliche Überarbeitungen und den Satz des Gesamtbandes übernommen.

Besonderer Dank geht an die Autoren für ihre Bereitschaft, unsere mitunter weitreichenden Bitten um Überarbeitung wohlwollend nachzukommen. Für die Weiterentwicklung des Lehrbuches sind wir auch in Zukunft auf das Feedback der geschätzten Leserinnen und Leser angewiesen. Wir freuen uns über jede Kritik, Anregung und jeden Verbesserungsvorschlag, um diese bei späteren Auflagen berücksichtigen zu können.

Münster und Braunschweig 2014   *Klaus Schubert, Nils C. Bandelow*

Inhalt

Klaus Schubert und Nils C. Bandelow

Politikfeldanalyse: Dimensionen und Fragestellungen

1 Einleitung

Politik wird von Menschen gemacht. Menschen mit Interessen und Zielen, Menschen mit ihren politischen, sozialen und persönlichen Möglichkeiten und Grenzen, Menschen in Institutionen, Ämtern und Positionen. Nehmen wir das Beispiel Wirtschaftspolitik: Neben dem Bundesminister für Wirtschaft sind allein in der Bundesregierung zumindest auch der Finanzminister, der Arbeits- und Sozialminister, je nach Inhalten und Bedeutung des Themas auch der Gesundheits- oder Umweltminister und der Bundeskanzler beteiligt. Die Wirtschaftspolitik ist aber nicht alleine Sache der Bundesebene. Alle 16 Bundesländer betreiben ihre eigene Wirtschaftspolitik, verfügen über entsprechende Ämter und Personen und sind etwa über ihre Vertreter im Bundesrat an der Wirtschaftspolitik des Bundes beteiligt. Die Wirtschaftspolitik der Bundesrepublik ist zudem integraler Bestandteil der Wirtschaftspolitik der Europäischen Union. Auch im Exekutivorgan der Europäischen Union, der Europäischen Kommission, sind daher mehrere Kommissare mit wirtschaftspolitischen Fragen beschäftigt, federführend je nach konkreten Inhalten z. B. die Kommissare für Wettbewerb bzw. für Wirtschaft und Währungsangelegenheiten.

Die bisher genannten Akteure umfassen lediglich die politische Exekutive. Hinzu kommen noch Vertreter der Legislative, der Verwaltungen und Behörden, der Parteien, der Interessenverbände, der Medien – um nur die wichtigsten zu nennen. Nicht zuletzt sind auch führende Wirtschafts- und Sozialwissenschaftler an der wirtschaftspolitischen Entscheidungsfindung beteiligt. Mit anderen Worten: In modernen Demokratien ist an allen politischen Entscheidungen gleichzeitig eine Vielzahl von Personen (Akteuren) beteiligt. Diese müssen in einem Dickicht von unterschiedlichen Interessen, Werten und Verpflichtungen ihre jeweiligen Positionen und Strategien finden, um ihre Ziele zu erreichen.

Keiner dieser Akteure kann unter diesen Bedingungen seine Ziele individuell, unabhängig von anderen Akteuren realisieren. Selbst Akteure in hohen und höchsten politischen Positionen sind auf andere Akteure angewiesen und müssen ihre Ziele über Kooperationen oder im Konflikt mit anderen Akteuren, gegen diese oder an diesen vorbei durchsetzen. Politik muss so als fortlaufender Prozess verstanden werden. Sie erschöpft sich nicht in einmaligen und „finalen" Beschlüssen, sondern besteht aus aufeinander folgenden, sich immer wieder gegenseitig beeinflussenden Entscheidungen.

Vor diesem Hintergrund setzt die erfolgreiche Durchsetzung eigener Ziele für jeden der beteiligten Akteure inhaltlich-sachliche Informationen zu folgenden Fragen voraus:

– Wie ist das zu behandelnde politische Problem entstanden?
(historischer Bezug)
Beispielsweise gibt es in Deutschland seit Mitte der 1970er-Jahre eine Debatte über Kostensteigerungen im Gesundheitswesen. Aktuelle Reformen knüpfen an die Ergebnisse und Erfahrungen von über 30 Reformpaketen der vergangen Jahrzehnte an. Dabei wird oft übersehen, dass Politik nicht immer nur darin besteht, etwas zu verändern, sondern oft auch darin, Kontinuität aufrechtzuerhalten (die oft auch Zuverlässigkeit, Sicherheit und Berechenbarkeit bedeutet).

– Unter welchen Kontextbedingungen ist das aktuell gegebene Problem zu lösen?
(situativer Bezug)
Die Gesundheitsreform 2007 war zum Beispiel geprägt von den Kompromisszwängen in der Großen Koalition, die sich aus der im Wahlkampf zugespitzten Gegenüberstellung der Finanzierungsmodelle Bürgerversicherung und Gesundheitsprämie ergeben haben.

– Welche alternativen Lösungsstrategien gibt es?
(komparativer Bezug)
Bei der Finanzierung des Gesundheitswesens gab es neben dem Status quo und den beiden konträren Wahlkampfpositionen noch andere Finanzierungsmodelle, die etwa durch den Transfer ausländischer Vorbilder gewonnen wurden.

– Wie sind die alternativen Lösungen im Hinblick auf allgemeine Ziele und Werte zu beurteilen?
(normativer Bezug)
Im Gesundheitswesen stehen sich etwa die Ziele der Finanzierbarkeit, der Solidarität, des Wachstums und der Qualität der Versorgung gegenüber. Diese Ziele lassen sich nicht gleichzeitig optimieren. Die verschiedenen Akteure gewichten die Ziele jeweils unterschiedlich.

– Welche rechtlichen Verfahren und Instrumente stehen zur Lösung des Problems zur Verfügung und welcher rechtliche Rahmen muss beachtet werden?
(rechtlicher Bezug)
Bei der Reform der Finanzierung des Gesundheitswesens müssen beispielsweise Bestandsrechte der aktuell Versicherten beachtet werden. Es gibt im Gesundheitswesen eine einschlägige Rechtsprechung des Europäischen Gerichtshofes zu den Leistungskatalogen, die bei Reformen zu berücksichtigen sind. Darüber hinaus muss beachtet werden, dass größere Reformen des Gesundheitswesens in der Regel der Zustimmungspflicht durch den Bundesrat unterliegen.

– Wie soll das Problem konkret – technisch-praktisch – gelöst werden und mit welchen Hindernissen und Beschränkungen muss gerechnet werden?
(technischer Bezug)

Das Beispiel des Gesundheitsfonds zeigt mit den daraus resultierenden Problemen, dass gerade bei komplexen Gegenständen eine klare Verwaltungsverantwortlichkeit definiert werden muss. Beispielsweise ist zu klären, welche Aufgaben das Bundesversicherungsamt bei der Definition ausgleichsfähiger Krankheiten in dem neuen Fonds hat.

Es ist offensichtlich, dass diese Vielzahl von Faktoren und Möglichkeiten eine Komplexität erzeugt, die von einzelnen Akteuren praktisch nicht bewältigt werden kann. Im Einzelfall mag es für beteiligte Akteure sogar Erfolg versprechend sein, sich über bestimmte Aspekte dieser Komplexität hinwegzusetzen – etwa über die programmatischen Ziele des Koalitionspartners, um sich gegen diesen zu profilieren. Angesichts der gegebenen Komplexität besteht auch immer eine Tendenz, möglichst viele, für die eigenen Ziele unwichtige Faktoren zu ignorieren. Dennoch: Zumindest aus politikfeldanalytischer Sicht erhöhen sich mit entsprechenden sachlichen Informationen, entsprechendem inhaltlichen Kenntnisstand und problemadäquaten Wissen die Chancen zur erfolgreichen Bearbeitung der Probleme bzw. bei entsprechender fachlicher Unterstützung und politischer Beratung die Chancen zur Durchsetzung von politischen Zielen. Selbst dann, wenn die Missachtung der gegebenen politischen Komplexität Absicht und Teil der eigenen politischen (Durchsetzungs-) Strategie ist, muss wenigstens bekannt sein, was man nicht beachten will (und nur in solchen Fällen kann man dann von „rationaler Ignoranz" sprechen).

Politische Akteure stehen damit vor ähnlichen Problemen wie Führungskräfte in Wirtschaftsunternehmen. Letztere haben die Möglichkeit, auf das Instrumentarium und die Erfahrungen einer etablierten wissenschaftlichen Disziplin zurückzugreifen. Der Praxisorientierung ist in den Wirtschaftswissenschaften ein wesentlicher Teil wissenschaftlichen Arbeitens gewidmet. Die Politikwissenschaft hat diesen Anwendungsbezug dagegen lange Zeit vernachlässigt und – z. B. in Bezug auf die administrativen Aspekte politischen Handelns – den Verwaltungswissenschaften überlassen. In der deutschen Politikwissenschaft konnte sich erst etwa seit Mitte der 1980er-Jahre die aus den USA stammende Policy-Analyse (Politikfeldanalyse) entwickeln, zu deren wichtigsten Zielen es gehört, diese Lücke zu schließen. Eine erste kurze Definition dieser Teildisziplin lautet: Politikfeldanalyse befasst sich mit den konkreten Inhalten, Determinanten und Wirkungen politischen Handelns. Sie entspricht daher einerseits der Rolle der Betriebswirtschaftslehre in den deutschen Wirtschaftswissenschaften. Andererseits unterscheidet sich die Politikfeldanalyse von der Betriebswirtschaftslehre dadurch, dass politische Entscheidungen in einem anderen institutionellen und normativen Rahmen getroffen werden als Unternehmensentscheidungen. Die Politikfeldanalyse muss insbesondere den Anforderungen an Transparenz und demokratische Öffentlichkeit politischer Entscheidungen genügen.

Im Folgenden werden zunächst die begrifflichen und theoretischen Grundlagen der Politikfeldanalyse vorgestellt. Anschließend werden Ziele der Politikfeldanalyse, Ertrag und Kritik diskutiert. Im letzten Teil dieses einleitenden Beitrages wird die Struktur des Lehrbuchs insgesamt, gemeinsam mit weiterführenden Hinweisen präsentiert.

2 Begriffliche und theoretische Grundlagen

2.1 Begriffe

Die oben genannte Definition basiert auf dem Titel des einflussreichen Lehrbuchs von Thomas S. Dye (1976): „Policy Analysis is what governments do, why they do it, and what difference it makes.“

An dieser Definition orientiert sich im Kern auch heute noch das begriffliche Grundverständnis der Politikfeldanalyse:

---

i **Politikfeldanalyse** fragt danach,

– was politische Akteure tun,

– warum sie es tun und

– was sie letztlich bewirken.

Diese Interpretation führt die Dye'sche Definition in einem wichtigen Punkt weiter: Das Akteurverständnis wird über Regierungen (governments) hinaus ausgedehnt. Politische Akteure im eingangs genannten Sinne sind sowohl Individuen (Politiker, Verbandsvertreter, Journalisten, Wissenschaftler etc.) als auch Organisationen (der Deutsche Bundestag, das Finanzministerium, die Kassenärztliche Vereinigung, der Deutsche Gewerkschaftsbund etc.). Das konkrete Akteurverständnis ergibt sich aus der Fragestellung, dem Ziel und dem analytischen Rahmen der jeweiligen Untersuchung. In diesem Lehrbuch werden von Autoren aus unterschiedlichen theoretischen Grundverständnissen heraus und mit unterschiedlichen inhaltlichen Perspektiven verschiedene Akteurverständnisse vorgestellt.

Trotz aller Unterschiede nutzt die Politikfeldforschung zentrale Begriffe in einem gemeinsamen Verständnis. Im Mittelpunkt steht der Begriff „Policy“. Policy bezeichnet eine von drei Politikdimensionen, die im angelsächsischen Sprachraum semantisch unterschieden werden. Policy ist der inhaltliche, materielle Teil von Politik. Policies können zum Beispiel Gesetze, Verordnungen, Entscheidungen, Programme und Maßnahmen sein, deren konkrete materielle Resultate die Bürger direkt betreffen, gegebenenfalls an den Bürgern vorbeigehen oder auch nur symbolische Funktion haben.

Von diesem inhaltlichen Politikbegriff werden die beiden anderen Dimensionen „Polity“ und „Politics“ abgegrenzt. Polity bezieht sich auf die strukturellen (verfassungsmäßigen oder normativen) Aspekte von Politik. Sie bezeichnet konkrete (tatsächliche oder gewünschte) politische Ordnungen. Hier sind also einerseits die politischen Ideen und Ideologien angesprochen, andererseits werden unter Polity aber auch die aus diesen Ideen hervorgegangenen, formalen, institutionellen Ordnungen politischer Systeme subsumiert. Letztere werden in der Regel durchaus auch als geografisch gesehene Einheit oder Gesamtheit verstanden.

Der prozessuale Aspekt von Politik wird durch den Begriff „Politics" erfasst. Politics bezeichnet den mehr oder weniger konflikthaften Prozess des Politikgestaltens, bei dem auf die unterschiedlichen, teilweise gegensätzlichen, teilweise gleichlaufenden, teilweise neutralen, teilweise koalierenden Interessen und Parteien und deren politische Absichten, Forderungen etc. Rücksicht genommen werden muss. In diesem Prozess werden politische Ideen im Rahmen bestimmter politischer Ordnungen in konkrete politische und sozioökonomische Forderungen, Vereinbarungen, Pläne und Entscheidungen gefasst.

Tab. 1: Dimensionen des Politikbegriffs

Bezeichnung	Dimension	Erscheinungsformen	Merkmale
Polity	Form	− Verfassung − Normen − Institutionen	− Organisation − Verfahrensregelungen − Ordnung
Policy	Inhalt	− Aufgaben und Ziele − Politische Programme	− Problemlösung − Aufgabenerfüllung − Wert- und Zielorientierung − Gestaltung
Politics	Prozess	− Interessen − Konflikte − Kampf	− Macht − Konsens − Durchsetzung

Quelle: leicht verändert nach Böhret/Jann/Kronenwett 1988: 7

Diese Dreiteilung ist ganz offensichtlich nur eine konzeptionelle Differenzierung. Einerseits ist sie analytisch durchaus sinnvoll, andererseits laufen diese Dimensionen in der Praxis immer zusammen und müssen zusammenhängend gedacht werden. Denn wir haben es in der politischen Realität natürlich nicht nur mit Inhalten von Politik zu tun (z. B. der Reform des Gesundheitswesens), sondern immer auch mit der Auseinandersetzung zwischen Parteien, Verbänden und Interessengruppen über diese Inhalte. Diese Auseinandersetzungen finden innerhalb konkreter politischer Verfassungen und konkreter politischer Strukturen (z. B. der Bundesrepublik Deutschland) statt. Insofern bildet die politische Ordnung den Rahmen, innerhalb dessen über politische Konflikt- und Konsensstrategien materielle Politik gestaltet wird.

Lässt man die Dreiteilung aus analytischen Gründen aber gelten, dann unterscheidet sich die typische Fragestellung der Politikfeldanalyse von den „klassischen" und „politischen" Fragestellungen der Politik. Zur klassischen Fragestellung der Politikwissenschaft gehört die nach der „richtigen" (z. B. guten, gerechten) politischen Ordnung. So kann z. B. der Durchbruch und die Entwicklung der bürgerlichen Demokratie im 18. und 19. Jahrhundert (Polity) auf Grundlage gegebener gesellschaftlicher Spannungen (Politics), etwa dem Konflikt zwischen dem aufstrebenden Bürgertum und der entstehenden Arbeiterklasse einerseits und der zunehmend an Bedeutung verlierenden Aristokratie sowie ständestaatlichen Ordnung andererseits erklärt werden. In diesem Spannungsfeld war die konkrete Ausgestaltung der entstehenden bürgerlich-demokratischen Ordnung zunächst durchaus offen und ließ Raum für ein erhebliches Maß an Varianz. Zur Erklärung der konkreten Ausgestaltung der entstehenden bürgerlichen Ordnung dienen dann die konkreten politischen Entscheidungen: In Deutschland konnte sich unter restaurativen politischen Bedingungen eine starke sozialpolitische Komponente etablieren (Einführung des Bismarck'schen Sozialversicherungssystems), in Großbritannien förderten die im Rahmen vergleichsweise liberaler Bedingungen getroffenen politischen Entscheidungen dagegen die Etablierung einer marktliberalen politischen Ordnung.

Eine typische politische Fragestellung zielt darauf, welche politischen Akteure sich in konkreten Situationen durchsetzen. So bieten beispielsweise Parteien zu anstehenden Wahlen unterschiedliche politische Programme an (vieles davon Policies), deren Konkurrenz im Rahmen der gegebenen Verfassung (Polity) den Verlauf der politischen Auseinandersetzung (Politics) prägt.

Die Politikfeldanalyse will dagegen konkrete politische Ergebnisse erklären. Ein mögliches Politikergebnis ist bspw. die Senkung der Steuersätze. In der Politikfeldanalyse lässt sich etwa danach fragen, warum in einem gegebenen politischen System (Polity) zu einem Zeitpunkt eine Steuersenkung durchsetzbar war und zu einem anderen Zeitpunkt nicht. Zur Erklärung werden dann u. a. die jeweiligen politischen Prozesse (Politics) herangezogen. Die Politikfeldanalyse kann aber auch – vergleichend – danach fragen, warum in einem bestimmten politischen System, etwa der Bundesrepublik Deutschland, eine Steuersenkung nicht durchsetzbar war, die in einem anderen System, etwa in Großbritannien, mit Erfolg durchgesetzt wurde. Bei einer solchen Fragestellung dienen die institutionellen Unterschiede (Polity) als „veränderliche" Variable (siehe Tabelle 2).

Tab. 2: Konstellationen von abhängiger und unabhängiger Variable bei unterschiedlichen politik-wissenschaftlichen Fragestellungen

	abhängige Variable	unabhängige Variable
Klassische Fragestellung	Polity	Politics, Policy
Politische Fragestellung	Politics	Polity, Policy
Politikfeldanalyse	Policy	Polity, Politics

Quelle: Schubert 1991: 27

Im Verständnis der meisten Policy-Forscher ist die Politikfeldanalyse sowohl eine interaktions- als auch eine problemorientierte Wissenschaft (vgl. zu den Begriffen Scharpf 2000). Sie ist interaktionsorientiert, da sie konkrete politische Entschei-dungsfindungsprozesse analysiert und das Zustandekommen der in der Praxis ver-wirklichten Lösung erklärt. Sie ist aber auch problemorientiert, indem sie zur sachadäquaten Lösung politisch-inhaltlicher Fragen beitragen will bzw. nach „bes-ten Lösungen" sucht.

2.2 Theorieverständnis

Bisher wurde argumentiert, dass Politikfeldanalyse eine praxisorientierte Teildiszi-plin der Politikwissenschaft ist. Sie verfolgt aber durchaus auch theoretische Ziele. Um Wissen über Politik, für die Politik bereitstellen zu können, müssen Mittel und Wege geschaffen werden, um Politik und unser Wissen über politische Prozesse reflektieren zu können. Diese Voraussetzungen werden in erster Linie von professi-onellen, (politik-)wissenschaftlich geschulten Beobachtern und Forschern erbracht. Das Kondensat dieser „wissenschaftlichen Verarbeitung" von praktischem Wissen besteht in der Entwicklung von „abstraktem Wissen". Dieses abstrakte Wissen spie-gelt sich in Konzepten und Ansätzen mit unterschiedlichem Abstraktionsgrad wider. Hierzu wurden Begriffe eingeführt, die allerdings immer wieder uneinheitlich ver-wendet werden und damit immer wieder mehr zur Verwirrung beitragen als Klarheit und Übersicht zu schaffen. Nicht nur in der Politikwissenschaft gibt es kein einheit-liches Verständnis darüber, was zum Beispiel eine „Theorie", ein „Konzept", ein „Modell" etc. ausmacht. Die genauere Spezifizierung zum Beispiel des Begriffs „Theorie" hängt von den zugrunde liegenden methodologischen (wissenschafts-theoretischen) Annahmen ab. Für die exakte Planung und Durchführung von For-schungsprozessen ist aber ein eindeutiges Verständnis der begrifflichen Grundlagen unumgänglich.

In Anlehnung an die verbreitete aber meist nur implizit bleibende Verwendung dieser Begriffe in der Forschungspraxis wird folgende Abgrenzung vorgeschlagen: Als „Konzept" werden Begriffsdefinitionen bzw. begriffliche Unterscheidungen sowie die damit verbundenen inhaltlichen Überlegungen bezeichnet. Der Begriff „Akteur" lässt sich beispielsweise definieren als: „An politischen Entscheidungen beteiligte Person oder Organisation". Diese begriffliche Klärung kann fortgesetzt werden, indem man zwischen individuellen, kollektiven und korporativen Akteuren unterscheidet (vgl. etwa Bandelow in diesem Band). Mit Konzepten werden also Abgrenzungen und Spezifizierungen vorgenommen, wie sie für einen exakten, nachvollziehbaren Forschungsprozess unverzichtbar sind.

In „(theoretischen) Ansätzen" werden dagegen einzelne Begriffe, Konzepte oder andere (Aussagen-)Elemente in Beziehung zueinander gesetzt. „Ansatz" ist dabei ein Sammelbegriff für eine Vielfalt von weiteren wissenschaftlichen Begriffen wie „analytischer Rahmen", „Theorie" und „Modell".

Worin unterscheidet sich nun aber eine Theorie von einem analytischen Rahmen oder einem Modell? Führende amerikanische Forscher schlagen eine eindimensionale Trennung von „conceptual framework" (analytischer Rahmen), „theory" und „model" vor (Cox/Schlager: 5584–5906; Sabatier 2007: 6).

Aus dieser Sicht enthalten Theorien konkrete Annahmen über die Zusammenhänge zwischen den Elementen. Die Theorie kollektiven Handelns gibt beispielsweise an, unter welchen Bedingungen zu erwarten ist, dass Gruppen von Individuen kollektive Güter erzeugen, und unter welchen Bedingungen dies nicht zu erwarten ist (vgl. Schubert 1992).

Ein analytischer Rahmen dient anderen Zwecken. Erstens können innerhalb eines analytischen Rahmens die unterschiedlichen theoretischen Elemente und die Zusammenhänge zwischen theoretischen Elementen auf einem höheren Abstraktionsniveau analysiert werden. Ein analytischer Rahmen stellt insofern eine metatheoretische Ebene bereit, auf der sich unterschiedliche Theorien entwickeln und vergleichen lassen (s. Abbildung 1). Zweitens nutzen analytische Rahmen aber auch unterschiedliche allgemeine Theorien mit dem Ziel, den empirischen Anwendungsbereich insgesamt zu erweitern. Ein Beispiel für einen wichtigen analytischen Rahmen in der Policy-Analyse ist der Akteurzentrierte Institutionalismus (Mayntz/Scharpf 1995; Scharpf 2000).

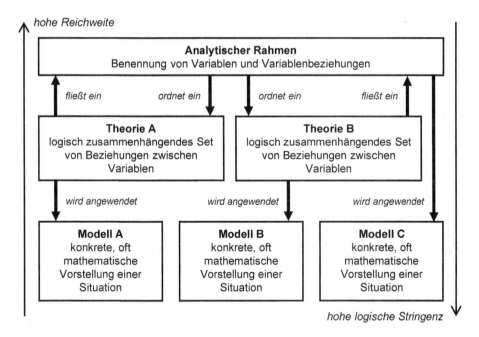

Abb. 1: Analytischer Rahmen, Theorien und Modelle nach Sabatier (Quelle: eigene Darstellung nach Sabatier 2007: 6)

Der Akteurzentrierte Institutionalismus integriert unter anderem Komponenten aus dem Neo-Institutionalismus und der Spieltheorie. Aus dem Neo-Institutionalismus wird z. B. die Annahme übernommen, dass Institutionen in politischen Prozessen für die einzelnen Akteure Handlungsspielräume (Fähigkeiten/Handlungsressourcen) und Handlungsgrenzen bereitstellen. Die Spieltheorie stellt z. B. Standardkonstellationen zur Verfügung, die angeben, wie sich Akteure in bestimmten Konstellationen aller Wahrscheinlichkeit nach verhalten sollten, um vorgegebene Ziele zu erreichen. Unter der Annahme, dass alle Akteure/Spieler sich Nutzen maximierend verhalten, sind also vereinfachte Aussagen über mögliche Verläufe und Ergebnisse von Verhandlungssituationen möglich. Mit anderen Worten wird die Vielfalt der empirisch beobachtbaren Verhandlungssituationen auf eine standardisierte, begrenzte Anzahl von Konstellationen reduziert. Dadurch ist es möglich, Politikprozesse auf völlig unterschiedlichen politischen Ebenen unter Beteiligung von unterschiedlichen Akteuren miteinander zu vergleichen.

Die Entwicklung und Verwendung von Modellen erlaubt konkrete Aussagen über konkrete Situationen. Modelle sind insofern in ihrem Anwendungsbereich enger, dafür näher an der politischen Empirie. Häufig ist die Entwicklung eines (Erklärungs-) Modells für ein konkretes empirisches Problem das Ziel des Forschungsprozesses. In einer der bekanntesten deutschen Politikfeldstudien erklärt bspw. Scharpf auf der Grundlage des Akteurzentrierten Institutionalismus den unterschiedlichen Verlauf und die unterschiedlichen Ergebnisse der Wirtschaftspolitik in Deutschland, Österreich, Schweden und Großbritannien in den 1970er-Jahren. Sein Modell erklärt, wie und warum bestimmte Akteure (Regierungen, Gewerkschaften, Zentralbanken) unter den spezifischen nationalen Bedingungen wirtschaftspolitische Entscheidungen getroffen haben, welche politischen Prozesse sich daraus entwickelt haben und wieso es zu unterschiedlichen Ergebnissen hinsichtlich der Arbeitslosenquoten und Inflationsentwicklung gekommen ist (vgl. Scharpf 1987, 1988).

In den Überlegungen von Sabatier (2007) wurde implizit davon ausgegangen, dass die drei Elemente (analytischer Rahmen, Theorie, Modell) auf einer logischen Ebene darstellbar sind (kritisch dazu bereits Schlager 2007). Mit anderen Worten: Die drei Begriffe unterscheiden sich nur in einer Dimension. Genauer: Es wird angenommen, dass in dem Maße, wie die logische Stringenz eines Ansatzes zunimmt, die empirische Reichweite abnimmt. Damit repliziert diese Sicht aber letztlich nur die Vorstellung vom „Widerspruch zwischen Theorie und Praxis". Tatsächlich beruht allerdings diese auch im Alltag geläufige Vorstellung auf der Annahme, dass Theorie etwas völlig anderes sei als Praxis. Lassen wir diesen Widerspruch nicht gelten und gehen vielmehr davon aus, dass Theorie zur Reflexion und Weiterentwicklung (erfolgreicher) Praxis dient, dann folgt daraus, dass es Theorien unterschiedlicher Reichweite geben muss.

Genau dies ist in der Politikwissenschaft (und nicht nur hier) die Regel: Theorien können über geringe Reichweite verfügen und auf vergleichsweise wenige, konkrete Fälle bezogen sein. Politische Theorien können aber auch völlig abstrakt formuliert sein und damit über eine potentiell hohe Reichweite verfügen. Dadurch unterscheidet sich Theorie keineswegs von der Empirie: Auch hier kennen wir empirische Daten auf sehr abstraktem Level (z. B. Makrodaten über die Entwicklung der Arbeitslosenquoten in der Europäischen Union) und auf der anderen Seite konkrete empirische Befunde (im Extremfall z. B. bezogen auf die Beschäftigungssituation eines Politikwissenschaftlers).

Diese Überlegungen führen uns zu einem dynamischen Verständnis des Verhältnisses der drei Typen theoretischer Ansätze, wie es auch Schlager (2007) propagiert. In diesem Verständnis besteht kein prinzipielles, hierarchisches Verhältnis zwischen den drei Typen. Das jeweilige Ziel eines Forschungsprozesses (Entwicklung von Theorie, Modell oder Rahmen) ist vielmehr von der Fragestellung abhängig. Dennoch gibt es Gemeinsamkeiten: In dem Spannungsverhältnis von Realität und Abstraktion sucht wissenschaftliche Forschung stets nach Ordnung und Klarheit. Mit anderen Worten: Politikwissenschaftliche Forschung strebt nach Aussagen, die möglichst in sich widerspruchsfrei und aufeinander aufbauend sind. Solche Aussagen können entweder kausaler Natur sein (Wenn-dann-Aussagen) oder zweckorientiert (Um-zu-Aussagen). Politikwissenschaft kann also zum einen darauf gerichtet sein, Aussagen zu formulieren, die an dem Ideal naturwissenschaftlicher Gesetzmäßigkeiten orientiert sind. Zum anderen kann sich Politikwissenschaft aber auch an dem zweckorientierten Verständnis von Ingenieurwissenschaften oder Medizin orientieren.

Kausale Aussagen operieren in der Regel mit Ceteris-paribus-Klauseln (d. h. es werden allgemeine Aussagen getroffen und mit der Einschränkung „unter sonst gleichbleibenden Bedingungen" versehen). Allgemeine Gesetze sind in der Politik-wissenschaft nie zu entwickeln, da sich die Randbedingungen, die in der ceteris-paribus-Klausel definiert werden, nicht vollständig kontrollieren lassen. Aus dieser Sicht ist politikwissenschaftliche Forschung auf die Entwicklung von Erklärungen mittlerer Reichweite und auf eine begrenzte Zahl von Fällen beschränkt. So sind bspw. die Grundlagen vieler politikwissenschaftlicher Erkenntnisse auf marktwirt-schaftliche und parlamentarische Systeme beschränkt. Ihre Übertragbarkeit bspw. auf andere Systeme muss immer offen bleiben und spiegelt insofern die Grenzen theoretischer und empirischer Forschung wider. Zweckorientierte Aussagen richten sich dagegen auf die Erreichung bestimmter Ergebnisse. Ihr Maßstab ist nicht die abstrakte Kausalität, sondern der Erfolg bzw. das Ergebnis, das durch ihre Anwen-dung – in konkreten Handlungen – erreicht wird. Mit anderen Worten: Kausale Aussagen blenden tendenziell den Praxisbezug aus. Zweckorientierte Aussagen messen den Nutzen von Theorien dagegen daran, in welchem Maße sie dazu beitra-gen konkrete Ziele zu erreichen.

In diesem Verständnis gelingt es der Politikfeldanalyse, jenseits des oft postu-lierten Widerspruchs zwischen Theorie und Praxis zu operieren. In dem beispielhaft in Abbildung 2 – aufgrund der notwendigen Suchprozesse nicht linear – dargestell-ten Forschungsprozess wird von den Beschreibungen einzelner Fälle ausgegangen. Solche Fälle können etwa die wirtschaftspolitischen Strategien und Ergebnisse in verschiedenen Ländern sein. Diese werden zunächst – mit Hilfe von Versatzstücken unterschiedlicher Theorien – zu einem analytischen Rahmen – etwa dem oben er-wähnten Akteurzentrierten Institutionalismus – kombiniert. Der Akteurzentrierte Institutionalismus als abstrakter analytischer Rahmen erlaubt aber noch keine Schlussfolgerungen für die politische Praxis. Politikfeldanalytisches Arbeiten setzt daher voraus, dass sich an den Prozess der Verdichtung eine Konkretisierung an-schließt.

In dem bereits oben beschriebenen Beispiel von Scharpfs Studie über die sozi-aldemokratische Krisenpolitik in Europa besteht dieser Prozess in der Entwicklung eines Erklärungsmodells. Dieses Erklärungsmodell zeichnet sich durch eine höhere logische Stringenz aus als die anfängliche Beschreibung der Einzelfälle. Seine logi-sche Stringenz besteht zunächst darin, dass die Aussagen in sich stimmig und wi-derspruchsfrei sind. Widersprüche werden sowohl auf der kausalen als auf der zweckorientierten Ebene vermieden.

Modelle unterscheiden sich von analytischen Rahmen durch ihre größere Reali-tätsnähe. Sie können ebenso wie analytische Rahmen unterschiedliche Grade logi-scher Stringenz aufweisen. Im Gegensatz zu Theorien sind sowohl Modelle als auch analytische Rahmen nie vollkommen in sich geschlossen. Sie müssen stets auf Faktoren verweisen, deren Bedeutung nicht vollständig geklärt ist. Bei Modellen resultieren diese Faktoren aus dem empirischen Bezug. Bei analytischen Rahmen resultieren diese Faktoren aus der Verbindung unterschiedlicher Theorien (Theoriemix).

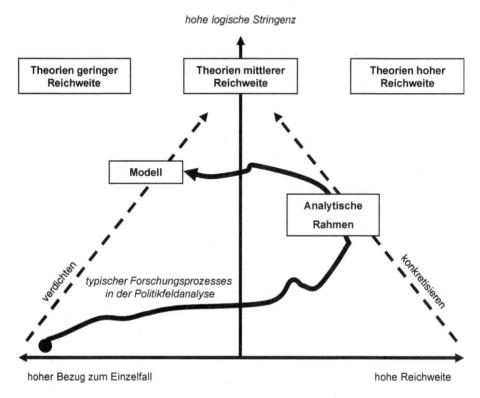

Abb. 2: Mehrdimensionaler Zusammenhang zwischen analytischen Rahmen, Theorien und Modellen (Quelle: eigene Darstellung)

Bei der Entwicklung von Theorien wird dagegen (völlige) Widerspruchsfreiheit angestrebt. Sie können als Theorien hoher Reichweite abstrakt formuliert sein (wie etwa Luhmanns Systemtheorie oder die Spieltheorie, vgl. Schneider in diesem Band). Solche Theorien lassen sich ohne zusätzliche konkrete empirische Zusammenhänge nicht anwenden. In der Regel wird ein solcher Bezug aber auch gar nicht angestrebt. Für die Politikfeldanalyse haben sie daher eine indirekte Bedeutung, indem sie Elemente für analytische Rahmen bereitstellen.

Theorien geringer Reichweite sind dagegen auf konkrete, oft auch nur einige wenige Fälle bezogen. So will etwa die Theorie der „Anspruchsspirale im deutschen Gesundheitswesen" (vgl. Herder-Dorneich 1983) die Ausgabenentwicklung der gesetzlichen Krankenkassen in Deutschland mit Anreizstrukturen erklären, die bei den verschiedenen Akteuren „Rationalitätenfallen" bewirken, d. h. die Anreize für kostensteigerndes Verhalten schaffen. Solche Theorien geben der logischen Klarheit den Vorzug vor einer genügenden Berücksichtigung der Komplexität politischer Zusammenhänge. Sie greifen einzelne Elemente der Realität aus ihrem Zusammenhang heraus und übersehen so die Wechselbeziehungen zu der Vielzahl von Faktoren, die durch analytische Rahmen oder Modelle erfasst werden können. Ihre Anwendung in der Politikberatung öffnet keine Spielräume, sondern bestätigt in der Regel Vorurteile und führt in Sackgassen.

Theorien mittlerer Reichweite gelten in der modernen politikwissenschaftlichen Forschung oft als Königsweg. Sie stellen in sich logische Aussagen für eine Reihe von Fällen mit ähnlichen Randbedingungen dar. Ein typisches Beispiel hierfür bietet die Korporatismustheorie (vgl. Streeck 1995). Sie versucht, die Schwächen von Theorien geringer bzw. hoher Reichweite dadurch zu überwinden, dass sie sich auf eine gewisse Auswahl von Fällen beschränken (etwa westliche Demokratien mit zentralisierten Interessenverbänden). Ihre wesentliche Schwäche besteht aber darin, dass sie kausale Zusammenhänge unterstellen, die in der komplexen Realität (in diesem Beispiel: westlicher Demokratien) nur dann bestätigt werden können, wenn bestimmte Randbedingungen erfüllt sind.

Sie schließen damit politische Strategien generell aus, die in diesen Randbedingungen angelegt sind. Die Korporatismustheorie basiert etwa auf der Annahme, dass die wichtigsten sozio-ökonomischen Interessen über zentralistische Organisationen und mithilfe staatlicher Kooperation vermittelt werden. Alle sozio-ökonomischen Interessen, die nicht innerhalb dieser korporatistischen Strukturen vermittelt werden, bleiben ausgeblendet. Ebenso verhält es sich mit Veränderungen, die sich im Laufe der Zeit ergeben haben: Im konkreten Fall z. B. dem rapiden Mitgliederschwund bei den Arbeitgeberorganisationen (aber auch den Gewerkschaften), der es zunehmend fraglich erscheinen lässt, ob die Interessenvertretungen der Arbeitgeber tatsächlich noch in der Lage sind, alle – oder doch zumindest die meisten – Unternehmen auf die Einhaltung und Umsetzung der korporatistisch ausgehandelten Ergebnisse zu verpflichten. Mit dem Festhalten an dieser Theorie wird also nicht nur ein Teil der Realität ausgeblendet, sondern auch die Weiterentwicklung von Problemlösungsstrategien – in diesem Fall solche, die sich möglicherweise aus alternativen Interessenvermittlungstheorien ergeben (Schubert 2005).

Das Selbstverständnis der Politikfeldanalyse als wissenschaftlich wie auch praxisorientiert profitiert daher am meisten von Forschungsstrategien, die unterhalb des logischen Anspruchs von Theorien bleiben. Logische Stringenz bezieht sich in der Policy-Forschung also immer auf einen adäquaten Mix von „Wenn-dann-" und „Um-zu-Aussagen". Geht es um die Weiterentwicklung des analytischen Rahmens, überwiegen die theoretischen Anleihen und die Ausrichtung auf Wenn-dann-Logiken. Geht es um die Weiterentwicklung von Modellen, müssen diese Komponenten durch einen höheren Anteil empirischer Relevanz ergänzt werden.

3 Programmatik der Politikfeldanalyse

Die eben präsentierten theoretischen Überlegungen spiegeln relativ junge Entwicklungen in der Politikfeldforschung wider. Sie sind getragen von der Idee, das Spannungsfeld zwischen der eher praxisorientierten Politikfeldanalyse und der eher akademischen Politikwissenschaft produktiv zu nutzen. Bei der Rezeption der Politikfeldanalyse – in Deutschland erst in den 1980er-Jahren – ging es dagegen zunächst vor allem darum, die inhaltliche Dimension von Politik als Gegenstand politikwissenschaftlicher Analysen zu etablieren. Die deutsche Politikwissenschaft hat damit an eine Entwicklung angeknüpft, die im angelsächsischen Raum bereits nach dem zweiten Weltkrieg einsetzte. Wegweisend für den Durchbruch dort waren die programmatischen Vorgaben von Harold Lasswell zur „Policy Orientation" (Lasswell 1951), der der Politikfeldanalyse drei programmatische Aspekte zugewiesen hat:

1. Politikfeldanalyse ist inhaltlich orientiert und multidisziplinär,
2. Politikfeldanalyse ist problemlösungsorientiert und
3. Politikfeldanalyse ist explizit normativ orientiert.

Bis zur Etablierung in Deutschland hatte die Policy-Forschung, wie Manfred G. Schmidt (1987) zeigt, bereits verschiedene Phasen durchlaufen. Die **erste Phase** umfasst etwa die sechziger Jahre des letzten Jahrhunderts. Diese Phase ist unter anderem mit den amerikanischen Policy-Pionieren Richard Hofferbert und Thomas R. Dye verbunden. Hier stand die damals provokative Fragestellung „Does Politics Matter?" im Vordergrund. Im Kern zielte die Fragestellung darauf, ob politische Faktoren, politische Strukturen, Prozesse und Institutionen überhaupt einen Einfluss auf die Politik und politische Ergebnisse haben oder, ob den vorgegebenen sozio-ökonomischen Bedingungen deterministische Wirkung zugesprochen wird.

In der Perspektive der Policy-Forschung wird Politik als veränderbarer und verändernder Prozess verstanden. Unterstellt man dagegen einen sozio-ökonomischen Determinismus, dann sind politische Entwicklungen zwangsläufige Wandlungsprozesse. Umso mehr überraschten daher zunächst Ergebnisse mehrerer empirischer Untersuchungen, die die Frage „Does Politics Matter?" mit „Nein" beantworteten. Auch nicht-marxistische Forscher bestätigten damit die „These vom Primat sozioökonomischer Bestimmungsfaktoren" und einer weitgehenden Unwichtigkeit politischer Determinanten. Die zugrunde liegenden empirischen Untersuchungen waren allerdings weitgehend national begrenzt und zumeist auf die Situation in den USA bezogen.

In der **zweiten Phase**, den achtziger Jahren, brachten international vergleichende Studien Zweifel an der These in ihrer provokanten Form auf. So konnte gezeigt werden, dass unter bestimmten Bedingungen die parteipolitische Ausrichtung einer Regierung für das Politikergebnis einen Unterschied macht. So konnte z. B.

Schmidt (1982) nachweisen, dass die damaligen sozialdemokratischen Regierungen andere wirtschaftspolitische Zielsetzungen verfolgten als „bürgerliche" (konservative, christlich-demokratische oder liberale) Regierungen. Knapp zusammengefasst konnte damit nachgewiesen werden, dass Unterschiede in den (partei-)politischen Zielen zu unterschiedlichen Ergebnissen bei der Entwicklung der Arbeitslosigkeit, der Inflation und bei anderen wirtschaftspolitischen Indikatoren führte.

In der **dritten Phase** der Politikfeldanalyse ab Ende der 1980er-Jahre konnte auf dieser Basis daher die weiterführende Forschungsfrage entwickelt werden: „Wie und in welchem Ausmaß bestimmen Polity und Politics die Policies?". Wichtige Forschungsergebnisse sind im deutschsprachigen Raum mit dem Namen Fritz W. Scharpf verbunden (vgl. etwa Scharpf 1987). Gemeinsam mit Renate Mayntz entwickelte er den oben bereits angesprochenen „Akteurzentrierten Institutionalismus", der auch heute noch vielen empirischen Arbeiten in der Policy-Forschung theoretische Orientierung bietet.

Die **vierte Phase** beginnt in den 1990er-Jahren. Sie zeichnet sich dadurch aus, dass die Politikfeldanalyse sich zur „Normaldisziplin" entwickelt. Äußeres Zeichen dafür ist unter anderem die zunehmende Verankerung der Policy-Analyse in den Denominationen von Professuren. Auch die zunehmende Berücksichtigung der Politikfeldanalyse in Fachzeitschriften und Lehrbüchern ist ein Indiz für diese „Normalisierung". Inhaltlich hat sich die Politikfeldanalyse ausdifferenziert. Parallel zur Fragestellung der dritten Phase ist ein weiterer Strang policy-orientierter Forschung entstanden. Ausgangspunkt war die Kritik an den bisherigen, als zu schematisch und positivistisch empfundenen theoretischen Ansätzen. In dieser Kritik wurden verschiedene neue Ansätze entwickelt, die einen konzeptuellen Schwerpunkt auf Überzeugungen, Ideen, Argumente und die Verfügbarkeit von Informationen legen. In der aktuellen deutschen Politikfeldanalyse haben sich dadurch unterschiedliche Forschungsstränge etabliert, die sich auf einem Kontinuum darstellen lassen: Fest in der positivistischen Tradition stehend, befinden sich auf der einen Seite Forscher, die nach kausalen Erklärungszusammenhängen auf der Basis quantitativer Erhebungen und gegebenenfalls mittels mathematischer Modelle suchen. Auf der anderen Seite stehen Wissenschaftler, die sich selbst oft als „konstruktivistisch" bezeichnen.

Ziel dieser Forschung ist es, den Spezifika politischer Prozesse als sozial konstruierter Zusammenhänge gerecht zu werden. Allgemeine Kausalerklärungen werden aus dieser Richtung insofern abgelehnt, als – in der strikt lebensweltlichen Orientierung – in der Regel ein wesentlich größerer individueller Argumentations- und Handlungsspielraum zur Verfügung steht, als kausale und deterministische Aussagen nahelegen. „Konstruktivistische" Forschung sieht ihre Aufgabe also darin, das argumentative Spektrum der Politik zu erweitern und sich selbst auch an politisch-normativen Diskursen zu beteiligen. Der Rückgriff auf kausale Zusammenhänge wird dabei als Einschränkung politisch weiterführender Handlungsmöglichkeiten kritisiert.

„Positivistische" Politikfeldanalyse sieht als wichtigstes Kriterium ihrer Forschung dagegen die intersubjektive Reproduzierbarkeit der Forschungsergebnisse. Sie kritisiert an „konstruktivistischer" Forschung vor allem das Fehlen wissenschaftlicher Exaktheit und Nachprüfbarkeit. In diesem Konflikt spiegelt sich bis zu einem gewissen Grad der alte Konflikt zwischen natur- und geisteswissenschaftlicher Forschung wider. Aus inhaltlicher, politikfeldanalytischer Sicht kann es allerdings gar nicht darum gehen, dieses Spannungsverhältnis ein- für alle Mal aufzulösen, sondern – im o. a. Sinne Lasswells – darum, die spezifischen Stärken beider Richtungen und politikfeldanalytischen Zugänge jeweils zur Verbesserung unserer Lebensbedingungen produktiv zu nutzen. Diese Sichtweise liegt auch den oben vorgestellten theoretischen und begrifflichen Ausführungen zugrunde, in der ja – trotz scheinbarer Unvereinbarkeit – beide Zugänge produktiv zur Weiterentwicklung der Politikfeldforschung beitragen. Es ist daher auch nicht überraschend, dass beide Strömungen in der deutschsprachigen Politikfeldforschung nebeneinander existieren und sich gegenseitig weitgehend respektieren.

4 Struktur des Lehrbuches und weiterführende Hinweise

Ein Lehrbuch, das den eben angesprochenen Entwicklungen gerecht werden will, muss daher die unterschiedlichen Perspektiven abbilden und selbst zu Wort kommen lassen. Dies ist auch ein Grund dafür, dass das vorliegende Lehrbuch als Herausgeberwerk konzipiert wurde. Als Autoren konnten jeweils führende Vertreter der verschiedenen Strömungen der Policy-Forschung gewonnen werden. Es geht in dem Lehrbuch also nicht nur darum, Begriffe, Ansätze und Fragestellungen zu präsentieren. Vielmehr sollen auch die aktuellen begrifflichen, theoretischen und methodischen Alternativen aufgezeigt werden. Den geschätzten Leserinnen und Lesern wird damit sowohl das existierende breite Spektrum vorgelegt als auch – entsprechendes Interesse vorausgesetzt – zugemutet, einen eigenen Zugang zur Politikfeldanalyse zu finden.

In den meisten Lehrbüchern wird als Ursprung der Policy-Analyse die Zeit nach dem zweiten Weltkrieg angegeben (vgl. etwa Howlett/Ramesh 1995: 2). Der wesentliche Grund hierfür ist, dass in den USA nach dem zweiten Weltkrieg das rationale Politikmodell einen unerhörten Aufschwung erlebt hat. Zunächst war es der Kriegseintritt der Vereinigten Staaten, der einen erheblichen Bedarf an professioneller Planung mit sich brachte und eine entsprechende Professionalisierung der amerikanischen Bundesadministration bewirkte. Die zur Finanzierung des Krieges eingeführten Steuern und die entstandene professionelle Bürokratie wurden nach dem Krieg nicht unmittelbar abgeschafft, sondern trugen im Zuge des wirtschaftlichen Aufschwungs nun maßgeblich zum Aufbau des amerikanischen Wohlfahrtsstaates bei. Es wundert daher nicht, dass die Anfänge der Politikfeldanalyse üblicherweise in diese Erfolgsphase des aktiven Staates a l'americain verlagert wird.

Dieses Lehrbuch wählt einen etwas anderen Zugang und gliedert sich in dieser neuen, dritten Auflage in fünf Hauptteile. Diese reichen von der „Entstehung und wissenschaftliche Positionierung der Politikfeldanalyse" (Teil I), der Darstellung der wichtigsten „Basiskategorien" (Teil II) und der „Methoden und Akteure" (Teil III) über den Teil IV „Erklärungen" bis hin zu Teil V „Anwendungen und Reflektionen". Ziel dieser Gliederung und der für diese Auflage vorgenommenen Überarbeitungen und Ergänzungen ist es, die fachinterne Vielfalt und Unterschiede systematischer erfassen und darstellen zu können. Den ersten Teil „Entstehung und wissenschaftliche Positionierung der Politikfeldanalyse" bilden drei Beiträge:

Zunächst rekonstruiert Klaus von Beyme, dass im europäischen Politikverständnis eine „gute Polizey" immer ein konstituierendes Element öffentlicher Politik war. Wobei unter „guter Polizey" eine auf öffentliche Ordnung *und* öffentliche Wohlfahrt gerichtete Politik verstanden wurde. Dieser traditionell positive Praxisbezug wurde durch die Trennung von Politik- und Verwaltungswissenschaft lange Zeit ausgeblendet und fand auch in der Grundlagenforschung bis dato nur wenig Beachtung. Erstmals für dieses Lehrbuch nachgezeichnet, belegt von Beyme im Detail, dass die Vorstellung einer praxis- bzw. anwendungsorientierten wissenschaftlichen Beschäftigung mit Politik auch im europäischen und deutschsprachigen Kontext keineswegs neu ist. Für die heutige problemorientierte Politikfeldforschung liegt der Nutzen dieses historischen Rückblicks vor allem darin, das spezifische, kontinental-europäisch geprägte, normative und praxisbezogene Politikverständnis zu verdeutlichen.

Während sich im europäischen Kontext die Problemlösungsperspektive der Politikwissenschaft aus der politischen Verwaltung heraus – also „top down" – entwickelte, fehlten in den USA lange Zeit staatliche Strukturen und politische Bürokratien, die für eine solche Durchsetzung „von oben" nötig gewesen wären. Die Lösung politischer, sozialer etc. Probleme wird hier traditionell „bottom up" gesucht. Dies impliziert, dass kollektiv verbindliche Entscheidungen in den USA in der Regel zunächst dezentral, in kleinen politischen Einheiten oder Gruppen getroffen werden und oft unabhängig von dem, was in Europa als „Staat" bezeichnet wird. Klaus Schubert verdeutlicht die gemeinsame Basis der heute ausdifferenzierten politikwissenschaftlichen Begriffe des „Pluralismus", des „Pragmatismus" und der „Policy-Analysis".

Neu in diesem Band aufgenommen wurde der Beitrag von Marian Döhler, der das – in jüngster Zeit eher vernachlässigte – Verhältnis von Verwaltungs- und Politikwissenschaft aufnimmt und der Politikfeldanalyse dabei eine zentrale Rolle zuweist. Die wissenschaftliche Beschäftigung mit dem „policy making" darf, so Döhler, „die klassische Frage nach dem Verhältnis zwischen Politik und Verwaltung" nicht übersehen. Dabei muss den sich ständig ändernden Anforderungen an moderne Verwaltungen, insbesondere auch „der Verwaltungsmodernisierung" selbst,

Rechnung getragen werden. Das Thema politische Steuerung kann schließlich ohne Reflexion der „Rolle der Verwaltung als politischer Akteur" nicht hinreichend bearbeitet werden. Döhler wendet sich entschieden gegen eine zunehmend festzustellende Tendenz, politische Entscheidungsprozesse zu weit aufzulösen: „letztlich werden verbindliche Entscheidungen nicht in der Zivilgesellschaft getroffen, sondern in der staatlichen Verwaltung, die wiederum an der Programmierung ihrer Aufgaben sowohl im nationalen wie im transnationalen Kontext beteiligt ist."

Der zweite Teil dieses Sammelbands enthält vier Beiträge, in denen die Basiskategorien der Politikfeldanalyse vorgestellt werden. Die in diesem Teil vorgestellten Konzepte und Theorien spielen in allen Entwicklungsphasen der Politikfeldanalyse eine zentrale Rolle und werden auch als definitorischer Bestandteil der Disziplin gesehen. Werner Jann und Kai Wegrich stellen sowohl die klassische Phasenheuristik als auch neuere Ansätze und Anwendungsbereiche für prozessuale Ansätze der Politik vor. Anhand theoretischer Entwicklung und anhand empirischer Ergebnisse verdeutlichen sie das politikfeldanalytische Grundverständnis, nämlich das „policy-making" als (kontinuierlichen) Prozess der Problemverarbeitung.

Hubert Heinelt greift in seinem Beitrag einen der wenigen theoretischen Ansätze auf, der spezifisch der Politikfeldanalyse zuzuordnen ist. Im Gegensatz zur üblichen Variablenkonstellation politikfeldanalytischer Fragestellungen (vgl. Tabelle 2) hat erstmals Theodore Lowi (1972) darauf hingewiesen, dass der Zusammenhang zwischen politischen Prozessen und Policies nicht einseitig ist. Es ist zwar nicht von der Hand zu weisen, dass Politikergebnisse als Folge politischer Prozesse zu interpretieren sind. Gleichzeitig werden aber auch die politischen Prozesse auch durch Eigenschaften des behandelten politischen Problems geprägt. Diese besondere Perspektive, bei der Policies als erklärende und nicht nur als zu erklärende Variable behandelt werden, stellt Heinelt vor. Dabei beschränkt sich sein Beitrag nicht nur auf eine Darstellung der auch in der deutschen Politikfeldanalyse einflussreichen Klassifkation Lowis. Heinelt erläutert zudem neuere Kategorisierungen, die den Besonderheiten aktueller politischer Probleme gerecht werden.

Burkard Eberlein und Edgar Grande stellen in ihrem Beitrag explizit dar, worauf die Ziele politischer Akteure zurückzuführen sind. Sie zeigen weiterhin, mit welchen wissenschaftlichen Instrumenten sich politische Entscheidungsprozesse analysieren lassen. Der Beitrag stellt Grundkategorien des Politischen vor, die gleichzeitig Grundkategorien der Politikfeldanalyse sind.

Während Eberlein und Grande den Entscheidungsprozess aus einer Top-Down-Perspektive betrachten, nimmt der Beitrag von Dietmar Braun und Olivier Giraud die Bottom-Up-Perspektive handelnder Akteure ein. Sie stellen dar, welche Instrumente politischen Akteuren zur Verfügung stehen, um ihre Ziele zu erreichen. Sie zeichnen dabei auch nach, wie sich der Steuerungsbegriff selbst verändert hat und in welchem Verhältnis der Steuerungsbegriff zum aktuell viel diskutierten Governancebegriff hat. Die Veränderungen sind im Wesentlichen auf die neue Rolle des

demokratischen Staates angesichts von Globalisierung und Entgrenzung zurückzuführen.

Der dritte Teil dieses Buches widmet sich mit vier Beiträgen den „Methoden und
Akteuren" der Politikfeldforschung: Zunächst arbeitet der neu aufgenommene Bei-
trag von Oliver Treib die „Methodischen Spezifika der Policy-Forschung" heraus.
Treib fokussiert auf die jeweiligen Stärken und Schwächen qualitativer und quanti-
tativer Forschungsansätze und verschafft eine gute Übersicht darüber, welchen
Beitrag dieser Methoden für policy-analytische Fragestellungen leisten können.
Zwar konstatiert er, dass es aus dem „Dilemma zwischen empirischer Tiefe und
Breite ... keinen leichten Ausweg" gibt. Er fordert aber, dass quantitativ arbeitende
„Forscher mehr Zeit und Energie aufwenden sollten, um bessere Daten zu generie-
ren" und, dass qualitativ orientierte „Forscher noch stärker als bisher theorieorien-
tiert arbeiten" sollten. Im systematisch begründeten und aufeinander bezogenen
Mix von quantitativen und qualitativen Methoden sieht er Verbesserungspotential
politikfeldanalytischer Forschung.

Herbert Obinger stellt in seinem Beitrag drei in der Politikfeldanalyse verbreitete methodische Zugänge vor und diskutiert die jeweiligen Anwendungsmöglichkeiten und Grenzen. Er selbst steht in seiner Forschung vor allem für die makro-
quantitative Policy-Forschung. Dieser stellt er die Vorgehensweise bei Fallstudien
und qualitativ vergleichender Policy-Forschung gegenüber. Der dritte Teil des Beitrags führt in die gegenwärtig viel diskutierte „Ragin-Methode" ein. Dabei handelt
es sich im Kern um eine Verallgemeinerung der Logik qualitativ vergleichender
Forschung auf Grundlage formaler Logik.

Volker Schneider führt in den für die Policy-Analyse zentralen Begriff des politischen Akteurs ein. Er diskutiert insbesondere die Frage, inwiefern sich der Staat von
anderen politischen Akteuren unterscheidet. Sein Zugang ist ein primär empirisch-
quantitativer. Das Verhältnis zwischen staatlichen und anderen sozio-ökonomischen Akteuren wird mithilfe der Netzwerkforschung empirisch untersucht. Die
Netzwerkanalyse, sowohl in ihrer quantitativen als auch in qualitativer Orientierung
ist inzwischen ein wichtiges Instrument der Policy-Forschung geworden.

Aufgrund der besonderen Bedeutung von Experteninterviews in der Politikfeldforschung, aber auch aufgrund der hohen Nachfrage seitens der Leser und Leserinnen früherer Auflagen dieses Buches, wurde ein entsprechender Beitrag von Robert
Kaiser neu in diesem Band aufgenommen. Kaiser diskutiert ausführlich die „theoretisch-methodologische Begründung von Experteninterviews" und stellt im Einzelnen die wichtigsten „Techniken der Datenerhebung und Datenanalyse" vor. Abschließend behandelt er „Häufige Probleme und Lösungsansätze" beim Einsatz
dieses besonderen Instruments der „analytical toolbox" politikfeldanalytischer
Forschung.

Der vierte Teil dieses Lehrbuches stellt vier Konzepte vor, auf die in der aktuellen Politikfeldanalyse häufig zur Erklärung von Politikergebnissen zurückgegriffen
wird:

Georg Wenzelburger und Reimut Zohlnhöfer wenden sich hierfür der Entstehung und Bedeutung politischer Institutionen zu. Sie greifen die Frage auf, inwiefern politische Institutionen die Staatstätigkeit beeinflussen und stellen die drei „großen ‚Neo-Institutionalismen' ... den historischen, den diskursiven und den Rational-Choice-Institutionalismus" im Detail vor. Ihre zentrale Aussage ist, „dass politische Akteure in institutionelle Gegebenheiten eingebunden sind und politische Institutionen das Handeln politischer Akteure in systematischer Weise beschränken ... (aber) nicht determinieren".

Wie eben angesprochen, spielen politische Institutionen bei der Erklärung von Politikergebnissen traditionell eine prominente Rolle. Dagegen konnte die Annahme, dass Politikergebnisse durch Lernprozesse politischer Akteure wesentlich beeinflusst werden, erst in jüngster Zeit an Bedeutung gewinnen. Die Idee lernender politischer Akteure greift unter anderem Überlegungen der soziologischen Organisationsforschung, der Einstellungsforschung und der Internationalen Beziehungen auf. Diese unterschiedlichen Grundlagen haben zu einer äußerst heterogenen Ansammlung lerntheoretischer Ansätze der Politikfeldanalyse geführt. Nils C. Bandelow ordnet in seinem Beitrag diese Ansätze im Hinblick auf ihren Lernbegriff, ihr Akteurverständnis und die zentralen Annahmen über politische Lernprozesse. Die Darstellung der wichtigsten lerntheoretischen Ansätze folgt der Frage, unter welchen Bedingungen und für welche Fragestellungen solch ein Zugang sinnvoll sein kann.

Im dritten Beitrag dieses Teils interpretiert Friedbert Rüb den von John Kingdon entwickelten und von Nikolaos Zahariadis weiterentwickelten Multiple-Streams-Ansatz. Der Ansatz wurde bereits Anfang der 1980er-Jahre entwickelt, wird aber erst in den letzten Jahren zunehmend in der Policy-Forschung rezipiert. Der Ansatz stellt die verschiedenen Rationalitätsannahmen sowohl institutionalistischer als auch lerntheoretischer Konzepte infrage. Er betont die Zufälligkeit politischer Prozesse und interpretiert Politikergebnisse als Resultat spezifischer Situationen und den sich aus diesen Situationen ergebenden Möglichkeiten.

Neu aufgenommen wurde in diesem Band der Beitrag „Punctuated Equilibrium Theory – Politische Veränderungen jenseits kleiner Schritte" von Simon Hegelich und David Knollmann. Hierbei handelt es sich um eine Theorie politischen Wandels, die insbesondere von den beiden amerikanischen Politikwissenschaftlern Bryan Jones und Frank Baumgartner entwickelt wurde. Grundlage ist die Beobachtung, dass sich politische Prozesse üblicherweise durch lange Phasen von Stabilität auszeichnen, die nur kleinere, inkrementelle Änderungen aufweisen, dass es aber gelegentlich auch zu radikalen Veränderungen oder gar völligen Richtungswechseln kommen kann. Theoretisch geleitet und mittels aufwändiger Rechenoperationen gelingt es diesem quantitativen Forschungsansatz die Dynamiken von Policy-Prozessen zu erklären und wahrscheinlichkeitsbehaftete Prognosen abzugeben. Die empirische Basis dieses Forschungsansatzes bilden sehr lange Zeitreihen von

Budgetdaten und systematisierte Informationen über die politische Aufmerksamkeit einzelner policies.

Praktische „Anwendungen und Reflexionen" der Politikfeldanalyse werden im fünften Teil dieses Lehrbuches vorgestellt: Neu aufgenommen wurde hier der Beitrag von Fritz Sager und Markus Hinterleitner, die gründlich in das zentrale Thema der Policy-Forschung „Evaluation" einführen. Sie unterscheiden zwischen Evaluation, Controlling und Monitoring, skizzieren die Entstehung der Evaluationsforschung und Theoriebildung und differenzieren erneut zwischen Evaluationsansatz, Evaluationsgegenständen und Wirkungsmodellen. Weiterhin thematisieren sie die Evaluation institutioneller Politik und beschreiben die Nutzung und die Nützlichkeit von Evaluationen. Schließlich vermitteln sie grundlegendes Wissen über sog. „Evidenzbasierte Politik" und das „Regulatory Impact Assessment".

Göttrik Wewer gibt dagegen einen Einblick in die Praxis von Politikberatung und Politikgestaltung. Er hinterfragt die wissenschaftliche Vorstellung von Politikberatung im Hinblick auf ihre praktische Anwendbarkeit. Aus der Perspektive eines Wissenschaftlers, der gleichzeitig in führender Position über umfassende Erfahrungen bei der praktischen Gestaltung und Umsetzung von Politik verfügt, stellt Wewer die vielfältigen Ziele der Politikberatung dar und entwickelt Kriterien für erfolgreiche Beratungstätigkeit.

Der Beitrag von Thomas Saretzki kritisiert die ursprünglich stark szientistische Ausrichtung der Policy-Forschung und stellt die Bedeutung von Ideen, Sprache und Argumenten bei der Lösung politischer Probleme in den Mittelpunkt. Aus dieser, vor allem von Frank Fischer eingeführten Sichtweise, kommt Policy-Forschern eine Rolle ähnlich von Rechtsanwälten im politischen Prozess zu.

Nils C. Bandelow und Klaus Schubert bieten in ihrem abschließenden Ausblick eine Ordnungsmöglichkeit für die verschiedenen hier versammelten Perspektiven der Politikfeldanalyse an. Sie bieten eine Strukturierung entlang der beiden Spannungsfelder akademische und praxisorientierte Politikfeldanalyse einerseits und zwischen positivistischer und kritischer Perspektive andererseits an. Der Ausblick orientiert sich an der Frage nach gemeinsamen Orientierungspunkten und Qualitätskriterien.

Die Beiträge dieses Lehrbuches gehen nahezu übereinstimmend vom spannungsreichen Verhältnis zwischen Theorie und Praxis aus. Die jeweils dargestellten Konzepte unterscheiden sich jedoch in ihrem Verständnis der Spezifika und Aufgaben wissenschaftlicher Forschung. Ihre Darstellung durch unterschiedliche Autoren soll dazu beitragen, dass die Leserinnen und Leser ihre eigenen Ziele bei der Durchführung politikfeldanalytischer Arbeiten kritisch reflektieren, sich dabei aber stets der Probleme und Alternativen bewusst sein sollten.

Die einzelnen Beiträge beschränken sich nicht nur darauf, zentrale Begriffe und theoretische Ansätze zu erläutern. Sie führen vielmehr auch in kontroverse Diskussionen ein, die z. B. auch in Lehrveranstaltungen aufgegriffen werden können. Um die Anwendung des Lehrbuchs zu erleichtern, sind den Beiträgen jeweils von den

Autoren bzw. den Herausgebern Fragen angefügt worden. Diese Fragen sind jeweils in drei Typen unterteilt:

1. **Verständnisfragen**, die auf eine reine Reproduktion von Begriffen oder Zusammenhängen zielen, die in den Texten vorgestellt werden.
2. **Transferfragen**, die überprüfen sollen, ob ein tieferes Verständnis der dargestellten Zusammenhänge erreicht wurde, indem sie etwa dazu zwingen, eigene Beispiele zu benennen. Während es also für Verständnisfragen meist nur eine konkrete richtige Antwort gibt, sind bei Transferfragen oft unterschiedliche richtige Antworten möglich.
3. Antworten auf den dritten Fragetypus, die **Problematisierungsfragen**, lassen sich nicht als richtig oder falsch klassifizieren. Hier sind grundsätzlich unterschiedliche Positionen möglich. Die jeweiligen Zusammenhänge sind meist auch im Fach umstritten. Die Problematisierungsfragen sollen dazu anregen, die gelernten Sachverhalte dazu zu nutzen, um eigene Standpunkte zu entwickeln und fundiert zu verteidigen.

Um die weiterführende Beschäftigung mit den jeweiligen Themen zu erleichtern, haben die Autoren in ihrer Literaturliste die jeweils wichtigsten Titel mit einem Stern (*) gekennzeichnet. Weiterhin bieten die Herausgeber aktuelle Informationen zur Politikfeldanalyse und die Möglichkeit zur Kontaktaufnahme zu Autoren und den Herausgebern im Internet unter der Adresse http://www.politikfeldanalyse.de an.

5 Literatur

Blum, Sonja/Schubert, Klaus, 2011: Politikfeldanalyse. 2. Aufl. Wiesbaden: VS Verlag für Sozialwissenschaften.

Böhret, Carl/Jann, Werner/Kronenwett, Eva, 1988: Innenpolitik und politische Theorie. 3., neubearb. u. erw. Aufl. Opladen: Westdeutscher Verlag.

Dye, Thomas S., 1976: Policy Analysis: What Governments Do, Why They Do It And What Difference It Makes. Tuscaloosa: University of Alabama Press.

Howlett, Michael/Ramesh, M., 1995: Studying Public Policy – Policy Cycles and Policy Subsystems, Toronto/New York: Oxford University Press.

Kingdon, John W., 1995: Agendas, Alternatives and Public Polices. 2nd ed. New York: Longman.

Lasswell, Harold D., 1951: The Policy-Orientation. In: David Lerner/Harold D. Lasswell (eds.): The Policy Sciences: Recent Developments in Scope and Method. Stanford: Stanford University Press, 3–15.

Mayntz, Renate/Scharpf, Fritz W., 1995: Der Ansatz des akteurzentrierten Institutionalismus. In: Renate Mayntz/Fritz W. Scharpf (Hrsg.): Gesellschaftliche Selbstregelung und Politische Steuerung. Frankfurt a. M./New York: Campus, 39–72.

* Ostrom, Elinor/Cox, Michael/Schlager, Edella, 2014: An Assessment of the Institutional Analysis and Development Framework and Introduction of the Social-Ecological Systems Framework. In: Paul A. Sabatier/Christopher M. Weible (eds.): Theories of the Policy Process. 3rd ed. Boulder, Co.: Westview Press/Kindle-E-Book, Position 5831–6725.

Parsons, Wayne, 1995: Public Policy – An Introduction to the Theory and Practice of Policy Analysis. Aldershot, UK/Brookfield, Vt., US: Edward Elgar.

Sabatier, Paul A., 1993: Advocacy-Koalitionen, Policy-Wandel und Policy-Lernen: Eine Alternative zur Phasenheuristik. In: Adrienne Héritier (Hrsg.): Policy Analyse. Kritik und Neuorientierung (Politische Vierteljahresschrift, Sonderheft 24). Opladen: Westdeutscher Verlag, 116–148.

Sabatier, Paul A., 2007: The Need for Better Theories. In: ders. (ed.): Theories of the Policy Process. 2nd ed. Boulder, Co.: Westview Press, 3–17.

Scharpf, Fritz W., 1987: Sozialdemokratische Krisenpolitik in Europa. Frankfurt a. M./New York: Campus.

Scharpf, Fritz W., 1988: Verhandlungssysteme, Verteilungskonflikte und Pathologien der politischen Steuerung . In: Manfred G. Schmidt (Hrsg.):Staatstätigkeiten (Politische Vierteljahresschrift, Sonderheft 19). Opladen: Westdeutscher Verlag.

Scharpf, Fritz W., 2000: Interaktionsformen. Akteurzentrierter Institutionalismus in der Politikforschung.Opladen: Leske + Budrich.

Schlager, Edella, 2007: A Comparison of Frameworks, Theories and Models of Policy Processes. In: Paul A. Sabatier (ed.), Theories of the Policy Process. 2nd ed. Boulder, Co.: Westview Press, 293–319.

Schmidt, Manfred G., 1982: Wohlfahrtsstaatliche Politik unter bürgerlichen und sozialdemokratischen Regierungen. Ein internationaler Vergleich, Frankfurt a. M./New York: Campus.

Schmidt, Manfred G., 1987: Vergleichende Policy-Forschung. In: Dirk Berg-Schlosser/Ferdinand Müller-Rommel (Hrsg.): Vergleichende Politikwissenschaft. Opladen: Leske + Budrich, 185–200.

Schubert, Klaus, 1991: Politikfeldanalyse. Opladen: Leske + Budrich

Schubert, Klaus (Hrsg.), 1992: Leistungen und Grenzen politisch-ökonomischer Theorie: eine kritische Bestandsaufnahme zu Mancur Olson. Darmstadt: Wissenschaftliche Buchgesellschaft.

Schubert, Klaus, 2005: Neo-Korporatismus – und was dann? In: Woyke, Wichard (Hrsg.): Verbände. Eine Einführung. Schwalbach, Ts.: Wochenschau Verlag.

Streeck, Wolfgang (Hrsg.), 1995: Staat und Verbände (Politische Vierteljahresschrift, Sonderheft 25). Opladen: Westdeutscher Verlag.

Windhoff-Héritier, Adrienne, 1987: Policy-Analyse. Eine Einführung. Frankfurt a. M.: Campus.

? Verständnisfragen

1. Definieren Sie die Begriffe Policy, Polity und Politics.

2. Definieren Sie die Begriffe Konzept, Theorie, analytischer Rahmen, Modell und (theoretischer) Ansatz.

3. Welche Phasen hat die Policy-Analyse bisher durchlaufen?

Transferfragen

1. Entwickeln Sie eigene Beispiele für klassische politikwissenschaftliche, politische und politikfeldanalytische Fragestellungen.

2. Nennen Sie jeweils eigene Beispiele für Modelle, analytische Rahmen, Theorien geringer Reichweite, Theorien mittlerer Reichweite und Theorien hoher Reichweite.

Problematisierungsfrage

1. Diskutieren Sie den jeweiligen Nutzen von Modellen, analytischen Rahmen, Theorien geringer Reichweite, Theorien mittlerer Reichweite und Theorien hoher Reichweite. Ist die im Text vorgeschlagene mehrdimensionale Typologie sinnvoll?

Teil I: Entstehung und wissenschaftliche Positionierung der Politikfeldanalyse

Klaus von Beyme
Vorläufer der Politikfeldanalyse auf dem europäischen Kontinent

1 Einleitung: Europäische Wurzeln der drei Politikbegriffe

Die klare Dreiteilung des Politikbegriffs (**Polity, Politics, Policy**) kann in dieser eindrücklich knappen Form in den anderen europäischen Sprachen nicht nachgemacht werden. Dennoch hat der europäische Kontinent in der frühen Neuzeit ähnliche Entwicklungen durchgemacht wie England. Ganz Europa stand unter der Vorherrschaft der Politikauffassung des Aristoteles (384–322 v. Chr.). England hat seit Hobbes (1588–1679) diese Tradition als veraltet entschiedener bekämpft. In Deutschland überwog sie bis ins 18. Jahrhundert.

Aristoteles' **Politie**-Begriff war vor allem auf die gute gerechte Ordnung ausgerichtet und blieb dominant. Die lateinische Fassung **Politica** war weitgehend noch an die Ethik gebunden. Die Entdeutschung des Wortes „**politic**" – schon die ungeläufige Schreibweise wies ein Fremdwort aus – wurde erst durch Ludwig von Seckendorff (1626–1692) 1656 vollzogen, als er in der Vorrede des Werkes „Teutscher Fürsten Stat" sich von allgemeinen Beschreibungen und „politischen Büchern und Discursen" absetzte, weil er sich nicht „fürgenommen" habe, „eine Teutsche allgemeine Politic oder gewisse Regeln der Regimenter zu schreiben, ... sondern mein Zweck und Absehen ist auf den Zustand der meisten Teutschen Fürstenthümer gerichtet gewesen, wie nemblich solche in ihrem und gutem Zustande beschaffen zu seyn, und regieret zu werden pflegen" (von Seckendorff 1976: ohne Seite).

Der Politikbegriff wird hiermit ausdifferenziert. Seckendorff ging es um **Policy** im modernen Sinn und zwar analytisch und normativ: „wie sie regieret zu werden" und weniger um die Beschreibung der „Regimenter" (hier wiederum spezifiziert im Sinn von Regierungsformen) und der „Regeln" zwischen Herren und Unterthanen (im Sinn von **Politics**), sondern die „Umstände einer **Policey**", die der gothaische Kanzler bei früheren „Scribenten" vermisste.

Nur dieser dritte Bedeutungsstrang kommt für die Analyse der Vorläufer der Politikfeldanalyse in Betracht. Dabei ist bemerkenswert, dass der Bereich **Politics** im Absolutismus am stärksten unterbelichtet blieb. Er dominierte allenfalls dort, wo Herrscher ohne große Restriktionen Politik machen konnten, wie im Machiavellismus, und später wieder, als Politik vom Volk bestimmt wurde, vor allem seit der französischen Revolution. Selbst im sich festigenden Absolutismus blieben viele ständestaatliche Elemente erhalten. Die Herrscher haben die Entmachtung der Stände nicht zuletzt durch **Policies** zur Wohlfahrt der Bevölkerung vorangetrieben, keineswegs nur durch fürstliche Willkür. Das deutsche Reich war jedoch kein normaler Staat. Als von Jean Bodin (1529/30–1596) bis Samuel von Pufendorf (1632–1694) das Kriterium der Souveränität zum Staatsmerkmal erhoben wurde, schien das Reich „irregulare aliquod corpus et monstro simile" (ein irregulärer und einem Monstrum ähnlichen Körper), der „nicht mehr eine beschränkte Monarchie", aber „noch nicht eine Föderation mehrer Staaten" darstellte (Pufendorf 1994: 199).

ℹ Machiavelli, Niccolò – Machiavellismus

* 3.5.1469, † 22.6.1527 in Florenz;, italienischer Schriftsteller, Diplomat und politischer Theoretiker

Machiavelli begründet in seinem Hauptwerk *Il Principe* (Der Fürst, 1532) eine systematische Theorie des politischen Handelns, das er auf den Erwerb, Erhalt und Einsatz von Macht konzentriert. Der Zweck des politischen Machteinsatzes liege in sich selbst und entziehe sich so ethischen Kategorien.

Der Begriff „Machiavellismus" bezeichnet zunächst die Gesamtheit der politischen Theorien Machiavellis, wird aber häufig pejorativ im Sinne eines zynischen, hemmungs- und rücksichtslosen Machteinsatzes gebraucht. Diese Interpretation des *Principe* als „Handbuch für Tyrannen" missversteht Machiavelli insofern, als er sich primär gegen eine realitätsferne Normativisierung der Politik wendet, um ein realistisches, auf erfolgreiches politisches Handeln gerichtetes Bild der Politik zu zeichnen.

---

2 Souveränität nach innen: Gute Policey

Beim Mainstream der Reichspublizistik hielt sich mehr vom ständestaatlichen Denken. Da sich nach dem Dreißigjährigen Krieg die Aufmerksamkeit der führenden Traktatschreiber jedoch, wie bei Seckendorff, auf den Territorialstaat bezog, wurden die ständisch-dualistischen Elemente klein geschrieben, und die **„gute Policey"** trat in den Vordergrund. Angesichts der gewaltigen Zerstörungen im Dreißigjährigen Krieg hat Deutschland in der politischen Theorie einen Sonderweg eingeschlagen. In der Krise des Reiches und der ständischen Einrichtungen wurde Verwaltung zum Zentrum der Theorie der Politik. Policey umfasst die gesamte Innenpolitik – im Gegensatz zur Außenpolitik (Wolzendorff 1918). Die obrigkeitsstaatliche Tradition im räumlich beschränkten Territorialstaat, bei dem Außenpolitik nur eine geringe Rolle spielen konnte, drängte in die Richtung der Reduzierung aller Politik auf „gute Ordnung und Policey", die immer minutiöser alle gesellschaftlichen Verhältnisse zu regeln begann (Maier 1966: 309).

Der Polizeibegriff war im französischen Frühabsolutismus entwickelt und auf die Staatätigkeit verengt worden. Bei Luther (1483–1546) und früheren Autoren wurde **Policey** gelegentlich für die ganze Staatsordnung im Sinn von **Politie** verwandt. Angesichts der Not nach dem Westfälischen Frieden musste der Wohlfahrtsgedanke in der deutschen Polizei-Wissenschaft besonders betont werden. Der in Frankreich entwickelte Merkantilismus, der vor allem auf die Entwicklung des Außenhandels ausgerichtet war, um die Staatseinkünfte für die Militärpolitik und die Selbstdarstellung zu mehren, hat sich in Deutschland nicht in gleicher Weise entwickeln können – mit Ausnahme von Preußen.

Der Kameralismus als praxis- und wirtschaftsorientierte Lehre war anfangs eher wie eine Verwaltungshochschule (z. B. in Kaiserslautern) organisiert, die erst später mit der Universität (in diesem Fall Heidelberg) zusammengelegt wurde. Mit wachsendem Bedarf an professionalisierten Staatsdienern verdrängten kameralistische Lehrstühle vielfach die alten Politik-Dozenturen, die stark ethisch ausgerichtet waren, und damit die klassische praktische Philosophie. **Policey** wurde zur Domäne von Juristen und Ökonomen. Als Thema der Philosophie kam sie erst wieder in Halle mit Christian Wolff (1679–1754) und Christian Thomasius (1655–1728) auf. Die Politisierung der Ökonomie führte zu neuen Amalgamen wie „ökonomische Policey- und Cameralwissenschaft".

Kameralismus

Kameralismus (abgeleitet vom „Kammerkollegium", einer hohen Finanzbehörde) bezeichnet die Lehre von der öffentlichen Verwaltung und landesfürstlichen Finanzwirtschaft während des Absolutismus im 17. und 18. Jahrhundert. Er kann als die spezifisch deutsch-österreichische Version des Merkantilismus (mercari, lat. Handel treiben) bezeichnet werden.

Der von Frankreich geprägte Merkantilismus zielte auf höhere Staatseinkünfte. Der deutsche Kameralismus betonte die Machtsteigerung des absolutistischen Staates durch wirtschaftliches Wachstum und Autarkie und eine Straffung staatlicher Lenkung und Verwaltung. Vor dem Hintergrund der Zerstörungen und Verwüstungen durch den Dreißigjährigen Krieg (1618–1648) entwickelt, umfasst er neben ökonomischen auch juristische, soziale, fiskalische und politische Aspekte und weist so einen breiteren Fokus als der klassische Merkantilismus auf. Zudem besitzt er eine ausgeprägte bevölkerungspolitische Perspektive.

Die spezifische Ausprägung des deutschen lutherischen Protestantismus mit seiner Betonung von Römer 13 (Gebt dem Kaiser, was des Kaisers ist) und seinem raschen Friedensschluss von Thron und Altar, hat die deutsche Sonderentwicklung nicht wenig befördert. Nach der Reformation kamen Forderungen nach einer christlichen Staatstheorie auf. Melanchton (1497–1560) widersprach der Ansicht, dass „im Evangelio" eine „Lehre vom gemeinen Wesen zu finden" sei. Daher konnte der Aristotelismus seine Stellung behaupten, auch wenn einzelne Theoretiker wie der „erzstiftlich-bremische" Kanzler Reinkingk (1590–1664) eine „biblische Policey" zu entwickeln suchten, „um die rechte, Gott wohlgefällige, heylsame Policey zu finden, und darauß die rechte Regiments Reguln, oder Regierkunst zu lernen" (Reinkingk 1656: Dedication, ohne Seite). Solche Versuche bleiben vor allem in weltlichen Territorien aussichtslos, so sehr auch in ihren Trakten die gottgefällige Lebensart beschworen wurde, die der Fürst zu fördern habe.

3 Verschiedene Stränge der Souveränitätslehre

Die **Souveränitätslehre** verband sich seit Pufendorf mit dem Wohlfahrtsgedanken. Größer war die Aversion der deutschen Publizistik, den Begriff der „Staatsräson" aus Italien zu übernehmen. Der Staatsbegriff hatte noch zu viele Konnotationen. Die kalte Staatsräson schien im deutschen Kleinstaat anrüchig. Dennoch sollte der machiavellistische Gedankenstrang nicht außer Acht gelassen werden, auch wenn Machiavelli (1469–1527) selbst wenig von „Staat" und im Substantiv nie von der Staatsräson sprach. Fremd an Machiavelli war den Deutschen bis zu Mohl (1799– 1875), dass die Bürger eher möglichst in Ruhe gelassen werden sollten, aber „von Recht und Sittlichkeit, von einer Berücksichtigung höherer Staatszwecke oder des Volkswohles war gar keine Rede" (Mohl 1960: 537).

---

i **Samuel Freiherr von Pufendorf**

* 8.1.1632 in Dorfchemnitz; † 26.10.1694 in Berlin, deutscher Historiker, Naturrechtsphilosoph und Staats- und Völkerrechtstheoretiker

Heute weit weniger bekannt als zu Lebzeiten gilt Pufendorf als einer der Wegbereiter der neuzeitlichen Naturrechtslehre. Sein Kompendium *De Officio Hominis et Civis* aus dem Jahre 1673 wurde als Lehrbuch für Natur- und Völkerrecht genutzt, in viele europäische Sprachen übersetzt und stieß so auf breite Rezeption. Pufendorf systematisierte das Naturrecht und trieb seine Säkularisierung weiter voran. Ausgangspunkt des Pufendorfschen politischen Denkens ist die Soziabilität (*socialitas*) des Menschen, also sein natürliches Streben nach Gemeinschaft, welches sich letztlich für die Staatenbildung verantwortlich zeigt.

Herausbildung der Moral- und Rechtsvorstellungen der Aufklärung und des bürgerlichen Zeitalters.

Machiavellismus wurde vor allem für die katholischen Stände erst in der Version des jesuitischen Wohlfahrstmachiavellismus akzeptabel, der sich bewusst auch an Klein- und Stadtstaaten wendete, wie bei Botero (1533/44–1617), der das erste Buch schrieb, das den Begriff „ragion di stato" – „Staatsräson" – im Titel trug. Es war dem Erzbischof von Salzburg, Wolf Dietrich von Raitenau (1559–1617) gewidmet, der in der muffigen Enge deutscher Kleinstaaten noch am ehesten einem italienischen Principe entsprach: ehrgeizig, bauwütig, händelsüchtig und angesichts einer Geliebten mit 12 Kindern „unsittlich", so dass er schließlich abgesetzt wurde – wegen „malgoverno et il concubinato", wie der spätere Herausgeber der Schrift vermerkte (von Beyme 1988).

Die deutsche Übersetzung von Boteros Staatsräson in Straßburg 1596 zeigte schon im Titel diese Dimension an, die von der nachkameralistischen Politiktheorie verschüttet worden ist. Aus der lapidaren Formel „della ragion di stato" wurde: „ein gründlicher Bericht von Anordnung guter Policeyen und Regiments; auch Fürsten und Herren Stands samt Gründlicher Erklärung der Ursachen wadurch Stätt zu Auffnemmen und Hochheiten kommen mögen, gemeinem Vaterland zum besten aus Italianischer in Teutsche Sprache gebracht".

Das Vorwort des Verlegers zeigte noch stärker die Fremdheit kalter Staatsräson-gedanken im Bereich deutscher paternalistischer Kleinstaaterei an. Der wohlfahrts-politische Aspekt wurde von Lazarus Zetzner als „dienstwilligem Gevatter" eines Straßburger Professors zugespitzt in dem Gedanken: „Wann dann Ich / meim ring-fügigen Verstand nach / es dafür halte: daß unsern Vaterland wegen seiner vielfäl-tigen arten der gemeinen Nutzbestellung / und dessen administration und verwal-tung / nit ubel gedienet seyn /sonder ohne zweifel inn einem oder dem anderen / damit zum wenigsten under die arm gegriffen / auch Regeln / mittel und ursachen / gefunden werden mögen: da dem einen hie / dem anderen dort schwankenden / auch theils beinahe sinckenden gemeinem stand / zu hilffkommen / oder fernerm Unheil vorgebogen werden könne" (Boteri 1596: 2 f.). Nicht nur Linderung sozialer Not von Individuen und ganzen Ständen verspricht der Verleger, sondern auch Hinweise zu einer generellen „Daseinsvorsorge".

Es ist nicht auszuschließen, dass die ersten Leser sich überfordert sahen. **Polity**, **Politik** und **Policy** (oder in der älteren deutschen Form: Polizei) standen in der älteren Terminologie noch nebeneinander. Heute kann nur das Englische diese Nuancen ohne Rückgriff auf Archaismen noch darstellen. Polity war dann eher „Regiment", Policy und Politik mussten damals weniger scharf geschieden werden als heute, weil an eine verselbstständigte Entscheidungsspähre als Prozess einander widerstrebender politischer Interessen in der frühabsolutistischen Zeit kaum ge-dacht wurde. Wo sie de facto auftraten, sollten sie ja gerade durch einigende Begrif-fe wie Staatsräson und Souveränität um die Brisanz ihrer zentrifugalen Kräfte ge-bracht werden. Gelegentlich wurde auch polizey im Sinne von Aristoteles Politie-Begriffs benutzt. Wie wenig der Machiavellismus in seiner zynischen Bedeutung auf Resonanz in der braven deutschen Kleinstaaterei stieß, zeigte sich daran, dass selbst aus Machiavellis „Principe" in sehr weitherziger Deutung „Machiavellis Poli-cei" wurde.

Hatten schon Botero und Boccalini (1556–1613) zwischen guter und schlechter Staatsräson unterschieden und damit die übel beleumdeten Teile des Machiavellis-mus abzustoßen versucht, so wurde in Deutschland gleichsam nur der gute Teil aufgenommen. Freilich gab es auch im Bereich der hausbackenen Polizeiwissen-schaft noch die christliche Verketzerung der Staatsräson, die sich nicht damit be-gnügen möchte, die Staatsräson in „gute Polizey" umzudeuten, sondern ihr die „biblische Policey" entgegenstellte wie Dietrich Reinkingk.

Vielleicht wäre Boteros Schrift über die Staatsräson weniger berühmt als durch den Titel geworden, wenn sie nicht auch in den Übersetzungen immer zusammen mit der kleinen Schrift „Delle cause della grandezza e magnificenza delle città" von 1588 dargeboten worden wäre. Botero wurde für diese Schrift als der große Vorläu-fer von Malthus (1766–1834) und frühe Entdecker der Bevölkerungspolitik gefeiert. Überhöhte Erwartungen des Vorworts konnten freilich auch nicht voll befriedigt werden. Es bleibt aber der Gedanke bemerkenswert, eher durch Wohlfahrts- und Bevölkerungspolitik als durch Kriege die Festigkeit von Herrschaft zu mehren. Bevölkerungswachstum wird als Kapital angesehen, weil Botero – modern gesprochen – ein Anhänger der Arbeitswertlehre war. Arbeit, nicht Kapital, machte für ihn den Reichtum eines Staates aus. Staatsräson im Sinne von „law and order" als Vorbedingung günstiger wirtschaftlicher Entwicklung bleibt nicht allein. „Infrastrukturpolitik" in Form von Förderung des Handels und der Transportmöglichkeiten wurden einbezogen. Der katholische Aspekt schlägt sich nieder in der Förderung der Ehe und in der Warnung vor Verbindung ungleichen Alters, welche der Fruchtbarkeit unzuträglich sind. Weitschauender als mancher Prämalthusianer war Botero in der Erkenntnis, dass die Geburtenrate an sich noch keinen Vorteil für den Staat bringe. Hauptaugenmerk des Herrschers musste wiederum bei der Wohlfahrtspolitik liegen, um die einmal Geborenen zu erhalten und die Lebensdauer der Bürger anzuheben.

Der aufgeklärte Despotismus bei Botero war staatsinterventionistisch weit über das Maß dessen hinaus, was in der Lehre der Staatsräson bis dahin als Tätigkeitsfelder des Staates galten. Policy-orientierte Polizeiwissenschaft, vor allem in Deutschland, konnte viele Anregungen aus Botero nehmen. Die utopische Städteliteratur der italienischen Renaissance, die bis in die kleinsten Details, wie den Gang zu den Hetären, für alle Stände Regulierungen vorschlug, war eine weitere Quelle, aus der man für eine wissenschaftliche Lehre vom Wachstum der Städte schöpfen konnte. Aber eine Überregulierung, wie sie in jenen Utopien üblich war, spielte bei Botero keine Rolle, sehr im Gegensatz auch zu manchem französischen und deutschen Traktat der späteren Zeit.

Was Meinecke (1862–1954) einmal die „leicht verdauliche und geschmackvoll gebotene Nahrung" nannte, die ein mittelmäßiger Kopf wie Botero den katholischbigotten Höfen der Gegenreformation als mildes Gegengift gegen Machiavellis Zynismus und Unkirchlichkeit bot, wurde auch in Deutschland einflussreich. Die **Staatsräson** als Begriff hat sich früher in den katholischen Territorien als Begriff durchgesetzt. Die **Souveränität** hingegen wurde früher in den protestantischen Territorien bei Autoren wie Pufendorf, Bogeslav von Chemnitz (1605–1678) oder Hermann Conring (1606–1681), welche in Opposition zum katholischen Kaiser standen, rezipiert. Erst im 18. Jahrhundert verwischten sich diese Unterschiede, etwa wenn Fichte (1762–1814) und Hegel (1770–1831) sich des Begriffs der Staatsräson bemächtigten.

4 Staatsräson – Souveränität – Staatszweck

Die verschiedenen Stränge einer aufgeklärten Staatslehre von Souveränitätstheorie, lutherisch abgemilderter Staatsräsonlehre in Verbindung mit dem Naturrecht und einer philosophisch begründeten Wohlfahrtstheorie liefen bei Samuel von Pufendorf zusammen. Er galt im Rückblick nicht als der tiefste, aber zweifellos als der vielseitigste Denker. Kein anderer deutscher Autor ist bis zu Rousseau (1712–1778) und den amerikanischen Gründungsvätern so häufig zitiert worden. Seine Bücher gewannen an Lesbarkeit, wo die erste Generation von Policey-Wissenschaftlern im 16. und 17. Jahrhundert (Oldendorp, Reinkingk, Seckendorff) enzyklopädisch-unverdaulich blieben.

Allenfalls bei Seckendorff sind die Policies zu einem Gesamtkonzept gebündelt, das um Grundbegriffe wie Recht, Friede und Wohlfahrt gruppiert war. Zu diesen Grundpolicies kamen noch Kirchen- und Erziehungspolizei. Letzte war in Deutschland sehr viel früher heimisch geworden als in Großbritannien. Noch Robert von Mohl monierte im 19. Jahrhundert das Paradoxon, das in Deutschland, „im Paradiese der Bürokratie" zunehmend von der Übermacht der Verwaltung im „Polizeistaat" (der ja nicht auf innere Sicherheit wie später beschränkt war, sondern umfassende Daseinsvorsorge trieb) mit Missachtung geredet werde, während in England, „wo man von einem Behördenorganismus bisher kaum einen Begriff hatte" die Verwaltung in vielen Politikfeldern zügig ausgebaut wurde – ohne schlechtes Gewissen, weil man weder ein „Junkerthum" noch einen „Ultramontanismus", noch eine penetrante liberale Partei wie in Deutschland habe, die überall mehr Selbständigkeit für den Bürger verlange (von Mohl 1962: 60 f.).

Mohl, Robert von   `i`

* 17.8.1799 in Stuttgart; † 4.11.1875 in Berlin, deutscher Staatsrechtler und Politiker

Von Mohl war 1848 als Liberaler Mitglied der Deutschen Nationalversammlung in Frankfurt und 1848/1849 Reichsjustizminister. Als Staatsrechtler führte er den Begriff des „Rechtsstaats" in seiner modernen Bedeutung als rechtliche Überprüfbarkeit der staatlichen Tätigkeit und in Abgrenzung zum „Polizeistaat" in das deutsche Staatsrecht ein. Als „gute Polizey" betrachtete er die Übernahme von sozialer Verantwortung durch den Verwaltungsstaat.

Zudem beschäftigte er sich schon früh mit den Problematiken der „sozialen Frage" (frühindustrielle Verarmung und Verelendung, Massenarbeitslosigkeit etc.) und forderte sozialpolitische Maßnahmen.

Eine Staatszwecklehre, wie sie in Deutschland bei Naturrechtlern wie Policey-Theoretikern ins Kraut schoss, hat England gleichwohl als Staatsmetaphysik mit wenigen Ausnahmen von Bosanquet (1848–1923) bis Green (1836–1882) und Austin (1790–1859) immer weiter beargwöhnt. Die Policey-Wissenschaft als Vorläuferin einer policy-orientierten Politiklehre blieb in Deutschland bis ins 19. Jahrhundert bedeutsam und erreichte ihre Reife in den Werken von Justi (1717–1771), Sonnenfels

(1733–1817), Pütter (1725–1807) und den sächsischen Kameralisten (Maier 1966: 46; Stolleis 1977).

Im 19. Jahrhundert endete diese Tradition. Mohl war der letzte, der ein mehrfach aufgelegtes Werk über „Polizey-Wissenschaften nach den Grundsätzen des Rechtsstaats" schrieb (Tübingen 1831–34). Seine Sammlung der Behandlung aller Politikfelder bis hin zur „Arbeiterpolitik" zeigte jedoch an, dass in Deutschland die soziale Frage früh den Laissez-faire-Liberalismus milderte. Gerade aus der Revolutionsfurcht der politischen Theoretiker und der Politik wurden Reste der alten Ständegesellschaft verbunden mit „erfundenen" ständischen Kategorien als Dammbau gegen soziale Unruhen eingesetzt und sie erforderten politikfeldorientierte Theorie. Der deutsche Liberalismus hat von Mohl bis Max Weber (1864–1920) Elemente einer Obrigkeitsstaatlichkeit nicht abgeschüttelt (Maier 1966: 311).

Die Polizeiwissenschaft litt im Zeitalter der Konstitutionalisierung der Regime an ihrem obrigkeitsstaatlichen Image. Die politische Theorie liberalisierte sich von Filangieri (1725–1788) und Bentham (1748–1832) bis Mohl und trug den rechtsstaatlichen Anforderungen durch die Überführung der Policy-Analyse in eine **Gesetzgebungslehre**. Von Gesetzgebung war auch in der älteren Polizeiwissenschaft vielfach die Rede gewesen. Sie wurde als „Kunst" – und weniger als Wissenschaft gewürdigt. Gesetzgebung gehörte zu den „arcana imperii" der Regierenden und ihrer „Amtmänner". Mit der Gesetzgebungslehre der Spätaufklärung wurde die Gesetzgebungslehre zur Wissenschaft ausgebaut.

Es bleibt freilich bemerkenswert, dass selbst der Rationalist Bentham noch von „art of legislation" sprach. Diese aufgeklärte Gesetzgebungswissenschaft appellierte nicht mehr nur an die Einsicht der Exekutive, sondern auch die der Parlamentarier und Stände-Repräsentanten. Bei dem Neapolitaner Gaetano Filangieri waren alle Themen der älteren Polizeiwissenschaft in einer Kombination von moralischer Betrachtung und Enzyklopädie verbunden. Bei Bentham 1789 war die Gesetzgebungskunst ein Lehrfeld für Bürger, „most conducive to the happiness of the whole community, by means of motives to be applied by the legislator" (Filangieri 1833: 9; Bentham 1961: 323; vgl. zur Gesetzgebungslehre: von Beyme 1998: 53 ff.).

Erst im 19. Jahrhundert verlor sich die Gesetzgebungstheorie in prozeduralen Analysen ohne Policy-Bezug. Sie folgte damit der Ausdifferenzierung der juristischen Teilgebiete im Zeitalter des Rechtspositivismus. Das Verwaltungsrecht wurde juristischer. Die Verwaltungslehre enthielt meistens noch ein Relikt allgemeiner politischer Theorie, wie bei Ernst Forsthoff (1902–1974). Gegen die immer weitere Zersplitterung der Verwaltungswissenschaft wurde erst in neuerer Zeit die Reintegration der Betrachtung auf dem Boden einer systemischen Ordnungsidee versucht (Schmidt-Aßmann 1998).

Auch in Deutschland hatte es eine Bewegung gegeben, die auf Begrenzung der Staatszwecke drängte. Fichtes „Geschlossener Handelsstaat" hatte noch viel vom älteren Kameralismus übernommen. Hegels Polizeilehre war trotz seiner Grundkonservativität mit einem Tropfen von liberalem oder eher noch sozialem Öl gesalbt. In der Rechtsphilosophie (§ 236) hieß es in einem Zusatz: „Die polizeiliche Aufsicht und Vorsorge hat den Zweck, das Individuum mit der allgemeinen Möglichkeit zu vermitteln, die zur Erreichung individueller Zwecke vorhanden ist. Sie hat für Straßenbeleuchtung, Brückenbau, Taxation der täglichen Bedürfnisse, sowie für die Gesundheit Sorge zu tragen". Er grenzte sich gegen zwei „Hauptansichten" ab, die eine, die behauptet, „daß die Polizei die Aufsicht über alles gebühre", die andere, dass „die Polizei hier nichts zu bestimmen habe", indem jeder sich nach dem Bedürfnis des anderen richten werde".

Der Staat war im Gegensatz zum liberalen Nachtwächterstaat, der sich auf innere und äußere Sicherheit beschränkte, zu Infrastrukturpolitik verpflichtet, falls der moderne Terminus angemessen ist. Armut an sich (ebd. § 244) macht noch keinen „Pöbel". Wo er aber durch die „mit der Armut sich verknüpfende Gesinnung", „durch die innere Empörung über die Reichen" entsteht, ist staatliches Eingreifen in die Politikfelder unerlässlich.

Der Eudämonismus, der in Großbritannien seit Bentham in den Utilitarismus mündete, nachdem Bentham liberal wurde und die Vorstellung aufgegeben hatte, dass Philosophenkönige ihre Ideen am besten unter aufgeklärten Despoten wie Katharina II (1729–1796) durchsetzen könnten, stieß in Deutschland auf überwiegende Ablehnung. Niemand hat diese Ablehnung schärfer vorgenommen als Kant (1724–1804), der formulierte, dass „das Prinzip der Glückseligkeit (welche eigentlich gar keines bestimmten Prinzips fähig ist) auch im Staatsrecht ... Böses anrichtet, so wie es solches in der Moral tut. ... Der Souverän will das Volk nach seinen Begriffen glücklich machen, und wird Despot; das Volk will sich den allgemeinen menschlichen Anspruch auf eigene Glückseligkeit nicht nehmen lassen, und wird Rebell." Alle wohlmeinenden Theoretiker der Polizeiwissenschaft, die hierüber „vernünftelt" haben – Zielscheibe ist vor allem Gottfried Achenwall (1719–1772) – haben für Kant ihre eigenen Urteile dem Prinzip der Glückseligkeit – modern gesagt der „Leerformel" Glück – untergeschoben (Kant 1964: 158 f.).

Wilhelm Humboldts (1767–1835) Schrift über „Ideen zu einem Versuch, die Grenzen der Wirksamkeit des Staats zu bestimmen" von 1792 (erst 1851 in Breslau veröffentlicht), die von großem Einfluss auf John Stuart Mill (1806–1873) war, nahm die radikalste Beschränkung des Staats auf äußere und innere Sicherheit vor (Kap. IV). Selbst die Erziehungspolitik, die als preußische Errungenschaft selbst bei Engels hoch gelobt wurde, ist von Humboldt abgelehnt worden, weil sie zugleich „zuviel und zuwenig" bewirkte und mehr schade als nutze (Humboldt 1960: 69 ff.). Wurde in der konservativen Theorie bei Friedrich Wilhelm Joseph Schelling (1775–1854) bis Friedrich Julius Stahl (1802–1861) der Staat zum Selbstzweck, so wurden in der liberalen Theorie die Staatszwecke entweder in den Bereich der Metaphysik oder der politischen Dezision verwiesen (Bull 1977: 27).

Die Politikfelder reduzierten sich auf äußere und innere Sicherheit, so sehr auch in der wilhelminischen Staatslehre der Widerstand wach blieb, gegen die „kümmer liche Anschauung", die den Staat auf „einen Schutz- und Trutzverband nach außen, einen Gerichtsverband nach innen" reduziere (Georg Jelinek).

Die Polizeiwissenschaft ging im Zeitalter des Liberalismus unter. Volkswirtschaft und Verwaltungslehre haben sich ausdifferenziert. Die praktische Philosophie wurde vom Neukantianismus für lange Zeit verdrängt. Daran konnte auch der Versuch einer umfassenden Verwaltungslehre, wie bei Lorenz von Stein (1815–1890) (10 Bde. Stuttgart 1865–84) nichts mehr ändern. „Polizei" wurde zum Untergebiet des Verwaltungsrechts, und in der Publizistik wurde darin vor allem die repressive Seite des Staates gesehen. Erst der moderne sozialwissenschaftlich angereicherte Polizeibegriff hat die Polizei entdämonisiert und die protektiven Züge wieder stärker betont. Die alliierte Besatzungspolitik war auf „Entpolizeilichung" Deutschlands gerichtet (Knemeyer 1978). Noch bei dem großen Liberalen Rotteck hieß es 1839: „keine Regierungsgewalt ist für die Freiheit gefährlicher ... als die Polizei, nicht bloß jene geheime und sogenannte höhere, sondern überhaupt die sich so nennende Wohlfahrtspolizei". Hauptzweck des Staates war für ihn die „Herrschaft des Rechts" (von Aretin/von Rotteck 1839: 165 f.). Die Enttäuschung der Liberalen über die despotische Wende der Jacobiner in der französischen Revolution mit ihrem repressiven „Wohlfahrtsausschuss" hat diese Verhärtung gegen die Wohlfahrtspolitik bei dogmatischen Liberalen gefördert. Aber die einflussreichsten Liberalen wie Mohl haben die Verknüpfung von Politikfeldforschung und Rechtsstaat – ohne Staatszweckmetaphysik – weiter betrieben.

5 Konklusion

Die Ausdifferenzierung der alten Policey-Wissenschaft und der Kameralistik ist seit dem 19. Jahrhundert unumkehrbar geworden. Der „soziale Rechtsstaat" des Grundgesetzes zeigt jedoch Elemente der alten deutschen Sondertradition, so sehr sich auch einst der wilhelminische Staatsrechtslehrer Paul Laband (1838–1918) gegen die Wortverbindung wehrte, die eine hehre Idee wie den Rechtsstaat „in den Staub des Irdisch-Kleinlichen" ziehe. Der Rechtsstaat wurde im zweiten Kaiserreich überhöht, um dem Bürgertum Konzessionen zu machen, das – trotz des allgemeinen Wahlrechts – keine wesentliche Mitgestaltung der Politik erreichte und nicht einmal die parlamentarisch verantwortliche Regierung vor 1918 durchsetzte. Die praktische Philosophie erlebte nach dem zweiten Weltkrieg eine Renaissance. Aber im Ganzen blieb sie eher theoriegeschichtlich als politikfeldorientiert. Allenfalls in Amerika gingen von normativen Ansätzen Impulse für die erste Phase der „policy sciences" aus.

Die Kontinuität des theoretischen Sonderweges in Deutschland zeigte sich eher in indirekter Form. Preußen und Sachsen wurden im 18. Jahrhundert zu den Hochburgen einer politikfeldorientierten Staatslehre. Kameralistische Lehrstühle wurden in Halle und Frankfurt/Oder eingerichtet. Halle wurde zur wichtigsten Neugründung einer deutschen Universität nach dem Dreißigjährigen Krieg, in einer Zeit des wirtschaftlichen Ruins und der konfessionellen Erstarrung. Frühaufklärung und Pietismus sind nirgendwo wie in Halle eine so enge Verbindung eingegangen. Sie wurde für eine preußische Ethik in Verbindung mit wohlfahrtsstaatlicher Gesinnung prägend. Die Universität Halle wurde zur wichtigsten Schule des aufgeklärten Beamtentums. Vernunft wie Glaube sollten praktisch werden. Aufklärung begann das theologische Denken der Wissenschaft zu unterwerfen. Lepsius hat einen preußischen Stil der Gesinnung ausgemacht, der „sozialpolitisch" und nicht „kapitalistisch" orientiert war, selbst wo er Kameralismus lehrte (Lepsius 1996).

Eine gewisse – nicht nur rechtliche –, sondern auch soziale Gleichheitsvorstellung war mit dieser Gesinnung verbunden. Bei Lorenz von Stein gipfelte diese Auffassung 1852 in der Schrift „Zur preussischen Verfassungsfrage" (von Stein 1961: 36f.) in der Vorstellung, dass eine Verfassung erst Sinn mache, wenn die soziale Einheitlichkeit der heterogenen Landesteile, die Preußen von der „Maas bis an die Memel" ererbt, erobert und erhandelt hatte, vorangetrieben worden sei. Es hatte für ihn keinen Sinn, sich auf verfassungsmäßige Rechte zu berufen, „denn das Verfassungsrecht entsteht nicht aus dem Recht der Gesetze, sondern aus dem Recht der Verhältnisse, und in den großen Staatsangelegenheiten gibt es keine Wahrheit und Treue einzelner Menschen, sondern nur die Wahrheit des Staatslebens".

Diese rechtshegelianische Auffassung war politisch-rechtsstaatlich konservativ, wohlfahrtsstaatlich hingegen progressiv. Und als die „Wahrheit des Staatslebens" nach 1945 darniederlag, hat die konservative Staatslehre bis zu Ernst Forsthoff vielfach weiter den Gedanken vertreten, dass unter dem Dach einer zerstrittenen politischen Verfassung, die Verwaltung mit ihrer Daseinsvorsorge der eigentliche Eckpfeiler des Staatslebens sei. Die „Einheitlichkeit der Lebensverhältnisse" nach der Vereinigung von 1990 zur „Gleichwertigkeit der Lebensverhältnisse" reduziert, erscheint noch als späte Frucht vom Baum dieser preußischen policy-orientierten Staatsgesinnung.

6 Literatur

Aretin, Johann Ch. von/Rotteck, Carl von, 1839: Staatsrecht der constitutionellen Monarchie. Bd. 2, 2. Aufl. Leipzig: Friedrich Volkmar.

Bentham, Jeremy, 1961: The Principles of Morals and Legislation (1789). New York: Hafner Pub. Co.

Beyme, Klaus von, 1988: Jesuitischer Wohlfahrtsmachiavellismus: Giovanni Botero. In: Rupert. Breitling (Hrsg.): Machiavellismus, Parteien und Wahlen, Medien und Politik. Politische Studien zum 65. Geburtstag von Erwin Faul. Gerlingen: Maisch & Queck, 8–21.

Beyme, Klaus von, 1997: Der Gesetzgeber. Der Bundestag als Entscheidungszentrum. Opladen. Westdeutscher Verlag.

Botero, Giovanni, 1596: Gründlicher Bericht von Anordnung guter Policeyen und Regiments. Straßburg: Zetzner.

Bull, Hans Peter, 1977: Die Staatsaufgaben nach dem Grundgesetz. Kronberg: Athenäum, 27.

Filangieri, Gaetani, 1833: La scienza della legislazione (1799). Neudruck, Capolago: Tipografia e Libreria Elvetica, 9.

Humboldt, Wilhelm von, 1960: Werke in fünf Bänden, Bd. 1. Darmstadt: WBG (Wissenschaftliche Buchgesellschaft).

Kant, Immanuel, 1964: Über den Gemeinspruch ... . In: W. Weischedel (Hrsg.): Werke in sechs Bänden, Bd. 4. Darmstadt: Wiss. Buchgesellschaft.

Knemeyer, Franz-Ludwig, 1979: Polizei. In: Otto Brunner et al. (Hrsg.): Geschichtliche Grundbegriffe, Bd. 4. Stuttgart: Klett, 875–897.

Lepsius, M. Rainer, 1996: Die pietistische Ethik und der ‚Geist' des Wohlfahrtsstaates oder: Der Hallesche Pietismus und die Entstehung des ‚Preußentums'. In: Lars Clausen (Hrsg.): Gesellschaften im Umbruch. Frankfurt: Campus-Verl., 110–124.

* Maier, Hans, 1966: Die ältere deutsche Staats- und Verwaltungslehre (Polizeiwissenschaft). Neuwied am Rhein: Luchterhand.

Mohl, Robert von, 1960: Die Geschichte und Literatur der Staatswissenschaften (1858), Bd. 3, Nachdruck, Graz: Akad. Dr.- und Verl.-Anst.

Mohl, Robert von, 1962: Staatsrecht, Völkerrecht und Politik. Bd. 2, Tübingen 1862, Nachdruck, Graz: Akad. Dr.- und Verl.-Anst.

Pufendorf, Samuel von, 1994: Die Verfassung des deutschen Reiches (De statu imperii Germani-ci). 1667, zweisprachige Ausgabe, Frankfurt: Insel.

Reinkingk, Dietrich, 1656: Biblische Policey. Frankfurt: Porsch.

Schmidt-Aßmann, Eberhard, 1998: Das allgemeine Verwaltungsrecht als Ordnungsidee. Grundlagen und Aufgaben der verwaltungsrechtlichen Systembildung. Berlin: Springer.

Seckendorff, V. Ludwig von, 1976: Teutscher Fürsten Stat. 2 Bde., Bd. 1., Frankfurt 1665, Nachdruck Glashütten im Taunus: Auvermann.

Stein, Lorenz von, 1961: Zur preussischen Verfassungsfrage (1852). 2. Aufl., Darmstadt: Wissenschaftliche Buchgesellschaft, 36 f.

Stolleis, Michael (Hrsg.), 1977: Staatsdenker im 17. und 18. Jahrhundert. Frankfurt: A. Metzner, cop.

Wolzendorff, Kurt, 1918: Der Polizeigedanke des modernen Staates. Breslau: Marcus.

Verständnisfragen

1. Grenzen Sie die Begriffe Souveränität, Staatszweck und Staatsräson voneinander ab.

2. Warum war nicht nur für Botero die Wohlfahrtspolitik eines Staates wichtig?

3. Zeichnen Sie die Genese der „Gesetzgebungslehre" nach.

Transferfragen

1. Verdeutlichen Sie den Stellenwert staatlicher Wohlfahrtspolitik anhand eigener Beispiele.

2. Zeigen Sie anhand eines Politikfeldes auf, inwieweit sich die Politikwissenschaft, die Verwaltungswissenschaft, die Rechtswissenschaft und die politische Philosophie voneinander abgrenzen und wo sie ineinander übergehen.

Problematisierungsfragen

1. Nehmen Sie Stellung zu der Behauptung Hegels, dass der Staat zu Infrastruktur verpflichtet sei.

2. Welche Argumente sprechen für und welche Argumente sprechen gegen eine Trennung zwischen Politikwissenschaft und Verwaltungswissenschaft? Welche konkreten Probleme ergeben sich hieraus?

Klaus Schubert

Pragmatismus, Pluralismus, Policy Analysis: Ursprünge und theoretische Verankerung der Politikfeldanalyse

1 Einleitung

Die Politikfeldanalyse beansprucht Kompetenz auf zwei Ebenen, der wissenschaftlichen Analyse und Reflektion einerseits und der politisch-konstruktiven Beratung andererseits. Das Leitbild ist also das einer „Wissenschaft von der Politik für die Politik". In dieser Sichtweise und mit dem üblicherweise konkret inhaltlichen Fokus werden unmittelbar die Grenzen zu einem entgegengesetzten Wissenschaftsverständnis, das mit einem szientistischen Wissenschaftsbegriff arbeitet, deutlich. Szientistisch meint den – am naturwissenschaftlichen Idealbild orientierten – Versuch, mittels objektiv gewonnener Informationen und Daten Kausalitäten und Gesetzmäßigkeiten zu ermitteln, die ein genaues Abbild der Realität und ihrer Wirkungszusammenhänge liefert. Sind diese Wirkungszusammenhänge erst einmal entdeckt und erkannt, können sie immer, d. h. raum- und zeitlos, in einem kausalen Zusammenhang – wenn → dann – gesetzt und ggf. genutzt werden. Der zentrale Punkt, warum das szientistische Wissenschaftsmodell nur ein Teil der „Wissenschaft von der Politik, für die Politik" sein kann, liegt darin, dass hier die gewonnenen Gewissheiten, die Kausalitäten und Gesetzmäßigkeiten in einem strikten Sinne immer nur für die Vergangenheit gelten: Soziales und eben auch politisches Handeln ist aber immer zeitlich gerichtet und enthält immer gewisse Freiheitsgrade, d. h. ein gewisses Maß an Wahl- und Handlungsfreiheit. Beides, zeitlicher Bezug und Handlungsfreiheit, führen unter konkreten zeitlichen und räumlichen Gegebenheiten und Bedingungen – gezielt oder zufällig – zu sehr unterschiedlichen Handlungsergebnissen und konstituieren unterschiedliche Zukünfte. Erfahrung – auch im eben genannten Sinne, szientistisches Wissen – spielt hier durchaus eine wichtige Rolle. Diese muss aber entweder 1) in geronnener Form – als politische Institutionen oder Strukturen – faktisch bereits vorhanden und wirksam sein oder 2) voluntaristisch, d. h. absichtsvoll der konkreten zeit- und räumlichen Situationen entsprechend eingesetzt und zur Geltung gebracht werden (können). Mit anderen Worten werden soziale und eben auch politische Kontexte nicht nur von „Wenn → dann-Kausalitäten", sondern immer auch von einem gewissen Maß an „Um → zu-Kalkülen" definiert.

In der Realität, der politischen Praxis, können also aktuell Änderungen oder Neuorientierungen notwendig werden. Erst recht können von heute aus gesehen – in der Zukunft politische, sachlich-inhaltliche etc. Fragen und Probleme auftauchen, die ganz neue Antworten und Lösungen erforderlich machen. Antworten und Lösungen, die wir heute nicht kennen, weil wir noch nicht einmal die Ausgangsfrage oder das zugrunde liegende Problem kennen. Insbesondere da, wo Politikwissenschaft also die Beratungsfunktion annimmt, muss neben der Analyse der abgeschlossenen Vergangenheit und der gegebenen, aktuellen Situation immer auch in Betracht gezogen werden, wie denn in die Zukunft gerichtet entschieden und gehandelt werden soll. Politisch gesehen ist diese Betrachtung eigentlich eine Selbstverständlichkeit, wissenschaftlich – genauer wissenschaftstheoretisch – ist das aber ein großes und damit sehr umstrittenes Problem.

Vereinfacht resultiert das Problem daraus, dass Wissenschaft nach Gewissheit, zumindest aber nach gesichertem Wissen strebt. Diese Gewissheit kann in der Realität aber immer nur auf faktisch verfügbare Informationen und Daten begründet werden: Daten und Informationen, die zwangsläufig nur aus bereits gemachten Erfahrungen gewonnen werden können. Dieser Erfahrungsschatz ist zwar – wie die explosionsartige Entwicklung in allen wissenschaftlichen Disziplinen zeigt – unglaublich groß, aber keineswegs allumfassend. Im Gegenteil, alle Erfahrung zeigt, dass wir in Zukunft noch mehr wissen werden als heute, und dass dieses Wissen dann politische etc. Entscheidungs- und Handlungsgrundlage sein wird.

Die Politikfeldanalyse will beides, Wissenschaft und Problemlösung, Analyse (des Gegebenen) und konstruktive Mitarbeit an „in die Zukunft gerichteten und die Zukunft gestaltenden politischen Entscheidungen“. Mit dieser doppelten Anforderung tut sich jene Politikwissenschaft schwer, die immer noch weitgehend dem szientistischen Modell und dem Konzept „rationalen Handelns“ verbunden ist. Zwar mildern Modelle eingeschränkter Rationalität („bounded rationality“) die strikten Annahmen rationalen Handelns ab und öffnen sich damit der Realität. Die völlig neue Perspektive aber, die sich ergibt, wenn Politik und politisches Entscheiden in konkrete, raum-zeitliche Situationen gesetzt und prozessual gesehen werden muss, bedarf eines alternativen Wissenschaftsbegriffes. Dieser prozessual oder evolutionär verstandene Wissenschaftsbegriff wurde in den USA unter der Bezeichnung „Pragmatismus“ bereits Ende des 19./Anfang des 20. Jahrhunderts entwickelt. Die Policy Analysis ist, wie im Folgenden zu zeigen ist, – neben anderen modernen wissenschaftlichen Entwicklungen – ein originäres Ziehkind des Pragmatismus. Bis in die Gegenwart hinein fand der Pragmatismus allerdings als philosophische Strömung und wissenschaftstheoretische Neuorientierung im deutschsprachigen Raum kaum Anklang. Die Politikfeldanalyse – als zumindest teilweise aus dem angelsächsischen Raum importierte, inzwischen aber völlig etablierte Teildisziplin der deutschsprachigen Politikwissenschaft – hat daher zwei wissenschaftliche Hintergründe: einen eher szientistisch und einen eher pragmatistisch orientierten. Dies zeigt sich bspw. auch in diesem Lehrbuch, dessen Beiträge einerseits in der szientistischen Tradition stehen (z. B. Eberlein/Grande, Schneider). Ein Teil der heute kritisch mit und in der Politikfeldforschung Arbeitenden geht oft – explizit oder implizit – von pragmatistischen Annahmen aus (z. B. Saretzki, teilweise Bandelow).

Über die Ursprünge und theoretischen Bezüge der Politikfeldanalyse ist in Deutschland wenig bekannt und wird bislang wenig geforscht. Dies hat auch damit zu tun, dass in unserer Disziplin der – modernen – politischen Theorie recht wenig Aufmerksamkeit geschenkt wird. Im Folgenden werden die ideengeschichtlichen Wurzeln der Policy Analyse, nämlich dem Pragmatismus und Pluralismus im angelsächsischen Raum, aufgezeigt. Einleitend und als Überblick sollen allerdings die zentralen Begriffe mit Namen und Personen in Verbindung gebracht werden. Dadurch wird der Zusammenhang, in dem die Begriffe entstanden sind und in die Politikwissenschaft eingebracht wurden, schnell deutlich. Danach werden die wichtigsten Kernelemente des Pragmatismus herausgearbeitet.

2 Überblick

Den Terminus „Pluralismus", der – inzwischen zu den politikwissenschaftlichen Grundbegriffen gehört – führte der britische Politikwissenschaftler Harold Laski in die junge Disziplin ein (Laski 1917). Er hatte den Begriff und bis zu einem gewissen Grade auch das dazugehörige Weltbild während seines Nordamerika-Aufenthaltes als junger Wissenschaftler – offensichtlich beeindruckt von den „Popular Lectures": „A Pluralistic Universe" – von William James (1909) übernommen. James gilt als Wegbereiter des Pragmatismus, einer politisch-philosophischen Strömung, für die die unübersehbare Vielfalt der Welt, die pluralistische Verfassung der Realität also, eine zentrale Grundannahme darstellt. Der Pragmatismus als Weltbild und als (sozialpolitisch-)philosophische Bewegung sowie die strikt empirische Grundorientierung der Pragmatisten war für die Entwicklung der modernen Sozialwissenschaften in den USA prägend. Seither gibt es dort einen alternativen, anti-dualistischen – d. h. nicht auf dem Gegensatzpaar „Theorie versus Praxis" basierenden – sozial- und politikwissenschaftlichen Zugang. Die schulbildende Wirkung ging von der neuen, gegen Ende des 19. Jahrhunderts gegründeten Universität Chicago aus. Mittelpunkt und Mentor der pragmatistischen Bewegung war dort John Dewey, der in Deutschland als Philosoph eben erst entdeckt wird.

Die Bedeutung des Pragmatismus bis in die Vierziger-Jahre des 20. Jahrhunderts erklärt sich vor allem aus der großen Anzahl von Wissenschaftlern verschiedenster Disziplinen, die sich der „Chicago School of Pragmatism" zurechnen lassen; darunter auch einer der Urväter der „New Science of Politics", Charles E. Merriam. Merriam war sicher einer der wichtigsten Politikwissenschaftler der Gründergeneration in den USA. Sein wissenschaftliches Renommee begründete er mit dem Buch „New Aspects of Politics" (1925) und der für die Verbreitung des neuen wissenschaftlichen Denkens unüberschätzbaren Gründung des „Social Science Research Council" (1923). Mit Merriams Schülern in Chicago – Harold D. Lasswell und David A. Truman – schließt sich der oben geöffnete Kreis wieder: Lasswell gilt – gemeinsam mit

Merriam – als Begründer der „policy sciences", die später „policy analysis" genannt werden, d. h. der Politikfeldanalyse (Lerner/Lasswell 1951). Truman gilt bekanntermaßen als Begründer der pluralistischen Gruppentheorie.

Bei näherer Beschäftigung mit den Ursprüngen des modernen Pluralismus und den Anfängen der Politikfeldanalyse tritt also das pragmatistische Denken in den Vordergrund, das sich als Alternative zum traditionellen, europäischen und deutschen Theorie- und Wissenschaftsverständnis interpretieren lässt.

---

i **Politikfeldanalyse**

Der Begriff *Politikfeldanalyse* hat sich in der deutschsprachigen Politikwissenschaft als Übersetzung für eine ganze Reihe von angelsächsischen Fachbegriffen etabliert, die weitgehend synonym verwendet werden: „policy analysis", „policy studies", „policy sciences", „public policy", „comparative public policy" und „New Science of Politics".

---

3 Pragmatismus

Mit dem Adjektiv „pragmatisch" wird umgangssprachlich in der Regel eine ambivalente Mischung verbunden, aus a) einer praktischen und unkomplizierten Vorgehensweise einerseits und b) einer Geisteshaltung andererseits, die sich, wenig fantasievoll oder ambitiös, vorwiegend auf ein „Durchwursteln" eingerichtet hat. Pragmatiker stehen nicht für den großen Entwurf. Im positiven Falle werden ihnen die Attribute sachgerecht und realitätsnah, machbarkeits- und nutzenorientiert zugeschrieben; im negativen Fall steht Pragmatismus für hemdsärmeligen Aktionismus. Was aber hat das Alltagsverständnis mit dem philosophisch-politischen Verständnis von Pragmatismus zu tun? Aus der Sicht der im letzten Viertel des 19. Jahrhunderts entstandenen philosophischen Strömung ist der Pragmatismus lediglich „Ein neuer Name für alte Denkweisen" (James [1908]2000). Dieser knüpft einerseits an den griechischen Stammbegriff „pragma" (handeln) an, andererseits – und in deutlichem Kontrast zum Alltagsverständnis – verweist die philosophische Bedeutung des Begriffes aber explizit auf die praktischen Folgen, Wirkungen und Konsequenzen menschlichen Denkens und Handelns. Dabei geht es immer um beides, um die konkreten, materiell-inhaltlichen Folgen menschlichen Handelns und um deren Bewertung.

Der Ursprung des neuzeitlichen philosophischen Pragmatismus kann vergleichsweise präzise auf den im Jahr 1878 von *Charles Sanders Peirce* publizierten Aufsatz „How to make our ideas clear" (dt. 1965) zurückgeführt werden. In diesem Aufsatz wird die Ausgangsfrage pragmatistischen Denkens formuliert: „Consider what effects, that might conceivably have practical bearings, we conceive the object of our conception to have. Then, our conception of these effects is the whole of our conception of the object" (Peirce 1935). Der Begriff „Pragmatismus" als Kennzeichnung des neuen Denkens wurde jedoch erst zwanzig Jahre später von James (1898) einer breiteren Öffentlichkeit vermittelt und schnell popularisiert. Zwischen Peirce' Aufsatz und James' Popularisierung lagen die Diskussionen im so genannten „Metaphysical Club" in Cambridge, Massachusetts, der Keimzelle des Pragmatismus (Fish 1964). Unter dem Eindruck immer neuer, umwälzender (vor allem natur-) wissenschaftlicher Entdeckungen, insbesondere derer Charles Darwins, hatte sich in Harvard eine Gruppe von Wissenschaftlern zusammengefunden, die die Implikationen dieser neuen und z. T. revolutionären Entdeckungen kontinuierlich diskutierte:

> "They applied the Darwinian ideas of chance variations and natural selection to a host of important questions in logic, physics, psychology, history, jurisprudence, and social ethics, and emerged with a new, important pragmatic reconstruction of traditional philosophy. They brought philosophy down to earth and put it to work on the problems of men in the sciences and in the broader cultural changes ... The common leitmotiv of their discussions of the meaning of evolution for man was their deep respect for the inviolable, creative character of individual freedom." (Wiener 1965: 190)

Neben den Begründern des Pragmatismus im eigentlichen Sinn – W. James (ursprünglich Mediziner und Psychologe), C. S. Peirce (Mathematiker und Logiker) und Dewey (Psychologe und Pädagoge) – zählten z. B. auch der Historiker John Fiske, der Mathematiker Chauncey Wright und der Jurist Oliver Wendell Holmes (sicher einer der einflussreichsten Verfassungsgelehrten der USA) zu dieser Gruppe. Diese Aufzählung ist nicht abschließend, soll aber genügen, um zu verdeutlichen, dass der pragmatistische Gedanke aus sehr unterschiedlichen disziplinären Bezügen heraus entwickelt wurde, mit sehr unterschiedlichen praktischen und wissenschaftlichen Interessen verbunden ist und auf diese zurück- und weiterwirkte, kurz: der Pragmatismus explizit kein im engeren Sinne nur philosophisches Projekt darstellte.

Pragmatismus

Pragmatismus ist eine philosophische Strömung, die die lebenspraktische Bedeutung des Nachdenkens, Reflektierens in den Mittelpunkt stellt, und danach fragt, welchen Nutzen unterschiedliche Handlungen, Ideen, Wertungen etc. bewirken. Aus Sicht des Pragmatismus ist die Trennung zwischen einer (niederen) körperlich-realen Welt und einer (höheren, dahinterliegenden) geistig-abstrakten Welt falsch. Vielmehr müssen die geistigen Fähigkeiten des Menschen als zusätzliche Möglichkeit der Erfassung und (nutzbringenden) Gestaltung der Welt verstanden werden, d. h. das intellektuelle Schaffen muss immer wieder in die tatsächliche Welt geführt werden und sich dort (als praktisch und nützlich) bewähren. Ausgangspunkt des Pragmatismus ist eine pluralistische Welt mit offener (nicht-determinierter) Zukunft für alle Individuen. Vielfalt und Offenheit lassen die Möglichkeit zur (politischen) Gestaltung und (nützlichen) Verbesserung der menschlichen Existenz zu, erfordern allerdings auch (immer wieder neue) Ordnungsleistungen (z. B. hinsichtlich des politischen Zusammenlebens von Menschen).

Es ist kennzeichnend für den Pragmatismus, dass sich die Kernelemente und Kernaussagen einer eindeutigen Hierarchisierung entziehen. Sie sind stattdessen vielfach aufeinander bezogen und überlappen sich teilweise, sodass insgesamt ein mehrdimensionales Argumentationsmuster entsteht. Diese Mehrdimensionalität verleiht dem Pragmatismus die immer wieder konzedierte Realitätsnähe, trägt aber auch nicht unerheblich zu Missverständnissen bei. Im Folgenden werden die zentralen Postulate, Kategorien und Ansätze des Pragmatismus dargestellt.

Die folgende Darstellung führt vom Allgemeinen, der pluralistischen Weltsicht (1), zum Speziellen, dem demokratisch-individualistischen Menschenbild des Pragmatismus (6). Dazwischen liegen der strikte Anti-Dualismus und die strikt empirische Orientierung (2), die spezifisch pragmatistische Vorstellung über die Sozialität allen menschlichen Handelns, die Intersubjektivität (3) und das spezifische Verständnis zeitlicher Gebundenheit menschlichen Handelns, der Temporalismus (4), schließlich werden die pragmatistische Konzeption menschlichen Handelns und dessen innerweltliche Positionierung herausgearbeitet und die für den pragmatistischen Handlungsbegriff zentrale Kontingenzabhängigkeit erläutert (5). Der in philosophischen Diskursen wichtige, spezifische Wahrheitsbegriff des Pragmatismus soll hier nicht abgehandelt werden (Diaz-Bone/Schubert 1996).

3.1 Pluralismus

Ausgehend von den Erkenntnissen der Evolutionstheorie setzt der Pragmatismus die empirische Komplexität und Vielfalt der Realität als den zentralen Ausgangspunkt allen menschlichen Denkens und Handelns, insbesondere auch des wissenschaftlichen Problemlösens. Damit wird der „Pluralismus oder die Lehre, dass das Universum eine Vielheit darstellt" die zentrale Entgegensetzung zu Philosophien, die – idealistisch oder rationalistisch – die Wirklichkeit in einem singulären Ganzen aufgehen lassen (James [2]1994: 208). Aus pluralistischer Sicht besteht die Welt also aus einer unübersehbaren Vielfalt von Dingen, Eigenschaften und Erfahrungen, die eigenständig und unabhängig voneinander existieren und nicht auf ein ewiges, universales oder singuläres Grundprinzip rückführbar sind. Diese Realitäten existieren allerdings auch nicht monadisch oder atomistisch isoliert, sondern stehen vielmehr in vielfältigen, äußerlichen Beziehungen zueinander. Die pluralistische Wirklichkeit existiert damit „föderativ", „vernetzt" und eröffnet ein „Multiversum" an Optionen und Möglichkeiten. Diese prinzipielle Offenheit bietet die Grundlage dafür, dass die Welt als gestaltbar, veränderungs- und verbesserungsfähig verstanden werden kann.

Das philosophische Phänomen der (positiv:) „Vielheit eigenständiger Wesenseinheiten" bzw. der (negativ:) „postmodernen Unübersichtlichkeit" ist also nicht erst eines der aktuellen Krise der Moderne. Die pluralistische Sichtweise kann vielmehr auf eine lange Tradition zurückblicken, die bereits bei den Vorsokratikern beginnt (Schiller 1907). Der Begriff Pluralismus wird auf Christian Freiherr v. Wolff (1721) zurückgeführt und bereits Kant verwendet ihn in einem zusammenführenden, zwischen den individuellen Interessen vermittelnden Sinne, wenn er den Pluralismus positiv gegen den Egoismus abgrenzt. Die heutige Bedeutung, die der pluralistischen Weltsicht im philosophischen Diskurs und der politischen Realität westlicher Demokratien zukommt, geht auf den Pragmatisten James zurück (Rorty 1994). Er vertrat in seinen Vorlesungen über „Das pluralistische Universum" (James 1994) die These, dass die Dinge und Erfahrungen nicht jeweils als Teile des Absoluten, sondern als eigenständige Objekte zu betrachten sind. Sozial- und politikwissenschaftlich interessant ist, dass gerade diese Eigenständigkeit das Individuum zu Aktivitäten veranlasst, d. h. dass menschliches und damit auch politisches Handeln immer auf, mit und gegen andere und anderes gerichtet ist. Einheit ist daher nicht etwas Vorgegebenes, sondern muss immer erst geschaffen werden – u. a. in vielfältigen Einigungsprozessen dort, wo die individuellen Motive und Interessen die Motive und Interessen anderer suchen, sich mit diesen überschneiden bzw. mit diesen zusammenfallen.

Die Bedeutung des philosophischen Pluralismus und der unmittelbare Bezug zum politischen Pluralismus (vgl. Schubert 1995) liegt darin, sich zwischen einem reinen (z. B. utilitaristisch definierten) Individualismus und der Überhöhung des „Großen", „Einzigen", „Ganzen" zu positionieren: „The alternative between ‚bigness' and radical individualism, then, is the individual-in-community" (Ford 1993: 124). Hier wird die Abgrenzung zu kommunitaristischen Ansätzen deutlich, von denen sich Pragmatismus und Pluralismus dadurch unterscheiden, dass sie das Individuum als Promotor für Veränderung und Verbesserung der Lebenswelt in den Mittelpunkt rücken und eine explizit kosmopolitische Perspektive verfolgen. Aus der Sicht des Pragmatismus und Pluralismus erscheint der Kommunitarismus seltsam rückwärtsgewandt, scheint nur an einem vergangenen Teil der US-amerikanischen „community"-Tradition orientiert und darüber hinaus im Intellektuell-Appellativen zu verharren (Rorty 1997). Mit dem Kommunitarismus gemein haben Pluralismus und Pragmatismus die Vorbehalte gegenüber großen – letztlich unkontrollierbaren – Organisationen. Politisch-programmatisch formulierte *James* (1920: 90): „The bigger the unit you deal with, the hollower, the more brutal, the more mendacious is the life displayed. So I am against all big organizations as such, national ones first and foremost ..."

Die philosophische Idee des Pluralismus kann folgendermaßen zusammengefasst werden: Aus der strikten Orientierung an empirischen Realitäten und ihrer unüberschaubaren Vielfalt der Dinge, Ereignisse und Erfahrungen ergibt sich das Primat der „Vielheit vor der Einheit". Diese Vielfalt existiert nur in partiellen Bezügen zur jeweiligen Umwelt. Die Dinge sind also nicht „wesensmäßig allumfassend" miteinander verknüpft, sondern nur äußerlich miteinander verbunden. Obwohl letztlich „alles mit allem" zusammenhängen kann, ist die erfahrbare Realität immer nur durch partielle Verbindungen, Konfigurationen und Netzwerke gekennzeichnet.

Aufgrund der Endlichkeit allen menschlichen Lebens wird darüber hinaus der Faktor Zeit relevant. D. h. die Realität ist durch sequentielle, an begrenzten Objektivitäten orientierte Handlungen gekennzeichnet. Dadurch entstehen „gerichtete Entwicklungen", die aber keinem starren Determinismus unterworfen sind. Aus dieser prozessualen Sicht müssen sich Handlungen immer wieder durch ihre praktische Nützlichkeit beweisen. Vielfalt und Nutzenorientierung bewirken, dass das „Werden" und „Entwickeln" gegenüber dem „Vorhandenen", dem „Sein", Vorrang genießt.

Aus den nahezu unendlichen, nicht determinierten Möglichkeiten der Verknüpfung von „Einzelnem" zu Konfigurationen von immer Neuem, Werdendem, Innovativem entsteht eine außerordentliche Dynamik. In dieser prozessualen, auf offene Zukünfte gerichteten Perspektive kann immer erst im Nachhinein als Ganzes erkannt werden, was vorher als Pluralität von Möglichkeiten zur Verfügung stand. Zukünfte können zwar (z. B. modellhaft rational) vorweggenommen werden; sie übernehmen dann die Funktion von Leitbildern und Orientierungsgrößen. Sie können aber nicht in ihrer offenen Pluralität und ihrem prospektiven Beziehungsgeflecht antizipiert werden, sondern bilden lediglich punktuelle Projektionen anzustrebender Ziele oder zu vermeidender Konsequenzen. Erst im Prozess des Verwirklichens zeigt sich die Anschlussfähigkeit des Neuen und damit der realisierbare Nutzen von Innovationen – mit anderen Worten erst dann zeigt sich, welche Teile antizipierter Zukünfte verwirklicht und als Tatsache schließlich „wahr" werden.

Der philosophische Pluralismus konstituiert ein Weltbild, das aufklärerischen Prinzipien, der Offenheit von Zukünften und dem Fortschrittsgedanken verpflichtet ist. Er wendet sich jedoch gegen jegliche mechanische Betrachtung oder rein rationalistische Konzeptionen des Fortschritts und zukünftiger Entwicklungen. In seiner grundsätzlichen „Bottom-up"-Perspektive bietet der philosophische Pluralismus auch ein zentrales Fundament aufgeklärter westlicher Demokratievorstellungen. Insbesondere dadurch, dass er nicht nur die individuelle Erfahrung als Referenzpunkt seines Weltbildes wählt, sondern gleichwertig die erfahrbaren Relationen jedes Einzelnen, wie „die Dinge selbst" in Betracht zieht. Damit führt der pluralistische Ansatz aus einer „Entweder-oder"-Haltung – die das Einzelne gegen das Ganze, das System, stellt – zumindest insofern heraus, als er dazu auffordert, die vielfältigen realen Möglichkeiten und Relationen zu nutzen und zu gestalten. Handlungsfreiheit ist keine Erfindung des Pragmatismus, in dessen Sicht hat Handlungsfreiheit aber nicht nur einen suchend-experimentellen, sondern immer auch einen formativen Charakter. Dies insofern, als Handeln immer auch auf Übereinstimmung, Anschlussfähigkeit an das Gegebene gerichtet sein muss. Damit müssen etwa gegebene Ordnungen immer wieder bestätigt, hergestellt oder ggf. in einem zweifachen Sinne – substantiell oder/und zeitlich gesehen – weiterentwickelt werden.

Die strikte Gegenüberstellung von Einzelnem und Ganzem, die in politikwissenschaftlicher Terminologie auf den Gegensatz von Individuum und Staat, Interesse und Gemeinwohl hinausläuft, ist einer europäischen Ideenwelt verpflichtet, in der sich das Individuum erst emanzipieren muss; in der auch die demokratische Idee erst in geschlossenen, zumindest prädominanten Systemen entwickelt werden musste. In der amerikanischen Variante der Aufklärung liegt die Dignität zuerst im Individuum; alle nachfolgenden sozialen und politischen Arrangements sind abgeleitet, nicht vorgegeben (oder gar Gottgegeben) und müssen sich insofern bewähren. Positiv formuliert: Sie sind grundsätzlich gestaltbar und verbesserungsfähig.

Der pragmatische Pluralismus konstituiert also keinen „Hyper-Individualismus". Im Gegenteil: Das Individuum ist nur ein Teil, von dem ausgegangen, mit dem gerechnet werden muss. Perspektivisch, prozessual gesehen sind die Beziehungen und Verknüpfungen ebenso real wie die Dinge bzw. der Einzelne selbst und haben den gleichen konstitutiven Stellenwert. Damit ist das Individuum im „Pluralistischen Universum" nicht völlig frei oder gegen seine Umwelt isolierbar. Sein Handeln ist nicht „frei von" den konkreten Bedingungen und Beziehungen denkbar. In der gegebenen Vielfalt ist es aber „frei für" diese oder gegebenenfalls andere Relationen, die Annahme oder die Veränderung gegebener Bedingungen. Hierbei sind allerdings Aufwand und Kosten zu beachten: Nutzen kann nur erwartet werden, wenn die Veränderung in der Lage ist, das Gegebene in etwas Neues, Besseres zu überführen. Der Pluralismus ist damit eben keine Philosophie der „Neuen Beliebigkeit", sondern durch das Postulat des „Sich-bewähren-müssens" von Innovation eine Aufforderung zur konstruktiven Entwicklung und Verbesserung des Gegebenen.

3.2 Anti-Dualismus und Empirismus

Die Entstehung des frühen Pragmatismus fällt unmittelbar in den „Zusammenbruch der großen spekulativen Systeme" (Oehler 1992). Im letzten Drittel des 19. Jahrhunderts erschöpfte sich die Fähigkeit der allgemeinen Philosophie, umfassende Ontologien zu entwickeln, die weiterhin in der Lage gewesen wären, den Entwicklungen in den Einzelwissenschaften Orientierung zu bieten. Der Grund für die rapide zunehmende Orientierungsschwäche der Philosophie liegt vor allem in der plötzlich und ungeheuer rasch zunehmenden Leistungsfähigkeit einzelwissenschaftlicher Forschung begründet. Diese basierte auf einer bis dahin nicht gekannten Gründlichkeit und Präzision von Arbeit und wissenschaftlicher Forschung. Vor dem Hintergrund des enormen Erfolges empirischer Forschung erschienen philosophische Spekulationen als kontraproduktiv. Und es schien völlig außer Frage, dass jegliche Metaphysik letztlich mit wissenschaftlicher Unschärfe und Schwäche erkauft wird.

Damit war nun einerseits die Leistungsfähigkeit, insbesondere das Integrationsvermögen der Philosophie diskreditiert – erodierte das Fundament philosophisch-wissenschaftlich begründeter Werturteile. Die Philosophie verlor ihre Orientierungsfunktion. Andererseits standen Wissenschaftstheorien und eine entwickelte Wissenschaftslehre noch nicht zur Verfügung, wie es für die solide Abklärung der methodologischen Basis wissenschaftlichen Arbeitens (verbunden damit auch die Forderung, auf wissenschaftlich letztlich nicht begründbare Werturteile zu verzichten) notwendig gewesen wäre.

Die in diesem Zusammenhang entscheidenden Entdeckungen und Lehren Darwins fanden in den USA wesentlich schneller Verbreitung und Anerkennung als in der alten Welt und trugen ganz erheblich zu den Auseinandersetzungen zwischen Religion und Philosophie einerseits und empirischen (Natur-)Wissenschaften andererseits bei. Wie bereits erwähnt, war die Arbeit Darwins zentraler Diskussionsgegenstand im Bostoner „Metaphysical Club", aus denen heraus *James* (1907) eine pragmatistische, anti-dualistische Position entwickelte. Demnach muss der Pragmatismus als „Mittler" zwischen Empiristen und Rationalisten verstanden werden. Tatsachen und Ideen, empirische Befunde und theoretische Entwürfe (allgemeiner: Körper und Geist) werden nicht gegeneinander, sondern allein dem pragmatistischen Prinzip – „what conceivable effects of a practical kind" – unterzogen. Methodisch-analytisch stehen damit Theorien und Fakten auf gleicher Ebene: „Theories thus become instruments, not answers to enigmas, in which we can rest" (ebd.: 53). Pragmatistisch gesehen hat das Denken eine instrumentelle Funktion: „We don't lie back upon them, we move forward, and, on occasion, make nature over again by their aid" (ebd.: 53). In dieser Positionierung des Pragmatismus deutet sich bereits die spezifische handlungstheoretische Perspektive an: Theorien sind Instrumente, die in der Lage sein müssen, in der faktischen Welt etwas zu bewirken.

Die Diskussion über das Spannungsverhältnis Moderne/Post-Moderne zeigt, dass das Thema Dualismus/Anti-Dualismus keineswegs ein inner-philosophisches Problem ist. Diese auch in der modernen politischen Theorie geführte Debatte kritisiert einerseits die „rationalistisch halbierte Moderne" (Beyme 1996: 252). Sie führt andererseits aber – positiv bewertet – zu einer Pluralisierung der verfügbaren theoretischen Ansätze, die bislang noch – negativ bewertet – als „Neue Unübersichtlichkeit" rezipiert und kritisiert wird. Gerade Letzteres scheint eher die eingetretene Verunsicherung und das allzu selbstgefällige und wenig empirisch reflektierte Festhalten an „Traditionsbeständen" widerzuspiegeln, als aktiv als Chance für eine Öffnung, Neubewertung und Neuorientierung der politischen Theorie genutzt zu werden. Methodisch gesehen geht der pragmatistische Empirismus davon aus, dass die sozialen und politischen Probleme (wie physische, biologische, psychologische etc.) auch nur durch schrittweise Analyse und Veränderung gelöst und verbessert werden können; die konkreten Probleme der empirischen Realität lassen sich – im Gegensatz zu abstrakten, rein theoretischen Problemen – nicht mittels großer, allumfassender Weltdeutung lösen.

3.3 Intersubjektivität

Ein Kernelement des Pragmatismus ist die Intersubjektivität, die die sozialen Voraussetzungen des pragmatistischen Individualismus klärt und dabei das pluralistische Weltbild mit dem pragmatistischen Menschenbild verklammert. Die soziologisch-umgangssprachliche Verwendung des Begriffes intersubjektiv – im Sinne von „gemeinsamer Teilhabe an bzw. Kennzeichnung von Ausschnitten der realen oder symbolischen Welt durch mehrere Individuen" – trifft hier den Sachverhalt. Das Konzept der Intersubjektivität, das über die Arbeiten *George Herbert Meads* erschlossen wird, ist für den Pragmatismus auf mehreren Ebenen von Bedeutung (Mead 1934, 1973; Joas 1989).

Intersubjektivität orientiert (1) das Individuum aus (sozial-)psychologischer Sicht auf das Soziale, die Gesellschaft, d. h. es betont den sozialen Ursprung und das soziale Gebundensein allen individuellen Handelns. Es postuliert (2), dass soziale – und nicht rationalistisch verkürzte – Handlungsstrategien vor allem deshalb eine grundsätzlich höhere (im Sinne von nützlichere, vorteilhaftere) Form des Handelns, Entscheidens und Problemlösens sind, weil diese – kollektiv „ausgemendelt" und rückgekoppelt – reflexive Handlungsstrategie darstellen. Sie basieren auf breiterer Erfahrung und sind damit nicht nur sicherer, bezogen auf die in die Entscheidung einfließende Erfahrung, sondern auch wahrscheinlicher – hinsichtlich der Realisierung(-schancen) der Entscheidung. Schließlich ist für den Meadschen Pragmatismus das moderne, auf Diskurs basierende, wissenschaftliche Problemlösen beispielhaft für die notwendige „Sozialität" komplexer Problemlösungsprozesse.

Der pragmatistische Begriff des Handelns trennt nicht zwischen einer ethisch-moralischen und einer utilitaristischen Handlungskomponente. Handeln wird als Rekonstruktion von Erfahrung verstanden, als Veränderung und Reorganisation von Beziehungen zwischen den Handelnden und ihrer sozialen (und materiellen) Umwelt. Solche Arten sozialer Handlungsstrategien stellen deshalb auch eine höhere Form des Handelns, Entscheidens und Problemlösens dar, weil sie immer wieder neu sowohl die Voraussetzungen als auch die Konsequenzen demokratischer Gemeinschaft und demokratischen Engagements erzeugen. Demokratisches Entscheiden als Problemlösungsstrategie ist somit nicht „nur" (vor dem Hintergrund des Gleichheitspostulates) ethisch-moralisch wertvoller, sondern über die vielfältige Reflexion und involvierte Erfahrungsbreite demokratischer Entscheidungsprozesse materiell besser, breiter umsetzbar bzw. anschlussfähiger und damit nützlicher.

Mead bezeichnet seinen Ansatz als „social behaviorism" (Mead 1934: 6), stellt sich damit in die Reihe der Empiriker, positioniert aber auch seine spezifische Sichtweise, die das Individuum als sozial geprägtes versteht. Die Herausbildung des Individuums ist eher Resultat der Einflüsse und Wirkungen seiner sozialen Gruppe und gesellschaftlichen Umwelt, als dass umgekehrt die Gruppe bzw. die Gesellschaft als Resultat oder als Addition der sie konstituierenden Individuen betrachtet werden kann. Meads Position steht hier in scharfem Kontrast zu allen vertragstheoretischen Ansätzen, aus deren atomistisch-individualistischem Menschenbild heraus Gruppen und andere soziale Organisationen eines äußerlichen, künstlichen (z. B. vertragstheoretischen) Eingriffs oder Anstoßes bedürfen und erst durch eine Art „Beitritt" ansonsten isolierter Individuen menschliche Gesellschaften entstehen. Aus dieser Sicht formieren sich soziale Organisationen – Gesellschaften – als Folge gemeinsamer Aktivitäten und Anstrengungen ansonsten separierter Individuen. *Mead* lehnt diese Sichtweise ab. Sein Verständnis sozialer Organisation ist aristotelisch:

> "We are not ... building up the behavior of the social group in terms of the behavior of the separate individuals composing it; rather, we are starting out with a given social whole of complex group activity, into which we analyze (as elements) the behavior of each of the separate individuals composing it. We attempt, that is, to explain the conduct of the individual in terms of the organized conduct of the social group." (ebd.: 7)

Mead vertritt kein statisches Konzept sozialer Gruppen bzw. der Gesellschaft. Das zentrale Element ist die „soziale Handlung", d. h. das individuelle Verhalten als Teil eines sozialen Prozesses. In Meads Sicht lernt, antizipiert und entwickelt sich die individuelle Position und das individuelle Verhalten auf der Basis und als Reaktion von Gruppen- oder gesellschaftlichen Prozessen, es emergiert und beeinflusst auf diese Weise wiederum das ihn umgebende soziale Umfeld.

In der Konzeption des in sozialen Gruppen agierenden Individuums thematisiert *Mead* auch ein zentrales Element des Pluralismus. In modernen Gesellschaften werden Individuen kaum noch in nur einer Bezugsgruppe sozialisiert, sondern entwickeln ihr „self" in einer Vielzahl von Bezügen. Psychologisch setzt sich damit die Pluralisierung der Lebenswelt in einem mehr oder weniger umfangreichen, individuell notwendigen Deutungsprogramm und Verhaltensrepertoire fort: Politisch-soziologisch wird auf ein für die pluralistische Gruppentheorie definitorisches Element, die sog. „overlapping membership", verwiesen; jenen Mechanismus also, der nicht nur zwischen Individuum und Gruppe, sondern gleichzeitig auch zwischen der Vielzahl (komplexe Gesellschaften konstituierender) Gruppen vermittelt. Pragmatismus, Pluralismus und pluralistische Gruppentheorie haben hier ihren – für die Gruppentheorie wichtig: nicht notwendigerweise individualistischen – Schnittpunkt.

Meads Pragmatismus verweist auch auf die Besonderheiten der Organisation menschlichen Zusammenlebens und verdeutlicht den zentralen Stellenwert des demokratischen Individualismus im pragmatistischen Denken: Individuen sind eben nicht nur in der Lage, auf Umweltreize zu reagieren. Sie lernen vielmehr – durch Selbstreflexion und In-Beziehung-setzen, d. h. durch Mittel-Ziel-Relationen –, auch die Folgen ihres Handelns abzuschätzen und verfügen so über besondere Techniken der Selbstorganisation, der Selbstkontrolle und der Selbstveränderung. Menschliche Organisationen unterscheiden sich von anderen aber auch insofern, als sie über vergleichsweise flexibel gestaltbare Kontrolltechniken verfügen. In menschlichen Organisationen kann die Regulation des individuellen Verhaltens (insbesondere auch des geplanten individuellen Verhaltens) in das Individuum selbst verlagert werden.

Die Fähigkeit der Selbstreflexion versetzt das Individuum – zumindest prinzipiell – in die Lage, die Folgen seiner Handlungen für sich selbst und andere abzuschätzen. Charakteristisch für menschliche Organisationen ist daher die Fähigkeit, Prozesse einzuleiten, die auf eine Veränderung der eigenen, gegebenen Organisationsform hinauslaufen können. Hier lässt sich der (radikal-)demokratische Kern pragmatistischen Denkens demonstrieren: Offensichtlich kann bei der Organisation menschlichen Zusammenlebens gewählt werden, in welchem (Aus-)Maße die „gesellschaftliche Umwelt" (also etwa staatliche Regierungen „top down") „für ihre einzelnen Mitglieder" sorgt bzw. jedes dieser „Mitglieder (bottom up) für die gesellschaftlichen Werte verantwortlich zu machen" ist.

Es liegt in der Logik des pragmatistischen Denkens, dass diese Gegenüberstellung nicht auf ein „Entweder-oder" hinausläuft, sondern dass es darauf ankommt, eine zeit-räumlich angemessene, für das gegenwärtige politische Zusammenleben nützliche Kombination oder Mischung zu erreichen. Damit ist einerseits die gesellschaftliche und im eigentlichen Sinn politische Organisation menschlichen Zusammenleben nicht vorgegeben, sondern im Rahmen solchermaßen reflektierter Optionen machbar, gestaltbar, veränderbar.

3.4 Temporalismus/Dynamismus

Temporalismus zielt auf die Einbeziehung des Faktors „Zeit" als Grunddimension menschlichen Handelns, die zeitliche Gebundenheit allen menschlichen Seins. Gelegentlich wird – in Abgrenzung und Erweiterung dazu – der Begriff Dynamismus als Verbindung zwischen der pragmatistischen Vorstellung der Veränderbarkeit der Welt mit dem zeitlichen Element angesehen. Dynamismus betont also den Aspekt der Innovation und Gestaltung; Temporalismus verweist darauf, geschichtliche, politische und andere Prozesse als reale empirische Abläufe, in ihrer zeitlichen und situativen Gebundenheit zu analysieren und nicht als Teil einer Universalgeschichte, ewigen Weltordnung oder universalen Gesetzmäßigkeit zu behandeln. Die evolutionistische Ablehnung jeden a prioris gilt nicht nur für biologische, sondern für alle individuellen, sozialen und politischen Entwicklungen.

Aus dieser Sicht wird schnell die Relativität von Zeit und zeitlichen Prozessen deutlich, wie es z. B. die enormen, mit menschlichem Maß nicht zu messende biologische Evolutionsphasen zeigen, denen wiederum Lebensspannen von Organismen, Pflanzen und Lebewesen gegenüberstehen, die von wenigen Minuten und Stunden bis zu Jahrtausenden reichen können. Faktisch eröffnet sich damit eine Vielfalt empirischer Zeitbezüge, die jegliches menschlich überschaubare Maß bei Weitem überschreitet. Dass in dieser Vielfalt nach einer verbindlichen, funktional nutzbaren

Definition von Zeit gesucht wird, wie sie mit unserem rein technisch definierten Zeitbegriff als Orientierung bietendem, kommunizierbarem Standard letztlich zur Verfügung steht, widerspricht nicht der empirischen Realität und Vielfalt. Der Temporalismus wurzelt also in der empirischen Grundeinstellung des Pragmatismus und der daraus folgenden Perspektive, dass menschliches Handeln prozessual bzw. als Prozess des Werdens und Entstehens zu konzipieren ist. Aus pragmatistisch-empirischer Sicht wird „reality ... created temporally day by day ... (but) concepts ... can never fitly supersede perception" (James 1911: 100). Diese Vorstellung, dass menschliches Sein und Handeln als Strom, Flux und fließend zu konzipieren ist, als ein System von Beziehungen, das sich ständig in Bewegung befindet, ist bereits im pragmatistischen Konzept des menschlichen Bewusstseins und Denkens angelegt.

Ohne auf Details einzugehen (vgl. Schubert 2003) postuliert dieses Konzept, das Bewusstsein und Denken einem stetigen Wandel der auf sie einströmenden Inhalte unterliegen (Strom des Bewusstseins). Die rein subjektivistisch konzipierte Psyche ist demnach nach außen orientiert, sie analysiert und selektiert diejenigen Erfahrungs-, Denk- und Handlungsstrategien, die einen Erfolg des Handelns in Aussicht stellen. Dieser Erfolg ist dann insofern „objektiv" zu nennen, als er – nach dem „trial, error and success"-Prinzip – sichtbar macht, dass es gelang, psychische Prozesse an äußere Bedingungen anzupassen, oder umgekehrt, äußere Bedingungen entsprechend gedanklicher Konstruktionen zu formen. Mit dieser Grundfigur wird auch deutlich, dass der pragmatistische Begriff des Handelns und Problemlösens als eine Art Erweiterung des Konzeptes „Strom des Bewusstseins" interpretiert werden kann. Pragmatistisch sind damit immer die Wechselwirkungen dieses Prozesses zu sehen: die Interaktion zwischen einerseits den – aus Sicht des Individuums – äußeren Bedingungen, Anregungen, Problemstellungen etc. und innerer Analyse und Suche nach Lösungsstrategien sowie andererseits den individuellen Veränderungs- und Gestaltungswünschen und den objektiven, äußeren Handlungsbedingungen.

Aus dieser Perspektive ergibt sich die Bedeutung des pragmatistischen Zeitbegriffs: Die pluralistisch-pragmatistische Welt erzeugt aufgrund ihres Überflusses – zumindest der vorhandenen Vielzahl – von Möglichkeiten, Risiken und Chancen kontinuierlich reale, zeitlich gebundene, „gegenwärtige" Probleme, die immer dann, wenn sie den bisherigen Fluss der Ereignisse hemmen erst an die bisherigen Erfahrungen und Entwicklungen „angepasst" werden müssen. In jeder Gegenwart ist daher mit Diskontinuitäten und Kontingenzen zu rechnen, deren „Verarbeitung" aber nicht nur das entstehende Neue (und damit Elemente der Zukunft) in das bisherige Kontinuum einfügt, sondern bis zu einem gewissen Grade das Vergangene einer Neubewertung unterzieht. Damit hat das pragmatistische Werden und Emergente einen konkreten Ort, die jeweilige Gegenwart, deren zentrale Funktion wiederum in der Herstellung einer – durch menschliches Handeln mit beeinflussten – Kontinuität besteht.

3.5 Der pragmatistische Begriff des Handelns

Eine von Peirce über James, Mead und Dewey bis zu den Neo-Pragmatisten (z. B. Richard Rorty, Hilary Putnam) geteilte Grundposition ist die strikte Handlungsorientierung. Damit ist gemeint, dass Ausgangspunkt aller pragmatistischer Abstraktion stets eine prozessuale Handlungstheorie ist, bei der Chancen und Risiken, Hindernisse und Bewährungsmöglichkeiten, Kontingenzen, eine zentrale Rolle spielen. Der Pragmatismus entsteht zur gleichen Zeit wie die frühe Soziologie und teilt mit dieser die Notwendigkeit einen eigenen Handlungsbegriff zu definieren. Dabei schlagen die Pragmatisten eine vom europäischen Wissenschafts- und Theorieverständnis deutlich abweichende Perspektive ein. Um dies herauszuarbeiten, muss kurz auf vorangegangene philosophische Entwicklungen eingegangen werden. Im Mittelpunkt steht dabei die Herausbildung des modernen Ökonomiebegriffes, mit dem sich ein neues, spezifisches Verständnis – ökonomischer – Rationalität verbindet (vgl. Joas 1989, 1992).

Im Laufe des 19. Jahrhunderts verstärkte sich der Prozess der Ausdifferenzierung der als Einheit verstandenen Gesellschaftswissenschaft. Unter den sich sukzessive herausbildenden Fachwissenschaften spielte die Ökonomie eine führende Rolle. Ihr unaufhaltsamer Siegeszug als Einzeldisziplin beginnt damit, dass sich die moderne, theoretisch orientierte Wirtschaftswissenschaft zunehmend gegen die historisch argumentierende Nationalökonomie durchsetzt. Kern dieses Ablösungsprozesses ist die Frage, ob wirtschaftliches Geschehen nur in seinem historischen Bezug und mittels historischer Analyse verstanden werden kann (u. a. G. Schmoller) oder ob überzeitliche Regeln identifiziert und Gesetzmäßigkeiten aufgestellt, generelle Erklärungen – Theorien – auf ökonomische Prozesse angewandt werden können (u. a. L. Walras). Der Durchbruch der Theoretiker gegenüber den Historikern basiert auf der bereits in der ersten Hälfte des 19. Jahrhunderts von *Heinrich Gossen* entwickelten Grenznutzentheorie. Die Ökonomie verabschiedete sich mit dieser Neupositionierung letztlich von dem Anspruch auf eine Nutzen und Werte umfassende Definition ökonomischer Ordnung und setzte das Modell rationalen Handelns in den Mittelpunkt aller weiteren theoretischen Entwicklungen. Parallel dazu führte der empirisch-faktische Erfolg zunehmender Rationalisierungsprozesse in Wirtschaft und Industrie, in Naturwissenschaft und Technik zu einer enormen Entwicklungsdynamik, hinterließ aber in den dadurch entstehenden Industriegesellschaften ein enormes Defizit an adäquaten moralischen Leitbildern und politischen Ordnungsvorstellungen. Dieses Defizit entsteht als Folge und zeitlich versetzt zum Siegeszug des ökonomisch-technischen Rationalismus und wird dementsprechend auch erst später „entdeckt" und wissenschaftlich thematisiert. Es ist – bezeichnenderweise – die Lehre von der Gesellschaft, die frühe Soziologie, die sich des Problems „moralischen Handelns" in einer (moralisch defizitären, aber) ökonomisch-rational sehr erfolgreichen Welt annimmt. Mit der Hinwendung zu dieser Thematik positioniert sie sich gleichzeitig als Gegenentwurf zum „ökonomischen Erfolgsmodell" und besetzt auf der wissenschaftlich-theoretischen Ebene – gewissermaßen automatisch – den Bereich des „Nicht-Rationalen". Es ist daher keineswegs Zufall oder etwa nur Klischee, dass innerhalb der Sozialwissenschaften im Allgemeinen der Ökonomie eine höhere Kompetenz zugewiesen wird und sie auch heute noch als die theoretisch führende Disziplin gilt.

Vor diesem Hintergrund weist Hans Joas auf die außerordentliche Bedeutung der Theorie rationalen Handelns gerade auch für die soziologische (und damit z. T. auch die politikwissenschaftliche) Theoriebildung hin. Hier wird Joas' Schlussfolgerung geteilt, dass die Handlungstypen der bis heute prägenden frühen Soziologie „als defiziente Modi des rationalen Handelns also, kategorisiert werden" (Joas 1992: 63). Dieser Konzeption liegt eine spezifische, „introvertiert-abstrakte" Vorstellung von Individuen zugrunde, welche sich – in scharfer Zäsur zwischen Innenwelt und Außenwelt, Bewusstsein und Handlung – intern, mittels des Bewusstseins Ziele setzen, die in unterschiedlichen Graden nach außen (vernünftig, rational, logisch) handelnd verfolgt und realisiert werden. Aus dieser Sicht wird auch die eigentümliche Form und Logik des Handelns betonende Konzeption dieses soziologischen Handlungsbegriffes deutlich, der von den empirisch-konkreten Inhalten und den empirisch-konkreten Wechselwirkungen zwischen Individuum und Umwelt, Aktion und Reaktion, völlig abstrahiert und damit seltsam statisch und inhaltsleer erscheint. Dadurch tritt aber auch die konkreter Realität entsprechende Vorstellung in den Hintergrund, dass Individuen – denkend und handelnd – in einem permanenten Verhältnis zu ihrer (persönlichen oder sachlichen, geistigen oder dinglichen) Umwelt stehen, von der sie zumindest insofern Teil sind, als letztere permanent sowohl Ausgangspunkt als auch Adressat ihres Handelns ist.

Völlig außerhalb des Blickwinkels gerät, dass das individuelle Bewusstsein nicht aus den jeweiligen Kontexten herausdefiniert oder über diese gestellt werden kann, sondern vielmehr selbst ein Teil bzw. ein Stadium des Handlungsprozesses ist. Aus pragmatistischer Sicht bildet dann die „Außenwelt" für das Individuum nicht nur eine Abhängigkeits-, sondern eben auch eine Möglichkeitsstruktur, die insofern immer (zumindest aber: auch) zu „extrovertiert-konkretem" Handeln auffordert. Der zentrale Unterschied zwischen dem Handlungsbegriff der frühen Soziologie und des Pragmatismus ist daher, dass letzterer Bewusstseinsprozesse grundsätzlich als ein Stadium von Handlungsprozessen begreift und damit tendenziell die Dualismen „Denken versus Handeln", „Theorie versus Praxis", aber auch „Wertorientierung versus Nutzenorientierung" überwindet. Wenn James für den Pragmatismus insgesamt feststellte, dass er vor allem „A new name for some old ways of thinking" darstellt, dann erweist sich Joas zufolge der pragmatistische Begriff des Handelns als dementsprechendes Pendant:

> „Schon die handlungsbezogenen Begriffe der antiken Philosophie wiesen in ganz andere Richtungen; die situationsbezogene Klugheit der ‚Praxis' und die handwerkliche oder dichterische

Neuschöpfung der ‚Poiesis' sind nur schwer mit utilitaristischen oder kantianischen Begriffen zu fassen." (Joas 1989: XVII)

Methodisch gesehen bewirkt der rationalistische „bias" des soziologischen Handlungsbegriffs einen Zugewinn an theoretischer Klarheit und abstrakter Stimmigkeit, der allerdings mit einem ganz erheblichen Verlust an Situations- und Realitätsbezug „erkauft" wird. Darüber hinaus haftet ihm generell ein statisches Element an, das z. B. wenig Flexibilität für spontanes Lernen und Reagieren kennt (dessen nützliche und tragfähige Komponenten dann als Erfahrung kondensieren), sondern Lernen und Reagieren erst auf dem Umweg von Bewusstseinsprozessen (und ggf. von Bewusstseinsveränderungen) möglich macht. Weiter zugespitzt wird in dieser Distanz zur Wirklichkeit, im Aufbau eines „Systems des Eigentlichen", die Theorielastigkeit des soziologischen Zugangs deutlich, bei dem durchgängig die theoretische Abstraktion dem praktischen Nutzen gegenüber höher bewertet wird und dies darüber hinaus als Habitus auch ganz generell dann wissenschaftliche Tätigkeit von praktischer Tätigkeit trennt und erstere regelmäßig überhöht. Die Prädominanz aller „topdown"-Perspektiven – nicht ausschließlich, aber ganz besonders auch – in den Sozial- und Politikwissenschaften erhält hiermit ihre (zumindest weitere) Bedeutung: Sie ist kennzeichnend für ein wissenschaftlich-elitär verstandenes Wissen, das aus der Kenntnis des „Eigentlichen", des hinter der Realität verborgenen Rätsels schöpft, sich kaum in den Unwägbarkeiten des Tatsächlichen bewähren muss und sich deshalb grundsätzlich als „Besser-Wissen" behaupten kann.

Das zentrale Problem der ersten eigenständigen US-amerikanischen Philosophie ist ebenfalls ein „entwerteter", rein utilitaristisch interpretierter Ökonomiebegriff. Stärker noch als im Weberschen Deutschland zeigten sich in den Folgen der rapiden technisch-ökonomischen Entwicklung und den immer kürzeren Einwanderungswellen auch die sozialen und moralischen „Kosten" eines enorm verkürzten Ökonomie-Begriffes. Die Lösungsalternative der Pragmatisten ist eine völlig andere als die der „Alten Welt". Die Offenheit, die Betonung des individuell Möglichen im Rahmen der demokratischen Grundordnung – (Zukunfts-)Hoffnungen, die letztlich im Versprechen des „pursuit of happiness" kumulieren – sind durchweg positiv besetzt und bilden damit eine zentrale Randbedingung des pragmatistischen Handlungsbegriffs. Die spezifisch US-amerikanische Variante der Kapitalismuskritik (zumindest der Kritik an den Folgen einer zügellosen Ökonomie) zielt daher auch nicht auf „Systemtranszendenz" oder grundsätzliche „Überwindung", sondern bewahrt sich einen spezifischen „Zukunftsoptimismus". Sie umgeht damit das grundsätzliche Spannungsverhältnis zwischen Handlung und Moral bzw. Handlung und Norm (die den Leib-Seele-Dualismus perpetuiert). Zum Fokus des pragmatistischen Handlungsbegriffs wird vielmehr die Spannung zwischen Bestehendem und Neuem, zu Bewahrendem und zu Änderndem, wobei die Vorteilsvermutung jeweils bei Letzterem liegt, da dies mit der Hoffnung auf Verbesserung verbunden werden kann. So gesehen richtet sich der pragmatistische Handlungsbegriff individualistisch auf das Lösen von Problemen und die Gestaltung von Zukünften.

Das individuelle Bewusstsein und die individuellen Handlungen lassen sich nicht dualistisch auseinanderdividieren. Sie bilden vielmehr eine Einheit, in der – jedes auf seine Weise – dazu dient, konkrete Probleme zu lösen und nützliche „Ergebnisse" zu liefern. Die Quintessenz des pragmatistischen Handlungsbegriffes liegt in der Aufhebung jeden Dualismus', einer klar und eindeutigen innerweltlichen Positionierung des Individuums, für das die praktische Nützlichkeit seines Denkens und Handelns einen grundsätzlich höheren Stellenwert einnimmt als die distanziert-abstrakte Erörterung bzw. eine lediglich theoretische Stimmigkeit.

Für den pragmatistischen Begriff des Handelns spielen Kontingenzen eine wesentliche Rolle. Als erste Annäherung ist es hilfreich, sich Kontingenzen als Hemmnisse oder Widerstände, als Unerwartetes oder Zufälliges vorzustellen, etwas, das in der Lage ist, den bisherigen Verlauf von Bewusstseins- oder Handlungsprozessen zu unterbrechen, und Problemlösungen, Neuorientierungen etc. notwendig macht. Es gehört zum philosophischen Traditionsbestand, dass alles empirische Wissen limitiert und – vor allem auf Dauer – höchst unbefriedigend ist: Die Wahrnehmungsfähigkeit menschlicher Sinnesorgane ist begrenzt und die menschliche Wahrnehmung kontingent. Vor diesem Hintergrund wird die menschliche Suche nach Gewissheit verständlich; realiter bleibt diese aber immer ein ständiger Prozess des Vergewisserns (Dewey 1930). Die Realität – so die pluralistische Hypothese – kann nicht als ein einziges Ganzes gedacht oder erfasst werden, sondern besteht aus unendlich vielen, selbstständigen Teilen und Zusammenhängen, die aber nicht vollständig isoliert existieren, sondern über vielfältige Beziehungen untereinander verbunden und miteinander vernetzt sind. In dieser realen Welt führen Pluralismus, Willens- und Handlungsfreiheit zu Indeterminismen: Immer ist „noch etwas" möglich, bleibt noch etwas zu entdecken, ist noch etwas entwicklungs- und verbesserungsfähig, sind Unberechenbarkeiten und Zufälle Teil der Realität. Vor diesem Hintergrund ist es dem reflexiv denkenden Menschen möglich, Willen und Kräfte zu nutzen und in der offenen, dynamischen Welt(-entwicklung) mitzuwirken: „Problems are opportunities in disguise".

Der Zusammenhang von Kontingenz und pragmatistischem Handlungsbegriff wird damit deutlich: Vor ein kontingentes Problem gestellt, entwickelt das Individuum hypothetische Lösungen, die sich bewähren können, das Problem zufriedenstellend lösen. Es muss aber immer auch damit gerechnet werden, dass die hypothetische Lösung an der Realität scheitert. Zukünfte sind also tendenziell offen, indeterminiert und unsicher. Tendenziell deshalb, weil nur in Ausnahmesituationen „alles völlig anders" wird, in der Regel aber Pfadabhängigkeit vorherrscht. Die positive Variante des Indeterminismus wird „Probabilismus" genannt und bezeichnet dann das in einem praktischen Sinne Glaubhafte und Wahrscheinliche. Die negative Variante wird dagegen „Falibilismus" genannt und bezeichnet dann die Möglichkeit des Irrtums, wie er auch im methodologischen Sinne als Falsifikation einer Hypothese verstanden wird.

Bei der Verarbeitung kontingenter Ereignisse zu „zukunftsfähigen Lösungen" kommt der alltäglichen Erfahrung sowie dem wissenschaftlich-reflektierten Wissen eine zentrale Bedeutung zu:

> "Knowledge, pragmatically construed, is one of the ways in which presently occurring experience becomes the means of instituting future experience, a future qualified by values and realized by action. But this version of knowledge as essentially valuation ... also makes of knowledge something inescapable experimental in its functions. Knowledge is control over and selection of future experience." (Thayer 1981: 452)

Mehr noch: Chancen und Optionen, die sich zukünftig ergeben (können), können sich bereits auf das gegenwärtige Handeln auswirken und somit eine „Brücke" zwischen gegenwärtigen und zukünftigen Handlungsverläufen bilden.

Menschliches Handeln besteht nicht in der Vollstreckung einer vorgefertigten Theorie, sondern im experimentellen Ausprobieren. Die Begriffe Experimentalismus und Instrumentalismus verweisen auf Weiterentwicklungen des pragmatistischen Handlungskonzeptes. Unter Experimentalismus versteht *Mead* zunächst die nach Chancen und Alternativen im Detail suchende, experimentierende Vorgehensweise im Prozess des menschlichen Problemlösens. Er wendet sich mit diesem Ansatz vor allem gegen Sozialutopien und revolutionäre Ideologien, die grundsätzliche und radikale Verhaltensänderungen zur Vorbedingung für eine „schöne neue Welt" machen. Die Mängel und Schwächen der Realität – so die Grundformel des Meadschen Pragmatismus – lassen sich nicht durch fixe Zukunftsvorstellungen und rigide Praktiken beheben. Notwendig ist vielmehr die Entwicklung und experimentelle Erprobung von Verbesserungsmöglichkeiten und Alternativen, die sich erst im Einzelnen bewähren müssen, um dann im größeren Kontext tatsächliche Wirkungen hervorbringen zu können: „Any of these valid hypotheses works in the complex of forces into which we introduce it" (Mead 1899: 370 f.).

Meads Experimentalismus geht also zunächst von einer Unterbrechung des Handlungsflusses aus, in der das handelnde Subjekt aufgefordert ist, die Situation zu analysieren, Problemlösungen hypothetisch vorwegzunehmen und die gewählte (Handlungs-)Hypothese in der Realität zu prüfen. Das solchermaßen zustande gekommene reflexive Handeln ist aber nicht nur charakteristisch für individuelles Verhalten und innovative Handlungsschritte. Es ist aus der Sicht *Meads* vor allem auch für den wissenschaftlichen Erkenntnisfortschritt maßgeblich.

Hier wird der pragmatistische Zusammenhang von Ideen, Denken und Handeln deutlich: „Ideen sind im Unterschied zu Handlungen einfach das, was kein sichtbares Verhalten nach sich zieht; sie sind Möglichkeiten sichtbarer Reaktionen, die wir implizit ... prüfen und dann zugunsten jener zurückstellen, die wir tatsächlich ablaufen lassen" (Mead 1973: 139). „Denken besteht darin, sich selbst am Handeln zu hindern, ausgelöste Reaktionsbereitschaften zu hemmen und als Reiz für weitere ins Bewusstsein zu holende Handlungskomplexe zu betrachten" (Wenzel 1990: 75). Denken und Handeln kann aber nicht getrennt werden: „Das Denken findet im Rahmen von Allgemeinbegriffen statt ..., die Universalität und das unpersönliche Wesen des Denkens ... (erlauben, *K. S.*). Möglichkeiten alternativen Handelns unter unendlich vielen verschiedenen spezifischen Bedingungen oder in unendlich vielen verschiedenen spezifischen Situationen – mögliche Handlungsweisen, die für unendlich viele normale Menschen mehr oder weniger identisch sind – eben Universalien ...; sie sind sinnlos außerhalb der gesellschaftlichen Handlungen, in die sie eingebettet sind und aus denen sie ihre Signifikanz ableiten" (Mead 1973: 128 ff.). Auf diese Weise bleiben unsere Ideen, bleibt unser Denken gegenüber zukünftigen Neuinterpretationen, so wie es unter realen Anwendungsbedingungen und/oder in kontingenten Situationen notwendig wird, für innovative Lösungen offen und beweglich.

In „Wissenschaft und Lebenswelt" entwickelt Mead ein Prozessmodell „instrumentellen Handelns", das frappierende Ähnlichkeit mit der später für die Policy-Forschung entwickelten Phasenheuristik hat (vgl. Jann/Wegrich in diesem Band). Er unterscheidet fünf Phasen:

- den (Handlungs-)Impuls, eine „problematische Situation", die – Stichwort Kontingenz – auf die Notwendigkeit des Handelns hin sensibilisiert.
- die Phase der „aktiven Wahrnehmung", in der man durch verzögerte Reaktionen alternative Reaktionsmöglichkeiten entwickelt und hieraus eine wählt.
- die Phase der „Manipulation", d. h. der konkret sichtbaren Reaktion und dem konkreten Kontakt mit der Realität.
- die „Rückkoppelung" dieses Kontaktes mit der Wahrnehmung und der sich damit bietenden Möglichkeit zur Korrektur (und ggf. erneuten Manipulation, siehe Phase drei).
- schließlich die „Vollendung" der Handlung und dem damit realisierten Grad an Bedürfnisbefriedigung (vgl. Mead 1983: 14 ff.).

Joas (1989: XVIII) fasst den Mead'schen Experimentalismus wie folgt zusammen:

> „Im Fall von Handlungsproblemen werden zwischen Impulsen und Handlungsmöglichkeiten experimentell Verknüpfungen hergestellt, von denen eine nur realisiert wird, die in ihrer besonderen Realisierungsweise aber beeinflusst ist von den anderen durchgespielten Möglichkeiten. Auch der Verlauf einer Handlung ist keineswegs immer ein für allemal festgelegt; typisch ist vielmehr die kontinuierliche Revision und ständige konstruktive Erzeugung des zu verfolgenden Kurses."

Dieses offene, auf Reflexion, wissenschaftliche Argumentation und experimentelle Verbesserung angelegte „piecemeal engineering" des Pragmatismus wird in den Grundgedanken der policy sciences aufgenommen und findet später unter dem Begriff „Inkrementalismus" Eingang in den politikwissenschaftlichen Sprachgebrauch.

Den theoretischen Kern des Zusammenhangs zwischen Wissen und pragmatistischen Handlungsbegriffes grenzt *H. S.* Thayer wie folgt ab:

> "... on the traditional theory, knowledge is interpreted as a copy, a geometrical or pictorial representation – a correspondence – within an agent and of a subject matter. For pragmatists, the fundamental relation characterizing knowledge is temporal and behavioral. Knowledge is an interpretation of given situations as means to deliberate future consequences und hypothetical or anticipated conditions. The act of behavior with its projected consequences is here taken as the fundamental unit, the 'original', rather than an idea, image, or proposition." (Thayer 1981: 453)

3.6 Demokratischer Individualismus

Anfang des 19. Jahrhunderts, lange vor dem Entstehen der philosophischen Strömung, berichtete Alexis de Tocqueville in „Demokratie in Amerika" von der pragmatistischen Lebenseinstellung in der Neuen Welt. Seine Beobachtungen über die Experimentierfreude der Amerikaner in nahezu allen Lebensbereichen bezeugen eine „trial-and-error"-Kultur, in der von jedermann „der rein praktische Teil der Wissenschaften wunderbar gepflegt" und vorangetrieben wurde. Er bedauerte aber, dass sich „fast niemand ... dem wesentlich theoretischen und abstrakten Teil menschlichen Wissens" widmete (Tocqueville 1835, 1976: 526). Das reiche, weite, wenig besiedelte Amerika war für ihn das Land, in welchem man Fehler – auch die eigenen – (fast) immer korrigieren konnte. Um den im eigentlichen Sinn politisch-theoretischen Hintergrund des Pragmatismus zu skizzieren, wird kurz die politische und soziale Situation in jenen Jahrzehnten umrissen, in denen der frühe Pragmatismus entstand. Darüber hinaus wird die pragmatistische Interpretation der Evolutionslehre Darwins als zentrales Element umrissen (vgl. Dewey 1951). Beide „Stränge der Erfahrung" – die politisch-historische Situation bzw. die wissenschaftlich-revolutionäre Entdeckung betreffend – lassen die Pragmatisten zu einer emphatischen Deutung demokratischer Ordnungen kommen. Das klare und explizite Engagement für Freiheit und Demokratie, Gleichberechtigung und praktische Solidarität hebt die pragmatistische deutlich von anderen philosophischen Strömungen ab. Deweys Credo kann hier stellvertretend zitiert werden:

> "The foundation of democracy is faith in the capacities of human nature; faith in human intelligence and in the power of pooled and cooperative experience. It is not belief that these things are complete but that if given a show they will grow and be able to generate progressively the knowledge and wisdom needed to guide collective action." (Dewey 1937: 403)

Die eingangs erwähnten Beobachtungen de Tocquevilles zielten insbesondere auf die politische Ordnung der USA, das gesellschaftliche Zusammenleben und die Art und Weise politische Probleme zu lösen. Die dann Ende des 19. Jahrhunderts entwickelte pragmatistische Strömung muss – wenn auch unter drastisch veränderten sozio-ökonomischen Bedingungen – tatsächlich in dieser Tradition gesehen werden. Die demokratische Grundordnung offener Gesellschaften war und ist immer eines ihrer Kernelemente, dessen Fokus gerade auf die graduelle – aber eben prinzipiell mögliche – Veränderung, Gestaltbarkeit und Verbesserbarkeit der Lebenswelt zielt und in den Mittelpunkt menschlichen Denkens und Handelns rückt. Als Orientierung gilt dabei:

> "The principle of utilitarianism the greatest happiness of the greatest number, is the ethical basis of democracy, and our American pragmatists clung to this principle with a truly religious fervor, against the rugged individualism of 'social Darwinists' like Spencer, and against the ruthless collectivism of the desperate European revolutionists of 1848 and 1870." (Wiener 1965: 203)

Die Pragmatisten sind also zu den „liberals" zu zählen. Das „Prinzip der größten Zahl" bezieht sich indessen auch auf die politisch-demokratische Leitidee, deren Ausgangspunkt das interessengeleitete, aber in der konkreten Handlungsorientierung von der sozialen Reflexion und dem sozialen Umfeld abhängige Individuum ist. Der demokratische Individualismus bewertet damit die gerade beginnende Entwicklung zur modernen Massendemokratie, dessen politische Strukturen und Verfahren sich allmählich in zahllosen, „von unten nach oben" verlaufenden Interessenvermittlungsprozessen herausbilden, positiv. Hierbei setzen sie sich aktiv für Integration und Toleranz, für Partizipation und Engagement ein und verfolgen damit ein Leitbild, das elitistischen und elitentheoretischen Neigungen wenig Spielraum lässt.

Die pragmatistische Idee der experimentellen Verbesserbarkeit und wissenschaftlichen Weiterentwicklung der bestehenden (Lebens-)Bedingungen schließt das Politische nie aus. Im Vordergrund steht allerdings nicht das intellektuelle Räsonieren (der Freiheit im Geiste), sondern unter gegebener Handlungsfreiheit das praktische „Anpacken" von Problemen und „Ausprobieren" von Problemlösungen. Probleme zu identifizieren, über deren Ursachen und Lösungsmöglichkeiten offen und frei zu beraten, die allfälligen Folgen alternativer Lösungen abzuwägen und nach getroffener Entscheidung die Konsequenzen zu überwachen und zu bewerten, das ist ganz offensichtlich die Anwendung der pragmatistischen Methode auf politisch-demokratische Problemlagen. Dazu gehört – im Sinne des pragmatistischen Probabilismus und Falibilismus selbstverständlich – auch, dass Entscheidungen, die nicht zu den erwünschten Ergebnissen führen, überdacht werden müssen, Fehler korrigierbar sind und Alternativen – auch personelle – eine Chance bekommen. Ausgangspunkt dieses „permanenten Weiterentwickelns durch ständiges Problemlösen" ist – pragmatistisch gesehen – zwar immer die individuelle Suche und der individuelle Anstoß. Die individuelle Lösung muss sich allerdings immer erst intersubjektiv bewähren, man muss die individuelle Erfahrung als kollektive Erfahrung verallgemeinern können. Individuelle Lösungen sind im pragmatistischen Sinne erst dann erfolgreich, wenn sie weiterführen, auf Dauer funktionieren und

angenommen werden, letztlich zweckrational und wertrational kollektiv rückge-
bunden werden können. Diese Sichtweise überwindet insofern nicht nur den weiter
oben erwähnten europäisch-soziologischen Dualismus. Da sich die pragmatistisch
bewährte, „beste Praxis" logisch nun nicht mehr vom sog. „neuesten Stand der
Wissenschaft" unterscheidet, kann sie auch als Vorstoß zur Überwindung des sonst
geläufigen Theorie-Praxis-Gegensatzes gewertet werden.

Für den Pragmatismus und seine Vertreter ist in diesem fundamentalen Sinne
eine demokratische Ordnung einerseits Voraussetzung für die notwendige soziale
und politische Offenheit. Andererseits wird Demokratie als jene Lebensform verstanden, die eben nicht nach Absolutem und Vollendung sucht, sondern danach,
was von dem, was „immer wieder möglich" ist, kollektiv nutzbringend rückgekoppelt werden kann (bzw. was sich nicht bewährt, kollektiv zurückgewiesen oder gar
bekämpft werden muss). Wiener (1965: 202 f.) fasst die Einstellung zusammen:

> "They all objected to the hierarchical priesthood ... for the same democratic reason that led
> them to reject ... all authoritarian educational and political systems ... they opposed religious
> intolerance, ecclesiastical authoritarianism, and intervention in political or educational insti-
> tutions. They opposed slavery in the southern plantations and the exploitation of labor in the
> northern mills. ... These are only brief indications of the democratic manifestations of their
> pragmatic liberalism."

Der Pragmatismus entsteht in den USA in einer Zeit umfassender politischer, sozialer und ökonomischer Umwälzungen. Die von de Tocqueville beobachtete und einem liberalen Staats- und Gesellschaftsverständnis verhaftete Idee des freien Zu-
sammenschlusses autonomer Individuen zur Verfolgung der jeweiligen egoistischen
Interessen erwies sich unter diesem Druck als zunehmend problematisch. Einerseits
wurden in den entstehenden Massendemokratien institutionelle Einrichtungen
notwendig, die in der Lage waren, eine zwischen Individuum und Staat vermitteln-
de Funktion zu übernehmen. Andererseits war es gerade der enorme Erfolg des
Wirtschaftswunder- und Einwanderungslandes USA, der dessen liberalen Kern
bedrohte: Das rapide Wachstum und der aggressive Erfolg des Kapitalismus stellte
die Prinzipien „freier Markt" und „fairer Wettbewerb" als zentrale, für Kapital und
Arbeit gleichermaßen gültige Allokationsmechanismen infrage. Großkonzerne, die
verbandliche Organisation von Handwerk und Wirtschaft sowie die Gewerkschaften
als Widerlager sorgten dafür, dass „das klassische Bild einer aus vielen kleinen,
unabhängigen Firmen und einem großen, atomisierten Angebot von Arbeitskräften
bestehenden Gesellschaft immer unbrauchbarer als Orientierungshilfe in der ökonomischen Wirklichkeit" wurde.

Der mit dieser ökonomisch-technischen Entwicklung verbundene Teufelskreis
sozialer Entwurzelung und Individualisierung, Vermassung und Anonymisierung
hatte aber in den USA bekanntermaßen andere politische und soziale Konsequenzen als in Europa. Dabei spielt nicht nur das positive Bild des Einwandererlandes
eine Rolle und die massenhaft erlebbare (zumindest beobachtbare) Verbesserung

der individuellen Lebensbedingungen. Ein Grund hierfür ist die außerordentliche räumliche Mobilität. Ein wesentlicher sozialstruktureller Grund hierfür wird aber auch darin gesehen, dass die enormen sozialen Spannungen (wie sich z. B. durch immer neue Einwanderungswellen ergeben) und die politischen Veränderungen (die zur Herausbildung der ersten Massendemokratie führten) im Rahmen einer ungeheuren Vielfalt von Organisationen, Gruppen und gesellschaftlichen Institutionen, abgefedert, z. T. aufgefangen und kanalisiert werden konnten – gesellschaftliche Organisationen, Gruppen und Einrichtungen die räumlich gesehen eher lokal und regional verwurzelt und daher eher klein, überschaubar oder von mittlerer Größe sind.

Im Vergleich zwischen den sich entwickelnden Industriestaaten gelang es so in den USA am besten, den mit der Entwertung allgemeinverbindlicher Ordnungen und Handlungsorientierungen verbundenen Verfallssymptomen eine – (eben auch) massenhaft positiv erfahrbare – Hoffnung auf Neues, Besseres entgegenzusetzen. Es gelang hier deshalb auch, ein insgesamt optimistischeres Zukunftsbild zu entwickeln als in der „alten Welt", in der die Folgen des ökonomisch-technischen Fortschritts mit politischer Restauration und nationalistischem Zwang einhergingen und die individuellen Hoffnungen und Erwartungen auf kollektive Sozialutopien verwiesen wurden. Ohne die sozialen Folgen der Industrialisierung in den USA verharmlosen oder gar negieren zu wollen, bildet doch die konkrete Erfahrung, dass der technisch-ökonomische Fortschritt eben nicht nur mit großem kollektiven Leid und ungleich zu tragenden sozialen Kosten, sondern eben auch mit unübersehbaren individuellen Chancen und immer wieder möglichem Aufstieg verbunden ist, den politisch-sozialen Hintergrund des Pragmatismus. Es ist insofern auch empirisch äußerst fragwürdig, dem „typisch amerikanischen", pragmatistischen Denken naiven Fortschrittsglauben zu unterstellen. Es ist vielmehr die – trotz aller Probleme der Auflösung alter Orientierungen – massenhaft positiv erfahrene Hoffnung, dass mit der Auflösung des Alten die Konstitution einer neuen Gesellschaft verbunden werden kann

Der hier essayistisch skizzierte politische und sozial-kulturelle Hintergrund, der – angesichts der ökonomischen Verwerfungen – den Raum für diese enormen Kompensationsleistungen schuf und eben auch für die Herausbildung des amerikanischen Pragmatismus eine zentrale Rolle spielte, kann auf drei zentrale Elemente reduziert werden.

(1) Erstens existierte eine breite, durch Organisationen, Verbände, Zusammenschlüsse mittlerer Größe gebildete, stabile sozio-politische Vermittlungsebene zwischen Individuum und Staat. Die prädominante Wahrnehmung politischer und sozialer Problemlagen erfolgte daher entlang von Gruppeninteressen, die es dem Individuum über „overlapping, multiple and changing membership" einerseits erlaubten, sich für seine Interessen einzusetzen und sich insofern politisch und sozial einzubinden. Diese Gruppenorientierung, die – entgegen der europäischen Klassenorientierung – das Individuum niemals voll und ganz band, erleichterte

andererseits aber auch die individuelle soziale Mobilität und die Wahrnehmung sich verändernder Interessen. Bei der Betrachtung der Folgen verbinden sich hier nun die Argumente des philosophischen und des empirischen (bzw. des Gruppen-) Pluralismus: An die Stelle klarer und eindeutiger (Klassen-)Konfliktlinien treten vielfältige Gruppenbezüge, die zumindest partielle Überlappungen und Überschneidungen zulassen. Hierdurch ergeben sich einerseits vielfältige Einflusschancen, die es – im Vergleich zur Verfolgung von „Klassenprinzipien" – immer wieder erlauben, zumindest partielle Anschlussmöglichkeiten und Problemlösungen zu erreichen. Andererseits begrenzt das Fehlen eines eindeutig (etwa hierarchisch) überlegenen Entscheidungszentrums und die Notwendigkeit vielfältiger Einflussnahme auch die Einflussmöglichkeiten selbst mächtiger (z. B. ökonomischer) Einzelinteressen – zumindest verhindert es die vollständige Dominanz eines Einzelinteresses. Dieses pluralistische System der „checks and balances" trägt auch zu einem deutlich geringeren (individuellen und kollektiven) Erwartungs- und Anspruchsdruck gegenüber dem Staat bei.

(2) Dadurch, dass die Struktur des politischen Systems die Herausbildung klar abgegrenzter politischer „Lager" verhinderte und dadurch, dass politische Auseinandersetzungen nicht von einzelnen Akteuren und ihren Interessen völlig dominiert werden konnten, wurde es – zweitens – notwendig, eine ganze Reihe von Strategien politischer Einflussnahme und Lösungsversuche zu entwickeln, sodass die Ressource Macht zwar wichtig, aber nicht der einzige Garant politischen (Durchsetzungs-)Erfolgs blieb. Als prädominanter Modus der Konfliktlösung verfestigte sich daher der – mehr oder weniger offene, konsens- oder konfliktorientierte – Diskurs, die sich auf dieser Basis ergebenen Aushandlungsprozesse und im Regelfall die Kompromisslösung. „Offener Diskurs" darf hier nicht idealisiert als „rationaler" oder gar „deliberativer Diskurs" missverstanden werden. Es geht immer darum, die eigenen Interessen eindeutig zu artikulieren und im Rahmen der eigenen Kräfte politisch zu vermitteln. Dieser Zwang zum „bargaining" und zur Kompromissbildung verhinderte einerseits die Bildung starrer politischer Lager und Ideologisierungen. Andererseits fördert er in den – mehr oder weniger offenen – demokratischen Problemlösungsprozessen die Tendenz zur sachlichen Problemlösung. Bei der Betrachtung der Konsequenzen dieses Typs politischer Entscheidungsfindung fällt die Analogie zum pragmatistischen Handlungsverständnis auf: Da ist einerseits die Ausschusslösung, die Notwendigkeit zur verhandlungsdemokratischen Entscheidungsfindung, in der Sachfragen und interessengeleitete Motive zusammengeführt werden müssen, um immer wieder zu (insofern: Kompromiss-)Lösungen zu gelangen. Und da ist andererseits die – wenig ideologisierte – Art der Problemlösung selbst, ausgehend vom einzelnen, konkreten Problem, das Bemühen weniger zu grundsätzlichen, als vielmehr zu konkret realisierbaren Lösungen und ggf. Verbesserungen zu kommen. Beide Aspekte – Verfahren und Reichweite – gewähren jenen Spielraum, in dem eben nicht nur die Rationalität von Macht und Einfluss entscheidet, sondern auch Überzeugungen und Aufgeschlossenheit für Neues ein-

fließen können, so dass selbst „Überraschungseffekte" eine Chance haben – mit anderen Worten, dass systembedingt neben den traditionellen auch innovative, experimentelle Problemlösungen Platz greifen können.

(3) Drittens bildete von jeher die faktisch gegebene gesellschaftliche Pluralität eine zentrale Determinante politischer Problemlösungsprozesse. die individuelle politische Orientierung erfolgte (und erfolgt) im „land of the free" nicht vom Gesamten oder gar vom Staat her, sondern in erster Linie entlang der sozialen, religiösen, ethnischen etc. Gruppenzugehörigkeiten. Darüber hinaus spielt auch die regionale Herkunft und Zugehörigkeit innerhalb der USA eine gewisse Rolle. Das sind die beiden wichtigsten Merkmalskategorien zur Kennzeichnung der individuellen Position innerhalb der dynamischen sozialen und räumlichen Entwicklung. Dagegen suggeriert bereits der Begriff „state" eher einen Zustand als eine Lösung, sodass sich konsequenterweise auch der Begriff „government" zur Bezeichnung der, im engeren Sinne, politisch aktiven Ebene durchgesetzt hat. Ein Begriff, mit dem der politische Ausschuss und die hier handelnden Personen angesprochen werden, bestenfalls „das System der Interessen und Kompetenzen, durch welche eine Gesellschaft es fertig bringt, als ganze einheitlich handlungsfähig aufzutreten" (Vollrath 1987: 143), und eben nicht das idealisierte „Ganze" (das dort eher über den Begriff „nation" vermittelt wird). Darüber hinaus gelingt es traditionell auch den politischen Parteien kaum über die Präsidentschaftswahlen hinaus, zusätzliche, die bestehenden Zugehörigkeiten transzendierende Bindungskräfte zu entfalten, oder gar zentralisierend zu wirken. Aus diesen Zusammenhängen ergibt sich eine individuelle politische Orientierung, die prädominant einer „bottom up"-Perspektive folgt. icht nur die Wahrnehmung politischer Probleme sondern auch Art und Modus der angestrebten Problemlösung erfolgt in allererster Linie „bottom-up". Dies führt einerseits dazu, dass sich die religiösen, ethnischen, sozialen, beruflichen etc. Interessen „bottom up" formieren, sie schließen sich auf der Ebene von Nachbarschaften, Kommunen und (bestenfalls) Einzelstaaten zusammen und „... benutzen die vereinigte Masse ihrer (wahlberechtigten) Mitglieder als Gewicht auf der politischen Waagschale" (Wolff 1967: 19). Andererseits führt diese Perspektive zu der traditionell engen Anbindung (und Abhängigkeit) politischer Handlungsträger an die politische Basis.

Bei der Betrachtung der Folgen politischer „bottom-up"-Prozesse kann hier erstens auf die Segmentierung der Interessenartikulation verwiesen werden, die aber – um Durchsetzungsfähigkeit zu erlangen – inhaltlich gesehen immer erst vermittelbar sein müssen. Bezogen auf den Lösungsweg eröffnen sich damit Chancen für intersubjektive Prozesse (auch in dem Sinne, dass „not feasible interests" systematisch abgewiesen werden) und – bezogen auf die Art der erzielten Lösung – Chancen unmittelbaren Erfolgs und der Bewährung. „bottom-up"-Prozesse erfordern daher einerseits das individuelle Engagement und orientieren dieses andererseits vornehmlich auf solche Interessen, die auch verallgemeinerbar sind. Im Vordergrund steht dann die Vermittlung dieser Art „kollektiv gehaltener, eigener Interessen", die von vornherein nicht als große, generelle Lösung „ein-für-allemal", sondern (bestenfalls) ein Schritt in die richtige Richtung und Teil eines weiteren Prozesses ist. Gerade dieser Zwang, politische Interessen inhaltlich zu redimensionieren, verhindert das – insofern: unmündige – Warten auf die „endgültige Lösung" und die trügerische Hoffnung auf den letztlichen Sieg „der Partei", der nationalen Wiedergeburt o. Ä.

Diese Ausführungen zum sozialen und politischen Hintergrund bei der Herausbildung des Pragmatismus dienen dazu, die enge Verbindung zwischen der philosophischen Grundorientierung und jenen politischen Gegebenheiten aufzuzeigen, die für die politischen Grundwerte der Pragmatisten ausschlaggebend waren:

> "pragmatism is to be viewed historically as a critical response to the widening cleavage between economic expansion and powerful and elaborate technological advances on the one side, and on the other, deepening divisions between the laboring classes and the owners and directors of business: an increasing separation between the realities of social and political experience and the traditional ideals of American democracy." (Thayer 1981: 445)

Dabei ist besonders hervorzuheben, dass sich die Pragmatisten für Toleranz und Offenheit, für eine verantwortungsvolle Nutzung von Freiheiten und für sozial orientierte Veränderungen engagiert haben. ie Pragmatisten plädierten bereits zu einem Zeitpunkt für „Flexibilität" und „Innovationsbereitschaft", indem das politisch-öffentliche Leben – insbesondere der Alten Welt – noch durch Idealismus und Absolutismus, autoritärer und nationalistischer Gesinnung bestimmt ist, und das vor allem soziale, politische und ethnische Ausschließungsprozesse hervorbringt. Dem intern vorherrschenden Rigorismus entsprachen die nationalistisch-chauvinistischen Ideale und Ansprüche nach außen.

Aus der Sicht des Pragmatismus schaffen die Offenheit und Unbestimmtheit zukünftiger Entwicklungen zwischen den Parametern Konkurrenz und Anpassung also einen Korridor, der sich pragmatistisch nutzen lässt. Beide Einflussfaktoren sind wichtig, lassen jedoch einen Spielraum zu, der für pragmatistisches Handeln – innovatives Problemlösen – genutzt werden kann. Bezogen auf den demokratischen Individualismus heißt das, dass individuelle Freiheiten und demokratische Strukturen die notwendigen Voraussetzungen für fortwährende, offene Strategien von „Versuch, Irrtum und Erfolg" bilden und dadurch Lösungen und Handlungsalternativen möglich werden, die durch kollektive und soziale Prozesse der Bewährung zu überindividuellen Lösungen führen und (möglicherweise) Innovationen hervorbringen können. Dieser Problemlösungsprozess führt politisch-pragmatistisch interpretiert zu einem stetigen Zusammenspiel individueller Interessenverfolgung und intersubjektiver Normbildung und muss insofern als (Ur-)Form demokratischer Willensbildung bezeichnet werden.

Damit lässt der zwischen Wettbewerb und Anpassung liegende Korridor der Gestaltung eine Vielfalt politischer Strategien und Lösungsalternativen zu, die neben Konkurrenz auch Absprachen, neben Anpassung auch (kollektive) Aktionen zulassen und damit vielfältige, inhaltlich und temporär variierende Konsensprozesse eröffnen. Demokratische Prozesse brauchen daher nicht auf das Austarieren von Machtpositionen beschränkt zu bleiben, sondern können auch durch inhaltliche Überzeugungsstrategien und normative Einbindungsprozesse dazu genutzt werden, gegebene (Macht-)Positionen zu transzendieren und ggf. zu verändern.

Diese Ausführungen zum politisch-theoretischen und normativen Hintergrund machen die differenzierte Adaption des Darwinschen Evolutionsmodells durch den Pragmatismus deutlich:

> "The high ethical quality of their diverse conceptions of evolution stood opposed to the harsh competitive character and ruthless self-aggrandizement which 'social Darwinism' tried to justify in the growing commercial expansion of the United States." (Wiener 1965: 204)

Damit müssen Pragmatismus und Demokratie als kontinuierlicher Versuch friedlicher und kooperativer (Weiter-)Entwicklung der menschlichen Lebensbedingungen interpretiert werden:

In der deutschen Rezeption des Pragmatismus ist vor allem der in diesem Kapitel beschriebene demokratische Individualismus elementar vernachlässigt worden. Dabei bieten sich gerade hier zahllose Ansätze die „Demokratieverträglichkeit" anderer, etablierter philosophischer und theoretischer Strömungen zu thematisieren.

4 Resümee

Aus Sicht des sozialwissenschaftlichen „mainstreams" im deutschsprachigen Raum wird der Pragmatismus in der Regel lediglich als eine Art Zwischenstufe bzw. als Wegbereiter des Behaviorismus und der frühen, empirisch orientierten Forschung in der amerikanischen Psychologie und Sozialpsychologie, Soziologie und Politikwissenschaft angesehen (vgl. Falter 1982). Darüber hinaus wird er gelegentlich auch – im umgangssprachlichen Sinne – als amerikanisch-pragmatischer Ansatz zur Lösung politischer und sozialer Probleme aufgefasst. Dieser Art selektiver Wahrnehmung entgeht, dass der Pragmatismus in den USA einen völlig eigenständigen Weg bei der Etablierung der modernen Sozialwissenschaften eröffnete. Bis zu einem gewissen Grad trägt dieses Rezeptionslücke bis heute dazu bei, dass das Spannungsverhältnis zwischen Theorie und Praxis in den sozialwissenschaftlichen Disziplinen diesseits und jenseits des Atlantiks unterschiedlich gedeutet werden kann. Den Kern dieses Unterschiedes bildet ein den amerikanischen Sozialwissenschaften alternativ zur Verfügung stehender Handlungsbegriff, der es erlaubt, eine Politikwissenschaft von und für die reale Welt zu entwickeln (Joas 1992). Dieser Handlungsbegriff überwindet jenen traditionellen, kontinental-europäischen Leib-Seele-

Dualismus, der menschliches Handeln entweder einem rationalistischen Utilitarismus oder einem moralisch-imperativen Normativismus unterwirft.

Der Pragmatismus stimuliert aktuell auch die politisch-theoretische und die politikwissenschaftliche Debatte. Erstere erhielt durch Richard Rorty Auftrieb, der einen pragmatistischen Gegenentwurf zum idealistischen, gelegentlich elitär-konservativ verstandenen Kommunitarismus vertritt. Knapp zusammengefasst unterscheidet sich die vom Pragmatismus geprägte demokratie-theoretische Position vom Kommunitarismus im Wesentlichen durch die positive Bewertung des Individualismus, der offenen (Massen-)Demokratie und der politischen und sozialen (Interessen-)Vielfalt als Grundlage gesellschaftlichen Fortschritts und Veränderung. Vom klassischen Liberalismus unterscheidet sie sich dagegen vor allem durch das umfassende – nicht rationalistisch verkürzte – Menschenbild, die Höherbewertung sozialer Verantwortung und öffentlichen Engagements vor der Verfolgung egoistischer Ziele (vgl. Schönherr-Mann 1996). Die liberalen Prinzipien, so kann zugespitzt argumentiert werden, bilden den normativen Hintergrund für die pragmatischen, auf Gestaltung und Verbesserung zielenden Prozesse. So machte beispielsweise Richard Rorty (1997) auch durch seinen Appell zum konkreten politischen Engagement der (seit Vietnam passiven) amerikanischen Linken und Intellektuellen von sich Reden.

Da diese Debatte inzwischen selbst in den Massenmedien eine gewisse Resonanz findet, wird im deutschsprachigen Raum sicher zum ersten Mal auch der demokratie-theoretische Hintergrund des Pragmatismus vermittelt. Zumindest wird der Pragmatismus nach nunmehr über dreißig Jahren auch wieder in der Politischen Theorie diskutiert (Brecht 1961; Brodocz/Schaal 1999). Mit seinem Plädoyer für breites, aktives Engagement, für die Übernahme sozialer Verantwortung und gegen jede Form des Rückzugs auf theoretische Positionen – die letztlich nur in „Besserwisserei" münden – zielt Rorty auf die Rückbindung des bloß Theoretischen an die konkrete Praxis. In diesem Bemühen spiegelt sich die anti-dualistische Position des Pragmatismus und die hierauf basierende Handlungstheorie, die auch einer politischen Theorie lediglich instrumentellen Status zuweist und deren Funktion als individuelle Orientierungs- und Handlungshilfe sich in der Realität, bei den konkreten Versuchen politischer Gestaltung und Verbesserung immer wieder bewähren muss.

Auf diese Grundfigur, dass nämlich Theorien einerseits Leitfunktion haben und als Handlungsorientierung dienen, sich andererseits aber immer an der Wirklichkeit – genauer: daran, in welchem Maße sie sich verwirklichen lassen – messen müssen, verweist auch James in der sechsten Pragmatismus-Vorlesung:

> „Das wesentliche Moment ist der Vorgang des Geführtwerdens. Jede Vorstellung, die uns hilft, mit der Wirklichkeit oder ihrem Zusammenhang – sei es praktisch oder intellektuell – umzugehen, jede Vorstellung, die unseren Fortschritt nicht in Enttäuschungen münden läßt, die wirklich paßt und unser Leben an die komplexen Zusammenhänge der Wirklichkeit anpaßt,

jede solche Vorstellung wird in einem Maße mit ihr übereinstimmen, die den Anforderungen genügt. Sie wird sich an dieser Wirklichkeit bewähren" (James 1908, 2000: 138 f.).

Damit sind die ideengeschichtlichen Grundlagen der Politikfeldanalyse zusammengefasst. Auch, wenn sich diese politikwissenschaftliche Teildisziplin inzwischen weiterentwickelt und – wie gerade mit diesem Lehrbuch deutlich wird – sich erheblich ausdifferenziert hat, wird vielfach ein Politikverständnis deutlich, das eine pragmatistische Basis aufscheinen lässt: Dass „Politik" von der grundsätzlichen Hoffnung lebt, dass es immer eine Lösung gibt, die von Menschen, Politikern und Politikerinnen, ausgedacht, erarbeitet, errungen, zustande gebracht werden muss. Und, dass das Ende der Politik auch das Ende des Strebens nach Vernunft wäre – Selbstaufgabe, Verantwortungslosigkeit, ggf. Krieg. Dass andererseits aber „Politik-machen" auch nur selten auf den „großen Entwurf" hinaus läuft in der Regel „piece-meal engineering" bedeutet oder, „das mühsame Bohren dicker Bretter", wie es Max Weber einmal beschrieb. Dazu passt die Überzeugung, dass Politik auf Verbesserung und Gestaltung, auf die Realisierung des Machbaren angelegt ist. Über die Zeit hinweg lassen sich so tragfähige Veränderungen bewirken. „Politik-machen" heißt insofern auch immer, so realistisch wie möglich vom erwartbaren Ergebnis her zu denken. Die eigenen politischen Grundüberzeugungen und Orientierungen mögen die wünschbaren Ziele und Leitideen vorgeben, politisch praktisch sind immer die konkreten, erwartbaren Folgen politischen Handelns zu beachten. Sicher für einige Leser und Leserinnen überraschend ist die eindeutige demokratische Positionierung des Pragmatismus, die auch für das moderne „Policy-making" Grundlage sein dürfte: Neben ethischen sind es vor allem auch funktionale Überlegungen, die demokratisch verhandelten und ermittelten Lösungen eine „höhere" Legitimität und einen größeren Nutzen verschaffen.

Für die weitere Aufarbeitung der ideengeschichtlichen und theoretischen Basis der Politikfeldanalyse wird es notwendig sein, dass die frühe Pluralismus-Literatur auch als frühe „Policy-Literatur" rezipiert wird. Damit ist nicht nur der Klassiker Bentley gemeint, sondern z. B. Peter Odegards wegweisende Studie über den Erfolg der Anti-Alkoholbewegung und Befürworter der Prohibition von 1928 (Pressure Politics – The Story of the Anti-Saloon League) oder bspw. E. E. Schattschneiders Studie von 1935 über die politische Durchsetzung von Schutzzöllen (Politics, Pressures, and the Tariff).

5 Literatur

Ayer, Alfred J., 1968: The Origins of Pragmatism – Studies in the Philosophy of C. S. Peirce and W. James. San Francisco: Freeman, Cooper.

Beyme, Klaus v., 1996: Theorie der Politik im 20. Jahrhundert – Von der Moderne zur Postmoderne. Frankfurt a. M.: Suhrkamp.

Dewey, John, [1910] 1951: The Influence of Darwinism on Philosophy. In: John Dewey, The Influence of Darwinism on Philosophy. New York, 1–19.

Dewey, John, 1930: The Quest for Certainty – A Study of the Relation of Knowledge and Action. New York: Minton, Balch

Dewey, John, 1937: Democracy and Educational Administration, an address before the National Education Association, Feb. 22, 1937. In: Joseph Ratner (ed.) 1939, Intelligence in the Modern World – John Deweys Philosophy. New York: Modern Library.

Diaz-Bone, Rainer/Schubert, Klaus, 1996: William James – zur Einführung. Hamburg: Junius.

Falter, Jürgen W., 1982: Der ‚Positivismusstreit' in der amerikanischen Politikwissenschaft. Opladen: Westdeutscher Verlag.

Ford, Marcus P., 1993: William James. In: David R. Griffin u. a., Founders of Constructive Postmodern Philosophy. Albany: State University of New York Press.

James, William, 1898: Philosophical Conceptions and Practical Results. In: William James: [1920] 1994, Collected Essays and Reviews. Bristol, 406–437.

* James, William, [1908] 2000: Pragmatismus – Ein neuer Name für alte Denkweisen. Darmstadt: Wissenschaftliche Buchgesellschaft (Bibliothek klassischer Texte) (neu übersetzt und wieder herausgegeben von K. Schubert und A. Spree).

James, William, 1911: Some problems of Philosophy – A Beginning of an Introduction to Philosophy, New York et al. (published posthum by Horace M. Kallen and Henry James Jr.).

James, Harold (ed.), 1920: The Letters of William James. Boston: Atlantic Monthly Press.

Joas, Hans, [1980]1989: Praktische Intersubjektivität – Die Entwicklung des Werkes von G. H. Mead. Frankfurt a. M.: Suhrkamp.

Joas, Hans,1992: Die Kreativität des Handelns. Frankfurt a. M.: Suhrkamp.

Laski, Harold, 1917: Studies in the Problem of Sovereignty. New Haven: Yale University Press.

Lerner, David/Lasswell, Harold D. (eds.), 1951: The Policies Sciences – Recent Developments in Scope and Method, Berkeley. Stanford: Stanford University Press.

Mead, George H., 1899: The Working Hypothesis in Social Reform. In: American Journal of Sociology, Vol. 5, 370 f.

Mead, George H., 1934: Mind, Self and Society, (Ed. by C. W. Morris). Chicago: University of Chicago Press.

Mead, George H. [1934] 1973: Geist, Identität und Gesellschaft. Frankfurt a. M.: Suhrkamp, 29.

Mead, George H., 1983: Gesammelte Aufsätze, Band 2. Frankfurt a. M.: Suhrkamp.

Merriam, Charles E., 1925: New Aspects of Politics. Chicago: University of Chicago Press.

Oehler, Klaus, 1992: Der Pragmatismus als Philosophie der Zukunft – Die gegenwärtige Lage der Philosophie in Deutschland. In: Semiosis – Internationale Zeitschrift für Semiotik und Ästhetik, 17/1–4, 28.

Peirce, Charles S., 1965: Wie wir Ideen klar machen. In: Charles S. Peirce (Hrsg.): Die Festigung der Überzeugung und andere Schriften. Baden-Baden: Agis.

Peirce, Charles S., 1931-35: Collected Papers. Volume V, Paragraph 402, Cambridge/ Mass.

Rorty, Richard, 1994: Hoffnung statt Erkenntnis. Wien: Passagen-Verlag.

Rorty, Richard, 1997: Achieving our Country: Leftist Thought in Twentieth-Century America, Cambridge/Mass.: Harvard University Press.

Schiller, Ferdinand C. S., 1907: Studies in Humanism. London: Macmillan and Co.

Schubert, Klaus, 1995: Pluralismus versus Korporatismus. In: Dieter Nohlen u. a. (Hrsg.): Lexikon der Politik Bd. 1: Politische Theorien. München: Beck, 407–423.

* Schubert, Klaus, 2003: Innovation und Ordnung – Grundlagen einer pragmatistischen Theorie der Politik, gleichzeitig ein Beitrag über die ideengeschichtliche Basis einer erweiterten Theorie der Politikfeldanalyse. Münster: Lit.

Thayer, Horace S., [1968] 1981: Meaning and Action – A Critical History of Pragmatism. Indianapolis: Bobbs-Merrill, 453 (Hervorhebung K. S.).

Tocqueville, Alexis de, [1835/1840] 1976: Über die Demokratie in Amerika. München: Fischer Bücherei.

Vollrath, Ernst, 1987: Grundlegung einer philosophischen Theorie des Politischen. Würzburg: Königshausen + Neumann.

Wenzel, Harald, 1990: George Herbert Mead – zur Einführung. Hamburg: SOAK im Junius Verlag.

Wiener, Philip P., 1965: Evolution and the Founders of Pragmatism. New York: Harper & Row.

Wolff, Christian Freiherr von, 1721: Vernünfftige Gedancken Von Gott Der Welt und der Seele des Menschen – Vorrede zu der anderen Auflage. Frankfurt a. M./Leipzig: Andreä und Hort.

Wolff, Robert P., 1967: Jenseits der Toleranz. In: Robert P. Wolff/Barrington Moore/Herbert Marcuse: Kritik der reinen Toleranz. Frankfurt a. M.: Suhrkamp.

Verständnisfragen

1. Nennen Sie die Kernelemente des Pragmatismus.

2. Inwiefern ist für Schubert der Pragmatismus ein möglicher „Mittler" zwischen den gegensätzlichen Positionen von Empiristen und Rationalisten?

3. Stellen Sie die ökonomischen, soziologischen und pragmatischen Handlungsbegriffe einander gegenüber.

Transferfragen

1. Verdeutlichen Sie an einem eigenen Beispiel die „philosophische Idee des Pluralismus".

2. Bewerten Sie eine aktuelle politikwissenschaftliche Theorie aus pragmatistischer Perspektive.

Problematisierungsfragen

1. Gibt es beim Pragmatismus einen Dualismus zwischen Vergangenheit (nicht veränderbar) und Zukunft (experimentell gestaltbar, aber nicht beliebig formbar)?

2. Welche Probleme könnten auftreten, wenn man die „bottom-up"-Perspektive einnimmt, und welche Probleme könnten auftreten, wenn man die „top-down"-Perspektive einnimmt?

Marian Döhler

Verwaltungswissenschaftliche Problemperspektiven in der Politikfeldanalyse

1 Einleitung

Das Verhältnis zwischen Politikfeldanalyse und Verwaltungswissenschaft scheint in der bundesdeutschen Politikwissenschaft als eine Art Symbiose wahrgenommen zu werden. In Lehrbüchern werden beide Teilgebiete gemeinsam behandelt (z. B. Nullmeier 2003; siehe auch Schröter 2001; Anter/Bleek 2013: 87), innerhalb der DVPW existiert seit 2010 eine Sektion „Policy-Analyse und Verwaltungswissenschaft" und die Herausgeber eines einschlägigen Sonderheftes der Politischen Vierteljahresschrift gelangen zu dem Schluss, dass sich die Verwaltungswissenschaft „in die politikwissenschaftliche Forschung nahtlos eingefädelt" (Bogumil/ Jann/ Nullmeier 2006: 19) habe. Darauf deutet auch der eingeführte Terminus „politikwissenschaftliche Verwaltungsforschung" (vgl. Benz 2003; Bogumil/Jann 2009: 291 ff.) hin. Dennoch zeigt eine genauere Betrachtung, dass die scheinbare Einheit an verschiedenen Stellen Brüche bzw. Ungleichgewichte aufweist. Die eben erwähnten Herausgeber räumen ein, dass *Policy*-Forschung und Verwaltungswissenschaft trotz vieler Überschneidungen „getrennte Wege gegangen" (Bogumil/Jann/Nullmeier 2006: 24) sind. Frank Janning geht noch einen Schritt weiter und konstatiert einen „Bedeutungsverlust der Verwaltung in den neueren Forschungsansätzen der Politikfeldanalyse", die mehr auf „Struktur- und Gesamtbeschreibungen" (Janning 2006: 83) ausgerichtet sei. Wer sich also mit dem Befund von der „Normalisierung der Verwaltungsforschung" (Bogumil/Jann/Nullmeier 2006: 25) nicht anfreunden mag, trifft sogleich auf Indizien, die ein weniger positives Bild vom Zustand der Verwaltungswissenschaft zeichnen.

Es gibt keine prominenten Fachvertreter mehr, wie etwa Thomas Ellwein, die Verwaltung als integralen Bestandteil des Regierungssystems bzw. des Regierens betrachten. Auch Sozialwissenschaftler wie Fritz Scharpf und Renate Mayntz, die während der 1970er-Jahre maßgeblichen Anteil am Aufstieg der Verwaltungswissenschaft zum „herrschende[n] Paradigma" (Fach 1982: 66) der Politikwissenschaft hatten, sind verwaltungswissenschaftlichen Fragestellungen in späteren Jahren fast vollständig aus dem Weg gegangen. Sucht man im Lehrbuch „Das politische System Deutschlands" von Manfred G. Schmidt, ebenfalls einem profilierten Fachvertreter, nach dem Stichwort „Verwaltung", wird man im Register ebenso enttäuscht wie im laufenden Text, in dem der Begriff nur an einer einzigen Stelle auftaucht, und zwar um festzustellen, Verwaltung sei „größtenteils Sache der Länder" (Schmidt 2007: 184). Auch die beiden ehemaligen akademischen Gravitationszentren Speyer und

Konstanz haben sich thematisch von einer politikwissenschaftlichen Verwaltungsforschung entfernt. Erst recht fehlt es an einer „kritischen Masse" interessierter
Verwaltungsforscher. Eine gewisse, wenn auch keine harte Bestätigung dafür kann
dem Mitgliederverzeichnis der DVPW entnommen werden. In der Ausgabe
2013/2014 rangiert die Verwaltungswissenschaft als eines von neun Forschungsge-
bieten mit 41 Nennungen auf dem vorletzten Platz, unterboten nur noch von der
„Politischen Bildung", die allerdings über eine eigene Fachgesellschaft verfügt. Im
Vergleich dazu bringen es die beiden größten Forschungsgebiete „Internationale
Politik und Außenpolitik" und „Vergleichende Politikforschung" auf 469 bzw. 417
Nennungen. Demnach beschäftigen sich nur 2,4 % der 1.750 DVPW-Mitglieder mit
verwaltungswissenschaftlichen Themen im engeren Sinne. 2006/2007 sah es mit 46
verwaltungswissenschaftlich Interessierten noch leicht besser aus, was rund 3% der
damals 1.537 DVPW-Mitglieder entsprach. Dieser Befund bedarf zwar der Relativie-
rung, da eine schwer bestimmbare Zahl von Nennungen des Forschungsgebietes
„Politikfelder und Implementation" von den DVPW-Mitgliedern auch als Verwaltungswissenschaft verstanden werden dürfte. Ähnliches kann man für die Unterka-
tegorie „Vergleichende Policyforschung/Staatstätigkeitsforschung" vermuten. Ob
das implizite „Mitdenken" der Verwaltung als Analysedimension ein Zeichen der
Stärke darstellt, ist zumindest fraglich. Eher scheint das „Unterpflügen" verwaltungswissenschaftlicher Fragestellungen durch eine Policy-Orientierung, in der
Verwaltung weder als Akteur noch als Untersuchungsobjekt explizit auftaucht, zu
einer Marginalisierung des Forschungsfeldes beizutragen.

Das Verhältnis beider Teilgebiete zueinander wird meist so beschrieben, dass
der Politikfeldanalyse die Rolle einer Rahmenperspektive zufällt, die zentrale Kategorien und Konzepte für die Analyse politischer Prozesse und Strukturen liefert (vgl.
etwa Janning 2006; Bauer 2008), während die verwaltungswissenschaftliche Perspektive dann eine – zumeist komplementäre – Rolle spielt, wenn die Verwaltung,
ihre spezifische Organisation und Arbeitsweise politisch relevant werden bzw. sich
als Erklärung anbieten (vgl. etwa Jann 2009). Aber wann ist das der Fall und wie
kann eine „verwaltungswissenschaftliche Perspektive" abgegrenzt werden? Im Wesentlichen sind hier drei Themenkomplexe zu nennen:

– Erstens die klassische Frage nach dem Verhältnis zwischen Politik und Verwaltung, die lange Zeit eher normative Züge besaß, aber zunehmend als Steue-
   rungsproblem formuliert wird;
– zweitens die Entwicklung und der Wandel der Verwaltung, worunter seit den
   frühen 1990er-Jahren vor allem die Verwaltungsmodernisierung verstanden wird,
   und
– drittens die Rolle der Verwaltung als politischer Akteur, die zunächst in den
   Arbeiten der Projektgruppe Regierungs- und Verwaltungsreform (1969–1975)
   theoretisch und wenig später mit dem Aufschwung der Implementationsforschung empirisch stärkere Beachtung fand.

Die nachfolgende Bestandsaufnahme folgt dieser Themenstruktur, die sich freilich nicht diachron, sondern eher synchron entwickelt hat und daher auch keine Abfolge von aufeinander aufbauenden Fragestellungen abbildet. Nicht alle Themen wurden auf erhellende Weise ausdiskutiert, da die disziplinäre Aufmerksamkeit nicht selten auf neue Themen und Fragestellungen überging, ohne dass sich zuvor ein Erkenntnisfortschritt eingestellt hatte. Ohne Anspruch auf Vollständigkeit können die zentralen Gegenstände der Verwaltungswissenschaft, von denen viele auch Berührungspunkte mit der Policy-Analyse aufweisen, folgendermaßen zusammengefasst werden.

Tab. 1: Verwaltungswissenschaftliche Problemperspektiven

Politik und Verwaltung	Wandel der Verwaltung	Verwaltung als Akteur
Kontrolle	*Wachstum*	*Gesetzgebung*
– Instrumente	– Aufgaben	– Agenda Setting
– Legitimation	– Organisation und Personal	– Politikformulierung
– Principal Agent	– Finanzen	– Interessenvermittlung
Politische Steuerung	*Wandel*	*Gesetzesvollzug*
– Autonomisierung	– Technologie	– Handlungsspielräume
– Politisierung	– Europäisierung	– Bürgernähe
– Netzwerke	– Professionalisierung	– Instrumente
Governance	*Modernisierung*	*Verwaltungshandeln*
– Enthierarchisierung	– Leistungstiefe	– Bürokratische vs. professionelle
– Grenzauflösung	– Performanz	Rationalität
– Transnationalisierung	– Management	– Kooperative/informelle(s)
		Verwaltung(shandeln)

Quelle: eigene Darstellung

Ein wissenschaftliches Teilgebiet über Themen zu definieren, ist sicher nicht ganz unproblematisch, da Themenkonjunkturen häufig eine Reaktion auf politische Ereignisse darstellen und sich weniger an fachinternen Theorie- oder Schlüsselproblemen orientieren. Das provoziert den Vorwurf der Sprunghaftigkeit bzw. des Mangels an Kriterien, die sich zu einem Erkenntnisfortschritt bündeln lassen. Eine Möglichkeit, diesem Problem zu begegnen, besteht darin, die Position der Verwaltung innerhalb des Policy-Zyklus als Analyseperspektive zu nutzen (so etwa Bogumil/Jann 2009: 25 ff. oder Bauer 2008). Dabei werden sie großen Schnittmengen zwischen Policy-Analyse und Verwaltungswissenschaft deutlich. Da es hier aber nicht nur um die Schnittmengen, sondern auch um die Unterschiede zwischen beiden Teilgebieten geht, folgt Tabelle 1 der Logik, Politikfeldanalyse als Lehre von den „Außenwirkungen" der Staatstätigkeit zu begreifen, die Verwaltungswissenschaft hingegen als Lehre vom „Innenleben" des Staates (ähnlich Bauer 2008: 64 f.).

Auch wenn zwischen beiden Teilgebieten eher die Synergien als die Konkurrenz um die bessere Problemperspektive betont werden, lässt sich vermuten, dass die Verwaltungswissenschaft aus Sicht der Policy-Forschung zu policy-neutral ausfällt, während umgekehrt die Policy-Analyse aus verwaltungswissenschaftlicher Sicht den administrativen Faktoren zu wenig Aufmerksamkeit widmet. Eine „richtige" Mischung lässt sich realistischerweise nicht endgültig bestimmen, sondern hängt von der jeweiligen Fragestellung ab.

2 Politik und Verwaltung

Als Niklas Luhmann Mitte der 1960er-Jahre feststellte, „Politik und Verwaltung sind nach Rollen und Rationalitätsprinzipien grundsätzlich getrennt" (Luhmann 1966: 75), spiegelte das einen breiten Konsens wider. Für Aufsehen sorgte eine andere These, nämlich dass die besondere Funktion der Politik in der Legitimationsbeschaffung besteht, wohingegen die Verwaltung mit diesem Legitimationspolster ausgerüstet für die Herstellung bindender Entscheidungen zuständig sei. Aus der Rollendifferenzierung folgerte Luhmann, dass die Verwaltung „gegenüber der Politik relativ autonom" agieren könne, ja eine „befehlsförmige Lenkung durch die Politik unterbunden" (Luhmann 1966: 75) sei. Dies stellte seinerzeit eine Außenseiterposition dar, denn die bundesdeutsche Politikwissenschaft beschied sich noch mit einem differenzierungsarmen Konzept von Politik, demzufolge der Regierung die Willensbildung oblag, der Verwaltung hingegen die Willensausführung. Wie genau das geschah, war noch kein Thema. Dies änderte sich an der Wende zu den 1970er-Jahren grundlegend. Allerdings nicht als Reaktion auf Luhmann, sondern angeregt durch empirische Befunde. Rolf-Richard Grauhan gehörte zu den ersten Politikwissenschaftlern, die das Idealmodell der Verwaltungsführung, die „legislatorische Programmsteuerung", als fiktiv darstellten (Grauhan 1969: 272) und damit auf den bis dahin kaum wahrgenommenen Anteil der Verwaltung am politischen Entscheidungsprozess hinwiesen. Dass die Ministerialverwaltung empirisch nachweisbar nicht nur an der Problemwahrnehmung, sondern auch an der Auswahl von Handlungsalternativen einen wichtigen Anteil besaß, hatte unterschiedliche Konsequenzen. Diese zunächst „wie ein Schock" (Grauhan 1969: 272) wirkende Einsicht, schließlich ist davon das Über- und Unterordnungsverhältnis zwischen Politik und Verwaltung betroffen, wurde von der Projektgruppe Regierungs- und Verwaltungsreform (PRVR) ins Positive gewendet. An die Stelle von „Regierung" trat der breitere Begriff des „politisch-administrativen Systems" (PAS), dessen Steuerungskapazität im Dienste einer „aktiven Politik", verstanden als Fähigkeit zur antizipativen Problemlösung, erhöht werden sollte. Die Stellschrauben dafür sah die Projektgruppe in der Organisation und Arbeitsweise von Regierung und Ministerialverwaltung, deren Kapazitäten zur Informationsverarbeitung, Programmentwicklung und Konfliktregelung durch geänderte Ressortzuschnitte, die Zusammenlegung von Referaten und eine „positive" Koordination, verstanden als frühzeitige Einbeziehung potentieller Vetoakteure, gesteigert werden sollte (vgl. Mayntz/Scharpf 1973: 136). Die funktionale Trennung zwischen Politik und Verwaltung war im PAS zumindest begrifflich eliminiert, kehrte aber über die mit Nachdruck geforderte Stärkung der Leitungsebene (PRVR 1972: II/12 ff.) wieder in die Analyse zurück. Dabei ging es keineswegs darum, eine aus dem Ruder laufende Verwaltung unter politische Kontrolle zu bringen, sondern die Ressortleitung von einer Überlastung zu befreien, die sie an der Wahrnehmung ihrer politischen Führungsaufgaben hinderte.

Die PRVR argumentierte seinerzeit aus einer „Ermöglichungsperspektive". D. h., es ging nicht um die Erklärung politischer Prozesse oder gar Theoriebildung, sondern um die Erkundung jener Voraussetzungen, die Regierung und Verwaltung zu aktiver Politik und damit zur Lösung gesellschaftlicher Probleme befähigen würden. Dass dabei die staatliche Steuerungsfähigkeit gegenüber gesellschaftlichen bzw. ökonomischen Akteuren und ihren Interessen im Vordergrund stand, ist später als analytische Engführung wahrgenommen worden, deren „Problemlösungsbias" (Mayntz 2009: 31) ebenso wie die Gesetzgeberperspektive einer Ergänzung bedurfte, indem auch die Eigenheiten der Steuerungsobjekte, nämlich der „gesellschaftlichen Teilsysteme" (Mayntz/Scharpf 1995: 11) zu berücksichtigen seien. Das führte weg von einer verwaltungswissenschaftlichen Sicht und hin zur gesellschaftlichen Organisations- und Handlungsfähigkeit, die als wichtige Erfolgsbedingung für staatliche Interventionen identifiziert wurde. Motiviert war dieser Perspektivwechsel zum einen auf theoretischer Ebene. Denn die Promotoren einer aktiven Politik sahen ihren Gestaltungsoptimismus von zwei Seiten her kritisiert. Aus der seinerzeit populären kapitalismus- bzw. herrschaftskritischen Richtung erschienen die binnenstrukturellen Reformen als wenig erfolgversprechend gegenüber den sehr viel wirkungsmächtigeren „externen Restriktionen" einer kapitalistischen Wirtschaftsordnung. Zu den hohen und rasch enttäuschten Reformerwartungen der sozialliberalen Koalition gesellte sich eine weitere, ganz anders geartete, nämlich systemtheoretische Kritik. Eine Steuerungsbefähigung des Staates wurde – wie von Luhmann – entweder gänzlich in Abrede gestellt oder aber auf eine „dezentrale Kontextsteuerung" (Teubner/Willke 1984) reduziert. Vom „entzauberten" Staat (Willke), der nur mehr auf Augenhöhe mit eigensinnig operierenden gesellschaftlichen Teilsystemen agieren konnte, war als zentrale Steuerungsinstanz nicht mehr viel zu erwarten.

Dies allerdings ließ sich schwer mit der wachsenden Zahl empirischer Analysen in Einklang bringen – und hier kommt die Policy-Dimension wieder ins Spiel –, die aufzeigen konnten, dass staatliche Reform- und Steuerungsbestrebungen keineswegs gleichförmig verliefen oder sogar grundsätzlich zum Scheitern verurteilt waren, was allerdings wie im Falle des „Schnellen Brüters" (Keck 1984) auch vorkam. „Reformblockaden", wie etwa im Gesundheitssektor, waren ohne Zweifel massiv (vgl. Rosewitz/Webber 1990), ließen sich aber auch überwinden (vgl. Döhler/Manow 1997). Die Umweltpolitik entstand als politisch-exekutives Projekt zu einem Zeit-

punkt, an dem von Umweltbewegung noch gar keine Rede war. Die Forschungs-
und Technologiepolitik verdankt ihren Aufstieg im Wesentlichen ministeriellen
Problemdiagnosen (vgl. Dörfler 2003: 348 ff.). Mit zunehmendem Einfluss der EU
gerieten weitere Politikfelder in der lange als reformträge geltenden Bundesrepublik
in Bewegung. Dass auch hier gravierende Unterschiede zu beobachten waren, etwa
zwischen technisch und institutionell geprägten Politikfeldern, unterstrich die
Sinnhaftigkeit einer nach Politikinhalten differenzierenden Betrachtung. Die Telekommunikation ist von einer dynamischen Technologie geprägt und erzeugt dementsprechend andere Interessen- und Akteurkonstellationen als z. B. die Gesundheitspolitik, die mit der gesetzlichen Krankenversicherung über einen institutionellen Kern verfügt, um den herum sich teilweise berufsständische Interessen
entwickelt haben, die gut organisiert sind, aber gerade deshalb staatliche Interven-
tionschancen eröffnen, die sich in weniger organisierten Politikfeldern nicht ergeben. Das begründete die seit den 1980er-Jahren vorherrschende Orientierung an
Politikfeldern als Gliederungsprinzip nicht nur für die Bilanzierung von Regie-
rungspolitik (so etwa Egle/Zohlnhöfer 2010), sondern auch für die Darstellung des
Regierungssystems (vgl. Schmidt 2007: 281 ff.). Wenn Anter und Bleek rückblickend
sogar einen „Staat der Policies" (2013: 71 ff.) identifizieren, ist daran sicher zutreffend, dass der Staat in der Policy-Analyse nicht mehr im Zentrum analytischer Bemühungen steht, sondern die gesellschaftlichen Akteure des Politikfeldes und ihr
Umgang mit den diversen Policies. „Staatsnähe" ist dann nur noch eine Operationalisierung für Politikfelder mit besonders hoher Regelungsdichte (Mayntz/Scharpf
1995).

Der Begriff „Politikfeld" wird selten mit einem analytischen Anspruch ge-
braucht. Vielmehr folgt man damit der umgangssprachlichen Konvention, abgrenzbare politische Inhalte mit dem Suffix „-politik" zu versehen, z. B. Agrarpolitik,
Gesundheitspolitik oder Energiepolitik. Dahinter steckt jedoch mehr als nur die
Bezeichnung für einen bestimmten Ausschnitt der Staatstätigkeit. Das Politikfeld,
zumindest wenn es als Analysedimension ernst genommen wird, lässt sich als
„Problemverarbeitungszusammenhang" wie auch „Konfliktstruktur" (Schneider/
Janning 2005: 63) konzeptualisieren, welches gegenüber der Umwelt durch eine
stabile Akteurkonstellation und endogen formulierte Policies eine relative Autono-
mie erlangt. In dem Moment, in dem externe Kriterien bzw. Akteure in ein Politikfeld eindringen, sinkt dessen Autonomie und es kann – wie sich an der sozialpolitischen Sicherung des Arbeitsmarktrisikos nachweisen lässt – zu einer „Erschöpfung"
(Trampusch 2009: 123 ff.) politikfeldspezifischer Gestaltungskräfte kommen. Mit
Blick auf das hyperaktive und expandierende Feld der Familienpolitik lässt sich
allerdings bezweifeln, ob „die" Sozialpolitik insgesamt an einer Erschöpfung leidet.
Es sollte daher analytisch berücksichtigt werden, dass Politikfelder zu einer internen Differenzierung in einzelne Segmente tendieren, so dass Sozialpolitik als nominale Oberkategorie für Gesundheits-, Arbeitsmarkt-, Renten- und Familienpolitik

bildet, die sich jeweils zu eigenständigen und daher realen, d. h. die Interaktionen der Akteure beeinflussenden Politikfeldern entwickelt haben.

Die wesentliche Triebkraft für die Politikfeldgenese bzw. -differenzierung ist immer ein regelungsbedürftiges Problem, um das herum sich Akteure, Institutionen sowie politische Programme ablagern. Wie genau diese Elemente miteinander verknüpft sind, hängt vom empirischen Anwendungsfall ab. Wichtig für den vorliegenden Zusammenhang ist, dass Institutionen bzw. institutionellen Rahmenbedingungen eine neben anderen Faktoren gleichrangige Rolle zugerechnet wird. Das spricht eigentlich für eine verwaltungswissenschaftliche Perspektive. Wenn z. B. von Institutionalisierung die Rede ist, wird dies häufig mit der Errichtung eines Ministeriums oder neuer administrativer Zuständigkeiten operationalisiert (vgl. Stucke 1993; Döhler/Manow 1997: 32 ff.; Blum/Schubert 2009: 74 ff., 91 ff.). Analytisch in den Vordergrund treten dann allerdings meist die institutionellen Rahmenbedingungen, die sehr abstrakt als Regelsysteme oder föderale Kompetenzverteilung den Handlungskontext für die Akteure bilden (vgl. etwa Böcher/Töller 2012: 151 ff.). Wie genau sich das Verhältnis zwischen Politik und Verwaltung darstellt, ist deshalb keine drängende Frage mehr, weil institutionelle Kontexte als Makrodimension verstanden werden, deren Innenleben bei der Analyse der Interaktionen zwischen Staat und Gesellschaft keinen Erkenntnisfortschritt verspricht. Dass dabei – wie v. Beyme in starker Zuspitzung feststellt – „Steuerung ... als Begriff eingesetzt [wurde], um die verbliebenen Reste der Einwirkungsmöglichkeiten des politischen Systems zu analysieren" (v. Beyme 1995: 198), ist einer der Gründe, warum Mitte der 1990er Jahre die gesellschaftliche Selbstregelung als „Äquivalent zur staatlichen Regelung" (Mayntz/Scharpf 1995: 20) zunehmende Beachtung fand.

Mit der Unterscheidung zwischen Steuer*barkeit* und Steuerungs*fähigkeit* (Scharpf 1989: 16 f.) ist eine zweite, für die *Policy*-Analyse wichtige Weggabelung markiert. Während Steuerbarkeit sich auf die Beschaffenheit des Politikfeldes und dessen mehr oder minder große Responsivität für externe Steuerungsimpulse bezieht, verweist Steuerungsfähigkeit auf jene Faktoren, die die Handlungs- und Entscheidungsfähigkeit des Regierungssystems bestimmen, also das Wahlrecht mit seiner Tendenz Koalitionsregierungen hervorzubringen, die föderalen Zustimmungsvorbehalte im Gesetzgebungsverfahren, die sich ebenso wie die Normenkontrolle durch das Bundesverfassungsgericht als „Vetopositionen" begreifen lassen. Diese kurze Auflistung macht deutlich, dass politische Steuerung schon im Prozess der Entstehung an Uneinigkeit oder Vetomobilisierung scheitern kann. Aus dieser steuerungstheoretischen Differenzierung sind keine einheitlichen Konsequenzen gezogen worden. Sowohl Steuerbarkeit wie auch Steuerungsfähigkeit werden gleichermaßen beforscht, wenn auch der explizite Bezug zu dieser Differenzierung häufig fehlt. Eine neue, für die Verwaltungswissenschaft relevante Thematik ergab sich aus der zunächst eher beiläufig beobachteten Enthierarchisierung des Verhältnisses zwischen Staat und Gesellschaft bzw. Verwaltung und Umwelt, die als kooperatives oder informelles Verwaltungshandeln zunehmend Beachtung fand (Benz

1994; Dose 1997). Daran schloss sich die Frage an, ob es nicht auch staatsintern zu einer Enthierarchisierung kommt, die insbesondere die Steuerungsbeziehungen zwischen Politik und Verwaltung betrifft (vgl. Ellwein 1994: 87 ff.; Döhler 2007: 18 ff.). Angetrieben durch Verwaltungsreformen in vielen OECD-Ländern hat sich daraus eine verwaltungswissenschaftliche Kernfrage entwickelt (vgl. Bach/Fleischer/Hustedt 2010), die auch international anschlussfähig ist. Da es sich aber um „non-policy reforms" handelt, die sich auf Strukturen und Prozesse des öffentlichen Sektors allgemein beziehen, ist die Rückbindung an die Politikfeldanalyse nur partiell gelungen.

Der Begriff des Politikfelds fand seit Ende der 1980er-Jahre im Konzept des Policy-Netzwerkes eine für viele Beobachter begrifflich attraktivere Fassung, deren metaphorische Kraft sich aus zwei Quellen speist. Zum einen stand mit der quantitativen Netzwerkanalyse ein bereits hoch entwickeltes Instrumentarium zur Verfügung, um die als Netzwerke bezeichneten Interaktionszusammenhänge quantitativ und optisch abzubilden (vgl. Schneider/Janning 2005: 105 ff.). Zum anderen ließ sich die im Netzwerkkonzept beinhaltete Vorstellung von einer Tauschbeziehung als Bestätigung der These vom kooperativen Staat werten, der nicht mehr hierarchisch übergeordnet, sondern auf einer Ebene mit gesellschaftlichen Akteuren angesiedelt ist. Dieses Verständnis des Netzwerk-Konzeptes hat gegenüber der quantitativ-analytischen Variante die Oberhand gewonnen. Der Begriff des Politikfeldes ist damit nicht überflüssig geworden, denn er bezeichnet eine Beziehungsstruktur, von der erst empirisch erhoben werden muss, wie hierarchisch oder kooperativ sie jeweils funktioniert. Mit der Etablierung des Netzwerk-Konzeptes war in der Politikwissenschaft der Boden für den Aufstieg des *Governance*-Konzeptes bereitet (siehe Braun/Giraud in diesem Band).

Governance wird sowohl als Erweiterung von Steuerung wie auch von Regierung oder regieren („*government*") verstanden, nämlich als Begriff für alle „Formen und Mechanismen der Koordinierung zwischen mehr oder weniger autonomen Akteuren, deren Handlungen interdependent sind, sich also wechselseitig beeinträchtigen oder unterstützen können" (Benz u. a. 2007: 9). Diese Ausweitung des Politikverständnisses auf alle, auch privaten bzw. gesellschaftlich konstituierten Regelungs- und Koordinationsformen ist vielfach als neue Form von Staatlichkeit interpretiert worden (vgl. die Beiträge in Schuppert/Zürn 2008). Hoheitliches Verwaltungshandeln bzw. eine hierarchische Position des Staates gegenüber gesellschaftlichen Akteuren, wie sie die Verwaltungswissenschaft stillschweigend unterstellt, wird im Mainstream der *Governance*-Debatte als veraltet und funktional defizitär eingestuft. Daher wird auch nicht nach einer Steigerung staatlicher Steuerungskapazitäten gefragt, sondern eher nach deren Substitution durch gesellschaftliche Selbstregelung. Wer sich inmitten dieses hierarchieaversen Diskurses auf die Suche nach der Verwaltung begibt, wird allenfalls noch auf Spurenelemente treffen. Denn in der *Governance*-Debatte überwiegt ein Institutionen- bzw. Staatsverständnis, in dem Kooperation, dezentrale Problemlösung und Autonomie gesellschaftlicher Akteure dominieren. Dieser Zivilgesellschafts-Bias verträgt sich weder besonders gut mit der Gesetzgeber- noch mit der Steuerungsperspektive (anders Mayntz 2009: 47 f.), die beide für die Verwaltungswissenschaft charakteristisch sind. Das heißt aber nicht, dass eine verwaltungswissenschaftliche Perspektive überflüssig oder gar unmöglich wird. Vielmehr wäre die *Governance*-Debatte mit ihrer Neigung, die Grenzauflösung zwischen öffentlichem und privatem Sektor zu betonen, durchaus geeignet, um auch die Koordinationsprobleme zu analysieren, die beim Aufeinandertreffen unterschiedlicher Organisationsrationalitäten entstehen. Hier könnte die verwaltungswissenschaftliche Perspektive, die ihre Aufmerksamkeit den organisationsinternen Funktions- und Arbeitsweisen widmet, eine Ergänzung zu der bloßen Außensicht auf Organisationen bilden, die im *Governance*-Diskurs vorherrscht. Ganz anders sehen die Konsequenzen für die Politikfeldanalyse aus, deren Mainstream sich in ihrer Konzentration auf Politikinhalte und Akteurkonstellationen als Analyseeinheiten bestätigt sehen kann. Es ist daher kaum verwunderlich, dass die Diskussion um das Verhältnis von Politik und Verwaltung, die schon zuvor in der Steuerungsthematik an Bedeutung verloren hatte, in der *Governance*-Debatte in noch weitere Ferne gerückt ist.

3 Wandel der Verwaltung

Der Wandel der Verwaltung bildet die Kernthematik der verwaltungswissenschaftlichen Perspektive. Wenn dies in der *Policy*-Analyse nur auf geringes Interesse gestoßen ist, resultiert das vor allem aus den Schwierigkeiten, empirisch einen Zusammenhang zwischen Verwaltung(stätigkeit) und Politikinhalten nachzuweisen (vgl. Scharpf 1982). Während der Einfluss der Ministerialverwaltung auf die Politikformulierung noch unmittelbar einleuchtet, ist dies im sehr viel breiteren Feld des Gesetzesvollzuges weniger klar. Hier spielen andere Faktoren, wie die Art und Komplexität des zu regelnden Problems, man denke nur an die Finanzmarktaufsicht, die Wirksamkeit der eingesetzten Instrumente oder die Folgebereitschaft der Adressaten eine wenn nicht größere, so doch zumindest besser nachweisbare Rolle. Dass der Vollzug der Nichtraucherschutz-Gesetze von der Gastronomie abhängt und diese wiederum auf Regelungen im jeweiligen Landesgesetz reagiert, liegt deutlich näher als die Organisation der Gewerbeaufsicht in den Mittelpunkt zu stellen. Wenn es also schon Schwierigkeiten bereitet, einen Zusammenhang zwischen Politikinhalten und bestimmten Verwaltungsstrukturen nachzuweisen, muss dies erst recht für eine Konstellation gelten, in der sich die Verwaltung im Umbruch befindet. Denn dafür müsste deren Leistung zu zwei unterschiedlichen Zeitpunkten (vorher/nachher) gemessen werden. Das ist aufwendig und bisher nur in kleinem Rahmen geschehen.

Die nach der Wiedervereinigung einsetzende Verwaltungsreformwelle (vgl. Bogumil/Jann 2009: 237 ff.; Blanke u. a. 2010) hatte eine Wurzel in der diffusen Wahrnehmung, dass die Verwaltung zu träge, zu bürokratisch und zu ineffizient sei. An der explosionsartigen Ausbreitung dieses Diskurses, der einige Vorläufer hatte, war die Regierung Kohl nicht ganz unbeteiligt. Wo die Forderung nach einer – wie es bald hieß – „Modernisierung" der Verwaltung erhoben wird, musste ja auch eine vorangegangene Unterlassung vorliegen. Dass die Unionsparteien diesem Vorwurf entgehen wollten, erklärt ihre zögerliche bis abwehrende Haltung im Umgang mit dem Thema. Im Umfeld der SPD konnte man sich hingegen Verwaltungsmodernisierung als Instrument „einer kooperativen Gemeinwohlproduktion" (Blanke 2009: 124) vorstellen, was in der Formel vom „aktivierenden Staat" seinen programmatischen Niederschlag fand. Die zentrale Triebkraft ging allerdings von der kommunalen Ebene aus, die bereits damals unter hoher Verschuldung litt und von einer Reform der Verwaltung, der größten Ausgabeposition, erhebliche Kosteneinsparungen erwarten konnte. Dass sich die Kommunen für das aus dem angelsächsischen „*New Public Management*" (NPM) eingedeutschte „Neue Steuerungsmodell" – eine Art Baukasten diverser Modernisierungsinstrumente – besonders empfänglich zeigten, lässt sich auch auf deren schwach ausgeprägte Steuererhebungskompetenzen zurückführen. Landes- und Bundesebene, die hier deutlich größere Möglichkeiten besitzen, folgten mit entsprechend geringerem Reformelan und zeitlicher Verzögerung. Für die bundesdeutsche Verwaltungswissenschaft, die sich rasch an die Spitze der Reformbewegung stellte, bedeutete die unverhoffte Nachfrage nach Reformkonzepten, ihrer Umsetzung und schließlich ihrer – zu ernüchternden Ergebnissen führenden – Evaluation (vgl. Bogumil u. a. 2007) einen beinahe zwei Jahrzehnte währenden Boom.

Dass das Thema Verwaltungsmodernisierung dennoch nicht in den Kern der politikwissenschaftlichen Diskussion vordringen konnte, obwohl Anknüpfungspunkte vorhanden waren, hatte eine wichtige Ursache in der nicht bewusst herbeigeführten, aber dennoch wirksamen Abschottung und Selbstzentriertheit des NPM-Diskurses. Ob die disziplinäre Anbindung an die Betriebswirtschafts- bzw. Managementlehre daran einen Anteil hatte, ist eher zweifelhaft. Schließlich lassen sich große Teile der Politikwissenschaft in methodischer wie auch theoretischer Hinsicht von ökonomischen Denkmodellen leiten, ohne in Identitätskrisen zu geraten. Die thematische Schließung des NPM-Diskurses ergab sich aus seinem explizit präskriptiven, auf Reformen der Verwaltung ausgerichteten Selbstverständnis. Dadurch verbreitete sich auch in der Politikwissenschaft der Eindruck, Verwaltungswissenschaft sei eine Reformwissenschaft (vgl. Seibel 1999; Bogumil/Jann 2009: 300; Bauer 2008: 65). Eine so definierte Disziplin konnte sich zwar als beratungsnah und praxisrelevant profilieren, blieb aber gleichzeitig theoriefern und erklärungsarm. Um Letzteres ging es auch gar nicht, da man die Probleme und Defizite der öffentlichen Verwaltung zu kennen meinte und vielfach den von der Verwaltungspraxis vordefinierten Problemen folgte, ohne eigene, theoriebasierte Forschungsfragen zu entwickeln. Viele Veröffentlichungen sind daher im Format des *Policy*-Papers formuliert, das sich an Entscheidungsträger richtet, Handlungsalternativen aufzeigt und Empfehlungen ausspricht. Im internationalen Vergleich stellt sich dies anders da. Denn *„public sector reforms"* waren in vielen Ländern keine isolierte Angelegenheit, sondern eingebettet in wohlfahrtsstaatliche Reformprogramme, bei denen deutlich breitere Ziele verfolgt wurden als in der Bundesrepublik (vgl. Wollmann 2002).

Einige Autoren unternahmen mithilfe des Begriffs „Verwaltungspolitik" den Versuch, die politische gegenüber der betriebswirtschaftlichen Dimension der Modernisierungsdebatte zu stärken (vgl. z. B. Jann 2001; Wollmann 2002). Die damit einhergehende Vorstellung, man könne Verwaltungspolitik analytisch wie ein Politikfeld behandeln (vgl. Bach/Jantz/Veit 2011), entbehrt zwar nicht einer gewissen Plausibilität, stieß aber innerhalb der Policy-Analyse auf wenig Resonanz, vermutlich weil Verwaltungsmodernisierung im Endeffekt ein staatsinterner Prozess ist, der abseits von gesellschaftlichen Akteuren verläuft. Unbefriedigend aus der Sicht der Policy-Analyse ist zudem, dass die Frage, welche Auswirkungen eine modernisierte Verwaltung, insbesondere im Unterschied zum vorherigen Zustand, auf deren Leistungsfähigkeit haben würde, innerhalb NPM-Diskurses kaum behandelt wurde (vgl. Bauer 2008: 63 f.), und wenn, dann aus der Sicht der Verwaltungsreformer mit zweifelhaften Ergebnissen. Im Fall der in Bundes*agentur* für Arbeit umbenannten und nach allen Regeln der Modernisierungskunst reformierten Arbeitsverwaltung ließ sich zwar eine Leistungssteigerung bei der Arbeitsvermittlung feststellen. Ob diese aber kausal auf die Modernisierungsmaßnahmen zurückzuführen ist, ließ sich nicht eindeutig ermitteln (vgl. Jann/Schmid 2004). Im Fall kommunaler Umweltschutzämter ist in Folge der Dezentralisierung sogar ein Abbau umweltpolitischer Handlungs- und Steuerungskapazität (Bauer u.a. 2007: 212 f.) festgestellt worden.

Grundsätzlich von der Verwaltungsmodernisierung unterschieden werden muss der Wandel der Verwaltung. Während Modernisierung einen zielgerichteten Prozess mit klar identifizierbarem Steuerungsobjekt, nämlich der Verwaltung, und einem Steuerungssubjekt, nämlich allen Reformpromotoren, darstellt, umfasst der Wandel die Summe aller Veränderungen der Verwaltung, die nicht zielgerichtet, sondern als Resultat einer „reagierenden Anpassung" (Ellwein 1994: 83) an veränderte Aufgaben und Umweltanforderungen stattfinden. Der Anstoß dazu rührt meist von gesetzgebungsinduzierten Aufgabenzuwächsen bzw. -neudefinitionen, aber auch von der Europäisierung oder dem technischen Fortschritt, etwa dem Internet, in dessen Folge sich die interne Arbeitsweise und die Publikumskontakte der Verwaltung verändern. Rein quantitativ ist daher zu erwarten, dass Verwaltungswandel deutlich gravierendere Spuren hinterlässt als deren Modernisierung. Da Wandel aber nicht explizit „gewollt" wird, ist er weniger augenfällig und gerät eher bei der Analyse anderer Untersuchungsobjekte in das Blickfeld. Dies lässt sich am Beispiel regulativer Politik illustrieren, die als eine neue, auf Marktgestaltung abzielende Form von Staatstätigkeit gilt, die zunehmend an die Stelle der auf das Marktverhalten fokussierten Wirtschaftsaufsicht tritt (vgl. Döhler 2006). Hier stellt sich u. a. das Problem, dass die Steuerungskraft gesetzlicher Vorgaben sinkt, weil sich die Regelungsgegenstände aufgrund dynamischer Technikentwicklungen rasch ändern, wie z. B. in der Telekommunikation oder der Energieversorgung. Daraus erwachsen der Verwaltung neue Kompetenzen. Die zuständige Bundesnetzagentur ist nicht nur zur Ausfüllung legislativer Leerstellen gezwungen, die weit über die übliche Rechtskonkretisierung hinausreicht, sondern gerät zudem in die Rolle einer Mediationsinstanz zwischen Wettbewerbern (§§ 124, 134 Telekommunikationsgesetz) oder – wie beim Netzentwicklungsplan – zwischen Energieversorgern, betroffenen Bürgern und beteiligten Gebietskörperschaften (§§ 12b, 111b Energiewirtschaftsgesetz). Die Behörde übernimmt dadurch einen Teil der Legitimationsbeschaffung gegenüber Wirtschaft und Gesellschaft wie sie in der von Luhmann beschriebenen Rollentrennung zwischen Politik und Verwaltung noch undenkbar war. Der Wandel hin zum neuen Typus der Regulierungsverwaltung ist das Resultat politischer Gestaltungsabsichten, die zwar an die Märkte und deren Akteure adressiert sind, ihre Wirkung aber auch innerhalb der Verwaltung entfalten.

4 Verwaltung als Akteur

Ohne Zweifel besitzt jene verwaltungswissenschaftliche Problemperspektive, in der Verwaltung als Akteur analysiert wird, die größten Schnittmengen mit der Politikfeldanalyse, da hier die verschiedenen Phasen des Policy-Zyklus (siehe Jann/Wegrich in diesem Band) als Untersuchungsgegenstände infrage kommen. Einem von Renate Mayntz entwickelten „Partizipationsprofil" der Akteure zufolge (vgl. Mayntz 1980: 238; Schneider in diesem Band) ist die Verwaltung an jeder Phase des Policy-Zyklus als Akteur beteiligt. Im Unterschied zum Modernisierungsdiskurs, in dem Verwaltung im weitesten Sinne als abhängige Variable fungiert, wird die Verwaltung hier meist als unabhängige Variable behandelt, die als einer von mehreren Einflussfaktoren auf Politikinhalte und deren mehr oder minder erfolgreiche Umsetzung einwirken. Die politikwissenschaftliche Aufmerksamkeit für diese Thematik steigt immer dann, wenn sich Kräfteverschiebungen zwischen demokratisch legitimierten Instanzen und der Verwaltung abzeichnen. Anders als Luhmann, der in der unten beschriebenen funktionalen Differenzierung zwischen Politik und Verwaltung eine Art Endzustand sah, hat die seither eingetretene Ausweitung der Staatstätigkeit in immer weitere Funktionsbereiche zu einem Zuwachs an Gestaltungs- und Entscheidungskompetenz für die Verwaltung geführt, die die Grenzen zwischen politischer Regelsetzung und administrativem Regelvollzug verschwimmen lässt. Ein drohender Kontrollverlust der Politik über die Verwaltung wird dabei weniger als normativ bedenklich, sondern mehr als empirisch interessantes und erklärungsbedürftiges Phänomen gesehen.

Dass die Verwaltung als eigenständiger Akteur und nicht als bloßes Instrument politischer Willensausführung auftritt, ist nicht nur durch die PRVR, die ihr wesentliches Augenmerk auf den Entscheidungsprozess vor und während der Gesetzgebung legte, sondern auch im Zuge der Implementationsforschung der späten 1970er-Jahre herausgearbeitet worden. Das Interesse an dieser Phase des Policy-Zyklus wurde durch die Beobachtung von Vollzugsdefiziten geweckt, d. h. dass die Ziele politischer Programme oftmals nicht oder nur teilweise realisiert wurden (vgl. Mayntz 1980: 2; Wollmann 1980: 14 f.). Aus diesem Forschungsstrang resultierten eine Reihe wichtiger Einsichten in die Funktionsweise und die Funktionsprobleme des föderalen Staatsaufbaus, die insbesondere die Reibungsverluste bei der Koordination zwischen Bund, Ländern und Kommunen deutlich hervortreten ließen. Eine Schlussfolgerung lautete, dass die Analyse staatlicher Steuerungsversuche an drei „Faktorenkomplexen" ansetzen müsse, und zwar erstens den Programmen, d. h. den Merkmalen, Instrumenten und der Regelungsintensität gesetzlicher Normen, zweitens den Merkmalen der Durchführungsinstanzen, worunter die Gesamtheit aller beteiligten Verwaltungsebenen und -einheiten fällt, und drittens schließlich an den „Orientierungen, Verhaltensdispositionen und -fähigkeiten der Adressaten" (Mayntz 1980: 246). Dies spiegelte den Befund wider, dass ein hierarchischer Gesetzesvollzug bzw. eine hoheitliche Regeldurchsetzung gegenüber den Adressaten eher die Ausnahme darstellt. Dass die Verwaltung analytisch dann nur noch als „mitbeteiligte[r] Akteur" (Janning 2006: 83) konzeptualisiert wird, steht keineswegs im Widerspruch dazu, dass auch beachtliche administrative Handlungsspielräume zu beobachten waren. Diese wiederum ließ sich auf zweierlei Art interpretieren. Negativ als Ursache von Vollzugsdefiziten, die eine Abweichung vom Gesetzgeberwillen darstellen, oder aber positiv im Sinne dezentraler Anpassung und Öffnung für gesellschaftliche Anliegen. Die „bürokratische Arena" des Gesetzesvollzuges erschien dadurch als „bestimmungsreiches Handlungsfeld, das – gegenüber der politischen Arena mit ihrer wahlbedingten Personalfluktuation, ihren aus koalitions-, parteioder wahltaktischen Gründen vielfach eher kurzfristigen Entscheidungsmodi und ihren eher pluralistischen Konfliktformen – sich durch dauerhafte, professionalisierte Verwaltungseliten, eingeschliffene Handlungsroutinen sowie durch Klientelbeziehungen und Kontaktsysteme auszeichnet, die den eher kurzgeschlossenen Zugang gesellschaftlicher Interessen ermöglichen" (Wollmann 1980: 26). Die forschungsstrategischen Konsequenzen aus der Implementationsforschung bestanden einerseits in einer Ausweitung der Untersuchungsgegenstände auf die Steuerungsinstrumente und ihre Wirksamkeit sowie auf die Beschaffenheit von Politikfeldern und die dort handelnden Akteure. Anderseits konzentrierte sich die Forschung auf einzelne Phänomene, die sich für die politische Steuerung und Problemlösung als besonders wichtig erwiesen hatten.

Die in den frühen 1990er-Jahren einsetzende Diskussion um das „kooperative" bzw. „informelle" Verwaltungshandeln (vgl. Benz 1994; Dose 1997) war für die Policy-Analyse besonders anschlussfähig, weil sich von hier aus sowohl ein Bogen zum Konzept des Policy-Netzwerks schlagen ließ, wie auch zur Interaktionsdimension, in der Verhandlungen die zentrale Analyseeinheit bilden. Dass sich Behörden überhaupt auf Verhandlungen mit Antragstellern, Adressaten oder Klientelen einlassen und auf ihr einseitig-hoheitliches Handlungsrepertoire zumindest zeitweise verzichten, fand eine plausible Erklärung in der Verfahrensbeschleunigung, der Prozessvermeidung und der Beseitigung von Vollzugsdefiziten durch informellen Informationsaustausch (vgl. Benz 1994: 22). Dabei schälte sich rasch heraus, dass politikfeldspezifische Prägungen in mehrfacher Hinsicht eine wichtige Rolle spielen. So lässt sich das kooperative Verwaltungshandeln vor allem in der Umweltpolitik, der regionalen Wirtschaftsförderung oder in Teilen der Finanzmarktaufsicht (vgl. Döhler 2007: 162 ff.; Handke 2012) antreffen, wohingegen in der inneren Sicherheit oder der Steuerverwaltung der hoheitliche Verwaltungsstil dominiert. Dies ließ sich zudem mit der – schlichten, aber dennoch wichtigen – Erkenntnis verbinden, dass Verwaltung überwiegend aus Fachverwaltungen besteht, die eigenständige professionelle Normen entwickeln und ihre Entscheidungen daran ausrichten. Dies fand etwa im Zuge der Hartz-Reformen bei der Bildung von Arbeitsgemeinschaften aus kommunalen Sozialämtern, die die Lebenslage der Leistungsempfänger betonen, und den Arbeitsagenturen der Bundesagentur für Arbeit (§ 44b SGB II [a.F.]), die sich auf deren Vermittelbarkeit konzentrieren, eine eindrucksvolle Bestätigung (vgl. Kaps 2008). Schließlich wird in der policy-orientierten Verbändeforschung, die lange Zeit einen ergebnispräformierenden Einfluss organisierter Interessen unterstellt hat, neuerdings hervorgehoben, dass in nicht wenigen Politikfeldern ein „Machtzuwachs der staatlichen Akteure" (Winter/Willems 2009: 20) zu beobachten sei.

In diesem eher allgemeinen Befund ist nicht impliziert, dass die staatliche Verwaltung generell an Bedeutung gewinnt, wie es das Schlagwort von der „Rückkehr des Staates" im Anschluss an die Finanzkrise seit 2008 nahelegt, sondern dass die Analyse von Verwaltung als Akteur je nach Politikfeld variierende Ergebnisse hervorbringen wird. Daher steht zu erwarten, dass ein stärkerer Politikfeldbezug, wozu auch der Vergleich von Politikfeldern zu rechnen wäre, Verwaltungswissenschaft und Policy-Analyse intensiver miteinander verklammern und neue Synergien hervorbringen könnte (vgl. auch Bauer 2008: 68). Allerdings ist der Versuch, „Verwaltungshandeln in Politikfeldern" (Grunow 2003) als Forschungsperspektive zu etablieren, kein Selbstläufer. Nicht die enzyklopädische Bezugnahme auf das bunte Sammelsurium an Konzepten der Politikfeldanalyse kann dieser Problemperspektive zu Attraktivität verhelfen. Vielmehr bedarf es einer ordnungsstiftenden Theorie- bzw. Konzeptorientierung, die sich durch Sparsamkeit auszeichnet und ihre Befunde damit auch in klare, theoriefähige Aussagen zu transformieren vermag.

Da die Verwaltungswissenschaft aber vor allem von ihren empirisch gewonnenen Einsichten lebt, gilt es zu betonen, dass das Wissen über die Rolle der Verwaltung in den einzelnen Phasen des Policy-Zyklus nach wie vor unterschiedlich ausgeprägt ist. Eine hohe Wissensdichte besteht für die Phase des Gesetzesvollzuges.

Die Wiedervereinigung hat dieser Forschungsrichtung nochmals einen starken Aufschwung beschert (vgl. Kuhlmann 2005). Die vorgelagerten Phasen des Agenda Setting und der Politikformulierung werden meist innerhalb von Fallstudien zu einzelnen Gesetzgebungsprozessen behandelt, wobei ein Konsens darüber zu bestehen scheint, dass mit den Arbeiten der PRVR alles Wesentliche über die Rolle der Ministerialverwaltung gesagt wurde. Hier ist der Wissensstand deutlich geringer, und zwar nicht zuletzt deshalb, weil Fallstudien über Gesetzgebungsprozesse gegenüber „Struktur- und Gesamtbeschreibungen", die infolge des Governance-Konzeptes eine nochmalige Ausweitung in die globale, transnationale oder zumindest Mehrebenen-Dimension erhalten haben, eindeutig ins Hintertreffen geraten sind. Gleichzeitig hat die Verlagerung vieler staatlicher Regelungsbereiche wie Finanzmarktaufsicht, Lebensmittelsicherheit, Energieversorgung oder Eisenbahnverkehr auf die europäische bzw. transnationale Ebene zur Entstehung von Regulierungsnetzwerken geführt (vgl. Bach/Ruffing 2013), in denen Vertreter nationaler Behörden, die mitunter durch EU-Recht dem Zugriff ihrer vorgesetzten Ministerien entzogen sind, über Standards und Regelungsinhalte bis hin zu einer Verbindlichkeit verhandeln, der nationale Regierungen kaum noch ein Veto entgegensetzen können. Mit diesem „executive transgouvernmentalism" (Slaughter 2004: 41) ist ein völlig neues Forschungsfeld entstanden, auf das die Verwaltungswissenschaft deshalb einen privilegierten Zugang beanspruchen kann, weil administrative Strukturen und Prozesse den analytischen Ausgangspunkt bilden.

5 Schlussfolgerungen

Politikfeldanalyse und Verwaltungswissenschaft nicht als Symbiose zu betrachten, ist keineswegs selbstverständlich, hilft jedoch den Blick für die unterschiedlichen Problemperspektiven und Anwendungsfelder zu schärfen. Die Politikfeldanalyse ist das deutlich breitere Teilgebiet, in dem verwaltungswissenschaftliche Perspektiven schon aufgrund der Heterogenität der Fragestellungen und theoretischen Konzepte nicht automatisch zur Anwendung gelangen können. Die Mehrzahl dieser Konzepte richtet sich auf gesellschaftliche Akteure, ihre Organisations- und Strategiefähigkeit sowie auf deren Interaktionen untereinander sowie im Verhältnis zu Staat und Verwaltung. Die Verwaltungswissenschaft hat sich diese Theorien und Konzepte umfänglich zunutze gemacht (vgl. Janning 2006; Jann 2009; Holtkamp 2012: 99 ff.). Umgekehrt kommen genuin verwaltungswissenschaftliche Perspektiven, die sich auf die Organisation, Arbeitsweise, intra- und interorganisatorische Koordination sowie auf die Umweltkontakte der Verwaltung konzentrieren, in der Politikfeldanalyse meist nur komplementär zur Anwendung. Das hat insofern seine Berechtigung, als es überzogen wäre, die Verwaltung immer und überall als relevante analytische oder reale Größe zu betrachten. Auf der anderen Seite kann es durchaus eine analytische Ausdünnung bedeuten, wenn Staat und Verwaltung in der Policy-Analyse nur als Sendestation für politische Programme betrachtet werden oder als Ansammlung von „Ebenen", auf denen politische Akteure Vetomacht zu mobilisieren versuchen oder in strategische Interaktionen eingebunden sind. Denn letztlich werden verbindliche Entscheidungen nicht in der Zivilgesellschaft getroffen, sondern in der staatlichen Verwaltung, die wiederum an der Programmierung ihrer Aufgaben sowohl im nationalen wie im transnationalen Kontext beteiligt ist.

Der Beitrag der Verwaltungswissenschaft zur Policy-Analyse besteht nicht in der Zulieferung theoretischer Konzepte, die stammen meist aus der Organisations- und Entscheidungstheorie, sondern darin, empirisch gewonnene Einsichten über Rationalität, Verhaltensweisen und Einfluss der Verwaltung in den einzelnen Phasen des Policy-Zyklus, den verschiedenen staatlichen Handlungsebenen und Aufgabentypen zu vermitteln. Die eigentliche Herausforderung besteht für die Verwaltungswissenschaft darin, den Erkenntnismehrwert plausibel zu machen, der aus der Analyse des staatlichen „Innenlebens" für die Politikfeldforschung resultiert.

6 Literatur

Anter, Andreas/Bleek, Wilhelm, 2013: Staatskonzepte. Die Theorien der bundesdeutschen Politikwissenschaft. Frankfurt/M. – New York: Campus.

Bach, Tobias/Fleischer, Julia/Hustedt, Thurid, 2010: Organisation und Steuerung zentralstaatlicher Behörden. Agenturen im westeuropäischen Vergleich. Berlin: Edition Sigma.

Bach, Tobias/Jantz, Bastian/Veit, Sylvia, 2011: Verwaltungspolitik als Politikfeld. In: Bernhard Blanke u.a. (Hrsg.): Handbuch zur Verwaltungsreform. 4., aktualisierte und ergänzte Auflage. Wiesbaden: VS Verlag, 527–536.

Bach, Tobias/Ruffing, Eva, 2013: Networking for Autonomy? National Agencies in European Networks. In: Public Administration 41, 712–726.

Bauer, Michael W., 2008: Der Throughput-Output-Nexus in der empirischen Verwaltungswissenschaft. In: Die Verwaltung 41, 63–76.

Bauer, Michael W., Jörg Bogumil, Christoph Knill, Falk Ebinger, Sandra Krapf und Kristin Reißig, 2007: Modernisierung der Umweltverwaltung. Reformstrategien und Effekte in den Bundesländern. Berlin: edition sigma.

Benz, Arthur, 1994: Kooperative Verwaltung. Funktion, Voraussetzungen und Folgen. Baden-Baden: Nomos.

Benz, Arthur, 2003: Status und Perspektiven der politikwissenschaftlichen Verwaltungsforschung. In: Die Verwaltung 36, 363–388.

Benz, Arthur/Schimank, Uwe/Lütz, Susanne/Simonis, George, 2007: Einleitung. In: dies. (Hrsg.): Handbuch Governance. Theoretische Grundlagen und empirische Anwendungsfelder. Wiesbaden: VS Verlag, 7–26.

Beyme, Klaus von, 1995: Steuerung und Selbstregelung. Zur Entwicklung zweier Paradigmen. In: Journal für Sozialforschung 35. Frankfurt, M : Campus-Verl., 197–217.

Blanke, Bernhard u. a. (Hrsg.), 2009: Erzählungen zum aktivierenden Staat. In: Verwaltung & Management 15, Baden-Baden: Nomos, 115–125.

Blanke, Bernhard, u.a., 2010: Handbuch zur Verwaltungsreform. (4. Auflage), Wiesbaden: VS Verlag.

Blum, Sonja/Schubert, Klaus, 2009: Politikfeldanalyse. Wiesbaden: VS Verlag.

Böcher, Michael/Töller, Annette Elizabeth, 2012: Umweltpolitik in Deutschland. Eine politikfeld-analytische Einführung. Wiesbaden: Springer VS.

Bogumil, Jörg/Jann, Werner, 2009: Verwaltung und Verwaltungswissenschaft in Deutschland. Einführung in die Verwaltungswissenschaft. (2. Auflage), Wiesbaden: VS Verlag.

Bogumil, Jörg/Jann, Werner/Nullmeier, Frank, 2006: Perspektiven der politikwissenschaftlichen Verwaltungsforschung. In: dies (Hrsg.): Politik und Verwaltung. Politische Vierteljahresschrift Sonderheft 37. Wiesbaden: VS Verlag, 9–26.

Bogumil, Jörg/Grohs, Stephan/ Kuhlmann, Sabine/Ohm, Anna K., 2007: 10 Jahre Neues Steue-rungsmodell – eine Bilanz kommunaler Verwaltungsmodernisierung. Berlin: edition sigma.

Döhler, Marian, 2006: Regulative Politik und die Transformation der klassischen Verwaltung. In: Jörg Bogumil/Werner Jann/Frank Nullmeier (Hrsg.): Politik und Verwaltung. Politische Viertel-jahresschrift Sonderheft 37. Wiesbaden: VS Verlag, 208–227.

* Döhler, Marian, 2007: Die politische Steuerung der Verwaltung. Eine empirische Studie über politisch-administrative Interaktionen auf der Bundesebene. Baden-Baden: Nomos.

Döhler, Marian/Manow, Philip, 1997: Strukturbildung von Politikfeldern – Das Beispiel bundes-deutscher Gesundheitspolitik seit den 50er Jahren. Opladen: Leske + Budrich.

Dörfler, Rupert, 2003: Technologiepolitik in der Bundesrepublik Deutschland – am Beispiel der Förderung der Material- und Werkstofftechnologien durch den Bund. Münster: Lit Verlag.

Dose, Nicolai, 1997: Die verhandelnde Verwaltung. Eine empirische Untersuchung über den Vollzug des Immissionsschutzrechts. Baden-Baden: Nomos.

Egle, Christoph/Zohlnhöfer, Reimut (Hrsg.), 2010: Die zweite Große Koalition: eine Bilanz der Regie-rung Merkel 2005–2009. Wiesbaden: VS Verlag.

Ellwein, Thomas, 1994: Das Dilemma der Verwaltung. Verwaltungsstruktur und Verwaltungsrefor-men in Deutschland. Mannheim: BI-Taschenbuch Verlag.

Fach, Wolfgang, 1982: Verwaltungswissenschaft – ein Paradigma und seine Karriere. In: Joachim Jens Hesse (Hrsg.): Politikwissenschaft und Verwaltungswissenschaft. Politische Vierteljah-resschrift Sonderheft 13. Wiesbaden: Westdeutscher Verlag, 55–73.

Grauhan, Rolf-Richard, 1969: Modelle politischer Verwaltungsführung. In: Politische Viertel-jahresschrift 10, 269–284.

* Grunow, Dieter (Hrsg.), 2003: Verwaltungshandeln in Politikfeldern – Ein Studienbuch. Opladen: Leske + Budrich.

Handke, Stefan, 2012: Die Ruhe nach dem Sturm – Steuerungskonflikte als Hemmnis für institutio-nellen Wandel in der deutschen Finanzmarktaufsicht. In: Leviathan 40, 24–51.

Holtkamp, Lars, 2012: Verwaltungsreformen: problemorientierte Einführung in die Verwaltungs-wissenschaft. Wiesbaden: Springer VS.

Jann, Werner, 2001:Verwaltungsreform als Verwaltungspolitik: Verwaltungsmodernisierung und Policy-Forschung. In: Eckart Schröter (Hrsg.): Empirische Policy- und Verwaltungsforschung: Lokale, nationale und internationale Perspektiven. Festschrift für Hellmut Wollmann. Opladen: Leske + Budrich, 321–344.

Jann, Werner, 2009: Praktische Fragen und theoretische Antworten: 50 Jahre Policy-Analyse und Verwaltungsforschung. In: Politische Vierteljahresschrift 50, 476–505.

Jann, Werner/Schmid, Günther (2004): Die Hartz-Reform am Arbeitsmarkt: Eine Zwischenbilanz, in: dies. (Hrsg.): Eins zu eins? Eine Zwischenbilanz der Hartz-Reformen am Arbeitsmarkt. Berlin: edition sigma.

Janning, Frank, 2006: Koexistenz ohne Synergieeffekte? Über das Verhältnis zwischen Policy-Analyse und Verwaltungswissenschaft. In: Jörg Bogumil/Werner Jann/Frank Nullmeier (Hrsg.): Politik und Verwaltung. Politische Vierteljahresschrift Sonderheft 37. Wiesbaden: VS Verlag, 77–96.

Kaps, Petra, 2008: Die Grundsicherung in der Politikverflechtungsfalle? In: der moderne Staat 1, 399–422.

Keck, Otto, 1984: Der Schnelle Brüter. Eine Fallstudie über die Einführung einer Großtechnologie. Frankfurt/M.: Campus.

Kuhlmann, Sabine, 2005: Kooperativer Gesetzesvollzug in ostdeutschen Kommunen: vom Systemb-
ruch zu „Modern Governance"? In: Zeitschrift für Rechtssoziologie 25, 221–240.

Luhmann, Niklas, 1966: Theorie der Verwaltungswissenschaft. Bestandsaufnahme und Entwurf.
Köln: Grote.

Mayntz, Renate (Hrsg.), 1980: Implementation politischer Programme. Königsstein/Ts.: Athenäum.

Mayntz, Renate, 2009: Über Governance: Institutionen und Prozesse politischer Regelung. Frank-
furt/M. – New York: Campus

Mayntz, Renate/Scharpf, Fritz W. (Hrsg.), 1973: Planungsorganisation: Die Diskussion um die
Reform von Regierung und Verwaltung des Bundes. München: Piper.

Mayntz, Renate/Scharpf, Fritz W., 1995: Steuerung und Selbstorganisation in staatsnahen Sektoren. In: dies. (Hrsg.): Gesellschaftliche Selbstregelung und politische Steuerung. Frankfurt/M.
– New York: Campus, 9–38.

* Nullmeier, Frank/Wiesner, Achim, 2003: Policy-Forschung und Verwaltungswissenschaft. In:
Herfried Münkler (Hrsg.): Politikwissenschaft. Ein Grundkurs. Reinbek b. Hamburg: Rowohlt,
285–322.

Projektgruppe Regierungs- und Verwaltungsreform, 1972: Dritter Bericht zur Reform der Struktur
von Bundesregierung und Bundesverwaltung. Bonn.

Rosewitz, Bernd/Webber, Douglas 1990: Reformversuche und Reformblockaden im deutschen
Gesundheitswesen. Frankfurt/M.: Campus.

Scharpf, Fritz W., 1982: Der Erklärungswert „binnenstruktureller" Faktoren in der Politik- und Verwaltungsforschung. In: Jens-Joachim Hesse (Hrsg.): Politikwissenschaft und Verwaltungswissenschaft. Politische Vierteljahresschrift Sonderheft 13. Opladen: Westdeutscher Verlag, 90–
104.

Scharpf, Fritz W., 1989: Politische Steuerung und politische Institutionen. In: Politische Vierteljahresschrift 30, 10–21.

Schmidt, Manfred G., 2007: Das politische System Deutschlands. Institutionen, Willensbildung und
Politikfelder. Bonn: Bundeszentrale für politische Bildung.

Schneider, Volker/Janning, Frank, 2005: Politikfeldanalyse. Akteure, Strukturen und Diskurse in der
öffentlichen Politik. Hagen: Kurs 33909, 63–67.

Schröter, Eckart (Hrsg.), 2001: Empirische Policy- und Verwaltungsforschung: Lokale, nationale und
internationale Perspektiven. Festschrift für Hellmut Wollmann. Opladen: Leske + Budrich.

Schuppert, Gunnar Folke/Zürn, Michael (Hrsg.), 2008: Governance in einer sich wandelnden Welt.
Politische Vierteljahresschrift Sonderheft 41. Wiesbaden: VS Verlag.

Seibel, Wolfgang, 1999: Administrative Science as Reform: German Public Administration. In:
Walter J.M. Kickert/Richard J. Stillman (eds.): The Modern State and its Study. New Administrative Science in a Changing Europe and United States Cheltenham: Edward Elgar, 100–117.

Slaughter, Anne-Marie, 2004: A New World Order. Government Networks and the Disaggregated
State. Princeton: Princeton University Press.

Stucke, Andreas, 1993: Die Institutionalisierung der Forschungspolitik. Entstehung, Entwicklung
und Steuerungsprobleme des Bundesforschungsministeriums. Frankfurt/M. – New York: Campus.

Teubner, Gunter/Willke, Helmut, 1984: Kontext und Autonomie: Gesellschaftliche Selbststeuerung
durch reflexives Recht. In: Zeitschrift für Rechtssoziologie 6, 4–35.

Trampusch, Christine, 2009: Der erschöpfte Sozialstaat. Transformation eines Politikfeldes.
Frankfurt a. M.: Campus Verlag.

Winter, Thomas von/Willems, Ulrich, 2009: Zum Wandel der Interessenvermittlung in Politikfeldern.
In: Britta Rehder/Ulrich Willems/Thomas von Winter, (Hrsg.): Interessenvermittlung in Politikfeldern. Wiesbaden: VS-Verlag, 9–29.

Wollmann, Helmut, 1980: Implementationsforschung – eine Chance für kritische Verwaltungs-
forschung? In: ders. (Hrsg.): Politik im Dickicht der Bürokratie. Beiträge zur Implementations-
forschung. Leviathan Sonderheft 3. Wiesbaden: Westdeutscher Verlag, 9–48.
Wollmann, Helmut, 2002: Verwaltungspolitische Reformdiskurse und -verläufe im internationalen
Vergleich. In: Klaus König (Hrsg.): Deutsche Verwaltung in der Wende zum 21. Jahrhundert,
Baden-Baden: Nomos, 489–524.

? **Verständnisfragen**

1. Welche verwaltungswissenschaftlichen Problemperspektiven lassen sich unterscheiden und wodurch sind diese Perspektiven gekennzeichnet?

2. Wie lässt sich das Verhältnis zwischen Policy-Analyse und Verwaltungswissenschaft charakterisieren?

3. Was unterscheidet Verwaltungsmodernisierung von Verwaltungswandel?

Transferfragen

1. Nennen Sie eigene Beispiele für Bereiche, in denen verwaltungswissenschaftliche Perspektiven für policy-analytische Fragestellungen wichtig sind.

2. Beschreiben Sie für die einzelnen Phasen des Politik-Zyklus den möglichen Einfluss der Verwaltung als Akteur; besonders in jenen Phasen, in denen die Rolle der Verwaltung wenig thematisiert wird.

3. Nennen Sie zwei Beispiele für Politikfelder und identifizieren Sie die wichtigsten Behörden bei der Politik-Implementation auf unterschiedlichen staatlichen Ebenen.

Problematisierungsfragen

1. Welchen Nutzen und welche Probleme sehen Sie in einer verwaltungswissenschaftlichen Perspektive, die sich auf Politikfelder bezieht („Verwaltungshandeln in Politikfeldern")?

2. Welche analytischen Probleme können entstehen, wenn im Forschungsdesign auf die verwaltungswissenschaftliche Perspektive verzichtet wird?

Teil II: **Basiskategorien**

Werner Jann und Kai Wegrich

Phasenmodelle und Politikprozesse: Der Policy-Cycle

1 Einleitung

Die Betrachtung von Politik als eine sequentielle Abfolge von Phasen des politischen Prozesses ist eine wichtige und unverzichtbare Grundlage der aktuellen politik- und verwaltungswissenschaftlichen, aber auch politischen Diskussion, ohne die ein großer Teil dieser Diskussion kaum verständlich ist. Auf der einen Seite ist diese Phaseneinteilung Grundlage einer Vielzahl empirischer Studien und fast sämtlicher Lehrbücher der Policy-Forschung, weil sie offenbar hilft, politische Prozesse besser zu verstehen und zu beschreiben, auf der anderen Seite ist sie seit Jahren heftiger Kritik ausgesetzt. Warum dies so ist, soll im Folgenden erläutert werden, in dem wir zunächst die Bedeutung dieses Konzepts für die Policy-Forschung kurz skizzieren, dann die Quellen und die Entwicklung des Phasenkonzepts des Policy-Making nachzeichnen, danach klassische Studien und die wichtigsten Ergebnisse der empirischen Forschungen zu den einzelnen Phasen vorstellen und schließlich die grundlegenden Kritiken dieser Sichtweise erläutern. Der Beitrag schließt mit einer Bewertung des Nutzens und der Probleme dieses Ansatzes.

2 Politik als Prozess der Problemverarbeitung

Gemeinsamer Ausgangspunkt der verschiedenen Phasenmodelle in der Policy-Forschung ist eine bestimmte Interpretation von Politik, nämlich Politik als „Policy-Making", als Versuch der Be- und Verarbeitung gesellschaftlicher Probleme. In der klassischen Definition von Fritz W. Scharpf „als den Prozess also, in dem lösungsbedürftige Probleme artikuliert, politische Ziele formuliert, alternative Handlungsmöglichkeiten entwickelt und schließlich als verbindliche Festlegung gewählt werden" (Scharpf 1973a: 15). Politik wird logisch als eine Abfolge von Schritten konzipiert, die mit der Artikulation und Definition von Problemen anfängt und irgendwann mit der verbindlichen Festlegung von politischen Programmen und Maßnahmen beendet wird.

Der Hintergrund dieses neuen Politikbegriffs war – in Deutschland Anfang der siebziger Jahre, in den USA schon einige Zeit früher – ein doppeltes Unbehagen an klassischen Vorstellungen und Vorgehensweisen sowohl der Politikwissenschaft wie der juristischen Staats- und Verwaltungslehre. An der Politikwissenschaft wurde kritisiert, dass sie sich zu sehr auf die **Input**-Seite des politischen Systems konzentriere, also im Sinne von Eastons Systemmodell (s. u. Abb. 1) fast ausschließlich auf „demands and support", auf Unterstützung des politischen Systems und die an es herangetragenen Anforderungen. Problematisiert und untersucht wurden so Wahlen, Parteien, Interessengruppen, Eliten, Parlamente, Pluralismus bis hin zur politischen Kultur, während der eigentliche **Output** des politischen Systems, also beispielsweise Gesetze, Programme, Budgets, politische und/oder administrative Maßnahmen nicht in das Interesse der Politikwissenschaft gerieten – genauso wenig wie die Prozesse und Strukturen von Regierung und Verwaltung, der „black box", in der „demands and support" in „decisions and actions" umgewandelt werden.

Eine ähnliche Kritik richtete sich gegen eine traditionelle, normative – in weiten Teilen juristisch geprägte – Verwaltungswissenschaft oder Verwaltungslehre, die der öffentlichen Verwaltung in diesem Prozess lediglich instrumentelle Funktionen zuwies. Nach diesem Verständnis sind prinzipiell nur die politisch verantwortlichen Organe – Parlamente, Regierungen, Gemeinderäte, Bürgermeister – mit politischen Entscheidungen befasst. Politik hat im Prinzip mit Verwaltung nichts zu tun, und umgekehrt Verwaltung nichts mit Politik. Gegenüber dieser normativen – und wirklichkeitsfremden – Perspektive, die allein die formelle Entscheidungskompetenz betrachtet, erlaubte dieser neue Politikbegriff des „Policy-Making" die Untersuchung und Identifikation der tatsächlichen Entscheidungen und Weichenstellungen in politischen Prozessen (Scharpf 1973a: 16).

In der deutschen, aber auch in der internationalen Politik- und Verwaltungswissenschaft führte diese Neukonzipierung von Politik als „Policy-Making", als sequentieller Prozess der Formulierung und Umsetzung von Politikinhalten in den siebziger und achtziger Jahren zu einer inhaltlichen und methodischen Umorientierung. Eingeführt wurde die klassische Trennung der Dimensionen von Politik: Politikinhalte (**Policies**), so wurde angenommen, werden nicht nur durch die sozioökonomische Umwelt (z. B. Problemlagen, aber auch Klasseninteressen), sondern sowohl durch die Ausgestaltung politischer Institutionen (**Polity**) wie durch konfliktäre Prozesse des Machterwerbs und -erhalts (**Politics**) beeinflusst, aber eben auch durch Strukturen und Merkmale der Verwaltung. Die herausragende Bedeutung der Verwaltung ergab sich aus der plausiblen Vermutung, dass in einem modernen, hoch komplexen und differenzierten öffentlichen Sektor die „Politik" mit ihren Institutionen in Regierungen, Parlamenten und Parteien nur einen kleinen Teil – und bei quantitativer Betrachtung vermutlich den weitaus kleineren Teil – der insgesamt produzierten Entscheidungen bestimmen kann. Programmatisch wurde so „Verwaltungswissenschaft als Teil der Politikwissenschaft" (Scharpf 1973a) definiert und etabliert.

Erkenntnisobjekt der Verwaltungswissenschaft wurde das „politisch-administrative System" (PAS), in dem die Interdependenz zwischen Politik und Verwaltung vorausgesetzt und nicht mehr hinterfragt wurde. Diese Art der politikwissenschaftlichen Verwaltungswissenschaft, d. h. die empirische Untersuchung der Formulierung und Implementierung von Politikinhalten in einzelnen Politikfeldern, wurde so zum produktivsten, ja für einige zum „dominierenden" (Fach 1982) Zweig der empirischen Politikwissenschaft.

Ergebnis der Vielzahl der in dieser Zeit durchgeführten empirischen Untersuchungen war u. a.:

- dass die Verwaltung eine entscheidende Rolle in der Politikformulierung spielt (z. B. in der Vorbereitung von Gesetzen und im Budgetprozess),
- dass Bürokratien nur sehr unvollständig durch Gesetze (legislative Programme) kontrolliert werden können, sondern bei deren Umsetzung über erhebliche politische Handlungsspielräume verfügen (Implementation),
- dass Politikdurchführung ein eigenständiger politischer Prozess ist, in dem viel mehr verhandelt als direkt angewiesen wird (kooperativer Staat und kooperative Verwaltung; Benz 1994),
- dass der Verwaltungsapparat seine Entscheidungsprämissen keineswegs allein durch offizielle demokratische Institutionen bekommt, sondern nicht zuletzt durch intensive Beziehungen mit Interessengruppen, Klienten, Professionen oder natürlich auch durch sein eigenes Personal (administrative Interessenvermittlung) und
- dass schließlich unrealistische Annahmen einer zentralistischen, monorationalistischen, hierarchisch integrierten und gesteuerten öffentlichen Verwaltung aufzugeben sind zugunsten einer komplexeren Sichtweise eines durch vielfältige Akteure, Rationalitäten und Netzwerke bestimmten öffentlichen Sektors (Verhandlungssysteme und Politiknetzwerke).

In diesem Sinne entwickelte sich die deutsche politikwissenschaftlich inspirierte Verwaltungswissenschaft, ausgehend von Untersuchungen der einzelnen Phasen politischer Prozesse, zunehmend in Richtung einer auf Voraussetzungen und Folgen politischer Problemverarbeitung spezialisierten Steuerungswissenschaft (Jann 2009). Offensichtlich ist auch der Gleichklang mit der allgemeinen politischen Entwicklung. Ende der sechziger, Anfang der siebziger Jahre wurde – zunächst von konservativer Seite – das Konzept der politischen Planung wiederentdeckt, und auch die „progressive" Politik- und Verwaltungswissenschaft konzentrierte sich auf die Voraussetzungen und Bedingungen der Politikformulierung einer solchen „aktiven Politik". Mit dem Ende der Reformphase und dem Platzen einiger Reformillusionen rückten zunehmend Implementationsprobleme politischer Programme ins Zentrum der Aufmerksamkeit (z. B. „Vollzugsdefizite" im Umweltschutz) und die – politisch umstrittenen – Wirkungen und Auswirkungen von **Policies** wurde in ersten systematischen Evaluationsstudien untersucht.

3 Zentrale Konzepte

3.1 Lasswell und der Policy-Prozess

Der ursprüngliche Anstoß, politische Prozesse als eine Folge diskreter Phasen der Problemverarbeitung darzustellen und zu analysieren, geht auf den amerikanischen Politologen *Harold Lasswell* zurück. *Lasswell* wollte bekanntlich eine neuartige, multi-disziplinäre und normativ orientierte Policy-Science initiieren, die relevantes Wissen für und über politische Entscheidungsprozesse zur Verfügung stellen sollte (s. den Beitrag von Schubert in diesem Band). In verschiedenen Publikationen (und Versionen) schlug er eine Unterteilung der Prozesse des Policy-Making in sieben Phasen vor (vgl. Lasswell 1956, 1971; Howlett/Perl/Ramesh 2009: 10 ff.; Parsons 1995: 446 ff.), und zwar identifizierte er:

1. **intelligence**, also Sammlung, Verarbeitung und Verbreitung von relevantem Wissen,
2. **recommendation**, Beförderung und Unterstützung ausgewählter Alternativen,
3. **prescription**, verbindliche Festlegung einer grundlegenden Alternative,
4. **invocation**, Durchsetzung z. B. durch Macht oder die Identifikation von Sanktionen,
5. **application**, Anwendung und Umsetzung innerhalb der Bürokratie oder auch durch Gerichte,
6. **appraisal**, Bewertung gegenüber ursprünglichen Zielen und Intentionen und schließlich
7. **termination**, die Beendigung der Policy.

Diese von Lasswell verschiedentlich modifizierte Unterteilung war extrem erfolgreich. In Verbindung mit dem Siegeszug der Policy-Orientierung in den späten sechziger und siebziger Jahren in den USA, und etwas später in Deutschland, ist sie bis heute die Grundlage aller weiteren Phasenmodelle. Anfang der siebziger Jahre tauchte sie, nach einer ersten Vereinfachung durch Lasswells Schüler *Garry Brewer* (1974) in verschiedenen Lehrbüchern auf (Jones 1970; Anderson 1975).

Der Grund dafür ist unmittelbar einsichtig: Nachdem die Policy-Orientierung in den sechziger Jahren in den USA nicht zuletzt aufgrund der politischen Reformprogramme der „Great Society" und des „War on Poverty" erheblich an Bedeutung gewonnen hatte und mit Unterstützung der Ford-Foundation die ersten Policy-Programme an Eliteuniversitäten gegründet wurden (Jann 1987), gab es einen Bedarf an Lehrbüchern. Zur Strukturierung der Fragen nach den Voraussetzungen und Folgen von staatlichen Politikinhalten (What governments do, why they do it, and what difference it makes?) bot sich die Unterscheidung nach dem Phasenmodell an.

Tatsächlich ist die von Jones und Anderson Anfang der siebziger Jahre propagierte Unterteilung in „Agenda-Setting", „Policy Formation" (oder Formulation), „Adoption", „Implementation" und „Evaluation" – trotz kontinuierlicher Alternativvorschläge (etwa Jenkins 1978; May/Wildavsky 1978) bis heute Standard (siehe etwa die aktuellen Lehrbücher von Howlett/Perl/Ramesh 2009 oder Parsons 1995). Bereits 1977 wurde diese Unterteilung dann von Renate Mayntz in die deutsche Diskussion eingeführt.

Lasswell hatte seine Phasen als „stages" im „decision process" bezeichnet, und seine Phaseneinteilung war durchaus auch normativ gemeint. Das linear und zeitlich interpretierte Phasenmodell war von Beginn an auch zugleich ein logisches Problemlösungsmodell. Tatsächlich gibt es eine fast vollständige Übereinstimmung seiner Einteilung mit den Vorgaben der präskriptiven Entscheidungs- und Planungstheorie. In der Nachfolge von Simon (Simon 1947; March/Simon 1958), der allerdings gerade die Grenzen rationaler Entscheidungen betonte, werden in dieser Theorie Entscheidungen nicht als punktueller Wahlakt begriffen, sondern ebenfalls als ein sich über die Zeit hinziehender Prozess der Problemverarbeitung, der verschiedene Phasen durchläuft (vgl. z. B. March 1988: 297; Schreyögg 1996: 66 ff.). Rationale Planung und Entscheidung, nach diesem Modell,

beginnt mit der Analyse der Probleme und Ziele,

darauf folgt die Informationsbeschaffung,

die Suche nach möglichen Alternativen der Zielerreichung,

- eine Analyse der Kosten, des Nutzens, der Effektivität und der Wahrscheinlichkeit der unterschiedlichen Alternativen,
- die Auswahl der besten Alternative zur Erreichung der Ziele,
- die dann in die Tat umgesetzt wird und
- deren Umsetzung schließlich kontrolliert werden muss, um bei Abweichungen ggf. gegensteuern zu können.

Obwohl die empirische Theorie organisatorischer Entscheidungen solche Phasenschemata immer wieder infrage gestellt hat, weil sie sich als „deskriptiv invalide" gezeigt haben (Schreyögg 1996: 67 m. w. A.; Sabatier 1993, 2007), gelten diese Schritte immer noch als Idealbild „rationaler" Entscheidung und Planung. Vermutlich ist die Durchsetzungsfähigkeit und Beständigkeit des Lasswellschen Phasenschemas, auch in seinen modifizierten Formen, vor allem damit zu erklären, dass es im Kern ein Idealbild rationaler Entscheidung enthält: So, in dieser einsichtigen und logischen Abfolge, würden wir gern entscheiden, auch und gerade im Bereich der Politik.

Darüber hinaus impliziert diese Phasenabfolge ein bestimmtes, idealisiertes Bild der demokratischen Steuerung und Legitimation, nämlich das der hierarchisch organisierten und gesteuerten Verwaltung im demokratischen Rechts- und Verfassungsstaat. Die Bürger geben der Verwaltung ihre Präferenzen und Interessen über ihre gewählten Repräsentanten qua demokratisch-legitimierter Gesetzgebung und

Regierung vor, die die dort formulierten Politikinhalte dann ohne Bias, fair, neutral usw. umsetzt. Politikformulierung geschieht durch Wahlen, Parlamente, Parteien, Kabinette und alle anderen legitimen Möglichkeiten demokratischer Willensbildung, Politikdurchführung dann durch eine loyale Bürokratie. Im Kern steht hinter dieser Vorstellung das Bild einer – d. h. eigentlich zweier – parlamentarischer Steuerungsketten, die entweder über den Ablauf

1. Wahl → Parlament → Gesetze → Bürokratie → Bürger
    (legislative Programmsteuerung) oder
2. Wahl → Parlament → Regierung → Bürokratie → Bürger
    (demokratisch-legitimierte Auswahl und Weisung)

funktionieren.

Genau dieses naive Bild der neutralen und allein nachgeordneten Rolle der Bürokratie und der eindeutigen Trennung von Politik und Verwaltung wollte die Policy-Forschung empirisch aufhellen, aber gerade weil dieses wirkungsmächtige normative Modell empirisch hinterfragt werden soll, eignet es sich natürlich auch als Ausgangspunkt der Untersuchungen.

3.2 Easton und der Policy-Output

Der in den parlamentarischen oder demokratischen Steuerungsketten implizierte funktionale Zusammenhang ist auch Ausgangspunkt der zweiten grundlegenden Konzeptionalisierung des Policy-Prozesses. Neben Lasswell ist es vor allem das Werk des Amerikaners David Easton, das diese Phasenbetrachtung politischer Prozesse entscheidend beeinflusst hat. Easton beschäftigt sich zwar nicht direkt mit den Phasen des politischen Prozesses, aber durch seine einfache systemtheoretische Betrachtung führt er das Konzept der *Policy-Outputs* in die Diskussion ein, das eine wichtige Rolle bei der weiteren Strukturierung politischer Prozesse spielt.

Das ursprüngliche Modell (Easton 1965, in Abb. 1 in vereinfachter Form) skizziert das politische System in der Gesamtgesellschaft in der Form eines einfachen kybernetischen Regelkreises mit Inputs, Outputs, Umwelt und Feedbacks. Das politische System erhält Inputs aus seiner Umwelt (national wie international), die durch Input-Kanäle (etwa Parteien, Interessengruppen, Eliten, Medien) gefiltert und innerhalb des politischen Systems in politische Entscheidungen umgewandelt werden. Inputs können dabei unterschieden werden in externe, sozio-ökonomische Einflüsse und Restriktionen (also etwa Charakteristika der Ökonomie, der Zivilgesellschaft oder anderer gesellschaftlicher Subsysteme, aber auch der zu bewältigenden Probleme) und binnenstrukturelle, politisch-administrative oder institutionelle Einflüsse und Restriktionen.

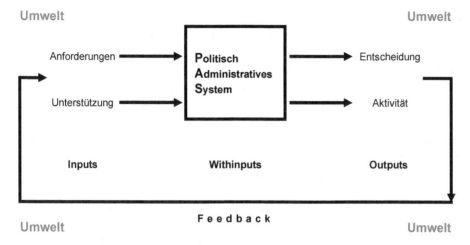

Abb. 1: : Eastons „Simplyfied Model of a Political System" (Quelle: nach Easton 1965)

Hier kann man wiederum zwischen Merkmalen des politischen (Parteien, Parlamente, Interessengruppen etc.) und des administrativen Systems (Regierung und Verwaltung) unterscheiden (withinputs in der Diktion von Easton). Das Eastonsche Modell wurde von anderen struktur-funktionalistischen Systemtheoretikern weiterentwickelt, etwa von Gabriel A. Almond, der innerhalb des politisch-administrativen Systems die Prozessfunktionen Interessenaggregation, Politikformulierung, Implementation und Entscheidung und schließlich auch unterschiedliche Policy-Funktionen unterscheidet („extraction", „regulation" und „distribution").

Die Bedeutung des Eastonschen Modells für die Policy-Forschung liegt in der hier schon angedeuteten Kombination mit den Lasswellschen Entscheidungsphasen. Es stellt sich nämlich die Frage, welches die **Outputs** der einzelnen Phasen des Policy-Making sind? Nach einiger semantischer Verwirrung, wie sie in den Sozialwissenschaften nicht unüblich ist, hat sich das in Tab. 1 und Abb. 3 skizzierte Phasenmodell weitgehend durchgesetzt (vgl. Jann 1981):

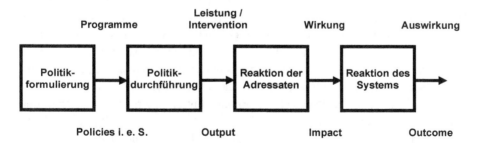

Abb. 2 Output, Impact und Outcome in der Policy-Forschung (Quelle: eigene Darstellung)

Die Ergebnisse der Politikformulierung werden danach als Programme bezeichnet, ohne dass damit unterstellt würde, dass diese Programme jeweils in ausformulierter Form vorliegen würden. Programme können Gesetze sein oder Verordnungen, Regierungserklärungen, das jährliche Budget oder auch mehr oder weniger explizite politische Willenserklärungen und Pläne. Vielfach gibt es kein einfaches, eindeutiges Programm, es ist vielmehr ein Konstrukt des Forschers. Gelegentlich werden diese staatlichen Absichtserklärungen, die intendierten Aktivitäten und Ziele auch als **Policies** bezeichnet, allerdings Policies im eigentlichen Sinn, denn der klassische Policy-Begriff umfasst nicht nur Absichten und Ziele, sondern auch und gerade die tatsächlichen Handlungen, mit denen versucht wird, diese oder andere Ziele zu erreichen.

Ergebnis der Implementationsphase sind die eigentlichen **Outputs**, also die staatlichen Interventionen oder Leistungen, mit denen versucht wird, das Verhalten von Akteuren zu verändern. Beispiele wären die Bereitstellung und Verteilung von Ressourcen, die Anwendung von Normen, öffentliche Verträge und Einzelentscheidungen (etwa der deutsche Verwaltungsakt). Auch Subventionen und Transferleistungen, die Bereitstellung von Informationen und von Infrastruktur (von Straßen und Brücken bis zu Schulen und Unis) gehören in diese Kategorie.

Allerdings werden durch diese **Outputs** die anstehenden Probleme in aller Regel nicht gelöst und bewältigt. Dazu bedarf es einer entsprechenden Reaktion der Adressaten, deren Ergebnis als **Impact** oder Wirkung bezeichnet wird. Diese Reaktion kann wie intendiert ausfallen, also die erwünschten Verhaltensänderungen oder Effekte erzeugen, aber mindestens ebenso wahrscheinlich sind Anpassungs- und Vermeidungsstrategien der Adressaten oder sogar passiver bis aktiver Widerstand. Schließlich stellt sich die Frage, ob und wie das Gesamtsystem reagiert, ob also tatsächlich Policies ihre Ziele erreichen. Man spricht hier vom **Outcome** oder den Auswirkungen. Gefragt wird, ob Probleme gelöst, ob und welche Nebenwirkungen oder nicht intendierten Ergebnisse eingetreten sind.

Um die etwas abstrakten Begriffe an einem Beispiel zu erläutern (vgl. Tab. 1): Im Bereich der regionalen Wirtschaftsförderung gibt es z. B. Programme der EU (EFRE), des Bundes (Gemeinschaftsaufgabe regionale Wirtschaftsförderung), der Bundesländer und der Kommunen. Dort wird u. a. festgelegt, welche Maßnahmen wie hoch in welchen Gebieten unter welchen Bedingungen von wem gefördert werden können. Das Ergebnis der Implementation dieser Programme besteht u. a. in der Subvention von Investitionen oder in der Bereitstellung wirtschaftsnaher Infrastruktur, hoffentlich in den richtigen Regionen. Der Impact, die direkte Wirkung dieser Leistungen ist überaus umstritten. Falls überhaupt Investitionen getätigt werden und sich Firmen ansiedeln (s. die aktuelle Problematik in den neuen Bundesländern), werden oft genug Mitnahmeeffekte vermutet. Der Outcome dieser Programme, die Auswirkungen auf Beschäftigung, Wirtschaftswachstum und Standortqualität sind noch unsicherer und umstrittener. Denn selbst wenn Arbeitsplätze geschaffen werden, ist nicht auszuschließen, dass diese staatlich „gelenkten" Investitionen die

Leistungs- und Innovationsfähigkeit der gesamten Volkswirtschaft eher senken. Denkbar ist auch die Verdrängung bereits ansässiger Unternehmen durch eine Erhöhung des Lohnniveaus oder die Gewöhnung ganzer Landstriche an den staatlichen Subventionstropf.

3.3 Der Policy-Cycle

Schließlich können die verschiedenen Phasen des Policy-Making, also Agenda-Setting, Formulierung, Implementierung und Evaluierung von Politikinhalten mit deren möglicher Beendigung (Terminierung) nicht nur als logisch und zeitlich einmalige lineare Folge aufgefasst werden, sondern auch als Kreis, eben als Policy-Cycle denkbar (vgl. Jann 1981). Die kreisförmige Betrachtung verdeutlicht das Idealtypische der bisherigen Darstellung, denn Policies, Politikinhalte werden bekannt-

Tab. 1: Phasen und Ergebnisse des Policy-Making-Prozesses

Bezeichnung	Ergebnis	Beispiel Wirtschaftsförderung
Politikformulierung	Programme (Policies i. e. S.) – Gesetze – Budgets – Verordnungen – Regierungserklärungen – Pläne	Wirtschaftsförderungsprogramme der EU, Bund, Länder, Kommunen etc. – wer wird gefördert – unter welchen Bedingungen – mit wie viel Geld
Politikdurchführung Implementation	Output (Intervention, Leistung) – Verteilung von Ressourcen – Anwendung von Normen – Verträge – Einzelentscheidung	– Subventionierung von Investitionen – Bereitstellung von Infrastruktur – Arbeitsplatzsubvention
Reaktion der Adressaten	Impact (Wirkung) – Verhaltensänderung – Anpassungsstrategien – Widerstand	– Investition – Schaffung von Arbeitsplätzen – Mitnahme der Subvention
Reaktion des Systems	Outcome (Auswirkung) – Lösung des Problems – Verbesserung des Gesamtsystems – Nebenwirkungen – nicht intendierte Ergebnisse	– Verringerung der Arbeitslosigkeit – Wirtschaftswachstum – Umweltverschmutzung – Verdrängung

Quelle: eigene Darstellung

lich ständig formuliert, durchgeführt, evaluiert und verändert, allerdings in einem vielfältig verflochtenen, nicht eindeutig abgrenzbaren und durchschaubarem Prozess, der prinzipiell nie abgeschlossen ist.

Die Betrachtung des Policy-Making als eines nie – oder doch nur selten durch Termination – endenden Prozesses lenkt die Aufmerksamkeit auf eine weitere Besonderheit, dass nämlich Policies in aller Regel nicht im luftleeren Raum entstehen, sondern fast immer schon auf bestehende Policies treffen, diese ergänzen, modifizieren oder, was wahrscheinlicher ist, mit diesen konkurrieren oder negativ interagieren. Wenn der öffentliche Sektor, wie in den letzten Jahrzehnten offenkundig, seine Aktivitäten ausweitet, ist zu erwarten, das Policy-Making schwieriger wird, denn bereits bestehende Politikinhalte und Aktivitäten werden zu einem zentralen Element der Systemumwelt, nicht selten zu einer wichtigen Restriktion. Policy-Maker müssen sich mit den „Hinterlassenschaften" vorangegangener Entscheidungen auseinandersetzen („Policy Succession", Hogwood/Peters 1983). Nicht selten werden Policies sogar zur Ursache neuer Probleme (der Ausbau der Verkehrswege verstärkt etwa die Umweltverschmutzung), auf die wiederum mit neuen Policies reagiert wird („policy as its own cause", Wildavsky 1979: 83–85).

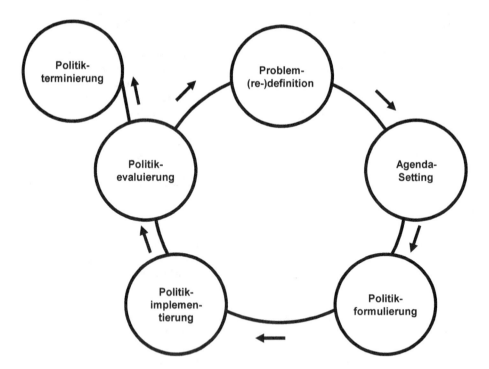

Abb. 3: Der idealtypische Policy-Cycle (Quelle: eigene Darstellung)

Bevor abschließend auf diese konzeptionellen und inhaltlichen Probleme des Modells des Policy-Cycle eingegangen werden kann, sollen die einzelnen Phasen kurz einer detaillierteren Betrachtung unterzogen, und dabei die Entwicklung zentraler Fragenstellungen und theoretischer Perspektiven nachgezeichnet und wesentliche Forschungsergebnisse, insbesondere mit Blick auf die übergreifende Heuristik des Policy-Cycle, hervorgehoben werden.

4 Die einzelnen Phasen des Policy-Cycle

4.1 Problemwahrnehmung und Agenda-Setting

Politisches Handeln im Sinne von Policy-Making setzt die Problemwahrnehmung als ersten Schritt voraus. Ein soziales Problem muss als solches definiert und die Notwendigkeit eines steuernden Eingriffs öffentlicher Politik artikuliert werden, damit es überhaupt wahrgenommen wird. In einem zweiten Schritt geht es dann darum, das als relevant wahrgenommene Problem für eine entsprechende Problemverarbeitung auf die politische Tagesordnung, die Agenda, zu setzen (Agenda-Setting). Die „Agenda" wird dabei einfach definiert als Liste der Themen, denen vonseiten der Regierung (oder von Akteuren mit engen Beziehungen zu Akteuren in der Regierung) erhebliche Aufmerksamkeit gewidmet wird oder werden soll (Kingdon 1995: 3). Die Analogie zur Agenda der Tagesordnung politischer Gremien ist unübersehbar. Dabei kann zwischen verschiedenen Agenden differenziert werden, so ist die öffentliche Agenda (Massenmedien und Fachöffentlichkeiten) von der politischen Agenda innerhalb des politisch-administrativen Systems zu unterscheiden. Weiterhin ist eine Differenzierung zwischen der informalen Agenda in der politischen Arena und der formalen Agenda der politischen Entscheidungsinstanzen (Regierung, Parlament) zu treffen.

Problemwahrnehmung und Agenda-Setting sind genuin politische Prozesse, in denen zentrale Vorentscheidungen im Hinblick auf Selektion, Prioritätensetzung sowie Strukturierung des Policy-Problems hinsichtlich möglicher Handlungsstrategien (bewusst oder unbewusst) getroffen werden. Bei der Untersuchung von Prozessen des Agenda-Setting richtet sich der analytische Blickwinkel daher einerseits auf (soziale) Probleme als mögliche Gegenstände politischen Problemlösungshandelns und auf die Frage, wie diese identifiziert und definiert werden. Andererseits geht es um die Strategien von Akteuren zur Beeinflussung der Agenda. Akteure innerhalb und außerhalb des politisch-administrativen Systems versuchen ständig, die Agenda zu beeinflussen – indem aktuelle Stimmungen und Aufmerksamkeiten genutzt werden, um ein Problem zu dramatisieren (gelegentlich zu skandalisieren) oder eine bestimmte Problemwahrnehmung durchzusetzen (*„framing"*). Auch die strategische

Auswahl von Zugangskanälen („*venues*") zum politischen Entscheidungsprozess oder die strategische Beeinflussung öffentlicher Berichterstattung (bis hin zum „*spinning*") sind als taktische Instrumente der Themensetzung und Problemdefinition erkannt worden (vgl. Baumgartner/Jones 2009).

Da nicht alle Probleme im gleichen Maße die Aufmerksamkeit der politischen Akteure erhalten können (und manche überhaupt nicht wahrgenommen werden), stellt sich die Frage nach den Mechanismen des Agenda-Setting. Was ist ein Problem öffentlichen Handelns? Wie kommt es wann auf die Agenda der Regierung? Und warum kommen andere Probleme gar nicht auf die politische Tagesordnung? Aber auch die unterschiedlichen Themenkonjunkturen und die ebenfalls im Zusammenhang mit konjunkturähnlichen Schwankungen thematisierten Problemlösungsansätze (Ideen) finden im Kontext von Policy-Analysen des Agenda-Setting Aufmerksamkeit.

Systematische Forschung zu Mechanismen des Agenda-Setting hat sich in den USA aus der Kritik an der Pluralismustheorie entwickelt. Der klassische Ansatz von Schattschneider (1960) geht davon aus, dass Agenda-Setting aus einer Konfliktkonstellation zwischen mindestens zwei Akteuren oder Gruppen resultiert, bei dem der Akteur mit geringen Durchsetzungschancen versucht, die Aufmerksamkeit bislang Unbeteiligter zu erregen und diese als Unterstützer zu mobilisieren. Eine andere klassische Sichtweise des Agenda-Setting konzeptionalisiert diese Phase als Filter, in dem wichtige Probleme von der politischen Tagesordnung ausgeschlossen werden. So hat die Policy-Forschung insbesondere auf Nicht-Entscheidungen (non-decisions), also das systematische Ignorieren gesellschaftlicher Probleme durch das PAS, hingewiesen und diesen Prozess als Ergebnis der Machtverteilung im Akteurssystem konzipiert (grundlegend die klassische, dem Kontext der „Community-Power-Forschung" entstammende Studie von Bachrach/Baratz 1970).

Der Sprung eines Themas von der Problemwahrnehmung, die häufig durch Betroffene oder Interessengruppen artikuliert wird, auf die Agenda ist ein mehrstufiger Prozess, bei dem es angesichts der begrenzten Problemwahrnehmungs- und -bearbeitungskapazitäten des politisch-administrativen Systems zu erheblichen „Selektionen" kommt, wobei eine eingängige Problemdefinition und dabei auch eine Abgrenzung und Einschränkung des Problemkomplexes hilfreich sind, damit sich Themen durchsetzen können (vgl. Stone 2001). Bereits diese Problemwahrnehmung ist daher ein politischer Prozess, in dem die Präferenzen, Problemlösungsphilosophien und die Handlungskapazitäten zentraler Akteure eine wichtige Rolle spielen.

Während Problemwahrnehmung und -definition – zumindest in liberalen Demokratien – in der Regel öffentlich stattfinden und durch Expertenöffentlichkeiten oder Massenmedien geprägt sind, kann das eigentliche Agenda-Setting in Policy-Netzwerken auch jenseits öffentlicher Aufmerksamkeit ablaufen. So kommt es häufig vor, dass Agenda-Setting innerhalb eines Zirkels von Experten, Interessengruppen und/oder der Ministerialbürokratie stattfindet und die Öffentlichkeit nur am

Rande oder überhaupt nicht beteiligt ist. Die Agenda-Setting-Power von Bürokratien variiert dabei im internationalen Vergleich und hängt sowohl von der institutionellen Autonomie der Bürokratie als auch von den Handlungsressourcen anderer Institutionen innerhalb des PAS ab, insbesondere von den Ressourcen zur Überwachung und Kontrolle bürokratischer Prozesse (vgl. Schnapp 2004).

Zwar determinieren die Mechanismen des Agenda-Setting nicht den Inhalt oder die Instrumente der auf dieses Problem gerichteten Policy, aber Skandale und Krisen lösen häufig reflexhaft politische Aktivität mit hoher Intensität aus, die dann zurück geht, wenn die Kosten und unerwünschten Nebenwirkungen entsprechender Policies deutlich werden. Downs (1972) hat in einer klassischen Analyse diesen „issue attention cycle" nachgezeichnet.

Während frühe Modelle des Agenda-Setting ökonomische und soziale Kontextbedingungen in den Vordergrund stellten, betonen neuere Ansätze die Bedeutung von Ideen und Diskursen. Baumgartner und Jones (2009, Jones/Baumgartner 2005) haben das Konzept des „Policy-Monopols" eingeführt und meinen damit das dominante Interpretationsschema („Policy Image") in Bezug auf ein Problem und die damit verbundenen Lösungen. Im Anschluss an Schattschneider argumentieren sie, dass Agenda-Setting (und damit Policy-Wandel) in Folge einer zunehmenden Kritik und „Anfechtung" des dominanten Interpretationsschemas erfolgt: Zuvor desinteressierte Akteure beteiligen sich an der politischen Auseinandersetzung, verändern das Kräfteverhältnis und sorgen für eine Prioritätenverschiebung auch bei den Generalisten an der Spitze von Regierungen. Akteure versuchen dabei, unterschiedliche Zugangskanäle (Parlamentsausschüsse, sub-nationale Politikebenen, Gerichte) strategisch dafür zu nutzen, um das jeweils favorisierte Interpretationsschema zur Geltung zu bringen (*„venue shopping"*).

Der Selektionsprozess des Agenda-Setting sollte nicht als rationale Auswahl zwischen unterschiedlichen Problemen missverstanden werden. Die Durchsetzungschancen einer konkreten Policy im Prozess des Agenda-Setting sind von Kingdon in Anlehnung an das „Garbage-Can-Modell" (Cohen/March/Olsen 1972) als das weitgehend zufällige Zusammentreffen eines Policy-Stroms (vorhandene Lösungen) und eines Politik-Stroms (politische Mehrheiten und Stimmungen) konzipiert worden. Ergebnisse hängen so von Interessenkonstellationen der Akteure, Handlungskapazitäten der Institutionen sowie Konjunkturen der öffentlichen Problemwahrnehmung und den jeweils vorhandenen Problemlösungsstrategien (Ideen) ab – ein Variablenkomplex, dessen konkrete Ausprägung stark situativ geprägt ist, sodass die Nutzung von Policy-Fenstern (windows of opportunity), die sich für eine Policy kurzfristig öffnen und wieder schließen können, letztendlich entscheidend ist (Kingdon 1995).

4.2 Politikformulierung und Entscheidung

In dieser Phase werden aus artikulierten Problemen, Vorschlägen und Forderungen staatliche Programme. Wichtige Aspekte sind dabei die Formulierung und Klärung politischer Ziele und die Diskussion unterschiedlicher Handlungsalternativen. Von einigen Autoren werden die Phasen Formulierung (Generierung und Diskussion von Alternativen) und *„adoption"* (formelle Entscheidung über eine bestimmte Policy) unterschieden, aber da davon auszugehen ist, dass Policies durchaus nicht immer in formellen Programmen festgelegt sind, soll diese Unterscheidung hier nicht vorgenommen werden. Entscheidung soll hier als ein iterativer Prozess aufgefasst werden, nicht als eine punktuelle Aktion.

Empirische und theoretische Studien der Politikformulierung wurden in Deutschland vor allem in Verbindung mit der Planungsdiskussion der späten sechziger und der frühen siebziger Jahren aktuell. Vorläufer war auch in diesem Fall die amerikanische Diskussion, wo seit Mitte der sechziger Jahre über die umfassende Einführung eines neuartigen „Planning-Programming-Budgeting-Systems" (PPBS, grundlegend Schultze 1968) diskutiert wurde. PPBS sollte im Sinne des rationalen Planungs- und Entscheidungsmodells veränderte, langfristig orientierte politische Prioritäten ermöglichen, u. a. durch die Etablierung und Definition klarer Ziele und Outputgrößen im Budgetprozess und durch die systematische Messung und den Vergleich der Kosten und Nutzen politischer Programme.

Ungeachtet der in den USA von Beginn an artikulierten Kritik (Wildavsky 1969: *„rescuing policy analysis from PPBS"*) und des frühen Scheiterns des Projekts bereits Anfang der siebziger Jahre, entwickelte sich in Deutschland eine lebhafte Planungsdiskussion (Ronge/Schmieg 1971; Naschold/Väth 1973), in der die analytischen und normativen Voraussetzungen sinnvoller „Entscheidungshilfen für die Regierung" (Böhret 1971) problematisiert wurden. Policy-Analyse war zu diesem Zeitpunkt in Deutschland, wie auch in den USA, Teil einer Reformkoalition zwischen Wissenschaft und Politik, der es um die Entwicklung und Anwendung von Analyseinstrumenten für die Planung effektiver und effizienter (Reform-)Policies ging. In dieser Zeit wurden auch erstmals, im Gefolge der 1968 eingesetzten Projektgruppe Regierungs- und Verwaltungsreform (PRVR), empirische Untersuchungen (Fallstudien) über tatsächliche Prozesse der Politikformulierung auf Bundesebene durchgeführt (Mayntz/Scharpf 1973, 1975; kritisch Müller 1977).

Zentrale Ergebnisse dieser Untersuchungen (sowie der Diskussion in den USA, vgl. Lindblom 1968; Wildavsky 1979) waren u. a. ein verändertes Bild von Entscheidungsprozessen: Während die eigentliche Entscheidung über eine Policy im Rahmen eines formalen Verfahrens von den zuständigen politischen Entscheidungsinstanzen getroffen wird (Parlament, Regierung), so die Untersuchungen, geht dem ein umfangreicher, mehr oder weniger offener, häufig informeller Austausch- und Verhandlungsprozess voraus, bei dem Ministerialverwaltung und Interessengruppen von entscheidender Bedeutung sind. Zugleich zeigte sich, dass Entscheidungsprozesse sich eher als Verhandlungsprozesse zwischen den Akteuren in Politiknetzwerken darstellen und das Ergebnis eher durch die Interessenkonstellation und Einflussverteilung zwischen den unterschiedlichen Akteuren bestimmt wird, als durch rationale Alternativenauswahl. Anknüpfend an die frühen Studien von Lindblom (1968) zum Inkrementalismus zeigten bereits die Arbeiten von Mayntz/Scharpf (1975) und ihren Mitarbeitern die Grenzen rationaler Planungsmodelle, die in der frühen Policy-Forschung dominierten. Interministerielle Koordination, so zeigten die Fallstudien, erfolgt überwiegend nach dem Muster der „negativen Koordination" (sequentielle und nachträgliche Beteiligung anderer Einheiten und Ministerien auf Grundlage eines Programmentwurfs, Überprüfung der Entwürfe dahingehend, ob eigene Positionen berührt werden, bürokratisch umgesetzt durch das Mitzeichnungsverfahren). Ambitionierte Formen der „positiven Koordination" (bei der Lösungsvorschläge gemeinsam entwickelt und auf ihren Beitrag zur Problemlösung geprüft und diskutiert werden; hier ist die bürokratische Form die interministerielle Projektgruppe) bleiben die Ausnahme. Derartige Verfahren sind hoch komplex und mit hohen Entscheidungs- und Transaktionskosten sowie dem Risiko des Scheiterns verbunden. Negative Koordination entlastet also das politisch-administrative Entscheidungssystem und schützt es vor Überforderung durch zu hohe Komplexität, ist dabei aber immerhin in der Lage, die in Policy-Inputs zum Ausdruck kommende gesellschaftliche Komplexität zu verarbeiten (Scharpf 1973b, 1993). Daher galt seit diesen Studien auch in Deutschland der Inkrementalismus als das dominante Muster der Politikformulierung und des Policy-Wandels, d. h. die „Politik der kleinen Schritte" und des „Durchwurstelns" (Lindblom 1959, 1979).

Gleichzeitig wurde im Rahmen der PRVR aber auch ein normatives Modell der „aktiven Politik" entwickelt, das die Handlungsspielräume der Politik zumindest tendenziell erweitern sollte. Dem in der Ministerialverwaltung vorherrschenden Konzept der „reaktiven Politik", das durch heteronom und bürokratisch bestimmte Programmentwicklung, nur begrenzte und kurzfristige Reichweite sowie umweltanpassende und nur konfliktfähige Interessen berücksichtigende Zielsetzungen charakterisiert wurde (also im Prinzip das klassische Modell inkrementaler Politik), wurde das Ideal einer „aktiven Politik" entgegengesetzt, das stärker autonome, d. h. politik- und leitungsbestimmte Programmentwicklung, umfassendere und langfristigere Reichweiten sowie umweltverändernde und auch nicht konfliktfähige Interessen berücksichtigende Zielsetzungen umfassen sollte (Mayntz/Scharpf 1973). Die Voraussetzungen dieser aktiven Politik sollten, wie oben erwähnt, durch Reformen des Regierungsapparates geschaffen werden („intelligenter Machen des Apparats").

Diese Studien waren letztlich auch wegbereitend für den Siegeszug der Policy-Netzwerkperspektive, die stabile Netzwerkbeziehungen zwischen Ministerialbürokratie, Interessengruppen und Parlamentsausschüssen als zentralen „Ort" der Aushandlung und Vorprägung von Entscheidungen identifizierten (Marin/Mayntz 1991). Die Policy-Forschung konnte dabei zeigen, dass die Prozesse innerhalb von Policy-Netzwerken häufig einen wesentlichen größeren Einfluss auf die Politikinhalte haben als Entscheidungsprozesse in der parlamentarischen Arena (vgl. z. B. Schneider 1992).

Weitere Untersuchungen ergaben, dass Akteurskonstellationen in Policy-Netzwerken zwischen einzelnen Politikfeldern, aber auch zwischen Staaten mit unterschiedlichen Regierungssystemen und politischen Kulturen, variieren (vgl. Feick/Jann 1988). Ergebnis der Forschungen war weiter eine Differenzierung von Policy-Netzwerk-Typen. Im Unterschied zu stabilen, durch klare Außengrenzen und einen kleinen Teilnehmerkreis geprägten Policy-Netzwerken (*iron triangles*), die vorwiegend aus Klientelbeziehungen zwischen Bürokratie, Parlamentsausschüssen und gesellschaftlichen Interessengruppen mit häufig gleichgerichteten Interessenlagen bestehen, sind *Issue Networks* (Heclo 1978) gekennzeichnet durch eine Vielzahl und Vielfalt von Organisationen, vergleichsweise offene Umweltgrenzen und einen nur losen Zusammenhang zwischen den Beteiligten. Gemeinsamer Bezugspunkt ist ein konkretes Thema im Policy-Prozess (z. B. Abtreibung, Tempolimit, Ökosteuer).

Innerhalb von Policy-Netzwerken überwiegen oft kooperative Handlungsformen des politischen Tauschs, während der Zutritt zu diesen Netzwerken eher ein konfliktreicher Auseinandersetzungsprozess ist. Insbesondere Sabatier (1993) hat zudem deutlich gemacht, dass Politikfelder (*policy subsystems*) meist aus mehr als einem Netzwerk bestehen. Die Netzwerke bzw. *advocacy coalitions* (Meinungsführerkoalitionen) konkurrieren um die Dominanz innerhalb eines Politikfeldes, und hierbei spielen wiederum Ideen, Diskurse und Expertise eine wichtige Rolle, denn neue Informationen müssen möglichst konsistent in das Weltbild einer *advocacy coalition* integriert werden.

Trotz der erheblichen Bedeutung von Selbststeuerung in Netzwerken spielen Staat und Regierung weiterhin eine wesentliche Rolle, und zwar nicht nur durch den „Schatten der Hierarchie" (Scharpf 1993), in dem Verhandlungen in Netzwerken stattfinden. Der Staat kann z. B. versuchen, durch Veränderungen von Zuständigkeiten und damit der politischen Aufmerksamkeit, die Netzwerkstruktur selbst zu beeinflussen. Ein aktuelles Beispiel wäre der Neuzuschnitt des Bundesministeriums für Wirtschaft und Energie, das die Entwicklung und Durchsetzung einer kohärenten Energiepolitik erleichtern soll.

Solche Versuche der indirekten Steuerung sind allerdings alles andere als konfliktarm oder leicht durchzusetzen, oft gelingen sie nur in Zeiten zugespitzter öffentlicher Aufmerksamkeit und wenn ein organisatorisch verfestigtes „Policy Monopol" weitgehend diskreditiert wurde. Der Grund für den zu erwartenden Widerstand gegen den Eingriff in den Zuständigkeitsbereich von Ministerien und Behörden („turf") liegt darin, dass diese Zuständigkeiten die Grundlage für funktionierende Tausch- oder Klientelbeziehungen mit externen Akteuren darstellen. Und ohne die Unterstützung externer Akteure fehlt Ministerien oder Behörden auch in regierungsinternen Auseinandersetzungen die Durchsetzungsfähigkeit. Dies war auch der Hintergrund dafür, dass das für den Umweltbereich zuständige Bundesinnenministerium

Ende der 1970er-Jahre die Gründung des BUND als Dachverband der Umweltinitiativen gefördert hat (Müller 1986). Es ist auch der Grund dafür, dass die Interessen von Generalisten – wie Vertretern einer Sparpolitik im Budget oder eines Bürokratieabbaus – innerhalb der Regierungsorganisation tendenziell durchsetzungsschwach sind und der institutionellen Aufrüstung durch spezielle Kompetenzen und intelligente Analysemethoden bedürfen (vgl. Jann/Wegrich 2008)

Ein weiterer wichtiger Aspekt der Politikformulierung ist die Frage der – möglichen und sinnvollen – wissenschaftlichen Unterstützung und Beratung. Früh wurden technokratische (einseitige Abhängigkeit der Politik von Experten) und dezisionistische Modelle (souveräne Entscheidung der Politik) unterschieden und normativ ein gemeinsames, pragmatisches Diskursmodell gefordert (Habermas 1968). Empirisch wurde Politikberatung als „diffuser Prozess der Aufklärung" nachgezeichnet, bei dem Politiker und Bürokraten äußerst selten durch einzelne Studien oder Gutachten beeinflusst werden, die durchaus vorhandene Bedeutung der Beratung sich aber stattdessen eher durch die mittel- und langfristige Veränderung grundlegender Problemsichten und Konzepte manifestiert (grundlegend Weiss 1977; Daviter 2013). Zugleich ist wissenschaftliche (und zumal sozialwissenschaftliche) Forschung nur eine von vielen Quellen für Informationen und Deutungsmuster, die in den Entscheidungsprozess einfließen. Häufig nicht zu eindeutigen Schlussfolgerungen oder klaren Handlungsanweisungen führende Forschung („more research is needed") konkurriert dabei mit dem robusten Erfahrungs- und Alltagswissen (und gelegentlichen Vorurteilen) der Akteure (Lindblom/Cohen 1979: 10−29). In den letzten Jahren wurde dabei zunehmend die gestiegene Bedeutung externer „Think Tanks" problematisiert, z. B. bei der Formulierung neo-liberaler Politiken der achtziger Jahre (Weiss 1992; Gellner 1995) oder generell in Bezug auf das „Outsourcing" der Politikformulierung (Döhler 2012). Think Tanks gelten dabei als wichtiger, wenn nicht entscheidender Treiber für das nach vielfacher Diagnose zunehmende Phänomen des internationalen „Policy-Learning" bzw. der Policy-Diffusion (vgl. Holzinger/Knill 2005). Die Analyse von Prozessen der internationalen Politik-Diffusion hat wesentliche Anregungen von der Organisationstheorie erhalten, insbesondere das Konzept des „institutionellen Isomorphismus" hat Eingang in den Kanon der Konzepte der Policy-Forschung gefunden. Hier werden drei Mechanismen des Isomorphismus unterschieden – „coercive" (erzwungen), „mimetic" (imitierend) und „professional" (normativ) –, die einen Druck zur zumindest oberflächlichen Angleichung von Organisationen und Policies erzeugen (DiMaggio/Powell 1983; für Anwendungen siehe Jann 2004; Lodge/Wegrich 2005).

Im Ergebnis zeigen alle diese Untersuchungen und Theoriedebatten, dass überkommene Vorstellungen eines Informationsmonopols der Bürokratie (das klassische Dienst- und Herrschaftswissen) oder auch nur einer informationellen Überlegenheit, obsolet sind. Politikformulierung findet zumindest in westlichen Demokratien zunehmend in einem überaus offenen gesellschaftlichem Prozess statt, bei dem staatliche Akteure wichtig, aber nicht notwendigerweise entscheidend sind. Allenfalls bei der formellen Festlegung staatlicher Policies (in Gesetzen und Programmen) sind staatliche Akteure noch immer unverzichtbar, aber gerade auch hier geraten zunehmend Mechanismen der Selbstregulierung, allenfalls im „Schatten der Hierarchie", ins Blickfeld der Politikwissenschaft (Mayntz/Scharpf 1995).

4.3 Implementation

Die Entscheidung für eine Handlungsoption und die Verabschiedung eines politischen Programms garantiert noch kein praktisches Handeln der durchführenden Instanzen im Sinne dieser Policy. Die Phase der Durchführung oder Umsetzung eines beschlossenen Programms durch die zuständigen Institutionen und Organisationen, die meist – aber nicht immer – Teile des politisch-administrativen Apparates sind, wird als Implementation bezeichnet. Die besondere Bedeutung dieser Phase besteht darin, dass politisches und administratives Handeln durch Zielvorgaben, Handlungsprogramme, Gesetze usw. nicht endgültig steuerbar ist und daher in dieser Phase politische Programme und deren Intentionen verzögert, verändert oder sogar vereitelt werden können.

Elemente dieser Phase sind

- Programmkonkretisierung (Wie und durch wen soll das Programm ausgeführt werden? Wie ist das Gesetz zu interpretieren?),
- Ressourcenbereitstellung (Wie werden Finanzen verteilt? Welches Personal führt das Programm durch? Welche Organisationseinheiten sind mit der Durchführung betreut?),
- Entscheidung (Wie wird im Einzelfall entschieden?).

Die Entdeckung der Bedeutung der Implementationsphase als „Missing Link" in der Analyse von Policy-Prozessen kann als eine der wichtigsten Innovationen der Policy-Forschung in den 1970er-Jahren gelten. Die Implementation eines politischen Programms war zuvor nicht als eigenständige Phase des **Policy Making** erkannt und daher als weitgehend unproblematisch angesehen worden. Gesetze werden bekanntlich „verabschiedet", und damit war das Problem für den Gesetzgeber im Prinzip erledigt. Mit der klassischen Studie von Pressman/Wildavsky (1973) zur Implementation sozialpolitischer Programme (mit dem berühmten Untertitel „*How Great Expectations in Washington are Dashed in Oakland; Or Why it's Amazing that Federal Programs Work at all...*") wurde deutlich, dass die Durchführungsphase nicht nur ein Teil des politischen Prozesses ist, sondern häufig die entscheidende Phase, in der sich der Erfolg oder Misserfolg eines politischen Programms herausstellt. Das überraschende Scheitern, d. h. die weitgehende Wirkungslosigkeit, der mit hochgesteckten Zielen beschlossenen wohlfahrtsstaatlichen Reformprogramme der US-Regierung von Präsident Johnson war damals der Anlass gewesen, die einzelnen Schritte der Durchführungsphase in einer detaillierten Prozessanalyse zu untersuchen.

Im Anschluss an diese schulbildende Studie wurde die bisherige Konzentration der politikwissenschaftlichen Policy-Forschung auf die Probleme der Politikformulierung aufgegeben, und die Implementationsforschung entwickelte sich schnell zum zentralen Forschungsfeld der Policy-Forschung. Zunächst nahm man dabei eine Perspektive ein, die später als „Gesetzgeberperspektive" oder „Top-down"-Ansatz der Implementationsforschung bezeichnet wurde. Die Implementationsprozesse wurden vor allem unter dem Aspekt des Grades der zielgenauen Umsetzung der auf übergeordneter (meist zentralstaatlicher) Ebene definierten Politikziele analysiert und die Gründe für Abweichungen von diesen Zielen in verwaltungsinternen Prozessen sowie der Interaktion der Vollzugsbehörden mit den betroffenen Adressaten im Rahmen von Verhandlungs- und Konfliktbeziehungen analysiert. Interorganisatorische Koordinationsprobleme sowie die Interaktion mit den Adressaten politischer Programme wurden als kritische Punkte in der Steuerungskette zwischen Programm/Gesetz und Impact im Sinne der Ziele erkannt. Die Implementationsforschung hat damit die Grenzen administrativen Handelns ausgelotet. Aber auch das Design der Policy selbst wurde als Fehlerquelle erkannt, insbesondere Fehlannahmen zu Ursache-Wirkungszusammenhängen (Pressman/Wildavsky 1973; Hogwood/Gunn 1984).

Die theoretische Perspektive basierte dabei zunächst auf einem hierarchischen Verständnis politischer Steuerung (vgl. Mayntz 1987, 1996). Ausgehend von der Unterscheidung zwischen Steuerungssubjekt und Steuerungsobjekt wurde gefragt, mit welchen Instrumenten (Recht, Geld, Anreize, Informationen, Infrastruktur) und aufgrund welcher kausalen Annahmen (Handlungsmodell) ein Akteur einen anderen oder eine Gruppe von Akteuren intentional beeinflussen (steuern) und wie dabei eine Gemeinwohlorientierung als Ziel öffentlichen Handelns erreicht werden kann. Als entscheidender Faktor der Wirkungsweise und Wirksamkeit politischer Programme wurden die jeweils zur Anwendung kommenden Instrumente erkannt. Neben regulativen Instrumenten (Ge- und Verbote, Genehmigungspflichten) werden u. a. finanzielle (positive und negative Anreize, Leistungs-und Unterstützungsprogramme) und Informationsinstrumente (Aufklärung, Propaganda, heute müsste man „Nudges" (Thaler/Sunstein 2008) ergänzen) sowie die staatliche Leistungserstellung (harte und weiche Infrastruktur, also etwa Straßen und Schulen) unterschieden. Diese „Tools" des Werkzeugkastens des Programmdesigns sind mit jeweils spezifischen Implementationsproblemen verbunden, so ein wesentliches Resultat der Implementationsforschung. Während regulative Politik vor allem mit dem Kontrollproblem und möglichen Widerständen auf Seiten der Adressaten verbunden ist, sind Anreizprogramme, wie Scharpf (1983) am Beispiel der Arbeitsförderung zeigt, der Gefahr von „Mitnahmeeffekten" (Unternehmen nehmen Fördergelder für ohnehin geplante Investitionen in Anspruch), d. h. der ineffizienten Mittelverteilung ohne Steuerungseffekte, ausgesetzt. Auch bei der Bereitstellung öffentlicher Infrastruktur ergeben sich Probleme des Über- oder Unterangebots. Hood (1983; Hood/Margetts 2007) hat diese Perspektive erweitert und neben den Instrumenten zur Verhaltensänderung von Adressaten auch die „Tools" zur Sammlung und Analyse von Informationen über das Verhalten der Adressaten systematisiert.

Ähnlich wie in den USA begann auch in Deutschland mit den ersten Enttäuschungen der Reformpolitiken der sozial-liberalen Koalition Anfang der siebziger Jahre der Aufschwung der Implementationsforschung. Zugleich leiteten diese empirischen Studien (Wollmann 1980; Mayntz 1980, 1983) einen Perspektivenwechsel ein. Der Implementationsprozess wurde immer weniger als hierarchische (Top-down-)Steuerung durch übergeordnete Einheiten betrachtet, sondern zunehmend als gemeinsamer Lernprozess. Man erkannte die zentrale Bedeutung der Vollzugsbehörden auf den unteren Ebenen („*Street Level Bureaucracy*", Lipsky 1980) und richtete den Blick auf die Interaktionsbeziehungen mit den eigentlichen Adressaten politischer Programme und den dabei angewandten „Bewältigungsstrategien" im Umgang mit einer permanenten Überforderungssituation, knappen Ressourcen und widersprüchlichen Vorgaben. *Street Level Bureaucrats* sind einerseits die Akteure, die letztlich die Realität einer Policy durch die Art ihrer Implementation prägen. Andererseits ist ihr Handlungsspielraum oft sehr begrenzt und sie haben nicht selten widersprüchliche Anforderungen zu bewältigen. Mit Zuge der Verbreitung der Implementationsforschung verschob sich der Analysefokus weg von einzelnen Policies und deren Umsetzung hin zu einer Perspektive, die Policies als Outcome vielfältiger und oft unkoordinierter Implementationsaktiviäten betrachtet (und nicht als Input) – ein Outcome, der durch die Interaktion unterschiedlicher Akteure *und* Programme zustande kommt (vgl. dazu Elmore 1979/80 und seinen analytischen Ansatz des *backward mapping*).

Diese Linie der Implementationsforschung führte im Ergebnis dazu, dass man zunehmend die phasenübergreifenden Verbindungen zwischen den Akteuren eines Politikfeldes erkannte. Policy-Making wurde immer mehr als alle Phasen umfassender Verhandlungsprozess innerhalb netzwerkartiger Beziehungen verstanden – womit man letztendlich von der Annahme abrückte, dass ein staatliches Steuerungszentrum hierarchisch in gesellschaftliche Handlungsfelder intervenieren kann. Stattdessen richtete man den Blick auf das Zusammenspiel verschiedener Akteure in einem **Policy-Subsystem** (Sabatier 1993), wobei Implementationsaktivitäten als Teil der Auseinandersetzung zwischen „*advocacy coalitions*" um die Meinungsführerschaft verstanden werden.

Insbesondere durch die Erkenntnisse der Implementationsforschung entwickelte sich die Policy-Forschung zunehmend von einer ursprünglich eher staatsfixierten Perspektive, der es vorrangig um die Erhöhung der **Steuerungsfähigkeit** des politisch-administrativen Systems ging, also um das oben erwähnte „Intelligentermachen des Apparats" im Rahmen der Politikformulierung und später der -durchführung, zu einer gesamtgesellschaftlichen Steuerungstheorie, die vor allem die

Steuerbarkeit der gesellschaftlichen Subsysteme problematisierte (grundlegend Mayntz 1987). Aufgrund der Vielzahl der inzwischen vorliegenden empirischen Untersuchungen in den unterschiedlichsten Politikfeldern wurde gleichzeitig das klassische Leitkonzept der hierarchischen staatlichen Steuerung infrage gestellt. Das Interesse richtete sich auf eine gesellschaftliche Steuerungstheorie, bei der weniger Merkmale des Steuerungssubjekts „Staat", also Regierung und Verwaltung, sondern vielmehr Charakteristika der Steuerungsobjekte, also der Adressaten der Policies, der gesellschaftlichen Teilsysteme und deren Selbstregulierung sowie deren gegenseitige Verflechtung und Beeinflussung im Vordergrund stehen (Mayntz/Scharpf 1995).

Ins Zentrum des Interesses gerieten Politiknetzwerke und Verhandlungssysteme als Faktoren, die Form und Ergebnis politischer Steuerung prägen, die interne Organisation des politisch-administrativen Systems wurde zunehmend uninteressant. Die Binnenstruktur der gesellschaftlichen Subsysteme wurde für die Forschung wichtiger als die Binnenstruktur des Staates, insbesondere als Organisationsprobleme der Verwaltung. Untersuchungen des Policy-Making orientierten sich daher immer weniger an den klassischen Phasen, stattdessen wurde der gesamte Policy-Prozess untersucht. Allerdings drohte so die Policy-Forschung in eine Vielzahl politikbereichsspezifischer Fachgebiete (Umwelt, Arbeitsmarkt, Gesundheit etc.) zu zerfallen. Zugleich verlor die Implementationsperspektive im Rahmen der theorieorientierten Policy-Forschung an Bedeutung (zu Versuchen einer Revitalisierung Hill/Hupe 2009; deLeon/deLeon 2002). Als eigenständige Fragestellung (unter anderen Vorzeichen) wird sie derzeit vor allem in der Europa-Forschung („Transposition" von EU-Recht in nationales Recht und deren Anwendung, Knill 2001) sowie, im US-Kontext, als Teil von *Intergovernmental Relations* (IGR) betrieben. Ohne an die Kategorien der Policy-Forschung anzuschließen, wird eine Implementationsfragestellung auch in der interdisziplinären Regulierungsforschung verfolgt (Lodge/Wegrich 2012, hier stehen Fragen des relativen Erfolgs unterschiedlicher Vollzugsstile (*enforcement styles*) sowie entsprechender Instrumente im Vordergrund (zuerst umfassend diskutiert bei Ayres/Braithwaite 1992).

4.4 Evaluierung und Terminierung

Staatliche Aktivitäten und Policies sollen einen Beitrag zur Lösung oder zumindest Verarbeitung gesellschaftlicher Problemlagen leisten. Diese angestrebten Wirkungen politischer Programme stehen in der Evaluationsphase im Vordergrund. Ausgangspunkt ist die einleuchtende normative Begründung, dass es im Rahmen des Policy-Making letztendlich darauf ankommt, ob intendierte Ziele und Wirkungen tatsächlich erreicht werden bzw. ob Programme im Sinne dieser Ziele durchgeführt werden. Mit Evaluation wird in der Policy-Forschung daher einerseits die Phase des politischen Prozesses bezeichnet, in der die Ergebnisse des Implementationsprozesses bewertet (evaluiert) werden. Zugleich hat sich andererseits die Evaluationsforschung als ein Teilbereich der Policy-Forschung entwickelt, die ihren Ausgangspunkt in der Frage nach den – intendierten und nicht-intendierten – Wirkungen einer Policy hat und dabei inzwischen alle Phasen des politischen Prozesses thematisiert (s. ausführlich Sager in diesem Band).

Die wissenschaftliche Diskussion über Evaluation und Wirkungsforschung, die sich wiederum in den USA in Verbindung mit den politischen Kontroversen über Sinn und Erfolge der sozialpolitischen Programme der „Great Society" der sechziger Jahre entzündet hatte, hat sich zunächst vor allem auf den Nachweis ihrer Notwendigkeit und Möglichkeit und auf die vielfältigen damit verbundenen methodologischen Probleme konzentriert (etwa Weiss 1972; Levine et.al. 1981; Hellstern/Wollmann 1983). Inzwischen ist die Evaluationsforschung einer der erfolgreichsten und umfangreichsten Zweige angewandter Sozialforschung (Bussmann/Klöti/Knöpfel 1997; Vedung 2000). Gleichzeitig wurden hohe Erwartungen an die Veränderung von Policy-Prozessen durch die Etablierung von Evaluationskapazitäten weitgehend enttäuscht. Einerseits wurde deutlich, dass die Isolierung und Messung des „Interventionseffekts" einer Policy in Bezug auf Entwicklungen auf der Outcome-Ebene (z. B. die Leistungsfähigkeit von Schülern) trotz rigoroser Methodik sehr schwierig bleibt. Andererseits gerieten Versuche in die Kritik, Evaluationen als unpolitisches Element innerhalb des Policy-Making-Systems zu etablieren. Kritiker betonen insbesondere die impliziten, unausgesprochenen normativen Annahmen und damit verbundene Werte, die auch noch so rigorosen Evaluationen zugrunde liegen (Fischer 1990). Schon frühzeitig hatte Wildavsky (1979: 212 ff.) darauf hingewiesen, dass Evaluationen immer politische Prozesse sind. Es sei naiv anzunehmen, dass politische und administrative Organisationen ein unmittelbares Interesse an Evaluationen haben, vielmehr seien diese immer interessenabhängig und daher *„weapons in the political war"*.

Trotz dieser Kritik hat Evaluation als „Tool" zur Reform des politischen Entscheidungsprozesses spätestens seit den 1990er-Jahren wieder an Bedeutung gewonnen, und zwar zum einem mit dem Aufstieg der Reformagenda des *New Public Management*, hier unter dem Stichwort *Performance Management*, zum anderen verbunden mit den Stichworten *Better Regulation* (Radaelli 2007) und *Evidence based Policy-Making*. Gesetzes- oder Regulierungsfolgenabschätzungen gelten als Kerninstrument auf dieser Agenda, die darauf gerichtet ist, die Qualität von politischen Programmen und insbesondere Regulierungen durch Meta-Regulierungen des Policy-Prozesses in allen Politikbereichen systematisch zu erhöhen (Wegrich 2011). Folgenabschätzungen sind dabei nichts anderes als ex ante Evaluationen, d. h. eigentlich wiederum nur analytische Instrumente, mit denen der Prozess der Politikformulierung verbessert werden soll.

Die Evaluation von Policies findet allerdings – unabhängig von der Bedeutung wissenschaftlicher oder systematischer Evaluation – als Teil des Prozesses politischer Auseinandersetzungen „schon immer" statt. Von der wissenschaftlichen kann so die **administrative** Evaluation durch die Verwaltung und die **politische** Evaluation durch Akteure innerhalb der politischen Arena, zu denen auch die Öffentlichkeit gerechnet werden muss, unterschieden werden. Nicht nur wissenschaftliche Studien, sondern z. B. Regierungsberichte (deren Informationsgehalt noch immer unterschätzt wird) und die öffentliche Debatte, nicht zuletzt die Aktivitäten der jeweiligen Opposition sind typische Elemente und Ergebnisse dieser Art der Evaluation, bei denen es immer auch um Zielerreichung sowie intendierte und nicht-intendierte Wirkungen und Auswirkungen geht. Dazu gehören auch klassische Elemente der politischen Kontrolle der Verwaltung, etwa durch Gerichte, Rechnungshöfe oder die vielfältigen Instrumente der parlamentarischen Kontrolle (Klatt 1986).

Evaluationen sind daher im besonderen Maße mit der spezifischen Rationalität politischer Prozesse verbunden. Dies betrifft nicht nur die interessengefärbte Interpretation und Darstellung politischer Maßnahmen im Hinblick auf ihre Wirkung, die vor dem Hintergrund politischer Verantwortlichkeit und allgegenwärtiger *Blame Games* zur Normalität gehört (Hood 2011). Die Möglichkeit zur Evaluation wird auch durch unklare Zieldefinitionen eingeschränkt, die ihrerseits in der Anreizstruktur von Regierungen begründet sind – denn eine genaue Zieldefinition birgt das erhebliche Risiko des Scheiterns (siehe die Probleme der rot-grünen Regierung mit ihrem ursprünglichen Ziel zur Reduzierung der Arbeitslosigkeit). Sollten Regierungen, Ministerien oder nachgeordnete Behörden gleichwohl auf genaue, quantitative Ziele verpflichtet werden, dann erhöht sich der Anreiz zum kreativen Umgang mit den Performancedaten. Christopher Hood (2006) beschreibt am Beispiel Englands die vielfältigen Formen des Frisierens von Daten („Gaming") und der Ausrichtung administrativer Aktivitäten auf die Erreichung quantitativer Ziele (berühmt und im Zuge von PISA zunehmend auch in Deutschland diskutiert ist das „teaching to the test" bei Schülern im Zusammenhang mit Examen und Leistungstests, aber auch im Kontext der Haushaltskonsolidierung und der Anwendung der Schuldenbremse ist derartiges „Gaming" oder „Cocking the Books" zu erwarten). Je stärker das Verfehlen (quantitativer) Ziele an Sanktionen oder Anreize gekoppelt ist, umso stärker werden entsprechende opportunistische Reaktionen ausgeprägt sein.

Im Ergebnis von Evaluationsprozessen kann es zu unterschiedlichen Formen politischen Lernens kommen – mit unterschiedlichen Rückwirkungen auf die Problemwahrnehmung und den sich anschließenden (neuen) Policy-Cycle. So ist denkbar, dass erfolgreiche Handlungsprogramme verstärkt werden – ein Muster, das in dem Grundkonzept des „Modellversuchs", bei dem eine neue Maßnahme zunächst nur in einem sachlich oder räumlich und zeitlich eingeschränkten Rahmen angewandt und bei positiver Wirkungsbilanz ausgeweitet wird, systematisch zum Tragen kommt (beispielsweise bei der Einführung neuer Instrumente der Arbeitsmarkt- oder Sozialpolitik). Dabei ist nicht zu verkennen, dass gerade derartige Modellversuche eine Form der Konfliktlösung bzw. konfliktminimierenden Entscidungsfindung darstellen, bei der problematische Entscheidungssituationen zunächst vertagt werden, um sie ggf. „entscheidungsreif" zu machen.

Ergebnis eines politischen Evaluationsprozesses kann auch die „Terminierung" (Beendigung) eines politischen Programms sein (vgl. auch Bauer 2006). Entsprechende normative Konzepte sind etwa **Sunset Legislation** und **Zero-Based-Budgetting** (ZBB). In Deutschland wird auch der Begriff „Aufgabenkritik" für die Terminierung von Policies bzw. den Abbau oder die zeitliche Befristung staatlicher Aktivitäten verwendet (Dieckmann 1977). Dabei erscheint die zunächst naheliegende Möglichkeit, dass zugrunde liegende Policy-Probleme als gelöst betrachtet und eine Fortsetzung daher als unnötig eingeschätzt werden, nur als eine unwahrscheinliche, zudem schwierig durchzusetzende, Variante der Terminierung. Eher können finanzielle Engpässe (beispielsweise in der Arbeitsförderung) oder Gelegenheitsfenster (z. B. im Zuge eines Regierungswechsels) Auslöser für die Terminierung einer Policy sein. Damit verbunden sind es häufig politisch-ideologische Motive, die die Beendigung veranlassen, etwa die Einlösung von Wahlversprechen.

ℹ️ Zero-Base-Budgeting (ZBB) und Sunset Legislation

In den USA entwickelte Budgetierungsverfahren, bei denen das jährliche Budget nicht wie bisher weitgehend inkrementalistisch fortentwickelt werden soll (die einzelnen Ansätze orientieren sich am alten Budget und werden, je nach politischem Druck, „inkremental", d. h. in kleinen Abschnitten entweder erhöht oder gekürzt), sondern für einzelne Aufgaben und Entscheidungseinheiten soll jeweils jährlich (oder in regelmäßigen Abständen) „von null an" ein neues Budget entwickelt werden, das dann nach einigen Jahren (Sunset) automatisch nicht mehr zur Verfügung steht. Alle Programme müssen so regelmäßig neu entwickelt und budgetiert werden. Ähnlich wie PPBS ist diese rationalistische, technokratische Vorstellung weitgehend an den Realitäten politischer Entscheidungsprozesse gescheitert.

Die Realisierbarkeit einer Policy-Terminierung hängt dabei, wie in allen politischen Prozessen, von Kräfteverhältnissen im betreffenden Policy-Netzwerk bzw. auch von der Durchsetzungsfähigkeit skeptischer Generalisten, also etwa der Finanzpolitiker, im Regierungssystem ab. Das Scheitern von Terminierungsversuchen am Widerstand einflussreicher Akteure, die politische oder materielle Interessen an dem konkreten Programm haben, ist eine nicht unwahrscheinliche Möglichkeit (Beispiel Steinkohleförderung, aber auch Handwerksordnung oder Apothekenverordnung). Andere terminierte Policies haben ein „Leben nach dem Tod", wie beispielsweise in Deutschland die Pendlerpauschale oder die Eigenheimzulage. Zu den Strategien gegen Terminierungsversuche (vgl. Geva-May 2004; Bardach 1977) gehören die Bildung von Anti-Terminierungskoalitionen (Geva-May 2004) durch Profiteure eines Programmes oder einer Organisation. Die Problematik der Durchsetzung von Politik-Beendigungen besteht darin, dass existierende Regulierungen in aller Regel auf der Unterstützung einflussreicher Akteure mit substantiellen Interessen in diesem Bereich basieren. Die Adressaten und Klienten politischer Programme entwickeln Eigeninteressen an einmal etablierten Programmen, wenn diese nicht ohnehin auf

Tab. 2: Die Phasen des Policy-Cycle in der wissenschaftlichen Diskussion

Schlagwort	Agenda-Setting Problemwahrnehmung und -definition	Policy Formation/ Formulation Politikformulierung und Entscheidung	Implementation Politikdurchführung, Umsetzung	Evaluation Wirkungen und Auswirkungen
Definition	Auswahl und Festlegung derjenigen sozialen Phänomene, die vom politischen System als zu bearbeitende „Probleme" betrachtet werden (auch: issues)	Prozess, in dem politische Ziele formuliert, alternative Handlungsmöglichkeiten entwickelt und als verbindliche Festlegung gewählt werden	Durchführung einer Policy, in der Regel mithilfe des politisch-administrativen Apparats; Anwendung von Gesetzen etc.	Überprüfung der direkten Wirkungen (impact) und indirekten Auswirkungen (outcome) staatlicher/öffentlicher Aktivitäten
Politische Fragen	Was kommt auf die politische Tagesordnung?	Was soll zukünftig geschehen? Welche politischen Ziele sollen wie erreicht werden?	Was passiert tatsächlich? Was unternehmen Regierung und Verwaltung?	War die Politik erfolgreich? Was hat sich eigentlich verändert?
Wissenschaftliche Fragen	Welche Probleme werden warum ignoriert? Unterschiedliche Modelle des Agenda-Setting?	Wie kommen politische Programme und Entscheidungen zustande? Theorien der Entscheidung?	Warum scheitern politische Programme? Wirkungen unterschiedlicher Steuerungsinstrumente?	Wie kann man Wirkungen und Auswirkungen messen? Wie kommen sie zustande?
klassische Studien	*Bachrach/Baratz 1970, Downs 1972 Kingdon 1984/1995 Nelson 1984*	*Lindblom 1968 Dror 1968 Rivlin 1971 Heclo 1978 Quade 1983*	*Pressman/ Wildavsky 1973 Bardach 1977*	*Weiss 1972 Levine et.al. 1981 Wholey 1983*
auf Deutsch	*Ruß-Mohl, 1993 Braun 1998*	*Böhret 1970 Mayntz/Scharpf 1973, dies. 1975 Müller 1986*	*Mayntz 1980, 1983 Wollmann 1980 Windhoff-Héritier 1980 Hohgräwe 1992*	*Derlien 1976 Dieckmann 1977 Hellstern/Wollmann 1984 Vedung 1999*

Quelle: eigene Darstellung

ihr Betreiben hin eingeführt worden sind. Diese Klientelinteressen verbünden sich mit den entsprechenden Fachkoalitionen von Politikern und den damit befassten Behörden, die sich dann gemeinsam für den Erhalt einsetzen und entsprechende

Unterstützung mobilisieren. In Terminierungsdebatten, aber auch in durch *Sunset Legislation* oder Evaluationsklauseln erzwungenen Entscheidungsprozessen sind diese Spezialisten den Generalisten, die für eine kritische Überprüfung eines Programms, einer Ausgabe oder eine Regulierung eintreten, systematisch überlegen, weil einem langfristigen und weit gestreuten Nutzen (weniger Bürokratie, weniger Schulden) kurzfristig hohe Kosten gegenüberstehen (Aufwand, Konflikte, Ausgleichsgeschäfte für Verlierer; ausführlich Jann/Wegrich 2008).

Neben mehr oder weniger erfolgreichen Versuchen der Policy-Terminierung sind aber auch andere Muster im Lebenszyklus von Policies erkennbar, insbesondere *Policy Booms* (Dunleavy 1986) und Phänomene des „Aussterbens" und der „Umkehr" (Hood 1994). Zu den wichtigsten Variablen zur Erklärung für „Policy-Umkehr" (oder Wende) gehören wiederum veränderte Ideen und Diskurse sowie Koalitionen, die ein neues Paket von Policy-Problemen und Lösungen auf dem politischen Markt durchsetzen (Beispiele sind die Wellen der Nationalisierung und Privatisierung öffentlicher Dienstleistungen sowie die grundlegenden Paradigmen der Wirtschaftssteuerung). Insgesamt hat sich damit die (theoriebezogene) Analyse der abschließenden Phase des Policy-Cycle weitgehend von einer Fixierung auf die Evaluation (und Beendigung) einzelner Policies verabschiedet und richtet sich stärker auf übergreifende Muster von Policy-Wandel und Stabilität bzw. Stagnation.

5 Kritik

Die zahlreichen empirischen Untersuchungen und die damit verbundenen theoretischen Debatten zu den einzelnen Phasen des Policy-Cycle haben nicht nur erheblich zu einem besseren Verständnis der Voraussetzungen, Elemente und Folgen der politischen Problemverarbeitung beigetragen, sondern waren auch Ausgangspunkt einer wachsenden Kritik an der überkommenen Gliederung des Politikprozesses in diskrete Schritte und ihrer Verwendung in Forschung und Lehre. Von besonderer Bedeutung war dabei die Implementationsforschung, die zunehmend deutlich gemacht hatte, dass eine eindeutige Trennung der Phasen in der politischen Praxis kaum stattfindet.

Ausgehend von diesen empirischen Beobachtungen entwickelte sich eine zunehmend fundamentalistischere Kritik. Der Ansatz wurde leicht ironisch und polemisch als *„textbook approach"* apostrophiert, dessen unkritische und beinahe paradigmatische Verwendung Erkenntnisfortschritte der Policy-Forschung eher verhindere als ermögliche (Nakamura 1987). Allenfalls wurde ihm eine gewisse „Phasenheuristik" zugesprochen. Insbesondere Paul Sabatier hat diese Kritik artikuliert und die Entwicklung neuer Theorieansätze zur Erklärung des Policy-Making gefordert. Die zentralen Kritikpunkte sind (vgl. Sabatier 1993, 2007; zusammenfassend Héritier 1993):

- In **deskriptiver** Hinsicht erweist sich die Gliederung des Policy-Prozesses in logisch und zeitlich sequentielle Schritte als empirisch nicht tragfähig. Beispielsweise beeinflussen Implementationsprozesse das Agenda-Setting oder es kommt zur Reformulierung der Probleme, während die öffentliche Verwaltung versucht, ein unklar formuliertes Programm zu implementieren. In vielen Fällen können Phasen daher nicht wirklich unterschieden werden oder es kommt zu einer Umkehrung der Reihenfolge (Probleme der Politikformulierung beeinflussen direkt das Agenda-Setting), einzelne Phasen fehlen gänzlich (eine systematische Evaluation ist nicht erkennbar) oder sind kaum zu unterscheiden (Agenda-Setting und Politikformulierung).
- In **konzeptioneller** Hinsicht kann der Policy-Cycle nicht als Theoriemodell im eigentlichen Sinn gelten, da es an einer Definition abhängiger und unabhängiger Variablen für den Übergang zwischen einzelnen Phasen des Politikprozesses weitgehend fehlt. Es gibt kein klares Kausalmodell. Für die Analysen der einzelnen Phasen des Policy-Making wurden daher auch jeweils eigene Theorieansätze und Erklärungsmodelle entwickelt, die weitgehend unabhängig von denen der anderen Phasen bleiben.

Weiter wird kritisiert, dass dem Policy-Cycle eine immanente Top-down-„Gesetzgeberperspektive" zugrunde liegt. Dadurch wird Politik als hierarchische Steuerung übergeordneter Instanzen konzipiert und der Fokus auf „einzelne" Programme und Entscheidungen, deren formelle Annahme und Implementation gelegt. Die Interaktion zahlreicher Programme, Gesetze und Normen und deren parallele Implementation und Evaluation gerät so gar nicht erst in den analytischen Blick der Policy-Forschung. Unterschätzt – oder gar nicht gesehen – wird zudem, dass ein großer Teil politischer Aktivitäten nicht notwendigerweise ziel- und umsetzungsorientiert ist, sondern eher **symbolischen und rituellen Charakter** aufweist (Edelman 1971). Es geht um Handlungsfähigkeit und Machterhalt, weniger um konkrete Policies. Policy-Making kann daher eher ein sekundäres Ergebnis des Prozesses sein als dessen ursprünglicher Zweck. Der politische Prozess kann zwar als Problemlösungsprozess aufgefasst werden, aber damit darf nicht gleichzeitig unterstellt werden, dass er dies in den Augen der wichtigsten Akteure auch jederzeit ist. Die Phasenheuristik ignoriert schließlich die Bedeutung von **Ideen, Wissen, Information und Lernen** in politischen Prozessen, die konstitutiv für sämtliche Phasen sind, nicht nur für die Evaluation.

Insgesamt führt die Orientierung am Phasenmodell damit zu einem **oversimplified, unrealistischen Weltbild**. Policy-Making erscheint *zu einfach*, weil es nur darauf anzukommen scheint, Programme zu entwickeln und am Laufen zu halten. Verkannt wird, dass Policy-Making in aller Regel die Modifikation bestehender Policies bedeutet und nicht die Entwicklung neuer Lösungen. Gleichzeitig wird die parallele Interaktion zahlreicher Zyklen, Politikfelder und Akteure ignoriert. Dabei ist es ein prägendes Kennzeichen politischer Prozesse in modernen Gesellschaften, dass auf unterschiedlichen Ebenen des politisch-administrativen Systems und in unterschiedlichen Arenen zahlreiche Policy-Konzepte zugleich diskutiert, durchgesetzt und implementiert werden – und diese verschiedenen Prozesse sich gegenseitig beeinflussen. Beispielsweise ist die Umweltpolitik in der Bundesrepublik nicht zu verstehen, ohne dass der Zusammenhang zwischen Initiativen auf der kommunalen, Landes- und Bundesebene und gleichzeitig die Beziehungen zu anderen Politikfeldern (etwa Verkehr, Wirtschaft, Energie) in den Blick genommen wird. Schon die Annahme klar abgrenzbarer Politikfelder sei wirklichkeitsfremd.

Die radikale Schlussfolgerung von Sabatier und anderen Kritikern, die Phasenheuristik habe ihre Nützlichkeit überlebt und solle daher insgesamt aufgegeben werden, da sie Erkenntnisfortschritt eher behindere als ermögliche, hat in den 1980er- und 1990er-Jahren zu verstärkter Suche nach alternativen Ansätzen geführt. Neben dem von *Sabatier* selbst entwickelten *Advocacy Coalition Framework* sind dies etwa *Kingdons Multiple-Stream Framework*, *Institutional Rational Choice*, *Policy Diffusion*, *Punctuated Equilibrium* und andere Ansätze (Übersicht Sabatier 2007 und die einzelnen Beiträge dieses Bandes).

6 Nutzen und Probleme des Konzepts

Wie sind nach dieser sehr grundsätzlichen Kritik die Vor- und Nachteile, wie ist die aktuelle Brauchbarkeit des Ansatzes einzuschätzen? Zunächst ist zu konzedieren, dass die einzelnen Kritikpunkte überwiegend berechtigt sind. Der Phasenansatz zeigt, wie jedes Modell, ein stark vereinfachtes Bild der Wirklichkeit, blendet wichtige Aspekte aus und liefert insbesondere kein einfaches kausales Modell des Policy-Making mit klaren abhängigen und unabhängigen Variablen.

Renate Mayntz hat allerdings bereits 1983 darauf hingewiesen, dass es in der Policy-Forschung nicht nur, und in vielen Fällen nicht in erster Linie, darauf ankomme, die Regeln der analytischen Wissenschaftstheorie anzuwenden (Testen von Hypothesen, Axiomatisierung, d. h. hoher Grad der Verallgemeinerung, Kausalzusammenhänge zwischen zwei Phänomenen), sondern dass ein möglichst differenziertes Verständnis der internen Dynamik, der Eigenart und Ursachen der spezifischen und komplexen Prozesse des Policy-Making ein eigenständiges und wichtiges Erkenntnisziel sei (Mayntz 1983: 14 ff.). Nicht Reduktion, sondern Komplexität, nicht nomologische, sondern idiographische Erkenntnis sei daher ein akzeptables und wichtiges Erkenntnisziel.

Genau diese Ziele hat das Phasenmodell in hervorragender Weise erfüllt. Die sich an ihm orientierenden Untersuchungen haben unser Wissen über die komplexen Voraussetzungen, wichtige Einflussfaktoren und die vielfältigen Ergebnisse des Politikprozesses erheblich vermehrt und systematisiert – und werden dies auch in Zukunft tun. Allein aus diesen Gründen bleibt eine Orientierung am Policy-Cycle eine wichtige Analyseperspektive der Policy-Forschung – sofern die heuristische Funktion der Modellvorstellung sowie die seit den 1980er-Jahren vollzogene Abkehr von der hierarchischen „Gesetzgeberperspektive" und die damit verbundene Öffnung für andere/neue politikwissenschaftliche Erklärungsmodelle berücksichtigt wird. Unverzichtbar ist das Phasenmodell übrigens auch für die Lehre (wie seine ungebrochene Popularität in den aktuellen Lehrbüchern beweist), denn es ermöglicht eine logische und nachvollziehbare Strukturierung der schier unübersehbaren Vielfalt der vorhandenen Konzepte, empirischen Studien und theoretischen Ansätze (Parsons 1995: 80).

Entlang der einzelnen Phasen wurden und werden zahlreiche empirische und theorieorientierte Forschungen unternommen, die entscheidend zur Öffnung und Weiterentwicklung der politikwissenschaftlichen Theorie beigetragen haben. Beispielsweise ist die sozialwissenschaftliche Steuerungsdiskussion der 1980er- und 1990er-Jahre sowie deren Fortsetzung und Weiterentwicklung unter dem aktuellen Stichwort *Governance* nicht ohne die Ergebnisse der „Phasenheuristik" denkbar (Mayntz/Scharpf 1995; Jann 2009). Die Öffnung der politik- und sozialwissenschaftlichen Debatte für nicht-hierarchische Formen politischer Steuerung und Verhandlungssysteme zwischen staatlichen und gesellschaftlichen Akteuren, für die Rolle des „Dritten Sektors" und der Zivilgesellschaft wurde entscheidend durch die Ergebnisse der Implementationsforschung eingeleitet, nicht durch abstrakte theoretische Überlegungen oder deduktiv entwickelte Hypothesen.

Die zentralen Fragestellungen sowohl der empirisch-analytischen Policy-Forschung, wie auch der eher politikberatend orientierten Policy-Analyse orientieren sich – mehr oder weniger explizit – noch immer an der heuristischen Phasengliederung des Policy-Cycle. So bleibt ohne Zweifel die Frage nach den tatsächlichen Wirkungen politischer Interventionen (Evaluation) und den sich daraus ergebenden Schlussfolgerungen für den weiteren Prozess des Policy-Making (Terminierung, veränderte Problemwahrnehmung o. Ä.) von zentraler Bedeutung. Ähnliches gilt für die anderen Phasen des Policy-Cycle. Natürlich ist wichtig, ob, wie und warum eine Policy während der Implementation verändert wird, oder welche Akteure die öffentliche Problemdefinition und die formelle Verabschiedung einer Policy dominieren.

Aus demokratietheoretischer, aber auch aus verwaltungswissenschaftlicher Perspektive interessiert überaus, wann welche Akteure besonders relevant, oder auch besonders schwach sind. Welche Rollen spielen Parteien, Parlamente, Presse, Interessengruppen, einzelne Behörden oder die Wissenschaft wenn es darum geht, zu bestimmen, welche Probleme bearbeitet und welche ignoriert werden und wie Gesetze schließlich angewendet werden? Könnte es sein, dass entgegen aller normativen Annahmen die wichtigen Richtungsentscheidungen weitgehend ohne gewählte Politiker getroffen werden und diese dann allenfalls bei der Implementation noch kleinere Änderungen initiieren können?

Die empirische Verwaltungswissenschaft der 1970er-Jahre hatte gezeigt, dass es keine einfache und eindeutige Trennung zwischen Politik und Verwaltung gibt.

Aber sie hat daraus die falschen Schlüsse gezogen. Das daraufhin eingeführte Konzept des politisch-administrativen Systems (PAS) hat die damit verbundenen empirischen und normativen Fragen ja nicht beantwortet, sondern einfach „wegdefiniert". Ähnlich besteht jetzt die Gefahr, dass die empirische Erkenntnis vom vielfältig verflochtenen, durch eine Vielzahl von Rückkopplungsschleifen und parallelen Prozessen gekennzeichneten, überaus komplexen Politikprozess dazu führt, die normativ wie empirisch wichtigen Fragen der unterschiedlichen Rollen, Interessen und Durchsetzungskapazitäten in unterschiedlichen Phasen zu ignorieren. Bürokraten, Parlamentarier und Wissenschaftler haben unterschiedliche Aufgaben in demokratischen Prozessen, und dies hat durchaus etwas mit der jeweiligen Phase, der „Reife" der jeweiligen Policy zu tun.

Nicht nur für den (relativen) Erfolg einer Policy bilden die Phasen des Policy-Cycle somit eine Messlatte, sondern auch für die demokratische Qualität dieser Prozesse, ohne dass dabei von einem einfachen, zeitlich wie logisch diskreten Ablauf der Phasengliederung ausgegangen werden muss. Zudem sind mit der Phasengliederung unterschiedliche analytische Perspektiven und Fragestellungen verbunden, die von hoher Relevanz bleiben, auch wenn mit der „Phasenheuristik" des Policy-Cycle kein umfassender Erklärungsanspruch erhoben werden kann und soll.

7 Literatur

Anderson, James E., 1975: Public Policymaking. New York (4. Auflage 2000).

Ayres, Ian/ Braithwaite, John, 1992: Responsive Regulation: Transcending the Deregulation Debate. Oxford: Oxford University Press.

Bachrach, Peter/Baratz, Morton S., 1970: Power and Poverty. Theory and Practice. New York: Oxford University Press.

Bardach, Eugene, 1977: The Implementation Game: What Happens after a Bill Becomes Law. Cambridge, Mass.: MIT Press.

Bauer, Michael W., 2006: Politikbeendigung als policyanalytisches Konzept. In: PVS. 47 (2), 147–168.

Baumgartner, Frank R./Jones, Bryan D., 2009: Agendas and Instability in American Politics. 2nd edition, Chicago (1. Auflage 1993).

Benz, Arthur, 1994: Kooperative Verwaltung. Voraussetzungen, Funktionen und Folgen. Baden-Baden: Nomos.

Böhret, Carl, 1970: Entscheidungshilfen für die Regierung: Modelle, Instrumente, Probleme. Opladen: Westdeutscher Verlag.

Braun, Dietmar, 1998: Der Einfluß von Ideen und Überzeugungssystemen auf die politische Problemlösung. In: PVS. 39, 797–818.

Brewer, Garry, 1974: The Policy Sciences Emerge: To Nurture and Structure a Discipline. In: Policy Sciences 5, 239-244.

Bussmann, Werner/Klöti, Ulrich/Knöpfel, Peter (Hrsg.) 1997: Einführung in die Politikevaluation. Basel/Frankfurt a. M.: Helbing und Lichtenhahn.

Cohen, Michael D/March, James G./Olsen, Johan P., 1972: A Garbage Can Model of Organizational Choice. In: Administrative Science Quarterly, 17 (1), 1–25.

Daviter, Falk, 2013: Zur Konzeptualisierung von Wissen in der verwaltungswissenschaftlichen Policy-Forschung. In: Sabine Kropp/Sabine Kuhlmann (Hrsg.): dms, Sonderheft 1/2013, Wissen und Expertise in Politik und Verwaltung. Opladen: Leverkusen Budrich, 45–64.

deLeon, Peter/deLeon. Linda, 2002: What Ever Happened to Policy Implementation? An Alternative Approach. In: Journal of Public Administration Research and Theory 12 (4), 467–492.

Derlien, Hans-Ulrich, 1976: Die Erfolgskontrolle staatlicher Planung. Baden-Baden: Nomos-Verlagsgesellschaft.

Dieckmann, Rudolf, 1977: Aufgabenkritik in der Großstadtverwaltung. Berlin: Duncker und Humblot.

DiMaggio, Paul J./Powell, Walter W., 1983: The Iron Cage Revisited: Institutional Isomorphism and Collective Rationality in Organizational Fields. In: American Sociological Review 48, 147–160.

Döhler, Marian 2012: Gesetzgebung auf Honorarbasis – Politik, Ministerialverwaltung und das Problem externer Beteiligung an Rechtsetzungsprozessen. In: PVS 53(2), 181–201.

Downs, Anthony, 1972: Up and down with Ecology – The "Issue-Attention Cycle". In: Public Interest 28, 38-50.

Dror, Yehezkel, 1971: Design for Policy Sciences. New York: American Elsevier Pub. Co.

Dunleavy, Patrick J., 1986: Explaining the Privatization Boom. In: Public Administration, 64 (1), 13–34.

* Easton, David, 1965: A Framework for Political Analysis. New York: Englewood Cliffs.

Edelman, Murray, 1971: Politics as symbolic action: Mass arousal and quiescence. Chicago: Markham Pub.

Elmore, Richard F., 1979/80: Backward Mapping: Implementation Research and Policy Decisions. In: Political Science Quarterly, 94, 601–616.

Fach, Wolfgang, 1982: Verwaltungswissenschaft - ein Paradigma und seine Karriere. In: PVS-Sonderheft 13, 55–73.

Feick, Jürgen/Jann, Werner, 1988: „Nations Matter" – aber wie? Vom Eklektizismus zur Integration in der vergleichenden Policy-Forschung. In: Manfred G. Schmidt (Hrsg.): Staatstätigkeit. International und historisch vergleichende Analysen. Politische Vierteljahresschrift 29, Sonderheft 19, 196–220.

Fischer, Frank, 1990: Technocracy and the Politics of Expertise. Newbury Park, CA.: Sage Publications.

Gellner, Winand, 1995: Ideenagenturen für Politik und Öffentlichkeit: Think Tanks in den USA und in Deutschland. Wiesbaden: VS Verlag für Sozialwissenschaften.

Geva-May, Iris, 2004: Riding the Wave of Opportunity: Termination in Public Policy. In: Journal of Public Administration Research and Theory, 14 (3), 309–333.

Habermas, Jürgen, 1968: Verwissenschaftliche Politik und öffentliche Meinung. In: Jürgen Habermas (Hrsg.): Technik und Wissenschaft als Ideologie. Frankfurt/Main: Suhrkamp, 120–145.

Heclo, Hugh, 1978: Issue networks and the executive establishment. In: Anthony King (ed.): The New American Political System. Washington, D.C.: American Enterprise Institute for Public Policy Research.

Hellstern, Gerd-Michael/Wollmann, Hellmut (Hrsg.), 1983: Experimentelle Politik – Reformstrohfeuer oder Lernstrategie. Opladen: Westdeutscher Verlag.

Hellstern, Gerd-Michael/Wollmann, Hellmut (Hrsg.), 1984: Handbuch zur Evaluierungsforschung. Opladen: Westdeutscher Verlag.

Héritier, Adrienne, 1993: Policy-Analyse. Elemente der Kritik und Perspektiven der Neuorientierung. In: Policy-Analyse: Kritik und Neuorientierung. Opladen: Westdeutscher Verlag, 9–36.

Hill, Michael/Hupe, Peter, 2009: Implementing Public Policy. Governance in Theory and Practice (1. Auflage 2002). London: Sage.

Hogwood, Brian W./Gunn, Lewis A., 1984: Policy-Analysis for The Real World. Oxford: Oxford University Press.

Hogwood, Brian/Peters, Guy B., 1983: Policy Dynamics. New York: St. Martin's Press

Hohgräwe, Uwe, 1992: Implementation der Arzneimittelsicherheitspolitik durch das Bundesgesundheitsamt. Baden-Baden: Nomos.

Holzinger, Katharina/Knill, Christoph, 2005: Causes and Conditions of Cross-National Policy Convergence, Journal of European Public Policy 12 (5), 775–796.

Hood, Christopher, 1983: The Tools of Government. London: Macmillan Basingstoke.

Hood, Christopher, 1994: Explaining Economic Policy Reversals. Buckingham: Open University Press.

Hood, Christopher, 2006: Gaming in a Targetworld. The Targets Approach to Managing British Public Service. In: Public Administration Review.

Hood, Christopher, 2011: The Blame Game: Spin, Bureaucracy, and Self-Preservation in Government, Princeton: Princeton University Press.

Hood, Christopher/Margetts, Helen, 2007: The Tools of Government in the Digital Age, London.

Howlett, Michael/Perl, Anthony/Ramesh, M., 2009: Studying Public Policy: Policy Cycles and Policy Sytems, 3rd edition, Oxford.

Jann, Werner, 1981: Kategorien der Policy-Forschung, Speyer 1981 (Speyerer Arbeitsheft Nr. 37, 2. unveränderte Auflage 1985).

Jann, Werner, 1987: Policy-orientierte Aus- und Fortbildung für den öffentlichen Dienst: Erfahrungen in den USA und Lehren für die Bundesrepublik Deutschland, Basel etc.

Jann, Werner, 2004: „Die Entwicklung der Ministerialverwaltung in Mittel- und Osteuropa – organisationstheoretische Zugänge und Hypothesen", in: Arthur Benz/Heinrich Siedentopf/Karl-Peter Sommermann (Hrsg.): Institutionenwandel in Regierung und Verwaltung. Festschrift für Klaus König zum 70. Geburtstag, Duncker & Humblot.

Jann, Werner, 2009: Praktische Fragen und theoretische Antworten: 50 Jahre Policy-Analyse und Verwaltungsforschung. In: 50 Jahre PVS, PVS 50 (3), 476–505.

Jann, Werner/Wegrich, Kai, 2008: Wie bürokratisch ist Deutschland? Und warum? Generalisten und Spezialisten in der Entbürokratisierung. In: dms 1(1), 49–72.

Jenkins, W.I., 1978: Policy-Analysis: A Political and Organisational Perspective. London: M. Robertson.

Jones, Bryan D./Baumgartner, Frank R., 2005: The Politics of Attention. How Government Prioritize Attention. Chicago: Univ. of Chicago Press.

Jones, Charles O., 1970: An Introduction to the Study of Public Policy. Belmont, Cal.

Kingdon, John W., 1995: Agendas, Alternatives, and Public Policies, 2. Aufl.. New York: Longman, (1. Aufl. 1984).

Klatt, Hartmut, 1986: Verwaltungskontrolle durch das Parlament: Instrumente – Wirksamkeit. In: Thomas Ellwein (Hrsg.): Verwaltung und Politik in der Bundesrepublik. Stuttgart u. a.: Kohlhammer, 92–114.

Knill, Christoph, 2001: The Europeanisation of National Administrations: Patterns of Institutional Change and Persistence. Cambridge: Cambridge University Press.

* Lasswell, Harold D., 1956: The Decision Process: Seven Categories of Functional Analysis. University of Maryland, College Park, Md.

Lasswell, Harold D., 1971: A Pre-View of Policy Sciences. New York: Macmillan Reference.

Levine, Robert A./Solomon, Marian A./Hellstern, Gerd Michael/Wollmann, Hellmut (eds.), 1981: Evaluation Research and Practice: Comparative and International Perspectives. Beverly Hills: Sage Publications.

Lindblom, Charles E., 1959: The Science of Muddling Through. In: Public Administration Review, 19 (2), 79–88.

Lindblom, Charles E., 1968: The Policy-Making Process, Englewood Cliffs, N.Y.

Lindblom, Charles E., 1979: Still Muddling; Not yet Through, in: Public Administration Review, 39 (6), 517–526.

Lindblom, Charles E./Cohen, David K., 1979: Usable Knowledge. Social Science and Social Problem Solving. New Haven: Yale University Press.

Lipsky, Michael, 1980/2010: Street-Level Bureaucracy: Dilemmas of the Individual in Public Services. New York: Russell Sage Foundation.

Lodge, Martin/Wegrich, Kai, 2005: Control over Government: Institutional Isomorphism and Governance Dynamics in German Public Administration. In: Policy Studies Journal 33 (2), 213–233.

Lodge, Martin/Wegrich, Kai, 2012: Managing Regulation. Besingstoke: Palgrave Macmillan.

March, James G., 1988: Decisions and Organizations. New York, N.Y.: Blackwell.

March, James G./Simon, Herbert A., 1958: Organizations. New York: Wiley.

Marin, Bernd/Mayntz, Renate (eds.), 1991: Policy Networks. Empirical Evidence and Theoretical Considerations. Frankfurt, M.: Campus Verlag.

* May, Judith P./Wildavsky, Aaron (eds.), 1978: The Policy Cycle. Beverly Hills: Sage Publications.

Mayntz, Renate (Hrsg.), 1980: Implementation politischer Programme. Empirische Forschungsberichte. Königstein/Ts.: Verlagsgr. Athenäum

Mayntz, Renate (Hrsg.), 1983: Implementation politischer Programme II. Ansätze zur Theoriebildung. Opladen: Westdeutscher Verlag.

Mayntz, Renate, 1987: Politische Steuerung und gesellschaftliche Steuerungsprobleme – Anmerkungen zu einem analytischen Paradigma. In: Jahrbuch zur Staats- und Verwaltungswissenschaft 1. Baden-Baden: Nomos Verlag, 89–110.

Mayntz, Renate, 1996: Politische Steuerung: Aufstieg, Niedergang und Transformation einer Theorie. In: Politische Vierteljahresschrift (PVS), Sonderheft 26, 263–292.

Mayntz, Renate/Scharpf, Fritz W. (Hrsg.), 1973: Planungsorganisation: Die Diskussion um die Reform von Regierung und Verwaltung des Bundes. München: R. Piper

Mayntz, Renate/Scharpf, Fritz.W., 1975: Policy-Making in the German Federal Bureaucracy. Amsterdam; New York: Elsevier.

Mayntz, Renate/Scharpf, Fritz W. (Hrsg.), 1995: Gesellschaftliche Selbstregelung und politische Steuerung. Frankfurt/M; New York: Campus.

Müller, Edda 1977: 7 Jahre Regierungs- und Verwaltungsreform des Bundes. Unfähigkeit zur Reform?. In: DÖV, 15–20.

Müller, Edda, 1986: Innenwelt der Umweltpolitik. Sozial-liberale Umweltpolitik – (Ohn)macht durch Organisation. Opladen: Westdeutscher Verlag.

Nakamura, Robert, 1984: The Textbook Policy Process and Implementaton Research. In: Policy Studies Review, 7, 142–154.

Naschold, Frieder/Väth, Werner (Hrsg.), 1973: Politische Planungssysteme. Opladen: Westdeutscher Verlag.

Nelson, Barbara, 1984: Making an Issue of Child Abuse. Chicago: University of Chicago Press.

Parsons, Wayne, 1995: Public Policy. An introduction to the Theory and Practice of Policy Analysis Aldershot. UK; Brookfield, Vt., US: Edward Elgar.

Pressman, Jeffrey L./Wildavsky, Aaron B., 1973: Implementation. How great expectations in Washington are dashed in Oakland. Berkeley, Calif.: University of California Press.

Quade, Edward S., 1983: Analysis for Public Decisions. New York: American Elsevier Pub. Co.

Radaelli, Claudio M., 2007: Wither better regulation for the Lisbon agenda?. In: Journal of European Public Policy 14(2), 190–207.

Rivlin, Alice, 1971: Systematic Thinking for Social Action. Washington: Brookings Institution.

Ronge, Volker; Schmieg, Günter (Hrsg.), 1971: Politische Planung in Theorie und Praxis. München: R. Pieper.

Ruß-Mohl, 1993: Konjunkturen und Zyklizität in der Politik: Themenkarrieren, Medienaufmerksamkeits-Zyklen und „lange Wellen". In: Adrienne Héritier (Hrsg.): Policy-Analyse. Kritik und Neuorientierung. Politische Vierteljahresschrift 34, Sonderheft 24, Opladen, S. 116–148, 356–370.

Sabatier, Paul A., 1993: Advocacy-Koalitionen, Policy-Wandel und Policy-Lernen: Eine Alternative zur Phasenheuristik. In: Adrienne Héritier (Hrsg.): Policy-Analyse. Kritik und Neuorientierung. Politische Vierteljahresschrift 34, Sonderheft 24, Opladen, 116–148.

Sabatier, Paul A., 2007: The Need for Better Theories, in: ders. (ed.), Theories of the Policy Process, 2nd edition, Boulder, CO, 3–17.

Scharpf, Fritz W., 1973a: Verwaltungswissenschaft als Teil der Politikwissenschaft. In: Fritz W. Scharpf (Hrsg.): Planung als politischer Prozeß: Aufsätze zur Theorie der planenden Demokratie. Frankfurt am Main: Suhrkamp, 9–32.

Scharpf, Fritz W., 1973b: Komplexität als Schranke politischer Planung. In: Fritz W. Scharpf (Hrsg.): Planung als politischer Prozeß: Aufsätze zur Theorie der planenden Demokratie. Frankfurt am Main: Suhrkamp, 73–114.

Scharpf, Fritz W., 1983: Interessenlagen der Adressaten und Spielräume der Implementation bei Anreizprogrammen. In: Renate Mayntz (Hrsg.): Implementation politischer Programme II. Ansätze zur Theoriebildung. Opladen: Westdeutscher Verlag, 99–116.

Scharpf, Fritz W., 1993: Positive und negative Koordination in Verhandlungssystemen. In: Adrienne Héritier (Hrsg): Policy Analyse. Kritik und Neuorientierung. Politische Vierteljahresschrift. Sonderheft 24. Opladen: Westdeutscher Verlag, 57–83.

Schattschneider, E.E., 1960: The Semisouvereign People. New York: Holt, Rinehart and Winston.

Schnapp, K.-U., 2004: Ministerialbürokratien in westlichen Demokratien. Eine vergleichende Analyse. Opladen: Leske + Budrich.

Schneider, Volker, 1992: Informelle Austauschbeziehungen in der Politikformulierung. Das Beispiel des Chemikaliengesetzes, in: Arthur Benz/ Wolfgang Seibel (Hrsg.): Zwischen Kooperation und Korruption. Abweichendes Verhalten in der Verwaltung. Baden-Baden: Nomos, 111–133.

Schreyögg, Georg, 1996: Organisation. Grundlagen moderner Organisationsgestaltung. Wiesbaden: Gabler.

Schultze, Charles L., 1968: The Politics and Economics of Public Spending. Washington: Brookings Institution.

Simon, Herbert A., 1947: Administrative Behaviour. New York: Free Press.

Stone, Deborah, 2001: Policy Paradox. The Art of Political Decision Making, Revised Edition. New York: Norton.

Thaler, Richard H./Sunstein, Cass R. 2008: Nudge: Improving Decisions About Health, Wealth, and Happiness. New Haven, Conn.: Yale University Press.

Vedung, Evert, 1999: Evaluation im öffentlichen Sektor. Wien: Böhlau.

Wegrich, Kai, 2011: Das Leitbild „Better Regulation": Ziele, Instrumente, Wirkungsweise. Berlin: Ed. Sigma.

Weiss, Carol H., 1972: Evaluation Research: Methods of Assessing Programe Effectiveness. Englewood Cliffs, N.J.: Prentice-Hall.

Weiss, Carol H. (Hrsg.), 1977: Using Social Research in Public Policy-Making. Lexington, Mass.: Lexington Books.

Weiss, Carol H., 1992: Organizations for Policy Analysis: Helping Government Think, Newbury Park etc.

Wholey, Joseph S., 1983: Evaluation and Effective Public Management. Boston: Little, Brown.

Wildavsky, Aaron, 1969: Rescuing Policy-Analysis from PPBS. In: Public Administration Review 29(2), 1899–202.

Wildavsky, Aaron, 1979: Speaking Truth to Power. The Art and Craft of Policy Analysis. Boston: Little, Brown.

Windhoff-Héritier, Adrienne, 1980: Politikimplementation: Ziel und Wirklichkeit politischer Entscheidungen. Königstein/Ts.: Hain.

Wollmann, Hellmut (Hrsg.), 1980: Politik im Dickicht der Bürokratie. Beiträge zur Implementationsforschung. Opladen: Westdt. Verl.

Verständnisfragen

1. Worin unterscheidet sich die Rolle der Verwaltung im Verständnis der Politikfeldanalyse von der Rolle der Verwaltung im Verständnis der juristisch geprägten Verwaltungslehre?

2. Welche Rolle kommt Parteien und Verbänden im kybernetischen Regelkreis von David Easton zu?

3. Worin unterscheiden sich frühe Modelle des Agenda-Settings im Vergleich zu den neueren Ansätzen?

4. Welchen Perspektivwechsel hat die Implementationsforschung Anfang der 1970er-Jahre vollzogen?

5. Aus welchen Gründen kann das Phasenmodell als unrealistisch oder untheoretisch angesehen werden?

Transferfragen

1. Wenden Sie die Phasenunterteilung des idealtypischen Policy-Cycle (Abb. 3) auf eine jüngere Reform im Sozialbereich (Gesundheitswesen, Rente etc.) an. Versuchen Sie dabei, auf Grundlage von bestehenden Informationen (etwa aus Presseberichten) oder durch plausible Spekulationen mögliche Akteure und Inhalte der verschiedenen Entscheidungsphasen zu benennen.

2. Wie könnte ein Vertreter eines Interessenverbandes für Sehbehinderte vorgehen, um das Problem mangelhafter akustischer Signale an den Ampelanlagen einer Stadt zum Gegenstand der politischen Tagesordnung zu machen?

3. Lässt sich der Policy-Cycle auf Politikprozesse im EU-Mehrebenensystem übertragen? Auf welchen politischen Ebenen müssten dann die jeweiligen Phasen angesiedelt werden?

Problematisierungsfragen

1. Ist die Tragfähigkeit der Vorstellung eines in Phasen unterteilten Problembearbeitungsprozesses bei allen Politikfeldern gleich groß oder gibt es bestimmte Eigenschaften politischer Probleme, die der Anwendung des Policy-Cycle entgegenstehen oder – im Gegenteil – die Anwendung des Policy-Cycle besonders sinnvoll machen?

2. Ist das Phasenmodell offen für alle politischen Interessen und Ziele oder ist mit der Anwendung des Phasenmodells bereits die Übernahme einer bestimmten politischen Perspektive verbunden?

Hubert Heinelt

Politikfelder: Machen Besonderheiten von Policies einen Unterschied?

1 Einleitung

Eine für die Policy-Analyse zentrale These ist von Theodore Lowi aufgestellt worden. Sie lautet: „Policies determine politics" (Lowi 1972: 299) – oder auf Deutsch: Der Politikinhalt bestimmt den Politikprozess. Im Folgenden wird zunächst kurz auf den Entstehungszusammenhang dieser These und das Anliegen eingegangen, das Lowi mit dieser These verfolgte (im Abschnitt 1). Hauptsächlich geht es in diesem Beitrag allerdings um die Impulse, die Lowi mit dieser These für die politikwissenschaftliche Diskussion gegeben hat. Dabei wird herauszustellen sein (im Abschnitt 2), dass die These Lowis zwar eine bemerkenswerte Verbreitung gefunden hat, dass ihr Erkenntnisgewinn jedoch auch in Zweifel gezogen worden ist. Dies gilt vor allem im Hinblick auf die Übertragung dieser These auf einzelne Politikfelder – wie etwa Arbeitsmarkt-, Renten-, Umwelt-, Wohnungs- oder Zuwanderungspolitik. Im Weiteren (Abschnitt 3) wird indes dargelegt, wie auch im Hinblick auf einzelne Politikfelder ein Rückgriff auf die These Lowis hilfreich sein kann, um Aussagen zu politikfeldspezifischen Eigentümlichkeiten von Politikprozessen zu treffen. Eine solche Betrachtungsweise stößt aber auf Grenzen. Sie ergeben sich daraus, dass Politikfelder nicht völlig losgelöst von konkreten, d. h. von historischen und länderspezifischen institutionellen Strukturen und den mit ihnen verbundenen Akteurskonstellationen betrachtet werden können. Was dies bedeutet und wie damit konzeptionell umgegangen werden kann, wird abschließend thematisiert (Abschnitt 4).

2 Lowis These „policies determine politics" …

Die eingangs erwähnte These bezog sich auf (Grund-)Typen von Policies – nämlich auf distributive, redistributive und regulative Politik bzw. Politikinhalte (sowie später auch konstitutive bzw. in der Weiterentwicklung der Lowi'schen Betrachtungen selbstregulative Politik; vgl. Schubert 1991: 60 ff.). Die Bedeutung dieser These ist zunächst im zeitlichen Kontext ihrer Formulierung zu sehen. Es war zwar das Anliegen Lowis, „ein Interpretationsschema für die Einordnung von Fallstudien [zu] präsentieren" (Benz 1997: 303). Er wollte dabei jedoch gleichzeitig die Aufmerksamkeit auf die Frage lenken, wovon Politikprozesse (also Politics) abhängen.

Dies war deshalb von Bedeutung, weil seinerzeit am Politikmodell Eastons (1965) orientierte Betrachtungen verbreitet waren, für die das politische System

weitgehend eine „Blackbox" zwischen politischem Input (Forderungen und Unterstützung der Bürgerinnen und Bürger) und politischem Output (Gesetzen, Programmen und dergleichen) verblieb und somit auch die im politischen System ab-
laufenden Politikprozesse im Dunkeln bleiben mussten. Die genannte These umriss
die Richtung, in der nach Lowi Antworten zu suchen waren – nämlich bei den Politikinhalten und damit zusammenhängend bei der Art politischer Probleme.

Da die Inhalte von Politik (im Sinne der genannten Policy-Typen) jeweils spezifische Wirkungen zeitigen, werden „bei den Betroffenen bestimmte Reaktionen und
Erwartungen [ausgelöst], die dann die politische Auseinandersetzung, den politischen Entscheidungsprozess (aber auch den Durchführungsprozess) prägen"
(Windhoff-Héritier 1987: 48). Oder in den Worten Lowis (1964: 707): „It is not the
actual outcomes but the expectations as to what the outcomes can be that shape the
issues and determine their politics." Dies bedingt nach Lowi unterschiedliche, vom
Policy-Typ abhängige **Politikarenen** mit je eigentümlichen Konflikt- und Konsens-
bildungsprozessen, deren „zentrale Bestimmungsfaktoren [... die] Kosten und Nutzen [sind], die von den Betroffenen erwartet werden, sowie die Steuerungsstrategie,
mittels deren Kosten und Nutzen vermittelt werden" (Windhoff-Héritier 1987: 48).

Konkret bedeutet dies, dass bei einer redistributiven Politik, die auf Umverteilung abzielt und Kosten und Nutzen ungleich verteilt, von einer durch Konflikte
gekennzeichneten Politikarena auszugehen ist. Dagegen kann bei einer distributiven Politik, die die Bereitstellung allgemein zugänglicher Leistungen beinhaltet und
Kosten- und Nutzenverteilungen weitgehend unklar lässt, von einer Politikarena
ausgegangen werden, in der sich konsenshafte oder zumindest konfliktfreiere Politikprozesse abspielen. Ähnliches kann von einer regulativen Politik angenommen
werden, die allgemeingültige rechtliche Regelungen ohne unmittelbaren Leistungs-
charakter beinhaltet. Diese mögen zwar Kosten- und Nutzenwirkungen haben, sie
sind indes oft nur schwer zu kalkulieren und vorherzusehen.

3 ... und ihre Anstöße für die politikwissenschaftliche Diskussion

Obgleich dieser Ansatz in der Folgezeit nicht nur in der Policy-Analyse, sondern
allgemein in der Politikwissenschaft eine bemerkenswerte Verbreitung erfahren hat
(vgl. Benz 1997: 303) und die Reflexion über (mögliche) distributive, redistributive
oder regulative Wirkungen von Politikinhalten geradezu zu einer Standard- oder
Ausgangsüberlegung bei der Analyse von Politikprozessen geworden ist, sah sich
der Lowi'sche Ansatz auch Kritik ausgesetzt.

Tab. 1: Lowis Klassifikation von Policies nach Wirkungen

Policy-Typ	Merkmale der *Policy*	Merkmale der Arena	Beispiele	Steuerungs- prinzipien
distributiv	unendliche Teilbar- keit der Leistungen	– konsensual	– Finanzierung von allgemein nutz- barer Infra- struktur (inkl. der sozialen Infra- struktur wie Schulen oder Kindergärten)	– Anreize
redistri- butiv	Relation zwischen Kosten und Nutzen deutlich (Umvertei- lungspolitik)	– konfliktorientiert – Polarisierung zwischen Gewinnern und Verlierern – Dominanz orga- nisierter Gruppen – ideologische Untermauerung	– progressive Besteuerung – Sozialhilfepolitik	– staatlicher Zwang (Abgabezwang) und sozial selek- tive Leistungs- gewährung/ -zuweisung
regulativ	Verhaltensvorschrif- ten für private Akti- vitäten	– wechselnde Koalitionen und Konfliktlinien – je nach Streuung von Kosten und Nutzen unter- schiedliche Organisationen der Betroffenen	– Umweltschutz – Verbraucher- schutz – Kartellrecht – Tarifvertrags- recht – Arbeitsschutz	– staatlicher Zwang (Gebot, Verbot) – Überzeugung und Vorbild – Selbstregulation durch Betroffene
selbst- regulativ	nicht auf materielle Nutzen und Kosten bezogen, sondern auf Formen der sozialen Interaktion	– konfliktreich – ideologisiert – geringe Kon- sensfähigkeit	– Bürgerrechts- politik – Abtreibungs- politik	– staatlicher Zwang (Gebot, Verbot) – Überzeugung und Vorbild – Selbstregulation durch Betroffene

Quelle: verändert und gekürzt aus Windhoff-Héritier 1987: 52–53.

Die Kritik hat sich zunächst darauf bezogen, dass die fraglichen, jenseits von „actu- al outcomes" liegenden Wirkungen von Politikinhalten von Wahrnehmungen oder Erwartungen („expectations") der betroffenen bzw. sich betroffen fühlenden Akteu- ren abhängen. Dies ist zwar auch von Lowi betont worden, aber bei einer genaueren Auseinandersetzung mit der **Wahrnehmung** von Wirkungen verschwimmt die Eindeutigkeit, mit der konflikthafte oder konsensorientierte Politikprozesse mit den genannten Policy-Typen in Beziehung zu setzen sind. So treten dann, wenn bei einem Gesetz mit regulativen Inhalt – trotz dessen allgemeinverbindlichen, d. h. alle betreffenden Charakter – einseitige Einschränkungen oder Nachteile perzepiert werden, ähnliche Wirkungen hervor wie bei einer redistributiven Politik: Der Politikprozess gestaltet sich konflikthaft.

Ein Beispiel ist die nach der sog. EU-Entsenderichtlinie regulativ geregelte tarifvertragliche und sozialversicherungsrechtliche Behandlung von Arbeitskräften aus anderen EU-Mitgliedstaaten. Sie hat in Deutschland zu scharfen Kontroversen geführt, weil nachteilige Wirkungen unmittelbar greifbar waren.[1] Ähnliches lässt sich für distributive Politik sagen. So könnte eine klassische Maßnahme mit distributiven Politikinhalt, nämlich die Bereitstellung von Kindergartenplätzen, in einer Situation, in der die Zahl von Haushalten ohne Kindern weiter zunimmt, leicht als restributive Maßnahme perzepiert werden (im Rahmen eines Familienlastenausgleichs).

Die Perzeptionen von Policy-Wirkungen zu betonen, ist auch noch unter einem anderen Gesichtspunkt bedeutsam. Gelingt es nämlich strategisch handelnden „policy makern", auf Perzeptionen einzuwirken, eröffnet sich die Chance einer absichtsvollen, gezielten Beeinflussung von Politikprozessen. In der Policy-Analyse ist dies mit dem Stichwort „issue relabeling" thematisiert worden (vgl. Windhoff-Héritier 1987: 56 f.). Konkret ist damit gemeint, dass es über eine Umetikettierung einer Policy gelingen kann, auf die Wahrnehmung ihrer Wirkungen und damit auf den Politikprozess einzuwirken. Ein Beispiel dafür wären regionalpolitische Maßnahmen, bei denen redistributive Effekte im Sinne eines Ausgleichs räumlicher Disparitäten im Vordergrund stehen können. Um aus Umverteilungswirkungen resultierende Kontroversen zurückzudrängen, kann versucht werden hervorzuheben, dass die Maßnahmen letztlich einen allgemeinen Nutzen haben, weil etwa durch einen Infrastrukturausbau die räumliche Zugänglichkeit für alle verbessert wird – nicht zuletzt im Hinblick auf einen Austausch von Gütern oder die Mobilität von Personen (vgl. dazu Heinelt 1996: 28 mit Bezug auf die EU-Regionalfondsförderung).

Entscheidend ist für Prozesse des „issue relabelings" deren Einbettung in bestimmte Kontexte. Dies gilt vor allem für die bei einer Umetikettierung verwendeten Begriffe und für die Bezugssysteme, in denen diese Begriffe stehen. Ein Beispiel dafür ist die Öffnung der Einwanderungsdebatte in Deutschland im Jahre 2000 mit der Diskussion über die „green card". Der Begriff „green card" verwies auf den US-

---

1 Aus diesem Grund ist die These Majones (1994) kritisch hinterfragt worden, dass die Zukunft der EU bei regulativer, marktregulierender Politik (in einem „regulativen Staat") und nicht redistributiver Politik zu suchen sei, da Letztere, d. h. Umverteilung, mit Konflikten verbunden ist, die die Entscheidungsstrukturen der EU überfordern würden (vgl. dazu Heinelt 1996: 26).

amerikanischen Verwendungskontext und damit auf eine „bedarfsgesteuerte" selektive Einwanderungspolitik, wie sie mit der „green card"-Debatte in Deutschland
auf die Agenda gesetzt worden ist.

Dieses Beispiel verweist auch noch in einer anderen Hinsicht darauf, dass ein
erfolgreiches „issue relabeling" entscheidend von der Kontexteinbettung abhängt.
Der damalige Bundeskanzler Schröder setzte die Diskussion über die „green card"
durch eine Rede an einem ganz bestimmten Ort und vor einem spezifischen Audito-
rium in Gang – nämlich bei der Eröffnung der Cebit in Hannover, der weltweit größten „Computer-Messe", auf der er angesichts des Fachkäftemangels in der deutschen IT-Branche sicher sein konnte, dass sein Vorstoß einer Neuthematisierung
von Zuwanderungspolitik auf Resonanz stoßen würde.

Die Diskussion über die eingangs genannte Lowi'sche These ist aber auch in einer anderen Richtung weitergeführt worden. Die These „policies determine politics"
wurde insofern von den Policy-Grundtypen redistributiver, distributiver und regulativer Politik gelöst, als versucht worden ist, sie auch auf sog. nominelle Policies zu
beziehen, also auf Politikfelder wie Arbeitsmarkt-, Renten-, Umwelt-, Zuwanderungspolitik usw., „deren Grenzen durch bestimmte institutionelle Zuständigkeiten
und eine sachliche Zusammengehörigkeit gezogen werden. Sie [die Nominalkatego-
rien von Policies; H. H.] umreißen also mehr oder weniger genau die Gegenstands-
bereiche von Policies" (Windhoff-Héritier 1987: 22).

Dass der „Frage, in welcher Weise und warum [...] Policies den politischen Prozeß prägen" (Windhoff-Héritier 1983: 351) entlang einzelner nomineller Policies
nachgegangen worden ist, ergibt sich aus dem Umstand, dass sich die Policy-
Analyse zunehmend auf die empirische Analyse einzelner Politikfelder konzentriert
hat. Damit wurde die pointierte Zuspitzung auf Policy-Grundtypen aufgegeben (vgl.
Schubert 1991: 68). Dies hat offen zutage liegende Gründe. In nominellen Policies
können sich je nach einzelnen Maßnahmen resp. Programmen distributive, redistributive und regulative Politiken sowie auch konsensuale oder konfliktorientierte
Politikarenen im Sinne Lowis nach- oder nebeneinander finden lassen (vgl. dazu für
die deutsche Wohnungspolitik Egner u. a. 2004: 42–43). Dieses tatsächliche oder
auch nur potentielle Nach- und Nebeneinander in einzelnen Politikfeldern gilt auch
für unterschiedliche Steuerungsprinzipien (Gebot/Verbot, Anreiz, Angebot, Über-
zeugung/Aufklärung, Vorbild) und die unterschiedliche Beschaffenheit staatlicher
Interventionsformen oder Instrumente, die für andere gängige Formen der Typologisierung von Policies stehen (vgl. Mayntz 1982: 80 ff.; Windhoff-Héritier 1987: 27 ff.
und 52 f.; Schubert 1991: 162 ff.).

Obwohl versucht wurde, das zu realisieren, was Adrienne Windhoff-Héritier
schon 1983 als Aufgabe formuliert hat – nämlich „präzise Aussagen über die Natur
der Policy-Politics Wechselbeziehung in einzelnen Policy-Bereichen zu entwickeln"
(Windhoff-Héritier 1983: 359) – sind auf einzelne Politikfelder bezogene Analysen
bei Aussagen stehengeblieben, die weitgehend dem jeweiligen konkreten Untersuchungsgegenstand verhaftet blieben (vgl. Héritier 1993 und Benz 1997: 303, dort

besonders Fußnote 1). Dies dürfte systematische Gründe haben und nicht nur daran liegen, dass fallbezogen „die unendlich vielfältige und komplexe Policy-Wirklichkeit nur begrenzt, je nach analytischem Interesse, zu beleuchten" (Windhoff-Héritier 1983: 359) gewesen ist.

Die angestrebten präzisen Aussagen zur Natur der Policy-Politics-Wechselbeziehung in einzelnen Policy-Bereichen stehen nämlich in einem Spannungsverhältnis dazu, dass „mehr Aufmerksamkeit den Policy-Kontingenzen zu widmen" (Windhoff-Héritier 1983: 359) ist. Dies heißt, nominelle Policies nicht statisch und als unabhängige Variable zu betrachten, sondern auch in ihrer möglichen Kontingenz und in Abhängigkeit von institutionellen Strukturen sowie von konkreten (situativen) Perzeptionen und Handlungen der Akteure. Dabei ist in Erinnerung zu rufen (siehe oben), dass die Hervorhebung von Perzeptionen schon in den Ausgangsüberlegungen von Lowi angelegt ist.

Arthur Benz (1997) hat versucht, dies aus einer handlungstheoretischen Perspektive zu konzeptualisieren. Danach ist

— eine aus Zielen und Interessen von Akteuren resultierende **Definition von Policies** mit
— **situativen Handlungsoptionen** und
— einer **institutionell präformierten Auswahl von Entscheidungsstrukturen**

in ein Kreislaufmodell zu integrieren (Benz 1997: 306). Damit kann postuliert werden: „Erst durch die Definition einer Policy wird ein Problem entscheidungsfähig und damit zu einer ‚Aufgabe' von Politik [...]. Gleichwohl wirken institutionelle Rahmenbedingungen und Machtstrukturen als restringierende Faktoren auf die Definition von Policies ein" (Benz 1997: 310). „Institutionen determinieren Entscheidungen [auch Definitionen von politisch zu lösenden Problemen; H. H.] aber nicht völlig und lassen in aller Regel Spielräume" (Benz 1997: 305) – und zwar entsprechend einer konkreten Handlungssituation.

Eine solche Betrachtungsweise verhindert eine Isolation, in die Policy-Forscher (unbewusst oder bewusst) leicht geraten können, wenn die These „policies determine politics" konsequent verfolgt und nicht in den Kontext von Policy-Kontingenzen eingebaut werden würde. Die These „policies determine politics" läuft nämlich dann, wenn eine nominelle Policy als alleinig maßgebend, d. h. als einzige unabhängige Variable für die Ausprägung von Politikprozessen angesehen wird, darauf hinaus, dass nicht Institutionen, Parteien, räumlich eingebettete kulturelle Strukturen etc. einen Unterschied machen, sondern nur das Politikfeld bzw. der „policy sector".

Ausschließlich mit der Hypothese „policy sectors matter" gibt sich jedoch kaum ein Policy-Forscher zufrieden. Im Gegenteil: In der „comparative public policy"-Forschung wird die nationale Varianz in einzelnen Politikfeldern bzw. von Politikinhalten gerade ins Zentrum gerückt und nach deren Bedingtheit durch Institutionen, Parteien, kulturelle Faktoren etc. gefragt (vgl. dazu die klassische Arbeit von

Heidenheimer u. a. 1975 und die Ausführungen zu Erklärungsmodellen solcher Varianzen in der 3. Auflage; Heidenheimer u. a. 1990: 6 ff.). Und in seit den späten 1980er-Jahren reichhaltig vorhandenen lokal orientierten Policy-Analysen wird letztlich von der These „cities matter" ausgegangen, und mit einer örtlichen „Arena-färbung" (Blanke u. a. 1989; Heinelt 1991: 266 ff.; sowie Zimmermann 2012 als aktueller Überblick) werden lokale Varianzen und nicht zuletzt dezentrale Innovationen in einzelnen Politikfeldern erklärt.

Nun fehlen allerdings in solchen politikfeldorientierten Analysen Reflexionen über Policy-Politics-Beziehungen mit einem verallgemeinernden, politikfeldbezogenen Anspruch – oder sie sind zumindest konzeptionell unterbelichtet (dies gilt auch für die erwähnte Arbeit von Heidenheimer u. a. 1975). Dass die von Benz (1997) konzeptionell eingeforderte Vermittlung zwischen Policy-, institutioneller und situativer Dimension in solchen empirischen Analysen nicht systematisch betrieben wird, ist naheliegend: „the comparison of a single policy sector across nation-states prioritizes institutional variation" (John/Cole 2000: 251) und ein Vergleich von Fällen in einem Land bei (weitgehend) gleichen institutionellen Strukturen muss situative Faktoren (eine örtliche „Arenafärbung") in den Vordergrund treten lassen.

Eine Arbeit, die empirisch der Frage nachgegangen ist „When do institutions, policy sectors, and cities matter?" (John/Cole 2000) kommt zwar zu dem Ergebnis: „The research findings do not neatly confirm one of the three hypotheses" (John/Cole 2000: 264) – nämlich „policy sectors matter", „institutions matter" oder „cities matter". Gleichwohl konnte in dieser Untersuchung (an den Beispielen von Bildungs- und Wirtschaftsförderungspolitik in Frankreich und Großbritannien) deutlich gemacht werden, dass Politikfelder insofern eine Rolle spielen, als in ihnen mehr oder weniger stark national divergierende institutionelle Strukturen anzutreffen sind, die wiederum die Ausprägung bzw. Bedeutung lokaler/situativer Besonderheiten beeinflussen. Dies kann mit einem Konzept von „policy institution" in Verbindung gebracht werden, das sich darauf bezieht „that a particular policy arena has a set of formal and informal rules that determine the course of public decision making" (John/Cole 2000: 249; mit Bezug auf Mazzeo 1997). Die Entstehung von unterschiedlichen „policy institutions" oder policy-spezifischen Politikarenen, die sich durch bestimmte Regelungsstrukturen und dadurch bedingte Entscheidungsprozesse auszeichnen, könnte erklärt werden mit

den Eigentümlichkeiten von **Problemen**, die durch die jeweilige nominelle Policy
    zu lösen sind, aber auch mit

den Besonderheiten von **Wirkungen**, die die jeweilige nominelle Policy auslöst.

Der Begriff „**Policy Arena**" bezieht sich auf das Umfeld, in dem der Politikinhalt durchgesetzt werden muss. Sie wird durch die Erwartungen derer bestimmt, die von dem betreffenden Politikinhalt betroffen sind.

Hier kann auf spezifische mit der Materialität eines Problems (Regelungsgegen-stands) zusammenhängende allgemeine Regelungsanforderungen und -möglich-keiten Bezug genommen werden. Im Falle der öffentlichen Alterssicherung kann dies eine Zentralisierung und die Dominanz konditional programmierter Policy-Instrumente sein, die die unmittelbaren Policy-Adressaten (die Rentenantragsteller oder Rentenempfänger) in einer weitgehend passiven Rolle belassen. Dagegen wäre im Falle sozialpolitischer Dienstleistungen auf eine Dezentralisierung und das Vor-herrschen final orientierter Problemlösungsformen sowie die Notwendigkeit einer Mitwirkung der Policy-Adressaten zu verweisen (vgl. dazu Kaufmann 1979: 31, 41).

Dennoch verdeutlichen vor allem historische Veränderungen einzelner nomi-neller Policies wie auch deren internationaler Vergleich erhebliche Varianzen, die allenfalls einen sehr allgemeinen Bestand policy-spezifischer institutioneller Arran-gements und die Dominanz bestimmter policy-spezifischer Formen von Politikpro-zessen als evident erscheinen lassen. Auf solche Merkmale soll im Folgenden einge-gangen werden.

4 Allgemeine Unterscheidungsdimensionen von Policy-Politics-Beziehungen

Ausgegangen werden soll dabei von dem zuvor schon häufiger angesprochenen Phänomen, dass der Wahrnehmung von Problemen wie auch von Wirkungen der Problemlösungen eine zentrale Rolle bei der Konzeptualisierung von Policy-Politics-Beziehungen zukommt. Hinzu treten zwei Aspekte, die mit der Wahrnehmung von Problemlösungsmöglichkeiten zusammenhängen – nämlich unterschiedliche Pro-gnosemöglichkeiten und verschieden ausgeprägte Policy-Grenzen bzw. Policy-Inter-dependenzen (s. dazu Tab. 2).

4.1 Differentielle oder allgemeine Problembetroffenheit

Wenn der „politische Prozeß als Problemverarbeitung" (Mayntz 1982: 74) analysiert wird, was in der Policy-Forschung üblich ist,[2] kommt der Art des zu bearbeitenden Problems für den Politikprozess eine zentrale Bedeutung zu. Probleme, die von der gesellschaftlichen Umwelt an das politische System herangetragen resp. von diesem

---

2 Es „darf damit aber nicht zugleich behauptet [werden], daß [der politische Prozess; H. H.] nach Anlaß und Ergebnis und auch im Verständnis der beteiligten Akteure lediglich ein Problemverarbei-tungsprozeß ist", wie Mayntz (1982: 74) betont.

Tab. 2: Dimensionen zur Unterscheidung von Policy-Politics-Beziehungen

Unterscheidungsdimensionen	(aktive) Arbeitsmarktpolitik	Alterssicherungspolitik
Problembetroffenheit: differentiell vs. allgemein	differentiell (sozial selektiv)	allgemein
Policy-Wirkungen: individualisierend vs. kollektiv	individualisierend	kollektiv
Prognosefähigkeit:	relativ klar (etwa im Vergleich zur Beschäftigungspolitik	klar
Policy-Grenzen/ Interdependenzen	fließend/ groß	klar/ gering

Quelle: eigene Darstellung

aufgegriffen werden, um durch verbindliche Entscheidungen einer Lösung zuge-
führt zu werden, lassen sich zweifellos in verschiedenster Form klassifizieren. Letztlich reflektieren die in der Policy-Analyse üblichen Klassifizierungen von Policies
nach Grundtypen, Programmtypen und Steuerungsinstrumenten (vgl. Windhoff-
Héritier 1987: 27 ff.; Schubert 1991: 162 ff.) auch jeweils unterschiedliche Problem-
bezüge.

Ergänzend dazu sollten Problemcharakteristika oder die materielle Substanz
politischer Probleme unter dem Gesichtspunkt betrachtet werden, dass in Politikprozessen die Identifizierung und Definition von Problemen durch politische Akteure eine entscheidende Rolle spielen, wobei die Problemidentifikation und
-definition neben der Wahrnehmung eines Konflikts zwischen traditionellen Verhal-
tensmustern, Erwartungen und der gesellschaftlichen Umwelt auch davon abhängt,
ob und in welcher Form ein solcher Konflikt politische Aufmerksamkeit erregt (vgl.
Schubert 1991: 166). Im Hinblick darauf dürfte als Problemcharakteristikum bedeutsam sein, ob eine differentielle oder allgemeine Betroffenheit von einem Problem
gegeben oder (argumentativ) herstellbar ist.

Deutlich wird dies z. B., wenn der Blick auf Besonderheiten von Standardrisiken
abhängig Beschäftigter gerichtet wird, auf die sich verschiedene Sozialpolitiken
beziehen. So unterscheidet sich Arbeitslosigkeit gravierend von anderen Standardrisiken: Alt wird jede Person, und jede(r) abhängig Beschäftigte ist mit der Situation
konfrontiert, ab einem bestimmten Lebensalter den Lebensunterhalt nicht mehr
durch Erwerbseinkommen sichern zu können. Anders stellt sich die Situation bei
Arbeitslosigkeit dar. Dieses soziale Risiko mag zwar alle abhängig Beschäftigten
bedrohen. Tatsächlich trifft es jedoch nicht alle, und es trifft vor allem nur einen Teil
in der Weise, dass Erwerbschancen dauerhaft infrage gestellt sind und eine soziale

Marginalisierung erfolgt. Daraus, dass Arbeitslosigkeit ein sozial selektives Risiko darstellt und deshalb keine allgemeine Problembetroffenheit beinhaltet, wäre zu erklären, warum Arbeitslosigkeit – im Unterschied zum sozialen Standardrisiko der Existenzsicherung im Alter, d. h. jenseits des Erwerbslebens – eher akklamativ thematisiert wird und auf die Sicherung gegen dieses Standardrisiko abhängiger beschäftigter bezogene Leistungen eher zum Gegenstand von Kürzungen (wie etwa im Fall der Hartz-Reformen; vgl. Jann/Schmid 2004) werden.

Gleichwohl gilt es zu betonen, dass sich die Unterscheidung zwischen differentieller und allgemeiner Problembetroffenheit aufgrund politischer Thematisierung „dynamisieren" lässt. Im Ländervergleich schlägt sich dies in einer verschieden ausgeprägten Sensibilisierung für die Problemlagen der Betroffenen nieder, und auch die Perzeption der Gründe, warum Einzelne von einem Problem betroffen sind, kann aufseiten der Betroffenen (aufgrund verschiedener kultureller Muster) unterschiedlich sein. So ist in Großbritannien stärker als in Deutschland die individuelle Wahrnehmung ausgeprägt, für Arbeitslosigkeit selbst verantwortlich zu sein – wie auch für die Lösung dieses Problems. In Deutschland dominiert hingegen (immer noch) eher die Wahrnehmung, dass es sich bei Arbeitslosigkeit um ein gesellschaftliches Problem handelt, das nicht zuletzt politisch zu lösen ist, d. h. allgemein und für die Allgemeinheit verbindlich (vgl. Cebulla 2000).

4.2 Individualisierende oder kollektive Policy-Wirkungen

Dass Politics in der angesprochenen Weise z. B. auf das Problem Arbeitslosigkeit reagieren kann, ist nicht hinreichend aus der Problemstruktur zu erklären. Erklärbar wird dies vielmehr auch daraus, dass – um beim Beispiel zu bleiben – die Wirkung oder das Ziel von Arbeitsmarktpolitik (und vor allem von aktiver Arbeitsmarktpolitik; siehe unten) nicht als etwas perzepiert wird, das sich auf alle, sondern nur auf einzelne Problembetroffene bezieht.

Anders als im Fall der Arbeitslosigkeit und von Arbeitsmarktpolitik stellt sich die Situation in der Rentenpolitik dar, bei der die (kollektive) materielle Sicherung der älteren Generation nicht nur bei Rentnern eine maßgebliche Rolle spielt, sondern auch von Jüngeren wegen einer Erwartungssicherheit für eine künftige Lebensphase als brisant wahrgenommen wird. Daraus lässt sich ersehen, dass politikfeld-spezifische Unterschiede nicht nur nach differentieller und allgemeiner Problembeschaffenheit, sondern auch nach individualisierenden und kollektiven Policy-Wirkungen markant sind, die über Policy-Reaktionen (Resonanz und Verhalten der Bürger sowie Entscheidungen politisch Verantwortlicher) Auswirkungen auf Politics haben.

Dies lässt sich hinsichtlich der Art der Policy-Wirkung wieder beispielhaft an der Arbeitsmarkt- und Alterssicherungspolitik verdeutlichen. Wenn sich „aktive Arbeitsmarktpolitik" dadurch auszeichnet, dass sie direkt auf Beschäftigungschancen und Beschäftigungsverhältnisse bestimmter Personen oder Personengruppen einwirkt (vgl. Hegner 1986: 120 f.), dann impliziert sie insofern eine Individualisierung, als in den Vordergrund tritt bzw. gerückt werden kann, ob und wie Einzelne die Angebote einer personenbezogenen Förderung von Qualifizierung, befristeter Beschäftigung und des Austritts aus dem Erwerbssystem nutzen.

Dies bewirkt tendenziell, dass die mit Arbeitsmarktpolitik befassten politischen Akteure von Handlungsanforderungen entlastet werden, weil auf die individuelle Nutzung von politischen Problemlösungsmöglichkeiten zu verweisen ist. Anders stellt sich die Situation im Bereich der Alterssicherungspolitik dar. Bei ihr geht es darum, in politischen Auseinandersetzungen eine Regelaltersgrenze für den Zugang zu Leistungen von Alterssicherungssystemen festzulegen. Eine soziale „Konstitution von Altersgrenzen" (Kohli 1985: 8 f.) kann sich dabei jedoch nur insofern ergeben, als mit dem Überschreiten der Altersgrenze durch politische Entscheidungen im Regelfall ein Absicherungsniveau gewährleistet wird, das einen Rückzug aus dem Erwerbssystem ermöglicht. Die aktuelle Debatte in Deutschland über eine zunehmende Altersarmut verdeutlicht dies.

4.3 Prognosefähigkeit

Außerdem stellt sich die Prognostizierbarkeit sowohl von Entwicklungen der gesellschaftlichen Umwelt als auch von Effekten politischer Interventionen nach Policy-Bereichen unterschiedlich scharf.

Die Prognostizierbarkeit von Wirkungen politischer Entscheidungen steht im Zusammenhang mit einer unterschiedlichen Auswahl von Handlungsoptionen. Politikfeldspezifische Besonderheiten seien im Hinblick darauf in der Gegenüberstellung von Arbeitsmarkt- und Beschäftigungspolitik verdeutlicht. Im Bereich der („aktiven") Arbeitsmarktpolitik sind Wirkungen von politischen Entscheidungen auf den Arbeitsmarkt relativ leicht zu prognostizieren, weil sie unmittelbar auf Beschäftigungschancen von Personen(gruppen) einwirken (siehe oben) und eine direkte Arbeitsmarktentlastung zur Folge haben, die auch (prognostizierend) zu quantifizieren ist. Bei der Beschäftigungspolitik – etwa über eine verstärkte öffentliche Nachfrage, die Förderung privater Investitionen oder eine rechtliche Verkürzung der Arbeitszeit – ist dies anders, weil sie nur über Wirkungsketten, die von politischen Entscheidungen nicht unmittelbar zu beeinflussen sind, die Beschäftigungschancen verbessert und den Arbeitsmarkt entlastet.

Noch eindeutiger ist die Prognosefähigkeit in der Alterssicherungspolitik. Hier kann auf der Basis eines statistisch bekannten Bevölkerungsaufbaus und einer kalkulierbaren Lebenserwartung ermittelt werden, welche Finanzierungsanforderungen bestimmte Regelungen – etwa im Hinblick auf die Finanzierungsinstrumenten, die Leistungsbemessung und den Leistungsbeginn (Renteneintritt) – in der Zukunft auslösen.

4.4 Interdependenzen und Policy-Grenzen

Gerade bei der Arbeitsmarktpolitik machen sich außerdem grundlegende Schwierigkeiten geltend, die für weitere allgemeine Besonderheiten von Politikprozessen in einzelnen Policies stehen: Zum einen sind mittelbare Wirkungen auf und Einflüsse (Rückwirkungen) von anderen Politikfeldern schwieriger zu erfassen als in anderen Bereichen – wie etwa bei der öffentlichen Alterssicherungspolitik. Dies ergibt sich daraus, dass Arbeitsmarktpolitik keine festen Grenzen aufweist, sondern sich geradezu durch fließende Grenzen auszeichnet – etwa zur (Aus-)Bildungs-, Renten- und Familienpolitik, um nur einige zu nennen.

Zum anderen ist die Abhängigkeit von sozio-ökonomischen Entwicklungen im Bereich der Arbeitsmarktpolitik vielfältiger und durchschlagender als bei der Alterssicherungspolitik. Bei der Alterssicherungspolitik sind Leistungsanforderungen – wie eben erwähnt – auf der Basis weitgehend stabiler demografischer Rahmendaten vorhersehbar, und sie ist finanziell von der ökonomischen Entwicklung nur über die Einnahmen- und nicht auch noch über die Ausgabenseite kurzfristig abhängig.

Interdependenzen und fließende Grenzen eines Politikfeldes implizieren indes nicht nur Prognose-, Planungs- und Entscheidungsunsicherheiten. Fließende Grenzen eines Politikfelds und Policy-Interdepenzen korrespondieren mit Akteurskonstellationen, die vielschichtig und fragil bis schlicht unübersichtlich sein können: Akteure können hinzutreten oder sich auch abtrennen, Verknüpfungen können neu entstehen und auch reißen oder gelöst werden, inhaltliche Schwerpunkte können sich verschieben, neu gesetzt oder aufgehoben werden. Während dies für die Arbeitsmarkt-, aber auch für Wohnungspolitik in besonderer Weise zutrifft (vgl. zu letzterer Egner u. a. 2004: 245 ff.), ist die öffentliche Alterssicherungspolitik nicht nur in Deutschland, sondern generell ein Politikfeld, in dem nicht nur die Beteiligung relevanter Akteure, sondern auch die inhaltliche Orientierung des Politikfeldes abgegrenzt und weitgehend gesichert wird (vgl. Nullmeier/Rüb 1993).

5 Zu historisch- und länderspezifischen „policy institutions"

Untersucht worden und bekannt ist der im Hinblick auf die Akteursbeteiligung „offene" Charakter der Arbeitsmarktpolitik in erster Linie für die Ebene der lokalen Durchführung arbeitsmarktpolitischer Aktivitäten. Bei ihr sind örtliche Unterschiede der beteiligten Akteure, des Einsatzes von Instrumenten und der verfolgten inhaltlichen Orientierungen markant (siehe dazu den weiter oben gemachten Hinweis auf lokale „Arenafärbungen"). Auf der überörtlich staatlichen Ebene arbeitsmarktpolitischer Entscheidungen über einheitlich verfügbare Leistungen bzw. Maßnahmen und ihre Finanzierung sind in der Bundesrepublik Deutschland in zeitlicher

Abfolge verschiedene „Arenafärbungen" gerade nach der Vereinigung festzustellen (vgl. Heinelt/Weck 1998), und im internationalen Vergleich haben eindrucksvoll Schmid u. a. (1987, 1988) die Varianz von Finanzierungsinstitutionen und – damit in Verbindung stehend – der Akteurskonstellationen sowie der Maßnahmen und Leistungen herausgearbeitet.

Dies verweist auf Grenzen von Versuchen, generalisierende Aussagen zu Policy-Politics-Beziehungen zu treffen und auf die Bedeutung, „mehr Aufmerksamkeit den Policy-Kontingenzen zu widmen" (Windhoff-Héritier 1983: 359). Mit den erwähnten konzeptionellen Überlegungen von Benz (1997) zum Verhältnis von ziel- und interessenabhängiger Policy-Definition, situativen Handlungsoptionen und institutioneller Präformierung von Entscheidungen (inkl. Policy-Definition) ist eine Richtung gewiesen, in der über generalisierende, häufig aber zu kurz greifende Aussagen zu Policy-Politics-Beziehungen hinaus versucht werden kann, für einzelne Politikfelder die ihnen jeweils eigentümlichen Politikprozesse zu bestimmen (bzw. vorherzusagen). Voraussetzung dafür ist allerdings, dass von konkreten institutionellen Ausformungen einzelner Politikfelder ausgegangen wird, wie sie in einzelnen Ländern und zu bestimmten Zeitpunkten (oder Epochen) vorliegen. Zu sprechen ist dann zwar von **spezifischen** „policy institutions", die Politikprozesse nur in ihnen jeweils eigentümlicher Ausprägung zulassen, aber nicht in einem generellen, sondern in einem historisch-konkreten Sinne.

Bei einer solchen historisch-konkreten Betrachtung von „policy institutions" tritt nicht nur die konkrete institutionelle Ausformung eines Politikfeldes, sondern auch die Bedeutung von unterschiedlichen Akteurskonstellationen hervor. Diese können als politikfeldspezifische Netzwerke – **Policy-Networks** – begriffen werden, die aus „unterschiedlichsten exekutiven, legislativen und gesellschaftlichen Institutionen und Gruppen [bestehen, die; H. H.] bei der Entstehung und Durchführung einer bestimmten Policy" zusammenwirken (Windhoff-Héritier 1987: 45 mit Bezug auf Heclo 1978: 102).[3] Wenn von konkreten institutionellen Ausformungen eines Politikfeldes und solchen politikfeldspezifischen Policy-Networks ausgegangen wird, dann gewinnt die Lowi'sche These „Policies determine politics" insofern Sinn, als Eigentümlichkeiten von Politikprozessen auf institutionelle Strukturen und die Konstellationen von Akteuren zurückgeführt werden, die an der Entstehung und Durchführung einer bestimmten Policy beteiligt sind.

Es sind institutionelle Strukturen und historisch-konkrete Akteurskonstellationen eines Politikfeldes, von denen es abhängt, wie Probleme thematisiert, gesellschaftlich verbindliche Entscheidungen gefunden und diese Entscheidungen auch

---

3 Es ist hier nicht der Ort, auf die breit geführte Diskussion um Politiknetzwerke bzw. Policy-Networks einzugehen, die auch zu einer begrifflichen Diversifikation geführt hat. Vgl. dazu im Überblick Marsh 1998 sowie den Beitrag von Schneider in diesem Band.

tatsächlich umgesetzt werden (können).[4] Sich dieser jeweils konkreten Strukturen bzw. Konstellationen zu vergewissern, eröffnet die Chance, Aussagen zu möglichen Politikprozessen in Politikfeldern zu treffen, die uns in einer bestimmten historischen und territorialen Ausprägung als Untersuchungsgegenstände begegnen.

6 Ausblick

So sehr damit der empirischen Analyse und wohl auch einer begrenzten Theorie- oder zumindest Konzeptbildung gedient sein mag, so sehr büßt damit die ursprüngliche Lowi'sche These ihren Charme ein: Denn was liegt bei genauerer Betrachtung näher als die Determination von Politics entlang einzelner Policies auf politikfeldgebundene, institutionelle Strukturen und Akteurskonstellationen oder – um die Überlegungen von Benz (1997) nochmals aufzugreifen – auf interessenabhängige Problemdefinition, situative Handlungsoptionen und institutionelle Präformierung zurückzuführen?

Soll das realisiert werden, was die Lowi'sche These in Aussicht gestellt hat, nämlich über eine Typologie von Policy-bezogenen Strukturmustern eine Grundlage für eine „Policy-Theorie" zu liefern, bleiben aber wohl nur zwei Optionen. Zum einen muss an der systematischen Unterscheidung zwischen Wahrnehmungen von Problem wie auch von Wirkungen der Problemlösungen weitergearbeitet werden (wie dies in Abschnitt 3 angelegt ist). Zum anderen – und dies ist nicht unterzubewerten – sollten empirisch spezifische „policy institutions" dahingehend untersucht werden, warum sie Politikprozesse mit nur jeweils eigentümlichem Charakter zulassen. Auch wenn dabei der unmittelbare Bezug historisch-konkret ist, sind Möglichkeiten einer Generalisierung nicht von vornherein verstellt; sie sind vielmehr – stärker als bisher – zu suchen.

---

4 In diesem Sinne möchte ich selbstkritisch darauf hinwiesen, dass die in meinem Beitrag im PVS-Sonderheft 24 (vgl. Heinelt 1993) zu diesem Thema angestellten Überlegungen zu Akteurskonstellationen und den von ihnen abhängigen (a) Problemthematisierung und Realitätskonstruktion, (b) Möglichkeiten verbindlicher politischer Entscheidungsfindung sowie (c) Chancen der Umsetzung verbindlicher Entscheidungen einen eindeutigen Bezug auf die Situation in Deutschland zu dieser Zeit aufweisen.

7 Literatur

* Benz, Arthur, 1997: Policies als erklärende Variable in der politischen Theorie. In: Arthur Benz/Wolfgang Seibel (Hrsg.): Theorieentwicklung in der Politikwissenschaft – eine Zwischenbilanz. Baden-Baden: Nomos, 303–322.

Blanke, Bernhard/Benzler, Susanne/Heinelt, Hubert, 1989: Arbeitslosigkeit im Kreislauf der Politik. Eine konzeptionell erweiterte Policy-Analyse zur Erklärung unterschiedlicher Aktivitäten gegen Arbeitslosigkeit auf lokaler Ebene. In: Gegenwartskunde 4, 529–560.

Cebulla, Andreas, 2000: "The final instance – Unemployment Insurance going private? A study of a future social security scenario in the UK and Germany". In: Innovation, Vol. 13. No. 4, 389–400.

Easton, David, 1965: A Systems Analysis of Political Life. New York: Wiley.

Egner, Björn/Georgakis, Nikolaos/Heinelt, Hubert/Bartholomäi, Reinhart C., 2004: Wohnungspolitik in Deutschland. Positionen, Akteure, Instrumente. Darmstadt: Schader-Stiftung.

Heclo, Hugh, 1978: Issue Networks and the Executive Establishment. In: Anthony King (ed.): The New American Political System. Washington D.C.: American Enterprise Institute for Public Policy Research, 87–124.

Hegner, Friedhart, 1986: Handlungsfelder und Instrumente kommunaler Beschäftigungs- und Arbeitsmarktpolitik. In: Bernhard Blanke/Adalbert Evers/Hellmut Wollmann (Hrsg.): Die Zweite Stadt. Neue Formen lokaler Arbeits- und Sozialpolitik (Leviathan-Sonderheft 7), Opladen, 119–153.

Heidenheimer, Arnold/Heclo, Hugh/Adams, Carolyn, 1975[1] und 1990[3]: Comparative Public Policy. The Politics of Social Choice in America, Europe and Japan. New York: St. Martin's Press.

Heinelt, Hubert, 1996: Die Strukturfondsförderung – Politikprozesse im Mehrebenensystem der Europäischen Union. In: Hubert Heinelt (Hrsg.): Politiknetzwerke und europäische Strukturfondsförderung. Ein Vergleich zwischen EU-Mitgliedstaaten. Opladen: Leske + Budrich, 17–32.

Heinelt, Hubert, 1991: Die Beschäftigungskrise und arbeitsmarkt- und sozialpolitische Aktivitäten in den Städten. In: Hubert Heinelt/Hellmut Wollmann (Hrsg.): Brennpunkt Stadt. Stadtpolitik und lokale Politikforschung in den 80er und 90er Jahren. Basel/Boston/Berlin: Birhkäuser, 257–280.

* Heinelt, Hubert, 1993: Policy und Politic Überlegungen zum Verhältnis von Politikinhalten und Politikprozessen. In: Adrienne Héritier (Hrsg.): Policy-Analyse. Kritik und Neuorientierung (Politische Vierteljahresschrift/Sonderheft 24), Opladen, 307–327.

Heinelt, Hubert/Weck, Michael, 1998: Arbeitsmarktpolitik - zwischen Vereinigungsdiskurs und Standortdebatte. Opladen: Leske + Budrich.

Héritier, Adrienne, 1993: Policy-Analyse. Elemente der Kritik und Perspektiven der Neuorientierung. In: Adrienne Héritier (Hrsg.): Policy-Analyse. Kritik und Neuorientierung (Politische Vierteljahresschrift/Sonderheft 24), Opladen, 9–36.

Jann, Werner/Schmid, Günther (Hrsg.), 2004: Eins zu eins? Eine Zwischenbilanz der Hartz-Reformen am Arbeitsmarkt. Berlin: Ed. Sigma.

John, Peter/Cole, Alistair, 2000: When do Institutions, Policy Sectors, and Cities Matter? Comparing Networks of Local Policy Makers in Britain and France. In: Comparative Political Studies, Vol. 33, No. 2, 248–268.

Kaufmann, Franz-Xaver (Hrsg.), 1979: Bürgernahe Sozialpolitik. Planung, Organisation und Vermittlung sozialer Leistungen auf lokaler Ebene. Frankfurt a. M./New York: Campus-Verlag.

Kohli, Martin, 1985: Die Institutionalisierung des Lebenslaufs. Historische Befunde und theoretische Argumente. In: Kölner Zeitschrift für Soziologie und Sozialpsychologie 1, 1–29.

* Lowi, Theodore, 1972: Four Systems of Policy, Politics and Choice. In: Public Administration Revlew 33, 298–310.

Lowi, Theodore, 1964: American Business, Public Policy, Case Studies and Political Theory. In: World Politics 16, 677–715.

Majone, Giandomenico, 1994: The Rise of the Regulatory State in Europe. In: West European Politics, Vol. 17, 131–156.

Marsh, David, 1998: The Development of the Policy Network Approach. In: Marsh, David (ed.): Comparing Policy Networks. Buckingham: Open University Press.

Mayntz, Renate, 1982: Problemverarbeitung durch das politisch-administrative System. Zum Stand der Forschung. In: Jens Joachim Hesse (Hrsg.): Politikwissenschaft und Verwaltungswissenschaft (Politische Vierteljahresschrift/Sonderheft 13), Opladen, 74–89.

Mazzeo, Claudio, 1997: From Policy Change to Institutional Change. Persistence Change and Policy Frameworks. Paper presentetd at the annual meeting of the American Political Science Association. Washingten, D.C.

Nullmeier, Frank/Rüb, Friedbert, W., 1993: Die Transformation der Sozialpolitik. Vom Sozialstaat zum Sicherungsstaat. Frankfurt a. M./New York: Campus Verlag.

Schmid, Günther/Reissert, Bernd, 1988: Machen Institutionen einen Unterschied? Finanzierungssysteme der Arbeitsmarktpolitik im internationalen Vergleich. In: Manfred G. Schmidt (Hrsg.): Staatstätigkeit. Internationale und historisch vergleichende Analysen (Politische Vierteljahresschrift/Sonderheft 19), Opladen, 284–305.

Schmid, Günthe/Reissert, Bernd/Bruche, Gerd, 1987: Arbeitslosenversicherung und aktive Arbeitsmarktpolitik. Finanzierungssysteme im internationalen Vergleich. Berlin: Edition Sigma.

Schubert, Klaus, 1991: Politikfeldanalyse. Eine Einführung. Opladen: Leske und Budrich.

* Windhoff-Héritier, Adrienne, 1983: ‚Policy‘ und ‚Politics‘. Wege und Irrwege einer politikwissenschaftlichen Policy-Theorie. In: Politische Vierteljahresschrift 4, 347–360.

Windhoff-Héritier, Adrienne, 1987: Policy-Analyse. Eine Einführung. Frankfurt a. M./New York: Campus Verlag.

Zimmermann, Karsten, 2012: Eigenlogik of cities – introduction to the themed section. In: Urban Research & Practice, Vol. 5, No. 3, 299–302.

Verständnisfragen

1. Was versteht Lowi unter einer Politikarena?

2. Was wird unter „issue relabeling" verstanden?

3. Stellen Sie das von Arthur Benz vorgeschlagene Kreislaufmodell zum Zusammenhang von Policies, institutionell vorgeformten Entscheidungsstrukturen, situativen Handlungsoptionen und Akteurszielen dar.

Transferfragen

1. Nennen Sie Beispiele für distributive, redistributive, regulative und selbstregulative Policies.

2. Nennen Sie Beispiele, die verdeutlichen, dass sich die Ausprägung von Politikprozessen in unterschiedlichen Ländern aufgrund von Eigenschaften des politischen Systems oder der politischen Kultur selbst bei derselben nominellen Policy wesentlich unterscheiden kann.

3. Stellen Sie die Policy-Politics-Beziehungen des Kernkraftkonflikts und der politischen Auseinandersetzung um die rechtliche Behandlung von Abtreibung anhand der Unterscheidungsdimension (1) Problembetroffenheit, (2) Policy-Wirkungen, (3) Prognosefähigkeit und (4) Policy-Grenzen gegenüber.

Problematisierungsfragen

1. Diskutieren Sie für politikfeldanalytische Arbeiten den praktischen Wert der Erkenntnis, dass politische Gegenstände die Eigenschaften von Politikprozessen beeinflussen können.

2. Kann die These eines Einflusses von Politikgegenständen auf Politikprozesse auch bei politikfeldübergreifenden Paketvereinbarungen aufrechterhalten werden?

Burkhard Eberlein und Edgar Grande
Entscheidungsfindung und Konfliktlösung

1 Einleitung: Entscheidungen und Entscheidungsregeln in der Politik

Die besondere Leistung des politischen Systems für moderne Gesellschaften besteht darin, dass es kollektiv verbindliche *Entscheidungen* zur Lösung gesellschaftlicher Konflikte bereitstellt (Luhmann 1981, 2000). Politisches Handeln heißt immer auch Entscheiden, und das vor allem dann, wenn ein Konsens zwischen den Beteiligten *nicht* vorausgesetzt werden kann. Das gilt nicht nur für jene Phase des Politikprozesses, in der Gesetze und politische Programme formal „entschieden" werden. Entschieden wird nicht nur am Kabinettstisch und in Parlamenten, entschieden wird in allen Phasen des Politikprozesses und an vielen Orten: in Ministerien, in Parteizentralen, in Verbandsbüros, etc. Bereits die Frage, ob ein Problem überhaupt auf die politische Tagesordnung genommen werden soll, ist angesichts der Vielzahl gesellschaftlicher Anliegen und staatlicher Aufgaben in modernen Gesellschaften hochgradig entscheidungsbedürftig; und das Gleiche gilt für die Festlegung von Zuständigkeiten für die Problembearbeitung, die Auswahl von Entscheidungsalternativen, die Modalitäten der Programmimplementation und vieles andere mehr. Moderne Politikprozesse sind in dieser Perspektive nichts anderes als eine lange Kette von Entscheidungen, deren Anfang nur schwer, wenn überhaupt, zu erkennen ist, und deren Ende oftmals nichts anderes ist als eine neue Entscheidung.

Angesichts der großen Bedeutung von Entscheidungen hängt die Leistungsfähigkeit, aber auch die Legitimation eines politischen Systems vor allem davon ab, dass verbindliche und funktionstüchtige Regeln darüber existieren, auf welche Weise Entscheidungen getroffen werden sollen. Das politische System ist nur dann entscheidungsfähig, wenn nicht ständig darüber entschieden werden muss, wie entschieden werden soll! Aus diesem Grund werden *Entscheidungsregeln* zumeist verbindlich festgelegt und festgeschrieben: in Verfassungen, internationalen Verträgen, Geschäftsordnungen, etc. Auf diese Weise werden insbesondere zwei Fragen verbindlich geklärt: Erstens die Frage, *wer* (welche Person, Organisation, Institution) an einer Entscheidung beteiligt werden soll? Und zweitens die Frage, *wie* (nach welchem Verfahren) eine Entscheidung herbeigeführt werden soll?

So legt das Grundgesetz zum einen detailliert fest, welche Verfassungsorgane an welchen politischen Entscheidungen zu beteiligen sind, und zum anderen, mit welchen Verfahren Entscheidungen getroffen werden müssen. Damit ist nicht gesagt, dass Entscheidungsregeln immer oder immer vollständig formal vorgegeben sind. Sie können auch das Ergebnis von Routinen, informellen Übereinkünften, politischen Kulturen sein; und diese informellen Politik- oder Entscheidungsstile können ganz erheblich von den formal vorgegebenen Entscheidungsregeln abweichen. Der Blick in das Grundgesetz alleine genügt also nicht immer, wenn man erfahren will, auf welche Weise Entscheidungen im politischen System der Bundesrepublik Deutschland getroffen werden.

Entscheidungen können bekanntlich auf höchst unterschiedliche Weise getroffen werden. Es gibt eine Vielzahl von Entscheidungsregeln. Diese lassen sich in modernen Demokratien im Wesentlichen *drei Idealtypen* zuordnen: der *hierarchischen Anordnung*, dem *Mehrheitsentscheid* und der *Verhandlungs- bzw. Konsenslösung*.[1] Diese Dreiteilung, die sich bereits in den Anfängen der neueren politischen Systemlehre findet (Dahl/Lindblom 1953), ist in der Politikforschung inzwischen weitgehend akzeptiert. So unterscheidet Lehmbruch (2000: 14–19) drei „innenpolitische Regelsysteme" bzw. „Spielregeln der politischen Konfliktaustragung" in modernen Staaten: das hierarchisch-autoritäre Regelsystem, das Regelsystem des Parteienwettbewerbs mit dem Mehrheitsentscheid und das Regelsystem des „Verhandelns". In gleicher Weise unterscheidet Scharpf (2000) zwischen hierarchischer Steuerung, Mehrheitsentscheidung und Verhandlung als den drei wichtigsten Formen der politischen Entscheidungsfindung.

Die große Bedeutung, die den Regeln politischer Entscheidungsfindung in der Politikwissenschaft beigemessen wird, wird nicht zuletzt daran deutlich, dass diese inzwischen eine wichtige Rolle bei der Typenbildung in der vergleichenden Demokratieforschung spielen. Arend Lijphart (2012) unterscheidet zwischen „Mehrheitsdemokratie" und „Konsensdemokratie" als den beiden Grundtypen moderner Demokratien. Lijpharts Typus der „Konsensdemokratie" entspricht dem Typus der „Verhandlungsdemokratie", den Lehmbruch (2000) von der „Konkurrenzdemokratie" abgrenzt. In allen diesen Arbeiten wird unterstellt, dass sich moderne Demokratien am besten durch die jeweils vorherrschende Form der politischen Konfliktregelung und Entscheidungsfindung charakterisieren lassen.

Für die Politikanalyse entscheidend ist nun, dass sich jedes dieser Verfahren durch spezifische Merkmale und Funktionsbedingungen und damit – nicht zuletzt – durch eine ganz unterschiedliche *Leistungsfähigkeit* auszeichnet. Die Frage „Auf welche Weise können politische Entscheidungen am besten getroffen werden?" gehört deshalb zu den Kernfragen der Politikwissenschaft. Eine Antwort auf diese Frage wird dadurch erschwert, dass ein Entscheidungsverfahren in demokratischen politischen Systemen zumindest *drei Anforderungen* zugleich genügen muss:

– erstens muss eine Entscheidungsregel *effektiv* sein, sie muss tatsächlich in der Lage sein, zuverlässig Entscheidungen zu produzieren;

---

1 In antiken Demokratien spielte darüber hinaus der Losentscheid vor allem bei der Besetzung politischer Ämter eine wichtige Rolle.

- zweitens sollte eine Entscheidungsregel zu *funktional* angemessenen Entscheidungen führen, eine Entscheidung sollte also auch gewissen inhaltlichen Gütekriterien genügen;
- drittens schließlich muss eine Entscheidungsregel *legitim* sein, d. h. eine Entscheidung muss von den Mitgliedern eines politischen Gemeinwesens nicht nur
  in materieller, sondern auch in prozeduraler Hinsicht als fair empfunden und
  durch Folgebereitschaft anerkannt werden.

Der folgende Beitrag beabsichtigt, die Leistungsfähigkeit politischer Entscheidungsverfahren in zwei Schritten zu behandeln. Im *ersten Schritt* wird er zunächst die drei
wichtigsten Regeln der politischen Entscheidungsfindung in modernen Demokratien

- Hierarchie
- Mehrheitsentscheid
- Konsens

gesondert behandeln und einen allgemeinen Überblick über ihre Funktionsvoraus-
setzungen, ihre Stärken und ihre Schwächen geben. Dabei wird deutlich werden,
dass die Leistungsfähigkeit der Entscheidungsregeln nicht nur vom jeweiligen Entscheidungsgegenstand, sondern auch vom Entscheidungskontext abhängt. Dies hat
zur Folge, dass die Verfahren der hierarchischen und majoritären Entscheidungsfindung in modernen, funktional ausdifferenzierten Gesellschaften offenbar an
enge Grenzen ihrer Wirksamkeit stoßen. Aber auch die Suche nach Konsenslösungen, der neuerdings große Bedeutung beigemessen wird, erweist sich bei genauerer
Betrachtung als steiniger Weg. Für alle Entscheidungsverfahren gilt, dass sie auf
sich allein gestellt höchst voraussetzungsvoll und in ihrer Leistungsfähigkeit eng
begrenzt sind. Im zweiten Schritt werden die einzelnen Entscheidungsregeln dann
in ihrem Zusammenwirken untersucht. Damit soll dem Umstand Rechnung getragen
werden, dass die unterschiedlichen Entscheidungsregeln in der politischen Praxis
vielfach *miteinander verknüpft* sind.

Das zentrale Argument dieses Beitrags lautet, dass die Leistungsfähigkeit moderner politischer **i**
Systeme nicht nur davon abhängt, welche Entscheidungsregel im konkreten Fall vorgesehen ist,
sondern vor allem auch davon, wie gut diese mit anderen Entscheidungsregeln vereinbar ist.

---

2 Die Idealtypen politischer Entscheidungsregeln: Hierarchie, Mehrheitsentscheid und Konsens

Moderne Demokratien kombinieren in ihrer Formalstruktur insbesondere zwei Entscheidungsregeln: den Mehrheitsentscheid und die hierarchisch-bürokratische

Anordnung. Dabei wird davon ausgegangen, dass Gesetze und politische Programme von der Legislative per Mehrheit entschieden und von einer hierarchisch organisierten Exekutive gegenüber der Gesellschaft autoritativ durchgesetzt werden. Das Verhältnis zwischen diesen beiden Gewalten und Gestaltungsprinzipien war immer spannungsgeladen und problematisch. Mit der Entwicklung moderner Wohlfahrtsstaaten mit all den damit verbundenen Steuerungserwartungen und Steuerungsansprüchen verschoben sich die Gewichte zunächst eindeutig zugunsten der Exekutive und hierarchisch-bürokratischen Entscheidungsverfahren. Gerade in komplexen Systemen galt die Hierarchie als optimale Organisationsform (Simon 1962).

Moderne Demokratien schienen deshalb unvermeidlich einer Zentralisierung und Bürokratisierung der Politik ausgesetzt zu sein. Das allzu häufige Scheitern hierarchischer Steuerung hat inzwischen jedoch zu einer Neubewertung politischer Entscheidungsverfahren und Steuerungsformen geführt. Seither steht insbesondere die Beschäftigung mit dezentralen Steuerungsformen und konsensorientierten Entscheidungsverfahren im Mittelpunkt der Politikanalyse. Im Folgenden sollen die drei wichtigsten Regeln der politischen Entscheidungsfindung zunächst gesondert im Hinblick auf ihre Leistungsfähigkeit untersucht werden.

2.1 Hierarchie

Die Policy-Analyse hat lange Zeit die Gestaltungs- und Steuerungsperspektive von Regierungen und Verwaltungen übernommen und die hierarchisch-bürokratische Entscheidungsfindung und -durchsetzung als Regelfall unterstellt. Regierungen und Verwaltungen, so die Annahme, treffen die Mehrzahl kollektiv verbindlicher Entscheidungen und verfügen über sanktionsbewehrte Mittel zu ihrer Durchsetzung. Am deutlichsten wird dieses Entscheidungsmuster in der regulativen Politik, die mit Geboten und Verboten das Verhalten von Individuen oder Unternehmen direkt zu steuern versucht. Normverletzungen, etwa wenn ein Unternehmen bestimmte arbeitsschutz- oder umweltrechtliche Vorgaben nicht einhält, werden in diesem Fall direkt sanktioniert.

Der Umstand, dass sich staatliche Autorität einseitig und ohne unmittelbare Zustimmung des einzelnen Bürgers (sowie eventuell zu dessen Schaden) durchsetzen kann, stellt hohe Anforderungen an die Legitimität des staatlich gesetzten Befehls. Während legitime staatliche Autorität sich aus unterschiedlichen Quellen speisen kann (die klassische Unterscheidung bei Max Weber 1990), so beruht sie im modernen Staat in der Regel auf der Rückbindung staatlicher Autorität an die demokratische Verantwortlichkeit (accountability) gewählter Vertreter. Diese delegieren den Gebrauch staatlicher Autorität an Regierung und Verwaltung. Durch eine strikt hierarchische Befehlsführung von der Regierungs- und Verwaltungsspitze bis zum anordnenden Beamten ist die Lückenlosigkeit der Legitimationskette formal sichergestellt.

Die hierarchische Konfliktlösung und Entscheidungsfindung scheint sowohl im Hinblick auf die Effektivität der Entscheidungsfindung als auch hinsichtlich der inhaltlichen Güte der Entscheidungsergebnisse eindeutige Vorzüge zu besitzen. Sieht man einmal von dem Problem ab, dass unklar sein könnte, wer entscheidungsbefugt ist, oder dass der Entscheidungsbefugte sich der Entscheidung verweigert (Offe 1984: 152), so liegt der wichtigste Vorteil zweifellos darin, dass bei einer Konzentration von Entscheidungskompetenzen in einer Hand die zeitraubende und kostenträchtige Koordination mit anderen Akteuren entfällt. Andere müssen nicht erst aufwendig überzeugt oder überstimmt werden, es kann schnell entschieden werden. Die Entscheidungskosten sind folglich gering.

Da der Entscheider sich hierbei autoritativ über abweichende Präferenzen und Interessen hinwegsetzen kann, entfällt auch die Notwendigkeit, Kompromisse einzugehen, die im Endergebnis Abstriche von der gemeinwohlverträglichsten Lösung bedeuten würden. Aufgrund dieser – hypothetischen – Möglichkeit, eine konsistente Gemeinwohlperspektive einzunehmen, kann eine hierarchische Entscheidungsfindung Umverteilungen zu Gunsten der Wohlfahrtsmaximierung oder der Verteilungsgerechtigkeit vornehmen, die unter den Bedingungen der Mehrheitsregel oder der Verhandlung nicht durchzusetzen wären (Scharpf 2000: 283).

Die hierarchisch-bürokratische Entscheidungsfindung basiert allerdings auf zwei höchst voraussetzungsvollen Prämissen:
– erstens, dass Entscheidungen tatsächlich rational getroffen werden;
– und zweitens, dass Entscheidungen auch effizient um- und durchgesetzt werden können.

Die empirische Planungs- und Policy-Forschung hat hinlänglich gezeigt, dass beide Voraussetzungen nur selten gegeben sind, sodass sich die theoretischen Vorzüge hierarchisch-bürokratischer Entscheidungsfindung in der Praxis nur schwer realisieren lassen. Das beginnt damit, dass die Rationalität hierarchisch getroffener Entscheidungen zahlreichen Restriktionen unterworfen ist. Die bekannteste Restriktion rationaler Planung sind die vielfältigen Informationsprobleme von Entscheidern (Scharpf 2000: 286–293). Um sachangemessene Problemlösungen im Sinne des Gesamtnutzens finden zu können, ist der Entscheider an der Organisationsspitze häufig auf Informationen über das Politikfeld angewiesen, die nur dezentral an der Organisationsbasis oder bei den Steuerungsadressaten vorhanden sind. Gleichzeitig sind die Kapazitäten der Organisationsspitze, verfügbare Informationen angemessen aufzunehmen und zu verarbeiten, eng begrenzt (bounded rationality, Simon 1957). Beides zusammengenommen führt dazu, dass das Entscheidungswissen notwendig unvollständig bzw. fehlerhaft bleibt.

Die Rationalität hierarchischer Entscheidungsfindung kann aber noch aus einem anderen Grund angezweifelt werden. Hierarchische Entscheidung basiert auf der Annahme, dass sich der Entscheider tatsächlich am Gesamtnutzen eines Gemeinwesens bzw. an den Vorgaben des demokratischen Souveräns orientiert, dass er sich also rational im Sinne des Gemeinwohls verhält. Gerade diese Annahme eines „wohlmeinenden Diktators" wird von Public-Choice-Ansätzen jedoch im Kern bestritten (als Überblick s. Braun 1999). In diesen Ansätzen gelten auch Politiker und Bürokraten als individuelle Nutzenmaximierer, die unter dem Verdacht stehen, Entscheidungen nur im Hinblick auf ihren persönlichen Vorteil zu treffen, d. h. die Entscheider verhalten sich zwar rational, aber nicht im Sinne des Gemeinwohls, sondern nur im Sinne ihres Eigennutzens.

Daher birgt jede Delegation von Entscheidungsbefugnissen die Gefahr in sich, durch opportunistisches Verhalten hintergangen zu werden. Das Problem stellt sich an allen Übergängen der oben beschriebenen Legitimationskette, zwischen Wählern und Abgeordneten, zwischen Parlamenten und Verwaltungen sowie innerhalb von Verwaltungen.[2] Auch wenn empirische Analysen staatlicher Steuerung gezeigt haben, dass die Handlungsorientierungen von Akteuren vielschichtiger sind als dies von Public-Choice-Ansätzen unterstellt wird (Mayntz/Scharpf 1995), so lässt sich doch nicht bestreiten, dass die Annahme eines gemeinwohlorientierten Entscheiders eine höchst riskante Annahme ist.

Schließlich kann die Rationalität hierarchischer Entscheidungen darunter leiden, dass diese überhastet getroffen werden. Dieses Problem wurde bereits von Montesquieu (1965) erkannt: Gerade weil die Entscheidungskosten bei hierarchischen Entscheidungen gering sind, lassen sie sich schnell treffen und genauso schnell wieder revidieren. Dies freilich muss sich nicht immer positiv auf die Qualität von Entscheidungen auswirken. Es mag zwar Problemkonstellationen geben, bei denen es tatsächlich darauf ankommt, schnell zu entscheiden; und es sind sicherlich Fälle denkbar, in denen die Leistungsfähigkeit der Politik dadurch verbessert werden kann, als falsch erkannte Entscheidungen rasch wieder zurückzunehmen. Ebenso denkbar jedoch ist, dass Entscheidungen übereilt, das heißt ohne ausreichende Kenntnis des Problems und der Lösungsalternativen getroffen werden. Die Folge können sachlich unangemessene Entscheidungen oder zumindest erhöhte (materielle und/oder politische) Kosten bei der Umsetzung von Entscheidungen sein.

Selbst wenn hierarchische Entscheidungen rational getroffen werden, so ist keineswegs gesagt, dass diese Entscheidungen auch effizient um- und durchgesetzt werden können. Die zunehmende sachliche Komplexität von Entscheidungsmaterien und die funktionale Differenzierung und Autonomie von gesellschaftlichen Teilsystemen stellen den hierarchischen Entscheider vor vielfältige und häufig unlösbare Durchsetzungsprobleme. Zum einen gibt es Regelungsbereiche, in denen hierarchische Anordnungen prinzipiell wirkungslos sind. Die Wissenschafts-, For-

---

2 Ein ganzer Zweig der neuen Institutionenökonomie, der Principal-Agent-Ansatz, ist darum bemüht, passende Mechanismen von Anreizen und mit Sanktionen verbundene Kontrollen auszuarbeiten, die ein solches opportunistisches Verhalten unterbinden.

schungs- und Technologiepolitik sind Beispiele hierfür. Die Kreativität von Wissenschaftlern und die Innovationsbereitschaft von Unternehmen lassen sich nicht anordnen, sie lassen sich nur mit positiven Anreizen und indirekten, „weichen" Instrumenten verbessern. Der Wirksamkeit hierarchischer Entscheidungen sind in diesem Fall prinzipielle Grenzen gesetzt (Willke 1992).

In anderen Fällen kann der hierarchische Entscheider seine Ziele nur dann erreichen, wenn diese von den Adressaten der Steuerung akzeptiert werden und er von ihnen bei der Umsetzung seiner Entscheidungen unterstützt wird. Dies kann daran liegen, dass der Entscheider auf Ressourcen (z. B. Informationen) seiner Adressaten bei der Implementation von Programmen angewiesen ist. Es kann aber auch daran liegen, dass sich die Adressaten drohenden Sanktionen durch Austritt (exit) entziehen können (Scharpf 2000: 285). Die Regulierung transnational mobiler Unternehmen zum Beispiel lässt sich mit hierarchischen Entscheidungen und bürokratischen Sanktionsandrohungen wohl kaum noch durchsetzen.

Aus all diesen Gründen kann davon ausgegangen werden, dass die Leistungsfähigkeit hierarchischer Anordnung als Modus der Entscheidungsfindung und Konfliktregelung in modernen Demokratien begrenzt ist. Ideale Hierarchien weisen zwar theoretische Vorzüge auf, aber diese lassen sich unter Bedingungen hochentwickelter Wohlfahrtsstaaten in der politischen und administrativen Praxis nur schwer, wenn überhaupt, verwirklichen.

2.2 Mehrheitsentscheid

Dem Mehrheitsentscheid geht der Ruf voraus, die für ein demokratisches Gemeinwesen attraktivste Entscheidungsregel zu sein, da sie Praktikabilität mit hoher Legitimationskraft verbindet. Er erhebt jene Entscheidungsalternative zur allgemein verbindlichen Norm, die eine numerische (relative, absolute oder qualifizierte) Mehrheit der Mitglieder eines Gemeinwesens in Form einer formellen Abstimmung auf sich vereinigt. Selbst ihre Kritiker erkennen an, dass die Mehrheitsregel eine Vielzahl von Vorzügen aufweist (siehe die Beiträge in Guggenberger/Offe 1984).

Unter dem Gesichtspunkt der Effektivität spricht zunächst für die Mehrheitsregel, dass sie „ein Maximum an Gewissheit darüber, dass überhaupt eine Entscheidung getroffen wird, mit relativ geringen Entscheidungskosten verknüpft" (Offe 1984: 152). Die Entscheidungskosten der Hierarchie sind zwar geringer, aber dafür steht der Mehrheitsentscheid „jederzeit, kurzfristig und zuverlässig" zur Verfügung (ebenda). Überdies besticht der Mehrheitsentscheid durch seine Klarheit und Universalität: Es ist ein für alle einsichtiges Verfahren, das zudem den Vorzug besitzt, mit seiner inhaltlichen Neutralität auf alle Streitfragen und auf unterschiedlichste Präferenzordnungen anwendbar zu sein.

Auch im Hinblick auf die Qualität der produzierten Entscheidung spricht einiges für den Mehrheitsentscheid. In pluralistischen Gesellschaften kann die Mehrheit (pars maior) zwar nicht für sich in Anspruch nehmen, sanior pars zu sein, sprich: „die Vermutung der Richtigkeit oder gar Wahrheit für sich" zu haben (Lehmbruch 2000: 16). Aber man könnte dem Mehrheitsentscheid gerade für den Fall, dass es kein „absolutes Maß für die Richtigkeit einer Entscheidung gibt", eine höhere Rationalität zusprechen. Dies deshalb, weil – vorgeschaltete Debatten unter Gleichen vorausgesetzt – die Mehrheitsregel „ein Maximum an heterogenen, aber eben nicht hierarchisierbaren Gütekriterien, die in den empirischen Personen der Abstimmungsbeteiligten repräsentiert sind, ins Spiel bringt" (Offe 1984: 153).

Schließlich gilt die Mehrheitsregel auch als besonders fair und legitim. In diesem Zusammenhang wird vor allem auf die Gleichheit der Entscheidungsbeteiligten (one man, one vote) abgestellt. Unter der Voraussetzung von allgemeinen und direkten Wahlen werden alle Entscheidungsbetroffenen durch ihre Stimme in gleicher Weise zu Entscheidungsbeteiligten – und dies unabhängig vom individuellen Status der Beteiligten oder etwaigen sozialen Abhängigkeits- oder Beeinflussungsverhältnissen (Offe 1984: 153).

Bei näherer Betrachtung zeigt sich freilich, dass auch die Leistungsfähigkeit des Mehrheitsprinzips als Verfahren zur Herstellung kollektiv bindender Entscheidungen begrenzt ist. Es ist zwar ohne Zweifel effektiv, aber es ist weder so objektiv-rational wie das numerische Verfahren auf den ersten Blick vermuten lässt, noch entfaltet es beständig die erhoffte Legitimität. Beide Einwände hängen eng miteinander zusammen.

Der erste Einwand betrifft die Frage, ob die Mehrheitsregel tatsächlich in der Lage ist, den „Willen des Volkes" zum Ausdruck zu bringen. Gegen die inhaltliche Güte von Mehrheitsentscheidungen werden mehrere Zweifel angemeldet. Das erste Problem besteht darin, dass der Volkswille schwankend und für Manipulationen anfällig sein kann. Mehrheitsabstimmungen bergen unter diesen Bedingungen die Gefahr in sich, dass sie sachlich unangemessene Entscheidungen erzeugen. Dies war ein wichtiger Grund, weshalb die Demokratie in der antiken politischen Philosophie als schlechte Verfassung galt.

Aber selbst dann, wenn individuelle Entscheidungen wohlüberlegt getroffen werden, ist nicht gesagt, dass sich diese im Endergebnis angemessen wiederfinden. Dies kann verschiedene Gründe haben. Zum einen hat die Theorie rationaler Wahl mit dem berühmten *Condorcet-Arrow-Paradox* gezeigt, dass die Mehrheitsregel schon bei mehr als zwei Akteuren und zwei Optionen nicht in der Lage ist, die (konsistenten) Präferenzen der Mitglieder eines Gemeinwesens verfälschungsfrei in eine konsistente Kollektiventscheidung zu überführen. Stattdessen kommt es zu „zyklisch instabilen" oder „wandernden" Mehrheiten. Diese lassen sich durch entsprechende institutionelle Vorkehrungen (z. B. Regeln zum Verfahren der Abstimmung) zwar in ein Gleichgewicht überführen; aber jene institutionellen Stellgrößen werden selbst wieder zum Problem, da sie eine gewisse Beliebigkeit des Ergebnisses zur Folge haben und somit dem vermeintlichen Ausdruck des Volkswillen die Sinngrundlage entziehen (Riker 1982). So können je nach gewähltem Abstimmungsverfahren bei gleicher Entscheidungsregel andere Alternativen zur Abstimmung gelangen und Mehrheiten erzielen.

Zum anderen wird an der Mehrheitsregel schließlich die Tatsache kritisiert, dass diese lediglich neutral und indifferent die individuellen Präferenzen aggregiert. Dies werde, so die kritische Theorie der Mehrheitsregel (siehe als Zusammenfassung Schmidt 2010: 267–271), vor allem dann problematisch, wenn die individuellen Präferenzen sehr unterschiedliche Intensitäten aufweisen. Das hat zur Folge, dass eine stark betroffene und engagierte Minderheit in einer für sie wichtigen Angelegenheit von einer desinteressierten Mehrheit überstimmt werden kann (Guggenberger 1984). Dabei handelt es sich keinesfalls um ein hypothetisches Problem. Es wird behauptet, dass gerade diese Konstellation im interventionistischen Wohlfahrtsstaat an Bedeutung gewinnt, da dessen Politiken eng abgegrenzte Gruppen in besonderer Weise betreffen, die sich mit ihren Anliegen aber einer schlecht informierten und indifferenten Mehrheit fügen müssen.

Aus all diesen Gründen wird häufig bezweifelt, dass Mehrheitsentscheidungen eine besondere sachliche Qualität besitzen. Sie stehen immer wieder unter dem Verdacht, dass sie nicht den „Willen des Volkes" repräsentieren, sondern lediglich eine zufällige „Summe von Sonderwillen" (Rousseau 1991: 31) darstellen, die auch anders hätte ausfallen können.

Selbst wenn man von all diesen Einwänden absieht und annimmt, dass die numerische Mehrheit tatsächlich „die größere Kraft" (Locke 1988: 74) in einem politischen Gemeinwesen ist, so stellt sich immer noch das Problem, weshalb die unterlegene Minderheit sich einer Mehrheitsentscheidung fügen soll. Auch Mehrheitsherrschaft ist Herrschaft, die sich über die Einwände und Präferenzen von gleichberechtigten Mitgliedern des Gemeinwesen, die sich auf Seiten der Minderheit wiederfinden, hinwegsetzt. Dies ist umso problematischer, je existenzieller die Entscheidung ist und je weniger die Unterlegenen die Möglichkeit haben, sich durch Austritt aus dem Gemeinwesen (exit) der Unterwerfung unter den Mehrheitswillen zu entziehen.[3]

Die politische Philosophie der Neuzeit hat bekanntlich versucht, dieses Legitimationsproblem der Mehrheitsentscheidung vertragstheoretisch zu lösen. Mit der Konstituierung einer politischen Gemeinschaft unterwerfe sich der Einzelne dem Beschluss der Mehrheit, was immer diese auch beschließen mag:

> „Ein jeder also, der mit anderen übereinkommt, einen einzigen politischen Körper unter *einer* Regierung zu bilden, verpflichtet sich gegenüber jedem einzelnen dieser Gesellschaft, sich dem

---

3 Dieses Problem wird in demokratischen Verfassungsstaaten in der Regel dadurch entschärft, dass man a) Minderheiten gewisse unantastbare Rechte zubilligt, b) die Mehrheitserfordernisse qualifiziert oder c) besonders sensible Regelungsbereiche ganz dem Mehrheitsentscheid entzieht. Gelöst ist das Problem damit freilich nicht.

Beschluss der Mehrheit zu unterwerfen und sich ihm zu fügen. Dieser ursprüngliche Vertrag, durch den er sich mit anderen in eine Gesellschaft vereinigt, würde ohne alle Bedeutung sein und kein Vertrag, wenn der einzelne weiterhin frei bliebe und unter keiner anderen Verpflichtung stünde als vorher im Naturzustande." (Locke 1988: 74f.; Hervorhebung im Original)

Der sich daraus ergebende Kurzschluss dieser vertragstheoretischen Argumentation ist offensichtlich. Die freiwillige Unterwerfung unter die Beschlüsse einer Regierung muss nicht zwangsläufig identisch sein mit der Anerkennung eines ganz bestimmten Entscheidungsverfahrens, es sei denn, dieses Verfahren war ausdrücklich Gegenstand einer politischen Übereinkunft.[4]

Die moderne politische Theorie hat darüber hinaus versucht, die Legitimation des Mehrheitsprinzips dadurch zu stärken, dass seine Anwendbarkeit an bestimmte prozedurale Anforderungen geknüpft wird. Im Mittelpunkt dieser Überlegungen steht die *Reversibilität von Entscheidungen*: Mehrheitsentscheidungen können demnach dann Anerkennung für sich beanspruchen, wenn die unterlegene Minderheit eine begründete Chance hat, „ihrerseits zur Mehrheit zu werden und dann die staatliche Sozialgestaltung in ihrem Sinne zu beeinflussen. Das System des alternativen Wechsels wird so zur Grundlage und Legitimation des Mehrheitsprinzips in der Demokratie" (Gusy 1984: 72). Dies setzt voraus, dass die Entscheidungen (Wahlen) in regelmäßigen Abständen stattfinden, und dass die getroffenen Entscheidungen grundsätzlich revidierbar und in ihren Konsequenzen reversibel und korrigierbar sind. Die aktuelle Minderheit zeigt Folgebereitschaft, da sie eine begründete Aussicht hat, beim nächsten Mal die Mehrheit zu stellen und anders zu entscheiden.[5]

Hieraus lassen sich *zwei Grenzen* für die Anwendbarkeit des Mehrheitsprinzips in modernen Demokratien ableiten: erstens, das Vorhandensein sogenannter *struktureller Minderheiten* und, zweitens, die *Irreversibilität* von Entscheidungen. Der legitimitätsstiftende Charakter der Mehrheitsregel geht zum einen dann verloren, wenn Minderheiten keine begründete Aussicht haben, im politischen Wettbewerb zur Mehrheit zu werden. Daher wirkt die Mehrheitsregel in politischen Gemeinwesen, die entlang religiöser, ethnischer oder ideologischer Konfliktlinien gespalten sind, eher konfliktschürend als konfliktschlichtend. In diesem Fall besteht die Gefahr, dass es „immer die gleichen sind, denen die Regeltreue das Opfer eigener

---

4 Auf diese Weise präzisiert Rousseau die vertragstheoretische Begründung der Mehrheitsregel: „Das Gesetz der Stimmenmehrheit beruht selbst auf Übereinkunft und setzt zumindest einmal Einstimmigkeit voraus" (Rousseau 1991: 16). Zu beachten ist, dass bei dieser Begründung die Geltung der Mehrheitsregel nicht an vorpolitische Voraussetzungen (z. B. gemeinsame Sprache und Geschichte) gebunden wird, sondern an eine politische, nämlich die politische Übereinkunft der Bürger!
5 Die britische Politik in den Jahrzehnten nach dem Zweiten Weltkrieg gilt allerdings als Beispiel dafür, dass ständige Richtungswechsel in der Politik sich negativ auf die Qualität ihrer Ergebnisse auswirken können.

Überzeugungen und Interessen abverlangt" (Kielmansegg 1995: 118), dass sich also „strukturelle Minderheiten" bilden. Diese haben gute Gründe, den Mehrheitsentscheid als illegitim zu empfinden und ihm die Anerkennung zu versagen. Die Anwendung der Mehrheitsregel setzt also eine gewisse (soziale, ethnische, kulturelle) Homogenität der Mitglieder eines Gemeinwesen, die die Wahrscheinlichkeit von grundsätzlichen Konflikten vermindert, voraus.

Das Mehrheitsprinzip krankt zum anderen aber auch daran, dass die Revidierbarkeit und Korrigierbarkeit von Entscheidungen in vielen Politikbereichen nicht (mehr) gewährleistet ist. Wenn mit Mehrheit Entscheidungen etwa über die Einführung riskanter Großtechnologien (z. B. Nukleartechnik) gefällt werden, so werden damit für die Zukunft unverrückbare Tatsachen geschaffen, die zukünftige Mehrheiten (oder gar Generationen) weder revidieren noch in ihren Konsequenzen korrigieren können (Guggenberger 1984). Erschwerend kommt hinzu, dass der Mehrheitsentscheid oft unter spezifischen, nur zum jeweiligen Entscheidungszeitpunkt relevanten Einschätzungen und Stimmungslagen getroffen wird, die einem raschen Wandel unterworfen sind. Es fragt sich dann, ob derart kontingente Mehrheiten in der Lage sein sollten, langfristig wirksame (und womöglich nicht revidierbare) Entscheidungen für das gesamte Gemeinwesen zu treffen.

In der Zusammenschau wird deutlich, dass die Leistungsfähigkeit der Mehrheitsregel an mehrere institutionelle Vorkehrungen und gesellschaftliche Bedingungen gebunden ist, die nicht umstandslos als gegeben vorausgesetzt werden können. Vielmehr spricht einiges dafür, dass die Funktionsbedingungen des Mehrheitsprinzips durch aktuelle gesellschaftliche Entwicklungen ausgehöhlt werden (Beck 1986), insbesondere durch:
– die zunehmende sachliche Komplexität und Risikobehaftung von Entscheidungsmaterien
– und die zunehmende sozio-kulturelle Heterogenität moderner Gesellschaften.

Nicht von ungefähr werden die „Grenzen der Mehrheitsdemokratie" (Guggenberger/Offe 1984) seit einigen Jahren in der Politikwissenschaft intensiv diskutiert. Im Mittelpunkt der Überlegungen stehen vor allem zwei – keineswegs so ohne Weiteres miteinander vereinbare – Alternativen zum hierarchisch-majoritären Politikmodus. Auf der einen Seite werden gerade im Bereich von Risikotechnologien nicht-hierarchische, partizipative Formen der Konfliktlösung und Entscheidungsfindung vorgeschlagen (u. a. Renn et al. 1993; Sclove 1995; Rehmann-Sutter et al. 1998), auf der anderen Seite werden in zunehmendem Maße nicht-majoritäre, konsensorientierte Formen der politischen Entscheidungsfindung angeregt.

Gerade Letzteres, die politische Konfliktlösung und Entscheidungsfindung durch Verhandlungen und freiwillige Vereinbarungen, scheint in modernen Demokratien eine immer größere Bedeutung zu gewinnen. Der klassische Typus der „Mehrheitsdemokratie" scheint zunehmend durch die „Konsens-" oder „Verhandlungsdemokratie" (Lijphart 2012; Lehmbruch 2000) verdrängt zu werden. Allenthalben ist vom Trend hin zum „verhandelnden" (Scharpf 1993) bzw. „kooperativen" Staat (Voigt 1995), der „kooperativen Verwaltung" (Benz 1994; Dose 1997), von „Verhandlungssystemen" und „Policy-Netzwerken" (Mayntz 1993) die Rede. Diese unterschiedlichen Formen der politischen Interessenvermittlung und staatlichen Problembearbeitung haben alle gemeinsam, dass sie die hierarchisch-majoritäre Form der Entscheidungsfindung durch konsensorientierte Entscheidungsregeln ersetzen.

2.3 Konsens

Entscheidungen im Konsens – also beruhend auf der unmittelbaren Zustimmung aller Beteiligten – haben einen offensichtlichen Vorzug, den kein anderer Entscheidungsmodus für sich in Anspruch nehmen kann: Niemand muss sich einer Entscheidung unterwerfen, der er nicht freiwillig zugestimmt hat. Dieser Weg der politischen Entscheidungsfindung kommt dem liberalen Ideal der individuellen Freiheit und Selbstbestimmung und der angestrebten Identität zwischen Regierten und Regierenden am nächsten. Die Stärke des Konsensprinzips als Modus der politischen Entscheidungsfindung besteht deshalb in der großen Legitimationskraft von Entscheidungen. Von einvernehmlichen Entscheidungen geht eine befriedende und integrative Wirkung aus. Nicht von ungefähr findet sich dieses Entscheidungsverfahren insbesondere in solchen politischen Gemeinwesen, die durch tief greifende gesellschaftliche Spaltungen und heftige politische Konflikte gekennzeichnet sind.

Das Konsensprinzip hat allerdings auch gravierende Schwächen. Durch die verbriefte Vetoposition eines jeden Entscheidungsbeteiligten sind die Entscheidungskosten außerordentlich hoch. Verhandlungen laufen ständig Gefahr, blockiert zu werden, und diese Gefahr nimmt mit der Zahl der Entscheidungsbeteiligten dramatisch zu. Aus diesem Grund scheinen konsensorientierte Verhandlungslösungen als politisches Entscheidungsverfahren unter dem Gesichtspunkt der Effektivität den anderen Verfahren hoffnungslos unterlegen und wenig praktikabel zu sein.

Auch im Hinblick auf die Qualität der Entscheidungen galt die Leistungsfähigkeit des Konsensprinzips lange Zeit als zweifelhaft. Verhandlungslösungen stehen immer im Verdacht, nur unbefriedigende („faule") Kompromisse auf „kleinstem gemeinsamem Nenner" zu repräsentieren und das Gemeinwohl systematisch zu verfehlen. Hinzu kommt, dass die Einigung zwischen den Beteiligten oftmals nur zu Lasten unbeteiligter Dritter, z. B. gesellschaftlichen Minderheiten und zukünftigen Generationen, zustande kommt.

Aus diesen Gründen erscheint das Konsensprinzip insgesamt als suboptimales Entscheidungsverfahren. Seine Anwendung galt nur in solchen Fällen als erstrebenswert, in denen andere, wirksamere politische Entscheidungsverfahren entweder nicht zur Verfügung stehen oder aufgrund besonderer Umstände nicht anwendbar sind. Auch die Politikwissenschaft nahm lange Zeit die auf der Mehrheitsregel und Parteienkonkurrenz beruhende Wettbewerbsdemokratie zum ausschließlichen Maßstab einer legitimen und funktionierenden Demokratie.[6]

Erst durch die Arbeiten von Lehmbruch (1967) und Lijphart (1968) zur „Konkordanzdemokratie" bzw. „consociational democracy" gewann der Verhandlungsmodus eine stärkere Beachtung in der Politikwissenschaft. Lehmbruch und Lijphart konnten zeigen, dass in Ländern (z. B. Österreich, Schweiz, Niederlande), in denen die Mehrheitsregel aufgrund der Spaltung der Gesellschaft in religiös-linguistische Gruppen oder weltanschauliche Lager nicht zur Verfügung steht, Kompromisstechniken und Proporzregeln für eine demokratische Konfliktregelung zur Anwendung kommen, die auf dem „gütlichen Einvernehmen" der Entscheidungsbeteiligten beruhen. Später leistete die Korporatismusforschung im Hinblick auf die Verhandlungen zwischen Staat und gesellschaftlichen Gruppen (Verbänden) einen weiteren Beitrag zu einer allgemeineren Theorie der Konsens- oder Verhandlungsdemokratie (Schmitter/Lehmbruch 1979).

Inzwischen ist allgemein anerkannt, dass die Mehrzahl der modernen Demokratien dem Typus der „Konsensdemokratie" zuzuordnen ist, also starke Verhandlungselemente aufweist (Lijphart 2012).[7] Diese zunehmende Bedeutung von Verhandlungen als Modus der politischen Entscheidungsfindung und Konfliktlösung geht einher mit ihrer Neubewertung in der Politikwissenschaft. Die Leistungsfähigkeit von Verhandlungen wird inzwischen wesentlich positiver, zumindest differenzierter eingeschätzt als zuvor. Dies ist zum einen ein Verdienst der vergleichenden empirischen Demokratieforschung (zusammenfassend Schmidt 2010). Diese hat gezeigt, dass die Konsensdemokratien in ihrem Leistungsprofil den auf die Mehrheitsregel setzenden Wettbewerbsdemokratien zumindest ebenbürtig, wenn nicht gar überlegen sind. Länder mit starken verhandlungsdemokratischen Elementen besitzen nicht nur eine große politische Stabilität, sie sind darüber hinaus auch in der Lage, diese mit einer großen wirtschaftlichen Leistungsfähigkeit und einem hohen Niveau an sozialer Sicherung zu kombinieren. Im Fall der Niederlande gilt gerade die Wiederbelebung korporatistischer Praktiken als Ursache für den wirtschaftlichen Erfolg in den 1990er-Jahren, dem sogenannten „holländischen Wunder" (Visser/Hemerijck 1998).

Diese empirischen Befunde werden gestützt durch (spiel)theoretische Analysen von Verhandlungssystemen durch Fritz W. Scharpf (1988, 1992, 2000). Scharpf konnte dabei an Überlegungen aus der ökonomischen Wohlfahrtstheorie (Coase-Theorem) anknüpfen, die gezeigt hat, dass alle durch hierarchische Setzung erziel-

---

6 Im Unterschied dazu hat die Rational-Choice-Theorie immer die Einstimmigkeitsregel favorisiert (Buchanan/Tullock 1962).

7 In ähnlicher Weise werden inzwischen auch supranationale Organisationen wie die EU aufgrund der großen Bedeutung des Konsensprinzips als „konsoziativer Staat" (Schmidt 2000) charakterisiert.

baren Wohlfahrtsgewinne auch in Form freiwilliger Vereinbarungen zwischen rationalen und egoistisch orientierten Beteiligten erreicht werden können. Besonders bemerkenswert daran ist, dass bei diesem Entscheidungsverfahren – im Unterschied zur hierarchischen Anordnung und dem Mehrheitsentscheid – das Gemeinwohl nicht auf gemeinwohlorientierte Akteure (den „wohlmeinenden Diktator", die „solidarische" Mehrheit) angewiesen ist (Scharpf 1992: 20). Freilich ist hier mit Gemeinwohl nur der Gesamtnutzen gemeint, der Umverteilungen im Sinne der Verteilungsgerechtigkeit ausschließt. Denn diese würden dem Veto der betroffenen egoistisch-rationalen Akteure zum Opfer fallen. Damit wird schon deutlich, dass der Verhandlungsweg wenig geeignet ist zur Verfolgung von Umverteilungszielen.

Das Coase-Theorem gilt jedoch nur unter der Bedingung, dass Transaktionskosten – d. h. in diesem Fall die Kosten der Entscheidungsfindung – vernachlässigbar sind und Ausgleichszahlungen und Paketgeschäfte (zu Letzterem s. u.) möglich sind. Gerade hier liegt jedoch offenbar die Crux des Konsensprinzips. Die Entscheidungskosten sind hoch, und sie steigen exponentiell mit der Zahl der zu koordinierenden Beteiligten an (Scharpf 2000: 198). Dies begrenzt die Zahl der unabhängigen Akteure, zwischen denen mit Aussicht auf Erfolg eine Verhandlungslösung angestrebt werden kann. „Decision-making by committee" (Sartori 1975) gilt deshalb als ein Verfahren, dessen Reichweite im besten Fall eng begrenzt ist.

Die politikwissenschaftliche Analyse von Verhandlungssystemen hat darüber hinaus inzwischen gezeigt, dass Verhandlungen ein höchst voraussetzungsvoller Entscheidungsmodus sind. Ihre Leistungsfähigkeit hängt von zahlreichen *Bedingungen* ab. Dazu zählen unter anderem:

- der Typus von Verhandlungen,
- die institutionellen Ausprägungen von Verhandlungssystemen,
- die Konfliktstrukturen von Verhandlungsgegenständen,
- die Interessenkonstellationen von Verhandlungspartnern,
- die Handlungsorientierungen der Akteure,
- die Verhandlungsstrategien der Akteure,
- die Machtverteilung in Verhandlungssystemen.

1. Der *Verhandlungstypus*: Verhandlung ist nicht gleich Verhandlung, und nicht jede Verhandlung ist in gleicher Weise voraussetzungsvoll. Scharpf (2000: 212–229) beispielsweise unterscheidet zwischen vier Typen von Verhandlungen:
a) Spot-Verträgen,
b) distributivem Bargaining,
c) Problemlösen und
d) positiver Koordination.

Diese vier Typen unterscheiden sich vor allem dadurch, dass sich in ihnen das sogenannte „Verhandlungsdilemma" – also die Notwendigkeit, in Verhandlungen egoistische und gemeinschaftliche Orientierungen miteinander zu vereinbaren – in unterschiedlicher Intensität stellt. Das Verhandlungsdilemma ist im Fall von Spot-Verträgen[8] am geringsten und im Fall von positiver Koordination[9] am stärksten ausgeprägt. Entsprechend gilt, dass die Schwierigkeiten, politische Entscheidungen auf dem Verhandlungsweg herbeizuführen, dann besonders groß sind, wenn damit ein ganz bestimmtes Verhandlungsergebnis, nämlich positive Koordination, angestrebt wird.

2. Die *institutionelle Ausprägung* von Verhandlungssystemen: Verhandlungen können, wie Scharpf (2000: 239) feststellte, „unter allen Arten institutioneller Rahmenbedingungen stattfinden, und alle beeinflussen die Ergebnisse". Wichtig ist in diesem Zusammenhang insbesondere die Unterscheidung zwischen

a) freiwilligen Verhandlungen und

b) Zwangsverhandlungssystemen (auch Czada 2000).

Im ersten Fall entschließen sich die Beteiligten freiwillig, auf ein anderes Entscheidungsverfahren (Hierarchie oder Mehrheitsentscheid) zu verzichten und eine Entscheidung auf dem Verhandlungswege anzustreben. Dies ist in Konkordanzdemokratien und in korporatistischen Verhandlungsrunden der Fall. Im zweiten Fall sind die Beteiligten formal (z. B. durch konstitutionelle Regeln) gezwungen, eine einvernehmliche Lösung herbeizuführen. Beispiele hierfür wären die föderale Politikverflechtung in Deutschland oder Entscheidungen nach der Einstimmigkeitsregel im Ministerrat der EU. Der Unterschied zwischen den beiden Formen von Verhandlungssystemen zeigt sich besonders deutlich im Fall einer Nichteinigung zwischen den Beteiligten. Während es den Verhandlungspartnern im ersten Fall freigestellt ist, einseitige Problemlösungen zu verfolgen oder andere Entscheidungsverfahren zu nutzen, droht im zweiten Fall die Blockade von Entscheidungen. Mit anderen Worten: Wenn freiwillige Verhandlungen scheitern, dann drohen schlechtere Entscheidungen, wenn Zwangsverhandlungen scheitern, dann kommen überhaupt keine Entscheidungen zustande.

3. Die *Konfliktstrukturen* von Verhandlungsgegenständen: Verhandlungen können ganz unterschiedliche Regelungsmaterien zum Gegenstand haben, und auch dies hat Einfluss auf die Möglichkeiten, auf dem Verhandlungswege zu Entscheidungen zu kommen. Bei der Analyse der Konfliktstrukturen kann man zunächst zumindest drei unterschiedliche *Konfliktdimensionen* unterscheiden:

---

8 In der Transaktionskostenökonomie werden damit solche Transaktionen bezeichnet, bei denen weder Fragen der Nutzenproduktion noch solche der Verteilung in den Verhandlungen selbst eine Rolle spielen, bei denen es also nur um die Annahme oder Ablehnung von Vorschlägen geht (Scharpf 2000: 213).

9 Mit „positiver Koordination" bezeichnet Scharpf (2000: 225 ff.) jene Interaktionsform, bei der die Verhandlungspartner Produktionsprobleme und Verteilungsfragen gleichzeitig erfolgreich behandeln.

a)   materielle
b)   institutionelle und
c)   ideelle Konflikte (Grande 1995).

Bei materiellen Konflikten handelt es sich in der Regel um Verteilungskonflikte, bei denen finanzielle Ansprüche und Verpflichtungen im Mittelpunkt stehen. Ein typisches Beispiel hierfür sind die Konflikte um den Länderfinanzausgleich im deutschen Föderalismus. Im Unterschied dazu geht es bei institutionellen Konflikten in der Regel nicht um Geld, sondern um Zuständigkeiten, sei es zwischen Verfassungsorganen, sei es zwischen staatlichen Handlungsebenen. Beispiele hierfür wären die Konflikte um die Aufgabenverteilung zwischen Bund und Ländern im deutschen Föderalismus oder zwischen der EU und ihren Mitgliedstaaten.

Im Mittelpunkt ideeller Konflikte schließlich stehen unterschiedliche politische Überzeugungen. Gestritten wird nicht um Geld oder um Zuständigkeiten, sondern um die Richtigkeit und die Geltung von (politischen, konfessionellen, ethischen) Weltbildern. Die einzelnen Konflikte unterscheiden sich vor allem dadurch, inwieweit sie kalkulierbar und – damit nicht zuletzt – verhandelbar sind. Die Konfliktstruktur von Verhandlungsgegenständen muss jedoch noch in einer anderen Richtung differenziert werden. Konfliktstrukturen können eindimensional oder mehrdimensional sein. Bei eindimensionalen Konflikten geht es entweder um Geld *oder* um Zuständigkeiten (oder Überzeugungen); bei mehrdimensionalen Konflikten dagegen geht es um mehreres gleichzeitig, um Geld *und* Zuständigkeiten (und Überzeugungen). Tarifkonflikte, bei denen lediglich über die Höhe der jährlichen Lohnerhöhungen verhandelt wird, sind typische Beispiele für eindimensionale Konflikte. Dagegen weisen Verhandlungen um Förderprogramme der EU in der Regel eine mehrdimensionale Konfliktstruktur auf, die sowohl durch verteilungspolitische Fragen als auch durch Kompetenzkonflikte zwischen der EU und ihren Mitgliedsstaaten wie auch durch ordnungspolitische Streitigkeiten charakterisiert ist (Grande 1995).

4. Die *Interessenkonstellationen* von Verhandlungspartnern: Auch die zugrunde liegende Interessenkonstellation – oder besser: ihre Deutung durch die Verhandlungspartner – ist ein wichtiger Faktor für den Verlauf von Verhandlungen. Es liegt zunächst nahe, zu vermuten, dass die Kooperationsbereitschaft umso größer ist, je eher die Interessen als *kompatibel* oder nur geringfügig divergierend wahrgenommen werden. Die Gegenläufigkeit von Interessen allein steht allerdings einer Kooperation nicht im Wege. Problematisch sind indes *antagonistische* Interessenlagen. Diese entstehen dann, wenn die jeweils verfolgten Ziele stark voneinander abweichen und hoch bewertet werden. Benz (1994: 140) hebt hervor, dass die Konvergenz oder Divergenz von Interessen vor allem in Abhängigkeit von der Teilnehmerzahl relevant wird. Einigung durch Tausch ist immer dann problematisch, wenn sich nicht allein zwei Akteure oder Lager gegenüberstehen, sondern eine Mehrzahl unterschiedlicher, divergierender Interessen zum Ausgleich gebracht werden müssen.

In gleicher Weise wird verständigungsorientierte Kooperation durch höhere Teilnehmerzahlen erschwert, da die direkte und dialogische Kommunikation nicht mehr gewährleistet werden kann.

5. Die *Handlungsorientierungen* der Akteure: Für die Aufnahme von Verhandlungen ist es zunächst unverzichtbar, dass die Akteure grundsätzlich kooperationsbereit sind. Dies mag trivial klingen, ist aber eine politisch höchst kontingente Bedingung. Denn die prinzipielle Bereitschaft zu Verhandlungen kann keineswegs vorausgesetzt werden. Sie kann aus ideologischen Gründen verweigert werden, Verhandlungsangebote können aber auch aus taktischen Gründen zurückgewiesen werden.[10] Nur wenn die Akteure pragmatisch und nicht dogmatisch an die jeweilige Problemstellung herangehen, können sich Einigungsspielräume überhaupt eröffnen. Ist ein Akteur grundsätzlich kooperationsbereit, dann können drei Handlungsorientierungen unterschieden werden (Mayntz/Scharpf 1995):

a) egozentrisch,
b) kompetitiv und
c) kooperativ.

Akteure mit einer egozentrierten Handlungsorientierung zielen in Verhandlungen auf die Maximierung des eigenen Vorteils ohne Rücksicht auf die Folgen für andere Akteure ab. Akteure mit einer kompetitiven Interaktionsorientierung versuchen hingegen, ihren relativen Vorteil im Vergleich zum Gegenüber zu maximieren, d. h. Gewinne des Gegenübers werden als eigene Verluste verbucht und umgekehrt. Bei der kooperativen Orientierung schließlich steht für die Verhandlungspartner die Erreichung gemeinsamer Ziele im Vordergrund. Die Verhandlungstheorie geht üblicherweise von strategisch-rational handelnden, egozentrierten Akteuren aus, die ihr eigenes Verhandlungsergebnis maximieren wollen.

6. Die *Verhandlungsstrategien* von Akteuren: Die Handlungsorientierungen von Akteuren korrespondieren mit unterschiedlichen Verhandlungsstrategien, die von ihnen verfolgt werden können. In der Literatur finden sich eine Reihe von teilweise komplementären Begriffspaaren, mit denen versucht wird, diese Verhandlungsstrategien zu unterscheiden:

– „distributive bargaining" vs. „integrative bargaining" (Lax/Sebenius 1986);
– „bargaining" vs. „problem solving" (March/Simon 1958);
– „bargaining" vs. „arguing" (Elster 1998);
– „verhandeln" vs. „argumentieren" (von Prittwitz 1996).

---

10 Ein Beispiel für Letzteres wären die überwiegend parteitaktisch motivierten Weigerungen der CDU-CSU-Oppositionen, aus Furcht vor einer „Konsensfalle" politische Entscheidungen zu wichtigen innenpolitischen Themen (Renten, Zuwanderung) im Konsens mit der rot-grünen Bundesregierung zu treten.

Die erste der beiden Verhandlungsstrategien, die diesen Unterscheidungen zugrunde liegt, lässt sich als „positionsbezogen" bzw. „ergebnisorientiert" charakterisieren und beruht auf der Logik der „Einigung durch Tausch" (Benz 1994: 120 ff.). Die Akteure beharren auf ihren Situationsdeutungen und Verhandlungszielen und sind nur bei entsprechenden Kompensationen zu Zugeständnissen bereit. Einigungsprobleme werden durch verschiedene Formen der Kompensation gelöst: durch die Erweiterung des Verhandlungsgegenstandes zu größeren Verhandlungspaketen (package deals), durch die Verknüpfung von sachlich getrennten Problemen in einem Koppelgeschäft (issue linkage) oder durch die Kompensationen voraussichtlicher Verluste eines Verhandlungspartners durch Geldzahlungen des anderen (Ausgleichszahlungen). Allerdings stoßen solche Verknüpfungsstrategien schnell an Grenzen: Erstens ist nicht immer gesagt, dass die Verhandlungspartner über ein entsprechendes Tauschpotential verfügen und effektiv kontrollieren (Kapazitätsproblem), zweitens werden Verhandlungsgegenstände für die Beteiligten dadurch schnell unübersichtlich und unkalkulierbar (Komplexitätsproblem) und drittens ist schließlich gerade bei wertgeladenen Konflikten die Eintauschbarkeit von Verhandlungsgegenständen begrenzt, sofern ein derartiger Tausch nicht gänzlich als politisch illegitim empfunden wird (Legitimitätsproblem).

Dieser ausschließlichen Orientierung an individuellen Gewinn- und Verlustkalkülen wird in der Verhandlungsliteratur eine zweite, „prozess-" bzw. „problemorientierte" Verhandlungsstrategie gegenübergestellt, von der angenommen wird, dass sie größere Einigungsräume und damit nicht zuletzt – für *alle* Beteiligten – bessere Verhandlungsergebnisse eröffnet (z. B. Pruitt 1981). Auch dabei werden strategisch rational handelnde Akteure zugrunde gelegt, aber nach anderen, besseren Lösungen für das „Verhandlungsdilemma" gesucht, in dem diese sich befinden. Zum Beispiel wird in diesem Zusammenhang vorgeschlagen, Einigungsprobleme dadurch zu entschärfen, dass die kooperativ-konstruktive „Produktion" einer gemeinsamen Problemlösung von konfliktbehafteten Verteilungsfragen getrennt wird (Scharpf 1988, 1992).

Eine dritte, „verständigungsorientierte" Verhandlungsstrategie basiert darauf, dass die Akteure ihre individuelle Interessenorientierung überhaupt aufgeben, dass sie also nicht mehr „Bargaining" betreiben, sondern „Arguing". „Arguing" oder „verständigungsorientiertes Handeln" geht auf die Theorie kommunikativen Handelns von Habermas (1981) und dessen Unterscheidung von instrumenteller Rationalität (bargaining) und kommunikativer Rationalität (arguing) zurück. Eine Verhandlungsstrategie, die auf „Arguing" basiert, setzt auf das Potential der direkten und dialogischen Kommunikation im Verhandlungsprozess. Im Sinne einer gemeinsamen „Wahrheitsfindung" wird unterstellt, dass Akteure bereit sind, ihre eigene Sichtweise über kausale oder normative Zusammenhänge in einem diskursiven Prozess (Rede und Gegenrede) zur Disposition zu stellen. Machtverhältnisse treten dabei zugunsten des „besseren Arguments" in den Hintergrund. Situationsdeutungen, Präferenzen und Interessen werden nicht als vorgegeben und unverrückbar betrachtet, sondern können sich im Laufe des Verhandlungsprozesses erst herausbilden oder wandeln (u. a. Risse 2000).

Legt man allerdings die von Habermas genannten Bedingungen für verständigungsorientiertes Handeln zugrunde (insbesondere die gemeinsame „Lebenswelt" der Akteure und die gegenseitige Anerkennung als Gleichberechtigte in einer nichthierarchischen Beziehung), dann wird deutlich, dass „Arguing" eine höchst voraussetzungsvolle Verhandlungsstrategie ist, da sie die Abwesenheit oder zumindest den Verzicht auf Verhandlungsmacht erfordert.

7. Die *Machtverteilung* in Verhandlungssystemen: Schließlich spielt die relative Verhandlungsmacht der Beteiligten eine zentrale Rolle, und das nicht nur bei Verhandlungsstrategien, in denen es um eine diskursive Wahrheitssuche im Sinne von „Arguing" geht. Diese sind für Machtasymmetrien besonders anfällig, aber Kooperation gilt allgemein als wahrscheinlicher, wenn eine symmetrische Verteilung von Macht oder Einfluss vorliegt. Ein überlegener Verhandlungspartner wird hingegen geneigt sein, seine Ziele so weit wie möglich einseitig und ohne Verhandlungen durchzusetzen oder sich in Verhandlungen positionsorientiert zu verhalten.

Verhandlungsmacht resultiert vor allem aus der „Möglichkeit, wirksam mit dem Abbruch von Verhandlungen und dem Einsatz realer Machtpotentiale außerhalb von Verhandlungen zu drohen" (Benz 1994: 116). Dabei müssen allerdings auch die Kosten eines Verhandlungsabbruchs berücksichtigt werden. Diese hängen auch davon ab, wie stark der Verhandlungszusammenhang institutionalisiert ist und welche langfristigen Erwartungen mit ihm verknüpft sind. Handelt es sich um einen Kooperationszusammenhang, in dessen Aufbau die Partner über Zeit viel investiert haben (sunk costs) und von dem sie vor dem Hintergrund ihrer Erfahrungen auch in Zukunft Kooperationsgewinne erwarten, dann werden sie bestrebt sein, diese Zusammenarbeit nicht an einer einzelnen Streitfrage gänzlich scheitern zu lassen. Ist Kooperation in dieser Weise verfestigt, so haben die Partner ein starkes Interesse am Erhalt der Kooperation per se, auch wenn sie nicht in allen inhaltlichen Fragen befriedigende Lösungen erzielen können. Das Verhandlungssystem der EU ist ein besonders gutes Beispiel für einen solchen institutionalisierten Kooperationszusammenhang.

Insgesamt dürfte deutlich geworden sein, dass „Verhandeln" ein außerordentlich voraussetzungsvolles und variantenreiches Verfahren der politischen Entscheidungsfindung und Konfliktlösung ist. Aufgrund der starken gegenseitigen Abhängigkeiten, der weitreichenden Folgen politischer Entscheidungen und der Unübersichtlichkeit politischer Interessenlagen ist es zwar verständlich, dass in modernen Demokratien in zunehmendem Maße auf Verhandlungen bei der politischen Entscheidungsfindung gesetzt wird, dass einige von ihnen sich zu „Verhandlungsdemokratien" entwickelt haben; aber damit ist keineswegs gesagt, dass sich auf diese Weise die Entscheidungsprobleme in modernen Demokratien ohne Weiteres lösen lassen. Im Gegenteil: Angesichts der zahlreichen kognitiven, politischen und institutionellen Bedingungen von funktionierenden Verhandlungssystemen kann davon ausgegangen werden, dass auch diese für sich genommen nur sehr begrenzt einsatzfähig sind.

3 Die Verknüpfungen von Entscheidungsregeln: Produktive Kopplung oder Entscheidungsblockade?

Bisher haben wir die drei Verfahren der politischen Entscheidungsfindung und Konfliktlösung in idealtypischer Form und isoliert voneinander betrachtet. Dabei ist deutlich geworden, dass

1. Effektivität und Legitimität einer Entscheidungsregel stark vom jeweiligen Entscheidungskontext und Entscheidungsgegenstand abhängen;
2. alle Entscheidungsverfahren auf sich allein gestellt in ihrer Leistungsfähigkeit offenbar begrenzt sind.

Politikprozesse in modernen Demokratien sind jedoch nicht nur dadurch charakterisiert, dass in ihnen eine Vielzahl von einzelnen Entscheidungen miteinander verbunden werden. Sie zeichnen sich auch dadurch aus, dass in ihnen in der Regel unterschiedliche Verfahren der politischen Entscheidungsfindung kombiniert werden. Auch in klassischen Mehrheitsdemokratien wie Großbritannien musste und muss immer wieder – allerdings freiwillig – verhandelt werden, zum Beispiel zwischen der Regierung und den Gewerkschaften. In Konsens- und Verhandlungsdemokratien werden selbstverständlich viele Entscheidungen durch hierarchische Anordnung oder Mehrheitsentscheid getroffen. Das beste Beispiel hierfür dürften die direkt-demokratischen Referenden in der Schweiz sein, durch die der „Proporzdemokratie" ein hartes mehrheitsdemokratisches Instrument zur Seite gestellt wird.

Für die politische Praxis moderner Demokratien ist offensichtlich eine Verknüpfung der unterschiedlichen Entscheidungsregeln typisch. Für die Politikanalyse ergeben sich hieraus zwei Fragen:

–   Ist die Verknüpfung politischer Entscheidungsverfahren geeignet, die Leistungsfähigkeit der Entscheidungsfindung zu steigern, indem die Schwächen des einen durch die Stärken des anderen Verfahrens ausgeglichen werden?
–   Oder führt diese Verschränkung der Entscheidungsverfahren im Gegenteil zu einer Verminderung ihrer Leistungsfähigkeit, weil miteinander unverträgliche Verfahren sich gegenseitig blockieren?

Die empirische Politikanalyse hat gezeigt, dass beides der Fall sein kann. Gerade am Beispiel von Verhandlungssystemen lässt sich zeigen, dass sich die Verknüpfung von Entscheidungsverfahren durchaus positiv auf ihre Leistungsfähigkeit auswirken kann. Die Schwäche des Konsensprinzips besteht, wie wir gesehen haben, unter anderem im Einigungszwang und in seiner geringen Reichweite. Beide Schwächen lassen sich durch die Verbindung des Konsensprinzips mit hierarchischen Entscheidungsverfahren abmildern.

Die *Einbettung von Verhandlungssystemen in hierarchische Autoritätsstrukturen* kann zum einen die Leistungsfähigkeit der Entscheidungsfindung verbessern. Dies lässt sich zum einen an der Funktionsweise von (freiwilligen) Verhandlungen innerhalb hierarchisch organisierter Einheiten wie einem Ministerium oder einem Unternehmen zeigen (Scharpf 2000: 323 ff.). In solchen Organisationen stößt der hierarchische „Durchgriff" der Organisationsspitze zwar an enge Informations- und Kontrollgrenzen, weshalb vielfach horizontale Verhandlungen zwischen den sachlich betroffenen Abteilungen (sowie zwischen anderen staatlichen und privaten Akteuren) an die Stelle von hierarchischer Koordination treten. Diese Verhandlungen bleiben aber von ihrer Einbettung in die formale Hierarchie nicht unberührt. Zum Beispiel übt die Notwendigkeit, der Organisationsspitze ein Ergebnis vorlegen zu müssen, auf die verhandelnden Abteilungen Einigungsdruck aus. Aber auch die Möglichkeit, mit der Einschaltung der „Spitze" zu drohen, kann Verhandlungen vor einer Blockade bewahren.

Aus der Möglichkeit, im Bedarfsfall – das heißt: im Fall der Nichteinigung – auf hierarchische Anordnung oder Mehrheitsentscheid zurückzugreifen, geht also eine wichtige Disziplinierungswirkung auf die Akteure aus, durch die Vetopositionen in Verhandlungen überwunden werden können. Dieser „Schatten der Hierarchie" (Scharpf 2000: 323) kann auch im Verhältnis zwischen Staat und gesellschaftlichen Gruppen oder Verbänden wirksam werden, es kann sogar vermutet werden, dass korporatistische Verhandlungssysteme ohne hierarchische Absicherung (z. B. durch staatliche Sanktionsandrohungen) nicht dauerhaft funktionieren können. Auch hier kann die Androhung staatlicher Eingriffe eine Einigung erleichtern, falls Verhandlungen zwischen Verbänden an ungünstigen Interessenkonstellationen zu scheitern drohen.

Hierarchie kann mit Verhandlungslösungen aber auch kombiniert werden, um die Reichweite des Konsensprinzips zu vergrößern. Die Leistungsfähigkeit der Entscheidungsfindung in Verhandlungsrunden ist bekanntlich stark abhängig von der Zahl der Beteiligten. Je größer die Zahl der Beteiligten, desto langwieriger werden Verhandlungen und desto größer ist die Gefahr, dass eine Einigung am Veto eines Beteiligten scheitert.[11] Dieses Problem der begrenzten Reichweite von Verhandlungslösungen lässt sich freilich dann entschärfen, wenn die Verhandlungspartner selbst Organisationen repräsentieren, innerhalb derer sie (faktische oder formelle)

---

11 Aus diesem Grund wurde im Zusammenhang mit der Osterweiterung der EU die Ausweitung von Mehrheitsentscheidungen in den supranationalen Institutionen angestrebt.

hierarchische Entscheidungsgewalt besitzen. Auf diese – und nur auf diese – Weise lassen sich auch in sehr kleinen Verhandlungsrunden Entscheidungen mit großer Reichweite treffen.

Leistungsfähige korporatistische Verhandlungssysteme wie die österreichische Sozialpartnerschaft zeichneten sich lange Zeit dadurch aus, dass die korporatistische Konsensfindung auf eben diese Weise mit Hierarchie kombiniert wurde (Grande 1985). Auf der einen Seite blieb die Konsensfindung auf einen außerordentlich kleinen Kreis von hierarchisch organisierten Spitzenverbänden und Kammern beschränkt, und auf der anderen Seite besaß der Staat eine Reihe von Sanktionsmitteln, um eine Einigung zwischen diesen „Sozialpartnern" zu erleichtern. Umgekehrt kann vermutet werden, dass korporatistische „Bündnisse" und „konzertierte Aktionen" in ihrer Leistungsfähigkeit dann begrenzt bleiben müssen, wenn die eine oder andere dieser beiden Voraussetzungen nicht gegeben ist.

Die *Kombination von Wettbewerb und Verhandlung* gilt zwar – aus, wie wir noch sehen werden, guten Gründen – als „normativ unattraktiv" (Scharpf 2000: 318). Aber zumindest im Fall von freiwilligen Konsenslösungen kann die Gefahr der Selbstblockade von Verhandlungen durch die Einbettung in majoritäre Entscheidungsverfahren abgemildert werden. Der Mechanismus ist dabei dem Schatten der Hierarchie sehr ähnlich. Eine einvernehmliche Regelung wird zwar bevorzugt, aber notfalls steht auch die Mehrheitsregel für eine Entscheidungsfindung zur Verfügung. Die Schweiz ist ein gutes Beispiel dafür, dass „Entscheidungsblockaden vermieden werden (können), wenn Streitfragen – wie dies in der schweizerischen Verhandlungsdemokratie immer wieder vorkommt – am toten Punkt dann doch notfalls durch Mehrheiten entschieden werden können" (Lehmbruch 2000: 27).

Die Verschränkung der drei unterschiedlichen Entscheidungsverfahren kann ihre Leistungsfähigkeit allerdings auch weiter einschränken. Dies gilt insbesondere für die *Kombination von Zwangsverhandlungssystemen mit Mehrheitsverfahren* unter den Bedingungen des Parteienwettbewerbs. Gerhard Lehmbruch (2000) hat mit seiner Analyse des deutschen Föderalismus gezeigt, dass bei dieser Konstellation inkompatible politische Handlungslogiken und Regelungssysteme aufeinandertreffen, was die Gefahr von Entscheidungsblockaden und suboptimalen Kompromissen mit sich bringt. Der Parteienwettbewerb einerseits wird dominiert durch den Kampf um politische Mehrheiten. Dies fördert bei den politischen Eliten eine kompetitive Orientierung: Ein Terraingewinn der Regierung gilt als Verlust für die Opposition und umgekehrt. Andererseits zwingt der auf Verhandlungen abstellende bundesstaatliche Entscheidungsprozess die politischen Eliten gleichzeitig jedoch dazu, Entscheidungen weitgehend einvernehmlich, sprich: in kooperativer Manier, zu treffen. Dies kann zur Folge haben, dass der Parteienwettbewerb „Verhandlungssysteme blockiert oder die Verhandlungsprozesse verzerrt" (Lehmbruch 2000: 28).

Das Beispiel des deutschen Föderalismus lässt sich durchaus verallgemeinern (Lehmbruch 2000: 28 ff.; Scharpf 2000: 313–318). Die Inkongruenz unterschiedlicher politischer Handlungslogiken wird immer dann zu einem Problem für die Entscheidungsfindung, wenn ein Entscheidungsprozess unterschiedliche politische Arenen durchlaufen muss, deren Handlungslogiken und Entscheidungsverfahren nicht miteinander kompatibel sind. Dies kann auf einer einzigen Entscheidungsebene passieren, wenn dort mehrere ineinander verschachtelte „Spiele" gespielt werden, wie es beispielsweise bei dem in den Parteienwettbewerb eingebetteten Koalitionsspiel der Fall ist. In diesem Fall sind die Koalitionspartner einerseits Kooperationspartner in der Regierung, andererseits konkurrieren sie aber auch um Wählerschaft und Anhänger, und es ist hinlänglich bekannt, dass diese Konstellation die Konsensfindung innerhalb einer Regierung nicht begünstigt. Die Entscheidungsfindung kann aber auch mehrere Entscheidungsebenen miteinander verknüpfen, wofür die föderale Politikverflechtung in der Bundesrepublik und das europäische Mehrebenensystem gute Beispiele sind.

Im Fall des europäischen Mehrebenensystems unterscheiden sich die Entscheidungsarenen nicht nur im Hinblick auf die (wahrgenommenen) Interessenkonstellationen, sondern auch in ihren Regeln der Entscheidungsfindung und Konfliktaustragung. So folgen die Verhandlungen der Mitgliedsstaaten in den Ratsgremien der EU einer anderen Handlungslogik als später die (majoritären) parlamentarischen Beratungen der Ratsergebnisse in den nationalen Parlamenten. Zu den inhaltlichen Interessen- oder Zieldivergenzen kommt in diesem Fall das Ineinandergreifen unterschiedlicher Regelsysteme hinzu. Dies gilt insbesondere dann, wenn in sogenannten „connected games" durch Wechselwirkungen „Vorgaben oder Folgewirkungen" in anderen Arenen gesetzt werden (Benz 1992: 166). So kann die in einer Arena getroffene Entscheidung einen Konflikt in einer anderen Arena auslösen oder dort gar durch die Veränderung wichtiger Parameter eine Lösung verhindern.

Die Gefahr einer Konfliktverschärfung oder Entscheidungsblockade besteht insbesondere dann, wenn die einzelnen Arenen durch „enge Kopplungen" (Benz 2000; Lehmbruch 2000: 29 f.) miteinander verknüpft sind, sodass Störungen aus der einen Arena direkt auf die Entscheidungsfindung in der anderen Arena durchschlagen. Hiervon unterscheiden sich „lose gekoppelte" Entscheidungssysteme dadurch, dass „die Politik in einer Arena nicht durch Prämissen determiniert wird, die in Spielen in einer anderen Arena vorgegeben werden, diese setzen vielmehr nur einen Kontext für Verhandlungen in einer anderen Arena. Eingebettete Spiele sind primär durch Kommunikationsprozesse und durch Informationsaustausch, aber nicht durch Macht- und Ressourcenabhängigkeiten verknüpft" (Benz 2000: 157). Durch lose Kopplung bleibt ein gewisses Maß an Flexibilität und Dynamik erhalten, das Blockadetendenzen entgegenwirken kann. Ein gutes Beispiel für derartige Muster loser Kopplung liefert die Regionalpolitik im europäischen Mehrebenensystem (Benz/Eberlein 1999).

Aus diesen Beispielen kann der Schluss gezogen werden, dass Entscheidungsblockaden keine unausweichliche Folge des Zusammentreffens von Verhandlungssystemen und Mehrheitsverfahren mit ihren unterschiedlichen Handlungslogiken sind. Die aus der Interaktion unterschiedlicher Verfahren resultierenden Spannungen können durchaus konstruktiv, d. h. im Sinne gemeinsamer Problemlösungen, bewältigt werden. Dies könnte einen Teil der (im Vergleich zu theoretisch begründeten Erwartungen) erstaunlich großen Leistungsfähigkeit der Entscheidungsfindung und Konfliktbewältigung in sogenannten „Mehrebenensystemen" erklären (Grande/ Jachtenfuchs 2000).

4 Schlussfolgerung

Insgesamt ergibt sich hieraus, dass die empirische Analyse politischer Entscheidungsprozesse nicht nur eine wichtige, sondern vor allem auch eine außerordentlich anspruchsvolle Aufgabe für die Policy-Analyse darstellt. Die Kenntnis politischer Entscheidungsverfahren ist wichtig, da diese offensichtlich keine beliebig anwendbaren und austauschbaren, einfach und eindeutig wirksamen Mechanismen darstellen. Institutions matter – dies gilt auch für politische Entscheidungsverfahren mit ihren je eigenen Stärken und Schwächen. Der vorliegende Beitrag hat darüber hinaus aber auch gezeigt, dass es nicht genügt, zu wissen, welche Entscheidungsregel faktisch in einem politischen Entscheidungsprozess zur Anwendung gekommen ist. Um ihre Wirkung genau zu verstehen, muss darüber hinaus auch herausgearbeitet werden, in welchem politischen und institutionellen Kontext dieses Verfahren genutzt wurde und auf welche Weise es mit anderen Entscheidungsregeln verknüpft wurde.

Die Politikanalyse muss also im Sinne einer *Mehrebenenanalyse* das Zusammenwirken unterschiedlicher Entscheidungsregeln und Politikarenen in den Mittelpunkt rücken. Erst dann lassen sich zuverlässige Aussagen über die Leistungsfähigkeit und die Legitimationskraft der Verfahren politischer Entscheidungsfindung und Konfliktlösung – und damit nicht zuletzt: der Politik in modernen Demokratien – machen.

5 Literatur

Benz, Arthur, 1992: Mehrebenen-Verflechtung: Verhandlungsprozesse in verbundenen Entscheidungsarenen. In: Arthur Benz/Fritz W. Scharpf/Reinhard Zintl (Hrsg.): Horizontale Politikverflechtung. Zur Theorie von Verhandlungssystemen. Frankfurt a. M.: Campus, 147–205.

Benz, Arthur, 1994: Kooperative Verwaltung. Funktionen, Voraussetzungen und Folgen. Baden-Baden: Nomos.

Benz, Arthur, 2000: Entflechtung als Folge von Verflechtung. Theoretische Überlegungen zur Entwicklung des europäischen Mehrebenensystems. In: Edgar Grande/Markus Jachtenfuchs (Hrsg.): Wie problemlösungsfähig ist die EU? Regieren im europäischen Mehrebenensystem. Baden-Baden: Nomos, 141–163.

Benz, Arthur/Eberlein, Burkard, 1999: The Europeanization of Regional Policies: Patterns of Multi-Level Governance. In: Journal of European Public Policy, 6, 329–348.

Braun, Dietmar, 1999: Theorien rationalen Handelns in der Politikwissenschaft. Opladen: Leske + Budrich.

Buchanan, James A./Tullock, Gordon, 1962: The Calculus of Consent: Logical Foundation of Constitutional Democracy. Ann Arbor: University of Michigan Press.

Czada, Roland, 2000: Konkordanz, Korporatismus und Politikverflechtung: Dimensionen der Verhandlungsdemokratie. in: Everhard Holtmann/Helmut Voelzkow (Hrsg.): Zwischen Wettbewerbs- und Verhandlungsdemokratie, Wiesbaden, 23–49.

Dahl, Robert/Lindblom, Charles E., 1953: Politics, Economics and Welfare, New York.

Dose, Nicolai, 1997 Die verhandelnde Verwaltung. Eine empirische Untersuchung über den Vollzug des Immissionsschutzrechts. Baden-Baden: Nomos.

Elster, Jon, 1998: Introduction. In: ders. (ed.): Deliberative Democracy. Cambridge: Cambridge University Press.

Grande, Edgar, 1985: Konfliktsteuerung zwischen Recht und Konsens: Zur Herrschaftslogik korporatistischer Systeme. In: Peter Gerlich/Edgar Grande/Wolfgang C. Müller (Hrsg.): Sozialpartnerschaft in der Krise. Wien: Böhlau, 225–254.

Grande, Edgar, 1995: Forschungspolitik in der Politikverflechtungs-Falle? Institutionelle Strukturen, Konfliktdimensionen und Verhandlungslogiken europäischer Forschungs- und Technologiepolitik. In: Politische Vierteljahresschrift, 36, 460–483.

Grande, Edgar/Jachtenfuchs, Markus (Hrsg.), 2000: Wie problemlösungsfähig ist die EU? Regieren im europäischen Mehrebenensystem. Baden-Baden: Nomos.

Guggenberger, Bernd, 1984: An den Grenzen der Mehrheitsdemokratie. In: Bernd Guggenberger/Claus Offe (Hrsg.): An den Grenzen der Mehrheitsdemokratie. Politik und Soziologie der Mehrheitsregel. Opladen: Westdeutscher Verlag, 184–195.

* Guggenberger, Bernd/Claus Offe (Hrsg.), 1984: An den Grenzen der Mehrheitsdemokratie. Politik und Soziologie der Mehrheitsregel. Opladen: Westdeutscher Verlag.

Gusy, Christoph, 1984: Das Mehrheitsprinzip im demokratischen Staat. In: Bernd Guggenberger/Claus Offe (Hrsg.): An den Grenzen der Mehrheitsdemokratie. Politik und Soziologie der Mehrheitsregel. Opladen: Westdeutscher. Verlag, 61–82.

Habermas, Jürgen, 1981: Theorie kommunikativen Handelns, Band 1 und 2, Frankfurt.

Kielmansegg, Peter Graf, 1995: Frieden durch Demokratie. In: Dieter Senghaas (Hrsg.): Den Frieden denken. Frankfurt: Suhrkamp, 106–123.

Lax, David A./Sebenius, James K., 1986: The Manager as Negotiator. Bargaining for Cooperation and Competitive Gain. New York: Collier Macmillan.

Lehmbruch, Gerhard, 1967: Proporzdemokratie. Politisches System und politische Kultur in der Schweiz und in Österreich. Tübingen: Mohr Siebeck.

* Lehmbruch, Gerhard, 2000: Parteienwettbewerb im Bundesstaat. Regelsysteme und Spannungslagen im politischen System der Bundesrepublik Deutschland. 3., ergänzte Auflage. Wiesbaden: Wiesbaden: Westdeutscher Verlag.

Lijphart, Arend, 1968: The Politics of Accomodation. Pluralism and Democracy in the Netherlands. Berkeley: University of California Press.

Lijphart, Arend, 2012: Patterns of Democracy: government forms and performance in thirty-six countries. 2nd edition. New Haven: Yale University Press.

Locke, John, 1988: Über die Regierung. Stuttgart: Reclam.

Luhmann, Niklas, 1981: Politische Theorie im Wohlfahrtsstaat. München: Olzog.

Luhmann, Niklas, 2000: Die Politik der Gesellschaft. Frankfurt: Suhrkamp.

March, James/Simon, Herbert A., 1958: Organizations. New York: Wiley.

Mayntz, Renate, 1993: Policy-Netzwerke und die Logik von Verhandlungssystemen. In: Adrienne Héritier (Hrsg.): Policy-Analyse. Kritik und Neuorientierung (Politische Vierteljahresschrift Sonderheft 24). Opladen: Westdeutscher Verlag, 39–56.

Mayntz, Renate/Scharpf, Fritz W., 1995: Der Ansatz des akteurzentrierten Institutionalismus. In: Renate Mayntz/Fritz. W. Scharpf (Hrsg.): Gesellschaftliche Selbstregelung und politische Steuerung. Frankfurt a. M.: Campus, 39–72.

Montesquieu, Charles de, 1965: Vom Geist der Gesetze. Stuttgart: Reclam.

Offe, Claus, 1984: Politische Legitimation durch Mehrheitsentscheidung?. In: Bernd Guggenberger/Claus Offe (Hrsg.): An den Grenzen der Mehrheitsdemokratie. Politik und Soziologie der Mehrheitsregel. Opladen: Westdt. Verlag, 150–183.

Prittwitz, Volker von (Hrsg.), 1996: Verhandeln und Argumentieren: Dialog. Interessen und Macht in der Umweltpolitik. Opladen: Leske + Budrich.

Pruitt, Dean G., 1981: Negotiation Behavior. New York: Academic Press.

Rehmann-Sutter, Christoph/Vatter, Adrian/Seiler, Hansjörg, 1998: Partizipative Risikopolitik. Opladen: Westdt. Verlag.

Renn, Ortwin/Webler, Thomas/Wiedemann, Peter (eds.), 1993: Fairness and Competence in Citizen Participation. Evaluating Models for Environmental Discourse. Dordrecht: : Kluwer Academic.

Riker, William H., 1982: Liberalism against Populism. San Francisco: W.H. Freeman.

Risse, Thomas, 2000: "Let's Argue!": Communicative Action in World Politics. In: International Organization 54, 1–39.

Rousseau, Jean-Jacques, 1991: Vom Gesellschaftsvertrag. Stuttgart: Reclam.

Sartori, Giovanni, 1975: Will Democracy Kill Democracy? Decision Making by Majorities and by Committees. In: Government and Opposition, 10, 131–158.

Scharpf, Fritz W., 1988: Verhandlungssysteme, Verteilungskonflikte und Pathologien der politischen Steuerung. In: Manfred G. Schmidt (Hrsg.): Staatstätigkeit. International und historisch vergleichende Analysen (Politische Vierteljahresschrift Sonderheft 19). Opladen: Westdeutscher Verlag, 61–87.

Scharpf, Fritz W., 1992: Einführung: Zur Theorie von Verhandlungssystemen. In: Arthur Benz/Fritz W. Scharpf/Reinhard Zintl (Hrsg.): Horizontale Politikverflechtung. Zur Theorie von Verhandlungssystemen. Frankfurt a. M.: Campus, 11–27.

Scharpf, Fritz W., 1993: Versuch über Demokratie im verhandelnden Staat. In: Roland Czada/Manfred G. Schmidt (Hrsg.): Verhandlungsdemokratie, Interessenvermittlung, Regierbarkeit. Opladen: Westdt. Verlag, 25–50.

* Scharpf, Fritz W., 2000: Interaktionsformen. Akteurzentrierter Institutionalismus in der Politikforschung. Opladen: Westdt. Verlag.

Schmidt, Manfred G., 2000: Der konsoziative Staat. Hypothesen zur politischen Struktur und zum politischen Leistungsprofil der Europäischen Union. In: Edgar Grande/Markus Jachtenfuchs (Hrsg.): Wie problemlösungsfähig ist die EU? Regieren im europäischen Mehrebenensystem. Baden-Baden: Nomos, 33–58.

* Schmidt, Manfred G., 2010: Demokratietheorien: Eine Einführung, 5. Auflage. Opladen: Leske + Budrich.

Schmitter, Philippe C./Lehmbruch, Gerhard (eds.), 1979: Trends towards corporatist intermediation. Beverly Hills/London: Sage Publications.

Sclove, Richard E., 1995: Democracy and Technology. New York: Guilford Press.

Simon, Herbert A., 1957: Models of Man: Social and Rational. New York: Garland Pub.

Simon, Herbert A., 1962: The Architecture of Complexity. In: Proceedings of the American Philosophical Society, 106, 467–482.

Visser, Jelle/Hemerijck, Anton, 1998: Ein holländisches Wunder? Reform des Sozialstaats und Beschäftigungswachstum in den Niederlanden. Frankfurt: Campus.

Voigt, Rüdiger (Hrsg.), 1995: Der kooperative Staat: Krisenbewältigung durch Verhandlung? Baden-Baden: Nomos.

Weber, Max, 1990: Wirtschaft und Gesellschaft. Tübingen: Mohr.

Willke, Helmut, 1992: Die Ironie des Staates. Frankfurt: Campus Verlag.

Verständnisfragen

1. Welche Regeln der Entscheidungsfindung lassen sich in modernen Demokratien idealtypisch unterscheiden?

2. Nennen Sie jeweils die wichtigsten Vorteile und Probleme bzw. Voraussetzungen der drei idealtypischen Entscheidungsregeln.

3. Was wird unter Verhandlungen im „Schatten der Hierarchie" verstanden?

4. Inwiefern findet sich bei der Entscheidungsfindung im politischen System Deutschlands ein Aufeinandertreffen unterschiedlicher Handlungslogiken?

Transferfragen

1. Welche Beschränkungen des Mehrheitsprinzips finden sich jeweils in den politischen Systemen Großbritanniens, der Bundesrepublik Deutschland und der USA?

2. Skizzieren Sie am Beispiel des Ministerrats der EU die jeweiligen Vorteile und Probleme des Mehrheitsprinzips und der Erfordernis einstimmiger Entscheidungen (Konsens).

Problematisierungsfragen

1. Diskutieren Sie die These, Politik könne mit der Koordinationsform Hierarchie gleichgesetzt werden.

2. Diskutieren Sie mögliche Probleme der Legitimation von Mehrheitsentscheidungen. Gehen Sie dabei insbesondere auf die Frage ein, welche Schwierigkeiten mit dem Postulat der Berücksichtigung und Gleichgewichtung aller Meinungsäußerungen verbunden sein können. Gibt es Lösungsmöglichkeiten für diese Probleme?

3. Diskutieren Sie an einem beliebigen (auch fiktiven) politischen Beispiel die Auswirkungen von Koppelgeschäften (Verhandlungsergebnissen, die Entscheidungen zu unterschiedlichen Problemen miteinander verbinden) zwischen einzelnen politischen Akteuren auf das Gemeinwohl.

4. Eberlein und Grande bezeichnen „Arguing" als „höchst voraussetzungsvolle Verhandlungsstrategie". Diskutieren Sie die These, dass kommunikative Rationalität nur dann relevant ist, wenn auf Verhandlungsmacht verzichtet wird oder diese keine Rolle spielt.

Dietmar Braun und Olivier Giraud

Politikinstrumente im Kontext von Staat, Markt und Governance

1 Einführung

Um politisch gesetzte Ziele zu verwirklichen, besitzt der moderne Staat eine ganze Palette von Politikinstrumenten, definiert als Techniken, Wege und Verfahrensweisen, mit denen der Staat absichtsvoll gesellschaftliche Prozesse beeinflusst (siehe zum Beispiel Bruijn/Hufen 1998: 11; Howlett 2011: 22). Ohne den Einsatz solcher Politikinstrumente sind politisch definierte Probleme und politische Zielerreichung nicht möglich. Sie sind in diesem Sinne integraler Bestandteil von „Government", der „autonomen Tätigkeit einer Regierung" (Benz 2004b: 18).

Der Mix an Politikinstrumenten, der zur Verfügung steht, ist einerseits sicherlich historisch gewachsen, besitzt also eine gewisse Pfadabhängigkeit. Andererseits aber ändert sich der Gebrauch und Einsatz nach den jeweils geltenden politischen Wertvorstellungen und der aktuellen Zusammensetzung von Regierungen. Neue Instrumente werden entwickelt, gewisse Instrumente verlieren an Bedeutung oder aber werden in ihrer Intensität unterschiedlich verwendet, die Zusammensetzung der Instrumentenpalette verändert sich.

Politikinstrumente sind immer auch, so die französischen Politologen Lascoumes und Le Galès, Träger genereller Vorstellungen über die Rolle des Staates in der Gesellschaft und die Art der Regulierungstätigkeit, die als legitim und effektiv erachtet wird (Lascoumes/Le Galès 2007: 3). Das Gleiche gilt für ihren Einsatz. Was die Regulierungstätigkeit betrifft, so geht es vor allem um zwei fundamentale Entscheidungen, die beim Einsatz von Politikinstrumenten getroffen werden müssen. Der Staat hat einerseits eine Distributionsfunktion, d. h. er muss die Ressourcen in der Gesellschaft (um)verteilen; andererseits hat er eine Ordnungsfunktion und bemüht sich um gesellschaftliche Koordination.

- In Bezug auf die Verteilung materieller und immaterieller gesellschaftlicher Ressourcen erhebt sich die Frage, wie diese am gerechtesten und effizientesten in der Gesellschaft verteilt werden können.
- Bei der Frage, wie gesellschaftliche Koordination erreicht werden sollte, besteht die Alternative, hierfür auf vertikale, staatliche Koordination oder auf horizontale Koordination einschließlich gesellschaftlicher Selbstorganisation zurückzugreifen.

Diese Fragen können auf unterschiedliche Art und Weise beantwortet werden und beeinflussen damit den Gebrauch von Politikinstrumenten. Vorstellungen hierüber ändern sich. Man kann von unterschiedlichen Paradigmen sprechen, die nach dem zweiten Weltkrieg übergreifend die Verwendung von Politikinstrumenten in den entwickelten Industriegesellschaften beeinflusst haben.

Rückblickend lässt sich simplifizierend behaupten, dass ein Wechsel von einem interventionistischen Bild des Staates zu einerseits einem (neo)liberalen und andererseits zu einem kooperativen Typus des Staates stattgefunden hat.

Der *Interventionsstaat* sollte für die strategischen Weichenstellungen verantwortlich sein und hatte mithilfe der öffentlichen Verwaltung weitgehend die Ressourcenverteilung und gesellschaftliche Koordination zu organisieren. Das Bild des Interventions- oder planenden Staates wurde in der Steuerungstheorie zuerst in den 1920er-Jahren in der Auseinandersetzung zwischen kapitalistischer Wirtschaft und sozialistischer Planwirtschaft entwickelt. Sozialdemokraten und konservative Denker wie Carl Schmitt entwarfen dabei ein Primat der Politik in der Gestaltung der Wirtschaft (Schmitt 1963). Zu Anfang der 1960er-Jahre wurde die Planungsdiskussion zuerst in den USA (Bell 1967; Deutsch 1963) und später in der Bundesrepublik fortgeführt (Schelsky 1965). Zunehmend wurde dabei im Zuge sozialdemokratischen Reformwillens und angesichts offensichtlicher Diskrepanzen von wirtschaftlichen und gesellschaftlichen Herausforderungen einerseits und politisch-administrativen Reaktionsmöglichkeiten andererseits dem politischen Gestaltungsprozess selbst Aufmerksamkeit gewidmet. Dies mündete in die Vorstellung einer „aktiven Politik" der Steuerung von Wirtschaft und Gesellschaft ein (Mayntz/Scharpf 1975).

Das Bild des *neoliberalen* oder ‚*minimalen‘* Staates (Nozick 1974) zeigt den Markt als idealen Koordinations- und Verteilungsmechanismus (Stöger 1997), verlangt auf der Grundlage von Diskussionen der „Neuen Politischen Ökonomie" (Lehner 1979; Braun 1998; McLean 1987) eine erhebliche Reduzierung der Funktionen des Staates und schreibt dem Staat – zumindest in der ordo-liberalen Variante von Euckens (1990) und von Hayeks (1978) – weiterhin eine wichtige soziale Koordinierungsfunktion zu, nämlich über gesetzliche Regeln den optimalen Ablauf von Marktprozessen zu fördern.

Das in der „Governancedebatte" aufkommende Modell des *kooperativen Staates* (siehe hierzu Ritter 1979; Hartwich 1987; Grimm 1993; Voigt 1995; Braun 1997; Salomon 2002; Mayntz 2006) betont die steigende Komplexität politischer und gesellschaftlicher Probleme und insistiert ebenso wie das Modell des neoliberalen Staates auf der Auflösung der Denkfigur eines „hoheitlichen", autonomen und hierarchisch intervenierenden Staates, der über der Gesellschaft steht. Diese Vorstellung sei eine Überforderung des Staates (Ellwein/Hesse 1994). Stattdessen begann man das Bild eines Staates zu zeichnen, der in sich fragmentiert ist und über seine einzelnen administrativen Elemente in vielfältiger Weise mit gesellschaftlichen Akteuren in

Kontakt steht.[1] Es bilden sich Policy-Netzwerke heraus (Marin/Mayntz 1991; Jordan/Schubert 1992; Mayntz 1993), die in Form von Verhandlungssystemen über politische Probleme entscheiden. Die Rolle politischer Akteure in solchen Netzwerken ist nicht mehr hoheitlich, sondern beschränkt sich immer mehr darauf, die Selbstorganisation gesellschaftlicher Akteure anzuleiten und zu koordinieren. Dem Staat bleibt die Funktion, zu therapieren und zu moderieren, Hilfestellung zu leisten und dort wo es nötig ist, ausgleichend auf gesellschaftliche Konflikte einzuwirken. Eine „Orientierungsfunktion", eine „Organisationsfunktion" und eine „Vermittlungsfunktion" werden zu den zentralen Bestandteilen des kooperativen Staates, der aber sehr wohl die Trumpfkarte der hoheitlichen Letztentscheidung behält und damit nach wie vor eine Sonderstellung unter den Teilnehmern an den Netzwerken einnimmt (Lange 2000: 23; Zürn 2008; Benz 2004b). Im Unterschied zum neoliberalen Staat insistiert die Governancediskussion insgesamt und das Modell des kooperativen Staates im Besonderen also nicht auf eine Funktionseingrenzung, sondern auf eine Funktionsverlagerung. Gleichzeitig wird Politik als Gemeinschaftsproduktion von gesellschaftlichen und politischen Akteuren verstanden (siehe ausführlicher weiter unten).

Damit schälen sich vier klare und unterschiedliche Paradigmen heraus – Staat, Markt, Kooperation und Selbstorganisation – die die Verwendung von Politikinstrumenten zwangsläufig beeinflussen.

Wir werden in diesem Kapitel zeigen, wie sich die Verwendung von Politikinstrumenten durch den Wechsel vom Interventions- hin zum neoliberalen und kooperativen Staat gewandelt hat. Während der Interventionsstaat vor allem auf direkte rechtliche Regulierung und finanzielle Anreize sowie eine bürokratisch-hierarchische Organisation setzt, so werden in den beiden anderen Modellen Überzeugung, Strukturierung, Privatisierung, Dezentralisierung und Delegation wichtiger.

Im folgenden Abschnitt werden zunächst die verschiedenen Typen von Politikinstrumenten diskutiert. Der dritte Abschnitt beleuchtet die Spezifika der instrumentellen Verwendung im Interventionsstaat. Daraufhin werden in Abschnitt vier die allgemeinen Veränderungen in anderen beiden Modellen erläutert, bevor in Abschnitt fünf auf die Verschiebungen im Gebrauch von Politikinstrumenten im heutigen Kontext eingegangen wird.

---

1 Kurz und prägnant formuliert Ritter schon früh (1979: 409): „Der kooperative Staat ist ein Staat, der sich der Träger sozialer und ökonomischer Macht zur Umsetzung seiner Ziele bedient und der öffentliche Aufgaben zur öffentlichen Erledigung mit eben diesen Machtträgern ‚vergesellschaftet'. Die Gesellschaft des kooperativen Pluralismus und der kooperative Staat leben nicht im Zustand der Distanz, der Nicht-Einmischung und der Nicht-Identifikation, sondern im Zustand der gegenseitigen Durchdringung und Verschränkung".

2 Typen von Politikinstrumenten

Die folgende Übersicht zeigt auf, welche Arten von Politikinstrumenten man grundsätzlich unterscheiden kann (siehe auch Howlett/Ramesh 1995; Bemelmans-Videc et al. 1998 und Peters/van Nispen 1998, neben vielen anderen Versuchen der Typologisierung):

Tab. 1: Arten von Politikinstrumenten

Sicherstellung wichtiger öffentlicher Güter und Ressourcen		Beeinflussung gesellschaftlichen Handelns			
		Direkt	*Indirekt*		
Hoheitsrechte des Staates	Staat als Anbieter von Gütern und Dienstleistungen	Regulative Politik	Finanzierung	Strukturierung; prozedurale Steuerung	Überzeugung

Quelle: eigene Darstellung

Bei der Anwendung von Politikinstrumenten geht es zum Ersten darum, wichtige öffentliche Güter und Ressourcen sicherzustellen. Dazu zählen zum Beispiel die traditionellen Hoheitsrechte des Staates. Der Staat produziert aber auch selbst Güter und bietet Dienstleistungen an, die zumeist aufgrund von Marktinsuffizienzen oder für den Markt unattraktiven hohen Bereitstellungskosten entstanden sind (infrastrukturelle und wohlfahrtsstaatliche Güter und Dienstleistungen beispielsweise). Zum Zweiten will der Staat mit Politikinstrumenten das gesellschaftliche Handeln, direkt oder indirekt, beeinflussen. Diese zweite Gruppe von Instrumenten hat eine große Spannbreite. Zwei Hauptkategorien lassen sich hier unterscheiden: Der Staat kann entweder auf Zwang zurückgreifen oder auf verschiedene Arten von Anreiz und indirekter Lenkung: Dank seines exklusiven Rechts auf die Anwendung von legitimer Gewalt kann der Staat seine Beschlüsse Personen, Gruppen oder Organisationen direkt über Gebote und Verbote aufgrund von Gesetzen und Verordnungen aufzwingen. Die mit diesem Steuerungsprinzip zusammenhängenden Instrumente sind *regulative* Politikinstrumente. Die Staatsgewalt kann aber auch indirekt lenken. Drei Unterkategorien von Politikinstrumenten lassen sich hier nennen: Erstens kann der Staat durch *finanzielle Anreize* Personen und Gruppen für bestimmte Handlungen oder Handlungsweisen zu gewinnen versuchen, wobei die Entscheidung aber den Adressaten der Steuerungsmaßnahme vorbehalten bleibt. Durch Währungs-, Kredit-, Steuer- und Finanzpolitik sowie spezifische distributive politische Programme will der Staat ein bestimmtes Verhalten der Individuen, Haushalte, Unternehmen und anderer Organisationen erreichen oder verhindern. Zweitens versucht der Staat, das Verhalten von gesellschaftlichen Individuen und Organisationen über Verhaltensangebote zu beeinflussen (*Strukturierung*). Hierbei können über die Bereitstellung zum Beispiel von Institutionen oder Infrastruktur bestimmten Gesellschaftsgruppen neue Handlungskapazitäten eröffnen oder Kooperation zwischen gesellschaftlichen Gruppen erleichtert werden. Prozedurale Steuerung, als ein Bestandteil der Strukturierung, versucht dabei, auf die Verfahrensmodi und Verhandlungssysteme einzuwirken, mit denen in der Gesellschaft oder zwischen Staat und Gesellschaft Entscheidungen getroffen werden (siehe schon Offe 1975: 93). Dazu zählt auch die Anleitung zu gemeinsamen Lernprozessen, die in solchen Verhandlungssystemen stattfinden können. Dieser Instrumententyp setzt also nicht an den materiellen Anreizen an, sondern strukturiert die Handlungsumwelt von gesellschaftlichen Individuen und Organisationen in jeweils spezifischer Weise. Schließlich versucht der Staat durch verschiedene Formen von *Überzeugungsinstrumenten* (Information, Werbung, Argumentation) auf das Verhalten von gesellschaftlichen Akteuren Einfluss zu nehmen. Neuere Instrumente versuchen zum Teil Strukturierung und Überzeugung miteinander zu verbinden. Im Einzelnen:

2.1 Sicherstellung wichtiger öffentlicher Güter und Ressourcen

2.1.1 Staatliche Hoheitsrechte

Der Staat erfüllt in den westlichen Ländern eine große Anzahl an Policy-Zielen unmittelbar selbst (Howlett/Ramesh 1995: 90). Zu diesen zählen in erster Linie die staatlichen Hoheitsrechte. Verteidigung und Außenbeziehungen, Polizei, Justiz, Steuer- und Finanzrechte können hier genannt werden. Diese staatlichen Hoheitsrechte machen konkretes staatliches Handeln überhaupt erst möglich, verlangen aber, dass dabei rechtsstaatliche Regeln eingehalten werden. Diese Aktivitäten werden überwiegend direkt und fast ausschließlich von staatlichen Verwaltungen vollzogen, allerdings unter der politischen Kontrolle von demokratisch gewählten Repräsentanten des Volkes.

2.1.2 Der Staat als Anbieter von Gütern und Dienstleistungen

Der Staat kann auch öffentliche Güter bereitstellen. In diesem zweiten Fall greift der Staat in Politikfelder ein, die von privaten Akteuren nicht oder nicht genügend wahrgenommen werden, beispielsweise Kultur, Bildung, Forschung, Wohlfahrt, Umweltschutz oder infrastrukturelle Bedingungen.

Ein solches Eingreifen kann für die Wirtschaft sehr wichtig sein. Sowohl materielle – Straßenbau – als auch immaterielle Infrastrukturen – Bildungs- und Rechtswesen – sind wesentliche Vorbedingungen des Wirtschaftswachstums und damit gleichzeitig Ausdruck der „symbiotischen Interdependenz" zwischen demokratischem Staat und kapitalistischer Wirtschaft (Scharpf 1999: 36). Andere Aufgaben - etwa Umweltschutz oder Kultur – sind zwar keine direkten Faktoren der Wirtschaftskraft, entsprechen aber wichtigen Funktionen des Staates in der modernen Gesellschaft wie dem Gesundheitsschutz und dem Erhalt des kulturellen Erbes. Das Prinzip der im Grundgesetz verbürgten Gleichwertigkeit der Lebensbedingungen[2] ist die Grundlage für den Bund in Deutschland, Interventionen in einer quasi unendlichen Anzahl von Angelegenheiten zu rechtfertigen. Im Gegensatz zu den Hoheitsrechten ist die Spannweite dieser zweiten Gruppe von Interventionsgebieten variabel und richtet sich nach den historisch-politischen Verhältnissen.

Wie der Staat Verantwortung für die Bereitstellung von solchen Gütern und Dienstleistungen nimmt, ist unterschiedlich.

– Der Staat kann, erstens, in *Eigenverantwortung* handeln und damit z. B. *Güter zum eigenen Gebrauch produzieren*, die der Markt nicht bereithält. Er bestimmt dann auch alleine, was getan werden soll. Bei der *Ressortforschung* zum Beispiel definiert der Staat die Forschungsaufgaben und Forschungsdienstleistungen, die von staatlichen Forschungseinrichtungen erbracht werden sollen.

– Die Energie- und Wasserversorgung, Telekommunikation und das Transportwesen wurden bis zu den 1980er-Jahren in den meisten westeuropäischen Ländern von *Staatsunternehmen* betrieben. Die Zugänge zu diesen Märkten waren streng geschützt.[3] Der Staat wollte mit solchen Staatsunternehmen zum einen wichtige nationale Infrastrukturen entwickeln und erhalten, dabei aber gleichzeitig zusätzliche Ziele erfüllen. Die Staatsunternehmen sollten auch Vorbildfunktion für private Unternehmen haben, z. B. in Sachen Arbeitsrecht und Arbeitsschutz.

Der Staat kann aber auch Güter und Dienste bereitstellen, um seine Steuerung der Beeinflussung gesellschaftlichen Handelns zu *flankieren*. Die Schulpflicht zum Beispiel kann nur mit dem Bau von Schulen und der Einstellung von Lehrpersonal eingefordert werden. Die Produktion von Gütern ergänzt hier also das Regulierungsinstrument. Wenn der Staat aber kulturelle Infrastrukturen wie Museum oder Opernhäuser zur Verfügung stellt, verschafft er der Bevölkerung den Anreiz, diese Infrastrukturen zu nutzen und sich damit mit dem kulturellen Erbe zu beschäftigen.

---

2 Dieser Begriff wird z. B explizit in Artikel 72 GG erwähnt.

3 Der Staat kann aber auch Güter und Dienste auf Märkten, also unter Privatwettbewerbern anbieten. Seine Handlung zielt in solchen Fällen darauf ab, Marktprozesse zu beeinflussen.

2.2 Beeinflussung gesellschaftlichen Handelns über externe Politikinstrumente

Ein großer Teil der staatlichen Politikinstrumente setzt jedoch keine direkte staatliche Bereitstellung von Gütern und Dienstleistungen voraus. Diese zweite Hauptgruppe von Instrumenten versucht stattdessen, direkt oder indirekt auf das Verhalten gesellschaftlicher Akteure einzuwirken.

2.2.1 Direkte Politikinstrumente: Regulierung

Der erste Typus der externen Politikinstrumente wirkt über Ge- und Verbote und zielt darauf ab, soziales oder individuelles Handeln zu regulieren (Reagan 1987: 17). Die gesellschaftlichen Akteure haben sich dabei an staatlich gesetzte Normen, die in Gesetzen, Erlassen, Anordnungen und anderen Arten von Rechtsvorschriften festgelegt wurden, zu halten. Demjenigen, der sich nicht an diese Normen hält, drohen Strafen. Regulative Politik als Kodifizierung des Verhaltens ist also mit der Androhung von Zwang verbunden.

Windhoff-Héritier (1987: 39–40) unterscheidet zwischen den „kompetitiv-regulativen" Instrumenten, die hauptsächlich das Marktverhalten regeln (wie z. B. die Abschaffung von Kapitalverkehrskontrollen), den „protektiv-regulativen" Instrumenten, die negative Folgekosten wirtschaftlicher Produktion vermeiden sollen (Verbot der Kinderarbeit) und „sozialregulativen" Instrumenten, die normativ beladene Fragen der Gesellschaft regeln sollen (wie die Abtreibung oder die Gentechnik). In allen diesen Fällen werden den gesellschaftlichen bzw. ökonomischen Akteuren bestimmte Verhaltensweisen erlaubt und andere verboten. Diese Art der Politik ist kostengünstig in der Verabschiedung und Durchführung, aber teuer in der Überwachung, weil abweichendes Verhalten geortet werden muss, bevor es sanktioniert werden kann und bereitet immer wieder, gerade unter der Bedingung einer größeren Nachfrage nach Selbstbestimmung, auch Legitimitätsprobleme.

2.2.2 Indirekte Politikinstrumente: Überzeugung und Information

Information, *politische Werbung*, *Appelle* und *Propaganda* (Schubert 1991) sind weiche Formen der Steuerung, die Bürger, aber auch Interessengruppen, in ihren Entscheidungen beeinflussen sollen. Die Erwartung der Behörden ist hier, dass der sanfte Weg der Überzeugung bessere Ergebnisse als ein gesetzlich geregelter Zwang erzielen kann. So hat es wohl wenig Zweck, den Gebrauch von Kondomen zur Vermeidung von Geschlechtskrankheiten vorzuschreiben. Besser und erfolgreicher ist es, den Bürger über die Ansteckungsgefahr aufzuklären und dann auf seine Einsicht zu hoffen. Ebenso hat es sich herausgestellt, dass das Verbot von Drogenkonsum kaum zu einer Änderung des Konsumverhaltens führt. Auch hier zählen Aufklärungskampagnen in Kombination mit Verhaltensangeboten wie Drogenzentren zu den erfolgreicheren Wegen in der politischen Steuerung. Andere Beispiele sind Appelle an die Verbraucher, vor allem nationale Wirtschaftsprodukte zu kaufen („Buy British") oder an die Privatwirtschaft, freiwillig zusätzliche Ausbildungsplätze bereit zu stellen.

Aufklärungskampagnen und Appelle richten sich im Wesentlichen an große gesellschaftliche Gruppen. Zunehmend werden aber auch Informationen und wissenschaftliche Expertisen wichtig, um Adressaten vom Sinn einer Maßnahme zu überzeugen. Studien, Forschungsberichte oder ein Benchmarking sollen eine begründete, möglichst konsensfähige Betrachtungsweise oder Anschauung eines Problems verschaffen. Selbstverständlich können auch die Adressaten selbst wie auch Parteien oder Interessenverbände zu diesem Instrument greifen, um ihre Position in Verhandlungen mit der Regierung bzw. staatlichen Administration zu stärken. Diese also von verschiedener Seite finanzierten Expertisen erfüllen eine deliberative Funktion und tragen gleichzeitig zur Strukturierung der öffentlichen Debatte und zur Meinungsbildung bei.

2.2.3 Indirekte Politikinstrumente: Finanzielle Anreize

Die staatlichen Hoheitsrechte über Steuern eröffnen die Möglichkeit, über finanzielle Anreize zu steuern. Die Anhebung von Verbrauchssteuern auf Zigaretten und Alkohol, die Mineralölsteuer, die zu einer Einschränkung des Automobilverkehrs führen soll oder Steuervergünstigungen für Investitionen zur Wärmeschutzdämmung sind Beispiele einer solchen Anreizpolitik. In föderalen Systemen kann der Bund finanzielle Anreize nutzen, um auf das Verhalten der Bundesländer einzuwirken. Er kann sich z. B. an einem regionalen Förderungsprogramm oder an der Hochschulbauförderung beteiligen. Dabei können die Subventionen mit bestimmten Auflagen verbunden werden, die die Bundesländer einzuhalten haben, wenn sie in den Genuss der Förderungsmittel kommen wollen. So könnte der Bund den Bundesländern oder Kommunen Geldmittel unter der Bedingung gewähren, sie ausschließlich für die Finanzierung von spezifischen Einrichtungen – Forschungs-, Sport-, oder Kultureinrichtungen – auszugeben.

Während der Adressat der Maßnahme beim Instrument Überzeugung und Information den Sinn und Zweck einer solchen Maßnahme einsehen soll, zielen finanzielle Anreize auf die materiellen Bedürfnisse der Adressaten. Die Anreizkomponente bietet dem Adressaten entweder einen materiellen Vorteil oder aber einen materiellen Nachteil. Es steht dem Adressaten frei, auf diesen Anreiz zu reagieren. Wenn er es tut, muss er sein Handeln im Sinne der „Verhaltenskomponente" (Scharpf 1983) des Politikinstruments einrichten.

2.2.4 Indirekte Politikinstrumente: Strukturierung

Als dritte Gruppe unter den indirekten Politikinstrumenten lässt sich das Bemühen des Staates nennen, die Adressaten über die Bereitstellung von Verhaltensangeboten in Form von „sozialen Verhaltensarrangements" zu beeinflussen. Axel Görlitz und Hans-Dieter Burth haben diesen Typus der Politikinstrumente unter der Kategorie *„Strukturierung"* zusammengefasst (Görlitz/Burth 1998: 32). Solche Arrangements können ganz unterschiedlich sein. Die Autoren zählen Rahmenordnungen, Verfahrensvorschriften ebenso dazu wie Selbsthilfeeinrichtungen oder die Bereitstellung von technischer Infrastruktur.

In jedem Fall wird versucht, auf das Verhalten in Form der Bereitstellung von institutionellen Opportunitäten, der Vergabe von Teilhabe- und Eigentumsrechten oder der Festlegung von Verfahrensvorschriften einzuwirken. Die Adressaten haben die Wahl, solche Verhaltensangebote zu nutzen oder es sein zu lassen. Wenn sie sie nutzen, schafft dies neue Möglichkeiten des Handelns, schränkt aber gleichzeitig auch die eigenen Handlungsmöglichkeiten ein. Die Entscheidung, in einer Selbsthilfeeinrichtung zu arbeiten, verschafft die Möglichkeit, sozial tätig zu sein, schließt damit aber – zumindest während der Arbeitszeit – eine andere Art der Tätigkeit aus. Solche Verhaltensangebote besitzen demnach ebenfalls eine Anreizkomponente (nämlich die Möglichkeit, eine bestimmte Struktur zu nutzen) aber auch eine Selektionskomponente (nämlich genau diese Struktur zu nutzen), die wiederum ein bestimmtes Handeln bzw. bestimmte Lernprozesse fördert. Überzeugungs- und Werbekampagnen können dazu beitragen, solche Strukturen hoffähig zu machen. Finanzielle Anreize können, müssen hierbei aber keine Rolle spielen.

Die Strukturierung kann gezielt dafür eingesetzt werden, die Selbstorganisation von gesellschaftlichen Akteuren zu fördern, dabei aber Zugangs- und Beteiligungsrechte sowie Entscheidungsverfahren zu beeinflussen. Der Staat erlaubt z. B., dass ein großer Teil der arbeitsrechtlichen Bestimmungen nicht von den üblichen Rechtsinstanzen vollzogen werden, sondern von besonderen Kommissionen, die aus Arbeitnehmer- und Arbeitgebervertreter bestehen. Diese Kommissionen – sei es im Unternehmen oder auf Branchenebene – müssen aber genauen Regeln entsprechen in Bezug auf die Zusammensetzung der Kommission, ihren Zuständigkeiten, der Beschlussfassung usw. Ein solcher partieller und nicht definitiver Rückzug des Staates von sektoralen Regulierungen entlastet ihn von vielen schwierigen Schiedsrichterbeschlüssen zwischen oft gegensätzlichen Interessen (Streeck/Schmitter 1985: 15). In der Literatur wird dieser Fall auch unter dem Typus der „selbstregulativen" Politikinstrumente eingereiht (Salisbury 1970: 39). Tatsächlich verwischen sich hier die Grenzen zwischen regulativen und strukturierenden Policies, da die gesellschaftlichen Organisationen die entsprechenden Bereiche selbst regulieren dürfen, der Staat aber dennoch die Entscheidungsverfahren über z. B. Verfahrensvorschriften reguliert.

Claus Offe hat sich schon früh mit diesem Problem auseinandergesetzt und den Typus der *prozeduralen Steuerung* hervorgehoben, der sich seiner Meinung nach sowohl von der Regulierung, die „das *Ergebnis* von Handlungen Privater (positiv und negativ) sanktionieren" (Offe 1975) soll, unterscheidet, wie auch von der staatlichen „*Produktion* von Gütern und Dienstleistungen". Prozedurale Steuerung setzt am *Modus* von Entscheidungen an, „wobei der Modus in mehr oder weniger engen Grenzen das Resultat präjudizieren soll" (idem).

Hagenah erläutert die prozedurale Steuerung anhand des Unterschieds von materiellem Recht, Verfahrensrecht und prozeduralem Recht (Hagenah 1994: 492). Materielles Recht soll Entscheidungen durch inhaltliche Vorgaben determinieren; Verfahrensrecht soll es, ohne auf die Inhalte einzuwirken, umsetzen, prozedurales Recht aber will die Verfahrensmodi beeinflussen, um materielle Ziele umzusetzen. In diesem Sinne ist es plausibel, bei Verfahrensvorschriften von einer Strukturierung zu sprechen, die zwar bestimmte Ziele erreichen will, dabei aber die Inhalte nicht fortschreibt, sondern Entscheidungen der gesellschaftlichen Akteure in gewissem Maße vorstrukturiert, ohne die Entscheidungen dieser Akteure vorwegzunehmen noch zu sanktionieren.

3 Verwendung der Politikinstrumente im Kontext des Interventionsstaates

Nach 1945 galt es für die westlichen Staaten, verstärkt die Demokratisierung, das Wirtschaftswachstum und die soziale Integration der Arbeiterschaft zu fördern, um die Legitimitätsbasis zu sichern. Der Auf- und Ausbau der sozialen Absicherung, die Sicherung der sozialen Rechte der Einzelnen und Umverteilungsmaßnahmen zugunsten wirtschaftlich schwächerer Bevölkerungsgruppen zählten zu den vordringlichen Maßnahmen in den meisten Ländern Westeuropas (Lutz 1984). Der zweite Weltkrieg hat aber außerdem – in noch höherem Maße als der erste – staatliche Intervention explodieren lassen. Die Kriegswirtschaft hatte in allen beteiligten Ländern neue Regulierungs- und Umverteilungsmaßnahmen geschaffen, die, selbst in traditionell liberalen Ländern wie der Schweiz, nach dem Kriege weitergeführt wurden. Das Ausmaß und die Schwierigkeiten des Wiederaufbaus und die noch fortbestehenden internationalen Spannungen haben viele Regierungen dazu veranlasst, die staatliche Intervention in wirtschaftlichen Angelegenheiten als legitimes Mittel zu etablieren (Abelshauser 1983).

Die staatliche Planung des Wiederaufbaus hat sich allmählich zu einer organisierten und rationalen Planung der Infrastrukturen und der staatlichen Ausgaben im Dienste des Wirtschaftswachstums entwickelt. Die Stärkung der nationalen Industrien, der Ausbau von Straßen und Verkehrsmittel, die Entwicklung der Telekommunikation, der sanitären oder schulischen Infrastrukturen waren die Prioritätten der Zeit. In Frankreich wurde z. B. von den Gaullisten eine Zentralbehörde – das *Commissariat Général au Plan* – eingerichtet, dessen Hauptaufgabe darin lag, die Schwächen und bestehenden Lücken in der wirtschaftlichen und sozialen Struktur des Landes zu erfassen. Der rationale Staat sollte dann die vorgeschlagenen Lösungen in die Regierungsprogramme integrieren und realisieren.

Die Nationalisierung strategischer Industrien und Sektoren war die zweite Säule der vom Staate initiierten Modernisierung während der Nachkriegszeit. Fast überall in Europa wurden der Energiesektor (Gas, Elektrizität, Kohleabbau), die Bahn und die städtischen Verkehrsmittel in Staatseigentum überführt. In manchen Ländern wurden auch große Teile der Schwerindustrie – Stahlindustrie, Schiff- und Schwermaschinenbau –, der Autoindustrie, und schließlich des Bank- und Versicherungssektors nationalisiert.

Durch diese Kontrolle über strategische Industrien und Dienstleistungen verfolgten die Staaten mehrere Zwecke gleichzeitig. Sie erlaubte es, direkten Einfluss auf die Entwicklung in diesen Sektoren zu nehmen. Sie ermöglichte ebenso eine staatliche Lenkung des Wirtschaftswachstums. Die Mehrzahl der großen Länder Europas hat z. B. dank umfangreicher Rüstungsprogramme die Entwicklung der nationalen Luft-, Raumfahrt- oder Autoindustrie angekurbelt.

Die mehrjährige Planung bei der Vergabe öffentlicher Ressourcen und die Nationalisierung vieler Industrien und Dienstleistungen hat ab Ende der 1960er-Jahre in vielen Ländern die Schaffung einer Regional- und Industriepolitik erleichtert. Subventionen, staatliche Aufträge, Forschungs- und Ausbildungsförderungsprogramme oder die Bereitstellung spezieller Infrastruktur wurden vom Staate genutzt, um eine Industrie oder eine Region zu schützen, zu wandeln oder zu entwickeln.

Die Verfügung über staatliche Unternehmen besaß aber auch andere Steuerungsvorteile. Da die Zahl der Angestellten in diesen Unternehmen relativ bedeutend sein konnte, wurde es möglich, auf die Lohnbildung und andere tariflich geregelten Bedingungen – Arbeitszeit und Arbeitsbedingungen – einzuwirken, mit entsprechenden Diffusionseffekten auf privat organisierte Unternehmen und Sektoren. Der Staat hat oft Rechte oder Leistungen – wie z. B. zusätzliche Freizeit – für seine Arbeitnehmer eingeführt, die anschließend von den großen Arbeitgebern in der Privatwirtschaft übernommen wurden (Lallement 2000). In ähnlicher Weise konnte der Staat so auch begrenzt auf die Preisbildung in manchen Wirtschaftssektoren einwirken.

Unterstützt wurden diese Entwicklungen durch eine in fast allen Ländern bis Mitte der 1970er-Jahre akzeptierte keynesianische Wirtschafts- und Sozialpolitik. Diese trug nicht nur dazu bei, dass der Staat über staatliche Ausgabenprogramme aktiv in wirtschaftliche Abläufe eingriff, mit dem Ziel, wirtschaftliche Ungleichgewichte und Folgekosten wie Arbeitslosigkeit auszugleichen oder abzufedern. Sie war insgesamt Sinnbild bzw. ein „politisches Paradigma" für eine aktive und interventionistische Haltung des Staates. In dieses Paradigma passte nicht nur eine Umverteilung des Bruttosozialprodukts oder Arbeitsbeschaffungsmaßnahmen, sondern ebenso Planung und Gestaltung gesellschaftlicher Prozesse. Im keynesianischen Paradigma hieß staatliche Steuerung aktive Gestaltung der politischen Umwelt anhand von klar definierten Zielen und wirkungsvoll eingesetzten Instrumenten. Zu den Politikinstrumenten avancierten in diesem Zusammenhang der intensive Gebrauch der staatlichen Bereitstellung von Gütern und Dienstleistungen (aber auch der Nutzung von Staatsbetrieben zur Vermeidung von Arbeitslosigkeit, wie dies vor allem in Österreich betrieben wurde), direkter Regulierung und finanzieller Anreizprogramme. Zusätzlich wurden in vor allem den kleinen Ländern Strukturierungsmaßnahmen in Form von korporatistischen Arrangements entwickelt, die der Abstimmung zwischen Arbeitgebern, Gewerkschaften und Staat dienen sollten (Katzenstein 1985; Lehmbruch 1996).

4 Vom Interventionsstaat zum Neoliberalismus und zu Governance

Seit Anfang der 1980er-Jahre begann ein Umdenken über die Rolle des Staates in der Gesellschaft einzusetzen, das schließlich zu zwei Paradigmenwechseln im Hinblick auf den Interventionsstaat führte. Wir möchten in diesem Abschnitt nur kurz einige Entwicklungslinien skizzieren, damit der Kontext für die Verschiebung im Gebrauch von Politikinstrumenten des Staates verständlich gemacht werden kann.

Dem Bild des minimalen Staates im Neoliberalismus wie auch des kooperativen Staates in der Governancedebatte ist gemeinsam, dass es die Rolle der Wirtschaft bzw. der Gesellschaft wieder stärker betont und den Staat in seiner Rolle als Organisator und Hauptmotor gesellschaftlicher Produktion und Verteilung, wie er im Interventionsparadigma gesehen wird, zurücktreten lässt. Dabei pocht aus normativer Sicht der Neoliberalismus gemäß seiner Tradition auf die negative Freiheit des (Wirtschafts-)Bürgers von staatlichen „Übergriffen"[4] während die verschiedenen intellektuellen Strömungen, die den kooperativen Staat konstituieren (wie Kommunitarismus, autopoietische Systemtheorie; die Theorie der „reflexiven Modernisierung"; eine ganze Reihe von Analysen zum Funktionswandel des Staates, siehe nur Mayntz/Scharpf 1995; Ritter 1979; Marin/Mayntz 1991; Voigt 1995; Heinelt 2007; Benz 2004c; Schuppert 2006), stärker die positive Freiheit der gesellschaftlichen Individuen betonen. In diesem Konzept ist Freiheit nicht nur Abgrenzung gegen den Staat, sondern zugleich Verwirklichung auf der Grundlage individueller Autonomie und horizontaler Kooperation (siehe z. B. Giddens 1997). Das vertikale Element

---

4 Als Autoren wären hier zu nennen: von Hayek (1945), Buchanan/Tullock (1962) und Nozick (1974).

staatlicher Autorität, zumindest in seiner hierarchischen Ausprägung, wird abgewiesen (Howlett 2009).

Das neoliberale Bild des minimalen Staates hatte sich Anfang der 1980er-Jahre vor allem in Großbritannien und den USA durchgesetzt, fand aber in verschiedener Weise in den meisten Ländern Eingang in die Politik. Als zentrale Elemente dieses Bildes lassen sich nennen:

- „Spontane Evolution": Anstatt materialer Regelungen des Staates in Wirtschaft und Gesellschaft soll der Markt selbst für die Koordination und Verteilung gesellschaftlicher Ressourcen sorgen, weil er der überlegene Koordinationsmechanismus ist.
- Dem Staat mangelt es nämlich an den notwendigen Informationen, um wohlfahrtsoptimale Lösungen zustande zu bringen und
- Staatliche Intervention behindert das „kreative Suchverhalten" der Wirtschaftssubjekte.
- Daraus folgt, dass die Funktionen des Staates auf die formal-legale Absicherung des Wirtschaftsprozesses beschränkt werden können, denn nur dann kann berechenbares Handeln auf dem Markt sichergestellt werden.
- Weder distributive noch redistributive Politik dürfen zum Instrumentarium des Staates zählen, da hierüber nicht nur der Markt „gestört" wird, sondern zudem Begehrlichkeiten bei Interessengruppen geweckt werden, die innovatives und effizientes Handeln beeinträchtigen.
- Diese Forderung nach funktionaler Beschränkung des Staates verlangt eine Konzentration des Staates auf Kernfunktionen von Recht und Ordnung und damit einen Abbau der hypertrophen Bürokratie. Deregulierung wird zu einem Schlagwort der neoliberalen Strategie.
- Der Ruf nach Deregulierung wird von den Ideen der „managerial revolution" begleitet, die öffentliche Funktionen zunehmend an quasi-öffentliche und private Organisationen delegieren möchte und dabei die staatliche Rolle auf die Formulierung von Globalzielen und Kontrolle dieser Organisationen beschränkt.
- Neben Deregulierung sollen soweit wie möglich staatliche Betriebe privatisiert werden.
- Damit entsteht ein ‚schlanker' und effizienter Staat, der allerdings weit vom alten Bild des Interventionsstaates entfernt ist.

Insofern sich in der Governancedebatte[5] und seiner Figur des kooperativen Staates angesichts der zahlreichen intellektuellen Strömungen ein gemeinsames Paradigma

---

5 Governance wird im Unterschied zu Government gebraucht und deutet auf die komplexe und heterarchische Struktur des Regierens in modernen Staaten hin. Am vollständigsten lässt sich der Begriff folgendermaßen definieren (Benz 2004b: 17): „Governance ist die Gesamtheit der zahlreichen Wege, auf denen Individuen sowie öffentliche und private Institutionen ihre gemeinsamen

herausschälen lässt, kann auf folgende Elemente hingewiesen werden (siehe insbesondere Mayntz 2008; Zürn 2008; Benz 2004b):

- Im Kontext dieses Paradigmas wird auf die zunehmende Komplexität und die Interdependenzen zwischen (einer Vielzahl von) gesellschaftlichen und staatlichen Akteuren bei der Erstellung kollektiver Entscheidungen und Güter hingewiesen. Komplexität und Interdependenz reduzieren die Fähigkeiten des Staates, vorausschauend und planend tätig zu werden. Unilaterales und hierarchisches Handeln des Staates ist in der Moderne zunehmend zwecklos geworden. Stattdessen bedarf es der aktiven (Zivil)gesellschaft und der horizontalen Abstimmung, um kollektiv verbindliche Entscheidungen bereitzustellen. Damit verwischen sich aber „Steuerungssubjekt" und „Steuerungsobjekt", die noch in der Steuerungsdebatte, die sich eindeutig dem Interventionsparadigma zuordnen lässt, beeinflusst war (Schuppert 2008).

- Normativ wird in diesem Paradigma gefordert, den gesellschaftlich-funktionalen Bereichen weitgehende Autonomie zu geben und nicht nur der horizontalen Organisation sondern auch vielfältig der Selbstorganisation dieser Bereiche zu vertrauen. Selbstorganisation ist dabei in Abgrenzung zum Modell des minimalen Staates die bewusste Tat gesellschaftlicher Subjekte, während die Ordnungsbildung auf dem Markt sich mit der „unsichtbaren Hand" vollzieht. Beim kooperativen Staat wird also an die Selbstheilungskräfte der Gesellschaft, ihrer Individuen und Organisationen, appelliert. Zivilgesellschaft und Gemeinschaft sind hier die Schlüsselbegriffe (siehe Beck 1993: 216).

- Aufgrund der funktionalen Differenzierung der Gesellschaft bedarf es aber nach wie vor koordinierender Anstrengungen, damit negative Externalitäten der einzelnen funktionalen Bereiche für die Gesellschaft vermieden werden. An diesem Punkt erhält der Staat seine neue Funktion: Er hat die Kooperationsanstrengungen der einzelnen Bereiche zu unterstützen, ja sogar sie zu initiieren, in den Verhandlungen aber nur als Moderator und „Therapeut" (Willke 1992) aufzutreten. Aktives Zuhören, anstatt Anweisungen zu geben oder Verbesserungsvorschläge zu machen, so weiß die moderne Therapieforschung, bringt oft weiter bei der Lösung von Problemen und fördert vor allem die Eigenständigkeit der Therapierten. Der Staat hat sich stärker auf die „Gewährleistung" von Kooperation und Kooperationsergebnissen zu konzentrieren (Schuppert 2008; Zürn 2008). Eine solche Funktion ist nicht gleichbedeutend mit der Haltung des minimalen Staates, da der Staat durchaus aktiv Kooperation und Selbstorganisation fördern kann. Hinzu kommt, dass kollektive Entscheidungen in Verhand-

---

Angelegenheiten regeln. Es handelt sich um einen kontinuierlichen Prozess, durch den kontroverse oder unterschiedliche Interessen ausgeglichen und kooperatives Handeln initiiert werden kann. Der Begriff umfasst sowohl formelle Institutionen und mit Durchsetzungsmacht versehene Herrschaftssysteme, als auch informelle Regelungen, die von Menschen und Institutionen vereinbart oder als im eigenen Interesse liegend angesehen werden".

lungssystemen zwischen gesellschaftlichen und politischen Akteuren oder auch nur zwischen gesellschaftlichen Akteuren nicht ohne den Staat auskommen können: Häufig bedarf es des „Schattens der Hierarchie", um überhaupt zu Verhandlungen oder zu Verhandlungsabschlüssen zu kommen; Teilnahme-, Beteiligungs- und Vetorechte müssen autoritativ von vornherein festgelegt werden, Entscheidungen müssen demokratisch-öffentlichen über den politischen Raum legitimiert werden und Gemeinwohlinhalte müssen immer wieder in den Vordergrund solcher Verhandlungen geschoben werden (Heinelt 2007: 42; Scharpf 1992). Der Staat, bzw. vertikale Beziehungen, bleiben also Bestandteil des kooperativen Staates. Sie sind aber eingebunden in den übergreifenden Kontext von horizontaler Kooperation und Selbstorganisation.

– Empirisch wird schon länger die Vernetzung von staatlichen und gesellschaftlichen Akteuren konstatiert. Der Begriff des Netzwerkes, dem eine Schlüsselrolle im Bild des kooperativen Staates zukommt, betont die Gleichrangigkeit der Teilnehmer und das Bemühen um Problemlösungen (Kenis/Raab 2008). Der Staat kann auch hier nicht mehr hierarchisch auftreten, selbst wenn er ein größeres Machtpotential als die anderen Akteure hat. Netzwerke sind eine neue Form der gemeinsamen Politikentwicklung auf der Schnittstelle zwischen Staat und Gesellschaft, die bewusst die gesellschaftlichen Akteure mit einbezieht.

– Schließlich zwingen globale Probleme, die Liberalisierung von Finanzmärkten und die Europäische Union viele Staaten dazu, sich in ihrer nationalen Politik mit anderen, nicht nationalen Akteuren bei der Politikproduktion zu verständigen. Politik wird so auch zum territorialen Mehr-Ebenen-Spiel (Benz 1994; Grande 1996; Benz 2004a; Bache/Flinders 2004), in dem Verhandlung ebenfalls zur Voraussetzung staatlichen Handelns wird.

Welche Auswirkungen haben diese teils normativ eingeforderten, teils tatsächlich zu beobachtenden Entwicklungstendenzen auf die Instrumentennutzung durch den Staat gehabt?

5 Politikinstrumente im Kontext von Neoliberalismus und Governance

Es lassen sich eine Reihe von Verschiebungen im Gebrauch von staatlichen Politikinstrumenten aufzeigen, die direkt auf den Paradigmenwechsel in der staatlichen Steuerung zurückzuführen sind. Selbstverständlich stilisieren wir bei der Darstellung: Nicht immer haben die Wechsel bereits eindeutig stattgefunden und zudem finden wir je nach staatlicher Tradition gehörige Unterschiede in der Verwendung von Instrumenten. Wir meinen aber, dass die Tendenz eindeutig ist und gleichsam idealtypisch herausgeschält werden kann.

Wie im vorigen Abschnitt dargestellt wurde, zeichnet sich der althergebrachte Interventions- und Wohlfahrtsstaat – trotz aller Variationen zwischen den Ländern – durch folgende Schwerpunkte aus:

– durch eine direkte, von der staatlichen Bürokratie organisierte oder hierarchisch kontrollierte Bereitstellung von Gütern und Dienstleistungen;
– durch planerische Konzepte;
– durch eine regulative Politik, die auf Ge- und Verboten beruht;
– durch den intensiven Gebrauch von finanzpolitischen Anreizinstrumenten.

Die aktuellen Modelle des neoliberalen und kooperativen Staates dagegen setzen auf einerseits die „Befreiung" marktwirtschaftlicher Subjekte von staatlichen Zwängen und andererseits auf die „Ermächtigung" (*empowerment*) dezentraler politischer Einheiten, zivilgesellschaftlichen Organisationsformen und gesellschaftlicher Individuen. Dies verändert selbstverständlich die Auffassung darüber, wie man staatlicherseits in gesellschaftliche und wirtschaftliche Abläufe eingreifen sollte. Übergreifend lassen sich folgende Verschiebungen benennen, die im weiteren Verlauf ausführlicher diskutiert werden sollen. Wir unterscheiden dabei, wie im vorigen Abschnitt erläutert wurde, zwischen den Maßnahmen, die die staatliche Organisation von Steuerungshandeln betreffen, und solchen, die das Verhalten von gesellschaftlichen Akteuren beeinflussen sollen.

5.1 Entwicklungen in der direkten staatlichen Bereitstellung von Gütern und Dienstleistungen

Privatisierung und *Liberalisierung* – also im weiteren Sinne die Übertragung von Aufgaben aus dem öffentlichen Sektor an den privaten Sektor und im engeren Sinne die Veräußerung von staatlichen Betrieben sowie die Liberalisierung bisheriger staatlich monopolisierter Bereiche – wurde in den 1980er-Jahren zum Glaubensbekenntnis für neoliberale Politik und weltweit in atemberaubendem Tempo durchgeführt (Pierson 1996). Großbritannien und Neuseeland sind hier die Vorreiter gewesen. Ziel war es, die Ineffizienz und Verkrustung staatlicher organisierter Produktion abzuschaffen und – häufig – die Staatsfinanzen über den Verkauf von Staatsbetrieben zu sanieren. Privatisierung galt als einfaches Rezept, den Staat in seinem *Umfang* zu reduzieren, ohne hierdurch bereits seine internen Strukturen reformieren zu müssen. Sie nahm Entscheidungslast ab und entsprach damit auch dem neuen Bild des „schlanken Staates". Bei der Liberalisierung war die übergreifende Idee, den Staat als Produzenten und Monopolisten von bestimmten, vor allem infrastrukturellen Gütern wie Telekommunikation oder Schienen- und Luftverkehr auszuschalten und diese Bereiche zu liberalisieren. Die Wieder-Vermarktung solcher Bereiche stand also im Vordergrund.

In dem Maße aber, wie die Regierungen anfingen, ihre Staatsbetriebe zu veräußern oder Monopolbereiche der privaten Konkurrenz zu öffnen – und damit ihre direkten internen Steuerungsmöglichkeiten in diesen Güterbereichen abzugeben –, entstand das Problem, in solchen für die Gesellschaft besonders sensiblen wirtschaftlichen Sektoren negative soziale und ökonomische Folgeeffekte zu vermeiden, die durch die Funktionsweise des Marktes entstehen konnten. Mit anderen Worten, „protektiv-regulative" und „kompetitiv-regulative" Policies begannen wichtiger zu werden. Soziale Standards mussten eingehalten werden, ein Mindestmaß an Konkurrenz sollte gesichert werden. Kurz, die Entstaatlichung infolge der Privatisierung erzeugte gleichzeitig die Notwendigkeit für den Staat, über externe Politikinstrumente – und das heißt vor allem über die regulative Politik – verstärkt zu kontrollieren und zu regulieren. Wir werden weiter unten noch einmal darauf zurückkommen. Gleichzeitig war die Privatisierung auch kein Akt, der alle staatlichen Produktions- und Dienstleistungen umfasste. Gerade die wohlfahrtsstaatlichen Leistungen waren sehr viel schwieriger an den privaten Sektor abzugeben und blieben oft in öffentlicher bzw. in quasi-öffentlicher Hand. Die Organisation solcher und anderer staatlicher oder öffentlich finanzierter Leistungen änderte sich aber und damit sind wir beim zweiten Punkt der reflexiven Maßnahmen angelangt, der Dezentralisierung.

Während die Privatisierung bei der Reduktion des Umfangs staatlicher Aufgaben stehenblieb, verschafften vor allem betriebswirtschaftliche Denkweisen (das sogenannte *New Public Management*; siehe nur Naschold/Bogumil 1998; Grande/Prätorius 1997; Osborne/Gaebler 1992; Kettl 2000; Pollit/Bouckaert 2000 Pollit/Bouckaert 2003) die Möglichkeit, auch über Reformen die Binnenstrukturen des Staates in der Bereitstellung von Dienstleistungen zu verändern. Zwei Entwicklungen müssen hier unterschieden werden: Zum einen setzte sich im gesamten Staatsapparat eine neue administrative Philosophie in Bezug auf die Führung und Abwicklung staatlicher Tätigkeiten durch. Zum anderen wurden immer mehr Aufgaben an quasi-öffentliche oder private Leistungsträger delegiert.

Die neue administrative Philosophie besteht im Wesentlichen aus der Idee, erstens, die Aufgabenerfüllung durch staatliche Behörden abzubauen und, wenn möglich, sie an außerstaatliche Organisationen zu übergeben; zweitens, die öffentlichen Leistungen, egal ob sie nun von quasi-öffentlichen, privaten oder staatlichen Organisationen erbracht werden, an marktwirtschaftliche Prinzipien zu binden, was im Grunde heißt, eine direktere Beziehung zwischen dem Adressaten bzw. Kunden der Dienstleistungen und den Anbietern herzustellen. Nicht mehr die zentralstaatlich definierte, sondern die vom „Markt" bestimmte Aufgabenerfüllung soll verwirklicht werden. Die ausführenden Organisationen werden demnach zu Anbietern, denen man – und damit brach man mit althergebrachten Prinzipien von hierarchischer Autoritätsstruktur und zentralstaatlich-bürokratischen Bewirtschaftungsprinzipien – eine relative Autonomie einräumte (wobei staatliche Behörden mit weniger Autonomie vorlieb nehmen mussten als quasi-öffentliche oder private) bei der Durchführung ihrer Aufgabenerfüllung. Ganz nach dem Modell des Marktes werden „Verträge" zwischen der Regierung und den Anbietern geschlossen, in denen die Aufgaben, Finanzierungsweisen und Kontrollverfahren definiert werden. Aufgrund dieses Vertrages wird ein Globalbudget überwiesen, das relativ frei verwendet werden kann. Die Organisationen sind selbst dafür verantwortlich, *wie* sie ihre Aufgaben erledigen. Der Staat – und diesen muss man jetzt als den inneren Kern, die Regierung und ihre direkte höhere Ministerialbürokratie definieren – kann steuern, indem er Aufgaben definiert, die Höhe der Finanzierung festlegt, bestimmte Organisationen selbst gründet oder sie selektiert. Dies ist aber eben steuern. Das „Rudern" aber (*row*) wie Osborne und Gaebler sich ausdrücken (Osborne/Gaebler 1992), verbleibt jetzt relativ autonomen (staatlichen, quasi-staatlichen oder auch privaten) Organisationen, die durch ihre direkte Verantwortlichkeit den Klienten gegenüber mit höherer Effizienz arbeiten sollen. Mehr Autonomie und direktere Klientelanbindung sollen demnach zu einer effizienteren Anbietung staatlicher Dienstleistungen führen.

Damit ist das Steuerungsinstrument „staatliche Bereitstellung von Gütern und Dienstleistungen" erheblich modifiziert worden, ohne dass sich der Staat nun völlig der Pflicht entledigt hätte, diese sensiblen Bereiche zu verwalten. Lediglich die Art und Weise, wie gesteuert wird, hat sich verändert. Infolge der Privatisierung und Deregulierung bedarf es einer Politik der Regulierung über externe Politikinstrumente; bei der Delegation an relativ autonome Organisationen führt der Staat zumindest auf dem Papier weiter und kontrolliert, ob die Aufgaben tatsächlich erbracht werden. Diese *inneren* Reformen führen zu teilweise erheblichen Veränderungen in der Rolle der einzelnen Organisationen, in der Ausweitung von Kontroll- und Evaluationsverfahren und im Selbstverständnis der Politik. Der „schlanke Staat" aus der Sicht des New Public Management ist also kein „minimaler Staat", wie er sich noch eher in den Privatisierungsvorstellungen niederschlägt. Er bleibt ein aktiver Staat, beschränkt seine Tätigkeiten aber auf die Definition und Kontrolle minimaler Standards sowie auf die globale Leitung und Überwachung der Leistungen delegierter Organisationen. Der Umfang der Binnenreformen in den einzelnen Ländern ist unterschiedlich und die Art und Weise, wie dies geschieht, ebenfalls (siehe Pollit/Bouckaert 2000; Naschold/Bogumil 1998; Kettl 2000). Aber der Trend ist in allen Ländern eindeutig und dürfte tatsächlich zu einer weitgehenden Umstrukturierung der Art und Weise führen, wie der Staat seine Tätigkeiten organisiert.

Die Delegation selbst hebt bereits das Prinzip der Planung auf, das den Staat seit den 1960er-Jahren in vielen Ländern angeleitet hatte. Die Reform der Binnenstruktur beruht auf dem Prinzip der Selbstorganisation, wenn auch der Staat eine Führungsrolle bei der Definition und Aufgabenformulierung behält und sich nicht nur auf prozedurale Steuerung zurückzieht. Planung kann nicht mehr angebracht sein, wenn die relativ autonomen Organisationen selbst bestimmen müssen, wie sie bestimmte Ziele verwirklichen sollen. Der Staat übergibt, weil er gelernt hat, dass Dirigismus von oben mit den von Hayek und anderen diagnostizierten Informationsdefiziten suboptimal im Vergleich zu der Abwicklung in direktem Kontakt zwischen Anbietern und Klienten ist. Planung ist suboptimal, weil sie nicht effektiv sein kann, die Legitimationskosten erhöht und eine Vielzahl von staatlichen Ressourcen beansprucht. Der „schlanke Staat" entlässt den Staat aus der Planung.

5.2 Entwicklungen im Gebrauch von externen Politikinstrumenten

Parallel zur Privatisierung, zur Liberalisierung von bisher öffentlich kontrollierten Bereichen und zur Dezentralisierung findet, wie gesagt, in der externen Verwendung von Politikinstrumenten – gleichsam als Komplement – eine verstärkte Regulierung der nun marktwirtschaftlich organisierten Bereiche statt. Dies betrifft vor allem – wie oben erwähnt – die ökonomischen Sektoren und die infrastrukturelle Bereitstellung von Gütern. Am spektakulärsten hat sich dies wohl im Finanzsektor entwickelt, wo die Globalisierung, und nicht staatliche Effizienzerwägungen, erheblich zu einer Liberalisierung der Kapitalströme beigetragen hat. Auch bei den Handels- und Preisregulierungen haben sich durch das GATT-Regime und nicht zuletzt im europäischen Raum durch die EU ähnliche spektakuläre Liberalisierungen vollzogen. Regulierung heißt hier also, soziale und ökonomische Folgeschäden, die durch marktförmiges Verhalten in solchen liberalisierten und privatisierten Sektoren entstehen, vorzubeugen.[6] So führte zum Beispiel der spektakuläre Zusammenbruch von Brokerhäusern oder unverantwortliche Spekulationsgeschäfte im Bereich des Kapitalverkehrs zu Anstrengungen, Verhaltenskodexe zu entwickeln und die Kontrolle der Geschäftstätigkeiten und der Solvenz solcher Finanzakteure zu verstärken. Wenn die Ressource Elektrizität liberalisiert wird, muss darauf geachtet werden, dass keine Monopolabsprachen getroffen werden und die Konsumenten vor unlauterem Wettbewerb geschützt werden. Neue Vorschriften, die Entwicklung von Standards oder Kontrollvorschriften sind solche Instrumente kompetitiv- und protektiv-regulativer Politik, die negativen Externalitäten der Liberalisierung verhindern soll.

Majone (1994, 1997) und Wright (1994, 1996) weisen zudem darauf hin, dass im Zuge dieser erneuten Regulierungsanstrengungen, die im Übrigen durch die Europäische Union noch einmal in vielerlei Hinsicht verstärkt wird (Majone 1996), neue Wege in der regulativen Politik beschritten werden, die sogar Anlass geben, von einem aufkommenden „regulativen Staat" zu sprechen, der den durch Staatsintervention charakterisierten Umverteilungsstaat keynesianischer Prägung ablöst. Der

---

6 "Governments are increasingly worried about the danger of 'chaotic competition' which destabilizes markets, as well as about new market distortions, with dominant actors intent of restricting competition – and this has heightened the need for new forms of regulation" (Wright 1996: 16).

regulative Staat ist nicht nur durch die Intensivierung regulativer Maßnahmen aufgrund der Liberalisierungen geprägt, sondern vor allem auch durch die verstärkte Inanspruchnahme von (relativ autonomen) Regulationsagenturen. Nicht mehr die direkte staatliche Bürokratie ist mit Kontroll- und Standardisierungsaufgaben beschäftigt, sondern Agenturen, die sich auf solche Aufgaben spezialisieren und dabei in relativer Distanz zum politischen System vorgehen können. Solche Agenturen sind wesentlich aktiver als es die bisherige staatliche Bürokratie sein konnte und entwickeln vor allem ein Eigeninteresse an der Erfüllung ihrer Aufgabe (siehe auch Pierson 1996: 107).[7] Also auch bei der Verwendung externer Politikinstrumente findet, zumindest was die regulative Politik betrifft, eine Delegation staatlicher Aufgaben an quasi-öffentliche Agenturen statt, wobei die Beziehung zwischen Agentur und Politik ähnlich strukturiert ist wie wir sie anhand des New Public Management beschrieben haben. Die Agenturen arbeiten im Auftrag der Politik und betreiben Politik *anstelle* traditioneller politischer Institutionen (siehe auch Braun 2000).[8]

Die Regulierung hat aber nicht nur in den liberalisierten, ökonomischen Sektoren zugenommen, sondern auch im sozialen Bereich und im Umweltbereich. Diese Bereiche, so Howlett und Ramesh, „have more to do with our physical and moral well-being than with our pocket-books" (Howlett/Ramesh 1995: 87). Hierzu zählen der Konsumentenschutz ebenso wie die Luftverschmutzung, die sexuelle Belästigung am Arbeitsplatz oder Diskriminierungen. Gerade in der modernen Wohlstandsgesellschaft und infolge der teilweisen Werteverschiebung hin zu postmaterialistischen Werten (Inglehart 1971, 1990), werden solche Bereiche immer wichtiger für die politische Legitimation und Gegenstand intensiver öffentlicher Diskussionen (siehe auch Braud 1997: II, 179).

Das Instrument der regulativen Politik hat also an Intensität keineswegs abgenommen. Dort, wo Entstaatlichung stattfindet, also vor allem im ökonomischen Sektor, werden neue Regulierungen notwendig und in anderen Bereichen intensiviert sich die Notwendigkeit zur Regulierung ohnedies. Die Form aber, über die regulative Politik vollzogen wird, scheint sich durch die Inanspruchnahme von delegierten Institutionen zu verändern. Und dies scheint sogar zu einer Intensivierung der Regulation anstatt zu einer Abschwächung zu führen (Wright 1996: 17).

Obwohl Regulierung also weiter zum Basisinstrumentarium zählt, gibt es heute doch zunehmend Zweifel an bzw. Widerstand gegenüber regulativen Maßnahmen. Regulative Politik ist zwar kostengünstig in ihrer Formulierung und Durchführung, kann aber erhebliche Transaktionskosten bei der Implementation erzeugen, weil sich die Adressaten der Regulierung den Ge- und Verboten entziehen oder sich wi-

---

7 "Each of the regulatory agencies has sought to expand ist control, each has sought to obtain greater information, each has not hesitated to mobilise outside support in ist struggle with ist respective privatized industry" (Wright 1996: 17).

8 Die unabhängige Zentralbank zählt hier ebenso zu wie die Environmental Protection Agency in den USA.

dersetzen. Regulierungen beinhalten Verhaltenseinschränkungen, die durch Zwang sanktioniert werden. Solche Verhaltenseinschränkungen müssen legitimiert sein, damit sie akzeptiert werden. Genau hier beginnt sich die Einstellung der Bevölkerung zu verändern. „Top-down-Verfahren" werden immer weniger als legitim angesehen. Obrigkeitsstaatliche Gesinnung beginnt zunehmend einer „zivileren" Einstellung zu weichen, die *Partizipation* an politischen Entscheidungen verlangt. Wenn denn Regulierung sein muss, so wird versucht, sie zunehmend über deliberative Verfahren abzufedern („rule-making process"; siehe z. B. in der Umweltpolitik (Jansen 1997). In diesem Sinne haben Bürgermitwirkung, die Einbeziehung sozialer Bewegungen in politische Entscheidungen usw. einen höheren Stellenwert seit den 1980er-Jahren erhalten (siehe vor allem Heinelt 2007). Viele europäische Städte, insbesondere in Deutschland, haben zum Beispiel Bürgerhaushalte nach dem Modell von „Porto Alegre" eingeführt. Diese bürgernahen Instrumente zielen auf neue Handlungskapazitäten für die Bevölkerung und Bürgerbeteiligung über „empowerment", Information, Ausbildung und regelmäßige Kontakte zur Verwaltung und politischen Elite der Stadt ab. Über den Einbezug der Adressaten von Politikinstrumenten wird auch versucht, die Legitimität der Politik zu stärken (Mayntz 2008).

Das Unbehagen an der Politik der Ge- und Verbote hat auch, am deutlichsten wiederum in der Umweltpolitik, *marktförmigen Instrumenten* zu neuem Schwung verholfen. Hier hat die „Neue Politische Ökonomie" viel zum Instrumenteneinsatz beigetragen. Im Rahmen dieser Theorie wird vor allem das Informations- und Kontrolldefizit angeprangert, das der staatlich-bürokratischen regulativen Politik anhaftet. Mit einer Politik, die auf Anreize setzt und die die Entscheidungen dem Markt überlässt, sollen bessere Ergebnisse, z. B. bei der Luftverschmutzung, erzielt werden (Kirchgässner 1994). Bei den Anreizen kann es sich um finanzielle Anreize handeln (Steuerermäßigungen oder zusätzliche Steuern etwa auf Mineralöl) oder aber um die Verteilung von Eigentumsrechten. Am prominentesten ist dieses letztere Instrument auf der internationalen Staatenebene diskutiert worden, wo das sogenannte „Kyoto-Protokoll" 1997 bekanntlich zu einer Reduktion der Emissionen auf der Erde beitragen sollte. In diesem Rahmen wurden an die einzelnen Staaten Emissionsrechte vergeben, die wie auf dem Markt frei handelbar sind. Einzelne Staaten können also bestimmte Emissionsrechte bei anderen Staaten kaufen, wenn sie meinen, mehr als die festgelegte Menge ausstoßen zu müssen. Die Staaten, die unter der festgelegten Grenze bleiben, können die ersparten Rechte an andere Staaten weitergeben und dafür Geld erhalten. In ähnlicher Weise wird seit längerer Zeit bereits in den USA verfahren (idem: 476). Dieses Prinzip lässt sich selbstverständlich auch in anderen Politikbereichen einführen (Dolšak/Sampson 2012).

Die Hinwendung zu marktförmigen Instrumenten aufgrund von Informations- und Kontrolldefiziten weist zudem auf ein grundsätzliches Problem staatlicher Politik heutzutage hin, die Edgar Grande mithilfe des „Vorsorgestaates" beschreibt (Grande 1997). Die Umweltprobleme haben, ebenso wie Probleme in der Kernenergie oder in der Gentechnik eines gemeinsam, dass sie nämlich immense, vom Menschen gemachte Risiken in sich bergen, bei denen häufig nicht nur Informationen fehlen, sondern die den Staat dazu zwingen, auch *präventiv* zu handeln, um Katastrophen zu vermeiden.

> „Er kann nicht erst dann aktiv werden, wenn die Katastrophe eingetreten ist, wenn das Problem also real geworden ist, sondern er muss bereits beim (mehr oder weniger begründeten) ‚Verdacht einer Gefahr‘ [..] tätig werden." (idem: 51)

Das einfache Verbot hilft bei solchen Techniken kaum weiter. Es muss differenzierter verfahren werden und marktförmige Instrumente helfen zumindest zum Teil, das Handeln der Akteure, denen die meisten Informationen zur Verfügung stehen, zu beeinflussen.

Marktförmige Instrumente ersetzen nicht regulative Politik. Sie ergänzen sie. Nach wie vor werden Grenzwerte hoheitlich oder aber in Absprache mit den Betroffenen festgelegt. Was sich ändert, ist der Spielraum, der den Adressaten bleibt und die Art und Weise, wie sie mit der regulativen Politik umgehen können. Bei einem Ge- und Verbot bleibt kein Spielraum. Bei den marktförmigen Instrumenten wird innovatives Verhalten angeregt und besteht wesentlich mehr Flexibilität für den einzelnen Adressaten, auf die Maßnahme zu reagieren.

Dieses Bestreben, „anstelle der klassischen staatlichen Regulierung durch Verbot und Anreiz die Anpassungs-, Reaktions- und Problemlösungskapazität der gesellschaftlichen Teilbereiche" (Hagenah 1994: 491) zu fördern, charakterisiert insgesamt die heutige Politik. Nicht direkte, sondern *indirekte* Steuerung und hier insbesondere die *Strukturierung*, tritt in den Vordergrund, die den instrumentalen Kern des Governanceparadigmas darstellt.

Es ist unmittelbar einsichtig, dass die Verwendung von „Verhaltensangeboten" mit den Vorgaben des „kooperativen Staates" übereinstimmen. Der Staat übergibt Entscheidungen an die Gesellschaft oder bezieht die Gesellschaft mit ein, versucht aber dabei, die Entscheidungen selbst durch Verhaltensarrangements zu beeinflussen.

Claus Offe hatte die prozedurale Steuerung als einen Bestandteil der Strukturierung ganz eng in Zusammenhang mit *Verhandlungssystemen* (Offe 1975: 93). Und gerade die Verhandlungssysteme spielen in der heutigen Diskussion über die Organisation staatlicher Politik und den kooperativen Staat eine zentrale Rolle, gerade weil es zu einem Verwischen der Grenzen zwischen politischer und gesellschaftlicher Verantwortung für kollektive Ziele kommt und damit komplexe Abstimmungsprozesse notwendig werden (Heinelt 2007). In Verhandlungssystemen „kommen verschiedene Akteure – sei es als Träger spezifischen Wissens, sei es als Interessenvertreter – zur Koordination oder für die Erarbeitung einer gemeinsamen Entscheidung zusammen" (Hagenah 1994: 503). Häufig sind diese Verhandlungssysteme in Form von *Netzwerken* strukturiert (s. o.). Die prozedurale Steuerung – oder wie Renate Mayntz die Beeinflussung dieser netzwerkförmigen Verhandlungssysteme nennt, das *Interdependenzmanagement* (1997) – versucht, gerade weil es in solchen Netzwerken keine hierarchische Macht mehr gibt und die Politik zum Teil nicht einmal in diesen Verhandlungssystemen vertreten ist, auf die Zusammensetzung der Netzwerke einzuwirken, den Agenda zu gestalten, die Entscheidungsmodalitäten zu beeinflussen, Zeithorizonte zu setzen oder die Verpflichtung zur Nutzung von Informationen aufzuerlegen. Was entschieden wird in solchen Verhandlungssystemen, kann nicht vom Staat bestimmt werden, aber die Richtung kann durch solche prozedurale Regelungen doch in nicht unbeträchtlichem Maße vorgegeben werden.

Prozedurale Steuerung wird also ein Kerninstrument im kooperativen Staat. Allerdings sollte man diesen Begriff weit fassen: Er kann Verfahren in Verhandlungssystemen oder Selbstorganisationssystemen festlegen und damit eine regulative Komponente haben, aber auch Verhandlungsergebnisse über Verfahren wie Information, Kontrolle und Überzeugung beeinflussen und dabei zu einem kollektiven Lernprozess beitragen. Ein Beispiel hierfür ist die Ende der 1990er-Jahre etablierte *„Open Method of Coordination"* der Europäischen Union (Tholoniat 2010). Dieses Instrument funktioniert in zwei Etappen: Im ersten Zug sollen die Teilnehmer in Verhandlungssystemen über ein „Benchmarking" ihre bisherigen Leistungen miteinander vergleichen. Daraufhin sollen die aus diesem Prozess resultierenden einheitlich entwickelten Normen als zukünftige Handlungsreferenzen für alle Teilnehmer dienen. Ex-post-Kontrollen helfen zu beurteilen, inwiefern zukünftiges Handeln diesen Normen entspricht. Auf diese Weise hofft man einen freiwilligen Lernprozess in Gang zu setzen, der die Effektivität und Effizienz des Politikbereichs erhöhen hilft.

Damit wird deutlich, dass sich auch im externen Bereich der Politikinstrumente die Tendenz fortsetzt, die direkte hoheitliche Nutzung von Politikinstrumenten in vielen Bereichen – vor allem solche, die komplexe und vernetzte Probleme aufweisen – zugunsten mehr indirekter Politikinstrumente aufzugeben. Dezentralisierung, Privatisierung und Liberalisierung waren die Maßnahmen des Staates in Bezug auf seine Binnenorganisation. Bei den externen Politikinstrumenten bleibt harte Regulierung zwar wichtig. Die Governancedebatte macht aber deutlich, dass „weiche" Instrumente zunehmend an Bedeutung gewinnen, die sowohl der Anerkennung von Selbstorganisation über Partizipation und Deliberation wie auch von Verhandlungssystemen mit öffentlichen und gesellschaftlichen Vertretern Rechnung tragen. Dabei wird das Instrument der prozeduralen Steuerung zum Kern des heutigen staatlichen Handelns (siehe auch als Übersicht Salamon 2002 und Eliadis et al. 2005).

Mit der Aufwertung von Verhandlungssystemen wird auch die Information als Steuerungsinstrument zu einem wichtigeren Bestandteil staatlicher Steuerungsstrategien, vor allem was die Bereitstellung von Orientierungsdaten angeht (Hood 2006). Gleichzeitig verlieren die auf Geld basierenden Leistungsprogramme an Bedeutung, weil die Finanzierungsprobleme und die Modelle des neoliberalen und kooperativen Staates ihre Fortführung erschweren. Das Modell des Wohlfahrtsstaates selbst wird umgebaut: Hilfe zur Selbsthilfe und Anreiz zur Selbstverantwortung sollen den „überbürokratisierten" und „hypertrophen" Sozialstaat umkrempeln und entlasten. Der Slogan Tony Blairs in Großbritannien, nicht mehr „welfare", sondern „workfare" zu organisieren, ist hierfür ein Beleg. Der Staat hat nicht mehr die Aufgabe zu versorgen, sondern zur Selbsthilfe zu befähigen.

Trotz der hier analysierten gemeinsamen Tendenzen hin zu einer Verbreitung von weichen, netzwerk- oder martkförmigen Instrumenten, existiert aber auch weiterhin eine breite Vielfalt an Instrumenten und insbesondere von verschiedenen Mischungen von Instrumenten. Dies ist den weiter bestehenden Unterschieden in staatlichen Traditionen von Governance und den Eigenartigkeiten der jeweiligen Politikfelder geschuldet.

6 Bilanz

In dem Maße wie sich also die Rolle des Staates in der Gesellschaft bzw. das Denken über den Staat in der Gesellschaft und seine Regulierungspraxis verändert, findet auch eine Umorientierung im Gebrauch von Politikinstrumenten statt (Le Galès 2000). Am sichtbarsten ist dies vielleicht im „reflexiven" Gebrauch von Politikinstrumenten, weil Privatisierung, Liberalisierung und Dezentralisierung doch in erheblichem Maße die Organisation öffentlicher Dienstleistungen verändern. Aber auch im externen Gebrauch von Politikinstrumenten gibt es Verschiebungen, die insgesamt den hoheitlich-hierarchischen Charakter des Staates hinterfragen. Die Modelle des neoliberalen und kooperativen Staates bevorzugen „weiche" und „marktförmige" Politikinstrumente, die Verhalten nicht oktroyieren, sondern Verhaltensangebote machen und Selbstorganisation fördern. Politische Entscheidungen finden immer mehr in Verhandlungssystemen zwischen Staat und Gesellschaft bzw. Markt oder zwischen privaten Akteuren, aber im öffentlichen Raum, statt. In Zeiten der allgemeinen Verunsicherung aufgrund zivilisatorischer Risiken und von Globalisierungsprozessen, die nationalstaatliches Handeln grundsätzlich verändern, kann der Staat nicht mehr die alleinige Instanz sein, die für die Wohlfahrt der Gesellschaft verantwortlich ist. Vielversprechender sind hier flexibles und selbstbewusstes Handeln auf gesellschaftlicher Ebene. Dem Staat verbleibt nicht viel mehr als die Verantwortung für die Schaffung der Vorbedingungen eines solchen Handelns zu schaffen, dabei aber auch – wie die Systemtheorie deutlich macht (Willke 1992) – dafür zu sorgen, dass solches Handeln gesellschaftlich verantwortliches Handeln zu sein hat. Wenn der Staat nicht mehr über seine eigene Organisation steuern kann und will und Entscheidungen delegiert, dann bedarf er der Mechanismen, die die Entscheidungen auf gesellschaftlicher Ebene beeinflussen können. Der kooperative Staat und die prozedurale Politik sind die funktional adäquate

Antwort hierauf. Die Gestaltung von Verhandlungssystemen und ihre Beeinflussung werden dabei zu den vorrangigen Politikinstrumenten der Politik.

7 Literatur

Abelshauser, Werner, 1983: Wirtschaftsgeschichte der Bundesrepublik Deutschland 1945–1980. Frankfurt a.M.: Suhrkamp.

Bache, Ian/Flinders, Matthew, 2004: Multi-Level Governance. Oxford: Oxford University Press.

Beck, Ulrich, 1993: Die Erfindung des Politischen. Frankfurt: Suhrkamp.

Bell, Daniel, 1967: Notes on post-industrial society. In: The Public Interest 6, 24–35.

Bemelmans-Videc, Marie-Louise/Ris, Ray C./Vedung, Evert, 1998: Carrots, Sticks & Sermons. New Brunswick and London: Transaction Publishers.

Benz, Arthur, 1994: Institutional Change in Intergovernmental Relations: The Dynamics of Multi-Level Structures. In: Joachim Jens Hesse/Theo A. J. Toonen (eds.): The European Yearbook of Comparative Government and Public Administration, 551–574.

Benz, Arthur, 2004a: Multilevel Governance - Governance in Mehrebenensystemen. In: Arthur Benz (Hrsg.): Governance - Regieren in komplexen Mehrebenensystemen. Eine Einführung. Opladen: VS Verlag für Sozialwissenschaften), 125–46.

Benz, Arthur, 2004b: Einleitung: Governance – Modebegriff oder nützliches sozialwissenschaftliches Konzept?. In: Arthur Benz (Hrsg.): Governance – Regieren in komplexen Mehrebenensystemen. Eine Einführung. Opladen: VS Verlag für Sozialwissenschaften, 11–28.

* Benz, Arthur (Hrsg.), 2004c: Governance – Regieren in komplexen Regelsystemen. Eine Einführung, Lehrbuch Governance. Opladen: VS Verlag für Sozialwissenschaften.

Braud, Philippe, 1997: Science politique, Tome 1 et 2. Paris: Editions du Seuil.

Braun, Dietmar, 1997: Die forschungspolitische Steuerung der Wissenschaft. Frankfurt a.M.: Campus.

Braun, Dietmar, 1998: Theorien rationalen Handelns in der Politikwissenschaft. Eine kritische Einführung. Opladen: Leske + Budrich.

Braun, Dietmar, 2000: Gemeinwohlorientierung im modernen Staat. In: Uwe Schimank und Raimund Werle (Hrsg.): Gesellschaftliche Komplexität und kollektive Handlungsfähigkeit. Frankfurt a. M.: Campus. 125–153.

Bruijn, Hans A. de/Hufen, Hans A.M., 1998: The traditional approach to policy instruments. In: Peters, B. Guy/Frans K.M. van Nispen (eds.): Public Policy Instruments. Evaluating the Tools of Public Administration, Cheltenham. UK: Edward Elgar, 11–32.

Buchanan, James M./Tullock, Gordon, 1962: The Calculus of Consent. Logical Foundations of Constitutional Democracy. Ann Arbor: University of Michigan Press.

Deutsch, Karl W., 1963: The Nerves of Government. New York: Free Press.

Dolšak, Nives/Sampson, Karen, 2012: The Diffusion of Market-Based Instruments The Case of Air Pollution. In: Administration & Society 44 (3), 310–342.

Eliadis, F. Pearl/Hill, Margaret M./Howlett, Michael, 2005: Designing Government : From Instruments to Governance. Montreal: McGill-Queen's University Press.

Ellwein, Thomas/Hesse, Joachim Jens, 1994: Der überforderte Staat. Baden-Baden: Nomos.

Eucken, Walter von, 1990 (6. Auflage): Grundsätze der Wirtschaftspolitik. Herausgegeben von Edith Eucken und K. Paul Hensel. Tübingen: J.C.B. Mohr.

Giddens, Anthony, 1997: Jenseits von Links und Rechts. Frankfurt a.M.: Suhrkamp.

Görlitz, Axel/Burth, Hans-Peter, 1998: Politische Steuerung. Ein Studienbuch. 2 Auflage. Opladen: Leske + Budrich.

Grande, Edgar, 1996: The state and interst groups in a framework of multi-level decision-making: the case. In: Journal of European Public Policy 3(3), 318–338.

Grande, Edgar, 1997: Auflösung, Modernisierung oder Transformation? Zum Wandel des modernen Staates in Europa. In: Edgar Grande/Rainer Prätorius (Hrsg.): Modernisierung des Staates? Baden-Baden: Nomos, 45–64.

Grande, Edgar/Prätorius, Rainer (Hrsg.), 1997: Modernisierung des Staates? Baden-Baden: Nomos.

Grimm, Dieter, 1993: Der Staat in der kontinentaleuropäischen Tradition. In: Rüdiger Voigt (Hrsg.): Abkehr vom Staat - Rückkehr zum Staat? Baden-Baden: Nomos, 27–50.

Hagenah, Evelyn, 1994: Neue Instrumente für eine neue Staatsaufgaben: Zur Leistungsfähigkeit prozeduralen Rechts im Umweltschutz. In: Dieter Grimm (Hrsg.): Staatsaufgaben. Baden-Baden: Nomos, 487–521.

Hartwich, Hans-Hermann, 1987: Die Suche nach einer wirklichkeitsnahen Lehre vom Staat. In: APUZ B46-47/87, 3–19.

Hayek, Friederich A. von, 1945: The use of knowledge in society. In: The American Economic Review. XXXV (4), 519–530.

Hayek, Friedrich A. von, 1978: New Studies in Philosophy, Politics, Economics and the History of Ideas. Chicago.

Heinelt, Hubert, 2007: Demokratie jenseits des Staates. Partizipatives Regieren und Governance, Modernes Regieren. Schriften zu einer neuen Regierungslehre, 4. Frankfurt a. M.: Nomos.

Hood, Christopher, 2006: The Tools of Government in the Information Age. In: Michael Moran/Martin Rein/Robert E. Goodin (eds.): The Oxford Handbook of Public Policy. Oxford: Oxford University Press, 469–481.

Howlett, Michael/Ramesh, M., 1995: Studying Public Policy. Policy Cycles and Policy Subsystems. Oxford: Oxford University Press.

Howlett, Michael, 2009: Governance Modes, Policy Regimes and Operational Plans: A Multi-Level Nested Model of Policy Instrument Choice and Policy Design. In: Policy Sciences 42 (1), 73–89.

Howlett, Michael, 2011: Designing public policies: principles and instruments. London: Routledge.

Inglehart, Ronald, 1971: The Silent Revolution in Europe. In: American Political Science Review, 991–1017.

Inglehart, Ronald, 1990: Culture Shift in Advanced Industrial Society. Princeton: Princeton University Press.

Jansen, Dorothea, 1997: Mediationsverfahren in der Umweltpolitik. In: Politische Vierteljahresschrift 38(2), 274–297.

Jordan, A. Grant/Schubert, Klaus (eds.), 1992: Policy Networks. In: European Journal of Political Research, Special Issue: Vol 21.

Katzenstein, Peter J., 1985: Small States in World Markets. Industrial Policy in Europe. Ithaca and London: Cornell University Press.

Kenis, Patrick/Raab, Jörg, 2008: Politiknetzwerke als Governanceform: Versuch einer Bestandsaufnahme und Neuausrichtung der Diskussion, Politische Vierteljahresschrift, Sonderheft „Governance in einer sich wandelnden Welt", 132–148.

Kettl, Donald, 2000: The Global Public Management Revolution. A Report on the Transformation of Governance. Washington, D.C.: Brookings Institution.

Kirchgässner, Gebhard, 1994: Umweltschutz als Staatsaufgabe. In: Dieter Grimm (Hrsg.): Staatsaufgaben. Baden-Baden: Nomos, 453–486.

Lallement, Michel, 2000: Neue Governance-Formen in der Beschäftigungspolitik: industrielle Beziehungen und die Regulierung des Arbeitsmarktes in Frankreich und Deutschland. Frankfurt a. M.: Campus Verlag.

Lange, Stefan, 2000: Politische Steuerung als systemtheoretisches Problem. In: Stefan Lange/ Dietmar Braun (Hrsg.): Politische Steuerung zwischen System und Akteur. Eine Einführung. Opladen: Leske + Budrich, 15–98.

Lascoumes, Pierre/Le Gales, Patrick, 2007: Introduction: Understanding Public Policy through Its Instruments – From the Nature of Instruments to the Sociology of Public Policy Instrumentation. In: Governance 20(1), 1–21.

Le Galès, Patrick, 2000: Le desserrement du verrou de l'Etat ?. Revue Internationale de Politique Comparée 6(3), 627–652.

Lehmbruch, Gerhard 1996: „Der Beitrag der Korporatismusforschung zur Entwicklung der Steuerungstheorie". Politische Vierteljahresschrift, 37(4). 735–751.

Lehner, Franz, 1979: Einführung in die Neue Politische Ökonomie. Königstein/Ts.: Athenäum.

Lutz, Burkart, 1984: Der kurze Traum immerwährender Prosperität. Frankfurt a.M.: Campus.

Majone, Giandomenico, 1994: Paradoxes of privatization and deregulation. In: Journal of European Public Policy 1(1), 53–69.

Majone, Giandomenico, 1997: From the Positive to the Regulatory State: Causes and Consequences of Changes in the Mode of Governance. In: Journal of Public Policy 17(2), 139–167.

Majone, Giandomenico (ed.), 1996: Regulating Europe. London: Routledge.

Marin, Bernd/Mayntz, Renate (eds.), 1991: Policy Networks. Empirical Evidence and Theoretical Considerations. Frankfurt a.M. – Boulder, Colorado: Campus.

Mayntz, Renate, 1993: Policy-Netzwerke und die Logik von Verhandlungssystemen. In: Adrienne Héritier (Hrsg.): Policy-Analyse. Kritik und Neuorientierung. Opladen: Westdeutscher Verlag, 39–56.

Mayntz, Renate, 1997: Verwaltungsreform und gesellschaftlicher Wandel. In: Edgar Grande/Rainer Prätorius (Hrsg.): Modernisierung des Staates? Baden-Baden: Nomos, 65–74.

* Mayntz, Renate, 2006: Governance Theory als fortentwickelte Steuerungstheorie?. In: Gunnar Folke Schuppert (Hrsg.): Governance-Forschung. Vergewisserung über Stand und Entwicklungslinien Baden-Baden: Nomos, 11–20.

Mayntz, Renate, 2008: Von der Steuerungstheorie zu Global Governance, Politische Vierteljahresschrift, Sonderheft „Governance in einer sich wandelnden Welt", 43–61.

Mayntz, Renate/Scharpf, Fritz W., 1975: Policy-Making in the German Federal Bureaucracy. Amsterdam: Elsevier.

Mayntz, Renate/Scharpf, Fritz W. (Hrsg.), 1995: Gesellschaftliche Selbstregelung und politische Steuerung. Frankfurt a. M.: Campus.

McLean, Ian, 1987: Public Choice. An Introduction. Oxford: Basil Blackwell.

Naschold, Frieder/Bogumil, Jörg, 1998: Modernisierung des Staates. New Public Management und Verwaltungsreform. Opladen: Leske + Budrich.

Nozick, Robert, 1974: Anarchy, State and Utopia. New York: Basic Books.

Offe, Claus, 1975: Berufsbildungsreform. Frankfurt a.M.: Suhrkamp.

Osborne, David/Gaebler, Ted, 1992: Reinventing Government. How the Entrepreneurial Spirit is Transforming the Public Sector. Reading: Addison-Wesley.

Peters, B. Guy/Van Nispen, Frans K.M. (eds.), 1998: Public Policy Instruments. Evaluating the Tools of Public Administration. Cheltenham: Edward Edgar Publishing.

Pierson, Christopher, 1996: The Modern State. London: Routledge.

Pollit, Christopher/Bouckaert, Geert, 2000: Public Management Reform. A Comparative Analysis. Oxford: Oxford University Press.

Pollit, Christopher/Bouckaert, Geert, 2003: 'Evaluating public management reforms: An international perspective'. In: Helmut Wollman (ed.): Evaluation in Public-Sector Reform. Cheltenham: Edward Edgar Publishing, 12–35.

Reagan, Michael D., 1987: Regulation : the Politics of Policy. Boston: Little Brown.

Ritter, Ernst Hasso, 1979: Der kooperative Staat. Bemerkungen zum Verhältnis von Staat und Wirtschaft. In: Archiv des öffentlichen Rechtes 104(3), 389–413.

Salomon, Lester M., 2002: The New Governance and the Tools of Public Action: An Introduction. In: Lester M. Salomon (ed.): The Tools of Government: a Guide to the New Governance. Oxford: Oxford University Press, 1–47.

Salisbury, Robert/Heinz, John, 1970: A Theory of Policy, Analysis and Some Preliminary Applications. In: John Sharkansky (ed.): Policy Analysis in Political Science. Chicago: Merkham Publishing Company, 39–60.

Scharpf, Fritz W., 1983: Interessenlage der Adressaten und Spielräume der Implementation bei. In: Renate Mayntz (Hrsg.): Implementation politischer Programme II – Ansätze zur Theoriebildung. Opladen: Westdt. Verlag, 99–116.

Scharpf, Fritz W., 1992: Die Handlungsfähigkeit des Staates am Ende des Zwanzigsten Jahrhunderts. In: Beate Kohler-Koch (Hrsg.): Staat und Demokratie in Europa. Opladen: Westdeutscher Verlag, 93–115.

Scharpf, Fritz W., 1999: Regieren in Europa - Effektiv und demokratisch ?. Frankfurt a.M.: Campus.

Schelsky, Helmut, 1965: Auf der Suche nach der Wirklichkeit. Düsseldorf: E. Diederichs.

Schmitt, Carl, 1963: Der Begriff des Politischen. Berlin: Duncker & Humblot.

Schubert, Klaus, 1991: Politikfeldanalyse. Opladen: Leske und Budrich.

Schuppert, Gunnar Folke (Hrsg.), 2006: Governance-Forschung. Vergewisserung über Stand und Entwicklungslinien, 2. Auflage. Frankfurt a.M.: Nomos.

Schuppert, Gunnar Folke, 2008: Governance - auf der Such nach Konturen eines „anerkannt uneindeutigen Begriffs", Politische Vierteljahresschrift, Sonderheft „Governance"

Stöger, Roman, 1997: Der neoliberale Staat. Entwicklung einer zukunftsfähigen Staatstheorie. Wiesbaden: Deutscher Universitätsverlag.

Streeck, Wolfgang/Schmitter, Philippe C., 1985: "Community, Market, State and Associations – The Prospective Contribution of Interest Governance to Social Order". In: Streeck, Wolfgang/ Schmitter, Philippe C. (eds.): Private Interests Government. London: Sage, 1–29.

Tholoniat, Luc, 2010: The Career of the Open Method of Coordination: Lessons from a 'Soft' EU Instrument. In: West European Politics 33(1), 93–117.

Voigt, Rüdiger (Hrsg.), 1995: Der kooperative Staat. Krisenbewältigung durch Verhandlung? Baden-Baden: Nomos.

Willke, Helmut, 1992: Ironie des Staates. Frankfurt: Suhrkamp.

Windhoff-Heritier, A., 1987: Policy-Analyse. Frankfurt/New York: Campus.

Wright, Vincent (ed.), 1994: Privatization in Western Europe: Pressures, Problems and Paradoxes. London: Pinter Publishers.

Wright, Vincent, 1996: Public Administration, regulation, deregulation and reregulation. In: Diskussionspapier präsentiert beim Workshop Public Policy der Schweizerischen Vereinigung für Politikwissenschaft in Bahlstal am 11. November.

Zürn, Michael, 2008: Governance in einer sich wandelnden Welt – eine Zwischenbilanz, Politische Vierteljahresschrift, Sonderheft „Governance in einer sich wandelnden Welt", 553–580.

Verständnisfragen

1. Definieren Sie die Begriffe „Interventionsstaat" und „Minimaler Staat".

2. Worin unterscheiden sich Politikinstrumente in der Anwendung?

3. Welche Formen der Bereitstellung von Gütern und Dienstleistungen unter staatlicher Verantwortung lassen sich unterscheiden?

4. Welche Ziele können mit direkter Regulierung verfolgt werden?

5. Welches sind die wichtigsten Merkmale prozeduraler Steuerung?

Transferfragen

1. Gibt es heute noch Staaten, die dem Typus des Interventionsstaates entsprechen?

2. Inwiefern haben sich Kompetenzen und Aufgaben der öffentlichen Verwaltung durch den Übergang zum kooperativen Staat verändert?

Problematisierungsfragen

1. Wurde der Wandel vom Interventionsstaat zum minimalen und kooperativen Staat in erster Linie durch veränderte Rahmenbedingungen und Anforderungen erzwungen oder spiegelt er primär veränderte politische Wahrnehmungen und Normen wider?

2. Diskutieren Sie die jeweilige demokratische Legitimation hierarchischer und kooperativer politischer Steuerung.

Teil III: **Methoden und Akteure**

Oliver Treib
Methodische Spezifika der Policy-Forschung

1 Einleitung

Ziel der Policy-Forschung ist es, die Entstehung, Verabschiedung und praktische Durchführung politischer Programme zu beschreiben, unter Rekurs auf die Zielvorstellungen der beteiligten Akteure sowie der institutionellen Rahmenbedingungen zu erklären und gegebenenfalls auch Empfehlungen für alternative politische Lösungen im Rahmen von politischer Beratungstätigkeit zu erarbeiten. Obwohl manche Policy-Forscher auch politische Maßnahmen von *privaten* Organisationen untersuchen, stehen in den meisten Studien *staatliche* Aktivitäten zur politischen Gestaltung der gesellschaftlichen Verhältnisse – Gesetze, Verordnungen, Subventionen, Steuern, öffentliche Dienstleistungen, Kampagnen etc. – im Mittelpunkt des Interesses. Das Augenmerk der Politikfeldanalyse richtet sich also darauf, Handlungen von Regierungen und Verwaltungen zu beschreiben, zu erklären und mitunter auch normativ zu bewerten.

Der Gegenstandsbereich der Policy-Forschung hat Auswirkungen auf die verfügbaren oder erhebbaren Daten und die damit einhergehenden Analyseverfahren. Diese methodischen Spezifika der Policy-Forschung stehen im Mittelpunkt des vorliegenden Beitrags. Insbesondere die frühen Phasen des Politikzyklus (Problemdefinition und Agenda-Setting), aber auch wesentliche Entscheidungen im Rahmen der Politikformulierung und der Implementation, finden weitgehend hinter verschlossenen Türen statt und lassen sich daher durch öffentlich verfügbare Informationen wie Presseberichte, parlamentarische Materialien oder Regierungsdokumente häufig nur höchst unzureichend nachvollziehen. Auch die Nachverfolgung von Veränderungen an den debattierten und schließlich verabschiedeten politischen Programmen ist ohne Einblicke in die nicht öffentlich stattfindenden Entscheidungsprozesse schwierig.

Wie wir im Folgenden sehen werden, schließen diese Anforderungen quantitative Forschung zwar keineswegs aus, erfordern aber einige zum Teil schwierige und mitunter auch unbefriedigende methodische Entscheidungen hinsichtlich der Messung zentraler abhängiger und unabhängiger Variablen sowie hinsichtlich der Etablierung von Kausalbeziehungen. Aus diesen Gründen sind Fallstudien und qualitative Untersuchungsmethoden wie Experten- und Eliteninterviews oder qualitative Dokumentenanalyse im Bereich der Policy-Forschung weit verbreitet. Auch dieser Forschungsstrang hat aber mit Problemen zu kämpfen, insbesondere mit der Generalisierbarkeit von Fallstudienergebnissen.

Der Beitrag ist wie folgt gegliedert: Abschnitt 2 wendet sich zunächst den qualitativen Ansätzen in der Policy-Forschung zu. Er stellt die in den prozessanalyti-

schen und interpretativen Zweigen der qualitativen Politikfeldanalyse angewendeten Methoden vor und diskutiert ihre Vor- und Nachteile. Abschnitt 3 gibt dann
einen Überblick über die Methoden der quantitativen Policy-Forschung, insbesondere die Aggregatdatenanalyse in der vergleichenden Staatstätigkeitsforschung, die
quantitative Analyse von Gesetzgebungsprozessen, die quantitative Netzwerkanalyse und die Qualitative Comparative Analysis, die entgegen ihres Namens hier als
quantitatives Analyseverfahren betrachtet wird. Abschließend werden dann auch
wieder Vor- und Nachteile dieser quantitativen Methoden diskutiert. Abschnitt 4
zieht schließlich ein Resümee und diskutiert Möglichkeiten, wie die Schwächen der
üblicherweise eingesetzten qualitativen und quantitativen Methoden in der Policy-
Forschung überwunden werden könnten.

2 Qualitative Ansätze

Viele Beiträge der Politikfeldanalyse lassen sich dem Bereich der qualitativen Forschung zuordnen. Angesichts einer Vielzahl beteiligter Akteure und fehlender Öffentlichkeit vieler Entscheidungsprozesse liegt es nahe, sich der Erforschung von
Politikgestaltungsprozessen in Form von detaillierten Fallstudien, entweder in Form
von Einzelfallanalysen oder von vergleichend angelegten Fallstudien mit kleiner
Fallzahl, zu nähern.

Fallstudien können sehr unterschiedliche Erkenntnisziele verfolgen. In der Literatur werden verschiedene Arten von Fallstudiendesigns unterschieden (Lijphart
1971; Eckstein 1975; George/Bennett 2005: 74–76; Jahn 2006: 324–330). Zu den wichtigsten Arten von Fallstudien, die auch in der Policy-Forschung häufig Anwendung
finden, zählen die folgenden:

- *Theorieorientierte interpretative Fallstudien:* Diese Art von Fallstudien konzentriert sich zumeist auf einzelne, besonders wichtig erscheinende politische
  Ereignisse oder Entscheidungen, die sie mithilfe bestehender Theorien zu erklären versucht. Der allgemeinere theoretische Ertrag solcher Fallstudien ist allerdings begrenzt, da die theoretische Erklärung zwar auf den konkreten Fall
  passt, aber nur schwer auf andere Fälle übertragbar ist. Dennoch sind solche
  Analysen in der Policy-Forschung durchaus häufig anzutreffen. Oftmals decken
  solche Studien aber auf der Suche nach Erklärungen auch neue, unerwartete
  theoretische Zusammenhänge auf, weshalb es eine große Schnittmenge zu hypothesengenerierenden Fallstudien gibt.
- *Hypothesengenerierende Fallstudien:* In solchen Untersuchungen geht es darum, am Beispiel wichtiger, ungewöhnlicher oder extremer Fälle (etwa Fälle,
  die politisch besonders umkämpft waren oder die in statistischen Analysen als
  Ausreißer identifiziert wurden) neue theoretische Zusammenhänge zu finden
  und am Ende in Form von Hypothesen zu formulieren, die dann in späteren,

breiter angelegten Studien empirisch überprüft werden können. Diese Art von Fallstudien ist in der Policy-Forschung häufig anzutreffen und birgt großes Potenzial für interessante, zuvor unterbeleuchtete theoretische Zusammenhänge. Dies gilt insbesondere für hypothesengenerierende Fallstudien, die einen theoretischen Zusammenhang auf besonders plastische Weise zutage treten lassen.

- *Theorieüberprüfende Fallstudien:* Nach den hypothesengenerierenden Fallstudien spielen theorieüberprüfende Fallstudien in der Policy-Forschung sicherlich mit die wichtigste Rolle. Unter den Fallstudien sind sie die theorierelevantesten. Einzelfallstudien können theorieüberprüfend sein, wenn sie *crucial cases* untersuchen, also Fälle, die für die Belegung oder Widerlegung einer Theorie besonders entscheidend sind. Ziel von *most-likely case studies* ist die Widerlegung einer etablierten Theorie. Zu diesem Zweck wird ein Fall ausgewählt, bei dem es besonders wahrscheinlich ist, dass der behauptete theoretische Effekt auftreten müsste. Kann man dann zeigen, dass der Effekt selbst unter diesen besonders günstigen Bedingungen nicht eintrat, hat man ein starkes Argument gegen die theoretische Annahme. Umgekehrt dient die *least-likely case study* der Belegung einer Theorie. Ausgewählt wird ein Fall, bei dem es besonders unwahrscheinlich ist, dass der erwartete Effekt eintritt. Kann dann gezeigt werden, dass der Effekt trotzdem eintritt, ist dies ein starkes Argument für die Gültigkeit der Theorie.

- Vergleichende Fallstudien mit theorieüberprüfender Zielrichtung folgen häufig der Logik kausaler Schlüsse, wie sie von John Stuart Mill entwickelt wurde (Mill 1843: Band I, Kap. 8). Bei der Mill'schen *Differenzmethode* werden möglichst ähnliche Fälle ausgewählt, die sich idealerweise nur in einer entscheidenden erklärenden Variable unterscheiden. Somit kann geprüft werden, ob Unterschiede in der Ausprägung der abhängigen Variable auf diese erklärende Variable zurückzuführen sind. Analog dazu wählt man bei der *Konkordanzmethode* Fälle aus, die sich möglichst unähnlich sind und idealerweise nur in einer entscheidenden unabhängigen Variable übereinstimmen, die dann die Gemeinsamkeiten bei der abhängigen Variable erklären kann.

Abseits der Fokussierung auf Fallstudien lassen sich in der qualitativen Policy-Forschung zwei unterschiedliche Strömungen mit je eigenen wissenschaftstheoretischen Prämissen und damit einhergehenden methodischen Vorgehensweisen unterscheiden.

2.1 Prozessanalytische Policy-Forschung

Der prozessanalytische Zweig der qualitativen Policy-Forschung versucht, Erklärungen für politische Entscheidungen zu erlangen, indem die zugrunde liegenden Entscheidungsprozesse Schritt für Schritt nachgezeichnet werden, um aus dem sequentiellen Ablauf Rückschlüsse über Ursache-Wirkungs-Zusammenhänge zu ziehen. Diese Verfahrensweise ist unter dem Oberbegriff der „Prozessanalyse" bzw. des „Process-Tracing" bekannt geworden (George/Bennett 2005: Kapitel 10; Schimmelfennig 2006). Diese Methodologie kann im Rahmen von Einzelfallstudien ebenso angewendet werden wie in vergleichenden Fallstudien. Vergleichende Fallstudien haben dabei den Vorteil, dass kausale Zusammenhänge auch noch durch kontrastierende Fälle verdeutlicht werden können.

Im Rahmen von Prozessanalysen müssen die beteiligten Akteure und ihre Präferenzen identifiziert und der Ablauf der Debatten sowie die zugrunde liegenden Entscheidungsregeln nachverfolgt werden. Dabei wird davon ausgegangen, dass die Wahrnehmungen und Situationsdeutungen der am Policy-Prozess beteiligten Akteure zwar durchaus variabel sein können, in der Regel aber doch hinlänglich einheitlich und stabil sind, dass sie für den Forscher einigermaßen objektiv nachvollzogen werden können. Eine der wesentlichen Datenquellen für diese Art der Forschung sind *Eliten- oder Experteninterviews* (Meuser/Nagel 2009; Pickel/Pickel 2009; Kaiser in diesem Band). Als Experten befragt werden Personen, die an den Entscheidungsprozessen beteiligt waren oder diese aus nächster Nähe mitverfolgt haben. Dabei handelt es sich in der Regel um Eliten wie Beamte aus den beteiligten Ministerien, Vertreter von Verbänden, Parlamentarier, Journalisten, wissenschaftliche Politikberater oder auch um Minister und Staatsekretäre.

Entscheidend für die Auswahl von Experten ist das Wissen über den zu untersuchenden Entscheidungsprozess, die Bereitschaft, sich von einem Forscher befragen zu lassen und die Abdeckung unterschiedlicher Sichtweisen auf den zu untersuchenden Prozess, um einseitige, persönlich eingefärbte Darstellungen zu vermeiden und durch die Befragung von Personen mit unterschiedlichem politischem Hintergrund zu einer von möglichst vielen Experten geteilten Rekonstruktion des Entscheidungsprozesses zu gelangen. Repräsentativität spielt hier, anders als bei anderen Befragungen, keine entscheidende Rolle, da es ja keine klar umgrenzte Grundgesamtheit von Experten gibt und es daher auch nicht darauf ankommt, eine repräsentative Stichprobe aus dieser Grundgesamtheit auszuwählen.

Zusätzliche Informationsquellen in dieser Art von Studien sind öffentliche, halb öffentliche und häufig auch nicht-öffentliche *Dokumente* aller Art. Das Spektrum reicht von parlamentarischen Materialien wie Gesetzentwürfen, Ausschussberichten oder Plenarprotokollen über schriftliche Stellungnahmen von Verbänden bis hin zu internen Positionspapieren oder Protokollen von Sitzungen, die zwar mitunter nicht öffentlich zugänglich sind, von Interviewpartnern auf Anfrage aber häufig doch zu Forschungszwecken herausgegeben werden. Ebenso werden publizistische Quellen wie Zeitungsinterviews beteiligter Politiker oder auf Recherche beruhende Hintergrundberichte von Journalisten in Zeitungen, Zeitschriften oder Fernsehsendungen herangezogen.

Ziel der Kombination unterschiedlicher Datenquellen ist es, durch den Abgleich von Informationen aus verschiedenen Quellen eine höhere Verlässlichkeit der erzielten Ergebnisse zu gewährleisten. Bei der kritischen Hinterfragung von Informationen ist jeweils zu prüfen, ob der betreffende Experte oder der Autor des jeweiligen Schriftstücks irgendwelche politischen, professionellen oder sonstigen Anreize hatte, die Darstellung der Ereignisse verzerrt widerzugeben. Kurzum, die aus Interviews, Dokumenten und publizistischen Quellen stammenden Informationen müssen quellenkritisch hinterfragt werden, wie dies in der Geschichtswissenschaft schon seit Langem gelehrt wird (Opgenoorth/Schulz 2010: 180–192).

Eines der wesentlichen Kennzeichen der prozessanalytischen Policy-Forschung ist die Ausrichtung der empirischen Forschung am Ziel der Gewinnung theoretischer Erkenntnisse. Prozessanalytische Politikfeldanalyse zielt mindestens darauf ab, wichtige Policy-Entscheidungen mithilfe theoretischer Mechanismen kausal zu erklären, wie dies im Mittelpunkt des Forschungsprogramms des Kölner Max-Planck-Instituts für Gesellschaftsforschung unter seinen früheren Direktoren Renate Mayntz und Fritz Scharpf stand (Mayntz/Scharpf 1995; Scharpf 2000). Daneben gibt es aber auch deutlich deduktiver vorgehende, hypothesenbasierte Beiträge, die letztlich darauf abzielen, zwar zeitlich und räumlich begrenzte, aber dennoch möglichst allgemeingültige theoretische Aussagen über bestimmte Aspekte des Policy-Prozesses zu machen. Dazu zählt etwa die Forschung im Umfeld von Sabatiers Advocacy Coalition Framework (Sabatier/Jenkins-Smith 1993; Weible et al. 2009), aber auch eine Vielzahl anderer fallstudienbasierter Beiträge, unter anderem etwa in der EU-Policy-Forschung. Als Beispiel für eine Untersuchung aus dem letzteren Bereich, die sich in diesen methodologischen Kanon einordnen lässt, sei auf meine ländervergleichende Studie über die Rolle politischer Parteien bei der Umsetzung von sechs sozialpolitischen EU-Richtlinien verwiesen (Treib 2004).

2.2 Interpretative Policy-Forschung

Im Gegensatz zur prozessanalytischen Policy-Forschung geht die interpretative Politikfeldanalyse davon aus, dass politische Entscheidungsträger ihre jeweils eigene subjektive Weltsicht haben und dass es daher darauf ankommt, diese subjektiven Sichtweisen empirisch zu rekonstruieren, um Politikgestaltungsprozesse richtig verstehen zu können. Dabei spielen kollektiv geteilte Deutungsmuster wie Narrative oder Frames eine wichtige Rolle, sodass es in der Forschung auch darauf ankommt, den Einfluss etablierter kultureller Deutungsmuster nachzuvollziehen.

Innerhalb des interpretativen Lagers lassen sich zwei Richtungen unterscheiden. Die erste Richtung schließt an Konzepte der verständigungsorientierten Kommunikation in der deliberativen Demokratietheorie von Jürgen Habermas (1992) an. Im Mittelpunkt dieser Forschungsrichtung stehen Prozesse des problemorientierten Suchens nach „guten" Lösungen für gesellschaftliche Probleme. Auch verschiedene Ansätze des Policy-Lernens können diesem Forschungsstrang zugerechnet werden (Heclo 1974; Rose 1993; Bandelow in diesem Band). Statt reinen interessengeleiteten

Verhandelns spielen in dieser Sichtweise deliberative Verfahren des Argumentierens und Überzeugens eine wichtige Rolle in der Politikgestaltung.

Die zweite Richtung in der interpretativen Policy-Forschung orientiert sich eher an ethnografischen und diskursanalytischen Ansätzen. Im Fokus stehen hier Politikgestaltungsprozesse als „Bedeutungskämpfe" (Keller 2009: 307) zwischen Akteuren, die ihre eigenen Werte, Überzeugungen und Weltanschauungen durchzusetzen versuchen. Aus diesen „Bedeutungskämpfen" entstehen kollektiv geteilte Deutungsmuster in Form von Narrativen oder Frames, denen prägender Einfluss auf politische Maßnahmen zugesprochen wird. Insgesamt geht es dieser Forschungsrichtung vor allem darum, herauszuarbeiten, was politische Regelungen für verschiedene Akteure bedeuten und welchen Einfluss die tief verwurzelten Werte und Überzeugungen der Akteure auf die Veränderung oder Verfestigung politischer Regelungsstrukturen haben.

So unterschiedlich die theoretische Ausrichtung der beiden Richtungen auch sein mögen, so ähnlich sind sie sich zum Teil bei den verwendeten Datenquellen und Datenauswertungstechniken. Grundsätzlich bewegen sich beide Zweige innerhalb des *interpretativen Methodenkanons* der qualitativen Sozialforschung. Die meisten dieser Untersuchungen konzentrieren sich aus Gründen der Machbarkeit auf Einzelfallstudien oder jedenfalls sehr kleine Fallzahlen, da es ja darauf ankommt, tief in die Materie einzutauchen, um die Wirklichkeitskonstruktionen der verschiedenen Akteure nachvollziehen zu können. Ebenfalls charakteristisch für diese Art der Forschung ist eine ausgeprägte Skepsis gegenüber deduktivem Vorgehen bei der theoretischen Einbettung der empirischen Analysen, sodass die meisten Studien aus dieser Richtung induktiv angelegt sind, ihre theoretischen Aussagen also aus dem empirischen Material heraus bilden. Es gibt also sehr wenige theorieprüfende Fallstudien interpretativen Typs, das Feld ist von hypothesengenerierenden oder vorwiegend beschreibenden Studien dominiert.

Zu den wichtigsten Datenquellen der interpretativen Policy-Forschung zählen, ähnlich wie beim prozessanalytischen Zweig, *Interviews* mit Personen, die an den untersuchten Politikgestaltungsprozessen beteiligt waren (siehe Kaiser in diesem Band). Interviewt werden hier aber meist nicht Experten, sondern Entscheidungsträger oder jedenfalls Personen, die mit den analysierten Policy-Prozessen direkt zu tun haben. Es müssen auch andere Fragen gestellt werden, um Prozesse des Lernens und der Deliberation feststellen und um die Deutungsmuster der Akteure entschlüsseln zu können. Ein Beispiel für eine Studie, die sich auf Eliteninterviews stützt, um Prozesse des verständigungsorientierten Argumentierens aufzudecken, ist die Untersuchung von Jeffrey Lewis über die Interaktionsstile hoher Diplomaten in einem der zentralen Beschlussgremien des EU-Ministerrats, dem Ausschuss der Ständigen Vertreter (Lewis 2003).

Eine weitere wichtige Datenerhebungstechnik interpretativer Studien ist die *teilnehmende Beobachtung* (Behnke et al. 2006: 247–269; Yanow 2007: 409–410). Indem der Forscher zum Beispiel wichtige Akteure in ihrem Arbeitsalltag beobachtet, an Besprechungen mit Mitarbeitern teilnimmt und dabei aufmerksam Verhaltensweisen und Gesprächsinhalte protokolliert, können wertvolle Aufschlüsse über Interaktionsmuster, Rollenverständnisse und Problemdefinitionen gewonnen werden. Zwei große Probleme machen diese Erhebungsform aber zu einem in der Praxis nicht einfach anzuwendenden Verfahren. Das erste Problem betrifft den Feldzugang. Entscheidungsträger sind oftmals nicht bereit, ihre tagtäglichen Arbeitsabläufe mit Forschern zu teilen. Die Anwendung dieses Instruments ist also in besonderem Maße von einer vorherigen Klärung des Feldzugangs abhängig. Außerdem besteht die Gefahr, dass die beobachteten Akteure sich anderes als sonst verhalten, wenn sie wissen, dass sie beobachtet werden. Unauffälliges Auftreten und wiederholte Beobachtungen über einen längeren Zeitraum können dazu beitragen, dieses Problem in den Griff zu bekommen (Behnke et al. 2006: 248–249). Ein Beispiel für eine Studie, die sich schwerpunktmäßig auf teilnehmende Beobachtung stützte, ist die Untersuchung von Frank Nullmeier, Tanja Pritzlaff und Achim Wiesner (2003) über die politischen Routineabläufe in zwei Feldern der deutschen Hochschulpolitik.

Die letzte und vermutlich wichtigste Datenquelle der interpretativen Policy-Analyse, insbesondere der diskursanalytischen Richtung, sind *Texte, die im Zuge des Policy-Prozesses entstanden sind.* Diese unterscheiden sich nicht grundsätzlich von denen, die in der prozessanalytischen Forschung verwendet werden. Entscheidend ist, dass diese Dokumente nicht ausgewertet werden, um Informationen zu Verfahrensabläufen, konkreten Policy-Positionen oder Konflikten über einzelne Aspekte der diskutierten Regelungsvorschläge zu gewinnen. Vielmehr geht es darum, in den Texten typische Argumentationsweisen, Wahrnehmungsmuster und Problemlösungsphilosophien herauszuarbeiten. Erwartet wird, dass diese Sinnordnungen von vielen Akteuren in einem Politikfeld geteilt werden, sodass sich systematische Diskursformationen herausbilden, die dann die konkrete Ausformung der untersuchten Regelungsstrukturen erklären können. Da im Vorhinein nicht bekannt ist, welche Narrative oder Frames sich in den Texten finden werden, ist die Textanalyse weitgehend auf induktives Vorgehen angewiesen. Ein gutes Beispiel für eine solche diskursanalytisch angelegte Studie in der Policy-Forschung ist Reiner Kellers vergleichende Untersuchung der Müllpolitik in Deutschland und Frankreich von 1970 bis 1995 (Keller 2009).

2.3 Vor- und Nachteile qualitativer Ansätze in der Policy-Forschung

Generell besteht einer der großen Vorteile der qualitativen Sozialforschung darin, sehr genaue Beschreibungen politischer Prozesse liefern zu können. Das gilt sicherlich auch für die qualitativ vorgehende Policy-Forschung. Die eingesetzten Datenerhebungs und -auswertungstechniken gewähren tiefe Einblicke in die häufig hinter verschlossenen Türen stattfindenden Entscheidungsprozesse bei der Gestaltung öffentlicher Politik sowie in die Motive, Situationsdeutungen und Weltanschauungen der beteiligten Akteure.

Des Weiteren kann die qualitative Policy-Forschung auf eine lange Reihe von theoretischen Mechanismen zurückblicken, die im Rahmen von Fallstudien entdeckt wurden. Vorläufer des später von George Tsebelis (1995, 2002) theoretisch fundiert ausformulierten Vetospieler-Arguments finden sich zum Beispiel schon in einer der Pionierstudien der Implementationsforschung, in der das Scheitern eines beschäftigungspolitischen Programms in den USA durch die vielen für die erfolgreiche Durchführung zu überwindenden „clearance points" erklärt wurde (Pressman/Wildavsky 1973). Der hypothesengenerierende Beitrag der qualitativen Policy-Forschung ist also durchaus beachtlich.

Deutlich weniger konnte die fallstudienbasierte Policy-Forschung zur schlüssigen Prüfung von Theorien des Policy-Prozesses beitragen. Das Grundproblem liegt dabei schlicht in der begrenzten Zahl von Fällen, die untersucht werden. Trifft eine Theorie in einem oder einer Handvoll Fällen nicht zu, kann es immer noch sein, dass sie anderswo deutlich mehr Aussagekraft hat. Selbst bei kluger Fallauswahl wie bei der Wahl von „crucial cases" bleibt die Bestätigung oder Widerlegung von Theorien durch Fallstudienuntersuchungen eine begrenzte Angelegenheit, die zumeist vor allem Hinweise auf Randbedingungen gibt, unter denen bestimmte theoretische Mechanismen mehr oder weniger Aussagekraft haben. Das gilt gerade in der Policy-Forschung, wo es neben dramatischen Länderunterschieden auch erhebliche Varianz in der Logik von Policy-Entscheidungen zwischen verschiedenen Politikfeldern gibt.

3 Quantitative Ansätze

Die begrenzte Generalisierbarkeit der theoretischen Befunde fallstudienbasierter Untersuchungen kann durch quantitative Herangehensweisen teilweise wettgemacht werden. In diesem Abschnitt werden vier der wichtigsten Analyseverfahren kurz vorgestellt: die Aggregatdatenanalyse in der vergleichenden Staatstätigkeitsforschung, die quantitative Analyse von Gesetzgebungsprozessen, die quantitative Netzwerkanalyse und die Qualitative Comparative Analysis (QCA), die hier trotz ihres Namens als eine Form quantitativer Datenanalyse betrachtet wird.

3.1 Aggregatdatenanalyse in der vergleichenden Staatstätigkeitsforschung

Die vergleichende Staatstätigkeitsforschung zielt darauf ab, die unterschiedlichen Leistungsprofile von Ländern in Abhängigkeit von verschiedenen ökonomischen, sozialen und politischen Eigenschaften zu erklären (für einen Überblick, siehe Zohlnhöfer 2008; Obinger in diesem Band). Aus Gründen der Datenverfügbarkeit stehen häufig hoch entwickelte Industriestaaten im Zentrum des Interesses, zumeist die 24 Länder, die seit Anfang er 1970er-Jahre Mitglieder der OECD sind. Als empirische Grundlage dienen in aller Regel Aggregatdaten, die verschiedene Aspekte der staatlichen Ausgabenprofile abdecken, etwa die Höhe der Staatsausgaben oder die Höhe der Sozialausgaben als Anteil des Bruttoinlandsprodukts. Die Höhe der Sozialausgaben steht besonders in der vergleichenden Wohlfahrtsstaatsforschung, die einen großen Teil der Staatstätigkeitsforschung ausmacht, im Fokus der Analyse.

Zur Erklärung dieser Maßzahlen der Staatstätigkeit werden Indikatoren für Wirtschaftswachstum und Wohlstand, für die institutionellen Strukturen der politischen Systeme (insbesondere Vetospieler-Indices), für die parteipolitische Ausrichtung der Regierungen (meist über gewichtete Parteipositionen aus Expertensurveys oder der Analyse von Wahlprogrammen operationalisiert) sowie für die Stärke von Gewerkschaften wie der gewerkschaftliche Organisationsgrad oder verschiedene Korporatismus-Indices herangezogen. In multivariaten Regressionsanalysen wird dann berechnet, ob die untersuchten unabhängigen Variablen tatsächlich einen Effekt auf die Staatsausgaben haben, in welche Richtung der Effekt weist und wie groß der relative Erklärungswert der einzelnen Variablen ist. Um die Restriktionen, die die geringe Zahl an untersuchten Ländern für eine statistische Analyse mit sich bringt, zu lockern, nutzen viele der Studien gepoolte Zeitreihenanalysen, d. h. es werden jährliche Daten der untersuchten Länder über längere Zeiträume hinweg untersucht, sodass sich die Zahl der Beobachtungen insgesamt erhöht.

Die relativ leichte Verfügbarkeit der Daten zur Messung der abhängigen und unabhängigen Variablen hat dazu geführt, dass es mittlerweile große Mengen an Studien gibt, die verschiedene Aspekte der Staatstätigkeit analysieren. Während es eine Reihe einigermaßen gut belegter Effekte zu geben scheint, etwa die Bedeutung von sozialstaatsbefürwortenden (sozialdemokratischen und christdemokratischen) Parteien für den Ausbau von Sozialausgaben, sind die Ergebnisse dieser Forschung doch auch von erheblicher Inkongruenz und Instabilität geprägt. So konnten Kittel und Winner (2005) etwa zeigen, dass sich die statistischen Effekte der Globalisierung und anderen Faktoren auf die Höhe der Staatsausgaben durch die Wahl verschiedener, in der Forschung regelmäßig verwendeter Modellspezifikationen deutlich verändern.

3.2 Quantitative Analysen von Gesetzgebungsprozessen

Eine andere Form quantitativer Policy-Forschung ist im Bereich der Analyse von Gesetzgebungsprozessen entstanden. Besonders viele Studien gibt es in diesem Zusammenhang zur Frage der Politikdiffusion (Graham et al. 2013). Schon früh begann dieser Forschungszweig, die Ausbreitung innovativer politischer Maßnahmen innerhalb der US-Bundestaaten zu untersuchen. Später kamen dann auch Studien dazu, die sich mit der internationalen Diffusion politischer Regelungen beschäftigten. Die abhängige Variable in diesen Diffusionsstudien bilden die Zeitpunkte, zu denen bestimmte politische Maßnahmen in einem Land oder einem Bundesstaat eingeführt wurden. Um diese zu bestimmen, werden häufig Gesetzbücher, Websites oder vergleichende Darstellungen, die von Behörden oder Internationalen Organisationen bereitgestellt werden, ausgewertet. Zur Auswertung dieser Daten operieren die meisten Studien mit Instrumenten der statistischen Ereignisdatenanalyse (Box-Steffensmeier/Jones 2004). Dabei wird versucht, den Einfluss verschiedener unabhängiger Variablen auf die Wahrscheinlichkeit zu schätzen, dass eine bestimmte Regelung früher oder später eingeführt wird.

Während es diesen Studien häufig eindrücklich gelingt, die Ausbreitung bestimmter Politiken beschreibend nachzuzeichnen, stellt sich der Nachweis von tatsächlicher wechselseitiger Beeinflussung und vor allem die Modellierung der Ursachen dafür als deutlich schwieriger dar. In Ermangelung von Informationen über Lernprozesse oder öffentlichen Druck werden häufig Faktoren wie geografische Nähe, sozioökonomische Ähnlichkeiten oder kulturelle Affinitäten getestet, um das „Überspringen" von Regelungen von einer politischen Einheit auf die nächste zu erklären. Selbst wenn sich solche Muster nachweisen lassen, wie etwa in der Studie von Simmons und Elkins (2004), die zeigen, dass die Diffusion von finanzpolitischen Liberalisierungsmaßnahmen zwischen Ländern mit derselben religiösen Prägung wahrscheinlicher ist als zwischen Ländern mit unterschiedlichen Religionen, ist es doch fraglich, ob diese statistischen Effekte tatsächlich auf kausale Beziehungen zurückzuführen sind.

Ein zweiter Zweig der quantitativen Analyse von Gesetzgebungsprozessen entstand im Rahmen der EU-Forschung. Angetrieben durch die verhältnismäßig gute Dokumentation der EU-Gesetzgebungsaktivitäten, begannen sich verschiedene Forscher mit der Länge von EU-Entscheidungsprozessen zu befassen. Auf Grundlage der offiziellen Gesetzgebungsstatistiken der EU, in denen nicht nur der genaue zeitliche Ablauf der Verfahren, sondern auch der jeweilige Politikbereich der Rechtsakte und die zugrunde liegenden Entscheidungsregeln dokumentiert sind, wurde beispielsweise untersucht, ob sich die Dauer der Entscheidungsprozesse durch die Einführung von Mehrheitsentscheidungen verkürzt, welchen Effekt die Erweiterung um neue Mitgliedstaaten hat und wie sich die Heterogenität der Präferenzen der Mitgliedstaaten auf die Dauer der Entscheidungsprozesse auswirkt (siehe etwa Golub 1999; Schulz/König 2000; König 2007).

Die Ergebnisse dieser Forschung sind interessant und relevant, um institutionelle Effekte auf die Entscheidungsgeschwindigkeit nachzuvollziehen. Schwierig wird es allerdings, wenn Aussagen über den Einfluss der Präferenzen wichtiger Akteure getroffen werden sollen, da für viele wichtige Akteure gar keine Indikatoren für ihre Präferenzen vorliegen, etwa für die EU-Kommission. Für andere lassen sich nur sehr grobe Präferenzindikatoren bilden. So nutzt König (2007) aus der Analyse von nationalen Wahlprogrammen stammende Daten zu den Positionen der nationalen Parteien dazu, Policy-Präferenzen der nationalen Regierungen in bestimmten Politikbereichen abzuleiten.

Noch deutlich zahlreicher sind quantitative Studien, die sich mit der Umsetzung von EU-Richtlinien in nationale Rechtsvorschriften befassen (für einen Überblick siehe Treib 2014). Am häufigsten genutzt werden hier Daten zu den von den Mitgliedstaaten gemeldeten Umsetzungsrechtsakten und Daten zu den von der EU eingeleiteten Vertragsverletzungsverfahren gegen Mitgliedstaaten, die europäisches Recht nicht oder nur unzureichend erfüllen. Ähnlich wie bei den Diffusionsstudien werden in dieser Forschung zumeist Instrumente der Ereignisdatenanalyse genutzt, um Einflüsse auf den Zeitpunkt der Verabschiedung von Umsetzungsrechtsakten zu analysieren. Ebenso kommen Paneldatenanalysen zum Einsatz, um die jährlichen Daten zu Vertragsverletzungsverfahren zu analysieren.

Diese Forschung hat zwar viele interessante theoretische Einsichten zutage gefördert, krankt aber insgesamt daran, dass die verfügbaren Daten sowohl zur Messung der abhängigen als auch wichtiger unabhängiger Variablen alles andere als valide zu sein scheinen. Die Informationen, die die Mitgliedstaaten als Umsetzungsmaßnahmen an die Kommission melden, geben keinerlei Aufschluss darüber, ob diese Maßnahmen die Vorgaben korrekt erfüllen oder nicht, und die von der Kommission eingeleiteten Vertragsverletzungsverfahren richten sich überproportional häufig gegen Fälle reiner Nichtumsetzung und deutlich weniger oft gegen fehlerhafte oder mangelhafte Umsetzung, da diese schwerer zu entdecken ist (Näheres dazu bei Treib 2014).

3.3 Quantitative Netzwerkanalyse

Anders als die bisher vorgestellten quantitativen Ansätze setzt die Netzwerkanalyse nicht an der ländervergleichenden Makro-Ebene an, sondern interessiert sich für die Beziehungsstrukturen zwischen staatlichen und privaten Akteuren, die in die Politikgestaltung in einzelnen Politikfeldern oder bei konkreten Gesetzgebungsprozessen eingebunden sind (für einen Überblick, siehe Kenis/Schneider 1991; Schneider in diesem Band). Um Policy-Entscheidungen erklären zu können, kommt es aus dieser Sicht ganz wesentlich darauf an, wie das Netzwerk der beteiligten Akteure beschaffen ist. Dabei kommt den wechselseitigen Beziehungen zwischen den Akteuren entscheidende Bedeutung zu. Akteuren, die mit vielen anderen Akteuren interagieren und somit eine zentrale Stellung im Netzwerk einnehmen, wird größerer Einfluss zugesprochen als Akteuren, die am Rand des Netzwerks stehen und nur wenige Interaktionsbeziehungen aufweisen.

Diese akteurstheoretische Perspektive auf Policy-Prozesse wird im Rahmen der quantitativen Netzwerkanalyse genutzt, um auf der Basis von Daten über die Beziehungen zwischen den beteiligten Akteuren Netzwerkstrukturen darstellen und analysieren zu können. Dafür werden häufig Personen aus den beteiligten Organisationen befragt, mit wem sie wie häufig und intensiv Policy-relevante Informationen austauschen. Aus diesen Daten werden dann Netzwerkstrukturen abgeleitet. Diese können dann visualisiert werden, und es lassen sich verschiedene Maße für die Stellung einzelner Akteure im Netzwerk berechnen. Dabei spielen vor allem verschiedene Zentralitätsmaße eine wichtige Rolle, denn die Zentralität eines Akteurs bestimmt in der netzwerktheoretischen Sichtweise über dessen Macht und Einfluss im Netzwerk. Es gibt mittlerweile auch interessante Ansätze zur Konstruktion von Diskursnetzwerken (Leifeld/Haunss 2012). Hier geht es nicht um den Informationsaustausch zwischen Akteuren, im Zentrum des Interesses stehen vielmehr Policy-Positionen, die etwa aus reformbefürwortenden oder -ablehnenden Zuschreibungen in Zeitungsberichten über einen bestimmten Gesetzgebungsprozess gewonnen werden können. Auf diese Weise lassen sich Koalitionen von Akteuren mit ähnlichen Zielvorstellungen identifizieren. Die Zahl, Struktur und Größe dieser Koalitionen sowie die Stellung einzelner Akteure innerhalb oder zwischen den Koalitionen lassen sich dann wiederum nutzen, um die Art der letztlich getroffenen Policy-Entscheidung zu erklären.

Die quantitative Netzwerkanalyse bietet ein vielfältig einsetzbares Instrumentarium zur Darstellung und Analyse von Akteursbeziehungen in Politikfeldern. Sie setzt deutlich näher an den relevanten Entscheidungsprozessen in der Politikfeldanalyse an als die anderen bisher vorgestellten quantitativen Verfahren. Allerdings geht mit diesem Mehr an Tiefenschärfe auch ein stärkerer Zwang zur Fokussierung auf einzelne Politikfelder, häufig sogar auf einzelne Entscheidungsprozesse, einher. Insofern ist die quantitative Netzwerkanalyse zwar quantitativ in ihrer Datenerhebungs- und -analysestrategie, sie bewegt sich aber in Bezug auf die Zahl der untersuchbaren Entscheidungsprozesse auf einer ähnlichen Ebene wie die qualitative Forschung. Somit stehen auch ihre Ergebnisse immer unter dem Vorbehalt der Verallgemeinerbarkeit. Außerdem beruht vor allem das methodische Vorgehen der Diskursnetzwerkanalyse auf einem nicht ganz unproblematischen Verständnis von Macht und Einflussnahme, das sich vor allem auf offen zutage tretende Aktivitäten von Organisationen bezieht. Latente Formen des Einflusses bestimmter Akteure, deren Interessen möglicherweise schon in frühen Phasen des Agenda-Setting antizipierend berücksichtigt wurden, können durch solche Analysen nur schwer aufgedeckt werden (Bachrach/Baratz 1962).

3.4 Qualitative Comparative Analysis

Der dritte Strang der quantitativen Policy-Forschung besteht aus Studien, die zum Auffinden von Mustern in zumeist ländervergleichenden Daten keine statistischen Methoden verwenden, sondern Verfahren, die auf der Booleschen Algebra beruhen. Die ursprünglich von Charles Ragin entwickelte Methode der Qualitative Comparative Analysis (QCA) sieht sich selbst als Alternative zur statistischen Analyse und versucht, die Logik des qualitativen Fallvergleichs, wie sie etwa in der Mill'schen Differenz- und Konkordanzmethode angelegt ist, auf die Auswertung größerer Mengen von Untersuchungseinheiten zu übertragen (Ragin 1987, 2000; Schneider/ Wagemann 2007; Obinger in diesem Band).

In der ursprünglichen Form operiert QCA mit dichotomen abhängigen und unabhängigen Variablen. Zur Auswertung von empirischen Daten wird eine sogenannte Wahrheitstafel erstellt, in der jeder Fall durch eine Zeile repräsentiert wird. Die An- oder Abwesenheit der einzelnen erklärenden Faktoren sowie das beobachtete Ergebnis (Outcome) werden durch die Zahlen 0 und 1 abgebildet. Nun geht es darum, notwendige und hinreichende Bedingungen für das Vorliegen oder Nicht-Vorliegen des Outcome zu bestimmen. Dies geschieht nach dem Verfahren der logischen Reduktion. Einflussfaktoren, die in einem Fall vorhanden und in einem anderen nicht vorhanden sind, während das Outcome beide Male gleich bleibt, können als notwendige Bedingungen ausgeschlossen werden. Auf diese Weise kann die Wahrheitstafel reduziert werden, bis am Ende eine möglichst geringe Zahl an Kombinationen von Faktoren übrig bleibt, die jeweils für sich genommen zum Auftreten der abhängigen Variable führen.

Die Weiterentwicklung dieses Verfahrens verabschiedet sich von der vielfach als zu grob und deterministisch kritisierten Beschränkung auf dichotome Variablen und erlaubt nun auch die Verwendung von „fuzzy sets", d. h. von Variablenwerten, die zwischen 0 und 1 liegen können. Somit wird es möglich, ohne großen Informationsverlust auch mit ordinal oder metrisch skalierten Variablen zu arbeiten. Charles Ragin hat auch ein Computerprogramm entwickelt (fsQCA), das die logische Reduktion der Fallkonfigurationen berechnet, denn bei größeren Mengen an Fällen und insbesondere bei der Verwendung von Fuzzy-Set-Variablen kann dies die menschliche Rechenkapazität schnell übersteigen. Mit diesen Erweiterungen hat QCA einen großen Schritt hin zu einem Analyseverfahren gemacht, das Ähnlichkeit mit quantitativen Verfahren hat. Aus diesem Grund wird die Methode hier auch unter dieser Überschrift diskutiert.

Nichtsdestotrotz unterscheidet sich QCA deutlich von statistischen Analysen, denn das Verfahren erlaubt es, äquifinale Kausalität zu identifizieren. Damit ist gemeint, dass mehrere Kombinationen von Faktoren alternativ ein Ergebnis produzieren können, während statistische Analysen normalerweise annehmen, dass es nur einen gemeinsamen Effekt der unabhängigen Variablen gibt, der zwar in seine Einzelteile zerlegt, aber nicht in Gruppen von Faktorkombinationen aufgeteilt werden kann, die alle gleichermaßen zum selben Ergebnis führen (Blatter et al. 2007: 201–202).

In der vergleichenden Policy-Forschung ist dieses noch immer relativ junge Verfahren schon erstaunlich häufig angewendet worden (für einen Überblick, siehe Rihoux et al. 2011). Nicht nur in der Policy-Forschung kommt QCA vorwiegend für die Analyse „mittlerer" Fallzahlen zum Einsatz. Das Verfahren wird also in der Regel dann angewendet, wenn die Fallzahl zu groß für ein einfaches qualitativ angelegtes Vergleichsdesign erscheint, aber nicht genug Fälle vorliegen, um ausreichend Spielraum für eine komplexe statistische Analyse zu haben.

Grundsätzlich ist QCA aufgrund der Konzentration auf Faktorenkonfigurationen und aufgrund der Möglichkeit, auch äquifinale Kausalität zu erkennen, gut geeignet für die Erfassung der gesellschaftlichen Komplexität, mit der es die Policy-Forschung notwendigerweise zu tun hat. Dennoch ist darauf hinzuweisen, dass QCA keine Wunder vollbringen kann. Das bei vielen vergleichenden Studien in der Politikwissenschaft auftretende Problem der zu geringen Fallzahl für die Vielzahl relevanter erklärender Variablen kann auch mit QCA nicht grundsätzlich gelöst werden (Wagemann 2008: 251–255). Fokussierte theoretische Designs sind daher auch für QCA-Analysen von großer Bedeutung.

3.5 Vor- und Nachteile quantitativer Ansätze in der Policy-Forschung

Der größte Vorteil quantitativer Sozialforschung besteht im Aufspüren von Zusammenhängen in großen Datenmengen. Diese Fähigkeit macht quantitative Analyseverfahren sehr attraktiv für die Überprüfung der allgemeinen Gültigkeit von theoretischen Hypothesen, die ggf. in qualitativen Studien entwickelt wurden. Wenn man also nicht nur wissen will, ob der Einfluss sozialdemokratischer Regierungsparteien bei einzelnen politischen Entscheidungen dazu führt, dass arbeitnehmerfreundliche sozialpolitische Maßnahmen verabschiedet werden, sondern herausfinden will, ob dieser Effekt auch in einer größeren Anzahl von politischen Entscheidungen nachweisbar ist, führt kaum ein Weg an quantitativen Analyseverfahren vorbei.

Quantitative Verfahren der Policy-Analyse haben jedoch zwei große Nachteile. Erstens ist es häufig schwierig, Daten zu finden oder zu generieren, die als valide Indikatoren für die untersuchten theoretischen Konzepte gelten können. Das gilt zuallererst für die Messung der abhängigen Variable. Es dürfte beispielsweise klar sein, dass die Höhe der Sozialausgaben eines Landes nur ein sehr indirekter Indikator für die Ausgestaltung wohlfahrtsstaatlicher Politiken ist, denn man kann das Geld auf sehr unterschiedliche Arten ausgeben. Darauf hat schon Esping-Andersen (1990) in seiner Drei-Welten-Typologie hingewiesen. Aber auch die Messung wichtiger unabhängiger Variablen bereitet vielen quantitativen Studien große Probleme. Ohne detaillierte eigene Erhebungen sind vor allem die Präferenzen wichtiger Akteure nur schwer zu bestimmen. Zwar gibt es mittlerweile einigermaßen verlässliche Daten zu Parteipositionen, aber Präferenzen von Interessengruppen oder bürokratischen Akteuren können häufig nur mittels grob vereinfachender Annahmen in quantitative Analysen eingebunden werden. So können bestimmte Fragen der Policy-Forschung von statistischen Analysen oftmals nicht oder nur auf unbefriedigende Weise beantwortet werden.

Das zweite Problem besteht in der Ableitung kausaler Schlüsse aus statistischen Zusammenhängen. Starke statistische Effekte, die auf validen Daten beruhen und im Einklang mit gut begründeten theoretischen Mechanismen stehen, können zwar durchaus als starker Hinweis auf kausale Zusammenhänge dienen. In Ermangelung detaillierter fallbezogener Prozessanalysen ist es aber immer möglich, dass die wirklichen Ursachen für die beobachteten Reformen in Faktoren zu suchen sind, die aufgrund fehlender Daten nicht in die statistische Analyse miteinbezogen werden können. Um dieses Problem in den Griff zu bekommen, wären Mixed-Methods-Designs von Vorteil, sodass etwa wichtige theoretische Argumente, die statistisch gewonnen wurden, noch einmal im Rahmen vertiefter Fallstudien qualitativ illustriert werden können.

4 Fazit

Policy-Forschung ist methodisch betrachtet ein schwieriges Unterfangen. Viele wichtige Weichenstellungen bei der Gestaltung öffentlicher Politik laufen hinter verschlossenen Türen ab und lassen sich daher auf Grundlage öffentlich zugänglicher Äußerungen und Dokumente nur schwer nachvollziehen. Auch die Interessen, Werte und Vorstellungen der am Policy-Prozess beteiligten Akteure sowie ihr jeweiliger Einfluss auf politische Entscheidungen sind nicht direkt beobachtbar und müssen daher mühsam empirisch rekonstruiert werden.

Ein gewichtiger Teil der Policy-Forschung ist diesen Herausforderungen unter Zuhilfenahme von Methoden der qualitativen Sozialforschung begegnet. So gibt es eine Vielzahl von fallstudienbasierten Arbeiten, die unser Verständnis über die Logik staatlicher Politikgestaltungsprozesse enorm vorangebracht haben. Eine der Stärken qualitativer Ansätze, seien sie nun eher am prozessanalytischen oder eher am interpretativen Paradigma orientiert, liegt in der genauen Beschreibung politischer Entscheidungsprozesse und in der Erfassung der Motive, Interessenlagen und Weltanschauungen der beteiligten Akteure. Auch für die Entdeckung und plastischen Illustration theoretischer Zusammenhänge sind fallstudienbasierte Arbeiten von großem Wert. Allerdings wird diese Fähigkeit zu analytischer Tiefe durch Schwächen bei der empirischen Breite der gewonnen Aussagen erkauft.

Wer wissen will, ob theoretische Zusammenhänge, die in Fallstudien identifiziert wurden, allgemeinere Gültigkeit beanspruchen können, muss sich quantitativen Verfahren zuwenden. In der Tat hat die quantitativ-vergleichende Forschung zur Staatstätigkeit und zu Gesetzgebungsprozessen eine Reihe von theoretischen Argumenten auch empirisch bestätigt. Allerdings krankt diese Art der Forschung häufig am Fehlen geeigneter Daten zur Messung zentraler Variablen, sodass viele theoretisch interessante Fragestellungen nicht oder jedenfalls nur auf unbefriedigende Weise quantitativ bearbeitet werden können.

Aus diesem Dilemma zwischen empirischer Tiefe und Breite gibt es keinen leichten Ausweg. Es gibt aber durchaus Möglichkeiten, wie man die Schwächen der qualitativen und der quantitativen Herangehensweise verringern und so die Stärken beider Ansätze besser zur Geltung bringen könnte. Drei Vorschläge zur Verbesserung der methodischen Herangehensweisen in der Policy-Forschung sollen abschließend kurz erläutert werden.

Erstens sollten quantitative Forscher mehr Zeit und Energie darauf verwenden, bessere Daten selbst zu generieren, wenn das Angebot an verfügbaren Daten unbefriedigend ist. Hoffnungsvolle Ansätze dazu existieren sowohl im Bereich der Messung von Policy-Wandel als auch bei der Erfassung von politischen Präferenzen. In der vergleichenden Umweltpolitik wurde etwa ein großes Forschungsprojekt durchgeführt, das die zeitliche Entwicklung der umweltpolitischen Gesetzgebung in 24 Ländern mithilfe von Experteneinschätzungen abbildete und so quantitativ auswertbare Daten erzeugte (Holzinger et al. 2008). Dasselbe Verfahren wurde mittlerweile auch auf andere Themenfelder übertragen (Knill 2013). In der EU-Forschung gibt es breit angelegte Bemühungen, die Policy-Präferenzen der Kommission und der Regierungen mittels standardisierter Experteninterviews zu erheben, um sie dann in quantitativen Analysen nutzen zu können (Thomson et al. 2012). Ebenso scheint die quantitative Inhaltsanalyse immer weitere Fortschritte zu machen, sodass die Ableitung politischer Präferenzen aus großen Mengen parlamentarischer Reden oder Positionspapieren von Interessengruppen mithilfe quantitativer Textanalyseverfahren zunehmend zuverlässige Ergebnisse liefert (Klüver 2009; Proksch/ Slapin 2010).

Zweitens sollten qualitative Forscher noch stärker als bisher danach streben, theorieorientiert zu arbeiten. Der theoretische Nutzen qualitativer Policy-Forschung könnte vor allem durch den verstärkten Einsatz von vergleichend angelegten Fallstudien erhöht werden, deren Fallauswahl auf theoretisch motivierten Kriterien beruht. Damit könnte die qualitative Forschung über die Formulierung von Hypothesen hinaus auch einen größeren Beitrag zur Theorieprüfung leisten. Um dieses Ziel zu erreichen, müssten noch mehr als bisher kollaborative Projekte organisiert werden, damit die Zahl der analysierten Fälle über die von Einzelnen allein zu bewältigende Menge hinauskäme. In diesem Zusammenhang wären dann auch Brücken zu quantitativen Auswertungsformen möglich. Das könnte eine verstärkte Nutzung von QCA einschließen, aber auch Versuche, statistische Analysen mit qualitativ erhobenen Daten durchzuführen.

Drittens könnten manche der Schwächen qualitativer und quantitativer Forschung ausgeglichen werden, wenn mehr Studien durchgeführt würden, die sowohl qualitative wie auch quantitative Methoden einsetzen. Denkbar wäre etwa, im Anschluss an quantitative Studien die theoretischen Ergebnisse mittels qualitativer Untersuchungen typischer Fälle zu illustrieren und mithilfe von Fallstudien abweichende Fälle genauer zu beleuchten. Ebenso könnten hypothesengenerierend angelegte qualitative Untersuchungen im Anschluss an die Fallanalysen die erarbeiteten theoretischen Hypothesen im Rahmen einer quantitativen Analyse auf ihre Verallgemeinerbarkeit hin überprüfen. Es ist klar, dass solche Designs wesentlich zeitaufwändiger sind und auch eine deutlich größere Bandbreite methodischer Fertigkeiten erfordern. Daher eignen sie sich nicht unbedingt für Forschungsprojekte von Einzelpersonen, etwa Dissertationen, sondern lassen sich am ehesten im Rahmen von Forschungskooperationen realisieren.

5 Literatur

* Bachrach, Peter/Baratz, Morton S., 1962: Two Faces of Power. In: American Political Science Review 56(4), 947–952.

Behnke, Joachim/Baur, Nina/Behnke, Nathalie, 2006: Empirische Methoden der Politikwissenschaft. Paderborn: Ferdinand Schöningh.

* Blatter, Joachim K./Janning, Frank/Wagemann, Claudius, 2007: Qualitative Politikanalyse: Eine Einführung in Forschungsansätze und Methoden. Wiesbaden: VS Verlag für Sozialwissenschaften.

Box-Steffensmeier, Janet M./Jones, Bradford S., 2004: Event History Modeling: A Guide for Social Scientists. Cambridge: Cambridge University Press.

* Eckstein, Harry, 1975: Case Study and Theory in Political Science. In: Fred I. Greenstein/Nelson W. Polsby (eds.): Handbook of Political Science. Bd. 7. Reading: Addison-Wesley, 79–138.

Esping-Andersen, Gøsta, 1990: The Three Worlds of Welfare Capitalism. Princeton: Princeton University Press.

* George, Alexander L./Bennett, Andrew, 2005: Case Studies and Theory Development in the Social Sciences. Cambridge, MA: MIT Press.

Golub, Jonathan, 1999: In the Shadow of the Vote? Decision Making in the European Community. In: International Organization 53(4), 733–764.

Graham, Erin R./Shipan, Charles R./Volden, Craig, 2013: The Diffusion of Policy Diffusion Research in Political Science. In: British Journal of Political Science 43(3), 673–701.

Habermas, Jürgen, 1992: Faktizität und Geltung: Beiträge zur Diskurstheorie des Rechts und des demokratischen Rechtsstaats. Frankfurt/M.: Suhrkamp.

Heclo, Hugh, 1974: Modern Social Politics in Britain and Sweden: From Relief to Income Maintenance. New Haven: Yale University Press.

Holzinger, Katharina/Knill, Christoph/Arts, Bas, 2008: Environmental Policy Convergence in Europe: The Impact of International Institutions and Trade. Cambridge: Cambridge University Press.

Jahn, Detlef, 2006: Einführung in die vergleichende Politikwissenschaft. Wiesbaden: VS Verlag für Sozialwissenschaften.

Keller, Reiner, 2009: Müll – die gesellschaftliche Konstruktion des Wertvollen: Die öffentliche Diskussion über Abfall in Deutschland und Frankreich. 2. Aufl. Wiesbaden: VS Verlag für Sozialwissenschaften.

* Kenis, Patrick/Schneider, Volker, 1991: Policy Networks and Policy Analysis: Scrutinizing a New Analytical Toolbox. In: Bernd Marin/Renate Mayntz (eds.): Policy Networks: Empirical Evidence and Theoretical Considerations. Boulder, CO: Westview, 25–59.

Kittel, Bernhard/Winner, Hannes, 2005: How Reliable is Pooled Analysis in Political Economy? The Globalization-Welfare State Nexus Revisited. In: European Journal of Political Research 44(2), 269–293.

Klüver, Heike, 2009: Measuring Interest Group Influence Using Quantitative Text Analysis. In: European Union Politics 10(4), 535–549.

Knill, Christoph (ed.), 2013: Morality Policies in Europe: Concepts, Theories, and Empirical Evidence. Special Issue of Journal of European Public Policy 20(3). London: Taylor & Francis.

König, Thomas, 2007: Divergence or Convergence? From Ever-Growing to Ever-Slowing European Legislative Decision Making. In: European Journal of Political Research 46(3), 417–444.

Leifeld, Philip/Haunss, Sebastian, 2012: Political Discourse Networks and the Conflict over Software Patents in Europe. In: European Journal of Political Research 51(3), 382–409.

Lewis, Jeffrey, 2003: Institutional Environments and Everyday EU Decision Making: Rationalist or Constructivist? In: Comparative Political Studies 36(1/2), 97–124.

* Lijphart, Arend, 1971: Comparative Politics and the Comparative Method. In: American Political Science Review 65(3), 682–693.

Mayntz, Renate/Scharpf, Fritz W. (Hrsg.), 1995: Gesellschaftliche Selbstregelung und politische Steuerung. Frankfurt/M.: Campus.

Meuser, Michael/Nagel, Ulrike, 2009: Das Experteninterview – konzeptionelle Grundlagen und methodische Anlage. In: Susanne Pickel/Gert Pickel/Hans-Joachim Lauth/Detlef Jahn (Hrsg.): Methoden der vergleichenden Politik- und Sozialwissenschaft: Neuere Entwicklungen und Anwendungen. Wiesbaden: VS Verlag für Sozialwissenschaften, 465–479.

* Mill, John Stuart, 1843: A System of Logic. London: John Parker.

Nullmeier, Frank/Pritzlaff, Tanja/Wiesner, Achim, 2003: Mikro-Policy-Analyse: Ethnographische Politikforschung am Beispiel Hochschulpolitik. Frankfurt/Main: Campus.

Opgenoorth, Ernst/Schulz, Günther, 2010: Einführung in das Studium der neueren Geschichte. 7. Aufl. Paderborn: Schöningh/UTB.

Pickel, Gert/Pickel, Susanne, 2009: Qualitative Interviews als Verfahren des Ländervergleichs. In: Susanne Pickel/Gert Pickel/Hans-Joachim Lauth/Detlef Jahn (Hrsg.): Methoden der vergleichenden Politik- und Sozialwissenschaft: Neuere Entwicklungen und Anwendungen. Wiesbaden: VS Verlag für Sozialwissenschaften, 441–464.

Pressman, Jeffrey L./Wildavsky, Aaron, 1973: Implementation. Berkeley: University of California Press.

Proksch, Sven-Oliver/Slapin, Jonathan B., 2010: Position Taking in European Parliament Speeches. In: British Journal of Political Science 40(3), 587–611.

Ragin, Charles S., 1987: The Comparative Method: Moving Beyond Qualitative and Quantitative Strategies. Berkeley: University of California Press.

* Ragin, Charles S., 2000: Fuzzy-Set Social Science. Chicago: University of Chicago Press.

Rihoux, Benoît/Rezsöhazy, Ilona/Bol, Damien, 2011: Qualitative Comparative Analysis (QCA) in Public Policy Analysis: An Extensive Review. In: German Policy Studies 7(3), 9–82.

Rose, Richard, 1993: Lesson-drawing in Public Policy: A Guide to Learning across Time and Space. Chatham: Chatham House Publishers.

Sabatier, Paul A./Jenkins-Smith, Hank C., 1993: Policy Change and Learning: An Advocacy Coalition Approach. Boulder: Westview Press.

* Scharpf, Fritz W., 2000: Interaktionsformen: Akteurzentrierter Institutionalismus in der Politik-forschung. Opladen: Leske + Budrich.

Schimmelfennig, Frank, 2006: Prozessanalyse. In: Joachim Behnke/Thomas Gschwend/Delia Schindler/Kai-Uwe Schnapp (Hrsg.), Methoden der Politikwissenschaft: Neuere qualitative und quantitative Analyseverfahren. Baden-Baden: Nomos, 263–271.

Schneider, Carsten Q./Wagemann, Claudius, 2007: Qualitative Comparative Analysis und Fuzzy Sets: Ein Lehrbuch für Anwender und jene, die es werden wollen. Opladen: Barbara Budrich.

Schulz, Heiner/König, Thomas, 2000: Institutional Reform and Decision-Making Efficiency in the European Union. In: American Journal of Political Science 44(4), 653–666.

Simmons, Beth A./Elkins, Zachary, 2004: The Globalization of Liberalization: Policy Diffusion in the International Political Economy. In: American Political Science Review 98(1), 171–189.

Thomson, Robert et al., 2012: A New Dataset on Decision-making in the European Union before and after the 2004 and 2007 Enlargements (DEU II). In: Journal of European Public Policy 19(4), 604–622.

Treib, Oliver, 2004: Die Bedeutung der nationalen Parteipolitik für die Umsetzung europäischer Sozialrichtlinien. Frankfurt/M.: Campus, http://www.mpifg.de/pu/mpifg_book/mpifg_bd_51.pdf.

Treib, Oliver, 2014: Implementing and Complying with EU Governance Outputs. In: Living Reviews in European Governance 9(1), http://www.livingreviews.org/lreg-2014-1.

Tsebelis, George, 1995: Decision Making in Political Systems: Veto Players in Presidentialism, Parliamentarism, Multicameralism and Multipartyism, in: British Journal of Political Science 25(3), 289–325.

Tsebelis, George, 2002: Veto Players: How Political Institutions Work. New York: Sage.

Wagemann, Claudius, 2008: Qualitative Comparative Analysis und Policy-Forschung. In: Frank Janning/Katrin Toens (Hrsg.), Die Zukunft der Policy-Forschung: Theorien, Methoden, Anwen-dungen. Wiesbaden: VS Verlag für Sozialwissenschaften, 242–258.

Weible, Christopher M./Sabatier, Paul A./McQueen, Kelly, 2009: Themes and Variations: Taking Stock of the Advocacy Coalition Framework. In: Policy Studies Journal 37(1), 121–140.

Yanow, Dvora, 2007: Qualitative-Interpretive Methods in Policy Research. In: Frank Fischer/Gerald J. Miller/Mara S. Sidney (eds.): Handbook of Public Policy Analysis: Theory, Politics and Meth-ods. Boca Raton: CRC Press.

* Zohlnhöfer, Reimut, 2008: Stand und Perspektiven der vergleichenden Staatstätigkeitsforschung. In: Frank Janning/Katrin Toens (Hrsg.): Die Zukunft der Policy-Forschung: Theorien, Methoden, Anwendungen. Wiesbaden: VS Verlag für Sozialwissenschaften, 157–174.

? Verständnisfragen

1. Nennen und erläutern Sie drei verschiedene Formen von Fallstudien, die in der Policy-Forschung häufig zur Anwendung kommen.

2. Was versteht man unter most-likely und least-likely cases und zu welchem Zweck werden solche Fälle untersucht?

3. Erläutern Sie die Differenz- und die Konkordanzmethode nach Mill.

4. Worin liegen die Unterschiede zwischen prozessanalytischen und interpretativen Ansätzen in der qualitativen Policy-Forschung?

5. Beschreiben Sie ein quantitatives Verfahren zur Untersuchung von politischen Entscheidungen, das in der Policy-Forschung zur Anwendung kommt.

6. Worin liegen die Vor- und Nachteile qualitativer und quantitativer Ansätze in der Policy-Forschung?

Transferfragen

1. Wie könnte eine Fallauswahl gemäß der Mill'schen Differenzmethode aussehen, die zwei Länder umfasst und mit der Sie die theoretische Hypothese überprüfen könnten, dass die Beteiligung linker politischer Parteien an der Regierung zu höheren Staatsausgaben führt.

2. Denken Sie an eine wichtige politische Entscheidung in Deutschland, von der Sie in letzter Zeit in den Medien gehört haben, und überlegen Sie sich drei Experten, mit denen sich ein Interview lohnen würde, um herauszufinden, wie es zu dieser Entscheidung kam.

3. Angenommen, Sie hätten alle notwendigen Daten zur Verfügung, welches der im Kapitel vorgestellten quantitativen Analyseverfahren wäre am besten geeignet, um herauszufinden, warum manche Länder der Welt mehr für Bildung ausgeben als andere?

Problematisierungsfragen

1. Denken Sie an eine wichtige politische Entscheidung in Deutschland, von der Sie in letzter Zeit in den Medien gehört haben, und diskutieren Sie, welche gemeinsamen und unterschiedlichen Erkenntnisse eine prozessanalytische und eine interpretative Forscherin darüber mit ihren jeweiligen Methoden herausfinden könnten.

2. Diskutieren Sie, welche Vorteile es für die Policy-Forschung mit sich bringen würde, wenn mehr Forscher als bisher willens und in der Lage wären, quantitative und qualitative Methoden in ihren Untersuchungen zu verbinden.

Herbert Obinger
Vergleichende Policy-Analyse.
Eine Einführung in makro-quantitative und makro-qualitative Methoden

1 Einleitung

Welchen Effekt hat die Globalisierung auf die Staatsausgaben (Busemeyer 2009)? Warum unterscheiden sich die Rüstungsausgaben im internationalen Vergleich (Cusack 2007)? Gibt es einen Zusammenhang zwischen der parteipolitischen Zusammensetzung der Regierung und der Privatisierung öffentlicher Unternehmen (Obinger et al. 2014)? Wer ist schuld an den Schulden (Wagschal 2006) und warum sind die Bildungsausgaben in Deutschland im internationalen Vergleich nur Mittelmaß (Schmidt 2004)? Gibt es eine Konvergenz von Wohlfahrtsstaaten in den entwickelten Demokratien der OECD-Welt (Schmitt/Starke 2011) und warum bestehen weiterhin große Unterschiede bei der Regulierung der embyronalen Stammzellenforschung in Westeuropa (Engeli/Rothmayr Allison 2013)?

Solche und ähnliche Fragen sind charakteristisch für die vergleichende Policy-Analyse. In ihrem Mittelpunkt steht die Analyse der Gemeinsamkeiten und Unterschiede von Staatstätigkeit, die Erforschung der Bestimmungsgründe für das „Tun und Lassen von Regierungen" (Manfred G. Schmidt) und die daraus resultierenden Folgewirkungen in Gesellschaft, Wirtschaft und Politik. Die vergleichende Politikfeldanalyse fokussiert dabei keineswegs nur auf den Vergleich von Nationalstaaten, sondern findet auch bei der Analyse der Politik von Gliedstaaten (Hildebrandt/Wolf 2008; Freitag/Vatter 2010), Kommunen oder Weltregionen breite Anwendung.

Dieser Beitrag gibt am Beispiel der Sozialpolitik eine Einführung in die makro-quantitative und makro-qualitative ländervergleichende Staatstätigkeitsforschung. Im Mittelpunkt steht eine Analyse der Bestimmungsfaktoren der Sozialleistungsquote in den ökonomisch hoch entwickelten Ländern der OECD-Welt, welche sich durch ähnliche Basisstrukturen in Politik (rechtsstaatlich eingehegte Demokratien) und Wirtschaft (reiche Marktwirtschaften) auszeichnen. Zunächst werden anhand eines einfachen Beispiels die Grundzüge der makro-quantitativen Aggregatdatenforschung dargestellt. Neben den Stärken werden auch die Probleme dieses methodischen Zugangs kurz diskutiert, ehe dann qualitative Methoden und Forschungsdesigns der vergleichenden Policy-Analyse vorgestellt werden. Dabei wird deutlich, dass es wie in der gesamten Disziplin auch in der vergleichenden Politikfeldanalyse keinen methodischen Königsweg gibt. Jeder der im Folgenden skizzierten Methoden besitzt spezifische Stärken und Schwächen. Aus Platzgründen und angesichts der enormen theoretischen und methodischen Ausdifferenzierung dieses Forschungsfeldes muss sich dieses Kapitel auf elementare Grundlagen beschränken. Der Beitrag gibt daher lediglich eine erste und zweifellos unvollständige Orientierung in diesem Feld, hätte aber seinen Zweck dann erreicht, wenn Neugier auf die in der Bibliografie angeführte weiterführende Literatur geweckt würde.

2 Makro-quantitative Policy-Forschung

Die makro-quantitative Staatstätigkeitsforschung zielt vorrangig auf die Überprüfung von Theorien. Im Zentrum steht die Analyse des Einflusses einer oder mehrerer unabhängiger (=erklärender) Variablen X_i auf eine abhängige Variable Y, wobei die abhängige Variable eine bestimmte Policy abbildet. Mithilfe statistischer Datenanalyseverfahren wird der Effekt der unabhängigen Variablen auf die abhängige Variable geprüft. Im Folgenden sollen das Forschungsprogramm und der Forschungsprozess der makro-quantitativen Policy-Analyse anhand eines einfachen Beispiels aus der vergleichenden Sozialpolitikforschung illustriert werden.

2.1 Forschungsfrage

Das 20. Jahrhundert stand im Zeichen eines massiven Anstiegs der Staatsausgaben. Eine wesentliche Triebfeder dieser Entwicklung war die Expansion des Wohlfahrtsstaates mit dem Ergebnis, dass heute in den entwickelten Demokratien rund die Hälfte der gesamten Staatsausgaben im Sozialbereich (OECD 2012) gebunden ist. Dessen ungeachtet enthüllt der internationale Vergleich große Unterschiede im Ausbaugrad des Wohlfahrtsstaates. Ein (grober) Indikator zur Messung des Umfangs des Sozialstaates ist die Sozialleistungsquote, die die öffentlichen Bruttosozialausgaben in Relation zum Bruttoinlandsprodukt (BIP) ausdrückt. Im Jahr 2012 lag die Sozialleistungsquote in 30 Mitgliedsstaaten der OECD im Schnitt bei 21,7 %. Hinter diesem Mittelwert verbergen sich allerdings große länderspezifische Unterschiede. Die Spannweite, also die Differenz zwischen der höchsten (Frankreich, 32,1 %) und geringsten Sozialleistungsquote (Südkorea, 9,3 %), beträgt 22,8 Prozentpunkte! Diese beträchtlichen Unterschiede sind erklärungsbedürftig. Folgende Forschungsfrage steht daher im Mittelpunkt: Warum unterschieden sich die öffentlichen Sozialausgaben? Ziel unserer Untersuchung ist die Identifizierung von Bestimmungsfaktoren, welche länderübergreifend die Unterschiede zwischen den nationalen Sozialausgaben in der OECD-Welt erklären. Da aber die Sozialausgaben seit 2008 als Folge der globalen Finanzkrise ungewöhnlich stark angestiegen sind und damit vom langjährigen Pfad abweichen, beschränken wir uns auf die Zeit vor der Wirtschaftskrise, nämlich das Jahr 2003. Zudem richten wir unser Augenmerk auf reiche und hoch entwickelte Demokratien und klammern daher OECD-Mitgliedsstaaten wie Mexiko oder die Türkei aus. Anhand von 21 langjährigen Mitgliedsstaaten der OECD wollen wir nun untersuchen, welche Faktoren die Unterschiede der Sozialleistungsquote im Jahr 2003 erklären.

2.2 Theorien

Für die Beantwortung dieser Forschungsfrage benötigen wir Theorien, aus denen Hypothesen für die Erklärung der Sozialleistungsquote gewonnen werden. Anschließend wollen wir diese Hypothesen mit multivariaten Verfahren der Datenanalyse überprüfen, wobei wir auf eine multivariate Regressionsanalyse zurückgreifen. Mit der Formulierung der Forschungsfrage wurde die abhängige Variable, nämlich der über die Sozialleistungsquote gemessene Ausbaugrad des Wohlfahrtsstaates, bereits festgelegt. Die Auswahl der unabhängigen Variablen muss theoriegeleitet erfolgen. Gesucht sind Faktoren, welche die Sozialleistungsquote kausal beeinflussen. Einen guten Überblick über das Theorieangebot der vergleichenden Staatstätigkeitsforschung bieten Schmidt et al. (2007: 21–95) und Zohlnhöfer (2008, 2013).

Die sozio-ökonomische Theorieschule erklärt staatliche Sozialpolitik zum einen mit sozio-ökonomischen Problemlagen, die an das politische System adressiert und dort in kollektiv verbindliche Entscheidungen übersetzt werden müssen. So erzeugt beispielsweise Arbeitslosigkeit sozialpolitischen Kompensationsbedarf und auch die Ergrauung der Gesellschaft sollte sich über höhere Rentenlaufzeiten und den höheren Pflegebedarf älterer Menschen im Sozialbudget niederschlagen. Zum anderen betont diese Theorieschule die wirtschaftliche Leistungsfähigkeit eines Landes, die darüber entscheidet, ob für die politische Bearbeitung dieser Problemlagen hinreichende fiskalische Ressourcen vorhanden sind. Mit Blick auf letzteres Argument könnte nun folgende Hypothese aus dieser Theorieschule abgeleitet werden:

H1: Je höher das Wohlstandsniveau eines Landes ist, desto höher ist die Sozialleistungsquote.

Die Parteiendifferenzthese als zweite Theorieschule rückt hingegen politische Akteure und ihre Präferenzen in den Mittelpunkt. Anonyme Prozesse wie das Wirtschaftswachstum oder die Ergrauung der Gesellschaft liefern zwar Impulse für Staatsintervention, ob und wie auf diese Inputs politisch reagiert wird, hängt jedoch aus Sicht dieser Theorie von den Präferenzen der maßgeblichen Akteure und ihren Machtressourcen ab. Im Mittelpunkt dieser Theorieschule steht daher das Wollen von Akteuren. In modernen Massendemokratien kommt insbesondere Parteien eine Schlüsselstellung im politischen Willensbildungs- und Entscheidungsprozess zu. Vertreter der Parteiendifferenztheorie argumentieren in diesem Zusammenhang, dass politische Parteien eine unterschiedliche Politik (i. S. von Policy) betreiben. Die tiefer liegende Ursache für parteipolitisch bedingte Unterschiede von Politikergebnissen ist die Verwurzelung von Parteien in unterschiedlichen sozialen Milieus. Kommt eine bestimmte Partei an die Macht, wird sie daher eine Politik realisieren wollen, die den Präferenzen ihrer Anhängerschaft Rechnung trägt. Für unser Politikfeld könnte daher argumentiert werden, dass sozialdemokratische Parteien eine sozialstaatsexpansivere Politik als ihre bürgerlichen Mitbewerber forcieren, deren Wählerbasis dem Sozialstaat skeptischer gegenübersteht und eher marktförmige soziale Sicherungsformen präferiert. Zwar bestehen innerhalb des bürgerlichen Lagers zwischen liberalen Parteien, säkular-konservativen Parteien und christdemokratischen Parteien Unterschiede in der sozialpolitischen Programmatik, dennoch könnte man folgende Hypothese formuliert werden:

> H2: Je stärker das bürgerliche Lager in einem Land ist, desto geringer ist die Sozialleistungsquote.

Neben dem Wollen spielt aber auch das Können eine wichtige Rolle für Politikergebnisse. Nicht immer, wenn politische Akteure eine bestimmte Policy durchsetzen wollen, sind sie dazu auch in der Lage. Der politische Handlungsspielraum einer Regierung wird insbesondere durch Institutionen begrenzt, die im Zentrum einer dritten Theorieschule stehen, die die Prägekraft von politischen Institutionen auf Politikergebnisse thematisiert. Eine Beschneidung der politischen Handlungschancen der Regierung ist etwa anzunehmen, wenn andere individuelle oder kollektive Akteure qua Verfassung einer Änderung des Status quo zustimmen müssen. Je stärker ein politisches System auf Machtteilung beruht, desto eher können Vetospieler (Tsebelis 2002) oder institutionelle Vetopunkte (Immergut 1992) den Reformspielraum einer Regierung einschränken. Beispiele wären ein föderaler Staatsaufbau, eine mächtige Zweite Parlamentskammer, ein Präsident mit weitreichenden Vetorechten oder eine über Referenden gewährleistete plebiszitäre Öffnung des politischen Systems wie sie etwa in der Schweiz besteht. Je mehr solcher Vetospieler bzw. Vetopunkte in einem politischen System vorhanden sind, desto schwieriger ist es, den Status quo (i. S. von Policy) zu verändern (Tsebelis 2002). Einer Expansion des Sozialstaates stehen daher in solchen Staaten hohe institutionelle Hürden gegenüber. Daraus kann unmittelbar folgende Hypothese abgeleitet werden:

> H3: Je größer die Zahl der Vetopunkte in einem Land ist, desto geringer sollte die Sozialleistungsquote sein.

Staatstätigkeit wird schließlich auch von den politischen Entscheidungen in der Vergangenheit beeinflusst. Diese langen Schatten der Geschichte werden von einer vierten Theorieschule, der Politikerblastheorie, betont. Die Anfänge des modernen Wohlfahrtsstaates reichen in einigen Ländern weit über hundert Jahre zurück. Der Einführungszeitpunkt von Sozialschutzsystemen und die dabei vorgenommenen Weichenstellungen hinsichtlich ihrer strukturellen Ausgestaltung blieben nicht folgenlos für das spätere Niveau und die Entwicklungsdynamik der Sozialausgaben.

Beispielsweise kann argumentiert werden, dass die Wohlfahrtsstaaten in sozialpolitischen Pionierländern früher ihren Vollausbau erreicht haben als in jenen Ländern, wo Sozialschutzsysteme mit einer erheblichen zeitlichen Verzögerung etabliert wurden und daher noch Wachstumspotenzial besitzen. Die aktuelle Sozialleistungsquote sollte daher in den sozialpolitischen Vorreiternationen höher sein. Die entsprechende Hypothese lautet daher:

> *H4: Je früher der Sozialstaat konsolidiert wurde, desto höher ist die Sozialleistungsquote.*

2.3 Operationalisierung

Nachdem nun aus verschiedenen Theorieschulen der vergleichenden Staatstätigkeitsforschung vier Hypothesen gewonnen wurden, müssen diese im nächsten Schritt des Forschungsprozesses operationalisiert, d.h. messbar gemacht werden. Gesucht sind also Indikatoren, die die theoretischen Konstrukte wie Wohlstand (H1), Stärke des bürgerlichen Lagers (H2), Zahl der Vetopunkte (H3) und die zeitliche Konsolidierung des Sozialstaates (H4) möglichst genau abbilden. Für die abhängige Variable wurde das theoretische Konstrukt „Ausbaugrad des Wohlfahrtsstaates" bereits durch die Sozialleistungsquote im Jahr 2003 operationalisiert.

Da die Forschungsfrage darin besteht, die Unterschiede im Ausbaugrad von Wohlfahrtsstaaten zu erklären, sind Überlegungen erforderlich, über welchen Zeitraum die unabhängigen Variablen gemessen werden. Aus theoretischer Sicht ist es etwa wenig sinnvoll, die Sozialausgaben im Jahr 2003 mit den nationalen ökonomischen und politisch-institutionellen Gegebenheiten am Beginn des 21. Jahrhunderts zu erklären. Vielmehr ist der Wohlfahrtsstaat über Jahrzehnte kontinuierlich gewachsen (insbesondere im Zeitraum nach 1945), sodass die Annahme plausibel ist, dass die gegenwärtigen Sozialausgabenniveaus die politischen, ökonomischen und institutionellen Verhältnisse der Nachkriegszeit reflektieren. Wir interpretieren daher die aktuellen Sozialausgaben als geronnene Politik der Vergangenheit und verwenden für die Messung der unabhängigen Variablen langjährige Durchschnittswerte. Zudem wurde mit dem Zeitpunkt der Sozialstaatskonsolidierung eine Variable berücksichtigt, die die sozialpolitische Ausgangssituation vor 1945 aufgreift.

Im nächsten Schritt müssen für alle Indikatoren und alle in die Untersuchung einbezogenen Länder Daten gesammelt werden, wobei wir auf Sekundärdaten zurückgreifen. Die Daten zur Sozialleistungsquote im Jahr 2003 stammen aus der Social Expenditure Database der OECD. Das Wohlstandsniveau eines Landes wird durch das Bruttoinlandsprodukt (BIP) pro Kopf (in Geary-Khamis Dollar) gemessen. Die Daten stammen von Madisson (2003) und spiegeln das durchschnittliche BIP pro Kopf im Zeitraum zwischen 1960 und 2001 wider. Die Stärke von bürgerlichen Parteien wird durch den mittleren Kabinettssitzanteil von liberalen, säkular-konservativen, christdemokratischen Parteien sowie Parteien der nicht-christlichen Mitte gemessen. Die Daten stammen von Manfred G. Schmidt und erstrecken sich über den Zeitraum zwischen 1950 und 2003. Die Zahl der Vetopunkte in einem politischen System wird über einen standardisierten Additivindex gemessen. Dieser Index besteht aus den drei Komponenten Bikameralismus, föderaler Staatsaufbau und Schwierigkeitsgrad einer Verfassungsänderung (Lijphart 1999). Der Konsolidierungszeitpunkt des Wohlfahrtsstaates wird durch den durchschnittlichen Einführungszeitpunkt von vier grundlegenden Sozialschutzsystemen (Kranken-, Unfall-, Arbeitslosen- und Rentenversicherung) abgebildet. Die Datenquelle ist Schmidt (2005: 182). Die Variable „Sozialstaatskonsolidierung" misst für die einzelnen Länder die zeitliche Verspätung bei der Einführung von vier Sozialprogrammen (in Jahren) relativ zum Sozialstaatspionier Deutschland.

Am Ende der Operationalisierung und der Datenerhebungsphase steht eine Datenmatrix, die in Tabelle 1 dargestellt ist. Die letzten Zeilen dieser Tabelle geben für alle Variablen grundlegende deskriptive Statistiken (Lage- und Streuungsmaße) wieder. Aus Tabelle 1 ist ersichtlich, dass die makro-quantitative Staatstätigkeitsforschung variablenorientiert ist. Die Besonderheiten der einzelnen Länder, wie sie etwa im Zentrum der qualitativen, fallorientierten Policy-Forschung stehen, bleiben nämlich ausgeblendet. Vielmehr gehört es zum Forschungsprogramm der ländervergleichenden quantitativen Staatstätigkeitsforschung, die Ländernamen durch Variablenbezeichnungen zu ersetzen (Przeworski/Teune 1970). Die in die Untersuchung einbezogenen Länder dienen in erster Linie dazu, eine hinreichend große Varianz bei den Merkmalsausprägungen der unabhängigen und abhängigen Variablen sicherzustellen, die zur Analyse kausaler Zusammenhänge zwingend erforderlich ist. Im Zentrum der Analyse stehen daher nicht einzelne Länder, sondern der statistische Zusammenhang zwischen den in der ersten Tabellenzeile aufgelisteten Variablen. Eine zentrale Rolle spielt dabei das Konzept der Kovarianz. Eine unabhängige Variable X kann nur dann einen kausalen (linearen) Einfluss auf Y ausüben, wenn entweder mit zunehmenden Werten von X auch die Werte von Y steigen (positiver Einfluss) oder wenn mit steigenden Werten von X die Werte von Y geringer werden (negativer Einfluss).

Tab. 1: Datensatz

	Länder-code	Y Sozialleis-tungsquote 2003	X1 BIP pro Kopf 1960–2001	X2 Kabinetts-sitzanteil bürgerlicher Parteien 1950–2003	X3 Vetopunkte	X4 Sozialstaats-konsoli-dierung (Timelag zu Deutschland)
Australien	AUS	17,90	14584	71,01	3,00	29,75
Belgien	BEL	26,48	13893	65,71	2,14	8,50
Dänemark	DK	27,58	15779	46,22	1,15	1,25
Deutschland	D	27,25	13575	65,67	2,88	0,00
Finnland	FIN	22,45	12759	55,20	1,40	32,25
Frankreich	FRA	28,72	14260	58,14	1,49	14,50
Griechenland	GR	21,30	8147	57,33	0,95	33,00
Irland	IRL	15,93	9716	86,76	1,20	11,75
Italien	ITA	24,19	12789	70,65	1,55	24,00
Japan	JPN	17,73	13516	95,91	2,15	35,75
Kanada	CAN	17,27	15606	100,00	2,75	47,75
Neuseeland	NZ	18,01	12840	68,47	0,70	22,75
Niederlande	ZL	20,67	14580	77,21	2,10	21,00
Norwegen	NOR	25,07	15137	32,23	1,53	15,75
Österreich	A	26,05	13349	43,18	2,15	4,75
Portugal	POR	23,51	8111	53,71	1,20	43,75
Schweden	SWE	31,28	14783	19,10	1,05	14,00
Schweiz	CH	20,52	18232	75,57	3,00	43,50
Spanien	ESP	20,31	9178	45,05	2,10	24,25
Vereinigte Staaten	USA	16,20	19174	100,00	3,00	45,50
Vereinigtes Königreich	UK	20,64	13611	63,03	1,08	11,00
Mittelwert		22,33	13506,1	64,29	1,83	23,08
Standard-abweichung		4,43	2862,2	21,15	0,75	14,81
Spannweite		15,35	11063,7	80,90	2,30	47,75

Quelle: eigene Berechnungen

2.4 Empirische Analyse

Nach der Erstellung des Datensatzes kann mit der empirischen Analyse begonnen werden. Als Verfahren der Datenanalyse stützen wir uns auf eine lineare Mehrfachregression mit deren Hilfe wir den Einfluss der vier unabhängigen Variablen auf die Sozialleistungsquote schätzen wollen. Zunächst soll aus didaktischen Gründen jedoch eine einfache Korrelationsanalyse sowie eine bivariate Regressionsanalyse durchgeführt werden. Da sich Policy-Forscher/-innen insbesondere für politische Determinanten der Staatstätigkeit interessieren, wollen wir zunächst den Einfluss der parteipolitischen Färbung der Regierung (X2) auf die Sozialleistungsquote (Y) untersuchen. Wir können die entsprechenden Daten aus Tabelle 1 in einem Streudiagramm darstellen, wobei die unabhängige Variable auf der x-Achse und die abhängige Variable auf der y-Achse abgetragen wird. Die daraus resultierende „Punktwolke" ist in Abbildung 1 zu sehen. Die Punktwolke deutet auf einen (mit unserer Hypothese konformen) negativen Zusammenhang zwischen der Stärke bürgerlicher Parteien und der Sozialleistungsquote hin. Mithilfe der Korrelationsanalyse kann ein Maß für die Stärke des Zusammenhangs zwischen X2 und Y berechnet werden. Da die Daten metrisch skaliert sind, kann der Korrelationskoeffizient nach Pearson[1] berechnet werden. Der Korrelationskoeffizient beträgt r= −0,76 und deutet daher auf ein starken Zusammenhang zwischen der parteipolitischen Färbung und der Sozialleistungsquote hin, wobei das negative Vorzeichen des Korrelationskoeffizienten den bereits im Abbildung 1 ersichtlichen inversen Zusammenhang zwischen Y und X2 anzeigt.

Ziel der linearen Regressionsanalyse ist es nun, durch die in Abbildung 1 dargestellte Punktwolke eine Gerade zu legen, die den Zusammenhang zwischen X und Y linear am besten beschreibt. Das ist diejenige Gerade, die die Summe der quadrierten Residuen minimiert (diese Vorgehensweise wird als Methode der kleinsten Quadrate bzw. Ordinary Least Squares, OLS, bezeichnet). Die Residuen sind die vertikalen Abstände zwischen den Länderpunkten und der Regressionsgeraden. Für die Schweiz ist das Residuum beispielsweise null, da sich das Land genau auf der Regressionsgeraden befindet.

---

1 Die Formel für den Korrelationskoeffizienten lautet: $r = COV (x,y) / s_x s_y$. Im Zähler steht die Kovarianz zwischen x und y, im Nenner das Produkt der Standardabweichungen von x bzw. y. Der Wertebereich reicht von −1 bis +1, wobei ein Korrelationskoeffizient von 1 einen perfekten Zusammenhang anzeigt.

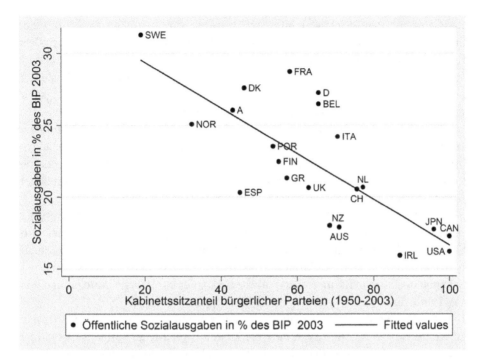

Abb. 1: Der Zusammenhang zwischen der Stärke bürgerlicher Parteien (X2) und der Sozialleistungsquote (Y) (Quelle: eigene Berechnung)

Die in Abbildung 1 dargestellte Regressionsgerade schätzt den Effekt der Stärke des
bürgerlichen Lagers auf die Sozialleistungsquote und kann mathematisch als

$$\hat{Y}_i = a + bX_i \quad (i = 1...21)$$

ausgedrückt werden, wobei a den Achsenabschnitt bzw. die Konstante (d. h. die
Stelle an der die Regressionsgerade die y-Achse schneidet) und b die Steigung der
Geraden bezeichnet (die in diesem Fall negativ ist). $\hat{Y}_i$ sind die geschätzten Werte
der abhängigen Variable, die auch als fitted values bezeichnet werden. Sie liegen
auf der Regressionsgeraden an der Stelle X_i.
Auf Basis unserer Daten ergibt sich folgende Regressionsgleichung[2]:

$$\hat{Y}_i = 32,56 - 0,159\,X_i$$

Demnach beträgt die Steigung der Regressionsgeraden b = −0,159. Der Achsenabschnitt a beträgt 32,56 und reflektiert die Sozialleistungsquote, wenn X = 0 ist. Auf

---

2 Diese Gleichung kann in unserem Fall einfach per Hand ausgerechnet werden, indem man in die
entsprechende Formel für den Regressionskoeffizienten einsetzt.

Basis unserer Regressionsgleichung schätzen wir für Australien (X = 71,01) eine Sozialleistungsquote ($\hat{Y}_{Australien}$) von 21,27 %. Die empirisch beobachtete Sozialleistungsquote für Australien beträgt hingegen nur 17,9 %. Die Differenz zwischen Y (17,9) und $\hat{Y}$ (21,27) ist das Residuum (−3,37)[3]. Für Deutschland ist das Residuum positiv, während für die Niederlande sich unsere Schätzung der Sozialleistungsquote annähernd mit dem empirisch beobachteten Wert deckt.

Wir können aber auch beliebige Werte der Variable „Stärke des bürgerlichen Lagers" (X2) in die Regressionsgleichung einsetzen und die dazugehörige Sozialleistungsquote schätzen. Die Regressionsanalyse kann also für Prognosezwecke genutzt werden. Für ein fiktives Land mit einem bürgerlichen Kabinettssitzanteil von 33 % würden wir eine Sozialleistungsquote von 27,31 % schätzen.

Relevanter für die Beantwortung der Forschungsfrage ist aber der Steigungsparameter b der Regressionsgleichung, der als Regressionskoeffizient bezeichnet wird. Sein Vorzeichen liefert uns nämlich Aufschluss über die Einflussrichtung der unabhängigen auf die abhängige Variable. Das negative Vorzeichen des Regressionskoeffizienten deckt sich mit unserer Hypothese: Je stärker bürgerliche Parteien in einem Land sind, desto geringer ist die Sozialleistungsquote.

Mithilfe der Regressionsanalyse können wir nun allgemeingültige Aussagen zum Einfluss der unabhängigen Variable X auf die abhängige Variable Y gewinnen bzw. ihren Effekt auf Y testen. Dies geschieht, indem wir die 21 beobachteten Wertepaare (X_i, Y_i) als Stichprobe einer realen oder hypothetischen Grundgesamtheit interpretieren und mithilfe der schließenden Statistik (Inferenzstatistik) den unbekannten Steigungsparameter der Grundgesamtheit schätzen. Da uns die Stichprobe einen negativen Steigungskoeffizienten liefert, lautet der „wahre" Zusammenhang in der Grundgesamtheit vermutlich

$$Y = \alpha - \beta X + \varepsilon\,^4,$$

wobei ε einen unbekannten stochastischen Störterm bezeichnet. Mithilfe der Inferenzstatistik können wir nun auf Basis der Stichprobenregression ein Konfidenzintervall für den Regressionskoeffizienten β der Grundgesamtheit ermitteln und zudem auch Hypothesentests durchführen. Die Konstante und der Regressionskoeffizient der Stichprobenregression werden typischerweise von Stichprobe zu Stichprobe variieren. Liegen z. B. Daten für 35 Länder vor, so würde man höchstwahrscheinlich einen anderen Regressionskoeffizienten als für die bislang untersuchte Stichprobe von 21 Ländern schätzen. Diese stichprobenabhängige Streuung wird als

---

3 Den exakten, d. h. den durch die Punktwolke abgebildeten Zusammenhang zwischen Y und X erhält man, wenn zur Regressionsgleichung noch das Residuum u hinzugefügt wird: $Y_i = a + bX_i + u_i$. Für Australien ergibt sich daher die tatsächliche Sozialleistungsquote in Höhe durch: Y = 32,56 − 0,159 * 70,71 − 3,37 (=17,9).

4 Für die Parameter der Grundgesamtheit werden griechische Buchstaben verwendet.

Standardfehler des Regressionskoeffizienten bezeichnet und kann auf Basis einer konkreten Stichprobe geschätzt werden kann. Mithilfe des geschätzten Regressionskoeffizienten und seines Standardfehlers lässt sich nun für eine a priori gewählte Vertrauenswahrscheinlichkeit (typischerweise 90 % und höher) ein Wertebereich (Konfidenzintervall) für den unbekannten Regressionskoeffizient β der Grundgesamtheit bestimmen.

Die Attraktivität der Regressionsanalyse für die Sozialwissenschaften besteht insbesondere im Test von Hypothesen bzw. Theorien. Konkret soll mit den Informationen der Stichprobe geprüft werden, ob zwischen der parteipolitischen Färbung der Regierung und der Sozialleistungsquote in der Grundgesamtheit ein statistisch signifikanter Zusammenhang besteht. Kein Zusammenhang ist offenkundig dann vorhanden, wenn der Steigungsparameter β in der Grundgesamtheit gleich Null wäre. Demnach bestünde zwischen X und Y kein Zusammenhang. Dies ist die sogenannte Nullhypothese, die nun einem statistischen Test unterzogen wird. Die Alternativhypothese lautet (bei einer zweiseitigen Fragestellung) hingegen $\beta \neq 0$ und würde implizieren, dass der Zusammenhang zwischen X und Y statistisch signifikant von Null verschieden ist. Für den Test der Nullhypothese muss eine Vertrauenswahrscheinlichkeit und ein statistisches Testverfahren ausgewählt werden. Der Quotient des Stichprobenregressionskoeffizienten b und seines Standardfehlers s_b liefert eine empirische Prüfgröße, die einer Studentverteilung mit n−2 Freiheitsgraden gehorcht und deren Betrag mit dem entsprechenden t-Wert aus der t-Tabelle verglichen wird. Übersteigt die empirische Prüfgröße den tabellarischen t-Wert, kann die Nullhypothese verworfen werden und es gilt damit die Alternativhypothese, wonach der „wahre" Steigungskoeffizient β der Grundgesamtheit sich mit einer bestimmten Vertrauenswahrscheinlichkeit signifikant von null unterscheidet. Für unser Beispiel können wir für eine unterstellte Vertrauenswahrscheinlichkeit von 95 % die Nullhypothese verwerfen[5] und es gilt damit die Alternativhypothese, wonach zwischen X und Y ein Zusammenhang besteht, der sich signifikant von Null unterscheidet. Für eine a priori festgelegte Vertrauenswahrscheinlichkeit von 95 % bzw. eine Irrtumswahrscheinlichkeit[6] von 5 % liegt der „wahre" Regressionskoeffizient der Grundgesamtheit im Bereich zwischen −0,223 und −0,094.[7]

---

5 Der Betrag der empirischen Prüfgröße (b/s_b) beträgt 5,08 (= 0,1592/0,0313). Da dieser größer ist als der tabellarische t-Wert (2,09), kann die Nullhypothese verworfen werden.
6 Die Irrtumswahrscheinlichkeit ist komplementär zur Vertrauenswahrscheinlichkeit. Da wir eine Vertrauenswahrscheinlichkeit von 95 % gewählt haben, beträgt sie 5 % (1 − 0,95).
7 Das Konfidenzintervall wird bestimmt durch: $b - t \, s_b \leq \beta \leq b + t \, s_b$, wobei b der Regressionskoeffizient der Stichprobe, s_b sein Standardfehler und t der t-Wert aus der Tabelle der Studentverteilung für eine Vertrauenswahrscheinlichkeit von 95 % und 19 Freiheitsgrade (N-2) ist. In unserem Beispiel beträgt s_b = 0,0313. Aus der t-Tabelle ergibt sich für 19 Freiheitsgrade und eine Vertrauenswahrscheinlichkeit von 95 % ein t-Wert von 2,09.

Die parteipolitische Zusammensetzung der Regierung steht daher mit der Sozialleistungsquote in einem statistisch signifikanten Zusammenhang, wobei die Einflussrichtung dem Vorzeichen des Regressionskoeffizienten zu entnehmen ist: Je stärker bürgerliche Parteien sind, desto geringer sind die Sozialausgaben. Wir konnten damit H2 bestätigen.

Darüber hinaus ermöglicht die Regressionsanalyse die Messung der Erklärungsgüte unseres theoretischen Modells. Diese ist offenkundig umso höher, je näher sich die Punkte um die Regressionslinie gruppieren (d. h. je kleiner die Residuen sind). Ein Maß für die Erklärungsgüte des Modells ist der Determinationskoeffizient R^2, der (multipliziert mit 100) angibt, wieviel Prozent der Varianz der abhängigen Variable durch die unabhängige Variable erklärt wird. Grundsätzlich kann R^2 im Bereich zwischen 0 und 1 liegen. Letzteres wäre etwa dann der Fall, wenn alle Punkte auf der Regressionsgeraden liegen würden. In unserem Beispiel beläuft sich R^2 auf 0,576. Die parteipolitische Zusammensetzung der Regierung erklärt somit 57,6 % der Varianz der Sozialleistungsquote – ein beachtlich hoher Wert!

In den seltensten Fällen kann jedoch ein bestimmtes Phänomen mit nur einer einzigen unabhängigen Variable erklärt werden. Zumindest aus theoretischer Perspektive existieren zumeist konkurrierende Erklärungen eines bestimmten Sachverhalts. Tatsächlich haben wir oben vier potenzielle Bestimmungsfaktoren der Sozialleistungsquote theoretisch hergeleitet. Der Einfluss mehrerer unabhängiger Variablen kann mit einer multivariaten Regression untersucht werden. Bezieht man alle vier Variablen in die Analyse ein, kann die Regressionsgleichung durch

$$\hat{Y} = a + b_1X_1 + b_2X_2 + b_3X_3 + b_4X_4$$

ausgedrückt werden. Aufgrund unserer theoretischen Überlegungen (H1–H4) erwarten wir, dass b_1 positiv ist, während b_2, b_3 und b_4 negativ sind.

Die Vorgehensweise bei der linearen Mehrfachregression[8] deckt sich mit jener der bivariaten Regression. Allerdings sind die Regressionskoeffizienten anders zu interpretieren. Sie geben nämlich den partiellen Einfluss einer bestimmten Variable unter der Bedingung an, dass alle anderen Variablen konstant gehalten werden. Beispielsweise gibt uns der Stichprobenkoeffizient b_2 Auskunft über den Einfluss der parteipolitischen Färbung ($X2$) auf die Sozialleistungsquote, wenn wir gleichzeitig für den Effekt der drei anderen unabhängigen Variablen ($X1$, $X3$, $X4$) kontrollieren.

---

8 Zuverlässige Schätzungen auf Basis einer Regressionsanalyse setzen folgende Bedingungen voraus: keine hohe Korrelation zwischen den unabhängigen Variablen (keine Multikollinearität), Normalverteilung der Residuen und konstante Varianz der Residuen (Homoskedastizität). Alle Bedingungen sind in unserem Beispiel erfüllt.

Grundsätzlich können alle möglichen Kombinationen aus den vier unabhängigen Variablen in ein Schätzmodell aufgenommen werden. Tabelle 2 zeigt nun vier Schätzgleichungen (Spalte 1–4).

Tab. 2: Ergebnisse der multivariaten Regressionsanalyse

	Abhängige Variable: Sozialleistungsquote 2003			
	(1)	(2)	(3)	(4)
Konstante	32,57***	32,62***	28,92***	29,14***
	(15,39)	(16,29)	(9,14)	(8,77)
Bürgerlicher Kabinetts-sitzanteil (Ø 1950–2003)	−0,159***	−0,128***	−0,140***	−0,144***
	(5,08)	(3,76)	(4,12)	(−3,88)
Sozialstaatskonsolidierung (Timelag zu Deutschland in Jahren)	−	−0,087*	−0,084*	−0,086*
		(1,80)	(1,77)	(1,75)
BIP pro Kopf (Ø 1960–2001)	−	−	0,0003	0,0003
			(1,48)	(1,09)
Zahl der Vetopunkte	−	−	−	0,351
				(0,32)
F		25,8***	16,03***	12,13***	8,64***
N	21	21	21	21
R2	0,57	0,64	0,68	0,68
adj. R2	0,55	0,60	0,62	0,60

Anmerkung: *** = $p \leq 0,01$; ** = $0,01 < p \leq 0,05$; * $0,05 < p \leq 0,10$. Der F-Test prüft die Nullhypothese, dass alle Regressionskoeffizienten eines Modells Null sind. Diese Hypothese kann in allen Modellen mit einer sehr hohen Wahrscheinlichkeit abgelehnt werden.

Jede Spalte steht für ein bestimmtes Schätzmodell, d. h. für eine bestimmte Regressionsgleichung. Ausgehend von der bereits bekannten bivariaten Regression (Spalte (1)), wird jeweils eine zusätzliche unabhängige Variable in die Analyse aufgenommen. In der Tabelle sind die unstandardisierten[9] Regressionskoeffizienten und in Klammern darunter die dazugehörigen t-Werte dargestellt, die sich aus der Division des Regressionskoeffizienten durch seinen Standardfehler ergeben. Durch den Vergleich mit dem t-Wert der t-Tabelle kann wiederum geprüft werden, ob die Variable einen signifikanten Einfluss auf die Sozialleistungsquote ausübt. Statistisch signifi-

---

9 Die unstandardisierten Regressionskoeffizienten können nicht miteinander verglichen werden, da sie in den Maßeinheiten der einzelnen Variablen zu interpretieren sind. Will man die Regressionskoeffizienten innerhalb eines Modells miteinander vergleichen, müssen die Daten vorher einer z-Transformation unterzogen werden.

kante Koeffizienten (d. h. Koeffizienten, für die wir die Nullhypothese ablehnen können) werden, je nach Signifikanzniveau, mit bis zu drei Sternchen versehen. Fügt man zum bereits bekannten bivariaten Basismodell die Variable X_4 (= Zeitpunkt der Sozialstaatskonsolidierung) hinzu (Spalte (2)), so steigt R^2 auf 0,64. Im Einklang mit unserer Hypothese (H4) weist der geschätzte Koeffizient ein negatives Vorzeichen auf. Je später also die Sozialstaatskonsolidierung stattfand, desto geringer ist die aktuelle Sozialleistungsquote. Wie der t-Statistik zu entnehmen ist, kann die Nullhypothese für eine Vertrauenswahrscheinlichkeit von 95 % zwar nicht verworfen werden, wohl aber für eine Vertrauenswahrscheinlichkeit von 90 % (und damit unter Inkaufnahme einer höheren Irrtumswahrscheinlichkeit). In den Modellen 3 und 4 (Spalte (3), (4)) werden schließlich schrittweise die beiden verbleibenden Variablen X1 und X3 in die Analyse einbezogen. Beide Variablen erweisen sich auf den herkömmlichen Signifikanzniveaus als insignifikant. Die Nullhypothese, wonach diese Variablen keinen Einfluss auf die Sozialleistungsquote ausüben, kann daher nicht abgelehnt werden. Während der geschätzte Koeffizient für das Wohlstandsniveau zumindest das theoretisch erwartete positive Vorzeichen aufweist, zeigt das Vorzeichen des Koeffizienten für die Variable „Zahl der Vetopunkte" sogar in die der Hypothese entgegensetzte Richtung.

Auf Basis der empirischen Befunde sind wir nun in der Lage, unsere Forschungsfrage zu beantworten, da wir jetzt (einige) Bestimmungsfaktoren der internationalen Variation der Sozialleistungsquote identifiziert haben. Allen voran ist auf die parteipolitische Zusammensetzung der Regierung zu verweisen. Der Parteieneffekt bleibt auch dann signifikant, wenn wir andere potenzielle Einflussgrößen in das Modell einbeziehen und dadurch konstant halten. Eine zweite relevante Stellgröße ist der Konsolidierungszeitpunkt des Sozialstaates. Beide Variablen erklären zusammen immerhin fast zwei Drittel der Varianz der Sozialleistungsquote. Die übrigen Hypothesen haben sich hingegen nicht bestätigt: Ein hohes Wohlstandsniveau ist offenkundig keine Voraussetzung für eine hohe Sozialleistungsquote, während eine hohe institutionelle Rigidität des politischen Systems die Sozialausgaben nicht zwangsläufig bremst.

2.5 Stärken und Schwächen

Die Stärke der variablenorientierten quantitativen Forschung liegt darin, dass wir generalisierbare Aussagen über einen Ursache-Wirkungs-Zusammenhang gewinnen können. Dabei können nicht nur lineare, sondern auch nicht-lineare Kausalbeziehungen sowie Interaktionseffekte zwischen den unabhängigen Variablen untersucht werden. Zudem ermöglicht die Regressionsanalyse die empirische Überprüfung von Theorien. Von den vier Theorieschulen haben sich zwei als empirisch tragfähig erwiesen, während zwei nicht bestätigt werden konnten. Ein weiterer Vorteil dieses Zweigs der vergleichenden Policy-Forschung liegt in der analytischen

Breite. Wir haben mit der Regressionsanalyse ein Instrument zur Hand, um zahlreiche (z. B. 60 Länder) zu vergleichen und darauf aufbauend generelle Schlüsse zu ziehen.

Dieses Forschungsprogramm stößt aber auch an Grenzen. Aus dem Lager der qualitativen Komparatistik werden mehrere Defizite bemängelt. Goldthorpe (1997) hat allerdings gezeigt, dass auch die qualitative fallorientierte Komparatistik sich mit ähnlichen Problemen konfrontiert sieht, wobei sie zudem über keine besonderen Vorteile für ihre Lösung verfügt. Vielmehr würde das quantitative Forschungsprogramm bessere Möglichkeiten für ihre Behebung bereitstellen. Drei Problemfelder sollen in Anlehnung an Goldthorpe kurz diskutiert werden.

Erstens ist gerade in der ländervergleichenden Staatstätigkeitsforschung das sogenannte small-N Problem virulent. Damit ist gemeint, dass typischerweise wenige Fälle, dafür aber viele unabhängige Variablen vorhanden sind. Das Problem der kleinen Fallzahl rührt daher, dass die Zahl der hoch entwickelten Demokratien (wie die Anzahl der Staaten generell) naturgemäß begrenzt ist. Dies bedeutet in unserem Fall etwa, dass wir eigentlich keine Stichprobe analysiert haben, weil unser Sample beinahe die gesamte Grundgesamtheit abdeckt. Ob inferenzstatistische Verfahren in diesem Fall noch sinnvoll eingesetzt werden können, ist umstritten (vgl. Behnke 2005). Kleine Fallzahlen implizieren auch, dass jedes Land einen großen Einfluss auf die Schätzergebnisse ausübt, wodurch statistische Ausreißer die Schätzergebnisse maßgeblich verzerren können[10]. Zur kleinen Fallzahl kommt ferner das Problem hinzu, dass es typischerweise aus theoretischer Sicht zahlreiche konkurrierende Hypothesen gibt, um ein bestimmtes Phänomen zu erklären. Die Wohlfahrtsstaatsforschung ist hierfür ein gutes Beispiel. Wir haben zwar vier konkurrierende Hypothesen formuliert, diese sind aus theoretischer Sicht allerdings keineswegs erschöpfend. Vielmehr werden in der einschlägigen Literatur zahlreiche weitere Einflussfaktoren benannt, die den Ausbaugrad eines Wohlfahrtsstaates erklären können. Zu denken ist an Faktoren wie Religion, Korporatismus, Gewerkschaften und andere Interessengruppen, neue soziale Risiken, exogene Schocks (z. B. Kriege), Demografie, das Wirtschaftswachstum, die ethnische Fragmentierung einer Gesellschaft, die außenwirtschaftliche Abhängigkeit und andere mehr. Kurz: Wir haben zuweilen mehr unabhängige Variablen als Fälle. In dieser Situation sind keine kausalen Inferenzen möglich (King et al. 1994). Wir können daher nur wenige Variablen in unsere Schätzmodelle aufnehmen. Bei der sehr geringen Zahl von 21 Untersuchungsobjekten sollten etwa angesichts der limitierten Zahl an Freiheitsgraden kaum mehr als drei Variablen gleichzeitig in das Modell aufgenommen werden.

---

10 In unserem Beispiel ist das allerdings nicht der Fall. Weder gibt es einflussreiche Fälle, noch werden die Ergebnisse durch Ausreißer beeinflusst.

Einen Lösungsansatz für dieses Dilemma bildet innerhalb der quantitativen Policy-Forschung der Einsatz von gepoolten Regressionsanalysen. In unserem Beispiel haben wir eine einfache Querschnittregression durchgeführt. Für jedes Land und für jede Variable wies die Datenmatrix nur einen Messwert auf. Bei einer Panelregression wird nun eine temporale Dimension eingeführt. Wir könnten beispielsweise für den Zeitraum von 1980 bis 2003 für jedes einzelne Jahr Daten für alle Variablen erheben. Pro Land und Variable hätten wir daher 24 Messwerte, sodass sich die Zahl der Beobachtungen insgesamt von 21 auf 504 (21×24) erhöht, wodurch aufgrund der höheren Freiheitsgrade ungleich mehr Variablen in das Modell aufgenommen werden können. Allerdings handelt man sich dabei häufig Folgeprobleme ein, die aber wiederum durch entsprechende ökonometrische Korrekturverfahren technisch behoben werden können[11].

Ein zweites Problem ist das sogenannte Blackbox-Problem. Zwar kann man mithilfe der Regressionsanalyse Kausaleffekte identifizieren, der entsprechende Kausalmechanismus bleibt aber – so ein häufiger Vorwurf seitens der qualitativen Forschung – im Dunkeln. Fallorientierte qualitative Studien bieten zweifellos gute Möglichkeiten, um etwa mittels einer tiefenschärferen Prozessanalyse (*process-tracing*) die intervenierenden kausalen Prozesse, d. h. die Kausalkette bzw. den Kausalmechanismus zwischen den unabhängigen Variablen und der abhängigen Variable, zu rekonstruieren (vgl. George/Bennett 2005; Hall 2006; Collier 2011). Auf der anderen Seite kann innerhalb der quantitativen Forschung der Kausalmechanismus formal modelliert werden. In Anlehnung an den methodologischen Individualismus der Wirtschaftswissenschaften wird heute verstärkt eine stärkere Mikrofundierung in der Policy-Forschung eingefordert. Diesem Postulat zufolge sollten Makrozusammenhänge zunächst durch ein verhaltensbasiertes Modell mit einer Mikrofundierung versehen werden, ehe dann die Modellimplikationen mittels Makrodaten empirisch getestet werden.

In der ländervergleichenden Staatstätigkeitsforschung ist drittens häufig auch das sogenannte Galton-Problem (vgl. Ross/Homer 1976) virulent. Demnach sind Länder nicht unabhängig voneinander, sondern stehen in vielfältigen politischen und ökonomischen Interaktionsbeziehungen zueinander. So reagieren Länder häufig mit ihren Policies auf die Staatstätigkeit in andern Nationen. Beispiele hierfür wären etwa die Steuerpolitik (Standortwettbewerb zwischen Ländern) oder die Verteidigungspolitik (Rüstungswettlauf). Die Regressionsanalyse setzt jedoch die Unabhängigkeit der Untersuchungsobjekte voraus. Allerdings gilt auch hier wiederum, dass solche Interdependenzen zwischen Ländern im Rahmen der quantitativen Staatstätigkeitsforschung explizit modelliert und geschätzt werden können. Stu-

---

11 Für eine Diskussion über Chancen und Grenzen dieser Methode siehe z. B. Kittel (2005), Kittel/Winner (2005), Plümper et al. (2005) und Schmitt (2013b).

dien, die räumliche Interdependenzen bei der Analyse von Sozialausgaben explizit berücksichtigt haben, sind Jahn (2006) und Schmitt (2013a).

Während es für drei bislang diskutierten Probleme grundsätzlich Lösungsstrategien gibt, wenngleich zuweilen nur unter Inkaufnahme von Folgeproblemen, können drei andere Einwände gegenüber der quantitativen Staatstätigkeitsforschung kaum entkräftet werden. Da die quantitative Staatstätigkeitsforschung ja Länder durch Variablen substituiert, bleiben erstens die Besonderheiten eines Falles unberücksichtigt. Zweitens blenden quantitative Untersuchungen äquifinale Kausalbedingungen aus. Damit ist gemeint, dass es mehrere Ursachen für ein bestimmtes Phänomen gibt. Im konkreten Fall würde Äquifinalität bedeuten, dass sich die kausalen Ursachen für die Ausdifferenzierung eines ausgebauten Wohlfahrtsstaates zwischen den Ländern unterscheiden. Die Regressionsanalyse basiert hingegen auf einer unifinalen Logik, indem für alle Länder raumübergreifend *eine* Schätzgleichung im Sinne einer additiven Kausalerklärung ermittelt wird. Schließlich nimmt drittens die ländervergleichende Policy-Analyse zwangläufig eine analytische Makroperspektive ein, die den Blick auf politische Prozesse und Details versperrt. Ist man an einer tiefenschärferen Analyse nationaler Policies interessiert, führt letztlich kein Weg an der Reduzierung der Fallzahl vorbei. Kurz: Es besteht ein Zielkonflikt zwischen „knowing more about less and knowing less about more" (Gerring 2004: 348).

3 Qualitativ vergleichende Policy-Forschung

Bei der Analyse weniger Fälle schlägt die Stunde der qualitativen Policy-Analyse. Als Forschungsdesigns bieten sich sowohl Fallstudien als auch small-N-Vergleiche an. Dabei ist jeweils auf eine gut begründete Fallauswahl zu achten. Durch die sorgfältige Analyse von wenigen Fällen sollen ja generalisierbare Aussagen und Erkenntnisse gewonnen werden „how the [...] cases relate to the others in a broader universe" (Seawright/Gerring 2008: 295).

3.1 Fallstudien und small-N Vergleiche

Eine Fallstudie ist eine sorgfältige, tiefenscharfe Untersuchung einer einzelnen Untersuchungseinheit (*single unit*) mit dem Ziel, generalisierbare Aussagen für eine größere Zahl von Untersuchungseinheiten zu gewinnen (Gerring 2004). Bei der Auswahl der Fälle steht eine Reihe von Alternativen offen, wobei die Fallauswahl sogar mithilfe einer Regressionsanalyse unterstützt werden kann (vgl. Seawright/ Gerring 2005; Rohlfing/Starke 2013). Fallstudien können etwa Extremfälle (*extreme cases*) unter die Lupe nehmen, wobei ein Extremfall auf Basis der X-Variablen oder

der Y-Variable ausgewählt werden. Extremwerte wären beispielsweise Werte, die mehrere Standardabweichungen vom Mittelwert entfernt sind. Angenommen unsere Forschungsfrage fokussiert analog zu unserer bivariaten Regression auf den Einfluss von politischen Parteien auf die Sozialpolitik. *Extreme cases* bezüglich X wären am ehesten[12] die USA oder Kanada mit ihren rein bürgerlich dominierten Kabinetten (vgl. Tabelle 1). Schweden wäre hingegen ein Extremfall im Hinblick auf Y. Die Untersuchung eines Extremfalls dient hauptsächlich explorativen Zwecken, indem die Ursachen von Y oder die Effekte von X ergebnisoffen am Beispiel eines Landes mit extremer Merksmalsausprägung der interessierenden Variable sondiert werden.

Fallstudien werden auch eingesetzt, um einen abweichenden Fall (*deviant case*) genauer zu untersuchen. Einen solchen abweichenden Fall könnten wir mithilfe einer Regressionsanalyse identifizieren. Ein *deviant case* ist dabei das Land mit einem großen Residuum und liegt folglich weit von der Regressionsgeraden entfernt. Gemäß Abbildung 1 wäre das z. B. Frankreich. Gewöhnlich soll durch die Untersuchung eines abweichenden Falles eine neue unspezifizierte Erklärung geprüft werden. Drittens kann auch ein typischer Fall *(typical case)* ausgewählt werden, um anhand dieses Falles stellvertretend für alle Länder den Kausalmechanismus zwischen X und Y einer genauen Analyse zu unterziehen. Im Mittelpunkt steht dabei die Bestätigung oder Erkundung einer bereits existierenden Kausalhypothese ('pattern-matching'). Auch hierzu kann man sich der Regressionsanalyse bedienen, indem ein Land ausgewählt wird, das möglichst nahe an der Regressionsgeraden liegt. In unserem Beispiel könnte das die Schweiz sein.

Qualitative Vergleichsdesigns mit kleinen Fallzahlen (small-N-Designs) greifen für die Kausalanalyse typischerweise auf die Mill'schen Methoden zurück (Mill 1974). Es stehen zwei Vergleichsstrategien zur Verfügung, die jeweils mit einer spezifischen Logik der kausalen Erklärung (Differenzmethode bzw. Konkordanzmethode) korrespondieren. Tabelle 3 illustriert anhand eines fiktiven Beispiels die Differenzmethode *(method of difference)*. Es sind offenkundig die unterschiedlichen Merkmalsausprägungen der Variable X2, die die Varianz der abhängigen Variable

Tab. 3: Differenzmethode: Vergleich möglichst ähnlicher Fälle

	Variable	Land 1	Land 2
X1	Hohes wirtschaftliches Entwicklungsniveau	Ja	Ja
X2	Bürgerliche Dominanz	Nein	Ja
X3	Institutionelle Rigidität	Nein	Nein
X4	Sozialstaatspionier	Nein	Nein
Y	Ausgebauter Wohlfahrtsstaat	Ja	Nein

Quelle: eigene Zusammenstellung

---

[12] Da die Merkmalswerte weniger als zwei Standardabweichungen vom Mittelwert entfernt liegen, handelt es sich um keine Extremwerte im statistischen Sinne.

erklärt. Alle anderen Variablen scheiden als kausale Ursache aus, da die zwischen beiden Ländern identischen Merkmalsausprägungen von X1, X3 und X4 (= Vergleich möglichst ähnlicher Fälle) nicht die Varianz der abhängigen Variable erklären können.

Tabelle 4 stellt die Konkordanzmethode (*method of agreement*) anhand eines Beispiels dar. Hier werden möglichst verschiedenartige Fälle miteinander verglichen. Mit einer Ausnahme unterscheiden sich die Merkmalsausprägungen der unabhängigen Variablen. Es ist die Übereinstimmung der Merkmalsausprägung von Variable X1, welche die identische Merkmalsausprägung von Y erklärt. Demgegenüber liegt zwischen Y und X2, X3 sowie X4 keine Kovarianz vor.

Tab. 4: Konkordanzmethode: Vergleich möglichst verschiedener Fälle

	Variable	Land 1	Land 2
X1	Hohes wirtschaftliches Entwicklungsniveau	Ja	Ja
X2	Bürgerliche Dominanz	Nein	Ja
X3	Institutionelle Rigidität	Ja	Nein
X4	Sozialstaatspionier	Nein	Ja
Y	Ausgebauter Wohlfahrtsstaat	Ja	Ja

Quelle: eigene Zusammenstellung

Ungeachtet der Warnung von John Stuart Mill vor der Anwendung dieser Methoden in den Sozialwissenschaften, werden sie in der politikwissenschaftlichen Komparatistik nicht zuletzt deshalb häufig eingesetzt, weil sie als Lösung für das small-N-Problem gesehen werden (z. B. Skocpol/Sumers 1980). Wie Goldthorpe (1997) gezeigt hat, ist das small-N-Problem jedoch auch hier virulent. Beispielsweise besteht das Problem, dass die große Zahl an unabhängigen Variablen kaum so kontrolliert werden kann, dass genau *ein* kausaler Einflussfaktor isoliert werden kann. Die Anwendung der Mill'schen Methoden in den Sozialwissenschaften ist zudem auch deshalb problematisch, weil die Mill'schen Methoden auf einem deterministischen und nicht auf einem probabilistischen Konzept von Kausalität beruhen und überdies Interaktionen zwischen den unabhängigen Variablen ausklammern (Lieberson 1991). Beide Aspekte sind aber gerade für die Sozialwissenschaften charakteristisch.

3.2 Makro-qualitative Methoden (QCA)

Eine Mittelstellung zwischen den bislang diskutierten quantitativen und qualitativen Methoden nimmt die Qualitative Comparative Analysis (QCA) ein. Diese von Charles Ragin (1987) eingeführte und mittlerweile weiterentwickelte Methode (vgl. Schneider/Wagemann 2007) ist für die Komparatistik deshalb interessant, weil QCA selbst für relativ wenige Fälle die Berücksichtigung von vergleichsweise vielen unabhängigen Variablen grundsätzlich zulässt und überdies die fallspezifischen Besonderheiten nicht in der Analyse unterdrückt werden. Anspruch von QCA ist es vielmehr, sowohl die analytische Tiefe von Fallstudien als auch die analytische Breite der quantitativen Forschung auszuschöpfen. Wie die folgenden Ausführungen zeigen werden, weist trotz vielfältiger Stärken allerdings auch QCA genuine Probleme auf.

QCA ist ein auf der Booleschen Algebra basierendes Verfahren der Datenanalyse. Folglich steht die Zugehörigkeit zu Mengen, d. h. die Existenz bzw. Absenz eines Merkmals bzw. einer Bedingung, im Mittelpunkt der Analyse. Das Verfahren zielt darauf hin ab, eine bestimmte abhängige Variable (= Outcomevariable) durch eine logisch sparsame Konfiguration von hinreichenden bzw. notwendigen Bedingungen (= den unabhängigen Variablen) zu erklären. Dazu müssen in der klassischen Variante von QCA (Crisp-Set QCA) sämtliche Variablen dichotomisiert werden. Als Schwellenwert für die binäre Kodierung der Daten könnte man beispielsweise den Mittelwert benutzen. Unterdurchschnittlichen Merkmalsausprägungen wird in diesem Fall der Wert 0 (= Absenz des Merkmals) und überdurchschnittlichen Ausprägungen der Wert 1 (= Existenz des Merkmals) zugeordnet. Für unseren Datensatz aus Tabelle 1 ist das Ergebnis dieser Datentransformation (mit dem arithmetischen Mittel als Schwellenwert) in Tabelle 5 dargestellt. Aus Gründen der Übersichtlichkeit wurde die Variable „Zahl der Vetopunkte" aus der Untersuchung ausgeschlossen.

Tab. 5. Dichotomisierter Datensatz der Tabelle 1

	BIP/ Kopf (B)	Bürgerliche Parteien (P)	Sozialstaats- konsolidierung (C)	Outcome: Ausgebauter Sozialstaat (S)
Australien	1	1	1	0
Belgien	1	1	0	1
Dänemark	1	0	0	1
Deutschland	1	1	0	1
Finnland	0	1	1	1
Frankreich	1	1	0	1
Griechenland	0	1	1	0
Irland	0	1	0	0
Italien	0	1	1	1
Japan	1	1	1	0
Kanada	1	1	1	0
Neuseeland	0	1	0	0
Niederlande	1	1	0	0
Norwegen	1	0	0	1
Österreich	0	0	0	1
Portugal	0	1	1	1
Schweden	1	0	0	1
Schweiz	1	1	1	0
Spanien	0	0	1	0
Vereinigte Staaten	1	1	1	0
Vereinigtes Königreich	1	1	0	0

Quelle: eigene Zusammenstellung

Tabelle 5 zeigt die binären Merkmalsausprägungen für das BIP pro Kopf (B), die Kabinettssitzanteile bürgerlicher Parteien (P), den Zeitpunkt der Sozialstaatskonsolidierung (C) und für die Outcomevariable, d. h. den Ausbaugrad des Sozialstaates (S). Die 21 Fälle (Länder) werden nun als Konfigurationen von drei Merkmalen verstanden, die entweder vorhanden (1) oder nicht vorhanden sind (0). Australien weist beispielsweise die Merkmalskonfiguration 1,1,1 (= hohes Wohlstandsniveau, Dominanz bürgerlicher Parteien, späte Konsolidierung des Sozialstaates) auf. Diese Kombination korrespondiert mit einem gering ausgebauten Sozialstaat (Outcome = 0). Für Irland finden wir ebenfalls einen gering ausgebauten Sozialstaat (Outcome = 0), die Konfiguration, die mit diesem Outcome korrespondiert, lautet allerdings 0,1,0 (= geringes Wohlstandsniveau, Dominanz bürgerlicher Parteien, frühe Sozialstaatskonsolidierung).

Mithilfe der Booleschen Algebra können wir für die beiden Länder die Bedingungen, die zu einem gering ausgebauten Sozialstaat führen, folgendermaßen formulieren:

$$BPC + bPc => s$$

Großbuchstaben bezeichnen dabei die Existenz des Merkmals (1), Kleinbuchstaben seine Absenz (0). Die Boolesche Multiplikationen entspricht dabei dem logischen UND, während die Boolesche Addition dem logischen ODER entspricht. Verbal ausgedrückt bedeutet dieser Ausdruck, dass zwei Merkmalskonfigurationen zu einem gering ausgebauten Sozialstaat führen, nämlich (1) ein hohes wirtschaftliches Entwicklungsniveau UND eine Dominanz bürgerlicher Parteien UND eine späte Konsolidierung des Sozialstaates ODER (2) ein geringes wirtschaftliches Entwicklungsniveau UND eine bürgerliche Dominanz UND ein frühe Sozialstaatskonsolidierung. Für drei Variablen (bzw. Bedingungen) existieren 2^3 (= 8) logisch mögliche Kombinationen[13]. Diese sogenannte Wahrheitstafel ist in Tabelle 6 dargestellt, wobei jede Zeile eine dieser acht logisch möglichen Kombination zeigt. Auf Basis der in Tabelle 5 enthaltenen Informationen können wir alle Länder einer dieser logischen Kombinationen zuordnen. Dabei zeigt sich, dass einige Konfigurationen empirisch mehrfach besetzt sind. So trifft die Kombinationen (1,1,1) nicht nur auf Australien, sondern auch auf Kanada, Japan, die Schweiz und die USA zu (N = 5). Dies ist in der vorletzten Spalte dargestellt. Aus dieser Spalte ist überdies ersichtlich, dass nicht alle logischen Kombinationen durch ein Land empirisch abgedeckt sind, da die Kombination (1,0,1) in keinem unserer 21 Länder vorkommt. Eine solche empirisch nicht vorhandene Konfiguration wird als logisches Rudiment bezeichnet. Logische

---

13 Allgemein gilt, dass für n Variablen 2^n logische Kombinationen existieren. Die Wahrheitstafel besteht aus also aus 2^n Zeilen.

Rudimente stellen ein Problem dar, das aber mit unterschiedlichen Strategien behoben werden kann, sofern die Zahl der logischen Rudimente begrenzt bleibt.

Die letzte Spalte in Tabelle 6 zeigt schließlich die zu jeder logischen Kombination zugehörige Ausprägung der Outcomevariable. Dabei zeigt sich ein weiteres Problem. Die in fünf Ländern identische Kombination (1,1,0 bzw. BPc) und die in vier
Ländern identische Kombination (0,1,1 bzw. bPC) führen jeweils zu widersprüchlichen Outcomes. Beispielsweise führt die Konfiguration (1,1,0) in Deutschland zum
Outcome 1, in den Niederlanden aber zum Outcome 0! Auch hier gibt es mehrere
Strategien, wie solche logischen Widersprüche gelöst werden kann (vgl. Schnei-
der/Wagemann 2007: 116–118). Man könnte beispielsweise durch Einbeziehung
einer vierten Variable versuchen, die Widersprüche aufzulösen, oder auch einzelne
Fälle ausschließen. Einfachheitshalber schließen wir die widersprüchlichen Fälle
aus der Untersuchung aus, obwohl wir damit neun Länder eliminieren. Für die Forschungspraxis wäre dieser Weg keineswegs ratsam! Von den acht logisch möglichen
Kombinationen bleiben daher fünf übrig, die empirisch vorhanden sind. Drei davon
führen zum Outcome 0 (= schwacher Sozialstaat), während zwei mit dem Outcome 1
(= starker Sozialstaat) korrespondieren.

Tab. 6: Wahrheitstafel der QCA

B	P	C	Outcome (S)	N	
1	1	1	0	5	AUS, J, US, CH, CAN
1	1	0	1/0	5	BEL, F, D, NL, UK
1	0	1	--	--	--
1	0	0	1	3	SWE, N, DK
0	1	1	1/0	4	FIN, GR,POR, ITA
0	1	0	0	2	IRL, NZ
0	0	1	0	1	ESP
0	0	0	1	1	A

Quelle: eigene Zusammenstellung

Für jede der beiden Ausprägungen der Outcome-Variablen können die dazugehörigen Konfigurationen in die Sprache der Booleschen Algebra übersetzt werden. Für
den Outcome 0 (= schwach ausgebauter Sozialstaat, s) lauten die Rohausdrücke, die
auch primitive Ausdrücke genannt werden, also:

$$BPC + bPc + bpC => s$$

Die primitiven Ausdrücke für den Outcome 1 (= ausgebauter Sozialstaat, S) lauten
hingegen:

$$Bpc + bpc => S$$

All diese Kombinationen sind hinreichende Bedingungen für das Auftreten des Outcomes, da sie jede für sich den Outcome generieren. Diese primitiven Ausdrücke können unter bestimmten Voraussetzungen logisch weiter vereinfacht werden. Betrachten wir dazu die beiden Konfigurationen, die zum Outcome (1) führen, nämlich Bpc bzw. bpc. Die Variable „Wohlstandsniveau" (B) ist offenkundig irrelevant, um den Outcome zu erklären, da der Outcome sowohl auftritt, wenn das Merkmal vorhanden ist (Bpc), als auch wenn es nicht vorhanden ist (bpc). Der Outcome tritt also unabhängig von der Ausprägung des Wohlstandsniveaus B auf. Die Variable B kann daher eliminiert werden (sie ist logisch redundant) und wir erhalten den Ausdruck

$pc => S$

Wir konnten somit eine Konfiguration von Bedingungen identifizieren, die zu einem ausgebauten Sozialstaat führt, nämlich die Existenz von schwachen bürgerlichen Parteien UND eine frühe Konsolidierung des Wohlfahrtsstaates.

QCA besitzt zweifellos spezifische Stärken und lässt sich in der vergleichenden Politikfeldanalyse gewinnbringend einsetzen. Die Methode eignet sich insbesondere für die Analyse mittlerer Fallzahlen, wobei vergleichsweise viele unabhängige Variablen in die Analyse einbezogen werden können. Die Methode eignet sich überdies gut, um äquifinale Kausalprozesse sichtbar zu machen, und leistet ferner gute Dienste, um das Nicht-Auftreten eines Phänomens zu erklären. Anders als bei der eingangs dargestellten Regressionsanalyse unterscheiden sich nämlich die Bedingungen, die zu dem Outcome 0 bzw. 1 führen. Dies wird deutlich, wenn man die Rohausdrücke für die beiden Outcomes (0 bzw. 1) miteinander vergleicht.

Diesen Stärken stehen allerdings auch Schwächen gegenüber. Dazu gehört das bereits angesprochene Problem in Zusammenhang mit logischen Rudimenten. Je mehr unabhängige Variablen wir in die Analyse einbeziehen, desto höher ist die Wahrscheinlichkeit, dass logische Variablenkonfigurationen empirisch nicht abgedeckt werden[14]. Hauptgrund dafür ist wiederum die begrenzte Zahl an Ländern, die wir untersuchen können. Auch Widersprüche in der Wahrheitstafel sind problematisch. Wenn zu ihrer Eliminierung die Zahl der unabhängigen Variablen erhöht wird, erfolgt dies unter Umständen zum Preis einer größeren Zahl an logischen Rudimenten. Ferner ist QCA eine statische Methode (Schneider 2006: 282). Eine letzte Problematik der klassischen QCA, die hier in der gebotenen Kürze dargestellt wurde, ist der mit der binären Transformation der Daten einhergehende Informationsverlust. Durch die Weiterentwicklung der Methode, insbesondere in der Version der

---

14 Die interessierten Leser/-innen können dies leicht nachprüfen, indem sie die bislang ausgeklammerte Variable „Zahl der Vetopunkte" in die Analyse einbeziehen. Die Wahrheitstafel besitzt in diesem Fall 16 (= 2^4) Zeilen. Damit steigt die Gefahr, dass bestimmte logische Kombinationen von den 21 Ländern nicht repräsentiert werden.

fuzzy set QCA (fs/QCA), konnte dieses Problem jedoch deutlich entschärft werden. Eine vorzügliche Einführung in die klassische QCA sowie die jüngsten Weiterentwicklungen wie fs/QCA bietet das vorzügliche Lehrbuch von Schneider/Wagemann (2007).

4 Schlussfolgerungen

Dieser Beitrag hat grundlegende Methoden und Forschungsdesigns der ländervergleichenden Policy-Analyse vorgestellt. Aus dieser Einführung sollte deutlich geworden sein, dass jede dieser methodischen Zugänge Stärken und Schwächen besitzt. Zwar gibt es für viele methodenspezifische Probleme Lösungsstrategien, diese ziehen aber häufige Folgeschwierigkeiten nach sich.

Lohnend ist jedenfalls eine Auseinandersetzung mit dem gesamten Methodenspektrum. Dadurch wird es nicht nur möglich, die Stärken und Defizite des eigenen Ansatzes besser zu verstehen, sondern es erhöhen sich zudem die Chancen, aus dem großen Methodenspektrum ein adäquates Forschungsdesign bzw. geeignete Verfahren der Datenanalyse für die Beantwortung der Forschungsfrage zu finden. Gefragt ist jedenfalls der Dialog zwischen unterschiedlichen methodischen Ansätzen, um das Schisma zwischen quantitativen und qualitativen Analyseverfahren zu überwinden (Behnke et al. 2006).

5 Literatur

Behnke, Joachim, 2005: Lassen sich Signifikanztests auf Vollerhebungen anwenden? In: Politische Vierteljahresschrift 46: 1–15.

Behnke, Joachim/Gschwend, Thomas/Schindler, Delia/Schnapp, Kai-Uwe (Hrsg.), 2006: Methoden der Politikwissenschaft. Neuere qualitative und quantitative Analyseverfahren. Baden-Baden: Nomos.

Busemeyer, Marius R., 2009: 'From Myth to Reality: Globalisation and Public Spending in OECD Countries Revisited'. In: European Journal of Political Research 48:4, 455–482.

Collier, David, 2011: Understanding Process Tracing. In: Political Science and Politics 44:4, 823–830.

Cusack, Thomas R., 2007: Sinking Budgets and Ballooning Prices: Recent Developments Connected to Military Spending In: Francis G. Castles (ed.): The Disappearing State? Cheltenham/Northampton: Elgar, 103–132.

Engeli, Isabelle/Rothmayr Allison, Christine, 2013: Diverging against All Odds? Regulatory Paths in Embryonic Stem Cell Research across Western Europe. In: Journal of European Public Policy 20:3, 407–424.

Freitag, Markus/Vatter Adrian (Hrsg.), 2010: Vergleichende Subnationale Analysen für Deutschland. Institutionen, Staatstätigkeiten und politische Kulturen. Münster: LIT.

George, Alexander L./Bennett, Andrew, 2005: Case Studies and Theory Development in the Social Sciences. Cambridge: MIT Press.

Gerring, John, 2004: What Is a Case Study and What is It Good for?. In: American Political Science Review, 98:2, 341–353.

Goldthorpe, John H., 1997: Current Issues in Comparative Macrosociology: A Debate on Methodological Issues. In: Lars Mjøset et al. (eds.): Comparative Social Research Vol. 16: Methodological Issues in Comparative Social Science, London: Jai Press, 1–26.

Hall, Peter A, 2006: Systematic Process Analysis: When and How to Use It, European Management Review, 3, 24–31.

Hildebrandt, Achim/Wolf, Frieder, 2008: Die Politik der Bundesländer. Staatstätigkeit im Vergleich. Wiesbaden: VS.

Jahn, Detlev, 2006: Globalization as 'Galton's problem': The Missing Link in the Analysis of Diffusion Patterns in Welfare State Development. In: International Organization 60:2, 401–431.

King, Gary/Keohane, Robert O./Verba, Sydney, 1994: Designing Social Inquiry. Scientific Inference in Qualitative Research. Princeton: Princeton University Press.

Kittel, Bernhard, 2005: Pooled Analysis in der ländervergleichenden Forschung: Probleme und Potenziale. In: Sabine Kropp/Michael Minkenberg (Hrsg.): Vergleichen in der Politikwissenschaft. Wiesbaden: VS, 96–115.

Kittel, Bernhard/Winner, Hannes, 2005: How Reliable is Pooled Analysis in Political Economy? The Globalization-welfare state Nexus Revisited. In: European Journal of Political Research 44:2, 269–293.

Lieberson, Stanley, 1991: Small N's and Big Conclusions: An Examination of the Reasoning in Comparative Studies Based on a Small Number of Cases. In: Social Forces 70:2, 307–320.

Lijphart, Arend, 1999: Patterns of Democracy. New Haven: Yale University Press.

Madisson, Angus, 2003: The World Economy. Historical Statistics. Paris: OECD.

Mill, John Stuart (1974)[1843]: A System of Logic. Ratiocinative and Inductive. Being a Connected View of the Principles of Evidence and the Methods of Scientific Investigation. Toronto: University of Toronto Press.

Obinger, Herbert/Schmitt, Carina/Zohlnhöfer, Reimut, 2014: Partisan Politics and Privatization in OECD Countries. In: Comparative Political Studies, 47: 9, 1294–1323.

OECD, 2012: Social Expenditure Database. Paris.

Plümper, Thomas/Tröger, Vera/Manow, Philip, 2007: Panel Data Analysis in Comparative Politics. Linking Method to Theory. In: European Journal of Political Research 44:2, 324–357.

Przeworski, Adam/Teune, Henry, 1970: The Logic of Comparative Social Inquiry. New York: Wiley.

* Ragin, Charles C., 1987: The Comparative Method: Moving Beyond Qualitative and Quantitative Strategies. Berkeley: University of California Press.

Rohlfing, Ingo/ Starke, Peter, 2013: Building on solid ground: Robust case selection in multi-method research. In: Swiss Political Science Review, 19:4, 492–512.

Ross, Marc Howard/Homer, Elizabeth L., 1976: Galton's Problem in Cross-national Research. In: World Politics 29:1, 1–28.

* Schmidt, Manfred/Ostheim, Tobias/Siegel, Nico/Zohlnhöfer, Reimut (Hrsg.), 2007: Der Wohlfahrtsstaat. Wiesbaden: VS.

Schmidt, Manfred G., 2004: Die öffentlichen und privaten Bildungsausgaben im internationalen Vergleich. In: Zeitschrift für Europa und Staatswissenschaften 2:1, 7–31.

Schmidt, Manfred G., 2005: Sozialpolitik in Deutschland. Historische Entwicklung und internationaler Vergleich. Wiesbaden: VS.

Schmitt, Carina/Starke, Peter, 2011: Explaining Convergence of OECD Welfare States: A Conditional Approach. In: Journal of European Social Policy 21:2, 120–135.

Schmitt, Carina, 2013a: Culture, Closeness or Commerce? Policy Diffusion and Social Spending Dynamics. In: Swiss Political Science Review 19:2, 123–138.

Schmitt, Carina, 2013b: Panel Data Analysis and Partisan Politics, unpubl. Manuskript. Bremen: Zentrum für Sozialpolitik Universität Bremen.

Schneider, Carsten Q., 2006: Qualitative Comparative Analysis und Fuzzy Sets. In: Behnke et al., 273–285.

Schneider, Carsten Q./Wagemann, Claudius, 2007: Qualitative Comparative Analysis (QCA) und Fuzzy Sets. Ein Lehrbuch für Anwender und jene, die es werden wollen. Opladen & Farmington Hills: Barbara Budrich.

Seawright, Jason/Gerring, John, 2008: Case-Selection Techniques in Case Study Research: A Menu of Qualitative and Quantitative Options. In: Political Research Quarterly 61: 294–308.

Skocpol, Theda/Somers, Margaret, 1980: The Uses of Comparative History in Macrosocial Inquiry. In: Comparative Studies in Society and History 22:2, 174–197.

Tsebelis, George, 2002: Veto Players. How Political Institutions Work. Princeton: Princeton University Press.

Wagschal, Uwe, 2006: Wer ist schuld an den Schulden? In: Herbert Obinger/Uwe Wagschal, Bernhard Kittel (Hrsg.): Politische Ökonomie. Wiesbaden: VS, 289–320.

Zohlnhöfer, Reimut, 2008: Stand und Perspektiven der vergleichenden Staatstätigkeitsforschung. In: Frank Janning/Katrin Toens (Hrsg.): Die Zukunft der Policy-Forschung. Theorien, Methoden, Anwendungen. Wiesbaden: Verlag für Sozialwissenschaften, 157–174.

Zohlnhöfer, Reimut, 2013: Policy-Wandel in der Demokratie: Ansätze einer Theorie. In: Klaus Armingeon (Hrsg.): Staatstätigkeiten, Parteien und Demokratie. Festschrift für Manfred G. Schmidt. Wiesbaden: Springer VS, 377–388.

Verständnisfragen

1. Mit welchen Variablen erklärt die sozio-ökonomische Theorieschule unterschiedliche Politikergebnisse verschiedener Länder?

2. Welche These lässt sich aus der Politikerblasttheorie zur Höhe der Staatstätigkeit in einem Land ableiten?

3. Erläutern Sie die unabhängigen Variablen in Tabelle 1.

4. Erläutern Sie die Methode der kleinsten Quadrate.

5. Welche Aussage ist aufgrund des Vorzeichens der Geradensteigung bei einer linearen Regression zwischen einer unabhängigen und einer abhängigen Variablen möglich?

6. Was sind gepoolte Regressionsanalysen?

7. Wie kann man bei einer QCA auf das Problem von Widersprüchen in der Wahrheitstafel reagieren und welches neue Problem kann daraus entstehen?

Transferfragen

1. Formulieren Sie Thesen zum Zusammenhang zwischen der Stärke grüner Parteien in einem Land und den Politikergebnissen in einem ausgewählten Feld.

2. Entwickeln Sie auf Grundlage realer Beispiele mögliche Forschungsdesigns nach der Differenzmethode einerseits und der Konkordanzmethode andererseits.

3. Stellen Sie mit Hilfe der Boolschen Algebra die folgende Aussage dar: „Die Kombination aus bürgerlicher Regierung, Föderalismus und fehlendem Verhältniswahlrecht führt ebenso zu einer geringen Arbeitslosigkeit wie die Kombination aus Korporatismus und fehlender rechtsextremer Partei.

Problematisierungsfragen

1. Welche in dem Beispiel nicht berücksichtigten Variablen könnten einen zusätzlichen Beitrag zur Erklärung der unterschiedlichen Sozialausgaben in entwickelten Demokratien leisten?

2. Lässt sich theoretisch auch die These begründen, dass eine hohe Zahl von „Mitregenten" (Vetospielern) zu einer höheren Sozialleistungsquote führt?

3. Welche Probleme sind bei nicht-linearen Zusammenhängen zwischen Variablen zu beachten, wenn Regressionsanalysen angewendet werden sollen?

4. Diskutieren Sie die Vor- und Nachteile des im Text vorgestellten Verfahrens zur Bestimmung der „Erklärungsgüte" einer Regressionsanalyse im Vergleich zum Verfahren einer Standardisierung der Variablen.

5. Diskutieren Sie Anwendungsfelder und Grenzen der drei vorgestellten Methoden im Hinblick auf die jeweils zugrunde liegenden Kausalitätsverständnisse.

Volker Schneider
Akteurkonstellationen und Netzwerke in der Politikentwicklung

1 Einleitung

In sozialwissenschaftlichen Analysen sind in den vergangenen Jahrzehnten akteurzentrierte Perspektiven in den Vordergrund gerückt, davon ist auch die Policy-
Analyse nicht unbeeinflusst geblieben. Vor 40 Jahren genügte es noch, auf System-
bzw. Staatsfunktionen oder sozio-ökonomische Strukturdeterminanten öffentlicher
Politiken hinzuweisen. Spätestens seit den 1980er-Jahren wird jedoch eine Mikrofundierung dergestalt verlangt, dass öffentliche Politik als kollektive Produktion
allgemein verbindlicher Entscheidungen von Akteuren begriffen wird. Die Thematisierung politischer Probleme genauso wie die Formulierung und Implementation
eines darauf bezogenen politischen Programms wird aus dieser Perspektive aus der
Interaktion multipler und heterogener Akteure abgeleitet. Analytisch bedeutend ist
dabei nicht nur die eingrenzbare *Menge* unterschiedlicher Akteure, die an einem
Policy-Prozess beteiligt sind, sondern auch die *Anordnung* der Akteure im sozio-
politischen Raum, die häufig als Akteurkonstellation bezeichnet wird – vergleichbar
mit Sternbildern, in denen Akteure in den jeweiligen Politikfeldern oder Policy-
Prozessen stabile Positionen einnehmen. Viele dieser akteurzentrierten Ansätze
gehen dabei über einen bloßen Akteurbezug hinaus, in dem sie auch auf strukturelle, institutionelle und systemische Faktoren verweisen, die Akteurpositionen
bestimmen und letztlich deren Interessen, Wahrnehmungen und Interaktionen
prägen. Eine spezifische Perspektive bietet der akteurzentrierte Institutionalismus,
der in der Analyse öffentlichen Politiken insbesondere die institutionellen Kontexte,
Handlungsorientierungen und Interaktionsformen der beteiligten Akteure betont
(Mayntz/Scharpf 1995: 40; Schneider/Mayntz 1995; Scharpf 2000). Eine verwandte
Sichtweise gewährt der relationalistische Ansatz, bei dem insbesondere eine Vielfalt
von sozialen und ideellen Beziehungsstrukturen betont wird.

Ausgehend von diesen Grundperspektiven wird in den folgenden Kapiteln zunächst auf die spezifischen Typen und Konstitutionsbedingungen von Akteuren
eingegangen. Sodann wird untersucht, welche Positionen diese in Policy-Prozessen
und Politikfeldern einnehmen können. Weiter ist von Interesse, welche Grundtypen
von Interessen- und Konfliktkonstellationen jeweils auftreten und wie diese analysiert werden können. Abschließend wird gezeigt, wie komplexe Beziehungsstrukturen im Politikprozess präzise beschrieben, visualisiert und deren Wirkung auf den
Handlungszusammenhang bestimmt und erklärt werden kann.

2 Die Konstitution von Policy-Akteuren

Um die Policy-Akteure, d. h. die für eine öffentliche Politik relevanten Akteure zu definieren, ist es zunächst notwendig, den Begriff des *Akteurs* selbst zu betrachten. Der aus dem Französischen stammende Begriff „acteur", der Handelnder aber auch Schauspieler bedeutet, wird im Deutschen meist in dieser französischen Form benutzt, obgleich vereinzelt auf den englischen Begriff „actor" zurückgegriffen wird (siehe z. B. Habermas (1992), der häufig den Begriff „Aktor" verwendet). In den Technikwissenschaften ist *Aktor* oder *Aktuator* im strengen Sinne für eine steuerungstechnische Komponente reserviert. In der Elektrotechnik werden damit Wandler bezeichnet, die elektrische Signale in mechanische Bewegung oder in andere physikalische Größen umsetzen. Abstrakter ist die Verwendung dieses Begriffs in der Kybernetik, mit dem auf eine Wirkeinheit verwiesen wird (Stellglied), die von einem Sensor aufgenommene Signale in spezifische Aktionen umsetzt und einen gewünschten Zustand herstellt (Deutsch 1963).

Dieses technische Steuerungskonzept lässt sich auf politische Zusammenhänge übertragen. Aus einer Steuerungsperspektive sind Akteure dann *Sensoren* und *Aktoren* zugleich, und ihre von Regelwerken strukturierte Interaktion kann als institutionelle Steuerung konzipiert werden (Kenis/Schneider 1996; Mayntz 2005). In einem Politikfeld kann eine Arbeitsteilung dergestalt entstehen, dass einige Akteure primär für die Definition eines politischen Problems zuständig sind, während andere die Aufgabe haben, die spezifischen Politikressourcen zu mobilisieren und einzusetzen, die für eine Problemlösung mittels allgemein bindender Entscheidungen notwendig sind.

Die Handlungseinheiten, die in die Formulierung und Umsetzung einer öffentlichen Politik involviert sind, werden im Folgenden Policy-Akteure genannt. Hierzu gehören nicht nur Individuen und Organisationen, die durch die politische Verfassung einer Gesellschaft in formeller Weise als Träger gesellschaftlicher Regelungs- und Steuerungsleistungen bestimmt sind, wie dies aus einer traditionellen institutionalistischen Perspektive nahegelegt wird. Hinzu kommen noch Gruppen von Individuen und Organisationen, die eher informell – direkt oder indirekt – auf die inhaltliche Gestaltung und Umsetzung einer öffentlichen Politik einwirken.

Die verschiedenen Typen von Akteuren, die im Policy-Prozess eine Rolle spielen, wurden von Fritz Scharpf wie folgt kategorisiert (Scharpf 2000: 95–107): Auf oberster Ebene können *Individuen* und *komplexe Akteure* unterschieden werden. Letztere sind aus vielen Individuen zusammengesetzt. Komplexe Akteure selbst können wieder unterteilt werden: Als simpelste Form existieren einfache *Handlungsaggregate*, in denen eine Gruppe von Individuen aufgrund von homogenen Präferenzen oder ähnlichen Handlungsbedingungen gleichgerichtet handelt. Daneben gibt es *kollektive* und *korporative* Akteure. Der *kollektive* Akteur ist ein Sammelbegriff für Handlungsformen, in denen die interessierten Akteure selbst handeln, jedoch in unterschiedlicher Weise koordiniert werden. Bei den Koordinationsformen lassen sich Allianzen, Clubs, Bewegungen und Verbände unterscheiden. Allen gemeinsam ist, dass die jeweiligen interessierten Akteure selbst handeln und das Zusammenhandeln über Informationsaustausch koordinieren (Laumann/Marsden 1979).

Davon zu unterscheiden sind *korporative* Akteure, die entstehen, wenn Akteure Ressourcen zusammenlegen, um als Handlungseinheit eine überindividuelle Rechtsperson zu erschaffen, die in ihrem Interesse tätig wird (Coleman 1974). Beispiele sind Unternehmerverbände, Gewerkschaften, Aktiengesellschaften, Parteien und natürlich auch Organisationen des öffentlichen Bereichs wie Parlament, Regierung und Verwaltung. Bei dieser Akteurform sind die wirklichen Handlungseinheiten nur noch indirekt die sie konstituierenden Individuen.

Ausgangspunkt ist das kollektive Ziel einer Gruppe, das diese durch koordiniertes Handeln realisieren möchte. Hierfür gibt es zwei Wege: Einerseits können die Akteure dezentral handeln und sich soweit abstimmen, dass jeder Beteiligte auf eigenständige Weise Ressourcen mobilisiert und im Sinne der gemeinsamen Ziele einsetzt. Wie *Mancur Olson (1965)* zeigt, ist diese Form kollektiven Handelns von verschiedenen Voraussetzungen abhängig, wobei die Zahl der Akteure besonders wichtig ist. Mit wachsender Größe wird es aufwendiger, die Einzelhandlungen in Bezug auf das kollektive Ziel aufeinander abzustimmen und Akteure dahingehend zu kontrollieren, ob sie auch ihre Beiträge leisten oder nur als Trittbrettfahrer von den Früchten des Kollektivhandelns profitieren.

Um solche Koordinations- und Kontrollprobleme zu lösen, können Akteure die Form des Kollektivhandelns dahingehend verändern, dass sie weiterhin auf individuelle Weise die Handlungsressourcen mobilisieren, diese dann in einer neu geschaffenen Organisation zusammenlegen, die mit der Ausführung des Kollektivhandelns über ihr angestelltes Personal betraut ist. In dieser zentralisierten und korporativen Handlungsform werden Organisationen auf der Basis von Verträgen berechtigt, für einen bestimmten Zeitraum und ein begrenztes Aufgabengebiet im Auftrag der Initiatoren und Organisationsmitglieder zu handeln.

Diese Handlungsform hat einige Vorteile, die sich durch den „korporativen" Charakter ergeben. Ein sehr wichtiger ist, dass das stellvertretende Handeln für Mitgliederinteressen sich *von situativen Konstellationen entkoppelt* und die Verfolgung dieser Interessen damit *auf Dauer* gestellt wird. Durch den Vertrag gewinnt die korporative Einheit Autonomie, um im Sinne der festgelegten Ziele langfristig zu handeln (Coleman 1974, 1990). Ein weiterer Vorteil ist die Spezialisierung. Anders als natürliche Personen, die immer ein Mindestspektrum von Bedürfnissen befriedigen und deshalb immer mehrere Interessen gleichzeitig verfolgen müssen, können sich Organisationen auf wenige Funktionen konzentrieren. Korporative Akteure können sich „einsinnig" an der Erfüllung hoch spezialisierter Zwecke orientieren, was eine sonst nicht erreichbare Konzentration von Kräften in der Verfolgung bestimmter Ziele erlaubt (Mayntz 1997: 40–69).

Auf diese Weise ermöglicht korporatives Handeln eine *Parallelverarbeitung* gesellschaftlicher Probleme, die natürlichen Personen nur sehr bedingt möglich ist. Der korporative Akteur kann Aufgaben intern dezentralisieren und die Verarbeitungsroutinen in Unterprozeduren aufgliedern. Hierdurch lassen sich die kognitiven Beschränkungen natürlicher Personen, die eher serielle Problemlöser sind, auf kollektive Weise überwinden (Simon 1993).

Korporatives Handeln impliziert jedoch auch Nachteile. Korporative Akteure entwickeln in der Regel Eigeninteressen, und neben die Mitgliederinteressen tritt zumindest das Interesse des korporativen Akteurs an Organisationssicherung: Manager möchten ihre gut dotierten und einflussreichen Positionen sichern, Arbeiter möchten ihre Arbeitsplätze behalten und Lohnniveaus sichern. Indem die Organisation mit eigenen Ressourcen ausgestattet ist, hat sie die Möglichkeit, Machterhalt in manchen Situationen auch gegen die Mitgliederinteressen zu verfolgen. Aufgrund dieses mit der Autonomie verbundenen Risikos werden die Mitglieder eines korporativen Akteurs ihre Ressourcen auch nur unter bestimmten Bedingungen an den korporativen Akteur abtreten, die ihnen Aufsichts- und Kontrollrechte über das korporative Handeln geben. Diese Risiken können jedoch dadurch gemindert werden, dass das Handeln mittels geeigneter Abstimmungsregeln, wie z. B. Einstimmigkeit und spezifischer Überwachungsformen, einer stärkeren Kontrolle durch die Mitglieder unterworfen wird (Coleman 1971).

In der Politikfeldanalyse soll diese Unterscheidung zwischen kollektiven und korporativen Akteuren jedoch nicht so verstanden werden, dass die Akteure eines bestimmten Politikprozesses entweder nur kollektive oder nur korporative Akteure sind. In komplexen Gesellschaften treten beide Formen meist ineinander verschachtelt auf, wenn z. B. mehrere korporative Akteure einen kollektiven Akteur in Form einer Allianz bilden, oder ein korporativer Akteur höherer Ordnung aus der Kombination vieler korporativer Akteure entsteht (Dachverbände, Parteikonföderationen).

Ein grundsätzliches Problem bei der Eingrenzung und Identifikation von Policy-Akteuren ist, welche Rolle Individuen in der modernen Politik noch verbleibt. Tatsächlich werden Probleme, Programme und Entscheidungen immer nur von konkreten Personen thematisiert, formuliert und umgesetzt. In modernen Industriegesellschaften und Massendemokratien handeln Individuen aber meist als Funktionsträger von Organisationen und politische Prozesse sind wesentlich durch Interaktionen zwischen Organisationen bestimmt, was in Konzepten wie „Organisationsgesellschaft", „Organisationsstaat" oder „organisierte Demokratie" zum Ausdruck kommt (Laumann/Knoke 1987; Perrow 1996; Schneider 2000).

Auch in Organisationsgesellschaften bestehen Organisationen weiterhin aus Individuen. Diese handeln jedoch in der Regel als *Agenten* im Auftrag und Interesse ihrer organisierten *Prinzipale*. Diese Individuen haben weiterhin individuelle Interessen; die Anreizstruktur in den Vertrags- und Abhängigkeitsbeziehungen zwischen Organisationen und Individuen ist aber in der Regel so gestaltet, dass Letztere es in ihrem Interesse sehen, in politischen Entscheidungsprozessen vorrangig die

Interessen ihrer Organisationen zu vertreten, wenn sie ihre persönliche Karriere und ihr privates Einkommen verbessern möchten.

3 Die Vielfalt von Policy-Akteuren

In modernen Gesellschaften entsteht öffentliche Politik hauptsächlich aus der Interaktion von Organisationen. Eine wichtige Frage dabei ist, wie der Zugang zur Policy-Arena – dem Kampfplatz der involvierten Interessen – jeweils geregelt ist. Wer hat die Kapazität, Themen auf die Agenda zu bringen, wer wird an den Entscheidungen beteiligt? Die Antwort fällt je nach theoretischer Perspektive recht unterschiedlich aus, wobei sich zumindest eine *tauschtheoretische,* eine *funktionalisitische* und eine *institutionalistische* Perspektive unterscheiden lassen.

Bei einer tauschtheoretischen Eingrenzung werden jene Akteure, die Leistungen erzeugen bzw. Ressourcen bereitstellen, die zur Produktion einer bestimmten öffentlichen Politik nötig bzw. vorteilhaft sind, in den Prozess einbezogen. Moderne tauschtheoretische Perspektiven, die über solche naturwissenschaftliche Analogien hinausgehen, setzen am eigeninteressierten Handeln von Menschen an, die Leistungen nur bei entsprechender Gegenleistung bereitstellen. Eine solche Perspektive ist beispielsweise in Varianten der Korporatismustheorie enthalten, in der die Lizensierung und Gewährung von politischem Zugang an private Großverbände durch den Staat als Tauschprozess interpretiert wird (Czada 1994). Private Akteure werden deshalb in den Politikprozess inkorporiert, weil sie wichtige Leistungen (Bündelung und Repräsentation großer Interessenbereiche, Kontrolle und Selbstregelung dieser Interessenfelder) für den Policy-Prozess bereitstellen.

Eine pluralistische Interpretation der *tauschtheoretischen* Perspektive liegt im „Organisationsstaat" von Laumann und Knoke (1987) vor, in der die Partizipation der Akteure auf deren gegenseitiger Relevanz beruht. Akteure halten sich offenbar dann gegenseitig für relevant, wenn in ihrer Perzeption die Ressourcen und Machtpositionen der anderen Akteure direkt und indirekt wichtig für die Formulierung und Umsetzung einer bestimmten Politik sind.

Ein im Grunde ähnliches Ergebnis zur Tauschtheorie liefert der Strukturfunktionalismus, aus dessen Perspektive jene Akteure berücksichtigt werden müssen, die wichtige Beiträge zur Reproduktion und Erhaltung eines bestimmten Systems liefern. Akteure werden aus dieser Sicht den jeweiligen gesellschaftlichen Teilsystemen zugeordnet, deren Funktionen und systemische Leistungen sie jeweils unterstützen.

Die *institutionalistische* Perspektive impliziert hingegen, dass die Akteure, die für die Formulierung und Implementation einer öffentlichen Politik verantwortlich sind, positionell durch die institutionelle Formalstruktur eines politischen Systems festgelegt sind. Sehr grundlegend ist diese Struktur zunächst durch die Verfassung bestimmt, in der die staatspolitischen Organe mit ihren Kompetenzen und Pflichten festgelegt sind. Die institutionelle Struktur reduziert sich jedoch nicht nur auf konstitutionelle Regeln, auch Gesetze, Verwaltungsvorschriften und selbst informelle Arrangements können institutionelle Positionen begründen.

In Abhängigkeit von der institutionellen Struktur eines politischen Systems erwachsen somit eine Reihe von Positionen, die von situativen Tauschpotentialen weitgehend unabhängig sind. Dies bedeutet, dass, egal ob ein sozialpolitisches Gesetz erarbeitet oder eine Verordnung im Umweltbereich formuliert wird, eine bestimmte Menge von institutionell positionierten Akteuren immer beteiligt wird. Aus dieser Perspektive geht man generell davon aus, dass hauptsächlich die institutionelle Position des Akteurs maßgebend für seine Teilnahme ist und nicht sein faktischer funktioneller Beitrag zu einer öffentlichen Politik.

Aus einer *differenzierungstheoretischen* Perspektive ist jedoch davon auszugehen, dass wichtige funktionelle Beiträge, die Akteure in der politischen Steuerung leisten, sich mit der Zeit auch in institutionellen Positionen niederschlagen. Im gesellschaftlichen Evolutionsprozess entstehen arbeitsteilige Zusammenhänge innerhalb eines Politikfeldes, in denen nicht nur der Staat und halbstaatliche Organisationen, sondern häufig auch private Organisationen relevant sind, die über wichtige Problemlösungsressourcen verfügen.

Die wichtigste Differenzierungslinie bezieht sich dabei auf die Arbeitsteilung zwischen Staat und Gesellschaft, in der ein Komplex öffentlicher Organisationen qua institutioneller Position verpflichtet wird, öffentliche bzw. gemeinschaftliche Interessen einer Gesellschaft wahrzunehmen. Ein Kennzeichen moderner Gesellschaften ist die Ausdifferenzierung eines Sektors, der für „gemeinschaftliche" Leistungen zuständig ist, an deren Erbringung einzelne Privatpersonen oder Gesellschaftsgruppen entweder kein Interesse haben oder nicht über die Kapazität verfügen, diese Güter zu erstellen. Die hierdurch konstituierten öffentlichen Funktionsträger werden zur Erfüllung dieser Aufgaben mit bestimmten *Handlungsrechten* und *Spezialressourcen* ausgestattet. Wichtig sind natürlich auch die institutionellen Differenzierungslinien innerhalb des Staates, z. B. zwischen den klassischen Zweigen eines Regierungssystems Parlament, Regierung, Verwaltung, Justiz, und innerhalb des gesellschaftlichen Bereichs, wie z. B. zwischen Parteien und Verbänden.

Die strukturelle Differenzierungsperspektive kann auch mit der temporalen Differenzierung einer öffentlichen Politik kombiniert werden. Aus der Perspektive eines *Policy-Zyklus* wäre zu fragen, welche formellen und informellen politisch-institutionellen Arrangements die Verteilung von Handlungs- und Entscheidungskompetenzen über den gesamten Prozess – von der Initiierung einer Politik über die Programmformulierung bis hin zur Implementation – regeln. Hierauf gibt es natürlich keine allgemeingültige Antwort, sondern die Frage hängt von der jeweiligen institutionellen Ausprägung eines politischen Systems ab, die selbst unter wirtschaftlich ähnlich weit entwickelten Ländern sehr stark variieren kann.

Trotz der Vielfalt institutioneller Strukturen kann insoweit generalisiert werden, dass die realen Strukturen von Policy-Prozessen von den in *liberalen Demokratien* existierenden normativen Idealen oft deutlich abweichen. Dem Ideal entsprechend beginnt eine Politikentwicklung im Parlament, das sich nicht nur selbst kontrolliert, sondern auch die Implementation durch Regierung und Verwaltung vollständig unter Kontrolle hat. Viele Verfassungen in der Welt orientieren sich ideell an diesem Muster, wobei Parteien, falls sie überhaupt erwähnt werden, meist nur in ihrer Funktion als Wahlvereine gesehen werden. Nur in sehr wenigen Verfassungen werden Verbände und Gewerkschaften erwähnt.

Von diesem konstitutionellen Ideal sind reale Partizipationsstrukturen meist weit entfernt. Oft liegt dies darin begründet, dass die formellen Entscheidungs- und Handlungsträger nicht über jene Ressourcen verfügen, die für eine autonome Gestaltung von Politiken notwendig wären. Handlungsmittel, die allgemein nötig sind, um ein politisches Programm zu gestalten und durchzusetzen, sind in modernen Gesellschaften oft weiträumig verstreut. Gesellschaftliche Organisationen, die über *politikrelevante Ressourcen* verfügen, werden deshalb häufig aufgrund ihrer spezifischen Kapazitäten in die Formulierung und Implementation einer Politik einbezogen. Manchmal geschieht dies auf Wegen, die von den formellen institutionellen Vorgaben oft signifikant abweichen (Kenis/Schneider 1991).

Aus einer Entscheidungsperspektive wird durch institutionelle Positions- und Zugangsregelungen bestimmt, wer Zugang zu dem Raum erhält, in dem die Entscheidungen in Bezug auf eine öffentliche Politik gefällt werden (Ostrom 2011). Neben den positionsbestimmten Policy-Teilnehmern gibt es jedoch auch Akteure, deren Involvierung stark situationsbezogen ist und in der Regel durch die Verfügung über wertvolle Spezialressourcen begründet ist.

In dieser Systemeingrenzung sollte auf der anderen Seite nicht vergessen werden, dass nicht alle Akteure, die von einem politikrelevanten Problem betroffen und an dessen Lösung interessiert sind, prinzipiell Zugang zur Politikarena erhalten. Zu diesen ausgeschlossenen Akteuren gehören oft Gruppen, für die ein bestimmter gesellschaftlicher Zustand zwar ein „Problem" darstellt und die grundsätzlich an einer politischen Problemlösung interessiert sind, aber aus Mangel an Ressourcen oder aufgrund strategischen Kalküls keine Mittel mobilisieren und investieren möchten. Von einem Problem betroffen zu sein bedeutet nicht zwingend auch Interesse an einer Politik zu äußern, und Interesse impliziert nicht notwendigerweise Intervention. Ein Akteur kann zwar von einem Problem betroffen sein und seine Interessen tangiert sehen, er kann sich jedoch aus strategischen Gründen heraushalten, weil seine Interessen bereits durch andere Akteure wirksam vertreten werden und er als *Trittbrettfahrer* kostenlos von diesen Aktivitäten profitiert. Schließlich könnte ein Akteur sein Handeln überhaupt als wirkungslos betrachten, oder sogar befürchten, dass ein Engagement trotz kurzfristigem Nutzen langfristig eher negative Wirkungen zeitigt.

In einer akteurzentrierten Rekonstruktion eines Politikprozesses ist letztlich immer eine vielschichtige empirische Analyse zu leisten, in der herausgearbeitet wird, welche Akteure warum in die Produktion einer öffentlichen Politik involviert sind. Hierzu reicht es nicht, die Partizipation von Akteuren a priori aus ihren institutionellen Positionen oder systemischen Teilsektoren abzuleiten, sondern es müssen auf systematische empirische Weise alle relevanten Handlungseinheiten bestimmt werden. Hier liegt ein wichtiger, aber häufig unterschätzter Beitrag der Politiknetzwerkanalyse. Wie weit sich die Akteure für gegenseitig relevant halten in einem Politikfeld oder einem spezifischen Policy-Prozess ist dabei das letztendliche Eingrenzungskriterium. In der Netzwerkanalyse, die später noch eingehender behandelt wird, wurden hierzu eine Reihe Verfahren entwickelt, die qualitative und quantiative Verfahren wie Dokumentenanalyse, Befragung von Expertengruppen, Inhaltsanalyse und *snowball sampling* auf fruchtbare Weise kombinieren (Knoke/ Yang 2008).

Zur Verdeutlichung soll hierzu eine Konstellation von Akteuren betrachtet werden, die an der Privatisierung der Deutschen Telekom beteiligt war. Mittels einer Dokumentenanalyse der öffentlichen Anhörung zum Privatisierungsgesetz wurden 44 Policy-Akteure identifiziert. In einem weiteren Schritt konnten 41 mit einem standardisierten Fragebogen befragt werden. Die einzelnen Fragen bezogen sich dabei auf Interessenpositionen der jeweiligen Organisation bei der Formulierung des Privatisierungsgesetzes, auf Informationsaustausch mit anderen Organisationen im Politikfeld und auf die gegenseitige Einschätzung des Einflusses und Relevanz der verschiedenen Akteure in dieser spezifischen öffentlichen Politik.

In Abb. 1 wird diese umfangreiche und vielfältige Konstellation von Akteuren dargestellt, wobei diejenigen in der Mitte des Diagramms zentrale Positionen in Bezug auf Informationsaustausch (dargestellt durch Linien) einnehmen. Die Größe der Symbole drückt ferner die Einflussreputation aus, die die verschiedenen Akteure in diesem Politikfeld genießen. Eine Erläuterung der Abkürzungen befindet sich im Anhang dieses Beitrags. Die verschiedenen Symbole weisen auf spezifische Organisationsformen der Akteure hin, die zumeist unterschiedlichen gesellschaftlichen Teilbereichen entstammen. Nationale staatliche Organisationen – im Wesentlichen Parteien, Regierung, Verwaltung und Staatsunternehmen – werden durch schwarze Sinnbilder dargestellt, gesellschaftliche und internationale Organisationen durch graue Symbole. Bereits in diesem relativ kleinen Politikfeld wird die immense Vielfalt und Komplexität moderner Politikentwicklung deutlich.

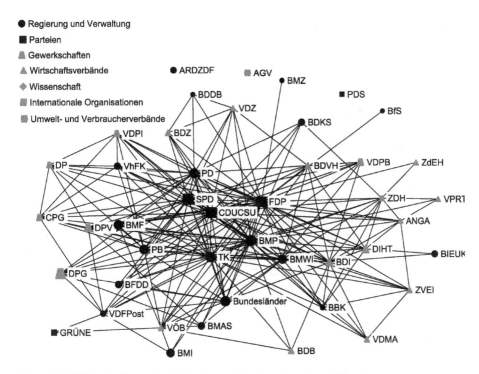

Abb. 1: Die Vielfalt der Akteure im Policy-Prozess (Quelle: eigene Darstellung)

Der Kern der einflussreichsten Akteure in diesem Politikprozess wird in Bezug auf die Positionierung in den unterschiedlichen Beziehungsstrukturen später einer näheren Strukturanalyse unterzogen.

4 Interessenkonstellationen und Interaktionsformen im Politikprozess

Bislang wurde der Politikprozess weitgehend als Problemlösungsprozess dargestellt, bei dem implizit angenommen wurde, dass alle Akteure an der Lösung eines bestimmten Problems interessiert sind. Meist verfolgen die Akteure jedoch Eigeninteressen, die nicht immer mit einer Problemlösung verbunden sein müssen. Oft gibt es auch mehrere Optionen, ein spezifisches Problem zu lösen. Politikprozesse generieren aus dieser Sicht immer auch *Konfliktkonstellationen*, und abhängig von ihren Interessenpositionen stimmen die beteiligten Akteure nur zu einem gewissen Grad über die angestrebten Ziele und verwendeten Mittel überein. Die einfachste *Interessenkonstellation* liegt vor, wenn die involvierten Akteure jeweils unterstützende oder ablehnende Haltungen für bestimmte Politikoptionen aufweisen. Die unterschiedlichen Positionen eines Akteurs lassen sich dann als Interessenprofil darstellen, und die Gesamtheit der Interessenprofile ergibt dann die Interessenkonstellation eines Policy-Akteursystems.

4.1 Interessenkonstellationen

Zur Verdeutlichung dieser Methode der Interessenanalyse werden auf der Basis von Daten über die unterschiedlichen Interessenlager von Akteuren in der Privatisierung der Deutschen Post Interessenprofile für die wichtigsten 14 Akteure dargestellt. Die Werte in der Tabelle der Interessenprofile (Abb. 2 (a)) drücken den Grad der Zustimmung zu vier Politikoptionen aus, die in dieser Programmformulierung eine zentrale Rolle gespielt haben: (1) stärkere Autonomie des Unternehmens vor politischem Einfluss, (2) Liberalisierung der Dienste, (3) Liberalisierung der Netze, und schließlich (4) Trennung der Regulierungsfunktion. Die Skalenwerte reichen dabei von 1 (die Maßnahmen gehen erheblich zu weit) bis 5 (die Maßnahmen sollten erheblich weiter gehen).

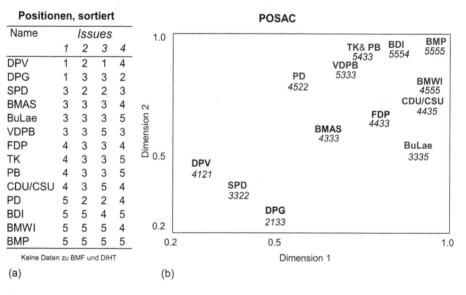

Abb. 2: Interessenpositionen der Akteure in der Privatisierungspolitik (Quelle: eigene Darstellung)

Fast alle Akteure weisen dabei unterschiedliche Interessenprofile auf. Nur der Postdienst und die Postbank verfügen über vollkommen identische Ausprägungen. In der tabellarischen Darstellung sind die Zeilen der Interessenprofile nach der ersten Spalte sortiert. Hierdurch wird eine annähernd lineare Ordnung erkennbar, die in graduellen Abstufungen des Interessenspektrums von der Position von Privatisierungsgegnern (DPG) bis zu den Positionen starker Befürworter der Reform (Wirtschaftsministerium und Postministerium) reicht. Es ist jedoch leicht erkennbar, dass eine analoge lineare Anordnung der übrigen Dimensionen nicht möglich ist. Eine solche würde nur gelingen, wenn die Interessenprofile Ausprägungen der Art 1111 < 2222 < 3333 < 4444 < 5555 annehmen würden.

Die Komplexität moderner Politik erfordert mehrdimensionale Darstellungen. Um teilweise widersprechende empirische Profile trotzdem nach wenigen Dimensionen sortieren zu können, wurde die Methode des Partial Order Scaling entwickelt, die auf Verfahren der diskreten Mathematik beruht und die Grundidee der bekannten Guttman-Skala weiterentwickelt. Diese Methode wurde u. a. im POSAC-Verfahren des Statistikprogramms Systat implementiert (Tenbücken/Thiem 2004). Die Ergebnisse der Skalierung der Interessenprofile mit POSAC sind in Abb. 2 (b) dargestellt.

Eine weitere Möglichkeit, diese mehrdimensionalen Positionen zu ordnen, bietet die Multidimensionale Skalierung (MDS). Hierfür müssen in einem Zwischenschritt zunächst Werte errechnet werden, die die paarweise Unähnlichkeit der Interessenprofile zueinander ausdrücken. Eine häufig verwendete Maßzahl für Profilunähnlichkeit ist die *Euklidische Distanz*, die sich im vorliegenden Fall als Summe der quadrierten Abweichungen zwischen den Interessenprofilen errechnet (Knoke/Yang 2008; Malang/Leifeld 2008). Wenn zwei Beziehungsprofile vollkommen identisch sind, nimmt dieses Maß den Wert 0 an. Mit zunehmender Unähnlichkeit der Beziehungsprofile steigt der Wert.

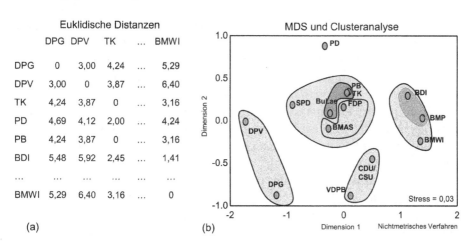

Euklidische Distanzen						
	DPG	DPV	TK	...	BMWI	
DPG	0	3,00	4,24	...	5,29	
DPV	3,00	0	3,87	...	6,40	
TK	4,24	3,87	0	...	3,16	
PD	4,69	4,12	2,00	...	4,24	
PB	4,24	3,87	0	...	3,16	
BDI	5,48	5,92	2,45	...	1,41	
...	...	...	...	...	...	
BMWI	5,29	6,40	3,16	...	0	

(a)　　　　　　　　　　(b)

Abb. 3: Interessenpositionen der Akteure in der Privatisierungspolitik (Quelle: eigene Darstellung)

Das Ergebnis dieser Operation ist in Abb. 3 (a) dargestellt. Auf Grundlage dieser Unähnlichkeitswerte können die Akteure dann in einem weiteren Schritt mittels der MDS in einem zweidimensionalen Streudiagramm paarweise so angeordnet werden, dass die Unähnlichkeitswerte in etwa ihren geometrischen Entfernungen entsprechen (Abb. 3 (b)). Auch die MDS produziert damit Datenreduktion. Im konkreten Fall werden die Interessenpositionen der 14 Akteure von vier auf zwei Dimensionen verdichtet. In der ersten Dimension werden die Positionen in Bezug auf Liberalisierung dargestellt, die zweite Dimension lässt sich als „Autonomisierungsdimension" interpretieren. Ferner wird in diesem Fall noch die Methode der Clusteranalyse eingesetzt, um die verschiedenen Interessenprofile nach dem Grad der Ähnlichkeit schrittweise zusammenzufassen. Beide Methoden werden in den Lehrbüchern der Netzwerkanalyse beschrieben (Scott 2000; Jansen 2006).

Das MDS-Diagramm macht drei wesentliche Interessenpositionen deutlich: Einerseits die Positionen der DPG und der SPD, die einer Reform sehr kritisch gegenüberstanden, andererseits ein moderates, aus sechs Akteuren bestehendes Mittelfeld, das die Reformen weitgehend unterstützte, und schließlich eine Gruppe von radikalen Reformern auf der linken Seite, bestehend aus dem Wirtschaftsministerium, dem Postministerium sowie dem Wirtschaftsverband BDI. Die horizontale Dimension ist inhaltlich schwer zu interpretieren.

4.2 Interaktionskonstellationen

Eine andere Darstellung und Analyse von Interessen- und Konfliktkonstellationen lässt sich mit Konzepten der Spieltheorie durchführen (Scharpf 2000). Mit der Methode der 2×2-Spiele, in der jeweils zwei Akteure interagieren und jeweils über zwei Handlungsoptionen verfügen, lassen sich 78 Spielvarianten typisieren (Rapoport/ Guyer 1978), von denen einige aus politikwissenschaftlicher Sicht sehr interessante Konstellationen bilden. Die spieltheoretische Typisierung von Konfliktstrukturen unterscheidet sich von der oben skizzierten Interessenmatrix darin, dass die Präferenzen *interaktive Interessensäußerungen* darstellen.

Die oben skizzierte Interessenkonstellation in der Privatisierungspolitik wurde so dargestellt, als ob jeder der Beteiligten sich nur aus seiner Perspektive positionieren würde und die Entscheidungen der übrigen keine Auswirkung auf seine Interessen und Präferenzen hätte. In vielen Situationen kann ein solches Verhalten angemessen sein, insbesondere wenn eine sehr große Zahl von Akteuren in eine öffentliche Politik involviert ist, wo die Wirkung einzelner Interessenäußerungen dann minimal ist. Handelt es sich jedoch um eher übersichtliche Entscheidungszusammenhänge, in welchen die Interessen der beteiligten Akteure von den Entscheidungen ihrer „Mitspieler" deutlich tangiert werden, dann wäre ein rationaler Akteur sehr unklug, die Entscheidungen seiner Mitspieler nicht zu antizipieren und seine Strategien nicht an diesem erwarteten Verhalten auszurichten. Wenn staatliche Akteure sich beispielsweise für eine gesetzliche Regulierung eines bestimmten Industriezweiges entscheiden und dabei nicht antizipieren, dass dieser mit veränderten Investitionsstrategien antworten könnte, dann wäre dies ziemlich „blauäugig". Rationale Akteure werden deshalb die Entscheidungen ihrer Koalitionspartner oder Gegner mit in die Kalkulation einbeziehen. Solche Situationen können in vielen politischen Konflikten beobachtet werden, und sie werden in der entscheidungstheoretischen Literatur als „strategische Interaktion" oder auch als „Spiel" bezeichnet.

Eine jede öffentliche Politik ist ein Spiel, wenn sie nicht mehr nur von einem Akteur allein entschieden werden kann, sondern sich das Ergebnis aus den Handlungen weiterer Akteure ergibt, die sich in ihren Entscheidungen aufeinander beziehen. In diesem Fall entsteht *strategische Entscheidungsabhängigkeit*. Bei einer parlamentarischen Abstimmung über ein Gesetz, in der jeder Parlamentarier entweder dafür oder dagegen stimmen kann, ist letztlich jeder Abgeordnete in dem, was er anstrebt (Schaffung bzw. Verhinderung eines neuen Gesetzes), vom Entscheidungsverhalten der anderen abhängig. Ebenso kann sich das Entscheidungsverhalten staatlicher und privater Akteure aufeinander beziehen, wenn beispielsweise externes Expertenwissen bei der Formulierung eines Gesetzes notwendig ist oder wenn die Implementation einer Politik die Kooperation privater Akteure erfordert. In Abhängigkeit von den Interessen der beteiligten Akteure und der Vielzahl der mit den Entscheidungen verbundenen Politikergebnisse können sich hierbei komplexe Konstellationen bilden, in denen der eine Akteur nicht genau weiß, wie der andere sich entscheiden wird.

Zur Analyse dieser Entscheidungs- und Konfliktkonstellationen hat die Spieltheorie eine Reihe von Konzepten entwickelt. Die wichtigsten Elemente eines Spiels sind hier die beteiligten Akteure (Spieler mit deren Handlungsoptionen, d. h. Strategien) und die Auswirkungen, die eine Entscheidung für die Interessen eines Akteurs mit sich bringt (Auszahlungen). Es wird davon ausgegangen, dass die Spieler in der Lage sind, ihre Strategien entsprechend der zu erwartenden Auszahlungen in eine Rangordnung zu bringen (Präferenzen), und dass sie letztlich jene Strategie wählen, die ihnen unter Antizipation rationaler Gegenstrategien den höchsten Nutzen bringt. Allein mit diesen vier Grundelementen lassen sich eine Vielzahl von Spieltypen beschreiben und hinsichtlich des wahrscheinlichen Ausgangs analysieren (Scharpf 2000).

Am bekanntesten ist zweifellos das *Gefangenendilemma*, mit dem politische Konflikte typisiert werden können, die vom militärischen Wettrüsten über politische Regulierungsinterventionen bis hin zu organisationsinternen Mitgliederentscheidungen reichen. Interessant an diesem Spieltyp ist das situative Dilemma: Man will beides, kann aber das eine nicht gewinnen, ohne das andere zu verlieren.

Der Name dieses Spiels ist von einer Situation im Gefängnis abgeleitet: Zwei des Mordes Verdächtige (A und B) werden festgenommen, getrennt inhaftiert und verhört. Beide Gefangene haben nun die Möglichkeit entweder zu „gestehen und den anderen zu verraten" (Strategie des „Verrats") oder „nicht zu gestehen" (Strategie der „Kooperation" zwischen den Gefangenen). Kooperieren die beiden Gefangenen, so ist ihnen allenfalls unerlaubter Waffenbesitz nachweisbar, der mit einer Haftstrafe von nur einem Jahr geahndet wird. Gestehen beide, so bekommen sie wegen des Geständnisses zwar mildernde Umstände zugebilligt, jeder erhält jedoch eine Haftstrafe von zehn Jahren. Gesteht jedoch nur einer, so wird dieser als Kronzeuge aus der Haft entlassen, während der Nichtgeständige zu 20 Jahren verurteilt wird.

Die Handlungsmöglichkeiten im Gefangenendilemma, ihre Auszahlungen und die Präferenzen der Spieler

SK	Strategien A	B	Auszahlungen A	B	Präferenzen[#] A	B
1	Nichtgestehen	Nichtgestehen	1	1	3	3
2	Nichtgestehen	Gestehen	20	0	1	4
3	Gestehen	Nichtgestehen	0	20	4	1
4	Gestehen	Gestehen	10	10	2	2

(a)   # Größter Wert = höchste Präferenz

Das Gefangenendilemma in Baum-Form

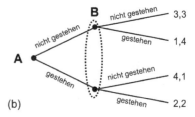

(b)

Das Gefangenendilemma in Matrix-Form

A, B = Spieler A und B
Werte rechts oben = Auszahlung von B
Werte links unten = Auszahlung von A

(c)

Der Auszahlungsraum

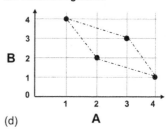

(d)

Abb. 4: Die spieltheoretische Darstellung von Konfliktkonstellationen (Quelle: eigene Darstellung)

In diesem Zwei-Personen-Spiel mit jeweils zwei Handlungsmöglichkeiten ergeben sich somit vier Strategiekombinationen, die in Abb. 4 (a) aufgelistet sind. Die verbreitetste Darstellung von Spielen ist jedoch die Matrix-Form, insbesondere deshalb, weil nur sie den simultanen Charakter der Entscheidungssituation zur Geltung bringt. A und B werden separat verhört und wissen deshalb nicht, wie der andere sich entscheidet. Beide können aber davon ausgehen, dass der jeweils andere das gleiche Angebot erhält, und haben nun das Problem, dessen Entscheidung zu antizipieren. Abbildung 4 (b) und (c) machen dieses Entscheidungsdilemma deutlich. Beide haben gleichzeitig zwischen den Handlungsoptionen 1 und 2 zu wählen. Jeder kennt nur die Auszahlungen der vier Strategiekombinationen.

    Wie werden sich die Gefangenen entscheiden? Der maximale Nutzen, den ein Gefangener hier realisieren könnte, wäre, den anderen zu verpfeifen und vollkommen straffrei auszugehen. Hierzu müsste sein Komplize jedoch die Tat weiterhin leugnen. Der Gefangene A muss jedoch davon ausgehen, dass sein Kumpel die gleichen Überlegungen anstellt. Die Auszahlung ist nun so, dass wenn beide sich gegenseitig verpfeifen, dies zur zweitschlechtesten Lösung führen würde, d. h. zu zehn Jahren Gefängnis. Würde A standhaft bleiben und nicht gestehen, B ihn aber verraten, dann müsste er mit dem Schlimmsten rechnen. Nur wenn A und B kooperieren und sich nicht verraten, dann würden sie mit dem zweitbesten Ergebnis, nämlich mit einem Jahr Gefängnis, davonkommen.

Aus einer normativen Perspektive kann die Spieltheorie nun Ratschläge für optimal-rationales Handeln geben: Die Lösung liegt hier auf der Hand, denn sie besteht darin, beiden Gefangenen ein Geständnis zu empfehlen. Dies wäre die einzige individuell rationale Strategie, weil sie für beide möglichen Gegenzüge die besseren Ergebnisse liefert. Diese Option wird deshalb auch als *dominante Strategie* bezeichnet. Eine solche Lösung mag jedoch insofern problematisch erscheinen, als dass gemeinsames Nichtgestehen ein besseres Resultat ergäbe. In Abb. 4 (d) ist zu erkennen, dass nur mit dieser Strategiekombination der Nutzen beider Gefangener maximiert wird. Dies wäre unter den vorliegenden Bedingungen jedoch äußerst riskant, denn es gibt keine Möglichkeit der beiden, sich auf diese Entscheidungsalternative bindend zu verpflichten. Jeder muss damit rechnen, dass wenn er „kooperiert" (also nicht gesteht), der andere ihn verrät und hierdurch den Maximalnutzen realisiert.

Diese hier am Gefangenenfall exemplifizierte Konfliktkonstellation lässt sich in vielen politischen Bereichen wiederfinden, so auch in der Analyse öffentlicher Politiken. Eines der bekanntesten Beispiele ist die *Her- und Bereitstellung öffentlicher Güter*, von deren Nutzung und Konsumption niemand ausgeschlossen werden kann. Ein solches Gut ist etwa die Landesverteidigung. Da dieser Schutz über ein gesamtes Gebiet realisiert wird, kann diesen jeder genießen, der sich innerhalb dieser Grenzen aufhält, auch wenn er sich an den Kosten dieser Verteidigungsleistung nicht beteiligt (Trittbrettfahren). Wie im Gefangenendilemma wäre es für jeden individuell rational, sich gegen einen Beitrag zu entscheiden, denn man profitiert von dieser Leistung auf jeden Fall. Dies ist auch der Grund, warum es sinnvoll ist, einen öffentlichen korporativen Akteur (den Staat) zu errichten, der die individuellen Beiträge zur Erstellung dieses Gutes „Sicherheit" zwangsweise eintreiben kann.

Das Gefangenendilemma ist das Paradebeispiel für die Typisierung von Konfliktkonstellationen, in welchen die Opponenten sowohl gemeinsame als auch antagonistische Interessen haben. Es gibt natürlich auch Situationen, die deutlich konfliktträchtiger sind, insbesondere wenn nur antagonistische Interessenbeziehungen vorherrschen. Auf der anderen Seite gibt es auch Konstellationen, die weniger konfliktbeladen sind, und selbst in der Analyse von „konfliktlosen Spielen" kann die Spieltheorie zeigen, dass solche Entscheidungssituationen alles andere als trivial sind. Auch wenn alle Akteure ähnliche Interessen haben und zur Lösung eines bestimmten Policy-Problems an einem Strang ziehen, muss beispielsweise der Zeitpunkt geklärt sein, *wann* alle gleichzeitig ziehen – um bei dieser Metapher zu bleiben. Für eine weitergehende Beschäftigung mit der Spieltheorie eignen sich gute Lehrbücher (Dixit/Nalebuff 1997; Holler/Illing 2006).

In spieltheoretischen Modellen von Entscheidungssituationen aber auch in manchen netzwerkanalytischen Modellen, die später noch besprochen werden, wird die Realität oft stark vereinfacht. Der Ökonom Leijonhufvud (1996: 40) kritisierte, dass diese Modelle von „unglaublich intelligenten Leuten und unglaublich einfa-chen Situationen" ausgehen, während es in Wirklichkeit doch eher um „einfache Menschen in unglaublich komplexen Situationen" gehen müsse. Trotz dieser Ein-schränkung haben die genannten Modelle insofern einen großen analytischen Wert, als sie trotz ihrer radikalen Vereinfachung bestimmte fundamentale Zusammen-hänge begreifbar machen können (Axelrod 1997).

5 Akteurpositionen in politischen Beziehungsstrukturen

Eine andere Form der Analyse von Akteurkonstellationen bietet die soziale Netz-werkanalyse, die ein Bündel von analytischen Konzepten und Methoden umfasst, mit denen *Beziehungsstrukturen* analysiert werden können. Viele basieren auf dem mathematischen Zweig der Graphentheorie. Aus politischer Perspektive wurden diese Methoden ursprünglich in gemeindesoziologischen Studien verwendet (Lau-mann/Pappi 1976). Seit den 1980er-Jahren ist eine starke Ausbreitung von Netz-werkanalysen in der Politikfeldanalyse festzustellen (Schubert 1991; Schneider/ Janning 2006). Einen Überblick über den Stand der politischen Netzwerkforschung geben diverse Übersichten (Lang/Leifeld 2007; Raab/Kenis 2007; Schneider/Jan-ning/Leifeld/Malang 2008).

Ein Politikfeld kann aus der Netzwerkperspektive als eine Menge überlappender Beziehungsstrukturen aufgefasst werden, die sich zwischen den Policy-Akteuren aufspannen. Häufig nehmen diese Beziehungen dauerhaften Charakter an und ge-hören, soweit sie nicht durch formelle (konstitutionelle oder andere gesetzliche) Regeln sanktioniert werden, zu den informellen institutionellen Arrangements der Politik. Mathematisch betrachtet besteht eine Beziehungsstruktur – im Unterschied zu den anderen Politikstrukturen wie z. B. Institutionen – aus Relationen. Dies ist eine Menge von *Knoten*, die Akteure symbolisieren, und *Kanten*, die Beziehungen darstellen. Beispiele für solche Beziehungen können Ressourcenflüsse zwischen den Akteuren sein, indem die beteiligten Organisationen sich Informationen über-mitteln, sich gegenseitig mit Personal unterstützen oder auch Geldzahlungen leis-ten. Auf der anderen Seite gibt es Beziehungen, die allein über die innere Vorstel-lungswelt der Akteure entstehen, wie z. B. Einflussreputation oder Vorstellungen über die Interessenpositionen anderer Akteure. Schließlich ist eine dritte Form der Beziehungen denkbar, die sich über gemeinsame Bezüge zu Symbolen, Objekten, Ereignissen oder Vorstellungen aufspannen. Wenn zwei Akteure gemeinsam auf ein Problem reagieren, in einem Gremium sitzen oder dieselbe Vorstellung über etwas besitzen, dann spannt sich über diese indirekten Relationen ein Beziehungsnetz-werk zwischen diesen Akteuren auf.

Das Ziel der formalen Analyse solcher Beziehungsstrukturen ist letztlich, spezifische Ordnungsmuster transparent zu machen, systematisch zu beschreiben und für bestimmte Erklärungen zu nutzen. Mittel hierzu sind bestimmte quantitative Maßzahlen oder Klassifikationsformen, mit denen strukturelle Zusammenhänge operationalisiert werden können. Auf der Akteursebene, um die es hier schwerpunktmäßig geht, liegt der Fokus hauptsächlich auf der *Identifikation vor- oder nachteilhafter Strukturpositionen*. An dieser Stelle ist nur möglich, die wichtigsten dieser Analysekonzepte vorzustellen. Inzwischen viele spezialisierte Lehrbücher zu diesen Methoden (Scott 2000; Jansen 2006; Knoke/Yang 2008; Hennig/Brandes/Pfeffer/Mergel 2013).

5.1 Zentralitätsanalyse

Der Ausgangspunkt aller Beziehungsanalysen ist es, die Verbindungen zwischen Akteuren in der Form einer Matrix darzustellen. Die Zeilen werden dort mit i und die Spalten mit j bezeichnet; die einzelnen Eintragungen mit a_{ij}. Eine Matrixzelle kann dabei eine binäre Eintragung enthalten, die nur auf Existenz oder Nichtexistenz einer Beziehung hinweist oder auch kontinuierlicher Werte, mit denen die Intensität von Beziehungen ausgedrückt werden kann.

In den meisten Netzwerkanalysen von Politikfeldern und Policy-Prozessen bildet die Analyse von Informationsaustausch eine zentrale Rolle (Lang/Leifeld 2007; Leifeld/Schneider 2012). Vor diesem Hintergrund ist in Abb. 5 eine Matrix von *Kommunikationsbeziehungen* dargestellt, die sich auf den bereits oben verwendeten Datensatz bezieht. Von jeder Organisation wurde ein Experte befragt, ob seine Organisation mit den in einem Fragebogen genannten Organisationen wichtige Informationen austausche und wenn ja, mit welcher Intensität. Diese Nennungen wurden dann in einer Matrix abgebildet, die in einem weiteren Schritt so binarisiert wurde, als nur „sehr intensiver Informationsaustausch" als relevante Kommunikation betrachtet und mit „1" kodiert wurde. Selbst bei diesem sehr restriktiven Eingrenzungskriterium sind fast alle Organisationen in das Informationsaustauschnetz eingebunden.

Intensiver Informationsaustausch

	DPG	DPV	TK	PD	PB	BDI	DIHT	BuLae	VDPB	CDU	SPD	FDP	BMP	BMAS	BMF	BMWI	Grad
01 DPG	0	0	0	0	0	0	0	1	0	0	1	0	1	0	0	0	3
02 DPV	0	0	0	0	0	0	0	0	0	0	0	0	0	0	0	0	0
03 TK	0	0	0	1	1	1	1	1	0	1	1	1	1	0	0	0	9
04 PD	0	0	1	0	1	0	0	0	1	0	1	1	1	1	0	0	7
05 PB	0	0	1	1	0	0	0	0	0	1	1	1	1	0	1	1	8
06 BDI	0	0	1	0	0	0	1	0	1	1	1	1	1	0	0	1	8
07 DIHT	0	0	1	0	0	1	0	0	0	1	0	0	1	0	0	0	4
08 BuLae	1	0	1	1	0	0	0	0	0	1	1	0	1	0	0	0	6
09 VDPB	0	0	0	0	0	1	0	0	0	0	0	0	1	0	0	1	3
10 CDU/CSU	0	0	1	1	1	1	1	1	0	0	1	1	1	0	0	0	9
11 SPD	1	0	1	1	1	1	0	1	0	1	0	1	1	0	0	0	9
12 FDP	0	0	1	1	1	1	0	0	0	1	1	0	1	1	1	1	10
13 BMP	1	0	1	1	1	1	1	1	1	1	1	1	0	1	1	1	14
14 BMAS	0	0	0	0	0	0	0	0	0	0	0	1	1	0	0	0	2
15 BMF	0	0	0	0	1	0	0	0	0	0	1	1	0	0	0	0	3
16 BMWI	0	0	0	0	1	1	0	0	1	0	0	1	1	0	0	0	5

(a)　　　　　　　　　　　　　　　　(b)

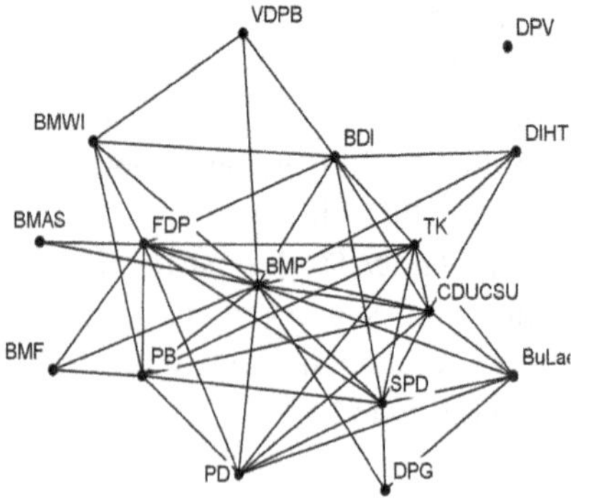

Abb. 5: Die Zentralität der Akteure im Informationsaustausch (Quelle: eigene Darstellung)

Ein erster analytischer Schritt besteht nun darin, die einzelnen Beziehungen aufzusummieren, in die jeder Akteur involviert ist – in solche, die er „empfängt" (Spaltensummen), und in solche, die er „sendet" (Zeilensummen). In der formalen Netzwerkanalyse wird dieses Maß *Gradzentralität* genannt. Es basiert auf dem Gedanken, dass die Position eines Akteurs insoweit zentral ist, wie er in die übrigen Netzwerkbeziehungen involviert ist. Bei asymmetrischen Beziehungsstrukturen unterscheidet man ferner zwischen ausgehenden (Außengrad) und eingehenden Beziehungen (Innengrad). Da in unserem Fall ein symmetrisches Netzwerk vorliegt, sind Außen- und Innengrad identisch.

Die Zentralität der verschiedenen Akteure im Kommunikationsnetzwerk ist für die oben erläuterten Daten in den Abb. 5 und 6 dargestellt. Die zentralsten Positionen nehmen darin das Postministerium und die FDP ein. Unter den privaten Akteuren hat der Bundesverband der deutschen Industrie (BDI) die zentralste Position, während die Gewerkschaften (DPG) eher auf den unteren Plätzen rangieren. Alle Grafiken wurden mit dem Programm *visone* erstellt (Brandes/Wagner 2003).

Obwohl der Index der Gradzentralität bereits viel über die unterschiedliche Positionierung der verschiedenen Akteure in diesem Beziehungsnetz aussagt, ist es interessant zu wissen, welche indirekten Beziehungen zwischen Akteuren existieren. Hierüber geben die Maßzahlen der *Nähezentralität* und der *Intermediationszentralität* Aufschluss. Akteure, die keine direkten Beziehungen unterhalten, könnten auch über Mittelsmänner verbunden sein, d. h. indirekt Informationen erhalten bzw. über mehrstufige Verbindungen Informationen mobilisieren. In solchen Beziehungsketten ist es interessant zu wissen, wie viele Glieder die verschiedenen Akteure jeweils voneinander getrennt sind.

Für die Beantwortung dieser Frage wird zunächst eine Pfaddistanzmatrix errechnet, in der Zelleintrag d_{ij} darüber Auskunft gibt, wie viele Beziehungsschritte jeweils zwei Akteure voneinander getrennt sind. Diese Analyse lässt sich sinnvollerweise nur mit binären und symmetrischen Matrizen durchführen. Unser Beispielsdatensatz zur Telekom-Privatisierung wurde dementsprechend transformiert: Es wird immer dann eine intensive Kommunikationsbeziehung angenommen, wenn diese von einem der beiden Akteuren angegeben worden war. Die Pfaddistanzmatrix selbst drückt folgenden Sachverhalt aus: Erreichen sich zwei Akteure über Informationsaustausch direkt, ist $d_{ij} = 1$. Besteht nur eine indirekte Verbindung zwischen zwei Akteuren, dann nimmt d_{ij} den Wert 2 an. Bei einer 3-stufigen $d_{ij} = 3$ und so weiter.

Die Pfaddistanzmatrix ermöglicht die Errechnung der Nähezentralität. Nach diesem Index sind jene Akteure in einer Beziehungsstruktur vorteilhaft positioniert, die möglichst viele andere Akteure in möglichst geringen Pfaddistanzen erreichen können. Mathematisch wird sie als inverser Wert der Pfaddistanzsumme ausgedrückt, die einen Akteur mit den übrigen (N − 1) Akteuren verbindet. Auch hier ist es sinnvoll, den Wert *relativ* auszudrücken, d. h. auf die kürzeste Pfaddistanzsumme zu beziehen.

Das Maß für *Intermediationszentralität* (centrality based on betweenness) fußt auf dem Gedanken, dass Akteure in einer Beziehungsstruktur in dem Maße zentral sind, als sie wichtige intermediäre Positionen einnehmen. Der Index errechnet sich aus der Häufigkeit, mit der ein Akteur intermediäre Positionen auf den kürzesten Pfaden (Geodesics) einnimmt, die jeweils zwei Akteure miteinander verbinden. Auch hier wird diese Häufigkeit auf die theoretisch maximal möglichen Intermediationspositionen bezogen.

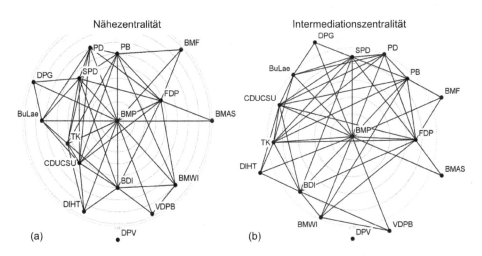

Abb. 6: Die Zentralität der Akteure im Informationsaustausch (Quelle: eigene Darstellung)

Die Errechnung dieses Zentralitätsindexes erfordert viele Rechenschritte und ist praktisch nur mit Computerprogrammen durchzuführen, z. B. mit UCINET oder *visone*. UCINET ist am verbreitetsten und wird von www.analytictech.com vertrieben (Borgatti/Everett/Freeman 2002). *visone* eignet sich besonders für Visualisierung (Brandes/Kenis/Raab/Schneider/Wagner 1999); es ist kostenlos erhältlich über die Internetadresse www.visone.de. Eine Einführung in die Methoden der Netzwerkanalyse und in dieses Programm wird in der Summer School POLNET geboten, www.polnet-school.de. Die wichtigsten Verfahren mit *visone* werden auch in einem Glossar zur Netzwerkanalyse erklärt (Malang/Leifeld 2008).

Die Zentralitätsanalyse kann über Deskription hinaus auch erklärend eingesetzt werden. Auf der Grundlage der oben erwähnten Tauschtheorien können beispielsweise Kommunikationsbeziehungen als Ressourcenaustausch im Policy-Prozess interpretiert werden. Beispiele für Analysen, in denen diese Zusammenhänge mathematisch modelliert werden, sind Studien, die durch die Tauschtheorie des amerikanischen Soziologen James Coleman inspiriert sind (Pappi/Kappelhoff 1984; Pappi/König/Knoke 1995).

5.2 Teilgruppenanalyse

Ganz anders geht die Analyse von Teilgruppen vor. Mit der visuellen Darstellung der Netzwerke kann bereits festgestellt werden, ob alle Akteure in einer Beziehungsstruktur sich direkt oder indirekt erreichen können, oder ob einige unverbunden sind. Ein klassisches Verfahren ist die *Cliquenanalyse*, die stark zusammenhängende Gruppen zu identifizieren sucht. Das einfachste Konzept ist dabei die „Clique", die formal als eine Teilmenge von mindestens drei Knoten, bei der jeder Knoten mit jedem der übrigen Knoten verbunden ist, definiert wird.

Auch dieses Konzept soll am Privatisierungsbeispiel demonstriert werden. In dem oben dargestellten Netzwerk lassen sich zehn solcher Teilgruppen entdecken, in denen jedes Mitglied der Clique mit jedem anderen Mitglied über direkten intensiven Informationsaustausch verbunden ist.

1: TK PD PB CDUCSU SPD FDPBMP
2: PB FDP BMP BMF
3: PB FDP BMP BMWI
4: TK BDI CDUCSU SPD FDP BMP
5: BDI FDP BMP BMWI
6: FDP BMP BMAS
7: TK BDI DIHT CDUCSU BMP
8: TK PD BuLae CDUCSU SPDBMP
9: DPG BuLae SPDBMP
10: BDI VDPB BMP BMWI

Bei übersichtlichen Netzwerken lassen sich die Cliquen und ihre Überlappungen recht gut in Euler-Venn-Diagrammen darstellen, die aus der Mengenlehre bekannt sind.

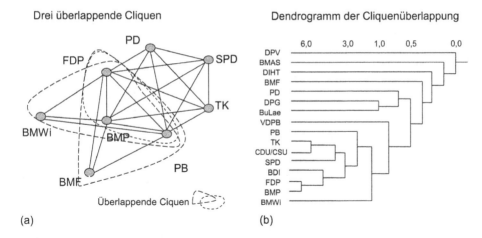

Abb. 7: Überlappende Cliquen in Kommunikationsnetzwerk (Quelle: eigene Darstellung)

Ein Beispiel hierzu gibt Abb. 7 (a), in der die ersten drei Cliquen in ihrer Überlappung dargestellt werden. Neben der Identifikation der verschiedenen Cliquen selbst, ist es informativ, wie oft sich die betreffenden Akteure in überlappenden Cliquen befinden. Diese Häufigkeit kann als Indikator dafür betrachtet werden, wie „nahe" sich Akteure in einer Beziehungsstruktur stehen: Je häufiger zwei Akteure in gemeinsamen Cliquen auftreten, desto näher sind sie strukturell zu verorten. Diese Nähe kann mit einem Dendrogramm veranschaulicht werden (Abb. 7 (b)).

Eine weitere Form der Teilgruppenanalyse von Netzwerken bietet die Blockmodellanalyse, die auf die Ähnlichkeit von Beziehungsprofilen zielt. Hierbei werden die Zeilen und Spalten der Ursprungsmatrix in der Weise umgeordnet (permutiert), dass Akteure mit ähnlichen Beziehungsprofilen zu Blöcken gruppiert werden. Die Neuordnung ist über die jeweiligen Zeilennummern der Ursprungsmatrix zu erschließen. Die Zeilen und Spalten 2, 3, 6, 9 und 10 wurden z. B. durch Umsortieren zu einem Block zusammengefasst. Wichtigstes Ziel ist es, eine optimale Gruppierung zu finden, in der die jeweiligen Blockzellen jeweils nur aus Nullen oder Einsen bestehen. Diese strukturäquivalenten Positionen werden sodann in Bildmatrizen und Blockbilddiagrammen dargestellt (Abb. 8). Auf diese Weise wird ein Netzwerk letztlich auf seine Grundstruktur reduziert.

Blockmodell

Die permutierte Kommunikationsmatrix

```
                      1     1 1 1   1 1
           1 4 7 | 2 3 6 9 0 | 5 8 4 5 3 | 1 2
           D P B | T P D C S | B V B B B | F B
 1 DPG     |     |       1   |           |   1
 4 PB      | 1 1 | 1       1 |     1 1   | 1 1
 7 BuLae   1     | 1   1     |           |   1
 2 TK      1 1   | 1 1 1 1 1 |           | 1 1
 3 PD      1 1 1 | 1       1 |           | 1 1
 6 DIHT        1 |     1     | 1         |   1
 9 CDUCSU  1 1 1 | 1 1     1 | 1         | 1 1
10 SPD     1 1 1 | 1 1   1   | 1         | 1 1
 5 BDI         1 | 1 1 1   | 1   1     | 1 1
 8 VDPB          |     1   | 1   1     |   1
14 BMF     1     |         |           | 1 1
15 BMWI    1     |     1 1 |           | 1 1
13 BMAS          |         |           | 1 1
11 FDP     1   1 | 1 1   1 1 | 1   1 1 1 |   1
12 BMP     1 1 1 | 1 1 1 1 1 | 1 1 1 1 1 | 1
                                        Ohne DPV
```

(a)

Blockdichtematrix

	1	2	3	4
1	0.33	0.60	0.13	0.67
2	0.60	0.80	0.16	0.90
3	0.13	0.16	0.30	0.90
4	0.67	0.90	0.90	1.00

(b)

Bildmatrix

	1	2	3	4
1	0	1	0	1
2	1	1	0	1
3	0	0	0	1
4	1	1	1	1

(c)

Blockdiagramm

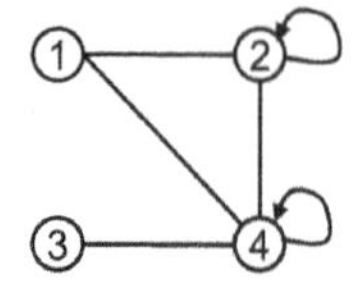

(d)

Abb. 8: Blöcke im Kommunikationsnetzwerk (Quelle: eigene Darstellung)

In Abb. 8 wird das Kommunikationsnetzwerk in vier Blöcke partitioniert. Eine zentrale und alle anderen Blöcke integrierende Position nimmt dabei der BMP-FDP-Block ein (Block 4), der sowohl innerhalb des Blocks eine hohe Kommunikationsdichte (dargestellt durch eine Schleife) als auch eine hohe Kommunikationsdichte zu den übrigen Blöcken aufweist. Der BDI-VDPB-BMF-BMWi-BMAS-Block (Block 3) hingegen ist intern nur wenig integriert und ausschließlich über den erstgenannten Block in die Kommunikationsstruktur des Gesamtnetzes eingebunden.

Das Verfahren der Blockmodell-Analyse ist besonders fruchtbar in der Analyse großer Netzwerke, bei denen unübersichtliche Zusammenhänge vereinfacht werden müssen. Auch hier gilt es letztlich, nicht nur zu beschreiben, sondern in diesen Strukturpositionen wichtige Bestimmungsgründe für Interessen und Einflusspositionen in der Formulierung und Umsetzungen öffentlicher Politiken zu erkennen. Das Ergebnis dieser Strukturanalyse ist, dass im Kommunikationsnetz einerseits BMP und FDP, andererseits die Akteure TK, PD, DIHT, CDU/CSU und die SPD die zentralsten Positionen einnehmen. Es waren auch diese letztgenannten Akteure, die eine mittlere Kompromissposition vertraten, während die einerseits Privatisierungsgegner und die radikale Privatisierungs- und Liberalisierungsinteressenten andererseits in Bezug auf Einfluss und Zentralität letztlich eher eine periphere Stellung eingenommen hatten.

5.3 Diskursnetzwerkanalyse

Ein relativ neues Anwendungsgebiet der Netzwerkanalyse in der Politikforschung ist die Diskursnetzwerkanalyse, für die es bereits eine spezialisierte Software gibt (Leifeld 2009). Diese Methode kann dazu eingesetzt werden, Vernetzungsbeziehungen zwischen Akteuren und Diskurselementen systematisch zu erforschen. Policy-Akteure haben Affinitäten zu Überzeugungssystemen *(belief systems)*, Wahrnehmungsrahmen *(frames)* oder Argumentationsmustern, über die sich Koalitionen in der Formulierung und Unterstützung von Politiken herausbilden können.

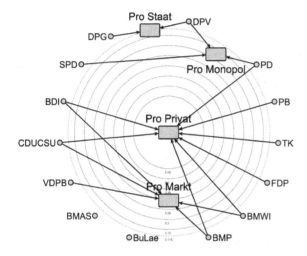

Abb. 9: Akteure und Diskurse: Zugehörigkeiten zu Überzeugungssystemen (Quelle: eigene Darstellung)

Bei der Erhebung der Netzwerkdaten zur Privatisierung der deutschen Telekommunikation wurden solche kognitiven Informationen leider nicht erhoben. Um diese Vorgehensweise aber trotzdem anhand des vorliegenden Datensatzes illustrieren zu können, interpretieren wir die bereits oben behandelten Daten zu Interessenpositionen aus diskursanalytischer Perspektive. Hierbei gehen wir davon aus, dass die Extremwerte (1 und 2 sowie 3 und 4) der in Kapitel 4 beschriebenen Interessenpositionen letztlich durch die Zugehörigkeit zu bestimmten Überzeugungssystemen bestimmt sind. Wenn wir diese Affiliationen in Bezug auf das erste Issue (politische Autonomie) sowie in Bezug auf das dritte und vierte Streitthema (Liberalisierung) relational kodieren, dann erhalten wir das Diagramm in Abb. 9. In diesem Two-Mode-Netzwerk sind die Affiliationen der Akteure zu vier Überzeugungssystemen dargestellt. Die Vierecke symbolisieren die Überzeugungssysteme Pro Staat, Pro Monopol, Pro Privat und Pro Markt. Ihre Anordnung entspricht der Gradzentralität der jeweiligen Überzeugungssysteme. Auch hier wurde das Programm *visone* verwendet.

Die Datenbasis von Diskursnetzwerkanalysen besteht in der Regel in der Inhaltsanalyse von Presseartikeln. Aber auch Parlaments- oder Gremienprotokolle eignen sich gut zur Herausarbeitung von Diskurstrukturen und zur Analyse von Diskurskoalitionen (Fisher/Leifeld/Iwaki 2013; Leifeld 2013; Schneider/Ollmann 2013).

6 Konklusion

In der Erklärung öffentlicher Politiken hat sich in den vergangenen Jahrzehnten ein grundlegender Paradigmenwechsel ereignet. Während Staatshandeln in den 1960er- und 1970er-Jahren aus funktionalen Erfordernissen oder Strukturzwängen abgeleitet wurde, ist seit den 1980er-Jahren ein breiter Trend zur Mikrofundierung und Akteurszentrierung von Politikerklärungen erkennbar. Es genügt heute nicht mehr, Politiken einfach auf gesellschaftliche Probleme und politischen Problemdruck zu beziehen und zu versuchen, objektiven Problemdruck direkt in kollektives Handeln zu übersetzen. Ob gesellschaftliche Probleme auf die politische Tagesordnung geraten und in politische Programme transformiert werden, hängt letztlich davon ab, ob relevante Akteure diese Probleme wahrnehmen, ihre Betroffenheit erkennen und Ressourcen für politische Problemlösungen mobilisieren. Ein zentraler Aspekt der konzeptionellen Weiterentwicklung ist, dass Politiken nun aus dem komplexen Zusammenhandeln multipler und heterogener Akteure erklärt wird.

Um solche Strukturen und Prozesse zu rekonstruieren, sind in diesem Kapitel eine Reihe von Analysetechniken vorgestellt worden, die den Politikforscher befähigen, insbesondere den komplexen Interaktionsraum der an einer öffentlichen Politik beteiligten Akteure in Form von Interessenkonstellationen, Konfliktstrukturen, Tauschzusammenhängen und Beziehungsnetzen zu erhellen. Hierzu gehören einerseits Methoden, mit denen die Verteilung und Verortung von Interessenpositionen empirisch auf differenzierte Weise beschrieben werden, spieltheoretische Verfahren der Analyse strategischer Interaktionssituationen und schließlich Verfahren mit denen sich Beziehungsstrukturen in Form sozialer Netzwerke beschreiben und analysieren lassen. Wichtig aus dieser letztgenannten Perspektive sind die Zentralitätsanalyse und die Aufteilung von Netzwerken in stark verbundene oder strukturäquivalente Teilgruppen.

Obwohl die hier vorgestellte Perspektive eine wichtige analytische Orientierung beinhaltet, so kann sie jedoch immer nur als Teilperspektive betrachtet werden, die nur komplementär zu den übrigen Forschungsansätzen und Untersuchungsformen in der gegenwärtigen Policy- und Politikfeldanalyse ihre analytische Fruchtbarkeit entfaltet (Schneider/Wagemann/Janning 2013). Innerhalb dieses Spektrums analytischer Möglichkeiten ist die hier vorgestellte politische Netzwerkanalyse jedoch ein wichtiger Baustein zur Mikrofundierung der Politikfeldanalyse insgesamt, in der insbesondere die beziehungsstrukturellen Rahmenbedingungen kollektiven Handelns herausgestellt werden (Schneider/Janning/Leifeld/Malang 2008). Daneben sind hierzu auch Erklärungsmuster wichtig, die komplexe Wirkung institutionalisierter Regelwerke und Emergenzeffekte auf das Zusammenhandeln politischer betonen, wie dies gegenwärtig bei komplexitätstheoretischen Ansätzen der Fall ist (Schneider/Bauer 2008; Schneider 2012). Nur durch die Integration einer akteurbasierten Strukturanalyse und eines so verstandenen mikrofundierten Institutionalismus und „Systemismus" (Bunge 2000) lassen sich wesentliche Aspekte der Herausbildung und der Umsetzung öffentlicher Politiken erfassen.

7 Anhang

AgV	Arbeitsgemeinschaft der Verbraucherverbände
ANGA	Verband deutscher Kabelnetzbetreiber
ARD/ZDF	ARD/ZDF
BBK	Bundesverband Büroinformation und Kommunikationstechnik
BDB	Bundesverband Deutscher Banken
BDDB	Börsenverein des Deutschen Buchhandels e. V.
BDI	Bundesverband der Deutschen Industrie
BDKS	Bundesvereinigung der Kommunalen Spitzenverbände
BDVH	Bundesverband des Deutschen Versandhandels e. V.
BDZ	Bundesverband Deutscher Zeitungsverleger
BFDD	Bundbeauftragter für den Datenschutz
BfS	Bundesarbeitskreis für Sicherheitspolitik
BIEUK	Bundesverband Internationaler Express- und Kurierdienste (nicht befragt)
BMAS	Bundesministerium für Arbeit und Sozialordnung
BMF	Bundesministerium der Finanzen
BMI	Bundesministerium des Innern (nicht befragt)
BMP	Bundesministerium für Post und Telekommunikation
BMWi	Bundesministerium für Wirtschaft
BMZ	Bundesministerium für Entwicklung und Zusammenarbeit
BuLae	Zuständige Politiker auf Länderebene
CDU/CSU	CDU/CSU
CPG	Christliche Postgewerkschaft
DIHT	Deutscher Industrie- und Handelstag
DP	Deutsche Postgilde
DPG	Deutsche Postgewerkschaft

DPV	Deutscher Postverband
FDP	FDP
Grüne	Bündnis 90/Die Grünen
PB	DBP Postbank
PD	DBP Postdienst
PDS	PDS (nicht befragt)
SPD	SPD
TK	DBP Telekom
VDFPost	Vereinigung Deutscher Fernmeldetechniker Post
VDMA	Verband Deutscher Maschinen- und Anlagenbauer
VDPB	Verband der Postbenutzer
VDPI	Verband Deutscher Postingenieure
VDZ	Verband Deutscher Zeitschriftenverleger e. V.
VhFK	Vereinigung der Höheren Führungskräfte der DBP
VÖB	Verband Öffentlicher Banken
VPRT	Verband Privater Rundfunk und Telekommunikation e. V.
ZdEH	Zentralverband des Elektrotechnischen Handwerks
ZDH	Zentralverband des Deutschen Handwerks
ZVEI	Zentralverband des Elektrotechnischen Industrie

8 Literatur

Axelrod, Robert, 1997: The Complexity of Cooperation. Agent-based Models of Competition and Collaboration. Princeton NJ: Univ. Press.

Borgatti, Stephen P./Everett, Martin G./Freeman, Linton C., 2002: Ucinet for Windows: Software for Social Network Analysis. Harvard, MA.

Brandes, Ulrik/Kenis, Patrick/Raab, Jörg/Schneider, Volker/Wagner, Dorothea, 1999: Explorations into the Visualization of Policy Networks. In: Journal of Theoretical Politics (ed.) 11, 75–106.

Brandes, Ulrik/Wagner, Dorothea, 2003: visone-Analysis and Visualization of Social Networks. In: M Jünger/Petra Mutzel (ed.): Graph Drawing Software, Berlin; New York: Springer, 321–340.

Bunge, Mario, 2000: Systemism: the alternative to indivdualism and holism. In: Journal of Socio-Economics (ed.) 29. Amsterdam: North Holland, 147–157.

Coleman, James S., 1971: Control of Collectivities and the Power of a Collectivity to Act. In: Bernhardt Lieberman (ed.) Social Choice. New York: Gordon and Breach, 269–300.

Coleman, James S., 1974: Power and the Structure of Society. New York: Norton.

Coleman, James S., 1990: Foundations of Social Theory. Cambridge, Mass.: Belknap Press of Harvard University Press.

Czada, Roland, 1994: Konjunkturen des Korporatismus: Zur Geschichte eines Paradigmenwechsels in der Verbändeforschung. In: Wolfgang Streeck (ed.) Staat und Verbände. Opladen: Westdeutscher Verlag, 37-64.

Deutsch, Karl W., 1963: Nerves of Government. New York & London.

Dixit, Avinash K./Nalebuff, Barry J., 1997: Spieltheorie für Einsteiger. Strategisches Know-how für Gewinner. Stuttgart: Schäffer-Poeschel.

Fisher, Dana R/Leifeld, Philip/Iwaki, Yoko, 2013: Mapping the ideological networks of American climate politics. In: Climatic Change 116, 523–545.

Habermas, Jürgen, 1992: Faktizität und Geltung: Beiträge zur Diskurstheorie des Rechts und des demokratischen Rechtsstaats. Frankfurt am Main: Suhrkamp.

Hennig, Marina/Brandes, Ulrik/Pfeffer, Jürgen/Mergel, Ines, 2013: Studying social networks: A guide to empirical research. Frankfurt; New York: Campus Verlag.

Holler, Manfred J./Illing, Gerhard, 2006: Einführung in die Spieltheorie (6. Auflage). Berlin; Heidelberg: Springer.

* Jansen, Dorothea, 2006: Einführung in die Netzwerkanalyse. Grundlagen, Methoden, Forschungsbeispiele (3. Auflage). Wiesbaden: VS, Verl. für Sozialwiss..

Kenis, Patrick/Schneider, Volker, 1991: Policy Networks and Policy Analysis: Scrutinizing a New Analytical Toolbox., in: Bernd Marin/Mayntz Renate (eds.) Policy Networks. Empirical Evidence and Theoretical Considerations. Frankfurt/Main: Campus Verlag, 25–59.

* Kenis, Patrick/Schneider, Volker, 1996: Organisation und Netzwerk. Institutionelle Steuerung in Wirtschaft und Politik. Frankfurt; New York: Campus.

Knoke, David/Yang, Song, 2008: Social Network Analysis (2nd Edition). Los Angeles CA: Sage Publications.

Lang, Achim/Leifeld, Philip, 2007: Die Netzwerkanalyse in der Policy-Forschung: Eine theoretische und methodische Bestandsaufnahme. In: Frank Janning/Töns Kathrin (eds.) Die Zukunft der Policy-Forschung. Wiesbaden: VS-Verlag. Wiesbaden, 223–241.

Laumann, Edward O. /Knoke, David, 1987: The Organizational State. Social Choice in National Policy Domains. Madison, WI.: University of Wisconsin Press.

Laumann, Edward O./Marsden, Peter V., 1979: The Analysis of Oppositional Structures in Political Elites: Identifying Collective Actors. In: American Sociological Review 44, Menasha, WI.: American Sociological Society, 713–732.

Laumann, Edward O./Pappi, Franz U., 1976: Networks of collective action: a perspective on community influence systems. New York: Academic Press.

Leifeld, Philip, 2009: Die Untersuchung von Diskursnetzwerken mit dem Discourse Network Analyzer (DNA). In: Volker Schneider/Janning Frank/Lang Achim/Leifeld Philip/Malang Thomas (eds.) Politiknetzwerke: Modelle, Anwendungen und Visualisierungen. Wiesbaden: VS Verlag für Sozialwissenschaften/GWV Fachverlage GmbH,, 391–404.

Leifeld, Philip, 2013: Reconceptualizing Major Policy Change in the Advocacy Coalition Framework: A Discourse Network Analysis of German Pension Politics. In: Policy Studies Journal 41, 169–198.

Leifeld, Philip/Schneider, Volker, 2012: Information Exchange in Policy Networks. In: American Journal of Political Science 56, 731–744.

Leijonhufvud, Axel, 1996: Towards a Not-Too-Rational Macroeconomics,. In: David Colander (ed.) Beyond microfoundations: Post Wlarasian macroeconomics. Cambridge; New York: Cambridge University Press, 39–55.

Leifeld, Philip/Malang, Thomas, 2009: Glosar Netzwerkanalyse, in: Volker Schneider/Janning Frank/ Leifeld Philip/Malang Thomas (eds.) Politiknetzwerke. Modelle, Anwendungen und Visualisierungen. Wiesbaden: VS Verlag für Sozialwissenschaften/GWV Fachverlage GmbH, 271–289.

Mayntz, Renate, 1997: Soziale Dynamik und politische Steuerung: theoretische und methodologische Überlegungen. Frankfurt a. M.: Campus.

Mayntz, Renate, 2005: Governance Theory als fortentwickelte Steuerungstheorie. In: Gunnar Folke Schuppert (ed.) Governance-Forschung. Vergewisserung über Stand und Entwicklungslinien. Baden-Baden: Nomos-Verl.-Ges., 11–20.

Mayntz, Renate/Scharpf, Fritz W., 1995: Gesellschaftliche Selbstregelung und politische Steuerung. Frankfurt a. M.: Campus.

Olson, Mancur, 1965: The Logic of Collective Action. Cambridge, MA.: Harvard University Press.

Ostrom, Elinor, 2011: Background on the institutional analysis and development framework. In: Policy Studies Journal 39, 7–27.

Pappi, Franz U./Kappelhoff, Peter, 1984: Abhängigkeit, Tausch und kollektive Entscheidung in einer Gemeindeelite. In: Zeitschrift für Soziologie 13, 87–117.

Pappi, Franz U./König, Thomas/Knoke, David, 1995: Entscheidungsprozesse in der Arbeits-und Sozialpolitik: Der Zugang der Interessengruppen zum Regierungssystem über Politikfeldnetze: Ein Deutsch-amerikanischer Vergleich. Frankfurt a. M.: Campus.

Perrow, Charles, 1996: Eine Gesellschaft von Organisationen. In: Patrick Kenis/Schneider Volker (eds.) Organisation und Netzwerk. Institutionelle Steuerung in Wirtschaft und Politik. Frankfurt a. M.: Campus, 75–121.

Raab, Jörg/Kenis, Patrick, 2007: Taking Stock of Policy Networks: Do They Matter?. In: Frank Fischer/Miller Gerald J./Sidney Mara S. (eds.) Handbook of Public Policy Analysis. Boca Raton: CRC/Taylor & Francis, 187–200.

Rapoport, Aanatol/Guyer, Melvin, 1978: A Taxonomy of 2 X 2 Games. In: General Systems 23, 125–136.

Scharpf, Fritz W., 2000: Interaktionsformen: Akteurszentrierter Institutionalismus in der Politikforschung. Opladen: Lesken + Budrich.

Schneider, Volker, 2000: Organisationsstaat und Verhandlungsdemokratie. In: Raymund Werle/Schimank Uwe (eds.) Gesellschaftliche Komplexität und kollektive Handlungsfähigkeit. Frankfurt a. M.: Campus, 243–269.

Schneider, Volker, 2012: Governance and complexity. In: David Levi-Faur (ed.) Oxford Handbook on Governance. Oxford : Oxford University Press, 129–142.

Schneider, Volker/Bauer, Johannes, 2008: Von der Governance- zur Komplexitätstheorie: Entwicklungen der Theorie gesellschaftlicher Ordnungsbildung. In: Ingo Schulz-Schaeffer/Weyer Johannes (eds.) Management komplexer Systeme. München: Oldenbourg, 31–53.

Schneider, Volker/Janning, Frank, 2006: Politikfeldanalyse. Akteure, Diskurse und Netzwerke in der öffentlichen Politik. Wiesbaden: VS Verlag für Sozialwissenschaften/GWV Fachverlage GmbH.

Schneider, Volker/Janning, Frank/Leifeld, Philip/Malang, Thomas, 2008: Politiknetzwerke. Modelle, Anwendungen und Visualisierungen. Wiesbaden VS Verlag für Sozialwissenschaften/GWV Fachverlage GmbH.

Schneider, Volker/Mayntz, Renate, 1995: Akteurzentrierter Institutionalismus in der Technikforschung. Fragestellungen und Erklärungsansätze. In: Jahrbuch Technik und Gesellschaft 8. Frankfurt; New York: Campus Verl., 107–130.

Schneider, Volker/Ollmann, Jana K., 2013: Punctuations and Displacements in Policy Discourse: The Climate Change Issue in Germany 2007–2010. In: Se Silvern/Young Ss (eds.) Environmental Change and Sustainability. Vienna, Austria, 157–183.

Schneider, Volker/Wagemann, Claudius/Janning, Frank, 2013: Methods and study tpyes in German policy analysis. In: Sonja Blum/Schubert Klaus (eds.) Policy Analysis in Germany. Bristol, U.K.: Policy Press, 59–73.

Schubert, Klaus, 1991: Politikfeldanalyse. Opladen: Leske und Budrich.

Scott, John, 2000: Social Network Analysis: A Handbook. London: SAGE Publications London.

Simon, Herbert A., 1993: Homo rationalis. Die Vernunft im menschlichen Leben. Frankfurt/Main; New York: Campus-Verl.

Tenbücken, Marc/Thiem, Janina, 2004: Facettentheoretische Verfahren in der Politikwissenschaft - eine Einführung. In: Volker Schneider/Tenbücken Marc (eds.) Der Staat auf dem Rückzug. Frankfurt/Main; New York: Campus, 317–326.

Verständnisfragen

1. Wie definiert Schneider „Policy-Akteure"? Welche Typen von Policy-Akteuren unterscheidet er?

2. Warum weichen reale Partizipationsstrukturen in politischen Prozessen von idealtypischen Modellen der Politikentwicklung ab?

3. Warum ist das Gefangenendilemma ein „Dilemma"?

4. Worüber geben die Maßzahlen der Gradzentralität, der Nähezentralität und der Intermediationszentralität Aufschluss?

Transferfragen

1. Nennen Sie eigene Beispiele für Ressourcen, die Verbände oder große Unternehmen bei Tauschbeziehungen mit staatlichen Akteuren einbringen könnten.

2. Mit welchen Methoden lassen sich die Daten erheben, die für eine Untersuchung der Interessenpositionen der Akteure in der Gesundheitspolitik verwendet werden können?

3. Mit welchen Methoden lassen sich die Daten erheben, mit denen sich die Akteurpositionen in den politischen Beziehungsstrukturen bei der materiellen Privatisierung der Deutschen Bahn AG darstellen lassen?

Problematisierungsfragen

1. Diskutieren Sie Anwendungsbereiche und Probleme von Vergleichen der Interessenprofile verschiedener Akteure auf Grundlage der im Text beschriebenen Verfahren der Codierung von Präferenzen mit Zahlen, Berechnung der Euklidischen Distanzen zwischen den Interessenprofilen und Darstellung der Akteure in einem zweidimensionalen Streudiagramm mithilfe der Multidimensionalen Skalierung (MDS).

2. Diskutieren Sie die möglichen Anwendungsbereiche und Probleme von mathematischen Ermittlungen von Akteurkonstellationen in Politikprozessen auf Grundlage von binären Erhebungen der Beziehungen einerseits und differenzierteren Messungen der Intensität von Beziehungen andererseits.

Robert Kaiser
Experteninterviews

1 Einleitung

Für die Politikfeldanalyse nimmt die Befragung von Experten aus Politik und Verwaltung, aber auch von Nichtregierungsorganisationen oder Unternehmen traditionell eine wichtige Rolle ein. Unabhängig davon, ob das Ziel der Untersuchung stärker anwendungsorientiert und politikberatend ist oder ob sie der Rekonstruktion von Politikprozessen und der Bewertung ihrer inhaltlichen Ergebnisse und Auswirkungen dient, exklusives Expertenwissen kann in mindestens dreierlei Hinsicht für solche Analysen bedeutsam sein.

Erstens kann Expertenwissen der Exploration aktueller und bisher wenig erforschter Fragestellungen dienen. Besonders wenn zu einem wissenschaftlich relevanten Problembereich keine gesicherten theoretischen Annahmen oder belastbare empirische Daten vorliegen, führt in der qualitativen Politikforschung kaum ein Weg an der Befragung von Experten vorbei. Zweitens werden Experteninterviews vielfach als ein analytischer Zugang innerhalb eines qualitativen Methodenmixes eingesetzt. In solchen Fällen zielt die Befragung von Experten entweder auf einen ganz spezifischen Teilbereich eines Untersuchungsgegenstandes, der nicht durch andere methodische Zugänge erschlossen werden kann, oder sie dient der Verdichtung und Ergänzung alternativ gewonnener Daten. Und drittens eignen sich Experteninterviews auch zur Plausibilisierung wissenschaftlicher Untersuchungsergebnisse, die durch eine solche Befragung mit dem Praxiswissen involvierter Akteure konfrontiert werden können. Dieser letzte Aspekt ist gerade in jüngerer Zeit für drittmittelfinanzierte Forschung mehr und mehr bedeutsam geworden, insbesondere in Fällen, in denen Forschungsförderorganisationen die Anforderung stellen, aus dem Untersuchungsergebnis auch Politikempfehlungen abzuleiten oder die Ergebnisse aktiv im Kreise relevanter „Stakeholder" zu verbreiten.

Diesen vielfältigen Einsatzmöglichkeiten steht aber auch nach mehr als zwei Jahrzehnten durchaus lebhafter Diskussionen sowohl über die theoretische Begründung für eine Befragung von Experten als auch über methodische Mindestanforderungen an Experteninterviews noch immer ein nicht unerhebliches, vornehmlich methodologisch begründetes, „Unbehagen" (Trinczek 2005: 210) gegenüber. Dieses Misstrauen ist vor allem dem Umstand geschuldet, dass die qualitative Expertenbefragung in hohem Maße kontextspezifisch und dynamisch ist und es deshalb bis heute keine standardisierte, geschweige denn eine allgemein akzeptierte, Vorgehensweise gibt (Kaiser 2014). Während sich die Kontextspezifität in erster Linie aus der Frage-, bzw. der Problemstellung der Untersuchung ergibt, bezieht sich der Begriff der Dynamik auf die Interviewsituation selbst, die auch bei dem Einsatz eines Leitfadens zur Strukturierung dieser Interviewsituation nicht vollständig im Voraus prognostiziert oder im Gespräch selbst gesteuert werden kann. Deswegen unterscheiden sich Experteninterviews in diesem wichtigen Punkt sowohl von quantitativen Befragungen der Umfrageforschung wie auch von anderen qualitativen Typen des Interviews, wie etwa dem narrativen, dem fokussierten oder dem problemzentrierten Interview. Während es zu Letztgenannten eine seit mehreren Jahrzehnten intensiv geführte Methodendiskussion gibt (Bogner/Menz 2005: 20), soll bei quantitativen Befragungen ja gerade dieses dynamische Element durch die Standardisierung von Fragen und Antwortoptionen ausgeschlossen werden, sodass in vielen Fällen ein Face-to-Face-Kontakt mit den befragten Personen gar nicht notwendig ist.

Vor diesem Hintergrund besitzt dieser Beitrag zwei zentrale Zielsetzungen. Zum einen soll der Versuch unternommen werden, eine theoretisch-methodologische Begründung für die Befragung von Experten in der Politikfeldanalyse zu liefern. Eine solche ergibt sich meines Erachtens bereits aus dem Untersuchungsgegenstand selbst und führt dazu, dass die Befragung von Experten je nach Fragestellung und Erkenntnisinteresse der Untersuchung entweder entbehrlich oder unverzichtbar sein kann. Zum Zweiten sollen anschließend die zentralen Schritte der Datenerhebung und Datenauswertung behandelt werden. Dies geschieht in der Annahme, dass es für Experteninterviews zwar keine allseits anerkannte Vorgehensweise geben kann, sich aber doch zumindest einige Gütekriterien für eine valide Expertenbefragung definieren lassen. Den Abschluss bildet eine Diskussion häufiger Probleme und möglicher Lösungsansätze bei der Expertenbefragung, die sich aus eigener praktischer Erfahrung mit der Planung und Durchführung von Experteninterviews und der Bewertung wissenschaftlicher Arbeiten, die mittels Experteninterviews durchgeführt wurden, speist.

2 Theoretisch-methodologische Begründung von Experteninterviews

Für das Vorhaben, Experteninterviews in der qualitativen Politikforschung theoretisch und methodologisch zu begründen, gibt es grundsätzlich zwei Ansatzpunkte. Zum einen können wir uns des gesicherten theoretischen Wissens über den Untersuchungsgegenstand, also im vorliegenden Fall der Ursachen, Maßnahmen und Wirkungen von Politik versichern und vor diesem Hintergrund der Frage nachgehen, mit welchen methodischen Zugängen diese systematisch analysiert werden können. Zum anderen ist es möglich, sich der Befragung von Experten von einer methodologischen Perspektive zu nähern und zu prüfen, welchen Bedarf und welche Voraussetzungen es für Experteninterviews im Rahmen qualitativer Forschungsdesigns geben könnte. Zwischen beiden Annäherungen gibt es insofern natürlich argumentative Überschneidungen, als eine Trennung von Forschungs-problem und analytischem Zugang in tatsächlichen Forschungsprozessen nicht stattfindet. Sie kann an dieser Stelle dennoch hilfreich sein, weil sie unterstreicht, dass eine Entscheidung zugunsten der Befragung von Experten doppelt begrün-dungspflichtig ist. So lässt sich die Frage, ob für ein bestimmtes Forschungsproblem die Durchführung von Experteninterviews sinnvoll ist, nicht beantworten, solange nicht die Möglichkeiten und Grenzen alternativer methodischer Zugänge geprüft worden sind. Genauso wenig müssen Politikfeldanalysen, die auf einer methoden-pluralistischen Basis stehen, notwendigerweise auch Experteninterviews durchfüh-ren, wenn sich die Forschungsfrage vollständig durch alternative Quellen und Se-kundärdatenanalysen beantworten lässt.

Im Hinblick auf den Untersuchungsgegenstand der Politikfeldanalyse gibt es zumindest drei Entwicklungstrends, die für die Durchführung von Experteninter-views sprechen.

Ein erster Trend lässt sich mit dem Begriff der Entgrenzung von Politik um-schreiben (Kohler-Koch 1998). Es ist offensichtlich, dass Politik in hoch entwickel-ten Industrienationen in immer stärkerer Weise über nationalstaatliche Grenzen hinweg koordiniert wird und insofern vielfältig verflochtene Verhandlungs- und Entscheidungsstrukturen, die verschiedene staatliche Ebenen miteinschließen, eine immer größere Rolle spielen. Ob dies nun in Form transnationaler Politik oder als Politik im europäischen Mehrebenensystem geschieht, muss an dieser Stelle nicht näher behandelt werden. Entscheidend ist, dass dieser Prozess der Entgrenzung von Politik für die Politikfeldanalyse insofern Probleme aufwirft, als politische Akteure zwar grenzüberschreitend agieren, sie ihr Handeln aber vornehmlich gegenüber national gebundenen Wählern oder Organisationsmitgliedern legitimieren. Hieraus kann sich aus methodologischer Sicht ergeben, dass alternative Quellenzugänge der qualitativen Politikforschung, etwa amtliche Dokumente oder Presseberichterstat-tung, Motive und Handeln dieser Akteure entweder nur eingeschränkt erkennen lassen, weil nur auf nationale Interessenkonstellationen Bezug genommen wird oder dass entscheidende Daten über jenen Teil des Politikprozesses, der jenseits des Nationalstaates organisiert wird, nur unvollständig verfügbar sind. Experteninter-views können in diesem Fall helfen, Verhandlungs- und Entscheidungsstrukturen in ihrer Gesamtheit zu rekonstruieren, die in gleicher Weise durch alternative me-thodische Zugänge nicht erkennbar würden.

Zweitens wird man von einer zunehmenden Komplexität von Politik ausgehen müssen, für die es mindestens zwei unterschiedliche Ursachen gibt. Zum einen zeigt schon der Blick auf aktuelle Politikvorhaben, seien es Themen wie die „Energie-wende" oder die Stabilisierung des europäischen Währungsraums, dass politisches Handeln nicht allein deshalb komplex ist, weil es mit der Anforderung konfrontiert ist, einen Ausgleich zwischen konkurrierenden Interessen zu finden. Die genannten Themen beziehen ihre Komplexität vor allem aus dem Bedarf an technischem Know-how, das zur Entwicklung angemessener Problemlösungsstrategien unabdingbar ist. Für die Politikfeldanalyse bedeutet dies natürlich auch, dass Konzepte, Instrumente und Wirkungen von Politik durch den Forscher kaum angemessen analysiert und bewertet werden können, wenn ihm selbst das Verständnis für diese technische Dimension des Problems fehlt. Vor diesem Hintergrund können Experteninterviews weniger mit dem Ziel der Rekonstruktion von Politikprozessen durchgeführt werden, als vielmehr zur Gewinnung eines solchen Grundverständnisses des technischen Problemkontexts, ohne das auch alternative Quellen kaum sinnvoll ausgewertet werden können.

Zum anderen nimmt die Komplexität von Politik durch Veränderungen in Bezug auf staatliches Handeln zu. In der Politikwissenschaft hat sich in den letzten Jahren der Begriff der „Governance" zur Erfassung dieser Veränderungen zunehmend durchgesetzt. Im Kern verweist der Begriff auf den Umstand, dass zur Setzung und Durchsetzung kollektiv verbindlicher Regelungen der Staat in zunehmend geringerer Weise autonom handelt, sondern in verschiedensten Formen des Zusammenwirkens zwischen öffentlichen und privaten Akteuren, wodurch Politik nicht mehr allein als hierarchische Anordnung von Regeln durch staatliche Akteure verstanden werden kann, sondern als ein „Management von Interdependenzen", in das unterschiedlichste kollektiven Akteure einbezogen sind (Benz/Dose 2010: 21). Dadurch haben wir es in der Politikfeldanalyse nicht allein mit einer steigenden Zahl relevanter politischer Akteure zu tun. Entscheidender ist, dass sich – sofern dabei auch private Akteure involviert sind – die Bedingungen für transparentes Regieren durch „Governance" verändern. Dies gilt schon deshalb, weil gegenüber privaten Akteuren nicht dieselben demokratischen Kontrollmöglichkeiten bestehen und diese auch nicht vergleichbaren Informationspflichten unterliegen wie dies für öffentliche Akteure gilt. Unter dieser Bedingung sind der Politikfeldanalyse etwa bei der Frage, welchen Einfluss unternehmensnahe Lobbygruppen auf Produktregulierungen besitzen, Grenzen gesetzt, wenn sie allein auf öffentlich zugängliche Quellen vertrauen muss.

Und drittens wird man auch von einer zunehmenden Informalisierung von Politik ausgehen müssen, also eines Prozesses, in dem wichtige politische Entscheidungen zwar nach wie vor in den formal dafür vorgesehenen Institutionen und Verfahren getroffen werden, wesentliche Vorabverständigungen aber in Gremien oder Koordinationsverfahren stattfinden, die entweder verfassungs- oder vertragsrechtlich gar nicht vorgesehen sind und infolgedessen nicht vergleichbaren Transparenz- und Legitimationsanforderungen unterliegen. Ob dies nun Koalitionsausschüsse im nationalen politischen Raum (Miller 2011) oder sogenannte Triloge im europäischen Politikprozess (Garman/Hilditch 1998) sind, muss hier nicht weiter diskutiert werden. Wichtig ist an dieser Stelle nur, dass durch den analytischen Fokus auf formale Institutionen und Prozesse wesentliche Ausschnitte von Verhandlungs- und Entscheidungsprozessen ausgeblendet werden können, für deren „Erhellung" es aber kaum eine Alternative zu Experteninterviews geben dürfte. Allerdings muss auch gesehen werden, dass die Befragung von Experten sicherlich keine Gewähr dafür bieten kann, dass informelle Politikprozesse vollständig nachvollzogen werden können. Dies gilt schon deshalb, weil der informelle Charakter dieser Koordinationsforen in der Regel über konkrete Verhandlungs- und Entscheidungszeiträume hinauswirkt, um die Funktionsfähigkeit auch zukünftig zu gewährleisten. Immerhin wird man aber durch Experteninterviews Einsichten gewinnen können, die bei alternativen methodischen Zugängen verschlossen bleiben.

Während man folglich einen grundsätzlichen Bedarf an Experteninterviews aus dem Gegenstandsbereich der Politikfeldanalyse selbst und den damit einhergehenden Defiziten alternativer methodischer Zugänge bereits durchaus plausibel begründen kann, ist im nächsten Schritt zu klären, unter welchen Bedingungen die Befragung von Experten aus methodologischer Sicht auch tatsächlich Abhilfe für die genannten Defizite leisten kann. Offenkundig erscheint zunächst, dass bei einem methodenpluralistischen Ansatz der Vorteil besteht, dass mögliche Fehlerquellen der einzelnen methodischen Zugänge wechselseitig neutralisiert werden können (Voelzkow 1995: 56). Experteninterviews leisten also zunächst einmal eine Erweiterung des analytischen Instrumentariums für qualitative Politikanalysen und können dadurch die Interpretation des Datenmaterials insgesamt auf eine sicherere Basis stellen. Dies dürfte aber nur dann gelten, wenn zwei zentrale Aspekte der Befragung von Experten kritisch reflektiert werden: die Frage, wer überhaupt als Experte gelten kann sowie die Frage, welche Arten von Wissen durch Experteninterviews generiert werden können.

Wenn wir uns zunächst dem Expertenbegriff zuwenden, so kann unter einer wissenssoziologischen Perspektive der Experte auf der einen Seite vom Laien und auf der anderen Seite vom Spezialisten unterschieden werden. Die erstgenannte Differenzierung erscheint unmittelbar einsichtig. Während der Laie über Allgemein- oder Alltagswissen verfügt, gestehen wir dem Experten ein „Sonderwissen" zu, das sich als „sozial institutionalisierte Expertise" (Sprondel 1979: 141) begreifen lässt. Expertenwissen ist demnach an eine Funktion oder Berufsrolle gebunden. Der Spezialist wird zweifellos – im Vergleich zum Laien – ebenfalls über Sonderwissen verfügen. Allerdings unterscheidet ihn vom Experten, dass er nicht autonom über die „Problemlösungadäquanz" (Hitzler 1994: 25) seines Wissens und seiner Kompetenzen entscheiden kann. Was den Experten also im Kern auszeichnet, ist seine „institutionalisierte Kompetenz zur Konstruktion von Wirklichkeit" (Hitzler et al. 1994). Die Unterscheidung zwischen Laien, Experten und Spezialisten ist für unsere Befassung mit Experteninterviews deshalb sinnvoll, weil sie darauf verweist, dass wir einer gewissen Akteursgruppe in einem politischen System ohne Weiteres den Status des „Experten" zuschreiben würden, selbst wenn diese Akteure bei der politischen Problemlösung zumindest in Einzelfällen eher über „laientypisches" Allgemeinwissen verfügen und sich in ihrer politischen Entscheidungsfindung auf die Kompetenzen von Spezialisten verlassen müssen. Wie anders wäre eine Situation zu beschreiben, in der Abgeordnete des Deutschen Bundestages unter großem Zeitdruck über technisch hoch komplexe Rettungsschirme für EURO-Krisenstaaten abstimmen müssen, über deren vermeintliche Wirkung ihnen lediglich „Expertisen" von öffentlichen und privaten Finanzinstitutionen zur Verfügung stehen.

Vor diesem Hintergrund wird leicht erkennbar, dass Experteninterviews nicht grundsätzlich nur mit „Experten" im Sinne der zuvor präsentierten engen Definition geführt werden. Mit Blick auf die eingangs erwähnten Anwendungsfälle von Experteninterviews ließe sich zum einen begründen, gerade explorative Interviews auch mit Spezialisten zu führen, die Auskunft über die technische Dimension eines aktuellen politischen Problems geben könnten, ohne selbst Teil der Problembewältigung zu sein. Zum anderen kann für die Konfrontation eigener Forschungsergebnisse mit der Praxis auch durchaus das Allgemein- und Alltagswissen unterschiedlichster „Stakeholder" bedeutsam sein.

Insofern verwundert es wenig, dass die einschlägige Literatur zu qualitativen Experteninterviews den Begriff des Experten weniger strikt auslegt. Nimmt man diese Positionen zusammen, so lassen sich wenigstens drei Merkmale benennen, die aus der Sicht der Politikfeldanalyse die Rolle von Experten umschreiben:

- **Experten definieren sich über Position und Status sowie über das ihnen zugeschriebene Wissen**: Nach Meuser und Nagel (2005: 73) kann als Experte gelten, „wer in irgendeiner Weise Verantwortung trägt für den Entwurf, die Implementierung oder die Kontrolle einer Problemlösung oder wer über einen privilegierten Zugang zu Informationen über Personengruppen oder Entscheidungsprozesse verfügt."
- **Der Experte ist Träger des für die wissenschaftliche Analyse relevanten Funktionswissens**: Er kann Auskunft geben über „Beurteilungen von Situationen, Positionen und Geschehnissen", für die eine „gewisse Intersubjektivität" angenommen werden kann (Lauth et al. 2009: 168). Experten werden folglich nicht als „Privatpersonen" (Helfferich 2009: 163) befragt und es interessieren (grundsätzlich) auch keine biografischen Daten.
- **Im konkreten Forschungsprozess erfolgt die Zuschreibung der Expertenrolle durch den Forscher selbst**: Er muss entscheiden, wer auf der Basis des jeweiligen Forschungsproblems über privilegierte Informationen verfügt und auch bereit ist, diese preiszugeben. Dabei ist zu berücksichtigen, dass in der Regel nicht ein Experte existiert, der über das gesamte Wissen verfügt, das zur Rekonstruktion eines Sachverhaltes notwendig ist (Gläser/Laudel 2006: 113), weshalb sich aus Sicht des Forschers nicht nur die Frage stellt, wer überhaupt als Experte angesehen werden kann, sondern welche Anzahl von Experten aus welchen Bereichen befragt werden muss, um die gewünschten Daten erheben zu können.

Eine zweite wesentliche methodologische Reflexion bezieht sich auf das Wissen, das durch die Befragung von Experten generiert werden kann. Die vorangegangenen Ausführungen lassen bereits erkennen, dass dieses Wissen differenziert werden kann als jenes Wissen, das Experten über den Prozess der Aushandlung und Entscheidung über kollektiv verbindliche Regelungen besitzen und jenes Wissen, das Aufschluss darüber gibt, unter welchen Rahmenbedingungen, Zwängen, normativen Wertvorstellungen oder Interessenstrukturen solche Regelungen entstanden sind. Diese Differenzierung findet sich in ähnlicher Weise in der Literatur als Unterscheidung entweder zwischen „Betriebswissen" und „Kontextwissen" (Meuser/ Nagel 2009) oder zwischen „technischem Wissen", „Prozesswissen" und „Deutungswissen" (Bogner/Menz 2005) wieder. Wenngleich diese beiden Differenzierungen unterschiedliche Betrachtungsweisen auf Expertenwissen haben, zielen sie doch letztlich beide auf eine Art der Gewichtung der Wissensbestände, die im Experteninterview erhoben werden können. Zweifellos ist der Grad der Exklusivität des Expertenwissens beim Betriebswissen bzw. dem technischen Wissen und dem Prozesswissen am höchsten. Für die Erhebung von Daten aus diesem Bereich wird nicht immer ein analytischer Zugang jenseits von Experteninterviews zu finden sein. Anders verhält es sich beim Kontextwissen bzw. dem Deutungswissen. Während das Kontextwissen auch mithilfe anderer methodischer Zugänge erhoben werden kann, bezieht sich der Begriff des „Deutungswissens" auf subjektive Sichtweisen und Interpretationen des Experten, wodurch an diesem Punkt die zuvor konstatierte Irrelevanz biografischer Daten nicht mehr aufrechtzuerhalten ist.

Für unsere Überlegungen sind diese Differenzierungen insofern wichtig, als sie das Augenmerk auf die Problematik der Stringenz des Forschungsdesigns im Sinne einer systematischen Verbindung zwischen Forschungsproblem, theoretischer Einbettung und methodischer Vorgehensweise legen. Sofern beispielsweise die theoretische Annahme besteht, dass es tatsächlich die strukturellen Bedingungen sind, unter denen eine politische Problemlösungsstrategie entwickelt und implementiert wurde, die das Ergebnis solcher Maßnahme erklären können, werden Experteninterviews vornehmlich auf die Erhebung von Betriebswissen abzielen. In diesen Fällen wäre kaum zu begründen, dass sich eine wissenschaftliche Analyse nicht der Befragung von Experten bedient. Wenn hingegen der Erfolg oder das Scheitern eines politischen Programms vornehmlich den institutionellen oder sozio-ökonomischen Rahmenbedingungen geschuldet zu sein scheint und folglich in Experteninterviews vornehmlich Kontextwissen abgefragt würde, so wären Experteninterviews nur zu begründen, wenn sie als Teil eines qualitativen Methodenmixes tatsächlich zur Verdichtung und Ergänzung von Daten führen würden.

Zusammenfassend lässt sich also sagen, dass sich Experteninterviews in der Politikfeldanalyse aus theoretischer Sicht zunächst durch die fortschreitende Entgrenzung, Komplexität und Informalisierung von Politik begründen lassen, die jeweils für sich genommen, sicher aber in Kombination, grundlegende Probleme für alternative methodische Zugänge aufwerfen. Aus methodologischer Sicht spricht für Experteninterviews, dass sie durch die Erweiterung des analytischen Instrumentariums die Fehleranfälligkeit der empirischen Untersuchung insgesamt reduzieren, während sie bei adäquater Planung und Durchführung die Generierung von Daten erlauben, die für die Rekonstruktion politischer Verhandlungs- und Entscheidungsprozesse außerordentlich wertvoll – wenn nicht unabdingbar – sein können und zudem Einblicke in die Problemwahrnehmung und die den Lösungsansätzen unterliegenden Werte- und Deutungsmuster relevanter politischer Akteure gewähren können.

In dieser Form sind Experteninterviews als methodischer Zugang allerdings außerordentlich voraussetzungsvoll. Wenn man die zuvor behauptete doppelte Begründungspflicht zum Einsatz solcher Interviews ernst nimmt, dann wird schnell deutlich, dass die Befragung von Experten keine bequeme Alternative zu anderen als vermeintlich kosten- oder zeitintensivere bewertete Methoden darstellt. Im Gegenteil, die Planung und Durchführung von Experteninterviews setzt, wie Pfadenhauer völlig zurecht feststellt, eine „hohe Feldkompetenz" aufseiten des Forschers voraus. Von ihm wird erwartet, als „Quasi-Experte" in die konkrete Interviewsituation zu gehen, wobei der Nachweis dieser Kompetenz vor allem durch die Beherrschung der Techniken der Datenerhebung gelingen kann (Pfadenhauer 2005: 127 f.). Diesen Techniken der Datenerhebung wenden wir uns im nächsten Abschnitt zu, wobei sich die nachfolgenden Ausführungen auf jenen Typus des Experteninterviews beziehen, der als Teil eines sozialwissenschaftlichen Methodenmixes unter Verwendung eines Leitfragebogens zur Verdichtung und Ergänzung des empirischen Datenmaterials durchgeführt wird. Zwar gilt Ähnliches auch für die anderen genannten Anwendungsfälle, doch kann im explorativen Experteninterview wie auch in Interviews zur Plausibilisierung von Forschungsergebnissen eine weniger strukturierte Vorgehensweise angemessen sein.

3 Techniken der Datenerhebung und Datenanalyse bei Experteninterviews

Der Umstand, dass Experteninterviews einen erheblichen Aufwand bedeuten und ein gewisses Maß an Erfahrung voraussetzen, erklärt sich wesentlich dadurch, dass für diese Form der Analyse dieselben Qualitätskriterien zu erfüllen sind, die auch für die qualitative Sozialforschung allgemein weithin anerkannt sind. Diese Kriterien finden bei der Planung, Durchführung und Auswertung von Experteninterviews lediglich eine spezifische Ausprägung. Zu diesen Qualitätskriterien wird man zählen dürfen:

– **Die intersubjektive Nachvollziehbarkeit der Verfahren der Datenerhebung und Datenanalyse:** Im Unterschied zur quantitativen Befragung kann bei qualitativen Experteninterviews der Anspruch intersubjektiver Nachprüfbarkeit nicht erfüllt werden, schon weil das Erhebungsinstrument hierzu keinen ausreichenden Grad an Standardisierung aufweist. Dennoch liegt es in der Aufgabe des Forschers, den Prozess der Analyse und des Interpretierens soweit zu dokumentieren, dass Dritte die einzelnen Schritte der Vorgehensweise erkennen und bewerten können. Dies betrifft in unserem Fall insbesondere die Darlegung der Kriterien der Expertenauswahl, die Offenlegung des Leitfadens, die Beschreibung der Interviewsituation und die Darstellung der Auswertungsmethode (vgl. Steinke 1999).

- **Die Neutralität und Offenheit des Forschers gegenüber neuen Erkenntnissen sowie anderen Relevanzsystemen und Deutungsmustern:** Gegen die Annahme, qualitative Sozialforschung könne objektiv und werturteilsfrei sein, spricht bereits, dass in jedem Forschungsprozess eine „Richtungsentscheidung" durch die Spezifikation der Forschungsfrage oder auch die Auswahl der Interviewpartner vorgenommen wird. Erwartet werden muss aber, dass sich der Forscher offen zeigt für Informationen oder Bewertungen, die nicht mit seiner bisherige Wahrnehmung des zu untersuchenden Problems übereinstimmen (Flick 1999: 63). In Bezug auf Experteninterviews bedeutet dies vor allem, dass in der Interviewsituation der Gesprächspartner die Möglichkeit haben muss, diese Informationen und Bewertungen auch einzubringen. Dies wird am besten dadurch erreicht, dass das Erhebungsinstrument unterschiedliche Arten von Fragen beinhaltet. Das Gebot der Neutralität legt dem Forscher zudem auf, Experteninterviews nicht in einer Weise zu nutzen, die lediglich dazu dient, Bestätigungen für eigene Annahmen zu erhalten. Neutralität ist somit ein wichtiges Gütekriterium für die Auswahl und Formulierung der Interviewfragen (siehe Abschnitt 3.1).

- **Die theoriegeleitete Vorgehensweise:** Dieses Kriterium erfordert es, in der eigenen Analyse an bereits vorhandenes theoretisches Wissen über den Untersuchungsgegenstand anzuknüpfen. Diese Anforderung ist in der qualitativen Sozialforschung nicht unumstritten (vgl. Gläser/Laudel 2006: 28 f.) und soll an dieser Stelle für den Typus des explorativen Interviews auch nicht behauptet werden. Davon abgesehen unterliegt aber bereits die „Übersetzung" der Forschungsfrage(n) in Interviewfragen sowie natürlich auch die Interpretation des aus Interviews gewonnenen Datenmaterials theoretischen Überlegungen, die anschlussfähig sein sollten an den Bestand unseres bereits existierenden Theoriewissens. Dies muss nicht zwingend bedeuten, dass die Anforderung besteht, Hypothesen abzuleiten und im strengen Sinne zu überprüfen. Auf eine theoriegeleitete Vorgehensweise zu verzichten hieße aber, den möglichen Erkenntnisgewinn aus Experteninterviews von vornherein (unnötig) zu beschränken.

3.1 Techniken der Datenerhebung

Die Planung und Durchführung von Experteninterviews vollzieht sich in fünf Schritten. Jeder dieser Schritte ist mit eigenen Problemstellungen verbunden, wobei mögliche Defizite in einzelnen dieser Schritte im weiteren Verlauf der Analyse nur noch sehr schwer korrigierbar sind. Nachfolgend sollten diese Arbeitsschritte kurz in

Bezug auf die zentralen technischen Anforderungen beschrieben werden, wobei darauf hinzuweisen ist, dass diese Arbeitsschritte im tatsächlichen Forschungsprozess in der Regel nicht in chronologischer Abfolge, sondern zumeist parallel oder doch zumindest zeitlich überschneidend bewältigt werden (vgl. Kaiser 2014):

– **Die „Übersetzung" der Forschungsfrage(n) in Interviewfragen:** Forschungsfragen in der Politikfeldanalyse sind häufig abstrakt formuliert, weil ihre wissenschaftliche Relevanz begründet werden muss und sie häufig bereits theoretische Vorüberlegungen verarbeiten. Als solche sind Forschungsfragen nicht als Interviewfragen geeignet, weil sie nicht der Erfahrungswirklichkeit potentieller Interviewpartner entsprechen. Somit ist die „Übersetzung" von Forschungsfragen in Interviewfragen ein erster wesentlicher Arbeitsschritt. Diese „Übersetzung" lässt sich mit dem Begriff der „Operationalisierung" beschreiben. Konkret geht es darum, den eigenen Untersuchungsgegenstand so in den „kulturellen Kontext" (Gläser/Laudel 2006: 110) des Befragten zu übertragen, dass er in der Lage ist, die Informationen zu liefern, die zur Beantwortung der Forschungsfrage(n) notwendig sind. Dabei helfen unterschiedliche Typen von Fragen, die mit verschiedenen Zielsetzungen eingesetzt werden können (Kvale 1996: 133 ff.): **Einführungsfragen** dienen etwa dazu, dem Gesprächspartner durch die Möglichkeit eines längeren Statements einen leichten Einstieg in die Interviewsituation zu geben. Gleichzeitig liefern sie dem Interviewer einen ersten Einblick davon, wie der Gesprächspartner die Themenstellung des Experteninterviews verstanden hat. **Strukturierende Fragen** leiten unterschiedliche Themenbereiche eines Experteninterviews ein. Sie dienen vor allem dem Befragten dazu, den Aufbau und Verlauf des Experteninterviews nachvollziehen zu können. Solche strukturierenden Fragen sind auch geeignet, längere Exkurse des Befragten jenseits des eigentlichen Untersuchungsinteresses (freundlich) zu unterbrechen. **Direkte Fragen** sollten für all jene Tatbestände verwendet werden, deren Erhebung für das eigene Forschungsvorhaben unabdingbar ist. Sie sollten kurz und knapp formuliert sein und den Befragten möglichst dazu motivieren, die gewünschten Informationen zu geben. **Indirekte Fragen** hingegen erlauben es, dass der Befragte zu Einschätzungen oder Positionen anderer involvierter Akteure im Politikprozess Stellung bezieht. Die Beantwortung solcher Fragen hilft dem Interviewer, den Kontext seines Untersuchungsgegenstandes breiter auszuleuchten. **Spezifizierende Fragen** sind immer dann sinnvoll, wenn der Befragte auf Sachverhalte aufmerksam macht, die einem selbst bisher unbekannt oder nur teilweise geläufig waren. Die Schwierigkeit solcher Fragen liegt darin, dass sie im Vorfeld kaum planbar sind. Der Interviewer muss folglich spontan entscheiden, ob zu einem Sachverhalt eine Nachfrage im Untersuchungsinteresse liegt oder nicht. **Interpretierende Fragen** geben schließlich Auskunft über die Wertvorstellungen und Deutungsmuster des Befragten und helfen in der späteren Analyse, die aus dem Interview gewonnenen Daten interpretativ einzuordnen.

– **Die Entwicklung des Interviewleitfadens:** dieser Leitfaden ist das Erhebungs-instrument für Experteninterviews und das Ergebnis der Operationalisierung der Forschungsfrage(n) und der theoretischen Annahmen in konkrete Fragen, die aus Sicht der Erfahrungswelt des Befragten nachvollziehbar sind. Der Inter-viewleitfaden soll drei zentrale Funktionen erfüllen. Erstens strukturiert er die konkrete Gesprächssituation dadurch, dass er die Anzahl und die Reihenfolge der Fragen definiert. Er ist folglich ein Instrument der Steuerung des Interview-verlaufs. Entsprechend des Grundsatzes der Offenheit ist eine Abweichung vom Leitfaden in der konkreten Interviewsituation, etwa durch Nachfragen, die zu-vor nicht vorgesehen waren, ausdrücklich möglich. Allerdings stellt der Leitfa-den aber auch die Vergleichbarkeit der Interviewdaten sicher, wenn eine größe-re Zahl von Experten befragt wird. Insofern hebt der Interviewleitfaden immer eine gewisse Anzahl von Fragen hervor, die möglichst von jedem Experten be-antwortet werden müssen. Zweitens sollte dieser Interviewleitfaden wichtige Hinweise für die Gesprächssituation enthalten, die keinesfalls vergessen wer-den dürfen. Dazu zählen insbesondere Hinweise an den Gesprächspartner über das Ziel der Untersuchung und der Bedeutung der konkreten Befragung („in-formed consent") sowie Hinweise zu etwaigen Vorkehrungen zur Anonymisie-rung und des Schutzes personenbezogener Daten. Und drittens ist der Leitfaden das Dokument, mit dem der Interviewer seinen Status als „Co-Experte" gegen-über dem Befragten belegt. Die Formulierung einzelner Fragen, die Einleitung zu unterschiedlichen Fragenkomplexen oder auch nur die Beschreibung des ei-genen Forschungsvorhabens zeigen dem Befragten, inwieweit sich der Inter-viewer in die Thematik eingearbeitet hat. Sollte der Befragte den Eindruck be-kommen, der Interviewer wisse nicht worüber er redet (bzw. fragt), wird das Experteninterview schwerlich die gewünschten Ziele erreichen.

– **Der Pre-Test des Fragebogens:** Ein Test des Erhebungsinstruments ist insbe-sondere dann unabdingbar, wenn sich der Forscher in ein für ihn neues The-menfeld begibt. Das Ziel des Pre-Tests liegt vor allem darin, die eigenen Fragen einem „Realitätscheck" zu unterziehen. In der Regel kommt es bei der Entwick-lung des Erhebungsinstruments immer wieder vor, dass einzelne Fragen so formuliert wurden, dass der Gesprächspartner sie nicht versteht oder zumindest nicht in der gewünschten Weise interpretiert. Insofern ist es unabdingbar, die-sen Pre-Test mit einem Gesprächspartner durchzuführen, der potentiell zum Kreise der Befragten hätte gehören können, aber für das konkrete Erkenntnisin-teresse notfalls als Informationsquelle verzichtbar ist.

– **Die Auswahl und Kontaktierung der Interviewpartner:** Dieser Arbeitsschritt hat maßgeblichen Einfluss auf die Güte der Datenerhebung durch Experten-terviews, ist aber gleichzeitig auch häufig mit erheblichem Problempotential verbunden. Einerseits sollte die Auswahl und Kontaktierung der Interviewpart-ner so früh wie möglich erfolgen, um sicherzustellen, dass sich die Interviews auch im Laufe des Forschungsplans realisieren lassen. Andererseits benötigt der Forscher aber bereits fundierte Kenntnisse über das Themengebiet, um bei der Anfrage das Interesse des zu Befragenden zu wecken. Insofern lässt sich der ideale Zeitpunkt dieses Arbeitsschritts nicht eindeutig bestimmen. Als Faustregel kann aber gelten, dass die Anfrage bis zu sechs Monate vor dem gewünschten Termin erfolgen sollte. Ferner sei darauf verwiesen, dass der Grundsatz der Offenheit qualitativer Forschung ausdrücklich auch begründen kann, noch nachträglich Interviewpartner einzuplanen, insbesondere dann, wenn Hinweise zu solchen Personen in bereits geführten Interviews gegeben werden und bisherige Gesprächspartner den Zugang zu solchen Personen erleichtern, die ohne diese Referenz womöglich nicht für ein Gespräch hätten gewonnen werden können.

– **Die Durchführung der Interviews**: Da die konkrete Interviewsituation in der Regel in hohem Maße einzigartig und dynamisch ist, kann man für diesen letzten Schritt der Datenerhebung kaum allgemeingültige Hinweise geben. Allerdings gibt es einen Aspekt, der einer näheren Betrachtung bedarf. Dieser betrifft die Frage, ob Experteninterviews zwingend mittels Tonbandaufnahme dokumentiert werden müssen. Die Antwort darauf kann meiner Auffassung nach nur lauten, dass der Verzicht auf eine solche Aufnahme gut begründet sein muss. Insbesondere in der Policy-Forschung sind allerdings Situationen vorstellbar, in denen ein Experteninterview bedingt durch die Tonbandaufnahme nicht den gewünschten Ertrag bietet, vor allem dann, wenn es um die Rekonstruktion von in hohem Maße informelle Verhandlungs- und Entscheidungsprozessen geht oder die betreffende Thematik aktuell politisch kontrovers diskutiert wird. Der Verzicht auf eine solche Aufnahme hat aber eine Reihe von Implikationen. Erstens legt sie dem Interviewer auf, während des Gespräches möglichst umfangreiche Notizen zu machen, was die Konzentration auf das Interview selbst beeinträchtigen kann. Zweitens ist es notwendig, unmittelbar nach dem Interview ein umfassendes Gedächtnisprotokoll zu erstellen, das von vornherein aber kein vergleichbares Niveau der Sicherung der Datenerhebung besitzt, wie die Transkription eines aufgezeichneten Interviews. Dies führt drittens dazu, dass es eine solche Vorgehensweise nicht mehr erlaubt, aus Experteninterviews wörtlich zu zitieren, bzw. Informationen hieraus ohne Prüfung der Plausibilität durch eine „zweite Quelle" zu nutzen.

3.2 Techniken der Datenanalyse

Mit der Durchführung der Experteninterviews ist ein wichtiger, aber der im Verhältnis zeitlich zumeist weniger aufwendige Teil der Datenerhebung weithin abgeschlossen. Im Forschungsplan sollte deshalb Berücksichtigung finden, dass der Prozess der Datenanalyse erhebliche Ressourcen in Anspruch nimmt. Dies gilt vor allem dann, wenn während der Interviewführung Tonbandmitschnitte gemacht wurden. Für die Analyse von Experteninterviews gibt es in der Literatur eine Reihe von Vorschlägen zu unterschiedlichen Verfahrensarten (vgl. Mayring 1999; Meuser/Nagel 2005; Gläser/Laudel 2006; zusammenfassend: Mayer 2009). Im Allgemeinen wird man aber davon ausgehen können, dass im Bereich der Expertenbefragung in der Politikfeldanalyse das Verfahren der qualitativen Inhaltsanalyse das am häufigsten verwendete ist. Aus methodologischer Sicht sind solche Verfahren teilweise durchaus komplex in verschiedensten Schritten konzipiert worden, wobei teilweise wichtige Aspekte nicht berücksichtigt worden sind. Insofern beschränkt sich die nachfolgende Darstellung zentraler Arbeitsschritte auf jene Phasen der Datenanalyse, die meines Erachtens unverzichtbar sind (vgl. Kaiser 2014):

– **Bewertung der Interviewsituation:** Im unmittelbaren Anschluss an das Interview ist eine Dokumentation desselben erforderlich, die wichtige Informationen über den Ablauf der Befragung zusammenfasst. Diese Dokumentation sollte Hinweise zur Gesprächsatmosphäre, zu Reaktionen des Gesprächspartners, zum Umfang, in dem Fragen beantwortet wurden, und ggf. zu im Gespräch erhaltenen weiteren Informationen, die für den Forschungsprozess von Bedeutung sein könnten, enthalten. Diese Dokumentation kann in späteren Phasen vor allem bei der vergleichenden Analyse verschiedener Interviews eine wichtige Rolle spielen, weil sie auch nach längeren Zeiträumen noch eine Einschätzung der Qualität des jeweiligen Interviews erlaubt.

– **Transkription des Interviewmitschnitts:** Mit diesem Schritt entsteht aus dem aufgezeichneten Gespräch ein Text, der nach etablierten Verfahren der Textanalyse weiterbearbeitet und ausgewertet werden kann. Bei dieser Transkription gilt es zu bedenken, dass aufgrund des hierfür einzuplanenden Zeitaufwandes die Neigung besteht, nur die als wichtig erachteten Gesprächspassagen zu transkribieren. Eine solche Verkürzung ist ohne klare Reduktionsregeln nicht unproblematisch, sollte aber in jedem Fall nur durch Personen vorgenommen werden, die selbst beim Interview anwesend waren. Dies bietet die Möglichkeit, dass schon während des Gesprächs Notizen über weniger zentrale Passagen angefertigt werden können, die im späteren Verlauf eine begrenzte Transkription erleichtern können. Zur Transkription von Experteninterviews gibt es bislang keine eindeutigen Verfahrensregeln. In der Regel wird man aber davon ausgehen können, dass eine orthografisch aufbereitete Fassung mit Hinweisen zu Phasen, in denen der Gesprächspartner zögert oder überlegt, ausreichend ist.

– **Kodierung des Textmaterials:** Unter Kodierung verstehen wir hier, dass als relevant identifizierte Textpassagen nach inhaltlichen Kategorien strukturiert werden. Das Kategorienschema wird dabei auf der Basis der theoretischen Annahmen des Forschungsvorhabens entwickelt und stellt so auch sicher, dass die Auswertung der Experteninterviews dem Grundsatz der theoriegeleiteten Analyse entspricht. Sofern an den Interviews selbst mehrere Personen beteiligt waren, kann eine unabhängige Kodierung von mehreren Projektbeteiligten den Grad der intersubjektiven Nachvollziehbarkeit erhöhen.

- **Identifikation der Kernaussagen und deren Zusammenführung**: Die so kodierten Texte erlauben es nun, Kernaussagen zu identifizieren und in Beziehung zu entsprechenden Aussagen aus weiteren Experteninterviews zu setzen. Bei diesem Schritt werden nun erstmals Widersprüche und Übereinstimmungen unterschiedlicher Befragungen deutlich. Ebenso wird das Datenmaterial erkennbar, für dessen Interpretation weitere Information nötig sind.
- **Erweiterung der Datenbasis**: Dieser Analyseschritt ist im engeren Sinne kein Bestandteil der Textanalyse selbst, aber ein wesentlicher Aspekt der Optimierung von Expertenbefragungen. Bei der Erweiterung der Datenbasis werden Informationen verdichtet und ergänzt, die auf der Basis der Befragung noch nicht vollständig ermittelt werden konnten. Dies kann durch telefonische Nachfragen beim Interviewpartner ebenso geschehen wie durch die Nutzung alternativer methodischer Zugänge und erfolgt mit der Zielsetzung, für eine Interviewaussage eine Plausibilisierung durch eine „zweite Quelle" zu erhalten.
- **Theoriegeleitete Interpretation**: Mit diesem abschließenden Schritt werden die verdichteten Kernaussagen der Experteninterviews sowie die aus anderen methodischen Zugängen gewonnenen Daten zur Beantwortung der Forschungsfrage(n) im Lichte der theoretischen Bezüge des Forschungsvorhabens interpretiert.

4 Häufige Probleme und Lösungsansätze

Die vorangegangenen Ausführungen sollten deutlich gemacht haben, dass die Planung, Durchführung und Auswertung von Experteninterviews eine aufwändige und voraussetzungsvolle Methode der Feldforschung darstellt, die aus einer Reihe von Arbeitsschritten besteht, die erhebliches Problempotential aufweisen. Abschließend sollen nun einige dieser Probleme diskutiert werden und, soweit an dieser Stelle möglich, erste Lösungsansätze präsentiert werden. Aus der eigenen Praxis, aber auch aus der Kenntnis einiger Untersuchungen, die sich der Befragung von Experten bedient haben, lassen sich vor allem drei Problembereiche benennen:

- **Die Auswahl der „falschen" Interviewpartner**: Bei der Planung von Experteninterviews lässt sich häufig eine gewisse Neigung feststellen, solche Personen aus relevanten Organisationen zu kontaktieren, die auf einer hohen Hierarchiestufe angesiedelt sind. Verbunden ist damit offenbar die Erwartung, diese Persönlichkeiten könnten mit besonderer Autorität und Authentizität über den jeweiligen Untersuchungsgegenstand informieren. Diese Herangehensweise kann aber dazu führen, dass die Terminierung von Experteninterviews unnötig erschwert und die Bereitwilligkeit zur Auskunft überschätzt wird. Denn tatsächlich sind beispielsweise Minister, Staatssekretäre oder Vorstandsmitglieder von Unternehmen in vielen Fällen weit weniger umfänglich in konkrete Verhandlungs- und Entscheidungsprozesse involviert, als das sie en détail darüber informieren könnten. Demgegenüber zeigt sich häufig, dass die Befragung von Experten aus mittleren Hierarchieebenen sehr viel bessere Ergebnisse produziert, auch deshalb, weil dieser Personenkreis zumeist über eine sehr viel längere Erfahrung innerhalb der Organisation verfügt und insofern wichtige Informationen über Kontinuitäten und Veränderungen in Bezug auf die Bearbeitung des zu erforschenden Problembereichs geben kann. Ein weiteres Problem stellt die häufig unzureichende Recherche hinsichtlich geeigneter Interviewpartner dar. Selbst in großen Organisationen wird man in der Regel kaum mehr als einen oder zwei Ansprechpartner identifizieren können, die tatsächlich mit dem jeweiligen Forschungsgegenstand in der Praxis konfrontiert waren. Dies bedeutet auch, dass – sollte es vonseiten dieser Personen kein Einverständnis zu einem Experteninterview geben – die Befragung anderer Mitglieder der Organisation wenig sinnvoll ist. Insofern muss der Forscher in einer solchen Situation kritisch reflektieren, ob die Einbeziehung dieser Organisationen in die Expertenbefragung unabdingbar ist und ob ggf. sogar auf die Nutzung von Experteninterviews insgesamt verzichtet werden muss.

– **Die „zu großzügige" Zusicherung von Anonymität:** Die Zusicherung von Anonymität kann zweifellos die Bereitschaft von Experten, sich „zu Forschungszwecken" befragen zu lassen, erhöhen. Dies darf allerdings nicht dazu führen, dass vonseiten des Forschers eine solche Zusicherung der Anonymität in einer zu großzügigen oder gar unangemessenen Weise gemacht wird. Anonymität, insbesondere die fehlende Offenlegung von Organisation und Hierarchieebene eines Interviewpartners, stellt ein Problem für die intersubjektive Nachvollziehbarkeit des Analyseverfahrens dar und sollte insofern die Ausnahme und sicher nicht die Regel darstellen. Zumeist lässt sich ein vonseiten des Experten anfänglich geäußerter Wunsch nach Anonymität im Vorgespräch mit der Darstellung der Verwendungsweise der gewonnenen Daten ausräumen. Zudem ist zu klären, ob es dem Interviewpartner tatsächlich um Anonymität oder um die Sorge darum geht, dass das Gespräch aufgezeichnet wird. Der Forscher muss an dieser Stelle insofern kritisch reflektieren, ob nicht der Verzicht auf einen solchen Mitschnitt gegenüber der Anonymisierung die bessere Alternative ist. Zudem sollte man von Formen der Anonymisierung Abstand nehmen, die tatsächlich keine sind. Wenn etwa von „Person XY, Forschungsleiter eines großen nordeuropäischen Telekommunikationsunternehmens" gesprochen wird, so ist die Anonymität zwar auf den ersten Blick gewahrt. Tatsächlich dürfte es aber maximal zwei relativ leicht zu identifizierende Personen geben, auf die eine solche Bezeichnung zutrifft.

– **Der suboptimale Ertrag aus Experteninterviews:** Das größte Problem der Befragung von Experten ist aber sicherlich der suboptimale Ertrag aus einer methodischen Vorgehensweise, die erhebliche zeitliche Ressourcen in Anspruch nimmt und der vielfach zuvor ein zentrale Bedeutung für die Untersuchung zugemessen wurde. Gründe für einen solchen suboptimalen Ertrag gibt es mehrere. Teilweise sind sie vom Forscher, teilweise vom Befragten „zu verantworten". Soweit es den Forscher betrifft liegt das größte Problem in der Missachtung der Kriterien der „Offenheit" und der „Neutralität". Wenn Experteninterviews darauf abzielen, Bestätigungen aus dem Feld für bereits formulierte Annahmen zu erhalten, werden nicht nur die Grundprinzipien der qualitativen Forschung verletzt, ferner besteht auch die Gefahr, dass wichtige, dem Forscher unbekannte Informationen nicht wahrgenommen oder nicht weitergehend recherchiert werden. In der Interviewsituation selbst besteht ferner immer die Gefahr, dass dem Interviewer „das Gespräch aus der Hand gleitet" und insofern nicht die gewünschten Ergebnisse produziert. Hier hilft neben Erfahrung in der Durchführung solcher Interviews nur die genaue Kenntnis des eigenen Interviewleitfadens, die es ermöglicht, die Steuerung des Gesprächs wieder zu übernehmen. Aufseiten des Befragten existiert nicht selten die Problematik, dass Experten entweder nach „sozialer Erwünschtheit" oder entsprechend „der Linie des Hauses" Auskunft geben und somit das Gespräch nicht zum Kern des zu untersuchenden Problems vordringt. Für diese Situation kann es drei Ursachen geben. Erstens könnte es daran liegen, dass der Interviewer zu viele Interpretationsfragen anstelle direkter Faktenfragen formuliert hat. Zweitens könnte der Interviewer die falsche Entscheidung hinsichtlich der Nutzung eines Tonbandmitschnitts getroffen haben, während drittens eine solche Reaktion des Befragten immer dann zu erwarten steht, wenn dieser den Interviewer nicht als sachkundig einschätzt.

Vor diesem Hintergrund lässt sich abschließend konstatieren, dass die Befragung von Experten in der Politikforschung aufgrund der offenen methodischen Vorgehensweise und der Dynamik der Gesprächssituation nie vollständig im Voraus kalkulierbar ist, dass aber eine systematische Planung und die angemessene Vorbereitung des Interviewers eine gute Gewähr dafür bietet, dass typische Probleme der Expertenbefragung minimiert werden können und die Interviews tatsächlich den gewünschten Ertrag bringen.

5 Literatur

Benz, Arthur/Dose, Nicolai, 2010: Governance – Modebegriff oder nützliches sozialwissenschaftliches Konzept?. In: Arthur Benz/Nicolai Dose (Hrsg.): Governance – Regieren in komplexen Regelsystemen. Eine Einführung, 2. aktualisierte und veränderte Auflage. Wiesbaden: VS Verlag für Sozialwissenschaften, 13–36.

* Bogner, Alexander/Menz, Wolfgang, 2005: Expertenwissen und Forschungspraxis: die modernisierungstheoretische und methodische Debatte um die Experten. Zur Einführung in ein unübersichtliches Problemfeld. In: Alexander Bogner/Beate Littig/Wolfgang Menz (Hrsg.): Das Experteninterview. Theorie, Methode, Anwendung, 2. Auflage. Wiesbaden: VS Verlag für Sozialwissenschaften, 7–30.

Flick, Uwe, 1999: Qualitative Forschung. Theorien, Methoden, Anwendung in Psychologie und Sozialwissenschaften, Reinbek bei Hamburg: Rowohlt.

Garman, Julie/Hilditch, Louise, 1998: Behind the scenes: an examination of the importance of the informal processes at work in conciliation. In: Journal of European Public Policy 5, 271–284.

* Gläser, Jochen/Laudel, Grit, 2006: Experteninterviews und qualitative Inhaltsanalyse als Instrument rekonstruierender Untersuchungen, 2., durchgesehene Auflage. Wiesbaden: VS Verlag für Sozialwissenschaften.

Helfferich, Cornelia, 2009: Die Qualität qualitativer Daten. Manual für die Durchführung qualitativer Interviews, 3., überarbeitete. Auflage. Wiesbaden: VS Verlag für Sozialwissenschaften.

Hitzler, Ronald, 1994: Wissen und Wesen des Experten. Ein Annäherungsversuch – Zur Einleitung. In: Hitzler, Ronald/Anne Honer/Christoph Maeder (Hrsg.): Expertenwissen. Die institutionalisierte Kompetenz zur Konstruktion von Wirklichkeit. Opladen: Westdeutscher Verlag, 13–30.

Hitzler, Ronald/Honer, Anne /Maeder, Christoph (Hrsg.), 1994: Expertenwissen. Die institutionalisierte Kompetenz zur Konstruktion von Wirklichkeit, Opladen: Westdeutscher Verlag.

* Kaiser, Robert, 2014: Qualitative Experteninterviews. Konzeptionelle Grundlagen und praktische Durchführung. Wiesbaden: Springer VS.

Kohler-Koch, Beate (Hrsg.), 1998: Regieren in entgrenzten Räumen, PVS-Sonderheft 29, Wiesbaden: Westdeutscher Verlag.

Kvale, Steinar, 1996: InterViews. An Introduction to Qualitative Research Interviewing, Thousand Oaks/London/New Delhi: Sage.

Lauth, Hans-Joachim/Pickel, Gert/Pickel, Susanne, 2009: Methoden der vergleichenden Politikwissenschaft. Eine Einführung. Wiesbaden: VS Verlag für Sozialwissenschaften.

Mayer, Horst Otto, 2009: Interview und schriftliche Befragung. Entwicklung, Durchführung und Auswertung. München/Wien: Oldenbourg.

* Mayring, Philipp, 1999: Einführung in die qualitative Sozialforschung. Weinheim: Beltz.

Meuser, Michael/Nagel, Ulrike, 2005: Experteninterviews – vielfach erprobt, wenig bedacht. Ein Beitrag zur qualitativen Methodendiskussion. In: Alexander Bogner/Beate Littig/Wolfgang Menz (Hrsg.): Das Experteninterview. Theorie, Methode, Anwendung, 2. Aufl., Wiesbaden: VS Verlag für Sozialwissenschaften, 71–93.

Meuser, Michael/Nagel, Ulrike, 2009: Das Experteninterview – konzeptionelle Grundlagen und methodische Anlage. In: Pickel, Susanne/Gert Pickel/Hans-Joachim Lauth/Detlef Jahn (Hrsg.): Methoden der vergleichenden Politik- und Sozialwissenschaft. Neue Entwicklungen und Anwendungen. Wiesbaden: VS Verlag für Sozialwissenschaften, 465–489.

Miller, Bernhard, 2011: Der Koalitionsausschuss. Existenz, Einsatz und Effekte einer informellen Arena des Koalitionsmanagements. Baden-Baden: Nomos.

Pfadenhauer, Michaela, 2005: Auf gleicher Augenhöhe reden. Das Experteninterview – ein Gespräch zwischen Experte und Quasi-Experte. In: Bogner, Alexander/Beate Littig/Wolfgang Menz (Hrsg.): Das Experteninterview. Theorie, Methode, Anwendung, 2. Auflage. Wiesbaden: VS Verlag für Sozialwissenschaften, 113–130.

Sprondel, Walter M., 1979: „Experte" und „Laie": Zur Entwicklung von Typen in der Wissenssoziologie. In: Walter M. Sprondel/Richard Grathoff (Hrsg.): Alfred Schütz und die Idee des Alltags in den Sozialwissenschaften. Stuttgart: Ferdinand Enke Verlag, 140–154.

Steinke, Ines, 1999: Kriterien qualitativer Forschung. Ansätze zur Bewertung qualitativ-empirischer Sozialforschung. Weinheim/München: Juventa.

Trinczek, Rainer, 2005: Wie befrage ich Manager? Methodische und methodologische Aspekte des Experteninterviews als qualitative Methode empirischer Sozialforschung. In: Alexander Bogner/Beate Littig/Wolfgang Menz (Hrsg.): Das Experteninterview. Theorie, Methode, Anwendung, 2. Auflage. Wiesbaden: VS Verlag für Sozialwissenschaften, 209–222.

Voelzkow, Helmut, 1995: „Iterative Experteninterviews": Forschungspraktische Erfahrungen mit einem Erhebungsinstrument. In: Christina Brinkmann/Axel Deeke/Brigitte Völkel (Hrsg.): Experteninterviews in der Arbeitsmarktforschung. Diskussionsbeiträge zu methodischen Fragen und praktischen Erfahrungen. Nürnberg: Institut für Arbeitsmarkt- und Berufsforschung der Bundesanstalt für Arbeit (BeitrAB 191), 51–57.

Verständnisfragen

1. Welche Merkmale politischer Verhandlungs- und Entscheidungsprozesse können eine Durchführung von Experteninterviews begründen?

2. Welche Arten von Wissen können durch Experteninterviews generiert werden und welche methodologischen Konsequenzen ergeben sich daraus?

3. Welche Eigenschaften zeichnen den Experten aus und welche Konsequenzen ergeben sich daraus für die Planung und Durchführung von Experteninterviews?

Transferfragen

1. Wie lässt sich die Durchführung von Experteninterviews im Rahmen eines methodenpluralistischen Ansatzes begründen?

2. Welches sind die zentralen Qualitätskriterien qualitativer Sozialforschung und wie lassen sich diese bei der Durchführung von Experteninterviews berücksichtigen?

Problematisierungsfragen

1. Welche Gründe sprechen für und gegen die Tonbandaufzeichnung von Experteninterviews?

2. Warum kann die Zusicherung von „Anonymität" gegenüber Experten zu einem Problem hinsichtlich der intersubjektiven Nachvollziehbarkeit der Befragung werden?

3. Welche Gründe sprechen gegen die Befragung von Experten aus oberen Hierarchieebenen von Organisationen?

Teil IV: **Erklärungen**

Georg Wenzelburger und Reimut Zohlnhöfer
Institutionen und Public Policies

1 Einleitung

Spätestens seit der institutionalistischen Wende Mitte der 1980er-Jahre haben politische Institutionen einen festen Platz in der Erklärung von *Public Policies*. Trotz gravierender Unterschiede der einzelnen Spielarten des Institutionalismus im Detail sind sich Neo-Institutionalisten einig in ihrer zentralen Botschaft: Politische Institutionen beeinflussen die Staatstätigkeit eines Landes erheblich. Diese aus heutiger Sicht fast schon selbstverständliche Behauptung war zu Beginn der 1980er-Jahre, als der „Neo-Institutionalismus" entstand, geradezu revolutionär. Denn zu dieser Zeit dominierten Erklärungsansätze, die das Individuum in das Zentrum der Erklärung stellten: Behavioristische und rationalistische Ansätze interessierten sich nicht für den Einfluss politischer Institutionen, sondern einzig für die individuellen Kalküle von Personen, die politische Entscheidungen trafen, oder für die Summe von Entscheidungen unzähliger so kalkulierender Individuen. Insofern standen die Arbeiten von Scharpf zur Politikverflechtungsfalle (1985) und von March/Olsen (1984, 1989) zum Einfluss von organisationalen Charakteristika auf Politik für eine neue Denkrichtung, eine Abkehr von der Idee, dass jeder politische Outcome durch Prozesse auf der Mikro-Ebene erklärt werden kann.

Seit diesen Pionierarbeiten ist das Argument, dass Institutionen für politische Entscheidungen maßgeblich sind, unzählige Male empirisch überprüft und untersucht worden. Zudem hat sich das Feld theoretisch weiterentwickelt und ausdifferenziert. Ziel dieses Kapitels ist es, zentrale Strömungen der institutionalistischen Ansätze und ihre Anwendung in der Policy-Forschung vorzustellen. Wir beschränken uns hierbei auf die drei der vier großen „Neo-Institutionalismen", die für die Erklärung von Staatstätigkeit besonders relevant sind – den historischen, den diskursiven und den Rational-Choice-Institutionalismus.[1] Letzterer erhält aufgrund seiner zentralen Rolle in der aktuellen Forschung zum Einfluss von Institutionen auf Public Policies ein besonderes Gewicht. Bevor wir in die Diskussion der einzelnen Ansätze einsteigen, geben wir einen kurzen Überblick über die Entstehungsgeschichte des Neo-Institutionalismus. Eine kurze Zusammenfassung schließt dieses Kapitel ab.

---

[1] Der soziologische Institutionalismus hat in der Policy-Forschung bisher keine bedeutende Rolle gespielt, weshalb auf diese Strömung in diesem Kapitel nicht weiter eingegangen wird.

2 Institutionen und Public Policies: Vom alten zum neuen Institutionalismus

Die aktuell einflussreichsten institutionalistischen Ansätze in der Policy-Forschung sind das Ergebnis einer jahrzehntelangen Theorieentwicklung in der Politikwissenschaft. Zwar entspringen die wichtigsten institutionalistischen Strömungen der Policy-Forschung der „institutionalistischen Wende" in der Politikwissenschaft, die auf Anfang der 1980er-Jahre datiert und insbesondere mit dem 1984 in der American Political Science Review erschienenen Aufsatz von James March und Johan Olsen in Verbindung gebracht wird.[2] Allerdings waren Institutionen nie komplett aus der politikwissenschaftlichen Analyse verschwunden, und der „neue" Institutionalismus baute zudem auf wichtigen politikwissenschaftlichen Vorarbeiten des „alten" Institutionalismus auf – was March und Olsen in ihrem Beitrag auch alleine schon dadurch anerkannten, dass sie die neueren institutionalistischen Arbeiten mit der Vorsilbe „Neo-" versahen. Wer also die Relevanz von Institutionen für das Policymaking verstehen möchte, sollte sich darüber im Klaren sein, auf welchen „Schultern von Riesen" wir mit den heutigen neo-institutionalistischen Ansätzen stehen. Dies bezweckt diese kurze Einführung in die Entwicklungsgeschichte des Institutionalismus.[3]

Die Wurzeln des „alten" Institutionalismus liegen vor dem Zweiten Weltkrieg, als sich Wissenschaftler wie Carl Joachim Friedrich, James Bryce oder Karl Loewenstein mit der Beschreibung und dem Vergleich von Verfassungen beschäftigten. Ihnen ging es primär darum darzustellen, nach welchen formalen Regeln Staaten organisiert waren und welche Vor- und Nachteile sich aus einer normativen (bspw. demokratietheoretischen) Sicht aus einer bestimmten institutionellen Organisation eines Staates ergeben. Aus heutiger Sicht kranken diese Arbeiten an mangelnder Theoriebildung, geringem analytischen Wert und der starken Orientierung an den Buchstaben der Verfassung bzw. der Gesetze (und weniger an der teilweise stark davon abweichenden Verfassungswirklichkeit) (ausführlich Peters 1999: 6–11). Dennoch schufen diese „alten" Institutionalisten eine wichtige Grundlage für spätere Arbeiten – indem sie zeigten, dass politische Institutionen im internationalen Vergleich sehr unterschiedlich ausgestaltet sind. An diese deskriptiven Befunde konnten spätere Studien anknüpfen.

In den 1960er- und 1970er-Jahren verschwanden die Institutionen aus dem Blickfeld der Politikwissenschaft. Die behavioristische und rationalistische Revolu-

---

2 Darin argumentieren die Autoren, dass „die *Organisation* des politischen Lebens einen Unterschied macht" (Übersetzung und Hervorhebung, d. Verf.) (March/Olsen 1984: 747), zeigen die Grenzen der bisherigen Theorieansätze auf und demonstrieren anhand unterschiedlicher Beispiele, wie Institutionen auf politische Outcomes wirken.

3 Ausführlich hierzu etwa Rhodes (1995) oder Peters (1999).

tion in den Sozialwissenschaften kritisierte die bis dahin vorherrschende normative und historisch-beschreibende Politikwissenschaft und verlangte eine stärkere Orientierung an Theoriebildung und Methode. Statt Institutionen auf Makroebene zu vergleichen, nahmen die Vertreter dieser neuen Bewegung die Mikroebene in den Blick („methodologischer Individualismus") und folgten der Annahme: „If we were to understand the world of politics, we had to look at the people who inhabited that world and ask them why they did what they did" (Peters 1999: 12). Institutionen waren hierbei irrelevant, da die Akteure, deren individuelle Präferenzen und Überlegungen letztlich den Outcome determinierten.

In Abgrenzung zu dieser Position von atomisierten einzelnen Akteuren, deren individuelle Kalküle eine Entscheidung auf Makroebene hervorbringen, ist die institutionalistische Wende der 1980er-Jahre zu verstehen, die unser Verständnis von Institutionen in der Policy-Forschung bis heute prägt. Neo-Institutionalisten argumentieren, dass politische Institutionen Rahmenbedingungen für Akteurshandeln darstellen, dass also Outcomes auf der Makroebene – etwa Gesetze – nicht alleine unter Rückgriff auf die Kalküle der Individuen auf der Mikroebene – etwa von Parlamentsabgeordneten – zu verstehen sind, sondern vielmehr in einem institutionellen Kontext stattfinden.[4] Was dabei genau als „Institution" definiert wird, ist in der Literatur bis heute uneinheitlich, sodass Hans Keman (1997: 1) einen „clear lack of conceptualization of what institutions are, or how they can be defined", feststellt. Ein Grund für diese Uneinheitlichkeit mag auch darin liegen, dass der neue Institutionalismus keine einheitliche Strömung darstellt, sondern sich in mindestens vier Richtungen ausdifferenziert hat (Hall/Taylor 1996; Schmidt 2008; Peters 1999): (1) in den soziologischen Institutionalismus, für den Normen und Kulturen der Institutionen die Handlungen der Akteure beeinflussen, weil die Akteure den Normen angemessen handeln („logic of appropriateness") (etwa March/Olsen 1989); (2) in den historischen Institutionalismus, der politische Outcomes als Ergebnis pfadabhängiger Prozesse interpretiert (etwa Thelen/Steinmo 1992); (3) in den Rational-Choice-Institutionalismus, der Institutionen einen entscheidenden Einfluss in den rationalen Kalkulationen individueller Akteure zuweist (etwa Tsebelis 2002; Mayntz/Scharpf 1995); sowie (4) in den (später hinzugetretenen) diskursiven Institutionalismus, der Ideen und Diskurse im Kontext von Institutionen interpretiert (etwa Schmidt 2008).

Trotz dieser unterschiedlichen Perspektiven gibt es einen wissenschaftlichen Grundkonsens hinsichtlich dessen, was Institutionen darstellen. Peter Hall (1986: 19) definiert Institutionen als „the formal rules, compliance procedures, and standard operating practices that structure the relationship between individuals in vari-

---

4 Das Beispiel der Entscheidungen von Abgeordneten ist zum Klassiker für ein institutionalistisches Argument geworden, da sich hierüber eine wichtige wissenschaftliche Debatte zu Beginn der 1980er-Jahre entsponnen hat, die wesentlich zum Aufkommen neo-institutionalistischer Argumente beigetragen hat (vgl. Riker 1980; Shepsle/Weingast 1987).

ous units in the polity and economy" und steht damit in der Tradition der klassischen Beschreibung von Institutionen als Regeln bzw. als Regelsysteme. Etwas umfangreicher fällt Guy Peters (1999: 18) Charakterisierung von Institutionen anhand von vier Merkmalen aus:

–   Institutionen sind ein Strukturmerkmal des politischen Systems oder der Gesellschaft und können dabei formal (bspw. Parlament) oder informell (bspw. Netzwerk innerhalb einer Partei) sein.
–   Institutionen sind über einen gewissen Zeitraum stabil.
–   Institutionen beeinflussen das Verhalten der Individuen, die mit ihnen in Kontakt kommen, wobei dies erneut formal oder informal erfolgen kann.
–   Mitglieder einer Institution sollten ein gemeinsames Set von Werten und Normen teilen.

Diese zwei Beschreibungen des Untersuchungsobjekts des Neo-Institutionalismus zeigen, dass der neue Institutionalismus sehr viel breiter angelegt ist als der „alte". Institutionen bestehen nicht nur aus formalen (auch wenn diese weiterhin wichtig sind), sondern auch aus informellen Regeln, die dann als institutionalisiert gelten, wenn sie die Präferenzen und das Handeln ihrer Mitglieder beeinflussen.

3 Rational-Choice-Institutionalismus

Der Rational-Choice-(RC-)Institutionalismus ist vermutlich der am weitesten verbreitete Institutionalismus in der derzeitigen Policy-Forschung. In ihm lassen sich wiederum unterschiedliche Ansätze unterscheiden, die eng mit dem Werk einzelner Autoren verbunden sind. Wir wollen im Folgenden mit der Vetospieler-Theorie von George Tsebelis sowie dem Akteurzentrierten Institutionalismus (AI) von Fritz Scharpf und Renate Mayntz zwei der wichtigsten Ansätze des RC-Institutionalismus vorstellen.[5] Diese Ansätze unterscheiden sich in verschiedenerlei Hinsicht. Das gilt etwa für den Institutionenbegriff. Während Scharpf (2000a: 77) Institutionen als „Regelsysteme ..., die einer Gruppe von Akteuren offenstehende Handlungsverläufe strukturieren", versteht, und damit einen weiten Institutionenbegriff zugrunde legt, konzentriert sich Tsebelis (2002) in seiner Vetospieler-Theorie im Wesentlichen auf Verfassungsinstitutionen. Zudem handelt es sich beim AI um eine Forschungsheuristik zur Erklärung komplexer Makrophänomene (Mayntz/Scharpf 1995: 39) und nicht um eine gegenstandsbezogene Theorie, aus der sich Hypothesen ableiten

---

5 Als weiterer bedeutender Ansatz in diesem Zusammenhang ist das Institutional Analysis and Development Framework (IAD) von Elinor Ostrom zu nennen. Sowohl aus Platzgründen als auch, weil es sich um ein sehr abstraktes Konzept handelt, verzichten wir darauf, auch das IAD in diesem Beitrag vorzustellen. Vgl. dazu jedoch Ostrom 2007, 2011 sowie McGinnis 2011.

ließen. Der Vetospieler-Ansatz dagegen zielt gerade auf die Ableitung konkreter Hypothesen zum Einfluss bestimmter institutioneller Konfigurationen auf die Stabilität des Status quo.

3.1 George Tsebelis' Vetospieler-Ansatz

Die Grundidee der Vetospieler-Theorie von George Tsebelis (1995, 2002) ist es, unterschiedliche Typologien der Vergleichenden Politikwissenschaft wie Parlamentarismus vs. Präsidentialismus, Zwei- vs. Mehrparteiensysteme und Ein- vs. Zweikammersysteme in einem einzigen Konzept zusammenzufassen und auf diese Weise die analytische Möglichkeit zu schaffen, die Auswirkungen dieser unterschiedlichen institutionellen Aspekte auf staatliche Policies durch eine einzige Variable auszudrücken. Ein Beispiel mag den Punkt verdeutlichen: Traditionell würde man erwarten, dass in parlamentarischen Regierungssystemen größerer Politikwandel als in präsidentiellen möglich ist, weil in ersteren die Regierung aus dem Parlament hervorgeht und die Parlamentsmehrheit daher die politischen Projekte der Regierung unterstützt, während im Präsidentialismus Parlament und Präsident unabhängig voneinander sind und sich daher blockieren können. Ebenso würden wir erwarten, dass es in Zweiparteiensystemen, in denen es nicht notwendig ist, Koalitionen zu bilden, leichter zu Politikwandel kommen wird, als in Vielparteiensystemen, in denen Mehrparteienkoalitionen mitunter große Schwierigkeiten haben, sich auf Reformen zu einigen. Was, so fragt Tsebelis, folgt daraus für einen Vergleich zwischen einem präsidentiellen Regierungssystem mit Zweiparteiensystem wie den USA und einem parlamentarischen Regierungssystem mit Vielparteiensystem wie Italien? Die klassischen Typologien können hier Tsebelis zufolge nicht weiterhelfen. Daher schlägt er ein neues Konzept vor, um die Institutionensysteme verschiedener Länder in ihren unterschiedlichen Aspekten vollständig zu erfassen und auf diese Weise eine präzisere Analyse des Einflusses von Institutionen auf staatliche Politiken zu ermöglichen: den Vetospieler.

Ein Vetospieler ist nach Tsebelis (2002: 2) ein individueller oder kollektiver Akteur, dessen Zustimmung für eine Abweichung vom Status quo notwendig ist. Dabei wertet Tsebelis unabhängig vom Systemtyp, der Zahl der Parlamentskammern oder dem Typ des Wahlsystems schlicht die Akteure, deren Zustimmung zu einer Veränderung notwendig ist, und vereinfacht damit die Vielfalt der politischen Systeme erheblich. Vetospieler können unterschieden werden in institutionelle und parteiliche Vetospieler. Institutionelle Vetospieler sind Institutionen, deren Vetorechte in der Verfassung festgeschrieben sind, beispielsweise Parlamentskammern, deren Zustimmung für ein Gesetz notwendig ist. Das bedeutet, dass zweite Kammern danach untersucht werden müssen, ob sie tatsächlich ein Vetorecht besitzen. Für den deutschen Bundesrat gilt dies beispielsweise nur für Zustimmungsgesetze, nicht jedoch für Einspruchsgesetze, weil er bei letzteren eben gerade keine Vetomacht besitzt und deshalb nicht berücksichtigt werden muss. Weitere institutionelle Vetospieler können Präsidenten sein, wenn sie, wie beispielsweise der amerikanische Präsident, Vetorechte in der Gesetzgebung besitzen. Auch das Volk kann zum Vetospieler werden, wenn es die Möglichkeit hat, Gesetze per Referendum zu verwerfen (vgl. Hug/Tsebelis 2002). Prinzipiell können auch Gerichte, insbesondere Verfassungsgerichte, zu Vetospielern werden.

Innerhalb dieser Verfassungsorgane oder institutionellen Vetospieler kommen die parteilichen („partisan") Vetospieler zum Zuge. Falls beispielsweise keine Partei allein über die Mehrheit im Parlament verfügt und es zu Koalitionen kommt, ist zunächst jede Koalitionspartei als einzelner – parteilicher – Vetospieler zu werten. Dagegen kommen Interessengruppen nach der Logik der Theorie nicht als Vetospieler in Frage, weil sie keine formale Vetomacht haben – nicht einmal in Ländern mit besonders stark ausgeprägtem Korporatismus (Czada 2003: 183 f.).

ℹ️ Liberarer/(Neo-)Korporatismus

Unter liberalem oder (Neo-)Korporatismus versteht man die (mehr oder weniger stark institutionalisierte) Einbindung von Interessengruppen in die staatliche Willensbildung, insbesondere die Einbindung von Gewerkschaften und Arbeitgeber- sowie Industrieverbänden in die wirtschafts- und sozialpolitische Willensbildung.

Im Unterschied zum autoritären Korporatismus, wie ihn etwa der italienische Faschismus prägte, geschieht die Einbindung der Interessengruppen im liberalen Korporatismus entwickelter Demokratien auf freiwilliger Basis – weder sind die Verbände verpflichtet, an entsprechenden Verhandlungen teilzunehmen, noch ist die Regierung verpflichtet, die Positionen der Interessengruppen zu berücksichtigen. Beide Seiten können jedoch Interesse an korporatistischen Arrangements haben. Interessengruppen etwa können auf diese Weise besonders prägend auf die staatliche Willensbildung einwirken. Der Staat kann umgekehrt aber auch auf das politisch relevante Verhalten der Verbände, etwa Lohnverhandlungen oder Investitionsentscheidungen, Einfluss nehmen oder Reformen politisch absichern.

Klassisch korporatistische Staaten sind die skandinavischen Länder, vor allem Schweden, und Österreich. In der Bundesrepublik Deutschland gab es ebenfalls Versuche korporatistischer Steuerung, etwa mit der Konzertierten Aktion in den 1970er-Jahren oder dem Bündnis für Arbeit zwischen 1998 und 2003. Die Einbindung der Sozialpartner in die Sozialversicherungen und die sozialpolitische Willensbildung in Deutschland wird ebenfalls als (sektoraler) Korporatismus bezeichnet.

Allerdings müssen nach Tsebelis auch nicht alle Akteure in die Analyse einbezogen werden, die der Definition nach Vetospieler sind. Das gilt einerseits für solche institutionellen Vetospieler, die durch parteiliche Vetospieler ersetzt werden. Wo zwei Parteien in einem parlamentarischen Regierungssystem eine Koalition bilden, werden diese beiden Parteien als Vetospieler betrachtet, aber nicht mehr das Parlament als Ganzes. Darüber hinaus gilt die Absorptionsregel: Wenn zwei institutionelle Vetospieler die gleiche Position vertreten, weil in ihnen die gleichen parteipolitischen Mehrheiten herrschen, werden sie nur als einer gewertet (Tsebelis 1995: 313). Das bedeutet beispielsweise, dass eine zweite Kammer nicht als zusätzlicher Vetospieler gezählt wird, wenn ihre Mehrheit mit der in der ersten übereinstimmt, wie beispielsweise üblicherweise in den Niederlanden, weil dann keine abweichenden inhaltlichen Positionen zu erwarten sind. Die Absorptionsregel ist allerdings dann nicht anwendbar, wenn die beiden Vetospieler in mindestens einer Dimension nicht die gleiche Position vertreten. So dürfte der deutsche Bundesrat auch bei gleichgerichteten Mehrheitsverhältnissen als Vetospieler wirksam bleiben, weil seine Position zumindest in Fragen der Finanzen und des institutionellen Eigeninteresses der Bundesländer oder der Landesregierungen keineswegs durch die parteipolitischen Positionen hinreichend beschrieben ist. Die Absorptionsregel kommt nach Tsebelis jedoch auch dann zur Anwendung, wenn die Position eines parteilichen Vetospielers in einer Dimension zwischen den Positionen zweier anderer Vetospieler liegt: Auch dann muss der in der Mitte positionierte und damit absorbierte Vetospieler nicht beachtet werden. Wenn also im Falle einer Drei-Parteien-Koalition eine Partei in der interessierenden Frage genau zwischen den beiden anderen Koalitionspartnern positioniert ist, muss sie nicht gezählt werden. Aus dem gleichen Grund werden bei Tsebelis (2002: 227) auch Verfassungsgerichte als absorbiert betrachtet und damit aus der Analyse weitgehend ausgeschlossen: Der Modus der Richterwahl sorge in den meisten Fällen dafür, dass die Position der Richter zwischen der der übrigen Vetospieler liege.[6]

Bis hierhin sind jedoch lediglich die Akteure bestimmt, die für die weitere Analyse relevant sind. Welche Beziehungen bestehen nun zwischen Vetospielern und der Staatstätigkeit? Um diese Zusammenhänge zu analysieren, greift Tsebelis auf ein räumliches Politikmodell zurück, in dem rationale Akteure versuchen, ihre Policy-Präferenzen zu maximieren. Demnach wird angenommen, dass die Vetospieler versuchen werden, Politiken durchzusetzen, die ihrem eigenen Idealpunkt so nah wie irgend möglich kommen. Das ist für einen Rational-Choice-Ansatz eine durchaus ungewöhnliche Annahme, weil in den Klassikern dieser Denkschule, etwa Downs (1957) Ökonomischer Theorie der Demokratie oder Olsons (1965) Logik kollektiven Handelns, stets davon ausgegangen wird, die Akteure versuchten, ihren eigenen privaten Nutzen zu maximieren. Nicht so Tsebelis' Vetospieler, die bestimmte inhaltliche Idealpunkte anstreben, ohne dass die Theorie Aussagen darüber macht, warum sie diese Punkte anstreben. Vor allem aber spielt der Wunsch der Akteure, die Macht zu erlangen oder zu erhalten, keine Rolle.

Der Einfachheit halber nimmt Tsebelis weiterhin an – und diese Annahmen sind im Rational Choice wiederum oft üblich –, dass die Akteure wechselseitig wissen, welche Policy-Punkte die anderen Vetospieler anstreben. Ebenso wird angenommen, dass Transaktionskosten keine Rolle spielen, Verhandlungen zwischen den Vetospielern also nicht notwendig sind und entsprechende Kosten damit nicht an-

---

6 Dass diese Annahme zutreffen kann, aber keineswegs muss, zeigt Hönnlges (2009) Vergleich zwischen dem deutschen und französischen Verfassungsgericht.

fallen. Die zuletzt genannten Annahmen sind offensichtlich unrealistisch, aber sie erleichtern die Analyse, ohne dass sie die Ergebnisse nennenswert beeinflussen.

Was Tsebelis nun interessiert, ist der Zusammenhang zwischen der Vetospieler-konstellation als unabhängiger und der Policy-Stabilität als abhängiger Variable. Die abhängige Variable ist mit Bedacht gewählt, und es ist kein Zufall, dass Tsebelis auf Policy-Stabilität, und nicht auf Policy-Wandel abzielt. Ist die Vetospielerkonstellation nämlich für Wandel ungünstig – wir werden gleich sehen, wann das der Fall ist –, dann kommt es auch zu Stabilität. Der umgekehrte Fall gilt dagegen nicht: Eine günstige Vetospielerkonstellation ist zwar nach der Theorie so etwas wie eine notwendige Bedingung für Politikwandel, aber keineswegs auch eine hinreichende Bedingung!

Nach Tsebelis hängt die Policy-Stabilität von drei Eigenschaften der jeweiligen Vetospielerkonstellation ab: erstens der Zahl der Vetospieler, zweitens ihrer Kohäsi-on und drittens ihrer Kongruenz. Die Zahl der Vetospieler kann je nach Zeitpunkt und Politikfeld variieren – etwa in Abhängigkeit von der Zahl der Parteien in einer Koalition. Nach Tsebelis gilt, dass unter sonst gleichen Bedingungen mit zuneh-mender Zahl von Vetospielern die Policy-Stabilität nicht abnimmt, eine Verände-rung des Status quo also in der Regel schwieriger wird.

Das Kriterium der Kohäsion bezieht sich auf die Homogenität der Positionen in-nerhalb der Vetospieler, sofern sie kollektive Akteure sind. Hier unterstellt Tsebelis, dass es mit zunehmender Kohäsion schwieriger wird, sich vom Status quo zu ent-fernen. Zu dieser Einschätzung kommt er unter der Annahme, dass Entscheidungen innerhalb des Vetospielers mit Mehrheit getroffen werden (Tsebelis 1995: 299). Soll-ten Entscheidungen der kollektiven Akteure dagegen einstimmig fallen, dürfte im Gegenteil mit abnehmender Kohäsion eine Entfernung vom Status quo schwieriger werden, weil dann auch die Zustimmung des Individuums notwendig ist, das am meisten zu verlieren bzw. am wenigsten zu gewinnen hat (Tsebelis 2002: 149–153). Die Kohäsion eines Vetospielers ist beispielsweise bei der Modellierung von inner-parteilichen Flügeln oder Faktionen von Bedeutung.

Unter Kongruenz ist schließlich die Nähe bzw. Distanz der Policy-Positionen der einzelnen Vetospieler zu verstehen: Je weiter also z. B. zwei Koalitionspartner in einer Frage voneinander entfernt sind, desto schwieriger wird es für sie sein, sich auf eine gemeinsame Position jenseits des Status quo zu einigen. Allgemeiner for-muliert gilt demnach: Je geringer die Kongruenz zwischen den Vetospielern, desto unwahrscheinlicher wird eine Veränderung des Status quo, die Policy-Stabilität nimmt zu (bzw. formal korrekt: die Policy-Stabilität nimmt nicht ab). Wenn dagegen zwei institutionelle Vetospieler die gleiche Position vertreten, werden sie nur als einer gewertet – hier kommt also die Absorptionsregel zum Zuge. Bei der Kongruenz handelt es sich demnach um die zentrale Eigenschaft einer Vetospielerkonstellati-on, sie ist insbesondere wichtiger als die Zahl der Vetospieler, wenn es darum geht, die Policy-Stabilität vorherzusagen. Das lässt sich an einem einfachen Gedankenex-periment verdeutlichen: Der Logik der Vetospieler-Theorie zufolge sollte die Policy-

Stabilität in einer Konstellation mit nur zwei Vetospielern, die jedoch gegensätzliche Positionen einnehmen, sehr viel höher sein als in einer Konstellation mit vielen Vetospieler, die aber nur minimal unterschiedliche Vorstellungen haben.

Für das Resultat des Willensbildungsprozesses kann zudem der Agenda-Setter eine bedeutende Rolle spielen, da dieser seine Position nutzen kann, um eine Veränderung des Status quo durchzusetzen, die den eigenen Präferenzen am nächsten kommt und von den übrigen Vetospielern gerade noch dem Status quo vorgezogen wird. In parlamentarischen Systemen übernimmt die Regierung die Rolle des Agenda-Setters, während in präsidentiellen Systemen das Parlament die Agenda bestimmt. Allerdings nimmt die Bedeutung des Agenda-Setters mit zunehmender Zahl an Vetospielern und vor allem abnehmender Kongruenz zwischen ihnen ab.

Die Tatsache, dass die Kongruenz die zentrale Eigenschaft der Vetospielerkonstellation ist, unterscheidet Tsebelis' Ansatz von vielen anderen institutionalistischen Ansätzen, die sich in erster Linie auf Vetopunkte konzentrieren (s. u.). Das wird vor allem bei der Operationalisierung der Vetospielerkonstellation deutlich. Viele Indizes, die die institutionellen Strukturen verschiedener Länder abbilden wollen, stellen nämlich auf die Anzahl von Institutionen ab, die einer einzelnen Regierungspartei Konzessionen abverlangen können (vgl. z. B. Huber et al. 1993; M. G. Schmidt 2010: 332–333; Wagschal 2005). Obwohl sich einige dieser Indizes explizit auf Tsebelis berufen und als Vetospieler-Indizes betitelt werden, bilden sie das Tsebelis'sche Konzept kaum ab (Jahn 2011). Will man wirklich die Vetospieler-Theorie in quantitativen Studien anwenden, müssen tatsächlich für jeden Zeitpunkt im entsprechenden Politikfeld die Vetospieler identifiziert werden, ehe in einem nächsten Schritt die Distanz ihrer Policy-Positionen bestimmt werden muss.[7] Hierzu kann man beispielsweise auf Messungen der ideologischen Positionen von Parteien zurückgreifen, die über die Kodierung von Parteiprogrammen (z. B. Budge et al. 2001) oder durch Expertenbefragungen (Laver/Hunt 1992; Benoit/Laver 2006; Bakker et al. 2012) erhoben werden (Jahn 2011). Die Eigenschaft der Kohäsion ist dagegen bislang allenfalls in einigen qualitativen Studien angewendet worden. Auch für diese Eigenschaft der Vetospieler-Konstellation hat Detlef Jahn (2012) inzwischen allerdings einen Index vorgelegt.

Die Vetospieler-Theorie hat zweifellos enorme analytische Stärken, weshalb sie zu einer der am häufigsten angewendeten institutionalistischen Ansätze in der Policy-Forschung geworden ist. Zu ihren Stärken gehört es, ganz unterschiedliche Arten von Institutionen, sei es das Regierungs-, das Parteien- oder das Wahlsystem, aber auch die Organisation des Parlaments und die Existenz von Verfassungsgerichten, in einem einzigen Konzept abzubilden. Zudem wird das Institutionensystem gewissermaßen akteurstheoretisch aufgelöst und es kann auf diese Weise abgebildet

---

[7] Aus methodologischer Sicht hat dieses Vorgehen den großen Vorteil, dass die Vetospieler-Variable nicht nur zwischen den Ländern, sondern auch über die Zeit variiert.

werden, dass das gleiche Set an Institutionen zu unterschiedlichen Zeiten oder in unterschiedlichen Politikfeldern unterschiedlich viel Politikwandel zulässt – ein nicht zu unterschätzender Vorteil gegenüber vielen klassischen institutionalistischen Ansätzen. Darüber hinaus erweist sich der Vetospieler-Ansatz als ausgesprochen anschlussfähig für andere theoretische Ansätze der Politikfeldanalyse (vgl. z. B. Zohlnhöfer 2013).

Gleichwohl ist das Vetospieler-Theorem nicht ohne Kritik geblieben. So fokussiert Tsebelis fast ausschließlich den Prozess politischer Entscheidungsfindung, der typischerweise mit der Verabschiedung eines Gesetzes abgeschlossen wird. Das ist aber keineswegs der einzige Weg, wie Institutionen politische Entscheidungen beeinflussen (Zohlnhöfer 2003: 69). Vielmehr können Regierungen auch bestimmte Kompetenzen und Ressourcen vorenthalten sein, ohne die sie ihre angestrebten Ziele nicht oder nur schwer erreichen können. Zu nennen sind in diesem Zusammenhang etwa föderalistische Arrangements, die subnationalen Gebietskörperschaften bestimmte Kompetenzen und Ressourcen reservieren, die Einbindung in supranationale Organisationen mit eigenständigen Rechtssetzungsbefugnissen sowie von Weisungen der Regierung unabhängige Institutionen, denen einzelne Politikfelder übertragen sind (z. B. unabhängige Zentralbanken, Tarifautonomie in der Lohnfindung). Auch die günstigste Vetospieler-Konstellation nutzt einer Regierung nämlich nichts, wenn sie, wie beispielsweise in der deutschen Bildungs- oder Geldpolitik, gar keine Gesetzgebungskompetenz besitzt. Für diese Art institutioneller Arrangements ist die Vetospieler-Theorie weitgehend blind.

Kritisiert wird darüber hinaus, dass Tsebelis bei der Modellierung der Interaktion von Vetospielern ausschließlich von policy-orientiertem Verhalten ausgeht (vgl. Scharpf 2000b: 781; Zohlnhöfer 2003: 67 f.; Ganghof 2003: 15). Tatsächlich können Vetospieler jedoch auch strategische Interessen verfolgen, die sie dazu verleiten, eine Einigung zu verhindern, die aufgrund der Policy-Positionen eigentlich möglich wäre.

Für diese Konstellation kann eine – an Überlegungen von Birchfield und Crepaz (1998: 181 f.) sowie Wagschal (1999) anknüpfende – Unterscheidung zwischen kompetitiven und kooperativen Vetospielern eingeführt werden. Kooperative Vetospieler, etwa Koalitionspartner, sind prinzipiell an einer Einigung interessiert, sie verhalten sich policy-orientiert, wie es Tsebelis' Dimension der Kongruenz modelliert. Dagegen hängt bei kompetitiven Vetospielern, also etwa einer oppositionellen Mehrheit in einer zweiten Kammer oder bei abweichenden Mehrheiten zwischen Parlament und Präsident in präsidentiellen Systemen, eine Zustimmung zu einer Änderung des Status quo zwar auch von inhaltlichen Erwägungen ab. Hinzu kommt für diese Akteure aber eine strategische, vom Parteienwettbewerb dominierte Orientierung, die auf die (wahlpolitischen) Konsequenzen einer Einigung bzw. Nicht-Einigung für die beiden Seiten abhebt. Insofern sollte eine Einigung zwischen kompetitiven Vetospielern ceteris paribus schwerer fallen als ein Kompromiss zwischen kooperativen Vetospielern. Alternativ hat Steffen Ganghof (2003: 16) für den Umgang mit diesen unterschiedlichen Interaktionsorientierungen von Vetospielern den Begriff der *sacrifice ratio* vorgeschlagen, die angeben soll, welche Entfernung vom eigenen Idealpunkt ein Akteur gerade noch akzeptiert. Hier wäre zu erwarten, dass Regierungen, die in der Regel ein starkes Interesse daran haben, dass überhaupt eine Einigung zustande kommt, eher zu Kompromissen bereit sind (höhere *sacrifice ratio*), als eine Opposition mit Vetomacht (in unserer Terminologie also ein kompetitiver Vetospieler), die große inhaltliche Zugeständnisse verlangen wird, ehe sie bereit ist, einer Änderung des Status quo zuzustimmen. Es dürfte allerdings empirisch schwerfallen, eine solche *sacrifice ratio* zu bestimmen.

3.2 Der Akteurzentrierte Institutionalismus

Anders als die Vetospieler-Theorie, aus der sich unmittelbar Hypothesen über die Veränderbarkeit eines spezifischen Status quo ableiten lassen, versteht sich der Akteurzentrierte Institutionalismus (AI) nicht als gegenstandsbezogene Theorie, sondern als ein analytischer Ansatz bzw. eine Forschungsheuristik. Ziel ist es, ein Analysewerkzeug für die Erklärung komplexer Makrophänomene, insbesondere staatlicher Politiken, bereitzustellen (Mayntz/Scharpf 1995: 39; Scharpf 2000a: Kap. 1). Dabei wird (wie in allen institutionalistischen Theorien) davon ausgegangen, dass Institutionen – hier in einem weiteren Sinne als bei Tsebelis verstanden als „Regelsysteme ..., die einer Gruppe von Akteuren offenstehende Handlungsverläufe strukturieren" (Scharpf 2000a: 77) – eine zentrale Rolle bei der Entstehung staatlicher (oder auch nichtstaatlicher oder transnationaler) Politiken spielen. Allerdings werden Policies nicht durch Institutionen determiniert; vielmehr müssen für eine hinreichende Erklärung von Policies auch Akteure betrachtet werden, die innerhalb der Institutionen ihre Ziele verfolgen. Nicht unähnlich Tsebelis versucht also auch der AI, Institutionen und Akteure analytisch miteinander zu verknüpfen. Scharpf und Mayntz gehen jedoch anders vor, indem sie Institutionen handlungsermöglichende ebenso wie handlungsbeschränkende Eigenschaften zuordnen.

So ermöglichen Institutionen soziales Handeln überhaupt erst, indem sie Erwartungssicherheit schaffen (Mayntz/Scharpf 1995: 47), also Akteure konstituieren und ihnen Aufgaben, Kompetenzen und Ressourcen zuweisen sowie verschiedene Akteure in definierte Beziehungen zueinander setzen (Scharpf 2000: 78 ff.). Ohne die Festlegung, wer für welche Entscheidungen zuständig ist, wäre politisches Handeln in der Tat kaum möglich. Aber der handlungsermöglichende Charakter von Institutionen reicht noch weiter: Zum Teil ergeben sich aus den Institutionen nämlich bereits die Ziele von Akteuren (man denke an eine Zentralbank, die gesetzlich auf das Ziel der Erhaltung der Preisniveaustabilität festgelegt ist) und deren Wahrnehmungen (eine so konstituierte Zentralbank wird alle Informationen unter dem Gesichtspunkt auswerten, wie sich diese auf das Preisniveau auswirken). Gleichzeitig beschränken Institutionen aber natürlich auch den Handlungsspielraum von Akteuren: In unserem Beispiel einer unabhängigen Zentralbank bleiben der Regierung dann nämlich geldpolitische Kompetenzen vorenthalten, sodass sie bestimmte Politiken nicht verfolgen kann. Insofern kann also der institutionelle Kontext, in dem Akteure zu handeln haben, schon entscheidend für die Handlungsoptionen von Akteuren sein, weil er bestimmte Optionen nahelegt und andere ausschließt.

Doch eine rein institutionelle Erklärung wird in vielen Fällen nicht ausreichen, weil die Handlungsmöglichkeiten der Akteure durch Institutionen zwar begrenzt werden, die Handlungen aber nicht institutionell determiniert sind. Daher betrachtet der AI in einem weiteren Schritt unterschiedliche Eigenschaften verschiedener Akteure. Dabei kommen wesentlich mehr Akteure in Betracht als bei der Vetospieler-Theorie: Sogar nicht strategiefähige Akteure, sogenannte Akteuraggregate wie „die Wähler" und „die Teilnehmer eines Marktes", können betrachtet werden. Wichtiger sind jedoch vor allem kollektive und korporative Akteure, wie Parteien, Verbände oder Regierungen, die ihrerseits (wenn auch in unterschiedlichem Ausmaß) kollektiv handeln können.[8] Diese Akteure zeichnen sich einerseits durch verschiedene Handlungsressourcen aus – einige verfügen über formale Entscheidungsmacht, andere über ökonomische oder Wählerstimmenressourcen, um nur wenige Beispiele zu nennen –, andererseits aber auch durch kognitive, motivationale und relationale Handlungsorientierungen. Der AI stellt also Analysekategorien bereit, um nicht nur die Ressourcen, sondern auch die Wahrnehmungen, Präferenzen und Interaktionsorientierungen von Akteuren differenziert zu analysieren.

Allerdings müssen diese Kategorien nicht in jeder Analyse empirisch bestimmt werden. Angenommen wird zunächst, dass Akteure sich egoistisch-rational verhalten (Interaktionsorientierung), ihr eigenes Überleben bzw. möglichst ihr Wachstum sicherstellen wollen (Präferenz) und sie ihre Umwelt empirisch zutreffend wahrnehmen und entsprechend solcher Theorien interpretieren, „die zu der jeweiligen Zeit und in dem jeweiligen institutionellen Kontext vorherrschen" (Scharpf 2000a: 114) (Wahrnehmung). Erst wenn sich herausstellt, dass diese Standardannahmen über die Handlungsorientierungen der Akteure nicht zutreffen, wird empirisch untersucht, welche Handlungsorientierungen bei den Akteuren tatsächlich vorherrschten, erst dann werden also die grundsätzlich angelegten analytischen Kategorien empirisch genutzt.

Normalerweise ist allerdings kein Akteur in der Lage, politische Entscheidungen allein auf der Basis seiner eigenen Wahrnehmungen und Präferenzen und nur unter Zuhilfenahme eigener Ressourcen zu fällen; in aller Regel werden mehrere Akteure mit unterschiedlichen Handlungsorientierungen (und u. U. unterschiedlichen Ressourcen) interagieren müssen. Zur Beschreibung der beteiligten Akteure und ihrer Handlungsoptionen sowie der Ergebnisse verschiedener Kombinationen von individuellen Handlungen und deren Bewertung durch die einzelnen Akteure,

---

8 Grundsätzlich ist auch die Betrachtung individueller Akteure im AI möglich.

man spricht von Akteurkonstellationen, greift der AI (zumindest in der von Fritz Scharpf vorgeschlagenen Version) auf die Spieltheorie zurück. Es wird davon ausgegangen, dass die beteiligten Akteure nicht nur ihre eigenen Handlungsmöglichkeiten kennen, sondern auch die ihrer „Mit-" bzw. „Gegenspieler", und dass sie zumindest eine Vorstellung davon haben, welches Ergebnis eine eigene Handlung hervorbringt, wenn sie auf eine bestimmte Handlung des Interaktionspartners trifft.

Wie man den AI mithilfe spieltheoretischer Überlegungen auf ein konkretes Policy-Problem anwenden kann, lässt sich an zwei Beispielen aus Fritz Scharpfs (1987, 1988) Analyse der wirtschaftspolitischen Reaktion auf die Ölkrise in Westeuropa illustrieren. Scharpfs Analyse zufolge wäre es auf eine Koordinierung u. a. der Fiskal- und der Lohnpolitik angekommen, um sowohl Arbeitslosigkeit als auch Inflation niedrig zu halten. Allerdings unterstellt er sozialdemokratischen und konservativen Regierungsparteien unterschiedliche Präferenzen: Während für Sozialdemokraten die Bekämpfung der Arbeitslosigkeit oberste Priorität genoss, wird konservativen Parteien unterstellt, sie seien in erster Linie an niedrigen Inflationsraten interessiert.

Tabelle 1 illustriert die entsprechende Akteurskonstellation für eine sozialdemokratische Regierung. Dort ist zu erkennen, dass die Gewerkschaften sich zwischen hohen und moderaten Lohnerhöhungen entscheiden mussten, die Regierung zwischen einer fiskalischen Expansion und dem Verzicht auf eine Nachfragestützung. Wie sich Inflation und Arbeitslosigkeit letztlich entwickeln, hängt aber von der gemeinsamen Wirkung von Fiskal- und Lohnpolitik ab, d. h. kein Akteur kann allein ein bestimmtes Ergebnis herbeiführen. Die sozialdemokratische Regierung hätte Scharpfs Analyse zufolge in jedem Fall eine expansive Fiskalpolitik verfolgen müssen, um den gewünschten wirtschaftspolitischen Outcome zu erreichen. Allerdings war das bestmögliche Ergebnis nur sicherzustellen, wenn die Gewerkschaften gleichzeitig eine moderate Lohnpolitik verfolgt hätten. In Tabelle 1 wird allerdings deutlich, dass die Akteure zumindest teilweise unterschiedliche Interessen haben. Eine sozialdemokratische Regierung beispielsweise würde den linken oberen Quadranten vorziehen, also die Kombination aus expansiver Fiskalpolitik und moderater Lohnpolitik, die es nämlich erlaubt hätte, sowohl die Arbeitslosigkeit als auch die Inflation niedrig zu halten. Aus Sicht der Gewerkschaften handelt es sich bei dieser Konstellation allerdings lediglich um die zweitbeste Möglichkeit. Aus Gewerkschaftssicht wäre nämlich der Quadrant rechts oben vorzuziehen, in dem die Regierung durch eine expansive Fiskalpolitik für eine niedrige Arbeitslosigkeit sorgt, während sie selbst durch offensive Lohnforderungen für deutliche Lohnerhöhungen für ihre Mitglieder sorgen können – wenn auch auf Kosten steigender Inflation.

Tab. 1: Makroökonomische Koordination zwischen einer sozialdemokratischen Regierung und Gewerkschaften

Sozialdemokratische Regierung	Gewerkschaften	
	gemäßigt	offensiv
expansiv	*Präferenz Gewerkschaften 2* Arbeitslosigkeit niedrig Inflation mittel Reallohn-Anstieg niedrig *Präferenz Regierung 1*	*Präferenz Gewerkschaften 1* Arbeitslosigkeit sehr niedrig Inflation sehr hoch Reallohn-Anstieg mittel *Präferenz Regierung 2*
restriktiv	*Präferenz Gewerkschaften 3* Arbeitslosigkeit hoch Inflation niedrig Reallohn-Anstieg mittel *Präferenz Regierung 3*	*Präferenz Gewerkschaften 4* Arbeitslosigkeit sehr hoch Inflation hoch Reallohn-Anstieg hoch *Präferenz Regierung 4*

Quelle: eigene Zusammenstellung nach Scharpf 1988.

Die Analyse zeigt also, dass eine sozialdemokratische Regierung durch die Gewerkschaften ausgebeutet werden konnte: Wenn die Gewerkschaften einmal ihre expansive Lohnpolitik verfolgen, kann die sozialdemokratische Regierung, der die Bekämpfung der Arbeitslosigkeit wichtiger ist als die Vermeidung von Inflation, ihre Position durch die Veränderung des ihr zur Verfügung stehenden Politikinstruments, der Fiskalpolitik, nicht verbessern. Im Gegenteil: Schaltet die Regierung bei gegebener offensiver Lohnpolitik auf Restriktion, landet sie im für sie schlechtesten Feld, in einer Kombination aus sehr hoher Arbeitslosigkeit und hoher Inflation. Dieses Feld wird sie in jedem Fall zu vermeiden versuchen, sodass sie an ihrer expansiven Fiskalpolitik festhält.

Ganz anders stellt sich dagegen, so Scharpf weiter, die Situation für eine konservative Regierung dar. Ihr liegt, so wird ja angenommen, mehr an einer Bekämpfung der Inflation, und sie ist dazu auch bereit, einen Anstieg der Arbeitslosigkeit hinzunehmen (Tab. 2). Unter diesen veränderten Bedingungen wird die Regierung nicht mehr auf expansive Fiskalpolitik zurückgreifen. Zwar kann auch sie ihr präferiertes Feld nicht allein erreichen – dazu müssten die Gewerkschaften wiederum in Form gemäßigter Lohnpolitik kooperieren. Aber eine konservative Regierung zieht – im Gegensatz zu einer sozialdemokratischen – den Quadranten links unten dem Quadranten links oben vor, d. h. sie wird unabhängig von der Lohnpolitik der Gewerkschaften eine restriktive Fiskalpolitik verfolgen. Damit ändert sich aber auch die Situation für die Gewerkschaften fundamental, denn nun führt ihre expansive Lohnpolitik nicht mehr, wie im Fall der sozialdemokratischen Regierung, zu ihrem am stärksten präferierten Ergebnis, sondern zum für sie ungünstigsten Resultat. Da sie nicht davon ausgehen können, dass eine konservative Regierung kurzfristig ihre restriktive Fiskalpolitik aufgibt, werden sie selbst ihre Politik ändern müssen, um durch eine moderate Lohnpolitik wenigstens den für sie schlimmsten Fall zu vermeiden, und sich in den linken unteren Quadrant zu „retten". Dort allerdings ist genau der Idealpunkt der konservativen Regierung, sodass neuerlich ein Gleichgewicht entstanden ist – nur dass diesmal gewissermaßen die Regierung die Gewerkschaften ausbeutet.

Tab. 2: Makroökonomische Koordination zwischen einer konservativen Regierung und Gewerkschaften

Konservative Regierung	Gewerkschaften	
	gemäßigt	offensiv
expansiv	*Präferenz Gewerkschaften 2* Arbeitslosigkeit niedrig Inflation mittel Reallohn-Anstieg niedrig *Präferenz Regierung 2*	*Präferenz Gewerkschaften 1* Arbeitslosigkeit sehr niedrig Inflation sehr hoch Reallohn-Anstieg mittel *Präferenz Regierung 4*
restriktiv	*Präferenz Gewerkschaften 3* Arbeitslosigkeit hoch Inflation niedrig Reallohn-Anstieg mittel *Präferenz Regierung 1*	*Präferenz Gewerkschaften 4* Arbeitslosigkeit sehr hoch Inflation hoch Reallohn-Anstieg hoch *Präferenz Regierung 3*

Quelle: eigene Zusammenstellung nach Scharpf 1988.

Auf diese Weise lässt sich herausarbeiten, wie sich egoistisch-rationale Akteure, denen bestimmte Präferenzen unterstellt werden (Regierungen wollen Arbeitslosigkeit und Inflation niedrig halten, wobei Sozialdemokraten die Bekämpfung der Arbeitslosigkeit und Konservative niedrige Inflation priorisieren, Gewerkschaften streben niedrige Arbeitslosigkeit und hohe Löhne an), in einer bestimmten Situation verhalten müssten. Stimmt nun das empirisch beobachtete Verhalten nicht mit dieser theoretischen Analyse überein, wird in einem nächsten Schritt untersucht, welche der Annahmen nicht zutreffen. Womöglich hatte eine konservative Regierung – beispielsweise angesichts bevorstehender Wahlen – keine hinreichend starke Präferenz für eine Politik der Inflationsbekämpfung, sodass sie doch eine expansive Fiskalpolitik betrieben hat. Oder die Interaktionsorientierung der Gewerkschaften war nicht egoistisch-rational, sondern kooperativ, sodass sie auf die Ausbeutung der sozialdemokratischen Regierung verzichteten. Oder die sozialdemokratische Regierung und die Gewerkschaften haben im Rahmen korporatistischer Arrangements Verhandlungen aufgenommen, in denen die Regierung angeboten hat, die Gewerkschaften für den erwünschten Lohnverzicht zu kompensieren, bspw. durch zusätzliche Sozialleistungen.

Damit kommen wir zum letzten Baustein des AI, den Interaktionsformen, die uns zurück zu den institutionellen Bedingungen führen. Bisher sind wir davon ausgegangen, dass jeder Akteur, die Regierung ebenso wie die Gewerkschaften, zwar die Handlungen der anderen Akteure in seine Entscheidungen einbezieht, aber letztlich unabhängig handelt. Mayntz und Scharpf sprechen in diesem Zusammenhang von einseitigem Handeln und wechselseitiger Anpassung. Das ist in bestimmten Kontexten eine plausible Annahme, dann nämlich, wenn es keine Institution gibt, die Absprachen letztlich auch durchsetzen kann. Sobald aber das Ergebnis von Absprachen verbindlich gemacht werden kann, kann auch verhandelt werden – die Gewerkschaften können also auf die Erreichung ihrer am stärksten präferierten Option verzichten, wenn die Regierung die zugesagte sozialpolitische Kompensation gesetzlich verankert hat oder es andere Wege gibt, das Verhandlungsergebnis verbindlich zu machen – etwa im Rahmen korporatistischer Verhandlungen. Unter anderen institutionellen Umständen sind schließlich sogar Mehrheitsentscheidungen möglich oder die Regierung kann hierarchisch steuern. Das wäre in unserem Beispiel der Fall, wenn die Regierung selbst lohnpolitische Entscheidungen treffen könnte.

An diesem Beispiel zeigt sich, dass der institutionelle Kontext wiederum eine entscheidende Rolle für die verabschiedete Politik spielt. Kommt es unter einseitigem Handeln zur Ausbeutung einer sozialdemokratischen Regierung durch die Gewerkschaften, wird es, sobald Verhandlungen möglich sind, zu Lohnmäßigung gegen sozialpolitische Kompensationen kommen, während eine Regierung, die in dieser Frage hierarchisch steuern kann, Lohnmäßigung auch ohne Kompensation durchsetzen kann.

Der Akteurzentrierte Institutionalismus ist demnach eine ausdifferenzierte Forschungsheuristik, die es erlaubt, politische Entscheidungen umfassend zu erklären, indem Akteurshandeln in institutionellen Kontexten erfasst wird. Dagegen kann der Ansatz allerdings nicht mit der Genese von Hypothesen aufwarten – das ist ganz explizit nicht das Ziel des AI. Damit eignet er sich auch nicht für die Anwendung in quantitativer Forschung, die er aber umgekehrt wiederum als nicht angemessen für die Untersuchung komplexer Makrophänomene ansieht. Wenn dagegen einzelne „Schlüsselentscheidungen" erklärt werden sollen, die aus der Interaktion verschiedener Akteure hervorgegangen sind, kommen die Stärken des Ansatzes besonders zur Geltung.

4 Historischer Institutionalismus

Historische Institutionalisten beschäftigen sich mit den großen Forschungsfragen der Politikwissenschaft und denken in langen Zeiträumen und großen Linien: Warum unterscheiden sich die französische und britische Wirtschaftspolitik nach dem zweiten Weltkrieg (Hall 1986)? Wie lassen sich die Ursachen für große Revolutionen erklären (Skocpol 1979)? Weshalb wurde der Wohlfahrtsstaat seit den 1980er-Jahren trotz großen finanziellen Drucks und mehrerer Weltwirtschaftskrisen nicht radikal zurückgebaut (Pierson 1996, 2001)? Wie lassen sich die unterschiedlichen Steuersysteme in entwickelten Industrienationen erklären (Steinmo 1993)? Fragen wie diese, konkrete empirische Rätsel aus der Welt der Politik, waren und sind häufig Ausgangspunkte für historisch-institutionalistische Analysen. Dabei gehen historisch-institutionalistische Studien methodisch in der Regel beschreibend vor („thick description") oder verwenden qualitative Verfahren wie die Prozessanalyse, um politische Outcomes in einem oder mehreren Ländern zu erklären. Gleichzeitig ist ihr theoretischer Anspruch im Vergleich zu Untersuchungen von Rational-Choice-Institutionalisten zurückhaltender und beschränkt sich auf die Bildung, Weiterentwicklung und Prüfung von Theorien mittlerer Reichweite.

Diese qualitative und empirisch gesättigte Herangehensweise erklärt sich auch aus der Entstehungsgeschichte des Ansatzes: Anstatt wie die Behavioristen in den 1960er-Jahren deduktiv nach *dem einen* Gesetz für politische Phänomene zu suchen, näherten sich die Gründerväter und -mütter des historischen Institutionalismus in entschiedener Abgrenzung dazu und explizit von der Empirie her kommend den Ursachen für politische Outcomes. In den Worten von Sven Steinmo (2008: 158):

> "Disappointed with grand theory and bored or simply uninterested in the technical approach of behaviouralism, many political scientists continued to be interested in real world outcomes. [...] When they began to ask questions like 'Why do real world outcomes vary in the ways that they do?', institutions kept popping into their analyses."

Im Folgenden sollen drei zentrale Eigenschaften historisch-institutionalistischer Untersuchungen diskutiert werden, die für die Policy-Forschung besondere Relevanz haben: (1) die Pfadabhängigkeit politischer Entscheidungen, (2) die Frage, wann politischer Wandel zustande kommt, und (3) die Wirkung von Institutionen auf die Handlungen der Akteure.

4.1 Institutionen und Pfadabhängigkeit

Die Pfadabhängigkeit politischer Entscheidungen stellt ein zentrales Element historisch-institutionalistischer Erklärungen von Policy-Outcomes dar. Dabei argumentieren historische Institutionalisten, dass heutige politische Entscheidungen durch ein institutionelles Setting beeinflusst werden, welches in früherer Zeit entstanden ist. Institutionen sind nach dieser Sichtweise einflussreiche Vermächtnisse der Geschichte eines Landes, derer sich politische Entscheidungsträger nicht einfach entledigen können. Grund dafür sind vor allem positive Feedbackprozesse („increasing returns"), die zu einem „lock in" auf einem bestimmten einmal eingeschlagenen Pfad führen.[9] Warum ist dies der Fall? Erstens fallen die Kosten für die Neuschaffung einer Institution nur einmal an und „versinken" dann; und zweitens bietet die geschaffene Institution Erwartungssicherheit für die teilnehmenden Akteure. Besteht eine Institution schon lange, fallen für die aktuellen Nutzer keine Kosten mehr an, sondern nur noch die positiven Effekte der Erwartungssicherheit, welche, so Paul Pierson (2000), gerade angesichts der Komplexität politischer Entscheidungen ein hohes Gut ist. Auf diese Weise überdauern Institutionen im Laufe der Zeit und transportieren einmal beschlossene Weichenstellungen aus der Vergangenheit in die aktuellen politischen Entscheidungsprozesse.

Dabei können die politischen Machtverhältnisse, die bei der Entstehung der Institutionen herrschten, stark von der aktuellen Machtbalance abweichen:

> "Institutions are most certainly created by social actors engaged in a struggle for political power. However, the actors that participated in the battles over institutional design are not necessarily, and in fact only rarely, identical to those that participate in later policy conflicts." (Immergut 1992: 85)

Dies kann für die Policy-Forschung relevante Folgen haben, wie etwa ein viel zitiertes Beispiel aus der Wohlfahrtsstaatsforschung zeigt. So bauten viele westliche Industriestaaten ihre Sozialsysteme während des „goldenen Zeitalters" des Wohlfahrtsstaates nach dem Zweiten Weltkrieg in Zeiten von starkem Wirtschaftswachstum (und Bevölkerungswachstum) großzügig aus. Dadurch wurden gleichzeitig auch mächtige Institutionen geschaffen – zum Beispiel gut organisierte Verbände, die am Erhalt der bestehenden sozialstaatlichen Ordnung interessiert sind. Dieses institutionelle Setting, das in der Nachkriegszeit (oder noch früher) entstanden ist, schränkt nun – und dies ist der Kern des historisch-institutionalistischen Arguments – heutige Regierungen ein, wenn diese wohlfahrtsstaatliche Reformen umsetzen wollen. Die Studien von Paul Pierson (1996, 2001) zeigen, dass selbst konservative Regierungen, die aus ideologischen Gründen die wohlfahrtsstaatliche Generosität kürzen wollen, vor weitreichenden Reformen zurückschrecken, da mächtige Institutionen einen radikalen Kurswechsel verhindern.[10] Pfadabhängige Institutionen verhindern nach dieser Lesart also wohlfahrtsstaatlichen Rückbau.

Wer staatliche Policies aus einer historisch-institutionalistischen Perspektive analysiert, betrachtet demnach die institutionellen Rahmenbedingungen, unter denen politische Entscheidungen gefällt werden, und untersucht, inwiefern bestehende Institutionen Ausdruck eines historischen Erbes eines Landes sind. Entspre-

---

9 Beyer (2005) hat gezeigt, dass „increasing returns" zwar der am häufigsten diskutierte, aber keineswegs der einzige Mechanismus ist, der Pfadabhängigkeit hervorbringt. Andere Mechanismen sind ihm zufolge Sequenzen, Komplementarität, Macht und Legitimität.

10 Dies ist freilich nur eine verkürzte Wiedergabe des Arguments und der daraus entstandenen „New-Politics"-Literatur. Einen Überblick über den Forschungsstand bietet etwa Starke (2006).

chend können auch zur Erklärung heutiger politischer Outcomes politische Entscheidungen relevant werden, die weit in der Vergangenheit liegen. Auch deshalb umfassen historisch-institutionalistische Erklärungen häufig große Zeiträume.

4.2 Institutionen und Policy-Wandel

Wenn heutige politische Entscheidungen maßgeblich durch institutionelle Weichenstellungen in der Vergangenheit beeinflusst werden, stellt sich die Frage, ob große, einschneidende Policy-Veränderungen überhaupt möglich sind – und wenn ja, wie. Der historische Institutionalismus hat auf diese Frage zwei große Antworten entwickelt – auch als Reaktion auf Kritik an seiner Ausrichtung auf Pfadabhängigkeit.[11] Eine erste und grundlegende Möglichkeit zum Policy-Wandel besteht im Zusammenhang mit „critical junctures", die in Folge historischer Ausnahmesituationen, wie etwa großen Krisen, entstehen können.[12] In diesen besonderen Situationen wird mit bestehenden Policy-Pfaden gebrochen und es entstehen neue Institutionen und durch diese neue Pfadabhängigkeiten, die sich jedoch häufig nicht sofort nach einer „critical juncture", sondern schrittweise manifestieren (Collier/Collier 1991: 31). So sieht, um beim obigen Beispiel zu bleiben, auch Paul Pierson in seiner historisch-institutionalistischen Analyse der wohlfahrtsstaatlichen Entwicklung trotz großer Kontinuität und Pfadabhängigkeit die Möglichkeit für tief greifenden Wandel, wenn er etwa argumentiert, dass „moments of budgetary crisis may open opportunities for reform" (Pierson 1996: 177).[13] Empirische Evidenz dafür, dass zum Beispiel schwere Wirtschafts- und Finanzkrisen solche kritischen Momente für politische Pfadwechsel sein können, scheint Piersons Einschätzung durchaus zu unterstützen (Anderson 1998; Wenzelburger 2010; Zohlnhöfer 2009).

Die zweite Möglichkeit zum Wandel besteht darin, dass sich viele kleine inkrementelle Veränderungsschritte zu einer bedeutenden Wandlung aufaddieren – also „incremental change" zu „transformative results" führt (Streeck/Thelen 2005: 9).

---

11 Z. B. bemängelt Beyer (2005) den „impliziten Konservatismus" des Pfadabhängigkeitskonzepts und weist für die von ihm identifizierten Mechanismen nach, wie Pfadwandel zustande kommen kann.

12 In ihrer einflussreichen Konzeptualisierung von „critical junctures" zeigen Collier und Collier (1991), dass es eine große Varianz hinsichtlich der Länge solcher historischer Ausnahmesituationen gibt, die nur wenige Monate oder auch viele Jahre andauern können. Sie entstehen zudem nicht nur durch externe Krisen, sondern auch durch interne Entwicklungen, wie etwa durch die Entstehung neuer Cleavages (Collier/Collier 1991: 32).

13 Weitere Möglichkeiten für Policy-Wandel sieht Pierson nach Erdrutschsiegen für neue Regierungen („electoral slack"), und wenn die Verantwortung für Kürzungen vernebelt werden kann. Daneben schreibt er auch extern induziertem institutionellem Wandel (etwa durch neue institutionelle Regelsysteme auf europäischer Ebene wie dem Maastrichter Vertrag) eine katalysierende Wirkung für wohlfahrtsstaatliche Reformen zu.

Wolfgang Streeck und Kathleen Thelen haben fünf solcher Mechanismen aufgezeigt, durch die sich Institutionen verändern und damit Möglichkeiten für Policy-Wandel eröffnen (Streeck/Thelen 2005: 19 ff). *Displacement*, der erste der fünf Prozesse, steht für die Auflösung bestehender Institutionen und deren Ablösung durch neue. Es tritt aber auch auf, wenn in eine Institution neue – sozusagen fremde – Elemente eindringen und somit einen Wandel von innen heraus auslösen. Obwohl es unterschiedliche Gründe für Displacement-Prozesse geben kann, sind zumeist Verschiebungen der Wichtigkeit einer Institution im Vergleich zu einer anderen und strukturelle Veränderungen im Gesamtsystem damit verbunden. Der zweite Wandlungsprozess wird mit *Layering* bezeichnet und beschreibt einen Prozess, in dem neue Strukturen in eine bestehende Institution eingebaut und mit existierenden Strukturen kombiniert werden. Neue und alte Strukturen überlagern sich dabei. Ein viel zitiertes Beispiel ist die Einführung einer privaten Säule (neu) in die bestehende Rentenversicherung (alt). Mit *Drift*, dem dritten Prozess, ist die graduelle Veränderung einer Institution durch ausbleibende Anpassung an sich verändernde Rahmenbedingungen gemeint. Weil sich die Umwelt wandelt, nicht aber die Institution, kann diese bestimmte Funktionen nicht mehr auf die gleiche Weise wahrnehmen wie zuvor, was wiederum zu einer Veränderung der Anreizstruktur führen kann. Im Ergebnis hat sich die Institution gewandelt: „the world surrounding an institution evolves in ways that alter its scope, meaning and function" (Streeck/Thelen 2005: 25). *Conversion* als vierter Wandlungsmodus bedeutet, dass eine Institution inhaltlich umgewandelt wird, ohne dabei jedoch neu erschaffen zu werden. Sie wird schlicht zu einem neuen Zweck benutzt. Gründe hierfür können ein externer Schock sein oder auch das intentionale Handeln politischer Akteure. Schließlich ist institutioneller Wandel, fünftens, durch *Exhaustion* möglich, wobei dies weniger den Wandel als den kompletten Zusammenbruch einer Institution bedeutet. Dies tritt zum Beispiel dann auf, wenn institutionelle Regeln starke negative Rückwirkungen auslösen und sich damit gewissermaßen „selbst erledigen". Die Regelungen zur Frühverrentung in Deutschland, die für steigende Lohnnebenkosten und höhere Arbeitslosigkeit verantwortlich gemacht wurden, sind ein solcher Fall von *Exhaustion*.

Die verschiedenen Argumente haben gezeigt, dass Policy-Wandel auch für historische Institutionalisten durchaus zu erklären ist. Dieser erfordert jedoch entweder besondere Umstände, die auf externe Entwicklungen zurückgehen – etwa „critical junctures" oder institutionellen Wandel auf einer anderen Ebene, dessen neue Regeln nationalstaatliche Policies beeinflussen. Oder aber der institutionelle Wandel erfolgt graduell über einen der fünf von Streeck und Thelen geschilderten Wege.

4.3 Institutionen und Handlungen der Akteure

Die vorangegangenen beiden Abschnitte haben gezeigt, dass historische Institutionalisten zwar einerseits von einer institutionell begründeten starken Pfadabhängigkeit von Public Policies ausgehen, gleichzeitig jedoch Policy-Wandel durchaus erklären können (über „critical junctures", inkrementelle Veränderungen, Veränderungen der institutionellen Rahmenbedingungen). Bisher unterbelichtet blieb jedoch die Frage, auf welche Weise nun Institutionen genau auf die Policies wirken, über die ja letztlich politische Akteure entscheiden – sei es nun im Sinne von Stabilität oder im Sinne von Wandel. Hierzu bietet der historische Institutionalismus zwei Erklärungen, die man mit Hall und Taylor (1996: 939) als „calculus approach" und „cultural approach" bezeichnen kann.

Der „calculus approach" erklärt den Einfluss der Institutionen auf staatliche Politiken durch die strategischen Kalküle der politischen Akteure. Jeder Akteur verfolgt gewisse Ziele, die er jedoch nur erreichen kann, wenn er Erwartungen über die Handlungen anderer Akteure unterstellt. Diese Erwartungen werden durch den historisch bedingten institutionellen Rahmen geprägt, in dem die Handelnden interagieren. Letztlich beeinflussen Institutionen nach diesem Ansatz die politischen Entscheidungen also dadurch, dass sie auf die Erwartungsbildung der Akteure und deren strategische Kalküle einwirken – eine Idee, die eine gewisse Nähe zum Akteurzentrierten Institutionalismus deutlich werden lässt.

Der „cultural approach" hingegen sieht Individuen weniger als kühl kalkulierende Individuen, sondern vielmehr als Bedürfnisbefriediger, die sich in ihrem Handeln an Normen und Routinen orientieren. Diese Normen und Routinen sind wiederum institutionell eingebettet und beeinflussen dadurch das Handeln der Akteure:

> "The individual is seen as an entity deeply embedded in a world of institutions, composed of symbols, scripts and routines, which provide the filters for interpretation, of both the situation and oneself, out of which a course of action is constructed" (Hall/Taylor 1996: 939).

Hier zeigt sich daher eine gewisse Nähe zum soziologischen Institutionalismus.

Ein anschauliches Beispiel für den Einfluss von Institutionen auf das Handeln von politischen Akteuren bietet der Vetopunkte-Ansatz, den Ellen Immergut in den 1990er-Jahren entwickelte (Immergut 1990, 1992). Sie fragte sich, wie sich der unterschiedliche Grad der Nationalisierung der Gesundheitspolitik – also der Einführung eines nationalen, allgemeinverpflichtenden Gesundheitssystems – in Europa erklären lässt und kam nach einer vergleichenden Länderstudie (Schweiz, Schweden und Frankreich) zum Ergebnis, dass die Institutionen der jeweiligen Länder die entscheidende Erklärung darstellten. Institutionen gewährten den organisierten Vertretern der Mediziner, die aus Eigennutzerwägungen gegen ein nationales Gesundheitssystem sein mussten, unterschiedlich große Einflussmöglichkeiten auf den politischen Entscheidungsprozess (und zwar an verschiedenen Stellen des Policy-Prozesses), und statteten gleichzeitig die jeweilige Regierung mit mehr oder weniger großem Handlungsspielraum zur Durchsetzung der eigenen Policy-Präferenzen aus. Die strategischen Kalküle der Akteure (insofern ist der Ansatz dem „calculus approach" zuzuordnen) werden also durch die bestehenden Institutionen beeinflusst, oder in Immerguts Worten (Immergut 1992: 59): „Institutional rules establish different logics of decision-making that set the parameters both for the executive action and interest group influence".

5 Diskursiver Institutionalismus

Der diskursive Institutionalismus ist die jüngste Spielart der neo-institutionalistischen Theorien und wurde maßgeblich von Vivien Schmidt (2002, 2006, 2008, 2010a, b) geprägt. Die grundsätzliche These dieses Ansatzes ist, dass Diskurse und die in diesen Diskursen transportierten Ideen in Abhängigkeit vom institutionellen Kontext Policy-Wandel ermöglichen oder zumindest erleichtern können. Im Folgenden werden zunächst die beiden zentralen Elemente des Ansatzes – Diskurse und Institutionen – vorgestellt und diskutiert sowie in einem dritten Schritt die Relevanz für die Policy-Forschung herausgearbeitet.

5.1 Diskurse

> "Discourse is not just ideas or 'text' (what is said) but also context (where, when, how, and why it was said). The term refers not only to structure (what is said, or where and how) but also to agency (who said what to whom)" (Schmidt 2008: 305).

Der zentrale Begriff im diskursiven Institutionalismus ist der Diskurs. Diesen versteht Vivien Schmidt nicht in einem post-strukturalistischen, Foucault'schen Sinne, sondern vielmehr schlicht als „talking about one's ideas" (Schmidt 2008: 305). Im diskursiven Institutionalismus sind zwei Eigenschaften des so verstandenen Diskurses relevant: Zum einen die Ideen, welche der Diskurs transportiert; zum anderen die Interaktion, welche durch den Diskurs zustande kommt (Schmidt 2009: 530–531). Im Hinblick auf die Ideen unterscheidet Schmidt zwischen einerseits den substanziellen Inhalten, die sowohl kognitive Argumente sein können (z. B. eine Reform ist durchführbar und notwendig) als auch wertbezogen (z. B. eine Reform ist gerecht), und andererseits der Art und Weise, wie diese Ideen präsentiert werden (bspw. Konsistenz des Arguments). Die Interaktion, welche durch den Diskurs ausgelöst wird, kann nach Schmidts Konzeption zwei Sphären betreffen: die „policy sphere", in der verschiedene politische Akteure (z. B. Abgeordnete, Bürokraten, Lobbyverbände) über einen Policy-Vorschlag beraten („coordinative discourse") – hier spielen kognitive Argumente eine wichtigere Rolle; und die „political sphere", in der politische Führungskräfte eine bestimmte Policy den Bürgern erklären („communicative discourse") und in der normative Argumente dominieren, die bestimmte Maßnahmen über Werte legitimieren. Beide Arten der diskursiven Interaktion sind nicht unabhängig voneinander, sondern stehen in engem Zusammenhang: Ideen fließen in der Regel vom koordinativen Diskurs (der politischen Akteure) über den kommunikativen Diskurs zur Öffentlichkeit, wobei Feedback möglich ist (Schmidt 2005). Dabei überlagern sich die Akteure – schließlich beraten bspw. Finanzminister gleichzeitig in der „policy sphere" über einen Policy-Vorschlag (koordinativer Diskurs) und kommunizieren diesen später dem Publikum (kommunikativer Diskurs).

5.2 Institutionen

Institutionen nehmen im diskursiven Institutionalismus eine doppelte Rolle ein. Sie sind einerseits Kontext und stellen den institutionellen Rahmen dar, in dem ein Diskurs stattfindet. Andererseits sind Institutionen auch selbst abhängig von den stattfindenden Diskursen, weil politische Akteure auch über die institutionellen Regeln per se diskutieren und diese gegebenenfalls verändern können. Schmidt (2008: 314) unterstellt Akteuren daher nicht nur, „background ideational abilities" zu besitzen, die sie befähigen institutionelle Regeln zu verstehen und nach ihnen zu handeln, sondern auch „foreground discursive abilities", die es Akteuren ermöglichen, über institutionelle Rahmenbedingungen kritisch zu reflektieren und diese zu ändern. Dadurch kann diskursiver Institutionalismus nicht nur erklären, warum Policies in bestimmten institutionellen Settings entstehen, sondern auch, weshalb sich Institutionen verändern.

In der empirischen Anwendung des diskursiven Institutionalismus (und auch in Schmidts eigenen empirischen Studien) dominiert jedoch häufig die erste Funktion von Institutionen als externem Rahmen, in dem Diskurse stattfinden. Die Verbindung zwischen Institutionen und Diskursen leistet dabei die oben getroffene Unterscheidung zwischen kommunikativem und koordinativem Diskurs. Schmidt argumentiert, dass in sogenannten „simple polities", die Mehrheitsdemokratien (Lijphart 2012) ähneln, der kommunikative Diskurs besonders relevant ist, da die Machtkonzentration in den Händen weniger Akteure der Exekutive eine umfangreiche Koordination von Politik mit verschiedenen Akteuren (und damit starkem koordinativem Diskurs) nicht erfordert; gleichzeitig ist jedoch die öffentliche Kommunikation der Reformen in der Gesellschaft sehr wichtig, um die Politik zu legitimieren. Umgekehrt dominiert in „compound polities", also Staaten mit konsensusdemokratischen Zügen, der koordinative Diskurs, da viele politische Akteure an der Entscheidungsfindung beteiligt werden müssen, während die Kommunikation mit der Öffentlichkeit eine geringere Rolle spielt (hierzu z.B. Schmidt 2002: 171–173). Tabelle 3 fasst den theoretischen Rahmen des diskursiven Institutionalismus zusammen, wobei angemerkt werden muss, dass bei jeder Policy sicherlich beide Arten der Diskurse auftreten werden, der institutionelle Kontext also nur die Schwerpunktsetzung beeinflusst.

Tab. 3: Zentrale Elemente des diskursiven Institutionalismus

	Kommunikativer Diskurs	**Koordinativer Diskurs**
Akteure	politische Führungspersonen	diverse Mitglieder der „discursive policy community", die an der Entscheidungsfindung beteiligt sind (Politiker, Bürokraten, organisierte Interessen,...)
Publikum	v. a. allgemeine (bzw. interessierte) Öffentlichkeit	v. a. „discursive policy community"
Inhalte des Diskurses	eher normative Ideen, um die Öffentlichkeit zu überzeugen	eher kognitive Ideen, um über die Notwendigkeit und Machbarkeit einer Policy zu beraten
Sphäre	political sphere	policy sphere
Institutioneller Kontext	v. a. in „simple polities"	v. a. in „compound polities"

Quelle: eigene Zusammenstellung

5.3 Diskursiver Institutionalismus in der Policy-Forschung

Der diskursive Institutionalismus ist insbesondere deshalb relevant für die Policy-Forschung, weil es ihm gelingt, politischen Wandel zu erklären, wenn dieser durch andere strukturelle Faktoren – wie etwa Institutionen – nur schlecht erklärt werden kann. Aus diesem Grund kann die Analyse von Diskursen im institutionellen Kontext auch durchaus mit anderen institutionalistischen Erklärungen kombiniert werden – etwa mit einem historisch-institutionalistischen Ansatz. Vivien Schmidt selbst verknüpft auf diese Weise den Varieties-of-Capitalism-Ansatz (Hall/Soskice 2001) mit Argumenten des diskursiven Institutionalismus und erklärt hierdurch die wohlfahrtsstaatliche Reformpolitik in Großbritannien, Deutschland und Frankreich (Schmidt 2009). Nach ihrer Lesart kann die jahrzehntelange Stabilität der deutschen Arbeitsmarktpolitik etwa sowohl über pfadabhängige Institutionen (historischer Institutionalismus) als auch mithilfe der gegensätzlichen institutionell verankerten Interessen der Gewerkschaften und Arbeitgeber, die Wandel blockieren (Rational-Choice-Institutionalismus), erklärt werden. Bei der Erklärung des Wandels, der mit den Hartz-Reformen der Regierung Schröder einsetzt, stoßen beide Ansätze jedoch an ihre Grenzen. Schmidt schlägt vor, hier den diskursiven Institutionalismus zu nutzen und die Hartz-Reformen durch den Diskurs zu erklären (Schmidt 2009: 536–537):

> "The ground for this [das Ende des Stillstands, G.W.] was prepared by a coordinative discourse in which neo-liberal ideas were brought in from outside by business leaders in the main employers' association, the BDI. This then became part of a more generalized communicative discourse as government leaders began espousing more liberalizing ideas that were then picked up in the media and, at a time of continuing high unemployment, served as a spur to Chancellor Schröder to go ahead with the Hartz reforms of pensions and labor markets."

Dieses Beispiel zeigt, auf welche Weise die Verbindung von Diskurs und institutionellem Kontext in der Policy-Forschung wertvolle Erklärungsbeiträge leisten kann. Gleichzeitig deuten die bisherigen empirischen Anwendungen des Ansatzes auch darauf hin, dass der diskursive Institutionalismus insbesondere dann große Erklärungskraft entfaltet, wenn er in Ergänzung zu anderen Ansätzen der Policy-Forschung verwendet wird (V. Schmidt 2010a).

Varietes of Capitalism

Der Varieties-of-Capitalism-(VoC-)Ansatz (Hall/Soskice 2001) (deutsch: Spielarten des Kapitalismus) argumentiert, dass unterschiedliche Arten kapitalistischer Systeme bestehen: In „liberal market economies" (LMEs) koordinieren sich die Unternehmen primär über den Markt und die Regeln von Angebot und Nachfrage, während in den „coordinated market economies" (CMEs) vor allem die langfristige strategische Koordination im Mittelpunkt steht. Diese Koordinationsformen zeigen sich in vier Sphären des Wirtschaftssystems: (1) Im Bereich des Arbeitsmarktes, der in LMEs durch eine hohe Flexibilität gekennzeichnet ist („hire and fire"), während in CMEs starke Rigiditäten vorliegen (z. B. hoher Kündigungsschutz); (2) im Bereich der Unternehmensfinanzierung (und -kontrolle), die in LMEs primär über den Kapitalmarkt läuft, während in CMEs langfristige Beziehungen zu Hausbanken (oder anderen Kapitalgebern) bestehen (weshalb diese häufig dann zur Kontrolle ihrer Beteiligungen in Kontrollgremien wie Aufsichtsräten vertreten sind); (3) im Bereich der Ausbildung, die in LMEs auf das Erlernen allgemeiner Fähigkeiten ausgerichtet ist, während in CMEs die berufsbezogene Ausbildung und fach- bzw. unternehmensspezifische Fertigkeiten eine wichtige Rolle spielen; und (4) im Bereich der Beziehungen zwischen Unternehmen, bei dem es z. B. um Fragen der Standardisierung geht (in LMEs setzt sich eine Standardisierung über den Marktmechanismus durch, in CMEs wird dies durch Koordination der Akteure gelöst).

Zentral für den VoC-Ansatz ist die Annahme der „institutionellen Komplementarität". Danach hängt das Funktionieren einer Institution (bzw. einer Sphäre) von der Ausgestaltung anderer Sphären ab. So wird ein hoch spezialisierter mittelständischer Weltmarktführer in einer CME durch seine langfristige Hausbankenfinanzierung (Sphäre der Unternehmensfinanzierung) auch im konjunkturellen Abschwung seine spezialisierten Facharbeiter weiter beschäftigten (Sphäre des Arbeitsmarktes), während er bei einer kurzfristigen quartalsorientierten Finanzierung über den Kapitalmarkt Mitarbeiter entlassen müsste, um die Aktionäre zu beruhigen. Weil er um die langfristige Finanzierungszusage seiner Hausbank weiß, ist der Mittelständler zudem bereit, in die Weiterbildung seiner Mitarbeiter zu finanzieren (Sphäre der Ausbildung). Im Endeffekt ist es das Zusammenwirken der Institutionen, die im jeweiligen VoC-Typ ein effizientes Wirtschaften erlauben, weshalb Hall und Soskice für kohärente LMEs (USA) bzw. CMEs (Deutschland) eine gute wirtschaftliche Performanz erwarten. Für die Policy-Analyse ist der VoC-Ansatz insbesondere deshalb relevant, weil staatliche Policies das jeweilige Institutionengefüge ergänzen – je nach Sphäre etwa in der Bildungspolitik, der Sozialpolitik oder der Wirtschaftspolitik (dazu auch Höpner 2009).

6 Fazit

Dieses Kapitel hat die einflussreichsten institutionalistischen Ansätze der Politik-feldanalyse vorgestellt. Gemeinsam ist diesen Ansätzen die Vorstellung, dass politische Akteure in institutionelle Gegebenheiten eingebunden sind und politische Institutionen das Handeln politischer Akteure in systematischer Weise beschränken. Insofern verweisen diese Ansätze auch darauf, dass politische Akteure häufig durch Institutionen daran gehindert werden, ihre eigentlich präferierten Politiken durchzusetzen. Der Institutionalismus lehrt uns, dass große Politikwenden in vielen Fällen institutionell blockiert und daher nur selten zu beobachten sind – insofern betonen institutionalistische Ansätze in der Tat zumeist Stabilität und nur selten Wandel. Das heißt aber nicht, dass nur Stabilität institutionalistisch zu erklären ist; doch machen uns institutionalistische Ansätze darauf aufmerksam, dass Wandel voraussetzungsvoll ist und nur unter genau spezifizierten Bedingungen erwartet werden kann.

Das große Erklärungspotenzial institutionalistischer Ansätze ist in der Literatur weitgehend anerkannt. Ebenso sind sich aber auch die meisten Sozialwissenschaft-lerinnen und Sozialwissenschaftler, und unter ihnen praktisch alle Institutionalis-ten, einig, dass Institutionen Politik nicht determinieren. Daher kommt es auf eine intelligente Verknüpfung verschiedener institutionalistischer wie auch nicht-institutionalistischer Ansätze an, um eine möglichst gute Erklärung für die Unter-schiede und Gemeinsamkeiten von Policies in unterschiedlichen Untersuchungs-einheiten, Zeiten oder Politikfeldern zu erhalten.

7 Literatur

Anderson, Karen, 1998: The Welfare State in the Global Economy: The Politics of Social Insurance Retrenchment in Sweden 1990–1998. University of Washington: Ph.D.-Thesis.

Bakker, Ryan/Catherine de Vries/Erica Edwards/Liesbet Hooghe/Seth Jolly/Gary Marks/Jonathan Polk/Jan Rovny/Marco Steenbergen/Milada Anna Vachudova, 2012: Measuring party positions in Europe: The Chapel Hill expert survey trend file, 1999–2010. In: Party Politics online first.

Benoit, Kenneth/Laver, Michael, 2006: Party Policy in Modern Democracies. London: Routledge.

Beyer, Jürgen, 2005: Pfadabhängigkeit ist nicht gleich Pfadabhängigkeit! Wider den impliziten Konservatismus eines gängigen Konzepts. In: Zeitschrift für Soziologie 34: 5–21.

Birchfield, Vicki/Crepaz, Markus M.L., 1998: The Impact of Constitutional Structures and Collective and Competitive Veto Points on Income Inequality in Industrialized Democracies. In: European Journal of Political Research 34: 175–200.

Budge, Ian/Klingemann, Hans-Dieter/Volkens, Andrea/Bara, Judith/Tanenbaum, Eric, 2001: Mapping Policy Preferences. Estimates for Parties, Electors, and Governments 1945–1998. Oxford u.a.: OUP.

Collier, Ruth/Collier, David, 1991: Shaping the Political Arena. Critical Junctures, the Labor Movement, and Regime Dynamics in Latin America. Princeton: Princeton University Press.

Czada, Roland, 2003: Der Begriff der Verhandlungsdemokratie und die vergleichende Policy-Forschung. In: Renate Mayntz/Wolfgang Streeck (Hrsg.): Die Reformierbarkeit der Demokratie. Innovationen und Blockaden. Frankfurt/New York: Campus, 173–204.

Downs, Anthony, 1957: An Economic Theory of Democracy. New York: Harper.

Ganghof, Steffen, 2003: Promises and Pitfalls of Veto Player Analysis. In: Swiss Political Science Review 9: 1–25.

Hall, Peter (1986): Governing the economy: The politics of state intervention in Britain and France. Cambridge: Polity Press.

Hall, Peter/Soskice, David (eds.), 2001: Varieties of capitalism: The institutional foundations of comparative advantage. Oxford: Oxford University Press.

Hall, Peter/Taylor, Rosemary, 1996: Political science and the three new institutionalisms. In: Political Studies 44: 936–957.

Hönnige, Christoph, 2009: The Electoral Connection: How the Pivotal Judge Affects Oppositional Success at European Constitutional Courts. In: West European Politics 32 (5): 963–984.

Höpner, Martin, 2009: „Spielarten des Kapitalismus" als Schule der Vergleichenden Staatstätigkeitsforschung, in: Zeitschrift für Vergleichende Politikwissenschaft 3:2, 303–327.

Huber, Evelyne/Ragin, Charles/Stephens, John D., 1993: Social Democracy, Christian Democracy, Constitutional Structure, and the Welfare State. In: American Journal of Sociology 99: 711–749.

Hug, Simon/Tsebelis, George, 2002: Veto Players and Referendums around the World. In: Journal of Theoretical Politics 14 (4): 465–515.

* Immergut, Ellen, 1990: "Institutions, Veto Points, and Policy Results: A Comparative Analysis of Health Care". In: Journal of Public Policy 10: 1, 391–416.

Immergut, Ellen, 1992: "Health policy-making". In: Sven Steinmo/Kathleen Thelen/Frank Longstreth (eds.): Structuring Politics. Cambridge: Cambridge University Press.

Jahn, Detlef, 2011: The Veto Player Approach in Macro-Comparative Politics: Concepts and Measurement. In: Thomas König/George Tsebelis/Marc Debus (eds.): Reform Processes and Policy Change. Veto Players and Decision-Making in Modern Democracies. New York: Springer, 43–68.

Jahn, Detlef, 2012: Ideological Party Cohesion in Macro-Comparative Politics: The Nordic Social Democratic Parties from a Comparative Perspective. In: Scandinavian Political Studies 35 (3): 222–245.

Keman, Hans, 1997: Approaches to the study of institutions. In: Steunenberg, Bernard/ van Vught, Frans (eds.): Political Institutions and Public Policy. Dordrecht: Kluwer.

Laver, Michael/Hunt, W. Ben, 1992: Policy and Party Competition, New York/London: Routledge.

* Lijphart, Arend, 2012: Patterns of Democracy. New Haven/London: Yale University Press (2nd ed.).

March, James G./Olsen, Johan P., 1984: The New Institutionalism: Organizational Factors in Political Life. In: American Political Science Review 78:3, 734–749.

March, James G./Olsen, Johan P., 1989: Rediscovering Institutions: The Organisational Basis of Politics. New York: Free Press.

Mayntz, Renate/Scharpf, Fritz W., 1995: Der Ansatz des akteurzentrierten Institutionalismus. In: Renate Mayntz/Fitz W. Scharpf (Hrsg.): Gesellschaftliche Selbstregelung und politische Steuerung. Frankfurt/New York: Campus, 39–72.

McGinnis, Michael D., 2011: An Introduction to IAD and the Language of the Ostrom Workshop: A Simple Guide to a Complex Framework. In: The Policy Studies Journal 39 (1): 169–183.

Olson, Mancur, 1965: The Logic of Collective Action: Public Goods and the Theory of Groups. Cambridge/MA: Harvard UP.

Ostrom, Elinor, 2007: Institutional Rational Choice. An Assessment of the Institutional Analysis and Development Framework. In: Sabatier, Paul A. (ed.): Theories of the Policy Process, Boulder: Westview, 21–64.

Ostrom, Elinor, 2011: Background on the the Institutional Analysis and Development Framework. In: The Policy Studies Journal 39 (1): 7–27.

Peters, Guy, 1999: Institutional Theory in Political Science. London: Pinter.

Pierson, Paul, 1996: The New Politics of the Welfare State. In: World Politics 48: 2, 143–179.

Pierson, Paul, 2000: Increasing Returns, Path Dependence, and the Study of Politics. In: American Political Science Review 94: 251–267.

Pierson, Paul (ed.), 2001: The New Politics of the Welfare State. Oxford: Oxford University Press.

Rhodes, Rod, 1995: The institutional approach. In: David Marsh/Gerry Stoker (eds.): Theory and Methods in Political Science. London: Macmillan, 42–57.

Riker, William H., 1980: Implications from the Disequilibrium of Majority Rule for the Study of Institutions. In: American Political Science Review, 74: 432–446.

Scharpf, Fritz W., 1985: Die Politikverflechtungs-Falle: Europäische Integration und deutscher Föderalismus im Vergleich. In: Politische Vierteljahresschrift 26:4, 323–356.

Scharpf, Fritz W., 1987: Sozialdemokratische Krisenpolitik in Europa, Frankfurt/New York: Campus.

Scharpf, Fritz W., 1988: Inflation und Arbeitslosigkeit in Westeuropa. Eine spieltheoretische Interpretation. In: Politische Vierteljahresschrift 29: 6–41.

* Scharpf, Fritz W., 2000a: Interaktionsformen. Akteurzentrierter Institutionalismus in der Politikforschung. Wiesbaden: VS.

Scharpf, Fritz W., 2000b: Institutions in Comparative Policy Research. In: Comparative Political Studies 33: 762–790.

Schmidt, Manfred. G., 2010: Demokratietheorien, Wiesbaden: Springer VS.

Schmidt, Vivien, 2002: Does Discourse Matter in the Politics of Welfare State Adjustment. In: Comparative Political Studies 35:2, 168–193.

Schmidt, Vivien, 2005: The Role of Public Discourse in European Social Democratic Reform Projects. In: European Integration Online Papers 9:8.

Schmidt, Vivien, 2006: Democracy in Europe: The EU and National Polities. Oxford: Oxford University Press.

Schmidt, Vivien, 2008: Discursive Institutionalism: The Explanatory Power of Ideas and Discourse. In: Annual Review of Political Science 11: 303–326.

Schmidt, Vivien, 2009: Putting the Political Back into Political Economy by Bringing the State Back in Yet Again. In: World Politics 61: 3, 516–546.

Schmidt, Vivien, 2010a: Reconciling Ideas and Institutions through Discursive Institutionalism. In: Béland, Daniel/Cox, Robert (eds.): Ideas and Politics in Social Science Research. Oxford: Oxford University Press, 47–64.

Schmidt, Vivien, 2010b: Taking Ideas and Discourse Seriously: Explaining Change through Discursive Institutionalism as the Fourth New Institutionalism. In: European Political Science Review 2: 1, 1–25.

Shepsle, Kenneth/ Weingast, Barry, 1987: The Institutional Foundations of Committee Power. In: American Political Science Review 81: 85—104.

Skocpol, Theda, 1979: States and social revolutions: a comparative analysis of France, Russia and China. Cambridge: Cambridge University Press.

Starke, Peter, 2006: The Politics of Welfare State Retrenchment: A Literature Review. In: Social Policy and Administration 40: 1, 104–120.

Steinmo, Sven, 1993: Taxation and Democracy: Swedish, British, and American Approaches to Financing the Modern State. Yale: Yale University Press.

Steinmo, Sven, 2008: What is historical institutionalism? In: Donatella Della Porta/Michael Keating (eds.): Approaches and Methodologies in the Social Sciences. A Pluralist Perspective. Cambridge: Cambridge University Press, 118–138.

Streeck, Wolfgang/Thelen, Kathleen, 2005: Introduction: Institutional Change in Advanced Political Economies. In: Wolfgang Streeck/Kathleen Thelen (eds.): Beyond Continuity: Institutional Change in Advanced Political Economies. Oxford: OUP, 3–19.

Thelen, Kathleen/Steinmo, Sven, 1992: Historical institutionalism in comparative politics. In: Sven Steinmo/Kathleen Thelen/Frank Longstreth (eds.): Structuring politics. Historical institutionalism in comparative analysis. Cambridge: Cambridge University Press.

Tsebelis, George, 1995: Decision Making in Political Systems: Veto Players in Presidentialism, Parliamentarism, Multicameralism and Multipartyism. In: British Journal of Political Science 25: 289–325.

* Tsebelis, George, 2002: Veto Players. How Political Institutions Work. Princeton: Princeton University Press.

Wagschal, Uwe, 1999: Schranken staatlicher Steuerungspolitik: Warum Steuerreformen scheitern können. In: Andreas Busch/Thomas Plümper (Hrsg.): Nationaler Staat und internationale Wirtschaft. Baden-Baden: Nomos, 223–247.

Wagschal, Uwe, 2005: Steuerpolitik und Steuerreformen im internationalen Vergleich. Eine Analyse der Ursachen und Blockaden. Münster: Lit.

Wenzelburger, Georg, 2010: Haushaltskonsolidierungen und Reformprozesse. Münster: Lit.

Zohlnhöfer, Reimut, 2003: Der Einfluss von Parteien und Institutionen auf die Staatstätigkeit. In: Herbert Obinger/Uwe Wagschal/Bernhard Kittel (Hrsg.): Politische Ökonomie. Demokratie und wirtschaftliche Leistungsfähigkeit. Opladen: Leske und Budrich, 47–80.

Zohlnhöfer, Reimut , 2009: Globalisierung der Wirtschaft und finanzpolitische Anpassungsreaktionen in Westeuropa. Baden-Baden: Nomos.

Zohlnhöfer, Reimut, 2013: Policy-Wandel in der Demokratie. Ansätze einer Theorie. In: Klaus Armingeon (Hrsg.): Staatstätigkeiten, Parteien und Demokratie. Wiesbaden: Springer VS, 377–388.

? Verständnisfragen

1. Welches ist das zentrale Erkenntnisinteresse des „alten" Institutionalismus?

2. Welche zentralen Richtungen des „neuen" Institutionalismus unterscheiden Wenzelburger/Zohlnhöfer (in Anlehnung an Hall/Taylor und andere)?

3. Worin besteht der wissenschaftliche Grundkonsens bei der Definition von „Institutionen"?

4. Welche Kritiken und Differenzierungen der Vetospieler-Theorie nach Tsebelis formuliert der Text?

5. Stellen die gewerkschaftlichen Strategien in der spieltheoretischen Modellierung nach Scharpf eine problematischere Herausforderung für sozialdemokratische oder für bürgerliche Regierungen dar?

6. Welche Möglichkeiten für politischen Wandel bestehen aus Sicht historischer Institutionalisten?

7. In welchem Verhältnis stehen Institutionen und Diskurse nach Vivien Schmidt?

Transferfragen

1. Welche Vetospieler sind nach Tsebelis bei einer (zustimmungspflichtigen) Gesundheitsreform bei den aktuellen Mehrheitsverhältnissen zu berücksichtigen?

2. Wie lassen sich aus Sicht historischer Institutionalisten Unterschiede der Sozialversicherungssysteme moderner Industriestaaten erklären?

3. Nennen Sie Beispiele für Pfadabhängigkeiten bei der Verbreitung von Kommunikationsmedien.

Problematisierungsfragen

1. Diskutieren Sie Vor- und Nachteile politischer Systeme mit vielen Vetospielern im Hinblick auf eine erfolgreiche Wirtschaftspolitik.

2. Wie sind institutionalistische Ansätze aus marxistischer Perspektive zu beurteilen?

Nils C. Bandelow
Policy-Lernen:
Begriffe und Ansätze im Vergleich

Ich danke für Kommentare zu verschiedenen Varianten dieses Beitrags Mareike Islar, Kirstin Lind-loff, Klaus Schubert, Sven Sikatzki, Holger Strassheim, Kristina Viciska, Carina Vallo, André Völker, Ulrich Widmaier (†) und Uwe Wilkesmann.

1 Einleitung

Wodurch verändern sich politische Strategien und Politikergebnisse? Welche Erklärungen gibt es jenseits von Machtkämpfen zwischen eigeninteressierten Akteuren mit gleichbleibenden Strategien? Welche Auswirkungen haben etwa Erfahrungen aus früheren Politikprozessen, verschiedenen Ländern und Regionen und anderen Politikfeldern? Berücksichtigen Politiker akademisch produziertes Wissen bei der Formulierung von Zielen und Strategien? Welche Hindernisse stehen politischen Lernprozessen im Wege – und wie können diese Hindernisse überwunden werden? Diese Fragen stehen im Mittelpunkt der Debatte zum Policy-Lernen.

Auch in der politischen Praxis und der Politik(er)beratung spielen Konzepte des Policy-Lernens eine zentrale Rolle. Lernen soll angemessene und schnelle Reaktionen auf neue gesellschaftliche, technische und wirtschaftliche Herausforderungen ermöglichen. Durch politisches Lernen soll Politik verbessert werden, indem Entscheidungen rationaler begründet, Konflikte vermieden und Probleme gelöst werden können. Vor allem im Zusammenhang mit der Entwicklung „Dritter Wege" zwischen traditioneller Sozialdemokratie und wirtschaftlichem Liberalismus wurde die Idee einer evidenzbasierten, also wissenschaftlich begründeten und gestützten, Politik propagiert (Sanderson 2002; Sager/Hinterleitner in diesem Band).

Ansätze politischen Lernens entspringen unterschiedlichen theoretischen Debatten. Die ältesten Konzepte basieren auf kybernetischen Politikmodellen, die Lernen als Rückkoppelungsschleife wahrnehmen (Deutsch 1969). Andere Perspektiven stammen aus der Organisationssoziologie oder der Technologieforschung. Dabei stehen das Problem des Nichtwissens und die Frage des Umgangs durch unterschiedliche Akteure im Zentrum des Erkenntnisinteresses (Bandelow 2006). In den 1990er-Jahren wurden lerntheoretische Ansätze vor allem als Kritik, Ergänzung oder Alternative zu ökonomischen Ansätzen der rationalen Wahl (Rational Choice) diskutiert (Braun/Busch 1999). Diese Konfrontation hat zuletzt an Bedeutung verloren, Policy-Lernen ist inzwischen integraler Bestandteil unterschiedlicher theoretischer Konzepte, die in verschiedener Form Lernen und andere Begründungen politischer Veränderungen miteinander kombinieren.

Die verschiedenen theoretischen und empirischen Perspektiven des Policy-Lernens sind nach wie vor unzureichend aufeinander bezogen. Es unterscheiden sich Definitionen des Lernbegriffs, Akteursbezüge, angenommene Ursachen, Hindernisse und Folgen des Lernens (Bennet/Howlett 1992; Freeman 2006; Grin/Loeber 2007; Biegelbauer 2007; 2013).

Aufbauend auf der konzeptionellen Differenzierung des Lernbegriffs (Abschnitt 2) lassen sich Lerntypen unterscheiden. Dabei steht die Frage im Mittelpunkt, welche Ziele im Rahmen der jeweiligen Ansätze verfolgt werden können, und worin jeweils Nutzen und Probleme der Ansätze liegen. Das Fazit diskutiert den Ertrag der lerntheoretischen Erweiterung der Politikfeldanalyse, um Hinweise für eine zweckmäßige Anwendung der Ansätze zu geben.

2 Lernbegriffe und Lerntypen

Sowohl die theoretischen Grundlagen als auch die praktische Bedeutung lerntheoretischer Ansätze sind davon abhängig, was jeweils unter Policy-Lernen verstanden wird. Die gemeinsame Schnittmenge der wichtigsten Definitionen besteht darin, dass Policy-Lernen die Veränderung von Überzeugungen, Wahrnehmungen und/oder Einstellungen bezeichnet. In den unterschiedlichen Ansätzen finden sich aber fast immer weitere Zusatzbedingungen oder implizite und explizite Präzisierungen des Lernbegriffs. Teilweise sind Zusatzbedingungen methodisch begründet, teilweise dienen sie der definitorischen Schärfung, oder sie präzisieren den normativen Anspruch des Lernbegriffs (Maier et al. 2003; Dunlop/Radaelli 2013).

Verbreitet ist die Forderung, den Begriff „Policy-orientiertes Lernen" nur für dauerhaften Wandel (der etwa mindestens eine Dekade erhalten bleibt) zu verwenden (Sabatier/Weible 2007: 198). Für diese Einschränkung lassen sich sowohl methodische als auch inhaltliche Rechtfertigungen finden. Angesichts der Schwierigkeit, bei empirischen Untersuchungen nachzuweisen, dass wechselnde Positionen derselben politischen Akteure nicht taktisch begründet sind, sondern auf kognitiven Prozessen beruhen, kann es als operationale Hilfsannahme sinnvoll sein, Dauerhaftigkeit als Zusatzbedingung einzuführen.

Inhaltlich ist die Forderung nach Dauerhaftigkeit dann zu rechtfertigen, wenn man eine prinzipielle Stabilität zumindest eines Kerns von Überzeugungen annimmt. Kurzfristige Positionsveränderungen sind dann als taktisch zu interpretieren. Sie wären nicht das Ergebnis neuer Informationen, sondern die Folge von Machtverschiebungen. Diese Annahme liegt dem Modell der Belief-Systeme zugrunde (Abb. 1).

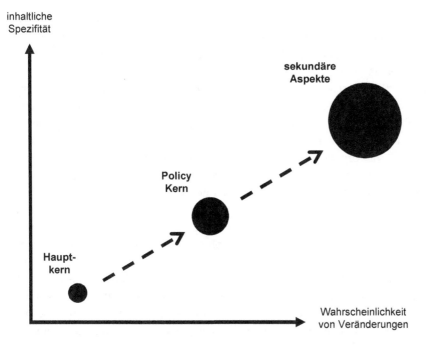

inhaltliche
Spezifität

sekundäre
Aspekte

Policy
Kern

Haupt-
kern

Wahrscheinlichkeit
von Veränderungen

gestrichelter Pfeil: Gibt jeweils Spielraum für widerspruchsfreie Optionen vor

Abb. 1: Belief-Systeme und Erwartbarkeit von Überzeugungswandel (Quelle: eigene Darstellung)

Belief-Systeme sind definiert als miteinander funktional verbundene Überzeugungen und Einstellungen (Converse 1964: 207). Das Modell nimmt an, dass nur bei instrumentellen, spezifischen Überzeugungen und Einstellungen ein Überzeugungswandel bei neuen Informationen zu erwarten ist. Die empirischen Befunde zu dieser These sind allerdings widersprüchlich (Putnam 1976: 72–106; Peffley/Hurwitz 1985: 871; Inglehart 1985; Friedman 2006).

In der theoretischen Auseinandersetzung konkurriert das Konzept der Belief-Systeme unter anderem mit dem Ansatz der „kognitiven Schemata" (Schissler/Tuschhoff 1988; Vowe 1994). Dieses Konzept geht von unverbundenen Wahrnehmungs- und Denkmustern aus, die vom Individuum aktiv zugeordnet werden können. Danach könnte etwa derselbe Politiker im Verlauf einer politischen Auseinandersetzung einen Auslandseinsatz der Bundeswehr diesen zu einem Zeitpunkt aus seiner Perspektive als fundamentaler Pazifist und zu einem anderen Zeitpunkt und in einem anderen Zusammenhang aus seiner Perspektive als fundamentaler Anhänger des freien Welthandels bewerten. Folgt man diesem Konzept, dann lassen sich Einstellungsänderungen von individuellen Akteuren selbst kurzfristig nicht prognostizieren. Radikale Kehrtwenden müssen als ebenso wahrscheinlich angenommen werden wie eine moderate Änderung der Einstellung von Politikern zu Einzelaspekten.

Ein zentrales Problem bei der Definition und Operationalisierung des Lernbegriffs ist das Akteurverständnis. So ist von zentraler Bedeutung, ob individuelle Akteure oder Organisationen als Akteure betrachtet werden. Zwischen beiden Extremen sind zudem unterschiedliche Mischformen denkbar (Scharpf 2000: 205).

Sowohl theoretisch als auch empirisch sind Lernprozesse und Machtverschiebungen zwischen Individuen und innerhalb sowie zwischen Organisation unterschiedlich zu fassen. Organisationen können lernen, ohne dass ihre Mitglieder lernen. Gleichzeitig können auch Organisationsmitglieder lernen, ohne dass die Organisation lernt. Organisationale Lernprozesse können intern auf Machtverschiebungen beruhen. Auf der anderen Seite können Lernprozesse von Organisationsmitgliedern zu Machtverschiebungen innerhalb und zwischen Organisationen führen.

Der Einfluss von Lernen ist daher nur dann zu erfassen, wenn ein möglichst präzises Begriffsverständnis besteht. Dieses wird in verschiedenen Ansätzen durch die Zusatzbedingungen Policy-Wandel, Policy-Bezug und Erfahrungsbasiertheit angestrebt. Diese Bedingungen dienen vor allem der definitorischen Präzisierung. Die Bedingung Policy-Wandel bezeichnet die Forderung, den Lernbegriff in der Policy-Analyse nur dann zu verwenden, wenn veränderte Überzeugungen politischer Akteure auch zu Policy-Veränderungen führen. Problematisch an dieser Forderung ist die Zeitdimension: Müssen Überzeugungsänderungen unmittelbar zu politischen Veränderungen führen, oder können die politischen Veränderungen auch erst Jahrzehnte später eintreten – wenn etwa oppositionelle Akteure nach einem Lernprozess in Regierungsverantwortung gelangt sind?

Policy-Bezug und Erfahrungsbasiertheit zielen auf die in empirischen Arbeiten häufig vernachlässigte Präzisierung der konkreten Informationen, die Lernprozesse auslösen. Sollte man auch bei Informationen über Veränderungen ohne direkten Bezug zur Policy das Konzept Policy-Lernen verwenden? Ist es also Policy-Lernen, wenn ein Gesundheitsminister Positionen zur Gesundheitspolitik ändert, nachdem er „gelernt" hat, dass nach einer Wahl die alten Positionen nicht mehr durchsetzbar sind? Dies mag auf den ersten Blick mit einem klaren „Nein" zu beantworten sein. Allerdings entsteht dann das Problem, das Kriterium des Policy-Bezugs operational zu definieren. Soll Policy-Bezug alle Inhalte bezeichnen, die von den jeweiligen Akteuren als Policy-bezogen wahrgenommen werden? Dies hätte dann zur Folge, dass in einem Politikfeld unterschiedliche inhaltliche Abgrenzungen gemacht werden müssten. So würden etwa Kirchenvertreter ethische Informationen als relevant für die Gentechnologiepolitik ansehen, während viele Molekularbiologen einen solchen Bezug nicht sehen.

Zu klären ist auch, ob der Lernbegriff sich nur auf Überzeugungswandel aufgrund (eigener?) Erfahrungen beziehen soll. Muss Lernen eine empirische Grundlage haben? Oder kann Lernen auch die Folge abstrakter Überlegungen sein? Vertreter einer Rational-Choice-Perspektive verwenden den Begriff „Policy-Lernen" auch für die Modellierung von Optimierungsstrategien unter der Bedingung vollständiger Informationen (rationales Lernen bzw. bayesianisches Lernen, vgl. Mesequer 2005:

74–78). Policy-Lernen wird dabei als Spezialfall rationaler Entscheidungen interpretiert. Begriffstheoretisch ist dies zumindest missverständlich, da somit eine grundlegende Voraussetzung anderer lerntheoretischer Ansätze – nämlich die Entscheidung unter Unsicherheit – nicht mehr mit dem Konzept verbunden werden kann.

Von besonderem Interesse ist die Frage, ob der Lernbegriff jeweils eine Verbesserung der Prozesse oder Ergebnisse bezeichnet. Diese Frage wird in der folgenden Typologie lerntheoretischer Begriffe berücksichtigt. Die vorgestellten Lernbegriffe greifen Vorarbeiten aus der Pädagogik, der Psychologie und der Organisationsforschung auf. Grundlegend für alle diese Ansätze ist die Unterscheidung von drei Lerntypen: dem einfachen Lernen, dem komplexen Lernen und dem reflexiven Lernen (Tab. 1, für eine Erläuterung der Begriffe siehe unten).

Tab. 1: Lerntypen

Lerntyp	Einfaches Lernen	Komplexes Lernen	Reflexives Lernen
Analoge Begriffe und verwandte Konzepte	– Verbesserungslernen – single-loop learning/ Einschleifen-Lernen – proto-learning/ first-order learning/ Lernen erster Ordnung – instrumentelles Lernen – Adaption – Anpassungslernen	– Veränderungslernen – double-loop learning/ Doppelschleifen-Lernen – proto-learning/ first-order learning/ Lernen erster Ordnung – soziales Lernen	– Metalernen – deutero learning/ Zweitlernen – second-order learning/ Lernen zweiter Ordnung – Prozesslernen
Bedeutung	Anpassung von Strategien zur besseren Erreichung bestehender Ziele	Änderung von grundlegenden Überzeugungen und Zielen	Lernen zu lernen
Analoge Fragestellungen der Policy-Analyse	Wie können politische Programme verbessert (effektiver, effizienter, legitimer) werden? (unter anderem Gegenstand der Evaluationsforschung)	Wie verändern sich die Grundlagen/Paradigmata politischer Programme? (meist rückblickend an Einzel-fällen untersucht)	Wie können politische Organisationen (z. B. Regierungen oder Staaten) lernen, schneller und flexibler auf neue Informationen zu reagieren? (bisher aus verschiedenen Perspektiven diskutiert)

Quelle: eigene Darstellung

2.1 Einfaches Lernen

Die Unterscheidung zwischen einfachem und komplexem Lernen wurde von Deutsch (1969: 146–147) in die Sozialwissenschaft eingeführt. Einfaches Lernen (Verbesserungslernen) umfasst danach Veränderungen bei den Wegen die gewählt werden, um bestehende Ziele zu erreichen. Diese Veränderungen müssen jeweils Verbesserungen bewirken, d. h. sie müssen eine effektivere Adaption an bestehende Ziele und Normen ermöglichen. Wird dies nicht erreicht, und führt die Veränderung zu einer weniger effektiven Zielerreichung, spricht man von „pathologischem" Lernen (Deutsch 1969: 147). Einfaches Lernen entspricht dem von Argyris/Schön (1978: 3) eingeführten „single-loop learning".

---

i **„Single-loop learning" (Einschleifen-Lernen)**

„Unter *Einschleifen-Lernen* verstehen wir instrumentales Lernen, das Handlungsstrategien oder Annahmen, die Strategien zugrunde liegen, so verändert, daß die Wertvorstellungen einer Handlungstheorie unverändert bleiben." (Argyris/Schön 1999: 35–36)

„Das Einschleifen-Lernen reicht dort aus, wo die Irrtumsberichtigung darin bestehen kann, Organisationsstrukturen und Annahmen innerhalb eines konstanten Rahmens von Leistungswerten und -normen zu ändern. Es ist instrumental und bezieht sich somit in erster Linie auf die Effektivität: wie man am besten bestehende Ziele erreicht und die Organisationsleistung in dem Bereich hält, der von den bestehenden Werten und Normen vorgegeben wird." (Argyris/Schön 1999: 37)

Auch mit den Bezeichnungen Adaption, Anpassungslernen, „first order learning" oder Verbesserungslernen ist in der Regel eine Form des einfachen Lernens gemeint (Klimecki/Laßleben/Altehage 1995: 48). Die Vielfalt der Begriffe beruht zum Teil darauf, dass sie trotz analoger Fragestellungen von unterschiedlichen Perspektiven geprägt sind: So entstammt der Begriff des einfachen Lernens handlungstheoretischen Ansätzen, während die Unterscheidung zwischen Einschleifen- und Doppelschleifen-Lernen von einer systemischen Perspektive ausgeht. In der Organisationsforschung ist der Typus des Anpassungslernens von besonderer Bedeutung, da er hier die Anpassung der Verhaltensweisen von Organisationsmitgliedern an die Ziele der Organisation bezeichnet. Rationales Lernen müsste als Spezialfall des Anpassungslernens gefasst werden, wenn man es als Policy-Lernen bezeichnen möchte. Es würde zusätzlich zu vorgegebenen Zielen auch vollständige Informationen und Risikoneutralität voraussetzen.

In realen Organisationen ist rationales Lernen unwahrscheinlich. Anpassungsvorgänge sind unter anderem von den jeweiligen Machtstrukturen in der Organisation abhängig, sodass sie als „Durchsetzung eines Routinespiels" (Wilkesmann 1999: 169) charakterisiert werden können. In der politischen Anwendung lässt sich das Konzept des einfachen Lernens für die Bearbeitung der Frage nutzen, wie (auch gegen mögliche Widerstände) vorgegebene Ziele besser erreicht werden können.

2.2 Komplexes Lernen

Komplexes Lernen (Veränderungslernen) stellt Ziele und handlungsleitende Annahmen selbst infrage. Auch für diesen Typus wurden unterschiedliche Bezeichnungen eingeführt. Obwohl die Begriffe „double-loop learning" (Argyris/Schön 1978: 20–26) und Veränderungslernen (Klimecki/Laßleben/Altehage 1995: 48) weitgehend deckungsgleich sind, wird der Typus des komplexen Lernens – unabhängig von der jeweiligen Begriffswahl – in unterschiedlicher Form umgesetzt.

„Double-loop learning" (Doppelschleifen-Lernen)　　　　　　　　　　　　　　　　　ℹ️

„Unter *Doppelschleifen-Lernen* verstehen wir ein Lernen, das zu einem Wertewechsel sowohl der handlungsleitenden Theorien als auch der Strategien und Annahmen führt. Die Doppelschleife bezieht sich auf die beiden Rückmeldeschleifen, die die festgestellten Auswirkungen des Handelns mit den Strategien und Wertvorstellungen verbinden, denen die Strategien dienen. Strategien und Annahmen können sich gleichzeitig mit einem Wertewechsel oder als Folge davon ändern." (Argyris/Schön 1999: 36)

Ursprünglich stammt die Unterscheidung zwischen Einschleifen- und Doppelschleifen-Lernen aus der Technik: Wenn etwa ein Thermostat die Wohnungstemperatur an vorgegebene Ziele anpasst, wird dieses noch als einfaches Lernen bezeichnet. Nun ist es aber denkbar, dass durch eine Veränderung der Situation (also z. B. der Außentemperatur) eine Anpassung der Wohnungstemperatur an die ursprünglichen Ziele nicht mehr möglich ist. Bei komplexem Lernen bzw. Doppelschleifen-Lernen passt der Thermostat die Zieltemperatur an die Situation an (Argyris/Schön 1999: 36). In der Politik bezieht sich das Konzept darauf, dass ein Akteur bestimmte Ziele seines Handelns verändert, um die Erreichung von noch grundlegenderen Zielen zu ermöglichen. Vor allem bei der Veränderung allgemeiner Ziele und Wahrnehmungsmuster (Paradigmata) wird der Begriff verwendet.

Um dies an einem Beispiel zu verdeutlichen: Das grundlegendste, aber wohl am wenigsten veränderliche Ziel eines jeden Akteurs ist die „Erhaltung des Strebens nach einer Zweckbestimmung" (Deutsch 1969: 148). Vor diesem Hintergrund könnte also ein Bauernverband „komplex" lernen, wenn er im Zuge der BSE-Krise seine Ziele verändert: Um eine Zweckbestimmung und somit seine Existenz zu erhalten, würde er sein (nicht mehr durchzusetzendes) bisheriges Ziel, den Schutz der klassischen Landwirtschaft, aufgeben und die Förderung ökologischer Landwirtschaft als neues Ziel definieren. Eine solche Abkehr von vorherigen allgemeinen Zielen würde man als komplexes Lernen bezeichnen. In der heute üblichen, allgemeineren Verwendung geht das Konzept des Veränderungslernens davon aus, dass sich Interessenlagen, Werte, Ziele und Handlungen politischer Akteure durch zusätzliche Informationen verändern.

In eine ähnliche Richtung zielt die Differenzierung zwischen „instrumental policy learning" und „social policy learing" bei May (1992). Instrumentelles Lernen bezeichnet bessere Zielerreichung, während soziales Lernen eine neue oder veränderte Wahrnehmung des Problems, der Reichweite des Problems oder der politischen Ziele beinhaltet (May 1992: 337).

Analytische Rahmen, Theorien oder Modelle, die das Konzept des komplexen Lernens nutzen, fragen danach, welche Denkmuster und politischen Ziele veränderlich bzw. welche eher konstant sind, und wodurch Individuen oder komplexe Akteure dazu gebracht werden, ihre Denkmuster und Ziele zu verändern.

Die Differenzierung von einfachem und komplexem Lernen ermöglicht so die Entwicklung konkreter Modelle zur Erklärung politischer Veränderungen in Abhängigkeit von Lernprozessen. Es dürfte aber auch deutlich geworden sein, dass die Unterscheidung nicht unproblematisch ist. Werden nur Strategien geändert, so spricht man von einfachem Lernen. Eine Änderung allgemeiner Ziele nennt man dagegen komplexes Lernen. Im jeweiligen Einzelfall ist es oft schwierig, zwischen allgemeinen Zielen und Strategien zu unterscheiden. Notwendig ist jeweils die Festlegung der Ebene politischer Ziele, deren Änderung als „komplexes Lernen" gefasst wird. Diese Festlegung kann theoretisch erfolgen (etwa auf Grundlage des Modells der Belief-Systeme), empirische Vorarbeiten nutzen oder sich auf einen Common Sense der Experten stützen.

2.3 Reflexives Lernen

Der dritte Lerntypus basiert auf einer Differenzierung, die in den 1940er-Jahren von dem Sozialpsychologen Bateson eingeführt wurde. Bateson bezeichnet eine Verhaltensänderung auf Grundlage neuer Informationen als „proto-learning" (Lernen erster Ordnung). Diesem Proto-Lernen stellt Bateson das „deutero-learning" („second-order learning", Lernen zweiter Ordnung oder Zweitlernen) gegenüber.

Deutero-Lernen bezeichnet das Lernen zu lernen (Bateson 1947: 123; Argyris/Schön 1978: 26–28). Batesons Differenzierung zielt ursprünglich darauf, die Beschleunigung individuellen Lernens bei mehreren Lernprozessen zu erklären. Als alternative Bezeichnungen finden sich reflexives Lernen, Prozesslernen (Probst/ Büchel 1998: 37), Meta-Lernen (Weinmann 1999: 21) oder – in einem speziellen Verständnis, das auch Elemente des einfachen und komplexen Lernens enthält – Problemlösungslernen (Wilkesmann 1999: 169).

Politikfeldanalytische Lerntheorien haben zunächst nur selten explizit an die sozialpsychologischen Arbeiten zum Deutero-Lernen angeknüpft. Dies liegt vor allem daran, dass Politikwissenschaftler weniger daran interessiert waren, zu erklären, wie Individuen oder andere politische Akteure lernen, als vielmehr daran, was gelernt wird (Rose 1993: 23). Allerdings sind Veränderungen der Lernfähigkeit politischer Akteure und vor allem politischer Systeme auch für die Politikwissenschaft von entscheidender Bedeutung. Für lerntheoretische Fragestellungen der Politikfeldanalyse liegt die Bedeutung des Konzepts des Deutero-Lernens in dessen möglichem Beitrag zu der Fragestellung, wie politische Organisationen (etwa Regierungen, Ministerien, Parteien oder Verbände) ihre Lernfähigkeit verbessern können.

Die hier vorgestellte Unterscheidung von Lerntypen hat in der Organisationsforschung großen Einfluss gewonnen. Bei einer Übertragung auf politische Organisationen (Regierungen, Parteien, Verbände, Staaten etc.) müssen allerdings die jeweiligen Besonderheiten dieser Organisationstypen geklärt werden. Obwohl dies bei empirischen Arbeiten bisher nicht immer erfolgt, nutzt die Politikfeldanalyse in den letzten Jahren zunehmend systematisch Konzepte und Thesen soziologischer Ansätze zum organisationalen Lernen (z. B. Albach/Dierkes/Antal/Vaillant 1998; Wiesenthal 2006; Bandelow 2008)

Diese folgende Zuordnung der Ansätze darf aber nicht zu dem Missverständnis führen, dass eine solche Einordnung bisher üblich wäre oder von den Begründern der Ansätze bereits so bewusst vorgegeben würde. Im Gegenteil: Vor allem die hier dem Konzept des Veränderungslernens zugeordneten Ansätze diskutieren oft auch Fragen des Verbesserungslernens. Die Zuordnung orientiert sich daher an zentralen Fragen der Ansätze und berücksichtigt ferner das jeweilige Wissenschaftsverständnis bzw. die Stellung, die von den Ansätzen in dem Spannungsfeld von Theorie und Praxis eingenommen wird. Die jeweils in den Ansätzen explizit verwendeten Begriffe und theoretischen Bezüge sind deutlich komplexer, wie die chronologische Tab. 2 zeigt.

Tab. 2: Wer lernt warum? Lerntheoretische Ansätze im Vergleich

Autoren und Lern-begriffe	Wer lernt?	Was löst Lernen aus?
Deutsch 1969: „kybernetische Rückkoppelung"	– selbstregulierende Netzwerke der Kommunikation	– Spannung zwischen Ziel und Realität – inneres Ungleichgewicht des Netzwerks
Heclo 1974: „political learning"	– zunächst korporative gesellschaftliche Akteure, dann durch die Vermittlung über individuelle Akteure (deren Status als staatliche oder gesellschaftliche Akteure unklar ist) der Staat	– ökonomische Entwicklung – Parteienwettbewerb und Stimmenwettbewerb zwischen politischen Führern – Druck von Interessengruppen – Entwicklung und Wachstum der Sachkenntnis der Verwaltung – „policy middlemen" (Mittler zwischen zentralen Akteuren)

Autoren und Lern-begriffe	Wer lernt?	Was löst Lernen aus?
Etheredge/Short 1983: „government learning" (vgl. auch *Etheredge* 1981)	– politische Organisation (intelligentere interne Kommunikationstechniken, Normen, Kulturen etc.) [alternative Konzepte (verbesserte Intelligenz und Erfahrenheit des Individuums an der Spitze der politischen Organisation, verbesserte Kohärenz des Verhaltens der Offiziellen der politischen Organisation) werden diskutiert und als zu voraussetzungsreich bewertet]	– wissenschaftlich (positivistisch) angeleitete Wissensvermehrung – individuelle Intuition – individuelle Kreativität – individuelles Geschick bei der Umsetzung von Zielen – individuelles Urteilsvermögen und Weisheit
Sabatier 1987: „policy-oriented learning" (vgl. auch *Sabatier* 1993; 1998; *Sabatier/Jenkins-Smith* 1993; 1999)	– Frage des Akteurtypus zunächst ungeklärt. Subjekte des Lernens waren in frühen Versionen des Modells sowohl Individuen als auch Organisationen (neuerdings gibt es eine Beschränkung auf Organisationen). Letztlich lernen aber kollektive Akteure (Advocacy Koalitionen und Akteurnetze, also das „Policy-Subsystem"). – Gleichsetzung politischer, gesellschaftlicher, wissenschaftlicher und anderer Akteure	– individuelles Lernen und Verhaltensänderungen – Diffusion neuer Überzeugungen in einer Koalition – Änderung der Zusammensetzung von Koalitionen – Gruppendynamiken (etwa Polarisierungen konkurrierender Gruppen) – Austausch zwischen konkurrierenden Koalitionen (bei geeigneten Konflikten, Ressourcen und Foren)
Haas 1992: „diffusion of information and learning; shifts in the patterns of decision making"	– Staaten als internationale Akteure	– Problemanalysen und Kausaldeutungen durch internationale „Epistemic Communities"
Rose 1993: „lesson-drawing"	– zunächst individuelle Politiker, aber als komplexe Akteure betrachtet und als Policy-Networks bezeichnet	– Unzufriedenheit mit dem Status quo
Hall 1993: „social learning"	– individuelle gesellschaftliche und vor allem staatliche Akteure (offizielle Experten in dem Politikfeld), als komplexe Akteure betrachtet und als Policy-Communities bezeichnet	– kognitive Dissonanzen – Erklärungsdefizite bestehender Paradigmata – politische, ökonomische und soziale Krisen

Autoren und Lern-begriffe	Wer lernt?	Was löst Lernen aus?
Howlett 1994: „paradigm shift"	– individuelle gesellschaftliche und vor allem staatliche Akteure (offizielle Experten in dem Politikfeld), als komplexe Akteure betrachtet und als Policy-Communities bezeichnet	– extern begründete Veränderungen der Machtverhältnisse zwischen Vertretern unterschiedlicher Paradigmata
Kissling-Näf/Knoepfel 1998: „kollektives Lernen in öffentlichen Politiken"	– zunächst Individuen, Organisationen und interorganisationelle Netzwerke, letztlich politische Netzwerke (also kollektive Akteure)	– Interaktionsprozesse zwischen den Akteuren im Politiknetzwerk
Bandelow 1999: „policy-bezogener Impact" „strategisches Lernen	– individuelle Akteure – Gleichsetzung politischer, gesellschaftlicher, wissenschaftlicher und anderer Akteure	– kurzfristig: policy-bezogene und policy-externe Informationen – langfristig: policy-bezogene Informationen
Sabatier/Weible 2007: „*policy change*"	– kollektive Akteure – Gleichsetzung politischer, gesellschaftlicher, wissenschaftlicher und anderer Akteure	– externe Schocks – Policy-orientiertes Lernen – ausgehandelte Kompromisse – interne Schocks

Quelle: Eigene Übersicht, vgl. auch Bandelow 1999: 63 und Bennett/Howlett 1992: 278-282.

3 Verbesserungslernen als Konzept der Politikfeldanalyse

Wie in Abschnitt 2.1 dargestellt, setzt das Konzept des Verbesserungslernens ex ante vorgegebene Ziele voraus. Diese Ziele können normativen oder politischen Grundlagen des Forschers und seiner Auftraggeber entspringen. Oft werden sie auch von der problemorientierten Forschung anderer Disziplinen entwickelt (Scharpf 2000: 33). Solche Ziele sind etwa „hoher Beschäftigungsstand" oder „Stabilität der Krankenversicherungsbeiträge". Auf der anderen Seite kann die Politikfeldanalyse auch den Grad demokratischer Beteiligung bei der Entscheidungsfindung messen und als Ziel etwa „demokratische Legitimität der Geldpolitik" annehmen.

Der Fragestellung des Verbesserungslernens entsprechen politikfeldanalytische Ansätze dann, wenn sie die politischen Ziele vorgeben und beanspruchen, die Leistungen verschiedener politischer Wege bei der Zielerreichung bewerten zu können. Ein solcher Bewertungsanspruch findet sich etwa bei der Implementations- und

Evaluationsforschung, die als Maßstäbe zur Bewertung politischer Programme deren Effektivität und Effizienz untersucht (Sager/Hinterleitner in diesem Band).

Mit dem Begriff der Effektivität ist der Grad der Zielerreichung gemeint, während Effizienz das Verhältnis von Wirkung zu Kosten bezeichnet. Beide Begriffe sind nicht unumstritten, da sie streng genommen bereits eine Klärung dessen voraussetzen, was als wünschenswertes Ziel anzusehen ist. Nur wenn Ziele klar benannt und überprüfbar sind – wenn etwa in der Verkehrspolitik der Bau von 100 Kilometern neuer Autobahnstrecke beabsichtigt ist –, lässt sich der Grad der Zielerreichung messen. Auch dann darf „effektiv" nicht mit „gut" verwechselt werden: Aus der Sicht von Umwelt- und Naturschützern kann etwa ein effektiver Bau neuer Autobahnen auch negativ bewertet werden.

Auch Zielkonflikte können in Modellen des Verbesserungslernens berücksichtigt werden. So hat sich in der amerikanischen Policy-Analyse eine Schule etabliert, die ihre Aufgabe darin sieht, bei Zielkonflikten „Win-win-Lösungen" zu entwickeln. Darunter werden Lösungen verstanden, die für konkurrierende Parteien oder Interessenkoalitionen gleichzeitig eine verbesserte Zielerreichung ermöglichen. Seit den 1990er-Jahren wird in den USA auch die Idee der Erzeugung „bester" Lösungen in solchen Zielkonflikten vertreten. Solche „Super-Optimum Solutions" („SOS") sollen durch eine (etwa aus Drittquellen gespeiste) Ressourcenausweitung, die Maximierung der Effizienz bei der Zielerreichung und die Entwicklung neuer politischer Strategien unter Berücksichtigung der konkreten Kosten und Nutzen von Maßnahmen in unterschiedlichen Phasen des politischen Prozesses ermöglicht werden (Nagel 2000).

Das Konzept des Verbesserungslernens setzt weiterhin voraus, dass die gesteigerte Zielerreichung auf einem besseren Umgang von Akteuren mit ihrer Umwelt basiert. Diese Verbesserung kann etwa darin liegen, dass Probleme differenzierter wahrgenommen oder zusätzliche Verhaltensroutinen erworben werden. Akteure können daher als Ergebnis ihres Lernprozesses differenzierter auf unterschiedliche Situationen reagieren (Etheredge/Short 1983: 42; Klimecki/Laßleben/Altehage 1995: 12). Kognitive Veränderungen werden somit als Erweiterung von „Wissen" gefasst. Lerntheoretische Ansätze „erster Ordnung" nutzen also einen objektiven, ordinalen Lernbegriff: Wissen wird als zumindest vergleichend messbar angenommen, d. h. es kann im Vergleich zweier Akteure bzw. im Vergleich desselben Akteurs zu verschiedenen Zeiten angegeben werden, wann mehr Wissen vorhanden ist bzw. war.

Eine solche Konzeption von Lernen als Informationsgewinn ist vor allem in wissenszentrierten Feldern wie der Technologiepolitik verbreitet (Jachtenfuchs 1993: 2). Ihr liegt mitunter die Vorstellung zugrunde, dass politische Konflikte – wie etwa die Kontroversen über die Nutzung von Atom- oder Gentechnik – die Folge „falscher" Vorstellungen von Beteiligten des Konfliktes sind. Lernen soll dann dazu beitragen, Fehler zu korrigieren und dadurch zur Lösung von Konflikten beizutragen. Politikfeldanalytische Ansätze greifen diese Überlegungen auf, indem sie danach fragen, in welchen Politikfeldern und unter welchen institutionellen Rahmenbedingungen „Wissen" auf politische Prozesse einwirkt (Majone 1989).

3.1 „Government learning"

Eine der ersten Studien, die sich systematisch mit unterschiedlichen Auslösern von Lernprozessen beschäftigt, wurde Anfang der 1980er-Jahre von Etheredge vorgelegt (Etheredge 1981 und eine geringfügig weiterentwickelte Zusammenfassung der Überlegungen bei Etheredge/Short 1983). Etheredge und Short greifen auf normative Konzepte individuellen Lernens zurück und versuchen, diese auf Politiker und politische Organisationen zu übertragen. Lernen bezeichnet danach bei Individuen eine Steigerung von Intelligenz und Erfahrenheit. Diese Steigerung lässt sich in der Psychologie an drei Indikatoren ausmachen (Etheredge/Short 1983: 42–43):
- erhöhtes Differenzierungsvermögen,
- erhöhte Fähigkeit zur Organisation und hierarchischen Integration,
- verbessertes Reflexionsvermögen.

Diese drei Indikatoren werden von Etheredge und Short auch auf Politiker angewendet. Dabei betonen die Autoren, dass eine Beurteilung von Lernerfolgen individueller Politiker immer voraussetzt, dass der Betrachter (Forscher) vorher den Begriff der Effektivität durch Festlegung wünschenswerter Ziele konkretisiert.

Bei der Anwendung ihres individuellen Lernbegriffs auf politische Organisationen stellen Etheredge und Short zunächst fest, dass das Lernen eines Regierungschefs noch nicht gleichbedeutend mit dem Lernen der Regierung ist. So können die Intelligenz und Erfahrenheit des Regierungschefs wachsen, ohne dass die Effektivität der Regierung wächst. Dies ist etwa der Fall, wenn unterschiedliche Regierungsvertreter unterschiedliche Ziele verfolgen. Es ist daher von Vorteil für eine Regierung, wenn das Regierungsverhalten möglichst kohärent ist.

Allerdings ist eine Steigerung des internen Zusammenhalts in der Regierung auch noch keine ausreichende Definition von Regierungslernen: Die Effektivität von Regierungen kann auch von technischen Bedingungen, internen Normen, Rollenstrukturen, Weltsichten usw. abhängen. Als umfassenden Begriff des „government learning" rekurrieren Etheredge und Short daher auf die „inferred coherence" (Etheredge/Short 1983: 49). Dieser Begriff soll alle Faktoren der systemischen Intelligenz politischer Organisationen umfassen. Was konkret von Forschern als „intelligentes" Verhalten einer politischen Organisation gefasst wird, wird bewusst offengelassen.

Etheredge bemüht sich aber zumindest um eine beispielhafte Illustration des Konzepts, indem er Scheitern und Erfolg der US-Regierung bei drei militärpolitischen Entscheidungen unter Anwendung seines Konzepts untersucht. Er sieht (erfolgreiches) Regierungslernen als abhängige Variable, die von einer Reihe unabhängiger Variablen beeinflusst werden kann: den Inhalten universitärer Lehre, den Zielen der Wähler, den Forderungen von Lobbyisten, den Themen der Medien, der Qualität äußerer Kritik, dem Zeitgeist, den konzeptuellen und methodischen Neuerungen universitärer Forschung und der Frage, ob die Menschen ausreichend Vertrauen haben, um die „Wahrheit" zu äußern (Etheredge 1981: 135).

3.2 „Lesson drawing"

Während Etheredge Grundlagen individueller Lernprozesse und – am Beispiel der US-amerikanischen Bundesregierung – Bedingungen und Hindernisse von Regierungslernen diskutiert, befasst sich Richard Rose mit Phasen, in denen sich politische Lernprozesse vollziehen. Rose (1993: 27–34, 114–117) beschreibt es als vierstufigen Prozess:

1. In einem ersten Schritt suchen Politiker nach Erfahrungen in der Vergangenheit oder in anderen Regionen, um mögliche Wege zur Lösung eigener aktueller politischer Aufgaben zu finden.
2. Im zweiten Schritt bilden die Politiker auf Grundlage der gefundenen Lehren ein analytisches Modell, um die neuen Informationen in allgemeine Erklärungsmuster zu überführen. Ein solches Modell soll verdeutlichen, welche Wirkungen konkreter Strategien in der Praxis zu erwarten sind.
3. Anschließend finden politische Veränderungen als Anwendung des Gelernten statt – sei es durch Kopie von Programmen oder auch nur durch Inspirationen für eigene neue Programme.
4. Den letzten Schritt des Lernprozesses sieht *Rose* in einer vorausschauenden Bewertung des zu erwartenden Erfolgs des Programms. Eine solche vorausschauende Bewertung kann darin bestehen, dass die Voraussetzungen und Bedingungen für den Erfolg eines Programms an einem anderen Ort oder zu einer anderen Zeit erforscht werden, um dann zu prüfen, ob diese Bedingungen im eigenen Fall gegeben sind.

Der von Rose entwickelte Ansatz hat den Vorteil, Lernen als Informationsgewinn durch Erfahrungen früherer Zeiten und anderer Orte systematisch fassen zu können. Aus dieser Perspektive müssen politische Entwicklungen nicht mehr auf eine Vielzahl von Einzelentscheidungen zurückgeführt werden. So lässt sich zum Beispiel der analoge Wechsel bei der Wahl wirtschaftspolitischer Instrumente in verschiedenen Ländern auf gleichzeitige Lernprozesse zurückführen: Die negative Erfahrungen mit einer keynesianischen Globalsteuerung in den 1970er-Jahren haben in verschiedenen Ländern – unabhängig von ihren jeweiligen Regierungssystemen und nationalen Interessenkonstellationen – zu einer wirtschaftspolitischen Neuorientierung geführt. In den späten 1990er-Jahren wiederum lässt sich eine Umorientierung von neoliberalen Wirtschaftsmodellen hin zu sozialdemokratischen Modellen des

„Dritten Wegs" feststellen. Solche internationalen Wellen der Instrumentenwahl lassen sich mit dem von Rose skizzierten lerntheoretischen Instrumentarium als grenzüberschreitendes Lernen fassen (Howlett/Ramesh 1993).

Roses Ansatz erfreut sich einer zunehmenden Bedeutung und hat sich bereits in einer Vielzahl von Studien bewährt (z. B. Stone 2002; Hough/Paterson/Sloam 2006). Die Einfachheit des Ansatzes führt allerdings auch zu Schwächen: So thematisiert das Lesson-Drawing nicht, wie und unter welchen Bedingungen „Vergessen" als umgekehrter Lernprozess politische Veränderungen erklären kann (Wiesenthal 1995: 151; Schmid 1998). Dem praxisorientierten Ansatz fehlt bisher auch ein empirisch prüfbarer theoretischer Kern.

Problematisch am Lesson-Drawing ist weiterhin, dass die Suche und Aufnahme von Informationen als theoriefreier Prozess gedeutet wird. Politische Akteure werden aber bei der Suche und Interpretation von Informationen von ihren bestehenden Denkmustern (Werten, Zielen, Annahmen über kausale Zusammenhänge) geprägt (Bandelow 2006).

Nicht nur die Auswahl von Informationen, sondern auch die Bewertung von neuen Strategien, ist in der Regel umstritten: So ist zwar der Abbau hoher Arbeitslosigkeit ein weitgehend konsensuales politisches Ziel. Ist es aber ein Fortschritt, wenn Politiker „lernen", die Arbeitslosigkeit durch Zwangsmaßnahmen gegen Arbeitslose zu reduzieren? Die Antwort auf diese Frage hängt – wie fast alle politischen Bewertungen – von den Normen und Werten des Betrachters ab. Es ist daher nur selten möglich, politische Veränderungen im allgemeinen Konsens als positiven Fortschritt zu bewerten. Fasst man die bisherigen Überlegungen zusammen, dann finden sich idealtypisch drei Strategien, mit diesem Problem umzugehen:

1. Es wird von allgemeinen Zielen einzelner „lernender" Akteure ausgegangen, die durch Lernen effektiver oder effizienter erreicht werden sollen.
2. Es wird von allgemeinen Zielen des wissenschaftlichen Beobachters ausgegangen, die durch Lernen effektiver oder effizienter erreicht werden. Diese Perspektive wird in keinem der hier vorgestellten Ansätze explizit vertreten, dürfte aber vielen konkreten Anwendungen mehr oder weniger zugrunde liegen.
3. Lernprozesse werden als übergreifende Verbesserungen interpretiert, die allen Konfliktparteien im Rahmen von Win-win-Lösungen zugutekommen. Diese Perspektive liegt den meisten Ansätzen explizit oder implizit zugrunde. Eine übergreifende Verbesserung kann dann etwa die erhöhte Kohärenz der Strategie einer Regierung sein, wie bei Etheredge und Lloyd angenommen.

Im konkreten Einzelfall ist es oft schwierig, zwischen der ersten und der dritten Strategie zu unterscheiden: Die erhöhte Kohärenz einer Regierung mag dazu führen, dass diese ihre Ziele besser durchsetzen kann. Für politische Gegner der Regierung oder auch Vertreter von Minderheitspositionen werden dadurch aber nur Einzelinteressen in der politischen Auseinandersetzung gestärkt. Ob es überhaupt möglich ist,

Politik „besser" in einem allgemeinen Sinn zu gestalten, darf daher als umstritten gelten.

4 Veränderungslernen als Konzept der Politikfeldanalyse

Das Problem der Bewertung politischer Veränderungen wird bei Untersuchungen von Prozessen des Veränderungslernens vermieden. Solche Untersuchungen gehen nicht von vorgegebenen Zielen aus, die durch Lernen besser erreicht werden sollen. Es wird vielmehr untersucht, wie sich politische Ziele, Überzeugungen und Verhaltensmuster von Akteuren verändert haben. Analytische Rahmen, Theorien und Modelle, die sich mit Prozessen des Veränderungslernens befassen, verwenden daher einen nominalen Lernbegriff (z. B. Hall 1993; Sabatier 1993; Bandelow 2006). In seiner allgemeinsten Form umfasst Lernen dann jede dauerhafte Verhaltensänderung, die auf neuen Informationen beruht – unabhängig davon, ob diese Verhaltensänderung dazu führt, dass irgendwelche Ziele besser, gleich gut oder schlechter erreicht werden. Die Verwendung der Vorstellung des Veränderungslernens in der Politikfeldanalyse geht von der Annahme aus, dass Akteure aufgrund neuer Informationen ihre Präferenzen oder Wahrnehmungen ändern und dass dadurch politische Veränderungen ausgelöst werden.

Im Gegensatz zum Verbesserungslernen wird beim Veränderungslernen nicht eine effektivere Erreichung politischer Ziele in den Vordergrund gestellt. Es geht also nicht um bessere Politik, sondern um eine bessere Erklärung der Politik. Lerntheoretische Ansätze wollen dabei „besser" sein als Ansätze, die den Faktor Lernen nicht berücksichtigen (wie etwa die meisten Rational-Choice-Ansätze). Die verschiedenen politikwissenschaftlichen Ansätze des Veränderungslernens unterscheiden sich vor allem in der Bedeutung, die dem Lernen politischer Akteure bei der Erklärung politischer Veränderungen jeweils zukommt.

Die geringste Rolle wird Lernen in Modellen beigemessen, die nach wie vor in Interessenkonflikten und institutionellen Strukturen die prägenden Faktoren von Politik sehen. Dies gilt etwa für den Akteurzentrierten Institutionalismus (Mayntz/ Scharpf 1995; Scharpf 2000; Wenzelburger/Zohlnhöfer in diesem Band). Obwohl der von Mayntz und Scharpf entwickelte analytische Rahmen nicht ausschließt, handelt es sich daher nicht um einen lerntheoretischen Ansatz.

4.1 Ursprünge lerntheoretischer Erklärungen von Politikergebnissen

Als Vorreiter lerntheoretischer Ansätze wird oft die Studie von Heclo zur Sozialpolitik in Großbritannien und Schweden gesehen. Tatsächlich handelt es sich um ein Erklärungsmodell, das Lernen in den Mittelpunkt des Arguments stellt, aber dennoch in den „harten" Faktoren der sozioökonomischen Bedingungen die Basis zur Erklärung der unterschiedlichen politischen Strategiewahl sieht. Heclos Modell führt aber politische Experten als wichtige zusätzliche Akteure ein und zeigt, dass die jeweils gewählten politischen Strategien nicht allein als Reaktionen auf aktuelle Probleme zu erklären waren, sondern gleichzeitig Erfahrungen mit früheren Strategien reflektieren (Heclo 1974).

Heclo hat vor allem die Gegenüberstellung der Begriffe „Powering" und „Puzzling" (Heclo 1974: 305) in die Theoriedebatte eingebracht (z. B. Hall 1993; Lieberman 2002). Die Studie startet mit einem Überblick über den politikwissenschaftlichen Diskussionsstand der frühen 1970er-Jahre, der Politikprozesse allein als Kampf um Zustimmung für Unterstützung in der Auseinandersetzung zwischen konkurrierenden Zielen gesehen hat („to power"). Angesichts der Ungewissheit über mögliche Lösungen und deren Auswirkungen ist Politik auch dadurch geprägt, dass politische Akteure Probleme identifizieren, Lösungen benennen und deren Auswirkungen erkunden müssen („to puzzle"). Puzzling wird von Heclo als kollektiver Prozess eines „social learning" beschrieben. Dieses Social Learning definiert Heclo als relativ dauerhafte Veränderung von Verhalten auf Grundlage von Erfahrung (Heclo 1974: 306).

Heclos wegweisende Studie nimmt wesentliche Elemente der heute aktuellen Debatten der Policy-Analyse vorweg. Bereits Mitte der 1970er-Jahre problematisiert sie das Spannungsverhältnis zwischen individuellem Lernen und sozialem Lernen. Auch die besondere Bedeutung von politischen Vermittlern – *„policy middlemen"* (Heclo 1974: 311) – bleibt bis heute aktuell. Sie findet sich sowohl in Sabatier's Konzept des „policy broker" (siehe unten) wieder auch etwa bei der Rolle politischer Unternehmer im Multiple-Streams-Ansatz (Rüb in diesem Band).

4.2 Advocacy-Koalitionsansatz

Bis heute prägt Advocacy-Koalitionsansatz (Advocacy Coalition Framework, ACF) stärker als jede andere theoretische Perspektive die Diskussion um Policy-orientiertes Lernen. Der ACF wurde in den 1980er-Jahren von dem amerikanischen Umweltwissenschaftler Paul Armand Sabatier (1944–2013) in Kooperation mit wechselnden Kollegen als Alternative zur „Phasenheuristik" des Policy-Cycle (Jann/Wegrich in diesem Band) konzipiert, um langfristige politische Veränderungen allgemein analytisch zu fassen und Vergleiche zwischen den Ergebnissen von Einzelfallstudien zu ermöglichen (Sabatier/Jenkins-Smith 1993, Jenkins-Smith et al. 2014). Sabatier definiert Policy-orientiertes Lernen „als relativ stabile Veränderung des Denkens oder von Verhaltensintentionen (...), die aus Erfahrungen resultieren und die sich mit der Realisierung oder der Veränderung von Policy-Zielen befassen" (Sabatier 1993: 121–122). Mit dieser Definition geht er zumindest konzeptionell über den Bereich des Verbesserungslernens hinaus. Für die Zuordnung des Ansatzes zum Konzept des Veränderungslernens ist aber weniger die definitorische Fassung des Lernbegriffs verantwortlich als vielmehr, der Anspruch des ACF, empirisch-analytisch und nicht normativ zu sein. Mit anderen Worten: Der Ansatz will die Grundlage für eine bessere Theorie der Politik und nicht – zumindest nicht unmittelbar und primär – für bessere Politik bieten. Er betrachtet also politische Veränderungen, ohne direkt politische Verbesserungen einzufordern.

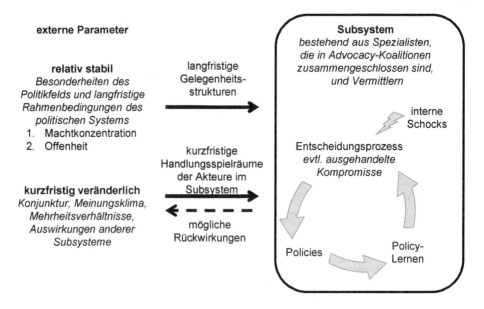

Abb. 2: Vereinfachtes Diagramm des Advocacy-Koalitionsansatzes in der Version von 2007 (Quelle: verändert in Anlehnung an Sabatier/Weible 2007: 202 und Weible et al. 2011: 352)

Der ACF geht davon aus, dass Gesetze, Verordnungen und andere staatliche Entscheidungen die (tatsächlichen) Überzeugungen, Wahrnehmungen und Einstellungen der dominanten politischen Akteure widerspiegeln. Politische Akteure sind dabei neben staatlichen Organisationen auch Verbände, Bürgerinitiativen, Wissenschaftler oder Journalisten. Es werden also politische Eliten jeder Art berücksichtigt. Alle diese Akteure werden gemeinsam als „Policy-Subsystem" bezeichnet (Sabatier 1993: 126, siehe rechter Kasten der Abb. 2). Während diese Definition auch Akteure integriert, die aus Mangel an Informationen noch nicht in den Aushandlungsprozess eingreifen („latente" Akteure), bleiben „einfache" Bürger unbeachtet.

Aussagen über Lernprozesse basieren zunächst auf der Vorstellung, dass sich die politischen Ziele von Akteuren in der Art von Belief-Systemen hierarchisch ordnen lassen (siehe Abb. 1). Sabatier geht davon aus, dass sich im Streit um bestimmte politische Probleme – in seinem ursprünglichen Beispiel geht es um den Konflikt einer Landerschließung des Lake Tahoe im Westen der USA – langfristig Akteure mit übereinstimmenden allgemeinen Wertvorstellungen, Kausalannahmen und Problemwahrnehmungen zusammenschließen.

Auf diese Weise entstehen in jedem Subsystem zwei bis vier (in Ausnahmefällen nur eine) „Advocacy-Koalitionen" von Akteuren mit übereinstimmendem Kern der Belief-Systeme. Zwischen den Advocacy-Koalitionen stehen die sogenannten „Policy-Broker", die als Vermittler an einem Gesamtinteresse (etwa der Reduktion des Konfliktniveaus) interessiert sind. Broker könnten etwa hohe Beamte, Gerichte oder Regierungschefs sein (Sabatier 1993: 129).

Der Advocacy-Koalitionsansatz ist inzwischen der in der Politikfeldanalyse einflussreichste lerntheoretische Ansatz. Allerdings beruht die Einordnung des Ansatzes als „lerntheoretisch" vor allem darauf, dass die Väter des ACF mit dem Titel „Policy Change and Learning" (Sabatier/Jenkins-Smith 1993) ein Label vorgegeben haben, das dem Ansatz nicht unbedingt entspricht.

Tatsächlich bietet der ACF unterschiedliche Erklärungen für Policy-Veränderungen an, die nur teilweise eine lerntheoretische Perspektive haben. Mit den mehrfachen Modifikationen des ursprünglich induktiv entwickelten Ansatzes wurde die lerntheoretische Fokussierung zudem weiter reduziert.

Im ursprünglichen ACF von 1993 werden politische Veränderungen auf zwei Variablenbündel zurückgeführt: Policy-orientiertes Lernen und externe Ereignisse. Policy-orientiertes Lernen findet zunächst vor allem innerhalb der Advocacy-Koalitionen statt und kann unterschiedliche Grundlagen haben. So führen z. B. Erfahrungen dazu, dass Mitglieder der Koalitionen ihre Strategien ändern. Kontakte innerhalb der Koalitionen können zu einer Verbreitung bestimmter Ziele führen, neue Mitglieder können andere Sichtweisen einbringen oder alte Mitglieder die Koalition verlassen (Sabatier 1993: 137).

Obwohl dieses Policy-orientierte Lernen innerhalb der Koalitionen auch noch weitere Ursachen haben kann, ist seine Bedeutung für politische Veränderungen gering. Mitglieder einer Koalition geben üblicherweise ihre allgemeinen Ansichten zu einem politischen Problem nicht auf (etwa die Ansicht, dass Umweltschutz wichtiger ist als Landentwicklung). Dies lässt sich zunächst mit der Vorstellung der Belief-Systeme begründen, wonach ja der allgemeine Kern politischer Überzeugungen besonders stabil ist. Weiterhin kann auch die Konzeption der Advocacy-Koalitionen einen Beitrag zur Stabilität politischer Positionen leisten: Advocacy-Koalitionen führen zu sozialen Kontakten von Individuen mit übereinstimmenden allgemeinen Zielen. Es ist davon auszugehen, dass diese sozialen Kontakte dazu führen, dass sich Individuen gegenseitig darin bestätigen, ihre gemeinsamen Ziele aufrechtzuerhalten – selbst wenn neue Informationen dem entgegenstehen (Bandelow 2006).

Wesentliche Veränderungen werden schon im ursprünglichen ACF fast ausschließlich auf externe Ereignisse zurückgeführt. Als externe Ereignisse interpretiert der Ansatz sozioökonomische Veränderungen, den Wandel der öffentlichen Meinung, Regierungswechsel und Auswirkungen aus anderen Politikfeldern (Sabatier 1993: 136, siehe Abb. 2). Der ursprüngliche ACF verbindet somit externe Faktoren und kognitive Orientierungen einzelner Akteure, indem er das aus der Rational-Choice-Diskussion stammende Zwei-Filter-Modell (Ostrom 1990) weiterentwickelt. Bei Sabatier besteht der erste Filter aus stabilen Systemparametern (Eigenschaften des Politikfeldes, des Landes, der Gesellschaft und der Verfassung) sowie externen Systemereignissen, welche Restriktionen und Ressourcen der Akteure bestimmen und so den Handlungsspielraum einschränken (Abb. 2). Der zweite Filter sind die Wahrnehmungen der Akteure, die zwischen den verbleibenden Entscheidungsoptionen wählen.

Entgegen seiner grundsätzlichen Annahme, dass wesentliche politische Veränderungen in der Regel auf externe Systemereignisse zurückzuführen sind, formuliert Sabatier auch Bedingungen, unter denen Policy-orientiertes Lernen den Kern politischer Programme verändern kann (Sabatier 1993: 139–141). Diese Bedingungen betreffen zum einen den institutionellen Rahmen der Konfliktaustragung und zum anderen den Konfliktgegenstand. Danach ist Veränderungslernen im engeren Sinn (also ein Wechsel grundlegender politischer Ziele von Akteuren) möglich, wenn zwischen den konkurrierenden Koalitionen ein gemeinsames Forum existiert, an dem sich führende Vertreter beider (bzw. aller) Seiten beteiligen. Notwendig sind dafür gemeinsame übergeordnete Ziele. Ein solches Ziel könnte zum Beispiel „Wirtschaftswachstum" sein, das in einem Konflikt zwischen Monetaristen und Keynesianern beide Seiten verbindet.

Für übergreifendes Lernen eignen sich vor allem Gegenstände, bei denen Einigkeit über die Festlegung und die Messung von Erfolgsindikatoren herrscht. So sind zum Beispiel Messungen von Ozonwerten wenig umstritten und können daher Grundlage eines Austauschs zwischen Akteuren mit unterschiedlicher umweltschutzpolitischer Strategie sein. Messungen des Erfolgs verschiedener Schulformen sind dagegen schwierig. Bei bildungspolitischen Kontroversen ist daher – so die Vermutung des ACF – die Wahrscheinlichkeit grundsätzlicher politischer Veränderungen auf Grundlage von Lernprozessen gering.

Der ACF präsentiert sich explizit als dynamischer Ansatz, der regelmäßige Anpassungen auf Grundlage von empirischen Erfahrungen zulässt. Unverändert bleiben dabei nur die positivistische Grundlegung und die Fragestellung. In der aktuellen Fassung finden sich drei wesentliche Modifikationen (Sabatier/Weible 2007; Weible et al. 2011):

1. Einführung eines neuen Variablensets „Politische Gelegenheitsstrukturen" („Political Opportunity Structures").

2. Konkretisierung der (kurzfristigen) Zwänge und Ressourcen der Akteure bzw. Koalitionen im Subsystem.
3. Einführung von zwei weiteren alternativen Erklärungen für grundlegende politische Veränderungen.

Mit dem Konzept der politischen Gelegenheitsstrukturen greift der ACF verschiedene Thesen aus dem Umfeld des Rational-Choice-Institutionalismus auf (allerdings mit teilweise überraschenden Einordnungen etwa des Westminster-Modells, Sabatier/Weible 2007: 201). Im Wesentlichen wird eine Typologie von politischen Systemen vorgestellt, die sich an Eigenschaften der jeweiligen intermediären Strukturen zwischen Gesellschaft und Staat sowie an der Zahl der Vetospieler orientiert. Die Erweiterung dient weniger der Entwicklung konkreter Hypothesen als vielmehr der Rechtfertigung einer Ausweitung des Anwendungsbereichs: Obwohl der ACF ursprünglich im Rahmen des von Checks and Balances geprägten präsidentiellen Systems der USA entwickelt wurde, lässt es sich auch auf europäische politische Systeme und sogar Entwicklungsländer anwenden (Sabatier 1998). Dabei sind die jeweils unterschiedlichen Zugangsmöglichkeiten zum politischen System und die Entscheidungsregeln im System zu berücksichtigen.

Die Konkretisierung der kurzfristigen Ressourcen von Akteuren im Subsystem basiert auf einer Kombination vorliegender empirischer Erfahrungen und verfügbarer theoretischer Konzepte. Im Ergebnis werden sechs Typen wichtiger Ressourcen genannt. Diese beziehen sich überwiegend auf Macht (etwa formale rechtliche Kompetenzen oder finanzielle Ressourcen). Gleichzeitig wird auch Information als Ressource benannt. Eine systematische Trennung zwischen dem lerntheoretischen Kern des Ansatzes und alternativen Erklärungen wird damit erschwert.

Auch die Benennung weiterer Erklärungen für politische Veränderungen basiert vor allem auf einer Auswertung bisher vorliegender Anwendungen des ACF. Die beiden neuen Wege sind interne Schocks und ausgehandelte Kompromisse. Bei beiden Erklärungen verzichtet der ACF auf eine analytische Trennung zwischen Macht und Lernen: So können interne Schocks sowohl Ressourcen neu verteilen (Macht) als auch Überzeugungen beeinflussen (Lernen). Ausgehandelte Kompromisse werden wiederum in Anlehnung an ein Schema der ADR-Literatur („Alternative Dispute Resolution") diskutiert. Auslöser ist hierbei ein machtbezogener Problemdruck („Politikstau" durch Blockade). Der Lösungsprozess nutzt wiederum Policy-Lernen als wesentliche Erklärung.

Die Stärken des Ansatzes liegen in seiner breiten Anwendungsmöglichkeit. Probleme bereiten der geringe Informationsgehalt der Hypothesen und die logische Konkurrenz zwischen den theoretischen Perspektiven, auf die sich die verschiedenen Erklärungen beziehen.

4.3 Kollektives Lernen in Netzwerken

Die Überbrückung dieses Spannungsfelds zwischen individuellem Lernen und organisationalem Lernen mit Bezug auf politische Veränderungen ist eine der wesentlichen Leistungen des von Knoepfel und Kissling-Näf entwickelten Modells kollektiver Lernprozesse in öffentlichen Politiken (Knoepfel/Kissling-Näf 1998). Das Modell geht davon aus, dass sich politische Lernprozesse in Netzwerken vollziehen. Im Vergleich etwa zu Advocacy-Koalitionen sind Netzwerke offener. Während Advocacy-Koalitionen lediglich die Verbindung von Akteuren mit gemeinsamen Grundüberzeugungen betrachten, erfassen Netzwerke sowohl die Rückbindung zu loyalen Partnern als auch „Außenkontakte" zu Akteuren mit anderen Zielen.

Das Zusammenspiel zwischen Individuen und korporativen Akteuren in diesen Netzwerken wird von Knoepfel und Kissling-Näf mit Konzepten analysiert, die sowohl psychologischen Lerntheorien als auch Modellen organisationalen Lernens entnommen sind. Auf dieser Basis identifizieren sie unterschiedliche Grundlagen, Verläufe und Rahmenbedingungen von Lernprozessen.

Das Modell dient der Analyse von 28 politischen Entscheidungsprozessen in der Schweiz. Dabei ergibt sich, dass der jeweilige Lerntypus wesentlich vom Politikfeld abhängig ist. So lassen sich in Politikfeldern mit hohem kognitivem Lernpotential (etwa beim Konflikt über die Gentechnologie) mehrere Lernformen finden. In anderen Feldern (etwa der Luftreinhaltepolitik) sind dagegen die Spielräume für Lernprozesse eingeschränkter.

Eine ausschließliche Zuordnung des Modells kollektiver Lernprozesse in öffentlichen Politiken zu den hier vorgestellten Ansätzen des Verbesserungs- oder Veränderungslernens ist schwierig. Die Untersuchung kollektiven Lernens richtet sich darauf, „Verbesserungen der Problemlösungsfähigkeit und Outputqualität öffentlicher Politiken" (Kissling-Näf/Knöpfel 1998: 242) zu analysieren. Dieser Lernbegriff scheint eher den Vorstellungen bei Rose oder Etheredge als bei *Sabatier* zu entsprechen. Die Überlegungen eignen sich aber auch für eine Weiterentwicklung der bei Sabatier eingeführten Überlegungen zum Policy-Lernen, da die Differenzierung unterschiedlicher Netzwerktypen auch möglich ist, wenn nicht von vorgegebenen Zielen mit bewertbarer Zielerreichung ausgegangen wird.

Auch das differenzierte Netzwerkmodell ist allerdings noch keine Theorie mit konsistent aufeinander aufbauenden allgemeinen Hypothesen. Eine solche allgemeine politikwissenschaftliche Lerntheorie existiert bisher erst rudimentär. Sie müsste von einem eindeutigen Lernsubjekt ausgehen. Angesichts der bisher wenig zusammenhängenden Überlegungen über Lernformen komplexer Akteure empfiehlt es sich, als Subjekt von Lernprozessen zunächst nur einzelne Individuen anzunehmen. Die Schwächen dieser Perspektive sind zumindest bei der Betrachtung langfristiger Veränderungsprozesse vertretbar (Bandelow 2006).

Für analytische Fragestellungen ist es weiterhin zu empfehlen, auf eigene Maßstäbe bei der Bewertung von Lernerfolgen zu verzichten und lediglich das Ausmaß der Veränderungen politischer Überzeugungen zu messen. Problematisch ist es auch, grundsätzlich zwischen „objektiv" einwirkenden äußeren Faktoren und „subjektiv" wahrgenommenen Ideen zu unterscheiden. Es ist zwar oft pragmatisch angemessen, quasi-objektive Wirkungen bestimmter Entwicklungen vorauszusetzen (so lösen konjunkturelle Krisen zumeist einen Problemdruck aus, der auf die Sozialsysteme wirkt). Diese gelten aber nicht unabhängig von Zeit und Raum und sollten daher bei einer lerntheoretischen Betrachtung, die offen für jede Art von Entwicklungen sein will, in eine allgemeine Theorie der Wirkung politischer Informationen auf politische Veränderungen eingearbeitet werden.

Folgt man diesen Empfehlungen, so lassen sich zumindest einige allgemeine Hypothesen über die Wirkung unterschiedlicher Formen von Informationen auf politisches Lernen und politische Veränderungen ableiten (Bandelow 2006). Aber auch ein solches Vorgehen lässt zentrale Fragen unbeantwortet:

1. fehlt es nach wie vor an konsistenten theoretischen Überlegungen, wie die Verbindung von individuellen Lernprozessen über kollektive Lernprozesse bis zu politischen Veränderungen zu schaffen ist,
2. ist die Frage zu klären, wie spezifische institutionelle Eigenschaften politischer Systeme auf Lernprozesse einwirken.

5 Reflexives Lernen als Konzept der Politikfeldanalyse

Die neuere politikwissenschaftliche Diskussion über „lernende Politik", den „lernenden Staat" oder „lernende Demokratien" konzentriert sich zunehmend auf die Frage, welche Faktoren dazu führen, dass in einigen politischen Systemen Regierungen flexibel auf neue Bedingungen reagieren und in kurzen Abständen neue Ziele definieren, während andere Staaten (etwa die Bundesrepublik) sich eher als stabile oder „blockierte" Systeme darstellen. Diese Beobachtung hat dazu geführt, dass Befürworter von Veränderungen vielfältige Bemühungen unternehmen, die Lernfähigkeit von Regierungen, Staaten oder anderen politischen Organisationen zu verbessern.

Die Politikwissenschaft stellt für die vergleichende Analyse politischer Lernprozesse vorwiegend polit-ökonomische Ansätze bereit. Diese Rahmen, Theorien und Modelle verweisen auf institutionelle Strukturen, die (nach dem jeweils aktuellen Erfahrungsschatz des Faches) politischen Veränderungen offenbar mehr oder weniger behindern (Wenzelburger/Zohlnhöfer in diesem Band). Diese Ansätze geben allerdings auf die Frage, wodurch bestimmte Strategien für politische Veränderungen ermöglicht oder gebremst werden, nur eine eingeschränkte Antwort. So bleibt die Frage unbeantwortet, wo neue Ideen entstehen und wie diese in den politischen Prozess eingebracht werden.

Diese Lücke lässt sich zum Teil mit dem jüngst wieder populär gewordenen Konzept des Policy-Transfers schließen (Dolowitz/Marsh 2000). Policy-Transfer bezeichnet Prozesse, bei denen Policies, Programme, negative Erfahrungen etc. zur Entwicklung von Policies oder Programmen zu anderen Zeiten oder an anderen Orten genutzt werden (Dolowitz/Marsh 1996: 344). Das Konzept basiert zum Teil auf Richard Rose's Ansatz des Lesson-Drawing, schließt aber im Gegensatz zu diesem auch erzwungene Transfers ein. Vor allem in der Diskussion über die Frage einer nationalen Pfadabhängigkeit politischer Entwicklungen einerseits oder einer Konvergenz nationaler Politiken in Folge von Globalisierungsprozessen dient Policy-Transfer als eine mögliche Erklärung für konvergente Politikentwicklungen (Holzinger/Knill 2005; Levi-Faur 2005; Meseguer 2005).

Andere Fälle können andere Länder, andere Regionen, andere Städte, andere internationale Systeme oder auch andere Zeitpunkte sein. Auch gesellschaftliche Organisationen (etwa Verbände) können Erfahrungen bereitstellen und von Erfahrungen anderer Organisationen profitieren. Dabei kann auch ein Transfer zwischen unterschiedlichen Einheiten stattfinden: Die Europäische Union nutzt zum Beispiel Vorbilder und Erfahrungen aus ihren Mitgliedstaaten. Diese werden unter anderem über nationale Vertreter in der Europäischen Kommission oder Expertengremien in die gemeinschaftliche Politik eingebracht (Radaelli 2000). Mit der offenen Methode der Koordinierung (OMK) wurde in den 1990er-Jahren ein systematisches Verfahren zur Unterstützung transnationaler Lernprozesse entwickelt (Hodson/Maher 2002).

Das europäische Mehrebenensystem mit seiner geringen Konzentration von Macht und der relativ geringen strukturellen Koppelung zwischen Entscheidungsarenen ist einerseits in besonderer Weise offen für unterschiedliche Ideen. Andererseits begrenzen die unterschiedlichen institutionellen Strukturen, Problemlagen und politischen Kulturen der Mitgliedstaaten das Potential der OMK. (Kerber/Eckardt 2007). Aus demokratietheoretischer Sicht ist die Methode umstritten, da die Gefahr besteht, dass die politische Verantwortung für Entscheidungen unklar wird (Benz 2007).

Auch im Vergleich zwischen Nationalstaaten lassen sich Hypothesen über Zusammenhänge zwischen politischen Institutionen und Wahrscheinlichkeiten Policy-bezogener Lernprozesse formulieren. Für die Theorieentwicklung ist diese Perspektive interessant, da die Thesen eine notwendige Ergänzung zu polit-institutionalistischen Perspektiven darstellen. Letztere betonen die Blockadewirkung machtbeschränkender Institutionen in politischen Systemen. Unter bestimmten Bedingungen können aber gerade gewaltenteilende und gewaltenverschränkende Institutionen politische Veränderungen begünstigen, indem sie Lernprozesse ermöglichen (Bandelow 2008). Die Perspektive des reflexiven Lernens bietet dadurch Erklärungen für grundlegende Veränderungen in Verhandlungsdemokratien. Sie überwindet damit auch das Problem eines möglichen Konflikts zwischen dem demokratischen Postulat der Machtkontrolle und der Forderung nach institutionellen Reformen zum

Abbau machtbeschränkender Strukturen, indem diese für einen Reformstau verantwortlich gemacht werden.

6 Fazit

Der Nutzen von Ansätzen des Policy-Lernens in der Policy-Analyse ist sowohl normativ als auch empirisch-analytisch umstritten. Die normative Kritik an lerntheoretischen Ansätzen basiert vor allem darauf, dass klassische politikwissenschaftliche Kategorien wie Macht und Interesse vernachlässigt werden. Vor allem Ansätze, die mit den Konzepten des Verbesserungslernens operieren, sind außerdem mit dem Problem verbunden, dass (oft politisch umstrittene) Ziele und Bewertungsmaßstäbe durch den Forscher vorgegeben werden.

Auf der anderen Seite betonen lerntheoretische Ansätze die Wandelbarkeit politischer Präferenzen und zeigen damit Handlungsspielräume für aktive politische Veränderungen auf. In vielen politikwissenschaftlichen oder ökonomischen Erklärungen wird bisher die politische Entscheidung für ein wirtschaftspolitisches Modell auf institutionelle Zwänge oder vorgegebene Präferenzen von Akteuren zurückgeführt. In solchen Fällen werden vorhandene demokratische Einflussmöglichkeiten übersehen. So wird etwa dem demokratisch legitimierten Parlament die Möglichkeit abgesprochen, sich für ein alternatives wirtschaftspolitisches Modell zu entscheiden. Dabei wird missachtet, dass Wissenschaftler bei Verwendung unterschiedlicher wissenschaftlicher Methoden zu verschiedenen politischen Empfehlungen kommen können. Mit anderen Worten: Es besteht das Risiko, dass politische und normative gesellschaftliche Konflikte in wissenschaftlichen Studien als technische Fragen präsentiert werden. Der Verweis auf die grundsätzliche Wandelbarkeit politischer Ziele und staatlicher Organisationsstrukturen durch lerntheoretische Ansätze betont dagegen Handlungsspielräume und lenkt das Augenmerk der Policy-Analyse weniger auf die stabilisierenden als vielmehr auf die veränderlichen Aspekte politischer Entscheidungen.

Aus einer politisch-normativen Sicht ist daher festzuhalten, dass mit der Untersuchung von Policy-Lernen bei der Erklärung politischer Veränderungen eine Vorentscheidung für die Bewertung politischer Handlungsspielräume getroffen wird, die sowohl mit Vorteilen als auch mit Problemen verbunden ist. Forschern ist daher zu empfehlen, sich ihre normativen Gründe für die Wahl eines solchen Ansatzes bewusst zu machen und diese offenzulegen.

Auch der empirisch-analytische Nutzen lerntheoretischer Ansätze ist umstritten. So wird kritisiert, dass durch die Fokussierung auf Policy-Lernen die analytische Klarheit und Reichweite herkömmlicher Modelle unnötig aufgegeben wird (etwa Scharpf 2000). Eine solche Aufgabe oder Ergänzung plausibler und einfacher Ansätze ist analytisch nur zu rechtfertigen, wenn die herkömmlichen Erklärungen empirisch unbefriedigend sind. Bisherige Studien deuten darauf hin, dass das vor allem bei normativ geprägten und wissensbasierten Feldern und in Bereichen, bei denen großer Dissens der Akteure über mögliche Folgen politischer Entscheidungen besteht, der Fall ist. Dabei dienen lerntheoretische Perspektiven aus analytischer Sicht vor allem dazu, die Entstehung von Präferenzen und die Definition des Policy-Problems durch die Akteure zu klären (siehe auch Jachtenfuchs 1993).

Eine Anwendung kann auch in anderen Bereichen analytischen Nutzen bieten, wenn langfristige Veränderungen (Bandelow 2006) oder parallele Entwicklungen in verschiedenen Regionen/Ländern erklärt werden sollen. Daneben können Besonderheiten der institutionellen Rahmenbedingungen politischer Systeme für eine Verwendung lerntheoretischer Ansätze sprechen: So ist die Europäische Union als System mit vergleichsweise veränderlichen Rahmenbedingungen ein besonders geeignetes Feld für die Anwendung von Ansätzen des Policy-Lernens (Radaelli 2000; Bandelow 2008).

Bei einer differenzierten Bewertung der verschiedenen hier vorgestellten Ansätze müssen die Spezifika der jeweiligen analytischen Rahmen, Theorien oder Modelle berücksichtigt werden: Die erste Besonderheit der verschiedenen Ansätze betrifft ihr jeweiliges Wissenschaftsverständnis. Ansätze, die auf eine Verbesserung praktischer Politik zielen (etwa das Lesson-Drawing), sind von Ansätzen zu unterscheiden, die auf genauere oder einfachere Erklärungen praktischer Politik zielen (wie etwa der Advocacy-Koalitionsansatz).

Das zweite wichtige Spezifikum ist der Bezug des jeweiligen Lernsubjekts. Es ist nützlich, systematisch zwischen individuellen, kollektiven und korporativen Akteuren zu unterscheiden. Die meisten Ansätze sind auch hier wenig explizit, sie beziehen sich oft gleichzeitig auf individuelle und korporative Akteure. Hinzu kommt, dass gesellschaftliche Akteure in einigen Ansätzen einbezogen werden (etwa bei Sabatier) und in anderen Ansätzen unbeachtet bleiben (etwa bei Rose).

Das Problem der Akteursqualität von Lernsubjekten ist auch für die methodische Anwendung von Ansätzen des Policy-Lernens von zentraler Bedeutung. Lernen von Individuen kann auf Ebene von Organisationen zu Machtverschiebungen führen und umgekehrt. Machtverschiebungen und Lernprozessen sind in der politischen Realität eng miteinander verbunden. Lernen lässt sich daher kaum valide messen. Dies macht es schwierig, lerntheoretische Ansätze im Rahmen erklärender Forschung anzuwenden. Trotz dieser methodischen Probleme bleibt Lernen ein wichtiger Faktor politischer Prozesse. Die in allen Politikfeldern wichtige Bedeutung von Lernen hat dazu geführt, dass auch in der erklärenden Forschung mit dem Konzept des Policy-Lernens gearbeitet wird. Allerdings sprechen die bisherigen Erfahrungen eher dafür, Lernen als Idealtyp zu verwenden und für Studien zu nutzen, die auf ein verbessertes Verständnis konkreter politischer Prozesse zielen.

Als drittes Differenzierungsmerkmal müssen die jeweiligen Lernbegriffe unterschieden werden. Policy-Lernen kann als Wissenszuwachs gesehen werden, der eine verbesserte Erreichung vorher festgelegter Ziele ermöglichen kann. Ein solcher

„ordinaler" Lernbegriff wurde hier als Verbesserungslernen bezeichnet und findet sich etwa bei Rose, Etheredge, Majone, Raedelli und Howlett/Ramesh. Andere Autoren gehen dagegen nicht von übergeordneten Zielen aus. Sie fragen danach, wie sich Einstellungen, Überzeugungen und Verhalten verändern, ohne zwischen „positiven" und „negativen" Änderungen zu unterscheiden. Dieser „nominale" Lernbegriff entspricht dem Konzept des Veränderungslernens der Organisationstheorie – wenngleich auch dort die unterschiedlichen normativen Implikationen nicht immer herausgestellt werden. Er findet sich etwa (mit Einschränkungen) bei Sabatier.

Angesichts der begrifflichen und konzeptionellen Unschärfen lerntheoretischer Ansätze ist Forschern, die politische Veränderungen in empirischen Arbeiten auf Lernen politischer Akteure zurückführen, zu raten, zumindest folgende Fragen vorab zu klären:

1. Welches Ziel wird mit der Wahl einer lerntheoretischen Perspektive primär verfolgt? Wird eine „bessere" politische Praxis angestrebt (Beratungsorientierung) oder soll eine „bessere" politikwissenschaftliche Erklärung der politischen Praxis erreicht werden (analytische Orientierung)?
2. Welcher Lernbegriff soll zur Untersuchung der gegebenen Fragestellung verwendet werden?
3. Welche Lernsubjekte sollen untersucht werden?
4. Welche möglichen weiteren Erklärungsfaktoren (z. B. Interessen der Akteure oder Rolle von Institutionen) werden bei dem gewählten Ansatz vernachlässigt, und wie wird diese Vernachlässigung gerechtfertigt?

Nur bei einer Klärung der zentralen Begriffe, normativen Grundlagen und analytischen Ziele wird die Verwendung von Ansätzen des Policy-Lernens zur Verbesserung des Verständnisses von politischen Veränderungen und vielleicht auch zur Verbesserung praktischer Politik beitragen.

7 Literatur

Albach, Horst/Dierkes, Meinolf/Antal, Ariane Berhoin/Vaillant, Kristina (Hrsg.), 1998: Organisationslernen – institutionelle und kulturelle Dimensionen. WZB-Jahrbuch. Berlin: Ed. Sigma.

Argyris, Chris/Schön, Donald A., 1978: Organizational Learning. A Theory of Action Perspective. Reading, Mass.: Wesley.

Argyris, Chris/Schön, Donald A., 1999: Die Lernende Organisation. Grundlagen, Methode, Praxis. Stuttgart: Klett-Cotta.

Bandelow, Nils C., 1999: Lernende Politik. Advocacy Koalitionen und politischer Wandel am Beispiel der Gentechnologiepolitik. Berlin: edition sigma.

Bandelow, Nils C., 2006: Advocacy Coalitions, Policy-Oriented Learning and Long-Term Change in Genetic Engineering Policy: An Interpretist View. In: German Policy Studies 3/4, 587–594.

Bandelow, Nils C., 2007: Health Policy: Obstacles to Policy Convergence in Britain and Germany. In: German Politics 16/1, 150–163.

Bandelow, Nils C., 2008: Government Learning in German and British European Policies. In: Journal of Common Market Studies 46/4, 743–764.

Bateson, Gregory, 1947: Social Planning and the Concept of „Deutero-Learning". In: Theodore M. Newcomb/Eugene L. Hartley (eds.): Readings in Social Psychology. New York: Henry Holt, 121–128.

Bennett, Colin J./Howlett, Michael, 1992: The Lessons of Learning: Reconciling Theories of Policy Learning and Policy Change. In: Policy Sciences 25, 275–294.

Benz, Arthur, 2007: Accountable Multilevel governance by the Open Method of Coordination. In: European Law Journal 13/4, 505–222.

Biegelbauer, Peter, 2007: Ein neuer Blick auf politisches Handeln: Politik-Lernansätze im Vergleich. In: Österreichische Zeitschrift für Politikwissenschaft 36/3, 231–247.

* Biegelbauer, Peter, 2013: Wie lernt die Politik?. Wiesbaden: Springer VS.

Braun, Dietmar/Busch, Andreas (eds.), 1999: Public Policy and Political Ideas. Cheltenham. UK/Northampton, MA: Edward Elgar.

Converse, Philip E., 1964: The Nature of Belief Systems in Mass Publics. In: David Apter (ed.): Ideology and Discontent. London: Free Press of Glencoe, 205–261.

Czada, Roland, 1997: Angewandte Politikfeldanalyse. Kurs der FernUniversität Hagen Nr. 001.083.597 (10.97).

Deutsch, Karl W., 1969: Politische Kybernetik. Modelle und Perspektiven. Freiburg: Rombach.

Dolowitz, David/Marsh, David, 1996: Who Learns from Whom: A Review of the Policy Transfer Literatur. In: Political Studies 44, 343–357.

Dolowitz, David/Marsh, David, 2000: The Role of Policy Transfer in Contemporary Policy-Making. In: Governance 13/1, 5–24.

Dunlop, Claire A./Radaelli, Claudio M., 2013: Systematising Policy Learning: From Monolith to Dimensions. In: Political Studies 61/3, 599–619.

Etheredge, Lloyd S., 1981: Government Learning: An Overview, in: Samuel L. Long (ed.), The Handbook of Political Behavior, Vol. 2, New York/London, 73–161.

Etheredge, Lloyd S./Short, James, 1983: Thinking about Government Learning. In: Journal of Management Studies, 20/1, 41–58.

Freeman, Richard, 2006: Learning in Public Policy. In: Michael Moran/Martin Rein/Robert E. Goodin (eds): The Oxford Handbook of Public Policy. Oxford: Oxford University Press, 367–388.

Friedman, Jeffrey, 2006: Democratic Competence in Normative and Positive Theory: Neglected Implications of "The Nature of Belief Systems in Mass Publics". In: Critical Review 18/1–3, 1–43.

Grin, John/Löber, Anne, 2007: Theories of Policy Learning: Agency, Structure, and Change. In: Frank Fischer/Gerald J. Miller/Mara S. Sidney (eds.): Handbook of Public Policy Analysis. Theory, Politics, and Methods. Boca Raton/London/New York: CRC/Taylor & Francis, 201–219.

Hall, Peter A., 1993: Policy Paradigms, Social Learning, and the State: the case of economic policy-making in Britain. In: Comparative Politics 25/3, 275–296.

* Heclo, Hugh, 1974: Modern Social Politics in Britain and Sweden. New Haven, CT: Yale University Press.

Hodson, Dermot/Maher, Imelda, 2002: The Open Method as a New Mode of Governance: The Case of Soft Economic Policy Coordination. In: Journal of Common Market Studies 39/4, 719–746.

Holzinger, Katharina/Knill, Christoph, 2005: Causes and Conditions of Cross-National Policy Convergence. In: Journal of European Public Policy 12/5, 775–796.

Hough, Dan/Paterson, William E./Sloam, James (eds.), 2006: Learning From The West? London; New York: Routledge.

Howlett, Michael/Ramesh, M., 1993: Policy-Instrumente, Policy-Lernen und Privatisierung: Theoretische Erklärungen für den Wandel in der Instrumentenwahl. In: Adrienne Héritier (Hrsg.): Policy-Analyse. Kritik und Neuorientierung (Politische Vierteljahresschrift, Sonderheft 24). Opladen, Westdeutscher Verlag, 245–264.

Ingelhart, Ronald, 1985: Aggreagate Stability and Individual –Level Flux in Mass Belief Systems: The Level of Analysis Paradox. In: American Political Science Review 79/1, 97–116.

Jachtenfuchs, Markus, 1993: Ideen und Interessen: Weltbilder als Kategorien der politischen Analyse. MZES, Working Papers, AB III/Nr. 2. Mannheim: Mannheimer Zentrum für Europäische Sozialforschung.

* Jenkins-Smith, Hank C./Nohrstedt, Daniel/Weible, Christopher M/Sabatier, Paul A., 2014: The Advocacy Coalition Framework: Foundations, Evolution, and Ongoing Research. In: Sabatier, Paul A./Christopher M. Weible (eds.): Theories of the Policy Process. 3rd ed. Boulder, Co.: Westview Press/Kindle-E-Book, Position 4408–4874.

Kerber, Wolfgang/Eckardt, Martina, 2007: Policy Learning in Europe: The Open Method of Coordination and Laboratory Federalism. In: Journal of European Public Policy 14/2, 227–247.

Kissling-Näf, Ingrid/Knoepfel, Peter, 1998: Lernprozesse in öffentlichen Politiken. In: Horst Albach u. a.: Organisationslernen – institutionelle und kulturelle Dimenisionen (WZB-Jahrbuch). Berlin: Ed. Sigma, 239–268.

Klimecki, Rüdiger/Laßleben, Hermann/Altehage, Markus Oliver, 1995: Zur empirischen Analyse organisationaler Lernprozesse im öffentlichen Sektor. Management Forschung und Praxis, Universität Konstanz. http://kops.ub.uni-konstanz.de/bitstream/handle/urn:nbn:de:bsz:352-opus-3730/373_1.pdf?sequence=1 (abgerufen am 20. Oktober 2013).

Knoepfel, Peter/Kissling-Näf, Ingrid, 1998: Social Learning in Policy Networks. In: Policy and Politics, 26/3, 343–367.

Kuhn, Thomas S., 1996: Die Struktur wissenschaftlicher Revolutionen. Frankfurt a. M.: Suhrkamp.

Levi-Faur, David, 2005. The Global Diffusion of Regulatory Capitalism. In: The ANNALS of the American Academy of Political and Social Science 598/1, 12–32.

Lieberman, Robert C., 2002: Ideas, Institutions, and Political Order: Explaining Political Change. In: American Political Science Review 96/4, 697–712.

Maier, Matthias L./Hurrelmann, Achim/Nullmeier, Frank/Pritzlaff, Tanja/Wiesner, Achim (Hrsg.), 2003: Politik als Lernprozess? Wissenszentrierte Ansätze in der Politikanalyse. Opladen: Leske + Budrich.

Majone, Giandomenico, 1989: Evidence, Argument, and Persuasion in the Policy Process. New Haven: Yale University Press.

May, Peter J., 1992: Policy Learning and Failure. In: Journal of Public Policy 12/4, 331–354.

Mayntz, Renate/Scharpf, Fritz W., 1995: Der Ansatz des akteurzentrierten Institutionalismus. In: Renate Mayntz/Fritz W. Scharpf (Hrsg.): Gesellschaftliche Selbstregelung und Politische Steuerung, Frankfurt a. M./New York: Campus, 39–72.

Meseguer, Covadonga, 2005: Policy Learning, Policy Diffusion, and the Making of a New Order. In: The ANNALS of the American Academy of Political and Social Science 598/1, 67–82.

Nagel, Stuart, 2000: Creativity and Public Policy: Generating Super-Optimum Solutions. Aldershot, England; Brookfield, VT: Ashgate.

Ostrom, Elinor, 1990: Governing the Commons. Cambridge: Cambridge University Press.

Parsons, Wayne, 1995: Public Policy. An Introduction to the Theory and Practice of Policy Analysis. Cheltenham, UK/Northampton, MA: Edward Elgar.

Peffley, Mark/Hurwitz, Jon, 1985: A Hierarchical Model of Attitude Constraint. In: American Journal of Political Science (Austin, Tex.), 29/4, 871–890.

Putnam, Robert, 1976: The Comparative Study of Political Elites. Englewood Cliffs, N.J.: Prentice-Hall.

Probst, Gilbert J. B./Büchel, Bettina S. T., 1998: Organisationales Lernen: Wettbewerbsvorteil der Zukunft. Wiesbaden: Gabler.

Radaelli, Claudio M., 2000: Policy Transfer in the European Union: Institutional Isomorphism as a Source of Legitimacy. In: Governance, 13/1, 25–43.

Rose, Richard, 1993: Lesson-Drawing in Public Policy. A Guide to Learning across Time and Space, Chatham, N.Y.: Chatham House Publishers.

Sabatier, Paul A., 1993: Advocacy-Koalitionen, Policy-Wandel und Policy-Lernen: Eine Alternative zur Phasenheuristik. In: Adrienne Héritier (Hrsg.): Policy Analyse. Kritik und Neuorientierung (Politische Vierteljahresschrift, Sonderheft 24). Opladen, 116–148.

Sabatier, Paul A., 1998: The Advocacy Coalition Framework: Revisions and Relevance for Europe. In: Journal for European Public Policy 5/1, 98–130.

* Sabatier, Paul A./Jenkins-Smith, Hank C., (eds.), 1993: Policy Change and Learning. An Advocacy Coalition Approach. Boulder, Co.: Westview Press.

Sabatier, Paul A./Weible, Christopher M., 2007: The Advocacy Coalition Framework. Innovations and Clarifications. In: Paul A. Sabatier (ed.): Theories of the Policy Process. 2nd ed. Boulder, Co.: Westview Press, 189–220.

Sanderson, Ian, 2002: Evaluation, Policy Learning and Evidence-Based Policy Making. In: Public Administration 80/1, 1–22.

Scharpf, Fritz W., 2000: Interaktionsformen. Akteurzentrierter Institutionalismus in der Politik-forschung. Opladen: Verlag für Sozialwissenschaften.

Schissler, Jakob/Tuschoff, Christian, 1988: Kognitive Schemata: Zur Bedeutung neuerer sozial-psychologischer Forschungen für die Politikwissenschaft. In: APuZ B 52–53, 3–13.

Schmid, Josef, 1998: Arbeitsmarktpolitik im Vergleich: Stellenwert, Strukturen und Wandel eines Politikfeldes im Wohlfahrtsstaat. In: Josef Schmidt/Reiner Niketta (Hrsg.): Wohlfahrtsstaat, Krise und Reform im Vergleich. Marburg: Metropolis, 139–169.

Stone, Diane, 2002: Learning Lessons and Transferring Policy across time, Space and Disciplines, In: Politics 19/1, 51–59.

Vowe, Gerhard, 1994: Politische Kognition. Umrisse eines kognitionsorientierten Ansatzes für die Analyse politischen Handelns. In: Politische Vierteljahresschrift 35/3, 423–447.

Weible, Christopher M. et al., 2011: A Quarter Century of the Advocacy Coalition Framework: An Introduction to the Special Issue. In: Policy Studies Journal, 39/3, 349–360.

Weinmann, Georg, 1999: Britische Wege nach Europa. Baden-Baden: Nomos.

Wiesenthal, Helmut, 1995: Konventionelles und unkonventionelles Organisationslernen: Literatur-report und Ergänzungsvorschlag. In: Zeitschrift für Soziologie, 24/2, 137–155.

Wiesenthal, Helmut, 2006: Gesellschaftssteuerung und gesellschaftliche Selbststeuerung. Wies-baden: Verlag für Sozialwissenschaften.

Wilkesmann, Uwe, 1999: Lernen in Organisationen. Die Inszenierung von kollektiven Lernprozes-sen. Frankfurt a. M./New York: Campus.

Verständnisfragen

1. Wie kann Policy-Lernen definiert werden?

2. Was versteht Bandelow unter einfachem, komplexem und reflexivem Lernen?

3. Was verstehen Etheredge und Sabatier jeweils unter „Lernen"?

4. Welche Gründe für politische Veränderungen benennt der Advocacy-Koalitionsansatz?

Transferfragen

1. Geben Sie Beispiele für Politikfelder und Fragestellungen, die sich besonders für eine Anwendung lerntheoretischer Ansätze eignen.

2. Welche Rolle spielte Policy-Lernen für die Energiewende in Deutschland?

Problematisierungsfragen

1. Sind Effektivität und Effizienz objektive Maßstäbe zur Beurteilung politischer Programme?

2. Lassen sich Argumente dafür finden, dass in Deutschland politischer Wandel durch Policy-orientiertes Lernen unwahrscheinlicher ist als in den USA?

Friedbert W. Rüb
Multiple-Streams-Ansatz: Grundlagen, Probleme und Kritik

1 Einleitung

Nicht nur Menschen haben ihre Zeit, sondern auch Bücher und Ideen. Die meisten Policy-Theorien sind nicht nur Kinder ihrer Zeit, sondern haben ihre Zeit. Sie reagieren bewusster als Individuen auf zeitgeschichtliche Umstände, weil sie systematisch entwickelt werden und wissenschaftlicher Kritik standhalten müssen. Das ändert nichts an der Tatsache, dass Theorien Kinder ihrer Zeit sind. Ob damit aber ihre Zeit gekommen ist, ist eine andere Frage. Immer gibt es Theorien, die ihrer Zeit voraus sind, den Zeitgeist nicht treffen und deshalb keine Relevanz gewinnen können. Man könnte – so meine Vermutung – anhand von Policy-Theorien die jeweilige geistige Situation der Zeit rekonstruieren: Ob sie von einer skeptischen Sicht auf die Zukunft geprägt sind, also Widerfahrnisse in ihre Konzepte einbeziehen, Probleme der Begrenztheit des menschlichen Wissens über gesellschaftliche Zusammenhänge bedenken, planerischen Ambitionen skeptisch gegenüberstehen und/oder viele „Probleme" für nicht lösbar im Sinne *einer* rationalistischen Lösung halten. Oder ob sie an rationale Fähigkeiten der Menschen, insbesondere der politischen Akteure, glauben, kausales Wissen für möglich halten und auf zielgerichtete und steuernde Eingriffe setzen.

Der Multiple-Streams-Ansatz (MSA) ist ein Konzept, das zum Zeitpunkt seiner Formulierung nicht dem Zeitgeist entsprach. Das Buch des Begründers, John W. Kingdons „Agendas, Alternatives and Public Policies" aus dem Jahr 1984 (Kingdon 1984), ist zwar eines der meistzitierten Bücher der Sozialwissenschaft, aber außer ein paar schlüssigen und eingängigen Begriffen, wie etwa „policy window", „political entrepreneur" u. Ä., wurden die Grundideen *systematisch* kaum rezipiert. Zu beunruhigend waren und sind die damit verbundenen Prämissen und zu beunruhigend das damit verbundene Verständnis von Politik. Die 1995 erschienene zweite Auflage blieb unverändert und Kingdon hat nur ein kurzes, kommentierendes Kapitel angefügt, in dem er auf seine Kritiker eingeht und ein paar Sachverhalte klarstellt (Kingdon 1995: chapter 10). Zudem hat er in der Zwischenzeit – bis auf nur wenige Ausnahmen – kaum publiziert und seine Position nicht weiterentwickelt. Als Paul A. Sabatier bei ihm nachfragte, ob er nicht ein Kapitel über den MSA in seinem 1999 herausgegebenen Sammelband „Theories of the Policy Process" (Sabatier 1999) schreiben wolle, hat er ohne Begründung abgesagt. Nikolaos Zahariadis hat dann diesen Part übernommen, weil er einer der wenigen war, der Kingdons Ansatz nicht nur übernommen und weiterentwickelt, sondern auch bei seinen empirischen Forschungen zugrunde gelegt hat (Zahariadis 1999). Erst in einer Neuauflage des Buches aus dem Jahre 2010 hat er in einem Kapitel die Gesundheitsreform von Clinton und Obama verglichen, wobei erstere scheiterte und letztere sich auf dem Weg der schwierigen Implementation befindet (Kingdon 2010).

Was ist nun das Beunruhigende an Kingdons Ansatz? Welche Sachverhalte sprechen dafür, dass „an idea's time has not come" – um Kingdon selbst zu paraphrasieren? Welches Verständnis von Politik liegt seinem Ansatz zugrunde? Warum provoziert es in der Policy-Analyse bisher gängige Vorstellungen? Welche Erklärungsvariablen liefert es, um Policy-Ergebnisse zu erklären? Auch wenn der Ansatz in der Zwischenzeit erheblich öfter für empirische Analysen verwendet wurde, so gilt dennoch, dass eine *systematische* Anwendung nur ausnahmsweise erfolgt ist.

Ich werde in fünf Schritten vorgehen. Ich skizziere zunächst auf einer relativ abstrakten Ebene die methodologischen und analytischen *Grundprämissen* des MSA (2.). Danach gehe ich detaillierter auf die Vorstellungen des Policy-Prozesses ein und beobachte, wie fünf zentrale Fragen beantwortet werden: was (a) die *Auslösebedingungen* für politische Entscheidungen sind, (b) welche *Akteurskonzeption* unterstellt wird, (c) welche Bedeutung (politische) *Institutionen* im Entscheidungsprozess haben, schließlich (d) wie radikal *politische Veränderungen* sein können und wie (e) die *Substanz* von Policy-Entscheidungen einzuschätzen ist, also wie rational Politik ist und ob sie gesellschaftliche Probleme lösen kann. Zusammengenommen ist es eigentlich *eine* Frage: Es ist die Frage, was Politik in modernen Gesellschaften ist und was sie bewirken bzw. nicht bewirken kann (3.). Abschließend diskutiere ich kurz einige Schwächen und Grenzen des Ansatzes (4.) und endlich gehe ich auf zentrale Weiter- bzw. Neuentwicklungen des Ansatzes ein (5.).

2 Die Grundprämissen

Der MSA beruht auf fünf Grundannahmen:
1. Zunächst betrachtet es das Regierungssystem als eine in sich konflikthafte *Organisation*, die man mit Methoden der Organisationswissenschaft bzw. der -soziologie analysieren kann. Jede Organisation ist durch Zuständigkeiten, Regeln, Verfahren und zeitliche Prozessabläufe charakterisiert, die man auf das politische System und sich in ihm abspielende Policy-Prozesse übertragen kann – deshalb der Rückgriff auf organisationssoziologische Überlegungen. Kingdon stützt sich auf ein spezifisches und zugleich umstrittenes Modell, das sogenannte „garbage can model" des organisationalen Entscheidens (Cohen/March/Olsen 1988). Es analysiert Entscheiden nicht als zielgerichtetes Handeln zur rationalen Lösung von Problemen, das ein Problem definiert, aus den bestehenden Alternativen die beste hinsichtlich Kosten und Effektivität auswählt, implementiert und die Wirkungen kontrolliert. Vielmehr unterstellt

es, dass der Konnex von Problem und Lösung systematisch unterbrochen ist und eine Entscheidung sich nicht auf ein Problem bezieht, sondern eher zufällig, stark situationsabhängig und nur schwer vorhersehbar getroffen wird. Die Vorstellung von Organisationen ist dadurch geprägt, dass sie als *organisierte Anarchien* betrachtet werden, in denen sich ein buntes Gemisch, ja ein Wirrwarr von verschiedenen Handlungsabläufen vollzieht, die durch die (formalen) Regeln der Organisation weder bestimmt noch kontrolliert werden können.

Garbage-Can-Modell

Das „Mülleimer-Modell" der Organisation wurde 1972 von Michael Cohen, James March und Johan Olsen entwickelt. Am Beispiel von Universitäten beschreiben sie Entscheidungsprozesse als organisierte Anarchie. Lösungen werden danach nicht für bestehende Probleme entwickelt. Vielmehr bestehen vier unabhängige Ströme, zu denen neben Lösungen und Problemen auch Teilnehmer und Entscheidungsgelegenheiten gehören. Weder sind die „Spielregeln" eindeutig, noch die Ziele der Akteure klar, noch die Anzahl der Teilnehmer stabil. Vielmehr entstehen Entscheidungsfenster, die sich kurzfristig öffnen.

John Kingdon hat mit seinem 1984 formulierten Multiple-Streams-Ansatz wesentliche Elemente des Modells aufgegriffen. Er entwickelte es zu einem allgemeinen Ansatz weiter, mit dem Agenda-Setting und die Spezifikation von Entscheidungsalternativen bei politischen Prozessen im präsidentiellen System der USA erklärt werden können. Nikolaos Zahariadis hat Kingdons Ansatz in den 1990er-Jahren weiterentwickelt und für die Analyse von Entscheidungsprozessen generell sowie für parlamentarische Regierungssysteme passgenau gemacht.

Diese Betrachtungsweise hat den Vorteil, dass sie Staat und Regierung als Träger eines Gemeinwohls entmystifiziert, sie als einheitlich handelnde Akteure entzaubert und stattdessen als *konfligierende Einheit* beschreibt. Im Staat toben Machtkämpfe, er ist in sich zerrissen, unkoordiniert, und seine organisationale Einheit muss in konflikthaften Prozessen immer wieder neu hergestellt werden, um verbindliche Entscheidungen mit häufig offenem Ausgang treffen zu können. Dies führt zum zweiten Aspekt, dem

2. des *Denkens in Strömen*. Eine (Regierungs-)Organisation ist eine *prozesshafte Struktur*, die sich permanent auflöst und immer wieder neu zusammengesetzt werden muss. Die Strommetapher will verdeutlichen, dass wir es mit (a) *zeitlich ausgedehnten Prozessen* zu tun haben, die – je nach Lage und Situation – unterschiedliche (Fließ-)Geschwindigkeiten annehmen können. Mal ist die Zeit extrem knapp und man muss ohne viele Informationen sowie unter hoher Ungewissheit entscheiden; ein anderes Mal kann man sich bei der Vorbereitung von Entscheidungen Zeit nehmen, Informationen sammeln, Diskussionen und Absprachen mit Anderen treffen etc. Nie aber kann man dem Phänomen der Knappheit der Zeit entkommen. Hinzu tritt das Problem, dass (b) Organisationen nie regel- und strukturlos sind, aber über *variable Strukturen* verfügen, weil Zuständigkeiten ungenau definiert sind, Verantwortungen nicht von den zuständigen Stellen wahrgenommen werden, andere dagegen ihre Kompetenzen

überschreiten etc. Immer sind die Strukturen im Fluss und müssen für jede Entscheidung neu (re)aktiviert bzw. (re)organisiert werden. Schließlich sind Organisationen (c) mit der *Logik der Unbestimmtheit* konfrontiert, weil man über den gleichen Sachverhalt unterschiedlicher Ansicht sein kann. Ein großer Teil der organisationalen Tätigkeit besteht darin, Mehrdeutigkeiten und Ambivalenzen in eindeutige Sachverhalte zu transformieren, was immer mit Konflikten und Machtspielen verbunden ist. Wer die Situation definiert, hat Macht über konkurrierende Wissensbestände und Anschauungen gewonnen.

3. Der MSA theoretisiert von der Makroebene zur Mikroebene und nicht – wie viele policy-analytischen Ansätze und Rational Choice-Theorien – umgekehrt. Organisationen können *parallel prozessieren*, während Individuen meist nur sequentiell handeln können. Eine (Regierungs)Organisation kann ihre Aufmerksamkeit auf viele Sachverhalte gleichzeitig lenken. Während ein Ministerium an grundlegenden agrarpolitischen Fragen arbeitet, kann ein anderes bereits an einer verbraucherpolitischen Gesetzesvorlage schreiben, während im Bundestag gleichzeitig über eine sozialpolitische Vorlage heftig gestritten wird; das Bundeskanzleramt stimmt sich nicht nur laufend mit den anderen Ministerien ab, sondern bereitet gleichzeitig über den Planungsstab die letzten Gesetzgebungsschritte der Legislaturperiode vor; und der Fraktionsvorsitzende klärt mit dem Regierungschef, wie man am besten die Fraktionen zur Zustimmung eines umstrittenen Gesetzes bringen kann. All dies läuft parallel ab; zugleich kann man entscheiden, wann und unter welchen Bedingungen *ein* Sachverhalt prioritär behandelt wird, also auf die politische Agenda gesetzt wird und gegenüber allen anderen den Vorzug bekommt. Weil ein Regierungs*system* immer mit zu vielen Ereignissen und Anforderungen konfrontiert ist, kommt „temporal sorting" (Zahariadis 2003: 4) eine große Bedeutung zu. Warum lenkt das politische System seine Aufmerksamkeit auf genau diesen und nicht auf einen anderen Sachverhalt? Wer kontrolliert die Prozesse der Aufmerksamkeitsstrukturierung? Dominiert zeitliche Schwerpunktsetzung, dann kann der Sachrationalität einer Entscheidung nur noch untergeordnete Aufmerksamkeit entgegen gebracht werden und die „Vordringlichkeit des Befristeten" (Luhmann) und nicht die Sachlichkeit des Sachlichen fordert ihr Recht. Zeitliche *Prioritätensetzung* ist ein systemischer Prozess bzw. eine von der Regierungsorganisation zu treffende Entscheidung, die nicht in den Blickpunkt rückt, sofern man sich allein auf policy-spezifische Subsysteme bzw. deren Netzwerkstrukturen konzentriert. Das Ströme-Konzept kann der Simultaneität vieler Ereignisse ebenso gerecht werden wie der Analyse der Prozesse, die aus der Vielzahl der parallel auftauchenden Ereignisse eines herausheben und darüber entscheiden. Man muss (er)klären können, warum einem Sachverhalt gegenüber allen anderen möglichen zu einem bestimmten Zeitpunkt der Vorzug gegeben wird.

4. Der Ansatz ist ein Kontingenz-Modell des politischen Entscheidens. Alle vier von Cohen, March und Olsen (1988) in die Diskussion eingeführten Ströme, die

dann von Kingdon (1984; 1995) auf drei reduziert wurden, gehen von der Variabilität und Mehrdeutigkeit aller zentralen Phänomene einer Organisation aus: Von der (a) *Mehrdeutigkeit und Variabilität der Präferenzen* der beteiligten Akteure; von (b) *unklaren Technologien*, d. h. ungesteuerten und wenig koordinierten Prozessen in der Organisation und unklaren Instrumentenkombinationen; dann (c) von *fluktuierenden Teilnehmern* und variierender Intensität der Teilnahme am Entscheidungsprozess und schließlich (d) von der *Unbestimmtheit* von „Problem" und „Lösung", die unabhängig voneinander existieren und im Entscheidungsprozess nebeneinander gehandelt werden. Alles befindet sich im Fluss, nichts ist sicher erwartbar, vieles verändert sich im Laufe des Prozesses und die Substanz einer Entscheidung ist unter solchen Bedingungen eher zufällig und nicht konsistent, geschweige denn rational.

Kontingenz

Kontingent ist all das, was ist und zugleich auch anders möglich sein kann. Und alles ist anders möglich, weil nichts einen notwendigen Existenzgrund hat und alles auch anders begründet werden kann (Makropoulos 1997; Bubner 1984; Graeveitz/Marquard 1998; Wefer 2004; Rüb 2008). Unter diesem Aspekt bekommt Politik eine neue Qualität: Sie ist nicht rationales Problemlösen, sondern ein Spiel mit Möglichkeiten. Policies sind denkbare Möglichkeiten, mit denen Politik das „Anders-Sein-Können" in eine gegebene Situation einführt. Dieses Spiel mit Möglichkeiten ist historisch variabel, also begrifflich ambivalent, je nach geschichtlicher Situation verschieden und korrespondiert mit verschiedenen Weltbildern und einem historisch bedingten Selbstverständnis (Makropoulos 1997: 14). Kontingenz wird so zu einem Begriff der *politischen Selbstthematisierung* dessen, was in einer gegebenen historischen Konstellation als politisierbar und damit als politisch entscheidbar gilt.

---

5. Und schließlich, als sei alles noch nicht unbestimmt genug, werden die Tatkraft, Geschicklichkeit und Durchsetzungsfähigkeit von *einzelnen Personen* ins Spiel gebracht, die letztlich über die Tragweite und die Substanz von Policies entscheiden. Die zentrale Figur ist hier der „policy entrepreneur", der für das Zustandekommen einer Policy verantwortlich ist. Wenn die Produktionsbedingungen von Policies auch noch von persönlichen Faktoren abhängig gemacht werden, deren Auftreten im Voraus nicht bestimmt werden können, dann wird der ganze Policy-Making-Prozess noch kontingenter.

Policies – geforderte oder bereits entschiedene – sind die Instrumente, mit denen diese Selbstthematisierung erfolgt und Kontingenz in den Status Quo einführt. Eine Policy kann problemorientiert sein; sie kann aber auch ins Spiel gebracht werden, um sich in einem politischen Kräftefeld neu zu positionieren, um den politischen Gegner zu überraschen, um ein bestimmtes Interesse zum Ausdruck zu bringen etc. Policies sind strategische Repräsentationen von sozialen politischen Interessen, die sich aus einer bestimmten historischen oder sozialen Situation ergeben; oder sie sind Repräsentationen von *politischen* Interessen, um sich in der Parteienkonkurrenz gegenüber anderen Konkurrenten einen Vorteil zu verschaffen.

3 Der MSA im Detail

Wie sieht nun das Modell im Detail aus? Ich lege die bereits in der Einleitung angedeuteten fünf Punkte zugrunde, um die Darstellung des MSA zu strukturieren, wobei diese Punkte für jede Theorie des Policy-Prozesses relevant sind und einen Vergleich der wichtigsten Policy-Theorien entlang dieser Kriterien interessant macht.[1] Ich werde deshalb nicht chronologisch vorgehen, d. h. mit dem „garbage can model" von Cohen/March/Olsen (1988) beginnen, anschließend Kingdons Ansatz darstellen und schließlich die Variationen von Zahariadis analysieren. Stattdessen deute ich Veränderungen und Variationen innerhalb der fünf Punkte an.

3.1 Die Auslösebedingungen von Policies

Die Frage danach, welche Faktoren den Policy-Prozess in Gang setzten, ist nicht einfach zu beantworten. Sind es externe Faktoren, also zu lösende gesellschaftliche Probleme? Oder sind es endogene Faktoren, die durch den politischen Machtkampf ausgelöst werden? Oder beides zugleich? Der Ansatz gibt keine klare Antwort. Um eine zu finden muss ich einen Umweg gehen und drei Ströme, die durch das Regierungssystem fließen, kurz skizzieren: den Problem-, Options- und Politics-Strom. Diese drei Ströme bewegen sich relativ unabhängig voneinander und jeder folgt einer ihm eigenen Antriebsdynamik. Erst nach deren Darstellung wird deutlich, wie MS die Auslösebedingungen von Policies konzeptionalisiert.

1. Der *Problem-Strom* enthält all die Probleme, die simultan in der Gesellschaft und im politischen System gehandelt werden und um Anerkennung konkurrieren. Sie sind Ausdruck der ins zeitlich-prozesshafte übersetzten funktionalen Differenzierung moderner Gesellschaften. Funktionale Differenzierung vollzieht sich immer im Wechselspiel der einzelnen Teilsysteme der Gesellschaft, wobei sich die Teilsysteme *intern* durch mehr oder weniger geschlossene (Eigen-) Dynamiken entwickeln, die *extern* für andere ambivalente Folgen produzieren und die Integration der Teilsysteme zu einem immer schwierigeren Unterfangen werden lässt. Diese Integration ist eine der Aufgaben der Politik, weil sie als einziges Teilsystem der Gesellschaft verbindliche Entscheidungen treffen kann

---

1 Einen ähnlich gelagerten, wenn auch mit anderen Kategorien arbeitenden Vergleich hat Edella Schlager unternommen (vgl. Schlager 1999, 2007).

und sich ordnungsstiftende Integration zur Aufgabe gemacht hat (Schimank 2000).

All die Sachverhalte, die eine verbindliche Entscheidung durch Politik anstreben, tauchen im Problemstrom auf. Probleme kommen nicht ungefiltert von außen, sondern werden durch drei systeminterne Faktoren zu politisch relevanten Problemen, die die Aufmerksamkeit des politischen Systems und der in ihm operierenden Akteure strukturieren. Nicht alle Sachverhalte werden zu „Problemen", weil Probleme unvermeidlich ein „perceptual, interpretative element" (Kingdon 1995: 110) enthalten. Nur wenn bestimmte Sachverhalte mit bestimmten normativen Vorstellungen in Konflikt geraten, werden sie als Probleme wahrgenommen, weil sie diese Werte verletzten und zu Handlungen herausfordern.

> "People define conditions as problems by letting their values and beliefs guide their decisions, by placing subjects under one category rather than another, by comparing current to past performance, and by comparing conditions in different countries." (Zahariadis 2007: 71)

Probleme kommen also von außen auf die Politik zu, aber nur wenn sie bei politischen Akteuren Aufmerksamkeit hervorrufen, werden sie zu politisch relevanten Problemen, ansonsten schwimmen sie irgendwo im Problemstrom.

(a) Zunächst signalisieren *Indikatoren* die Existenz und/oder die Intensität eines bestimmten Sachverhalts als auch Veränderungen gegenüber einem früheren Zustand. Indikatoren werden entweder routinemäßig erhoben (wie etwa die statistischen Daten der EU oder des Statistischen Bundesamtes) oder neu erstellt, um einen spezifischen Sachverhalt zu beobachten. Eine Stiftung kann eine Erhebung zur (Kinder-)Armut machen und diese Daten können benutzt werden, um politische Aufmerksamkeit zu erheischen und diesem Sachverhalt in der Öffentlichkeit eine gesteigerte Dringlichkeit im Vergleich zu anderen Sachverhalten zu geben.

(b) *Focusing events* bringen einen Sachverhalt schlagartig ins Bewusstsein, wobei solche Ereignisse von den Medien hochgespielt werden. Der Terroranschlag des 11. September wäre ein solches Ereignis ebenso wie die Reaktorkatastrophe von Fukushima im Jahr 2011 oder von den Medien traktierte Sachverhalte, wie etwa spektakuläre Fälle von Kriminalität, vernachlässigte und verhungerte Kinder, Skandale, Unglücke oder ähnliches. Und schließlich ist

(c) Rückmeldung oder *feedback* von vorangegangenen Entscheidungen wichtig, weil so die Wirkungen von Entscheidungen beobachtet werden können. Missglückte Entscheidungen werden eher totgeschwiegen, während erfolgreiche, wie z. B. die Privatisierung von staatlichen Einrichtungen, zu *spillo ver*-Effekten führen, wobei eine erste Entscheidung weitere in dieselbe Richtung nach sich ziehen kann.

Alle drei Faktoren sind im Kern Aufmerksamkeit strukturierende Indikatoren, die in der Regierungsorganisation entwickelt und geprüft wurden und operativ leitend sind. Bei allen spielt Problemladung eine Rolle, konkret die Anzahl der Sachverhalte, mit denen sich die Politik zu einem gegebenen Zeitpunkt beschäftigen muss. Da Aufmerksamkeit eine begrenzte Ressource ist und nicht beliebig verausgabt werden kann, ist ein Regierungssystem immer mit (zu) vielen Problemen konfrontiert. Ist es in einer gegebenen Situation mit Problemanforderungen überladen, so ist es gegenüber Indikatoren, focusing events und Rückkopplungen ignoranter und Sachverhalte kommen mit geringerer Wahrscheinlichkeit auf die politische Agenda. Probleme sind weder objektiv noch wissenschaftlich eindeutig bestimmbar, sondern es sind konstruierte Sachverhalte, die nach bestimmten Relevanzkriterien und unter zeitlichen Aspekten sortiert werden. Die Auslösebedingungen für politisches Handeln sind hoch selektiv und zentrale Sachverhalte müssen von den politischen Akteuren erst zu „Problemen" gemacht werden. Manche Probleme verschwinden wieder von der Agenda, weil die Regierung ihre Aufmerksamkeit dringlicheren Problemen widmet, ein Wandel von Werten oder Normen manche zum Verschwinden bringt oder wenn keine adäquaten Handlungsoptionen entwickelt werden oder die Kosten zu hoch sind. Gleichwohl drückt sich im Problem-Strom die Kontingenz moderner Gesellschaften aus. Hier wird all das zum Problem gemacht, was bisher noch nicht verbindlich entschieden wurde bzw. was neu entschieden werden soll. Was ist soll auch anders möglich sein.

2. Der *Policy-Strom* oder – wie ich sagen würde – der Options-Strom wird als eine Art Ursuppe beschrieben („policy primeval soup" Kingdon 1984: 122), in dem eine Vielzahl unterschiedlicher Ideen um Akzeptanz und Anerkennung kämpfen. Sie werden von Policy-Spezialisten in Netzwerken produziert – konkret von Bürokraten, Interessenvertretern, Wissenschaftlern, Think Tanks, doktrinären Ideologen, missionarischen Personen, Stiftungen, politiknahen Institutionen, u. ä. – und auf Kongressen, bei (parlamentarischen) Anhörungen, in Enqueten, Kommissionen und anderen Foren propagiert und in Papern, Zeitungen, Zeitschriften, Stellungnahmen etc. publiziert. Hier entsteht unvermeidlich ein Überschuss an Ideen, die oft völlig unabhängig von konkreten Problemen entwickelt werden, und nur wenige schaffen es, politische Relevanz zu erlangen. Was aber als möglich anerkannt und letztlich als wünschenswerte Option akzeptiert wird, hängt von der technischen Machbarkeit, der normativen Akzeptanz und antizipierten Widerständen ab; auch Finanzierbarkeit spielt eine große Rolle (Kingdon 1984: 137–146; Zahariadis 2007: 72).

(a) *Technische Machbarkeit* meint die plausible Umsetzung in rechtliche und organisationelle Formen und damit die grundsätzliche Anschlussfähigkeit an Bestehendes. Ideen, deren bürokratische Umsetzung schwierig ist und die neue institutionelle oder organisatorische Strukturen erfordern, haben eine geringere Chance. Auch die Finanzierbarkeit von Policies ist ein wichtiges Selektionskriterium. Eine radikale Privatisierung der Alterssicherung ist deshalb kaum zu realisieren, weil sie massive Übergangsprobleme mit sich bringen würde, konkret den Aufbau völlig neuer, privater Alterssicherungsmärkte und die Weiterführung des alten Systems, um die bestehenden Rentenansprüche zu befriedigen, was eine doppelte finanzielle Belastung der gegenwärtigen Beitragszahler mit sich bringt.

(b) *Normative Akzeptanz* setzt die Aufnahmefähigkeit einer Idee in einen gegebenen Wertekonsens voraus, der in einer pluralistischen Gesellschaft je nach Akteuren, Interessen und historischer Situation differiert. Nur die Optionen haben eine realistische Chance, die mit dem Normensystem zentraler Akteure (etwa den politischen Parteien) oder dem umfassenden Wertekanon einer Gesellschaft kompatibel sind. Eine aus links-sozialdemokratischen Parteien zusammengesetzte Regierungskoalition wird andere Optionen für relevant halten als eine konservativ-christliche.

Die Realisierbarkeit einer Idee hängt auch von *antizipierten Widerständen* von Interessengruppen, innerparteilicher Strömungen, der Öffentlichkeit und von Wählergruppierungen ab. Jede Regierung will nicht nur über Policies entscheiden, sondern vor allem an der Macht bleiben. Policies, die dies in Frage stellen, werden meistens nicht oder nur in abgeschwächter Form realisiert.

Im Policy-Strom werden Ideen oft „aufgekocht" (Kingdon 1984: 134) und auf ihre Akzeptanz getestet. Dies ist ein experimenteller Prozess, indem z. B. eine Idee in einer Rede eines Ministers, Abgeordneten oder Bürokraten erwähnt wird, um dann die Reaktionen des politischen Gegners oder der Öffentlichkeit zu testen (Kingdon 1984: 136). Manche Ideen tauchen auf und verschwinden wieder, andere halten sich länger, ohne dass sie je relevant werden; und wiederum andere schaffen den Sprung auf die politische Agenda. Zwei Faktoren sind hierfür bedeutsam: Zum einen die Fähigkeit einer Policy zur Rekombination mit bereits bestehenden Optionen (Kingdon 1984: 131) und zum anderen die Netzwerkstruktur eines Policy-Feldes, die über Größe, Interaktionsmodus, Kapazität und Zugang typologisiert werden kann (Zahariadis 2007: 72–73). *Integrierte Netzwerke* sind eher klein, die Akteure operieren konsensorientiert, ihre administrative Kapazität ist hoch und der Zugang zu ihnen eingeschränkt. Neue Ideen sind nur dann erfolgreich, wenn sie mit bisherigen Policies kombiniert werden können und wenn deren Innovationsgrad gering ist. Policy-Wandel erfolgt deshalb nur langsam. *Unstrukturierte Netzwerke* sind dagegen meist größer, ihr Interaktionsmodus ist konkurrenzorientierter, die administrative Kapazität eher gering und die Aufnahme neuer Teilnehmer mit neuen Ideen erfolgt leichter. In diesen Netzwerken gibt es weit mehr und ideologisch weiter auseinanderliegende Optionen und die Chance für radikale Politikoptionen steigt.

Der Policy-Strom ist der ins zeitlich-prozesshafte übersetzte Ausdruck der potentiell vorhandenen Möglichkeiten, über die eine Gesellschaft verfügt und mit der sie ihr „Anders-Sein-Können" thematisiert. Diese Ideen stellen den Status-Quo ununterbrochen in Frage, führen Kontingenz in einen gegebenen Zustand ein und problematisieren den gegenwärtigen bzw. zukünftigen Zustand der Gesellschaft. Auch wenn es keine dringend zu bearbeitenden Probleme gibt, finden hier die zentralen Auseinandersetzungen der pluralistischen Gesellschaften mit sich selbst statt.

3. Der „*political stream*" oder Politics-Strom wurde im MSA mehrmals neu konzipiert. Seine Dynamik hat erheblichen Einfluss darauf, was auf die politische Agenda gelangt und worüber letztlich entschieden wird. Kingdon macht für seine Dynamik drei Faktoren verantwortlich. Zunächst (a) „*national mood*" (Kingdon 1984: 153–157), der eine Stimmung in einer Gesellschaft wiedergibt und nicht mit der Meinung identisch ist, wie sie sich in Meinungsumfragen ermitteln lässt. Er ist vielmehr eine Art *Zeitgeist*, der sich in Kommentaren, Stellungnahmen, Denk- und Wissensmustern niederschlägt und von der Politik beobachtet und wahrgenommen wird. Kingdon beschreibt ihn etwas unglücklich als "large number of people out in the country (that) are thinking along certain common lines" (Kingdon 1984: 153). Die Folgen dieses Zeitgeistes bestehen darin, dass manche Policies leichter den Weg auf die politische Agenda finden als andere, die ihm widersprechen. Dann muss man mit einer Idee warten, bis der Zeitgeist wieder günstig ist. Hinzu kommt (b) die *Machtverteilung der organisierten Interessen*. Nach Kingdons Ansicht ist es viel wahrscheinlicher, dass Policies erfolgreich sind, wenn sie auf eine ausgeglichene Verteilung der organisierten Interessen treffen bzw. wenn starke Interessen eine Entscheidung befürworten. Wenn aber Interessen gegen eine angestrebte Policy mobilisieren und zudem als starke Interessen wahrgenommen werden, dann werden Entscheidungen unwahrscheinlicher. Die Macht von Interessengruppen und anderer Akteure, wie z. B. soziale Bewegungen, steht hier im Mittelpunkt.

Der letzte und vielleicht wichtigste Punkt ist (c) die *Regierung* im weiteren Sinne. Dies mag auf den ersten Blick trivial erscheinen, aber Kingdon fasst darunter mehrere nicht-triviale Prozesse. Zunächst „*turnover of key personnel*" (Kingdon 1984: 169–172), zu denen vor allem die Abgeordneten und die Mitglieder der Regierung, aber auch die höhere Ministerialbürokratie gehören. Da Wahlen eine permanente Unruhe in den Bestand des politischen Personals einbauen, verändern sich nach jeder Wahl die Chancen für Policies. Auch die Bedeutung von einzelnen Personen, deren Tatkraft, Geschick und politischer Mut, spielen eine große Rolle. Wichtig sind auch Zuständigkeiten bzw. Aufgabenbereiche und deren Zuschnitt oder Neuorganisation macht einen Unterschied. Manche Policies schaffen deshalb nie den Sprung auf die politische Agenda, weil es keine Ansprechpartner gibt, weil sie nicht passgenau für bestimmte Zuständigkeitsbereiche sind oder weil sie in eine ungünstige personelle Konstellation eingebracht werden.

Während im Problem-Strom argumentative Überzeugung ein wichtiger Handlungsmodus sein kann, dominiert im *political stream* Bargaining, also Kompromissbildung durch den Tausch von Vor- und Nachteilen. Kompromissbildung ist ein konflikthafter Prozess, bei dem mit Drohungen, Täuschungen, Machtdemonstrationen, etc. gearbeitet wird. Sobald politische oder interessierte Akteure eine Bewegung in eine bestimmte Richtung wahrnehmen, tauchen sie in der politischen Arena auf, versuchen Einfluss zu nehmen, schließen gut verhandelte oder auch *ad hoc* gebildete Kompromisse, um aussichtsreich im Spiel zu bleiben. Die wichtigsten Faktoren aber, die die Chancen von Optionen bestimmen, sind die nationale Stimmung sowie die Dynamik der Parteienkonkurrenz, die häufig den Einfluss von Interessengruppen überspielt (Kingdon 1984: 171–172).

N. Zahariadis hat diese drei Faktoren durch eine einzige konzeptionelle Variable ersetzt, die *Ideologie der Regierungspartei*, um den MSA für parlamentarische Regierungssysteme passgenauer zu machen (Zahariadis 1995; Zahariadis/Allen 1995; Zahariadis 1999: 79–81; Zahariadis 2003: 29–30). In ihnen spielen politische Parteien und deren Programmatik eine erheblich größere Rolle als beim Policy-Making im US-präsidentiellen Regierungssystem. Drei Sachverhalte legen nach seiner Sicht diesen Schluss nahe: Zunächst wird (a) die *nationale Stimmung* durch die Politik selbst, also von Parteienregierungen, stark beeinflusst; die nationale Stimmung ist häufig des Resultat von politischen Kampagnen. Zudem spielt (b) das *administrative turnover* in präsidentiellen Regierungssystemen eine erheblich größere Rolle, während in parlamentarischen die Gesetzgebung von der Regierungspartei bzw. -parteien auch gegenüber der Verwaltung dominiert wird und das Berufsbeamtentum in den meisten europäischen Staaten dazu führt, dass Regierungswechsel in Form von Parteienwechsel die zentrale Variable im Politik-Strom sind und nicht *administrative turnover*. Und schließlich ist (c) die *Interessenvermittlung* stark auf die Regierung(sparteien) konzentriert und weniger auf die Verwaltung, weil Regierungen Parteienregierungen sind und zentrale Konflikte zwischen der Regierung und der Opposition und nicht zwischen der Ein-Mann-Regierung in Form des direkt gewählten Staatspräsidenten und den beiden Häusern des Kongresses ausgetragen werden. Parteienideologie wird vereinfacht anhand ihrer Stellung zur Privatisierung operationalisiert, weil diese Positionierung eine Vielzahl von Policy-Optionen in anderen Politikfeldern erklären kann (Zahariadis 2003: 29).

Alle drei Ströme fließen relativ unabhängig nebeneinander, weil jeder seine eigenen Antriebskräfte und seine eigene Dynamik hat. Zwar gibt es gegenseitige Beeinflussungen, aber zentral für die Theorie ist die Prämisse, dass es zunächst keinen systematischen Zusammenhang gibt. Stattdessen gilt:

> "(...) advocates lie in wait in and around government with their solutions at hand, waiting for problems to float by to which they can attach their solutions, waiting for a development in the political stream they can use to their advantage." (Kingdon 1984: 173)

Das sind die zentralen Ausgangsprämissen des Ansatzes und ich will nun auf die Ausgangsfrage zurückkommen: Was bringt Policies auf die politische Agenda? Die Antwort ist komplex und vielschichtig: Zunächst Politik im engeren Sinne, also Veränderungen in der nationalen Stimmung, Veränderungen der Wählerpräferenzen, an die sich Politik anpasst, Neupositionierungen in der Parteienkonkurrenz; dann Probleme, die im Problem-Strom gehandelt werden, um Anerkennung kämpfen und strategische Repräsentationen von Interessen sind (und nicht objektiv-sachliche Probleme), die als relevant betrachtet werden und schließlich Optionen oder Ideen, die unabhängig von bestimmten Problemen entwickelt und gehandelt werden. Der MSA löst den eindimensionalen und mono-kausalen Konnex von Problem (zuerst) und Lösung (später) systematisch auf und führt stattdessen andere Dynamiken ein, die für die Entstehung von Policies ursächlich sind. Es erkennt an, dass „Probleme" zwar von „außen" kommen können, also als wahrgenommene und konstruierte soziale Probleme, die aber erst durch systeminterne Indikatoren und interpretative Machtkämpfe auf die Agenda kommen. Sie können aber auch aus dem politischen Prozess selbst entspringen und endogen produziert sein. Dies dann, wenn Policies im Machtkampf oder in der Parteienkonkurrenz erfunden und eingesetzt werden, um sich eine neue Position in einem bestehenden Machtgefüge zu erkämpfen.

3.2 Die Akteurskonzeption

Eine der Grundfragen aller policy-analytischen Theorien ist die nach der Handlungsmotivation von Akteuren: Handeln sie rational im Sinne des *homo oeconomicus*, was auch begrenzt rationales Handeln im Sinne von H. A. Simons „bounded rationality" einschließt (Simon 1976; Simon 1993)? Letzteres unterscheidet sich vom vollständig rationalen Handeln u. a. dadurch, dass Akteure auf der Basis von unvollständiger Information versuchen rational zu handeln; am Kern der prinzipiellen Vorstellung des rationalen Handelns ändert sich wenig. Oder handeln Akteure norm- bzw. programmorientiert, was deren Bindung an eingelebte Normen oder an programmatische Positionen einschließt und sie dem Typus des *homo sociologicus* zuordnet? Der MSA konzipiert das Akteurshandeln anders und geht davon aus, dass Menschen zwar versuchen, rational zu handeln, aber mit der *grundsätzlichen Mehrdeutigkeit* aller Phänomene konfrontiert sind.

Ambiguität

Ambiguität ist die prinzipielle Möglichkeit, einen Sachverhalt, sei es ein Wort, einen Begriff, ein Symbol, eine „Tatsache" oder einen spezifischen Gegenstand, in mehrfacher Weise zu verstehen oder zu interpretieren. Sie ist entweder gegeben oder wird bewusst in eine Situation/Handlung eingeführt. Ambiguität lässt sich durch mehr Informationen nicht beseitigen, wie etwa Unsicherheit, sondern bleibt bestehen und kann durch mehr Information nicht reduziert werden. Im Gegenteil, mehr Information erhöht die Mehrdeutigkeit von Sachverhalten. Die Gegenbegriffe sind Eindeutigkeit, Klarheit, Präzision, Kausalität, was wiederum die Voraussetzungen für rationales Entscheiden sind.

Ambiguität ist für Policy-Maker ein Zustand, in dem ein Sachverhalt, ein Problem oder eine Gegebenheit immer und grundsätzlich in mehrdeutiger Weise beobachtet und interpretiert werden kann (Zahariadis 2007: 66–67). Mehrdeutigkeit ist gegeben oder wird in den politischen Prozess selbst eingeführt. Sofern aber Ambiguität unausweichlich und für Policy-Making zentral ist, ist *politische Manipulation* die Technik, Ambiguität zu kontrollieren und Herrschaft auszuüben, indem Mehrdeutigkeiten in scheinbare Eindeutigkeiten überführt werden. Ein längeres Zitat soll die Intention des MSA verdeutlichen:

> "Political manipulation aims primarily to provide meaning, clarification, and identity. In a world replete with ambiguity, the most important aspect of entrepreneurial activity is not to pursue self-interest, but to clarify or create meaning for those policy makers, and others, who have problematic preferences. (...) MS assumes that policy makers have not made up their minds, so there is little to be changed. In the absence of well-formed goals, more information is not the answer. *The key is to understand how information is presented and processed.*" (Zahariadis 2007: 70; Herv. d. Verf.)

Leitend ist die Vorstellung, dass Präferenzen und Interessen dem politischen Prozess nicht exogen, sondern endogen sind und im politischen Konflikt durch politische Manipulation oft erst entstehen, variiert oder präzisiert werden. Politische Ziele sind – im Gegensatz zu Zielen von wirtschaftlichen Unternehmungen – oft nicht klar und eindeutig, sondern bilden sich im politischen Prozess heraus. Was das Ziel ist, ist das Ergebnis von Politik und steht nicht von Beginn an fest. Dies schließt ein, dass Akteure – wie politische Parteien, Ministerialbürokratie, Regierung und Interessengruppen – bereits zu Beginn ihre Positionen formulieren und festlegen, aber diese werden im politischen Prozess variiert, verflüssigt, an wechselnde Situationen angepasst, etc. Hierbei handelt es sich nicht nur um Kompromisse, sondern um Variationen, Neubegründungen bis hin zu Neupositionierungen. Entscheidungen müssen getroffen werden, obwohl man nicht genau weiß, was man eigentlich will und welche Folgen Entscheidungen haben. Gerade deshalb spielen politische Unternehmer in dem Ansatz eine zentrale Rolle, weil sie durch Manipulation und Framing unklare Präferenzen in eindeutige Handlungsmotive transformieren.

Die Rationalitätsprämisse wird durch einen zweiten Faktor unterlaufen, durch zeitliches Sortieren. Da man seine Aufmerksamkeit nicht auf viele (oder alle) Sachverhalte gleichzeitig lenken kann, spielt die *zeitliche Strukturierung* von Aufmerksamkeit eine große Rolle. Zunächst in dem Sinne, dass sich im Laufe der Zeit viele von der Politik nicht unmittelbar beeinflussbare Faktoren ändern, wie etwa die wirtschaftliche Entwicklung, die Steuereinnahmen oder die nationale Stimmung. Bestimmte Policies können nun nicht mehr oder gerade deshalb realisiert werden. Und dann unterminiert zeitliches Ordnen die inhaltliche Dimension von Entscheidungen und „the primary concern of decision makers – policy makers, business executives, or top civil servants – is to manage time effectively rather that to manage tasks." (Zahariadis 2007: 68)

Sind Probleme und Präferenzen nicht eindeutig, sondern ambig *und* ist Zeit knapp, dann ist rationales Abwägen und die Suche nach *der* nutzenmaximierenden Option ein vergebliches Unterfangen. Insofern unterstellt der MSA individuellen wie korporativen Akteuren die prinzipielle Fähigkeit zum rationalen Entscheiden, aber Entscheidungen können nur unter extremen und in der Politik unwahrscheinlichen Bedingungen rational sein. Denn obwohl Parteien, Politiker, Bürokraten und Interessengruppen oft nicht wissen, was sie wollen, obwohl Regierungen über Sachverhalte entscheiden müssen, die sie nicht verstehen, obwohl sie Instrumente einsetzen, über deren Wirkungen sie nur wenig wissen, obwohl Politiker versprechen, bestimmte Probleme zu lösen, über die sie keine ausreichenden Informationen haben, *müssen* Entscheidungen laufend getroffen werden. Rationale und zielgerichtete Entscheidungen sind unter solchen Bedingungen oft nicht zu erwarten. Da der MSA nicht *a priori* von der Prämisse rationalen Handelns und problemlösenden Entscheidungen ausgeht, kann es *ex post* das in politischen Prozessen tatsächlich realisierte Rationalitätspotential empirisch untersuchen.

3.3 Die Bedeutung von (politischen) Institutionen

Während viele Policy-Theorien politischen Institutionen einen großen Erklärungswert beimessen (siehe Wenzelburger/Zohlnhöfer in diesem Band), spielen Institutionen und deren Wirkungen auf den Policy-Making-Prozess im MSA kaum eine Rolle. Dies ist umso erstaunlicher, als der Ansatz auf der systemischen bzw. der organisationalen Ebene theoretisiert und insofern die institutionelle Struktur von Regierungssystemen von Bedeutung ist. Die Gewaltenteilung ist u. a. ein durch die Institutionen des politischen Systems zeitlich strukturierter Ablauf von Entscheidungsprozessen, dem der Ansatz keine Beachtung schenkt. Und beim parallelen Prozessieren von vielen Problemen sind nicht nur Policy-Subsysteme von Bedeutung (Zahariadis 2003: 4), sondern auch die institutionelle Architektur des politischen Systems, wie etwa die Aufteilung in Ressorts, die parallel und weitgehend unabhängig voneinander viele Sachverhalte simultan abarbeiten, die Struktur der Regierung, eine Zweite Kammer, Kompetenzen der Legislative und der föderale oder unitarische Staatsaufbau.

Es gibt m. E. nur einen Kontext, in dem der institutionellen Struktur eines Regierungssystems Aufmerksamkeit entgegengebracht wird:

> "Institutional structure strongly effects attention. Because policy makers at the top are frequently overwhelmed by the number and complexity of problems they encounter, they have designed institutions to ease overload. The entire system has been organized into sectors, which are frequently called policy communities or subsystems. They act as filters in that problems and solutions usually first incubate in those communities before they are taken up at the top by national politicians." (Zahariadis 2003: 11; ähnlich ders. 2007: 68)

Hier wirken Institutionen, konzeptionalisiert als Policy Communities oder Policy Subsysteme, als Filter, die eine Überlastung der Spitze des Regierungssystems verhindern und zugleich paralleles Prozessieren von Problemen und Optionen ermöglichen. Aber ein eigenständiger Einfluss auf die Präferenzen, Handlungsstrategien und Prozessabläufe wird ihnen nicht zugestanden.

Ein weiteres Mal tauchen Institutionen in Form der Struktur von Policy Netzwerken auf. Die institutionelle Konfiguration von Netzwerken oder – in anderen Worten – deren Integrationsmuster beeinflussen die Art und Weise, wie neue Policy-Ideen im Options-Strom entstehen, sich verbreiten und auf die politische Agenda gelangen (Zahariadis 2007: 72). Ein systematischer Einbau institutioneller Fragen in den Ansatz lässt sich aber nicht beobachten.

3.4 Die Reichweite von politischen Veränderungen

Die Reichweite von politischen Entscheidungen bzw. die Abweichung vom Status Quo ist seit G. Tsebelis' Veto-Spieler-Theorie (Tsebelis 2002) und den im Kontext der Reformen des Wohlfahrtsstaates entwickelten Konzepten der Pfadabhängigkeit politischer Entscheidungen (Pierson 1998, 2001; Beyer 2005) eine der zentralen Fragen der Policy-Analyse. Und nicht zuletzt ist diese Frage ins Bewusstsein der Öffentlichkeit und der Disziplin selbst durch die angebliche Unfähigkeit der Politik gelangt, weitreichende Reformen in Gang zu setzen und Reformstaus aufzulösen. Auch hier dominieren institutionalistische Erklärungen. Der MSA geht einen anderen Weg. Nicht Institutionen, sondern erneut Zeit und Personen spielen eine zentrale Rolle.

Der MSA setzt sich vom schrittweisen Vorgehen oder vom „Sich-Durchwursteln" (Lindblom 1959) insofern ab, als es zwischen Agenda-Setting und Alternativenspezifikation unterscheidet. Während bei letzterem in der Regel kleine Schritte erfolgen, die immer an vorangegangenen Policies anknüpfen und große Sprünge vermeiden, kann man beim Agenda-Setting eine andere Logik beobachten. Hier kommt es häufig zu Diskontinuitäten. Aber auch beim politischen Entscheiden bzw. der Alternativenspezifikation kommt es zu überraschenden Änderungen, die zwar seltener, aber gleichwohl vorkommen (Kingdon 1984: 83–88). Jedenfalls sind Kontinuitäten und Pfadabhängigkeiten zu beobachten, aber ebenso Pfadwechsel und massive Abweichungen vom Status Quo; obwohl bestimmte problematische Sachverhalte seit Jahren, ja manchmal seit Jahrzehnten diskutiert werden, „a subject rather suddenly ‚hits', ‚catches on' or ‚takes off'." (Kingdon 1984: 85). Was ist die Erklärung für diese Sprunghaftigkeit und Plötzlichkeit? Oder in Kingdons Worten: „What makes an idea's time come?" (Kingdon 1984: 1)

1. Zunächst spielt Zeit eine zentrale Rolle. Zeit ist zwar auch der kontinuierliche Fluss von Minuten, Stunden und Tagen, aber zugleich ist Zeit diskontinuierlich. Dramatische Ereignisse, die bereits erwähnten „focusing events" (Birkland 1997; 1998), aber auch Zufälle haben zur Folge, dass – metaphorisch gesprochen – Zeit komprimiert wird und in Tagen, Wochen oder Monaten das realisierbar wird, was sonst nur im Verlauf von Jahren gelingt. Die Denkfigur und analytische Kategorie ist das „window of opportunity", das sich überraschend und nur unter bestimmten Bedingungen öffnet. Es sind

> "opportunities for action on given initiatives, present themselves and stay open for only short periods. If the participants cannot or do not take advantage of these opportunities, they must bide their time until the next opportunity comes along." (Kingdon 1984: 174)

Zeitfenster öffnen sich oder werden aktiv geöffnet. Sie öffnen sich durch Ereignisse im Politics-Strom, etwa durch den Amtsantritt einer neuen Regierung nach Wahlen, durch Wechsel in parlamentarischen Ausschüssen, durch neue Vorsitzende in Komitees oder auch durch den Wandel der nationalen Stimmung. So ergeben sich neue Chancen, die vorher nicht bestanden. Sie öffnen sich aber auch durch Ereignisse im Problem-Strom, wie etwa durch „focusing events", dramatische Ereignisse, aber auch Berichte von Kommissionen (z. B. die PISA-Studien) u. ä. Solche Ereignisse strukturieren die politische und öffentliche Aufmerksamkeit neu und manche Sachverhalte schaffen den Sprung auf die politische Agenda, während andere verschwinden oder für später aufgeschoben werden.

Zeitfenster werden aktiv geöffnet, wenn Politikerinnen plötzlich eine Chance sehen und sie für ihre Interessen nutzen. Die Einsetzung der Hartz-Kommission ist ein Beispiel. Bundeskanzler Schröder nutzte den vom Bundesrechnungshof aufgedeckten Vermittlungsskandal, die festgefahrene und durch Interessengruppen blockierte Arbeitsmarktpolitik aufzubrechen. So wie sich Zeitfenster öffnen, so schließen sie sich auch wieder. Die Zeit einer Idee kann kommen, sie kann auch wieder verschwinden und die Chance ist vertan. Die Aufmerksamkeit verlagert sich dann auf andere Sachverhalte, die nun als dringender betrachtet werden. Das Management von Zeit wird deshalb zentral. Zugleich gilt, dass Zeit für die Vorbereitung, die Alternativenauswahl und die Entscheidung immer knapp ist, Informationen nie ausreichend sind, Alternativen nie systematisch abgewogen, die Folgen nie vollständig abgeschätzt und trotzdem Entscheidungen gefällt werden (müssen). Zeit ist eine notorisch knappe Ressource und sie kann nicht vermehrt werden, obwohl man sie dringend bräuchte. Schon allein deshalb sind rationale oder problemlösende Entscheidungen extrem unwahrscheinlich.

2. Zum anderen spielen Personen eine große Rolle, die in der Figur des „political entrepreneurs" konzentriert sind. Ihre Bedeutung ist vielfältig, aber ihre zentrale Aufgabe ist das Verkoppeln der Ströme, besser und analytisch richtiger: das Verkoppeln des Materials[2] der Ströme, die durch das politische System fließen. Verkoppeln als Aktivität, als spezifische Form des politischen Handelns, umfasst mehrere Tätigkeitsfelder. Zunächst *Framing*, das einer mehrdeutigen Ausgangssituation eine eindeutige oder dominierende Interpretation gibt. Informationen sind nicht neutral, die Interpretation von Zahlen ebenso wenig, und die Kunst besteht darin, ihnen einen bestimmten Sinn zu geben und eine Interpretation gegenüber konkurrierenden durchzusetzen. In der Politik hat derjenige Macht, der seine eindeutige Interpretation einem mehrdeutigen Sachverhalt aufzwingen kann.

Damit eng verbunden ist *Symbolisierung*, die – wie Framing auch – vor allem kognitive, aber auch emotionale Auswirkungen hat. Wichtig ist die Verdichtung und Reduktion von hochkomplexen Sachverhalten auf ein Symbol; dadurch kann Unterstützung gewonnen werden. Die Symbolisierung einer Situation oder einer Maßnahme als Verlust ist eine erfolgreiche Strategie, weil bei einer gegebenen Situation deren Umformulierung in Verluste anders bewertet wird als in Gewinne.[3] Auch die Mobilisierung von Ängsten lässt sich durch Symbolisierung erreichen: „Das Boot ist voll", „eine Flut" von diesem oder jenem, Notwendigkeitskonstruktionen, mit denen politische Entscheidungen als alternativlos begründet werden: All das sind angstmachende Symbolisierungen, die auf das Handeln von Akteuren Einfluss nehmen (Sunstein 2005).

Dann „*salami tactics*" (Zahariadis 2007: 78), die den strategischen Umgang mit Zeit, insbesondere den sequentiellen Ablauf von Entscheidungsprozessen, beinhalten. Das Management von Zeit ist eine zentrale Aufgabe und wenn das erfolgreich gelingt, dann sind erhebliche Politikwechsel denkbar. Zu jedem Zeitpunkt des Agenda-Settings und Entscheidungsprozesses muss ein politischer Unternehmer genau wissen, wann er Koalitionen bzw. Kompromisse zu bilden hat, wann er kom-

---

2 Nimmt man die gängige Formulierung ernst, dass die drei Ströme und nicht deren Material verkoppelt werden, würden sie aufhören, weiterhin eigenständige Ströme zu sein, die relativ unabhängig voneinander fließen und durch jeweils eigene Dynamiken angetrieben werden. Wir hätten dann nur noch einen Strom und neue Policies wären dann logisch und analytisch nicht mehr denkbar!

3 Diese ist eine der Prämissen der sog. Prospect-Theorie, nach der Akteure Verluste mehr fürchten als Gewinne; zudem handeln sie in bedrohlichen Situationen risikoreicher als in normal wahrgenommenen Lebenssituationen (vgl. dazu Kahnemann/Tversky 1979).

promisslos agieren und wann er mehr auf Argumentieren statt auf Macht setzten muss.

Und schließlich ist *„affect priming"* der Versuch der strategischen Beeinflussung von Emotionen. Menschen verarbeiten Informationen und Zustandsbeschreibungen immer selektiv, sie überschätzen oder ignorieren neue Informationen. Politik bedeutet nicht nur die gezielte Beeinflussung von kognitiven Dimensionen (wie beim Framing oder beim Gebrauch von Symbolen), sondern auch von emotionalen. Emotionen sind zentral für soziale und politische Prozesse und haben großen Einfluss auf die Richtung und die Formen von Policy-Entscheidungen (Klein/Nullmeier 1999; Rüb 1999; Zahariadis 2005). Negative Stimmungen oder auch negativ geframte Kontexte führen zur Überschätzung bzw. zur Überbetonung der negativen Folgen von Handlungen Anderer und tragen zudem zur Polarisierung der politischen Auseinandersetzung bei.

Zusammenfassend ist die Reichweite von politischen Entscheidungen und die Radikalität des Policy-Wandels vor allem von der Fähigkeit zur politischen Manipulation abhängig.

> "Policy makers and entrepreneurs use labels and symbols that have specific cognitive referents and emotional impact. Employing these elements strategically alters the dynamics of choice by highlighting one dimension of the problem over others. It's the strategic use of information in combination with institutions and policy windows that changes the context, meaning, and policies over time." (Zahariadis 2007: 69–70)

Für Politik ist nicht nur Argumentieren und Verhandeln, sondern auch politische Manipulation essentiell. Es ist genuin politisches Handeln und zentrales Element im politischen Kampf, das Kontexte verändert und Chancen und Möglichkeiten neu strukturiert. Politik ist – und dies gilt auch für policy-analytische Fragestellungen – wesentlich Kampf um Macht und professionalisierte Politik nutzt *alle* Möglichkeiten, um erfolgreich zu sein und bestimmte Ideen gegenüber anderen durchzusetzen. Wie politisches Manipulieren funktioniert und welche Bedeutung politische Unternehmer beim Agenda-Setting und bei der Alternativenspezifikation haben, kann man an den Entscheidungen zur militärischen Intervention in Afghanistan und weit deutlicher im Irak sehen (Woodward 2003, 2004).

Radikale Änderungen sind also dann wahrscheinlich, wenn politische Unternehmer erfolgreich operiert haben und ihre Position durch geschicktes Framing, Affect priming, Salami tactics und den Gebrauch von Symbolen durchsetzen konnten. Dazu müssen sie an prominenten Positionen in einer politischen Machtkonstellation platziert sein, über ausreichend Zeit, über politische bzw. expertokratische Reputation und über bestimmte Ressourcen verfügen. Dies sind vor allem Wissens- und Informationsressourcen, wie z. B. Think Tanks, Beratungsinstitute und universitäre Forschungseinrichtungen. Peter Hartz, der den Vorsitz in der gleichnamigen Kommission innehatte und die Konturen der Arbeitsmarktreformen unter der Regierung Schröder entwarf, ist ebenso ein politischer Unternehmer wie etwa der Wirtschaftswissenschaftler Bert Rürup, der in verschiedenen Kommissionen der Bundesregierung sitzt und bei zentralen sozialpolitischen Fragen nicht nur konsensorientierte Policy-Optionen entwickelt, sondern auch über wissenschaftliche und politische Reputation verfügt. Aber auch ein Regierungschef kann diese Funktion erfüllen, ebenso wie etwa die Kernexekutive als operatives Zentrum des Regierungsprozesses, sofern sie einheitlich und überzeugend handelt (Rhodes/Dunleavy 1995). Ob radikale oder nur inkrementelle Policy-Wechsel eintreten, ist also kontingent. Radikaler Wandel kommt seltener als gradueller zustande und alles hängt von einer komplexen Kombination vieler Faktoren ab, die nur schwierig zu bestimmen sind, für deren Analyse der MSA aber zentrale Faktoren angeben kann. Zeitfenster und politische Unternehmer samt ihrem manipulativen Geschick sind gleichwohl am bedeutsamsten.

3.5 Die Substanz von politischen Entscheidungen

Die Frage nach der Substanz von politischen Entscheidungen zielt darauf ab, die Problemlösungskapazität von Policies analytisch zu erschließen. Die Frage nach dem Rationalitätspotential der Politik ist eine der Kernfragen der Politikwissenschaft (Elster 1987; Oakeshott 1966). Dass politische Akteure oft wider besseren Wissens von der problemlösenden Wirkung ihrer Policies ausgehen, ist unvermeidlich und gehört zum politischen Geschäft (der politischen Manipulation). Aber welche Position nimmt der MSA ein? Der MSA ist eindeutig und grenzt sich von Rationalkonzepten deutlich ab:

> "In contrast to models that stress consequential action, the garbage can model provides an alternative logic based on temporal order. Choice has more to do with simultaneous evocation of problems and solutions than with any inherent correlation between them. In other words, choice is often made on a first-come, first-saved basis. (...) Because the primary concern of decision makers – whether policymakers, business executives, or top civil servants – is to manage time rather than to manage tasks (...), it is reasonable to use a lens that accords significance to time rather than rationality." (Zahariadis 2003: 4–5)

Politik trifft in der Regel keine rationalen und problemlösenden Entscheidungen in Form von Policies, weil die Logik des politischen Prozesses nicht in der Logik der Rationalität aufgeht. Rationalität unterstellt, dass man zuerst ein Problem identifiziert und dann nach der Lösung sucht, die es am zweckmäßigsten bearbeitet. Diese wird aus einem Fundus von möglichen Alternativen gewählt und als Policy verbindlich entschieden. Politik operiert grundsätzlich nach einer anderen Logik und folgerichtig tragen viele von ihr produzierten Entscheidungen in der Regel keinen problemlösenden Charakter. Probleme und Lösungen existieren simultan, immer gibt es einen Überschuss an Problemen und an Optionen, die ohne eine verbindende Logik parallel produziert werden und sowohl Problem als auch Lösung sind immer mehrdeutig.

Der MSA erkennt grundsätzlich zwei Typen von politischen Entscheidungen an, die unterschiedliche Rationalitätsgrade bzw. Problemlösungskapazität beinhalten. Zum einen sind Policies (a) *konsequentialistisch*, sofern das Zeitfenster durch den Problem-Strom geöffnet wird. Optionen werden dann in Reaktion auf bestimmte, gleichwohl interessierte und deshalb konstruierte Probleme entwickelt. Wenn z. B. Finanzkrisen der Sozialversicherung endemisch werden, dann wird es Optionen geben, die eine Antwort darauf geben wollen. Dann steigt die Wahrscheinlichkeit, dass sich ein Zeitfenster öffnet, ein Problem auf die Agenda gesetzt und auch darüber entschieden wird. Werden Zeitfenster durch Ereignisse im Politics-Strom geöffnet, dann sind Optionen (b) *ideologisch* bzw. doktrinär. Policy-Optionen suchen dann nach Problemen, mit denen sie sich verkoppeln können und gehen „Problemen" sachlich und zeitlich voraus. Wichtiger wird dann die Entscheidung für eine bestimmte Option und nicht die Lösung eines Problems.

Auch werden Policies konstruiert und erfunden, um sich in der Parteienkonkurrenz neu zu positionieren oder um eine bestehende Machtkonstellation zu verändern. Die Verlängerung des Arbeitslosengeldes für ältere Arbeitnehmer, welche die SPD auf ihrem Parteitag 2007 in Hamburg beschloss und dann in der großen Koalition durchsetzte, ist typisch hierfür. Es ging ausschließlich um eine politische Neupositionierung gegenüber der Partei *Die Linke*, um alte und verlorengegangene Wählergruppierungen zurückzugewinnen, nicht aber um die Lösung eines konkreten oder drängenden sozialen Problems.

Prinzipiell geht der MSA davon aus, dass es keine systematische Verbindung zwischen einem Problem und einer Policy geben muss. Eine Ausgangslage oder ein Sachverhalt wird dann zu einem Problem, wenn eine bestimmte Gruppe, eine Partei oder eine Interessengruppe der Überzeugung ist, dass etwas getan werden soll. Erst mit diesem aktivistischen Moment beginnt die Transformation eines Sachverhalts in ein Problem (Kingdon 1984: 115; Zahariadis 2007: 70–71). Dies hat mehrere Gründe: Zum einen sind Probleme (a) nicht objektiv bestimmbar, sondern mehrdeutig. Daran kann auch eine wissenschaftliche Analyse nichts ändern, denn wissenschaftliches Wissen ist grundsätzlich plural. Dann müssen (b) Sachverhalte in Probleme transformiert werden, was bereits ein eminent politischer Vorgang in dem Sinne ist, als darüber Machtkämpfe ausbrechen. Jede Situation oder Ausgangslage ist mit einer bestimmten Verteilung von Ressourcen und Rechten verbunden, die durch Entscheidungen verändert werden und deshalb im Vorfeld Konflikte hervorrufen. Auch – und dies ist vielleicht das zentrale Argument von MS – verändert (c) „temporal sorting" (Zahariadis 2003: 4) grundlegend das Verhältnis zwischen Problem und Option: Der Vorrang des Dringlichen, die Idee des Zeitfensters, das plötzliche oder vorhersehbare Chancen eröffnet, wirbelt die potentielle Beziehung zwischen Problem und Lösung durcheinander: Denn es wird das auf die Agenda gesetzt und darüber entscheiden, was gerade geht bzw. was gerade opportun ist und nicht das, was sachlich am optimalsten ist. Auch (d) die Bedeutung von politischen Unternehmern, deren Fähigkeit und Geschick zur politischen Manipulation und zum Erkennen von Zeitfenstern entscheidet darüber, ob überhaupt entschieden wird, und wenn ja, wie. Und schließlich betrachtet MS (e) die Dynamik der jeweiligen Ströme als relativ unabhängig voneinander. Dies hat die analytische Konsequenz, dass beim Verkoppeln des Materials der Ströme zu einem bestimmten Zeitpunkt keine systematische bzw. logische sondern eine zufällige und damit kontingente Beziehung zwischen ihnen existiert. Problem und Lösung haben zwar einen, gleichwohl losen und unsystematischen, Zusammenhang und dieser wird in der Regel *ex post* durch politische Tätigkeiten hergestellt. Unter Bezugnahme auf Karl E. Weick formuliert Zahariadis, dass „choice becomes less an exercise in solving problems and more an attempt to make sense of a partially comprehensible world." (Zahariadis 2007: 67) und Weick selbst hat diese Tätigkeit als „retrospective sense-making" (Weick 1995) bezeichnet. Kingdon hat die Situation unnachahmlich beschrieben und deshalb soll ihm abschließend das Wort gegeben werden: Zu einem bestimmten Zeitpunkt

> "(...) (p)articipants dump their conceptions of problems, their proposals, and political forces into the choice opportunity and the outcome depends on the mix of elements present and how the various elements are coupled." (Kingdon 1984: 174).

Dass rationale Problemlösungen zustande kommen, ist unter diesen Ausgangsbedingungen zwar unwahrscheinlich, aber nicht ausgeschlossen. Abbildung 1 verdeutlicht die Konstruktion des gesamten Modells.

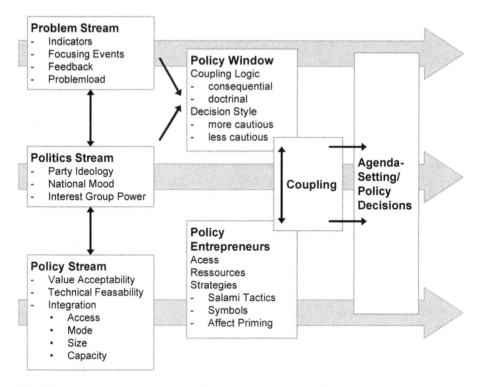

Abb. 1: Der Multiple-Streams-Ansatz (Quelle: eigene Darstellung auf Grundlage von Kingdon (1984) und Zahariadis (2007: 71))

4 Anwendungsmöglichkeiten und Kritikpunkte

Wie jeder theoretische Ansatz hat auch der MSA seine Schwächen und Grenzen. Während es sich zunehmender Beliebtheit erfreut[4], nimmt parallel die Kritik an dem Ansatz zu. Beide Entwicklungen signalisieren eine Bedeutungszunahme des Ansatzes. Denn die selektive und nur bruchstückhafte Wahrnehmung wird nun durch eine systematischere Kritik ersetzt.

---

4 Im Jahr 2013 wurden auf zwei international wichtigen Konferenzen Panels bzw. Workshops zu MS abgehalten; auf dem Annual Meeting der American Political Science Association (APSA) das Panel „The Legacy of John W. Kingdon. Perspectives on Multiple Streams Agenda Setting Framework", geleitet von Frank R. Baumgartner; und der Workshop 7 der Joint Sessions of Workshops des European Consortium for Political Research (ECPR) in Mainz, geleitet von Reimut Zohlnhöfer und mir.

Doch zunächst ein kurzer, gleichwohl selektiver Überblick über den Stand der Forschung, die ich entlang von vier Kriterien systematisiere: (a) den Policyfeldern, (b) der Anwendbarkeit auf verschiedene politische Regime, (c) den Stufen des Policy-Prozesses und (d) der Übertragbarkeit auf autokratische Staaten:[5]

(a) Der MSA dehnt seine Anwendbarkeit auf immer weitere *Politikfelder* aus. Kingdon startete mit einer Analyse der US-amerikanischen Gesundheits- und Transportpolitik (Kingdon 1984) und ergänzte sie in der zweiten Auflage um die staatliche Haushaltspolitik (1995). Inzwischen ist die Bandbreite der Untersuchungsfelder enorm; sie reicht von der Umwelt- und Energiepolitik (Brunner 2008; Rowlands 2007; Simon/Alm 1995) über die Klimapolitik (Storch/Winkler 2013), der Land- und Forstwirtschaft (Boscarino 2009), der (vergleichenden) Gesundheitspolitik (Blankenau 2001; Nagel 2009), der Erziehungspolitik (McLendon 2003; Augustin-Dittmann 2011), der Privatisierung staatlicher Aufgaben (Zahariadis 1996), der Geschlechterpolitik (Béland 2009), der Migrationspolitik (Bendel 2006) bis hin zur Institutionen- und Verfassungspolitik (Münter 2005; Nill 2002) und der Internationalen- bzw. Außenpolitik (Zahariadis/Travis 2002; Keeler 1993; Lipson 2007).

Dann (b) wird seine Ausdehnung auf alle *politischen Systeme* bzw. Regime betrieben. War ursprünglich der Ansatz für präsidentielle Regierungssysteme reserviert (Kingdon 1984), so ist die Übertragung auf parlamentarische Systeme inzwischen üblich (statt vieler Zahariadis 1992; Blankenau 2001; Bundgaard/Vranbaek 2007); analoges gilt auch für semi-präsidentielle Systeme (Ahearne 2006; Zahariadis 1995; Zahariadis/Allen 1995). Am interessantesten ist sicherlich die Übertragung auf das europäische Mehrebenensystem, da sich der Ansatz auch hier als brauchbar erwiesen hat und sich zunehmender Beliebtheit erfreut (Ackrill/Kay/Zahariadis 2013; Ackrill/Kay 2011; Bandelow/Kundolf/Lindloff 2014; Borrás/Radaelli 2011; Cairney 2009; Zahariadis 2008; Herweg 2013; Peters/Pierre 2002; Bendel 2006; Richardson 2006). Nur gelegentlich wird er auch auf der subnationalen Ebene angewandt (vgl. aber Lieberman 2002; Liu et. al. 2010; Robinson/Eller 2010).

(c) Zudem dient er auf allen *Stufen des Policy-Zyklus* als analytischer Ansatz. Die ursprüngliche Begrenzung auf Agenda-Setting (Kingdon 1984; 1995) ist längst überwunden. Für die Analyse des Entscheidungsprozesses (Zahariadis 2007; Herweg/Zohlnhöfer 2013) wird er ebenso benutzt wie – wenngleich seltener – für die Phase der Implementation (Ridde 2009).

Schließlich ist (d) seine Anwendung in der Regel auf demokratische Staaten begrenzt; nur gelegentlich wird er für die Analyse der Policy-Produktion in *nichtdemokratischen Staaten* verwendet (vgl. aber Ridde 2009; ansatzweise Richardson 2005). Eine konzeptionelle Anpassung an die Politikproduktion in autokratischen,

---

5 Hierbei stütze ich mich vor allem auf Recherchen von Nicole Herweg, die im Kontext eines Antrages für ein Sonderheft des „European Journal of Political Science" durchgeführt wurden, das von Reimut Zohlnhöfer und mir herausgegeben wird.

ja sogar totalitären Staaten, wäre sicherlich interessant und könnte zu überraschenden Ergebnissen führen.

Was sind nun die zentralen Kritikpunkte? Ich muss hier erneut selektiv vorgehen und konzentriere mich auf sechs zentrale Punkte:

1. Der Ansatz unterschätzt und vernachlässigt *politische Institutionen*, die durch Recht gesetzt und durch Recht veränderbar sind (Göhler 1987a, 1987b: 11, 17). Diese enge Definition hat den Vorteil, dass man analytisch klar zwischen den Institutionen selbst und Handeln in und unter Institutionen trennen kann. (Soziale) Normen, Gewohnheiten, Routinen etc. zählen nicht zu (politischen) Institutionen, sondern müssen gesondert in ihrer Bedeutung, am besten als politische Praktiken, analysiert werden (Rüb 2009, 2013).

   Obwohl der MSA auf der systemischen Ebene theoretisiert, werden die institutionellen Formen von Regierungssystemen, insbesondere die des parlamentarischen, unterschätzt. Gerade weil situative Faktoren eine dominante Rolle spielen, müssen Interaktionen und Prozessmuster in einen institutionellen Kontext eingebettet werden, um die institutionell bedingten Positionen von Akteuren präziser analysieren zu können. Institutionelle Faktoren sind sowohl für Agenda-Setting- als auch für Entscheidungsprozesse relevant, weil sie Kompetenzen, Zuständigkeiten und zeitliche Prozessabläufe festlegen.

   Politische Institutionen bewirken nicht nur eine sachliche, sondern auch eine zeitliche Aufteilung von Zuständigkeiten. Gesetzesentwürfe werden zunächst beraten, kommen zu einem bestimmten Zeitpunkt in einen Ausschuss und/oder in eine Zweite Kammer, es gibt immer mehrere Lesungen etc. Sie teilen Prozessabläufe in erwartbare Schritte auf und öffnen so Zeitfenster, in denen man Einfluss nehmen kann und sich die Chance zum Verkoppeln ergibt. Solche institutionellen Vetopunkte hat E. Immergut als *Zonen strategischer Unsicherheit* bezeichnet (Immergut 1992), weil sie Chancen und Möglichkeiten im Prozessverlauf eröffnen, die vor allem politische Unternehmer nutzen können oder auch nicht.

2. Die Idee des *Verkoppelns* hat den Vorteil, die Rolle von Individuen stärker in den Mittelpunkt der Politikanalyse zu rücken; in der Tat spielen die Tatkraft, das Geschick, der Durchsetzungswille, der persönliche Ehrgeiz u. ä. in der Politik eine tragende Rolle. Gleichwohl haben wir es häufig mit korporativen Akteuren zu tun, seien es Regierungen, politische Parteien, Interessengruppen etc. Sie sind es, die in der Regel das Geschäft des Verkoppelns betreiben, insbesondere in parlamentarischen Demokratien. Hier spielen Parteien eine erheblich größere Rolle als in präsidentiellen Regimen. Politische Unternehmer können dann korporative Akteure sein, die wie diese handeln und agieren, die Kunst der politischen Manipulation eingeschlossen. Zudem unterstellt Zahariadis, dass politische Entscheider problematische Präferenzen haben und Gegenstand der politischen Manipulation sind, während die Manipulateure zielorientiert sind (2007: 70). Aber oft haben politische Entscheider selbst Ziele – wie mehr-

deutig und unpräzise sie auch immer sein mögen –, deren Realisation sie anstreben. Hierbei manipulieren sie andere und auch sich selbst, indem sie Eindeutigkeiten konstruieren, die faktisch nicht gegeben sind. Dann werden Entscheider selbst zu politischen Unternehmern.

3. Die Prämisse der *relativen Unabhängigkeit der drei Ströme* ist oft bestritten und ihre Interdependenz unterstellt worden (Mucciaroni 1992; Bendor et al. 2001). In der Tat beeinflussen Ereignisse in einem Strom Entwicklungen in den anderen beiden. So wird ein ernsthaftes Problem dazu führen, dass im Optionsstrom angestrengter nach plausiblen und vertretbaren Optionen gesucht wird. Umgekehrt werden missionarische Optionsträger immer neue Probleme entdecken und ihre Option immer wieder neu anbieten. Neoliberale Missionare haben immer eine Antwort bereit: Deregulierung und marktliche Steuerungsmechanismen, die für alles und jedes und zu jeder Zeit anwendbar sind. Dominiert eine solche Sichtweise und hat sie Resonanz im Politics-Strom, konkret findet sie Widerhall in der nationalen Stimmung, dann sind marktorientierte Reformen wahrscheinlicher, relativ unabhängig von konkreten Problemlagen. Immer kann man einen Sachverhalt finden, den man in ein Problem transformiert und mit einer bereits bestehenden Option verkoppelt. Gleichwohl hat die Denkfigur den unbestrittenen Vorteil

> "enabling researchers to uncover rather than to assume rationality, i. e. the point that solutions are always developed in response to clearly defined problems. Sometimes policies are in search of rationale or they solve no problems." (Zahariadis 2007: 81).

4. Der MSA ist – so ein weiterer Vorwurf – eine ahistorische und kontextlose Theorie, die die Bedeutung vorangegangener Entscheidungen für gegenwärtige unterschätzt und Pfadabhängigkeiten nicht akzeptiert. Policies seien deshalb immer nur graduelle Abweichungen vom Status quo, während der MSA eine *tabula-rasa*-Situation unterstellt, in der weitreichende Abweichungen denkbar sind (Muccarioni 1992: 470–472). Die Kritiker übersehen, dass Kingdon und Zahariadis die Entwicklung von verfügbaren Policy-Optionen im Policy-Strom differenziert betrachten. Je stärker ein Policy-Subsystem integriert ist, desto unwahrscheinlicher sind neue und radikale Policy-Optionen, die beim Verkoppeln zur Verfügung stehen. Zahariadis und Allen (1995) haben den von Kingdon verwendeten Begriff der Policy-Community durch den *Netzwerkbegriff* ersetzt und die Struktur von Netzwerken nicht nur neu kategorisiert, sondern auch mit deren Innovationsgrad in einen kausalen Zusammenhang gebracht.

5. Der MSA unterschätzt wie viele andere policy-analytischen Theorien die Bedeutung und Rolle der *Medien* beim Agenda-Setting und beim politischen Entscheiden. Ob man von der Instrumentalisierung der Medien durch die Politik, von der Instrumentalisierung der Politik durch die Medien oder von einer Koevolution von Politik und Medien ausgeht: Medien setzen Trends, beeinflussen die

nationale Stimmung, drücken Themen auf die politische Agenda, starten populistische Kampagnen (oft ermuntert durch den politischen Gegner), vereinfachen komplexe Sachverhalte durch Personalisierung und Symbolisierung etc.
und betreiben selbst politische Manipulation, während sie umgekehrt von der
Politik zur politischen Manipulation benutzt werden. Jedenfalls ist ihr Einfluss
auf den Policy-Making-Prozess nicht zu übersehen (Sarcinelli 1998; Meyer 2001;
Hoffmann 2003).

6. Der MSA ist nicht in der Lage, überprüfbare Hypothesen zu generieren, die sich
empirisch kontrollieren lassen und kann nicht genau zwischen notwendigen
und hinreichenden Bedingungen für Policy-Wandel differenzieren. Dies ist inzwischen durch die theoretisch-konzeptionelle wie empirische Forschung widerlegt und nicht zuletzt hat N. Herweg neuerdings nachgewiesen, dass sich
aus dem Ansatz eine erhebliche Anzahl empirisch überprüfbarer Hypothesen
ableiten lassen (Herweg 2013).

5 Multiple Streams: „An idea that time has come"?

Welche sozialen und politischen Entwicklungen könnten dazu beitragen, dass nun
die Zeit des MSA gekommen ist? Während in der Frühzeit der Policy-Analyse der
soziale und demokratische Fortschritt im Mittelpunkt stand und das Policy-Wissen
politische Entscheidungen in diesem Sinne verbessern sollte, wurde in der Steue-
rungs- und Planungseuphorie die Prämisse formuliert, dass zielgerichtete und problemlösende Politik nicht nur wünschenswert, sondern faktisch erreichbar sei. Vor
allem die systemtheoretisch inspirierte Sichtweise hat den Steuerungsoptimismus
durch einen -pessimismus verdrängt. Der MSA geht einen anderen Weg. Er akzeptiert die Komplexität und Kontingenz der Welt und versucht gleichwohl, (variable)
Strukturen und Prozessmuster zu identifizieren und politische Entscheidungen
akteurstheoretisch zu rekonstruieren und hierbei die Knappheit der Zeit ins Zentrum
zu stellen. Der MSA kann die zunehmende Kontingenz der Politik in modernen Gesellschaften wie kein anderer Ansatz analytisch reflektieren. Dies ist sein großer
Vorteil, und ich möchte fünf Dimensionen andeuten, die die Vermutung der Kontingenzsteigerung in heutigen Gesellschaften unterstützen (vgl. dazu auch Marchart
2013).

1. Die *räumliche Dimension* der Politik wird kontingent und hat zur Folge, dass
sich die Staatsbezogenheit vieler Entscheidungsprozesse auflöst und neue Orte
und Räume der Politik hinzutreten. *Intern* verflüchtigt sich Politik aus den für
sie vorgesehenen Orten und Institutionen, was die Entstaatlichung der Politik
und die „Vergesellschaftung des Regierens" (Brozus et al. 2003) zur Folge hat.
Die netzwerkorientierte Policy-Analyse hat hier die notwendigen Konzepte und
empirischen Studien geliefert. *Extern* beobachten wir eine Denationalisierung

politischer Entscheidungsprozesse, deren neue Strukturen mit dem Begriff der Governance be- oder umschrieben werden. In beiden Fällen haben wir es mit einer Auflösung klarer Regeln, Zuständigkeiten und Verantwortungs- bzw. institutionellen Strukturen zu tun, was alle politischen Prozeduren verflüssigt. Der organisatorische Charakter der Politik vermindert sich und diese neuen Strukturen nähern sich weiter dem an, was Kingdon u. a. als organisierte Anarchien bezeichnet hat.

2. Die *kognitive Dimension* bezieht sich auf die Bewusstseins- und Wahrnehmungsformen einer gegebenen gesellschaftlichen Situation, wobei zwei Sachverhalte relevant sind. Zunächst setzt die Politisierung aller gesellschaftlichen Sachverhalte ein Kontingenzbewusstsein voraus, das sich in der heutigen Zeit radikalisiert. Alles ist prinzipiell entscheidbar, alles stellt sich als Konflikt dar, alles kann politisiert und über alles kann politisch entschieden werden (Greven 1999: 55). Obwohl in der Idee der Demokratie und der demokratischen Politik grundsätzlich angelegt, ist erst heute das ungeheuerliche Ausmaß der kontingenten Entscheidbarkeit durch Politik ins Bewusstsein gerückt. Und zweitens wird Wissen generell und Experten- und wissenschaftliches Wissen im Besonderen kontingent. Zu jedem Expertenwissen gibt es einen Gegenexperten, dessen Wissen strategisch eingesetzt werden kann. Zentral wird die Erfahrung, dass mit steigendem Wissen das Bewusstsein über das Nicht-Wissen zunimmt und Expertenwissen nicht mehr Ungewissheiten reduziert, sondern steigert (Rüb 2008, 2011). Gerade weil fast alle Entscheidungen von einem Expertendissens begleitet und alle Expertenkommissionen Minderheiten- und Mehrheitspositionen enthalten, kann es keine einheitliche „Lösung" geben. Und gerade weil der Dissens des Wissens unvermeidlich ist, muss trotz und gerade deswegen eine *politische Entscheidung* getroffen werden (Beck et al. 2001: 53 ff.) Es sind unvermeidliche Entscheidungen unter Ungewissheit und ohne gute Gründe (Rüb 2011).

3. Die *interaktive Dimension* konzentriert sich auf das Kontingentwerden von stabilen, strukturierten und dauerhaften Interaktionsformen, wobei zwei von besonderer Bedeutung sind. Zunächst besteht (a) der Vorteil korporatistischer oder netzwerkartiger *Interessenvermittlung* darin, dass sich stabile Verhandlungssysteme aus korporativen Akteuren entwickeln, die in zeitraubenden Verhandlungen Kompromisse aushandeln. Interessenvermittlung hat sich heute zum *Lobbying* gewandelt. Durch Hinzutreten neuer Akteure, die Auflösung der bisherigen relativ robusten Verhandlungsmuster, die Instabilität der Präferenzen der beteiligten korporativen Akteure, den massiven Verlust von Mitgliedern zentraler Interessenorganisationen, die Abnahme der Verpflichtungsfähigkeit der Führung gegenüber den Mitgliedern u. Ä., treten variablere Strukturen an die Stelle relativ fester. Die Parameter, mit denen Politik rechnen konnte und die stabile Umweltrepräsentationen waren, verflüssigen sich ebenso wie die

damit verbundenen Kommunikationsmuster (Winter 2004; Leif/Speth 2003). Dies erschwert das Entscheiden und macht Politik situationsabhängiger.

Die zweite Dimension ist (b) die *Parteienkonkurrenz*, die sowohl für die Substanz wie die Reichweite von Reformen zentral ist. Zunahme von Kontingenz bedeutet hier, dass die handlungsleitende Qualität der bisherigen Ideologien und partei- politischen Programmatiken, einschließlich der Grundsatz- und Wahlprogram- me ab- und die Hypokrasie zunimmt. Auch verkürzt sich ihre Geltungsdauer und sie werden situativer entworfen (Wiesendahl 1998; Beyme 2000; Mair 2002; Rüb 2005). Sie geben für Problemkonstellationen keine klaren Antworten, son- dern zeichnen sich durch Unklarheiten und Mehrdeutigkeiten aus, sind als ge- nerelle Programme überdeterminiert und versuchen vor allem Neupositionie- rungen in der Parteienkonkurrenz. Wahlorientiertes politisches Handeln beginnt zu dominieren, populistische Kampagnen nehmen zu und politischer Opportunismus und verantwortungslose Opposition werden endemisch. Der Parteienbetrieb professionalisiert sich, wird zunehmend selbstreferentiell und induziert einen Organisations- und Funktionswandel vom Typus der Volkspar- tei hin zu professionalisierten Wählerparteien (Katz/Mair 2002; Wolinetz 2002; Wiesendahl 2006).

4. Die *institutionelle Dimension* der Kontingenzsteigerung bezieht sich darauf, dass jede institutionelle Regel auch anders sein könnte und die Änderungsmöglich- keit von Regeln und Verfahren im Bewusstseinshorizont immer präsent ist. Zwar gibt es Regeln zur Änderung von Regeln, also Regeln zweiter Ordnung, die den Wandel von Institutionen erschweren, aber meist sind qualifizierte statt einfacher Mehrheiten vorausgesetzt. Die Änderung von Regeln durch einfache Mehrheiten, wie etwa beim Wahlrecht, führt häufig dazu, dass sie unter (macht)strategischen Gesichtspunkten geändert werden und überparteiliche bzw. Effizienzgesichtspunkte an Bedeutung verlieren. Auch nimmt *informelle Politik* zu, was eine spezifische Form des Kontingentwerdens von Institutionen ist; ergänzt wird dies häufig durch die bewusste Verletzung von institutionellen Normen, wie nicht zuletzt die zunehmende Anzahl von Korruptionsfällen auf kommunaler, Länder- und Bundesebene signalisiert. Auch die Parteien- finanzierung ist ein zunehmendes Problem, weil neben die umstrittene und zu- nehmende staatliche Finanzierung auch Parteispendenskandale das Brüchig- werden von rechtlichen Normen verdeutlicht.

5. Die *zeitliche Dimension* stellt ab auf die Beschleunigung vieler sozialer und ge- sellschaftlicher Prozesse, wobei Globalisierung auch eine zeitliche Dimension besitzt. Denn zum einen steigert sich durch die Beschleunigung der geschichtli- chen Zeit die Geschwindigkeit der Variation und Selektion von Strukturen und Semantiken und verringert deren sinnstiftende, stabilisierende und ordnende Bedeutung. Zum anderen, und weit wichtiger, nimmt die Beschleunigung aller sozialen, ökonomischen und technischen Prozesse zu und die Frage ist, ob die *Eigenzeit* der Politik mit den Zeittakten ihrer Umwelt synchronisiert ist. Vermut-

lich haben wir es mit einer De-Synchronisation zu tun, was unvermeidlich die Umstellung der Politik von zielgerichteter Rationalität auf zeitorientierte Reaktivität zur Folge hat (Luhmann 2000: 142[6]; Rosa 2005: bes. Kapitel XII).

Zusammenfassend verflüssigen sich viele zentrale Parameter, mit denen Politik rechnen konnte und das eher ungeplante, spontane, reaktive Moment des politischen Entscheidens tritt stärker in den Vordergrund. Das sollte die Politikwissenschaft theoretisch und konzeptionell berücksichtigen, weil die Policy-Analyse immer ein Kind ihrer Zeit ist und eine Historisierung ihrer Theorien, Begriffe und Methoden für ein grundlegendes Verständnis des Wandels derselben unvermeidlich ist.

Ein Kollege hat mich nach einem Vortrag, in dem ich die Kontingenzthesen und die Grundideen des MSA vorgestellt habe, in der Diskussion gefragt, ob nun alle „Strömungslehre" betreiben sollten. Meine Antwort war ein eindeutiges Jein. Der MSA will andere policy-analytische Theorien nicht ersetzen bzw. in einen minderen Rang versetzen, sondern allein das Augenmerk auf Aspekte richten, die von anderen Theorien nicht genügend berücksichtigt werden. Vielleicht liegt die Stärke des Ansatzes nicht in seiner Exklusivität, sondern in einer Kombination mit anderen Policy-Theorien. Denkbar ist auch eine Strategie, die Analyse einer Policy-Entscheidung mit mehreren Ansätzen parallel zu betreiben. Dies wäre nicht nur die Anerkennung eines Methodenpluralismus, sondern zugleich der Versuch, eine multiple Perspektive auf einen Gegenstand zu werfen.[7] Deshalb ein klares Nein gegenüber jeglichem konzeptionellen Purismus. Aber zugleich ein klares Ja zur „Strömungslehre", weil sich jede Theorie nicht nur ihrer geschichtlichen Bedingtheit klar sein sollte, sondern zugleich fragen muss, in welcher geschichtlichen Zeit wir heute leben und welche Folgen sich für politisches Entscheiden ergeben. Jedenfalls hat sich die Ausgangslage dramatisch verändert und die in den 1970er-Jahren entstandenen Theorien und Konzepte, in denen sich die meisten europäischen Wohlfahrtsstaaten in ihrer stabilen Hochzeit befanden, sind womöglich heute nicht mehr adäquat, um die neuen Herausforderungen angemessen zu analysieren. Der MSA könnte eine von vielen anderen Möglichkeiten sein.

---

6 Luhmann hat den Faktor Zeit seit seinem Frühwerk im Blick. Bereits dort schreibt er pointiert: „Eine (...) Folge programmierter Zeitplanung liegt in der *Verzerrung der Präferenzen*, die durch die Vordringlichkeit des Befristeten ausgelöst wird. Wenn immer diejenige Handlung bevorzugt vorgenommen werden muss, deren Termin bevorsteht, verliert im Gedränge der Termine die sachliche Wertordnung des Systems an Bedeutung." (Luhmann 1968: 13; Herv. im Org.).

7 Die Sinnhaftigkeit und den damit verbundenen Erkenntnisgewinn hat Graham Allison in seiner Analyse der Kubakrise demonstriert (Allison 1971).

6 Literatur

Ackrill, Robert/Kay, Adrian, 2011: Multiple streams in EU policy-making: the case of the 2005 sugar reform. In: Journal of European Public Policy, 18 (1): 72–89.

Ackrill, Robert/Kay, Adrian/Zahariadis, Nikolaos, 2013: Ambiguity, Multiple Streams and EU Policy. In: Journal of European Public Policy 20 (6): 871–887.

Ahearne, Jeremy, 2006: Public Intellectuals within a "Multiple Streams" Model of the Cultural Policy Process: Notes from a French Perspective. In: International Journal of Cultural Policy 12 (1): 1–15.

Allison, Graham T., 1971: Essence of Decision. Explaining the Cuban Missile Crisis. Boston: Little, Brown and Company.

Augustin-Dittmann, Sandra, 2011: Politikwandel zwischen Kontingenz und Strategie. Zur Etablierung der Ganztagsschule in Deutschland. Baden-Baden: Nomos Verlagsgesellschaft.

Bandelow, Nils C./Kundolf, Stefan/Lindloff, Kirstin, 2014: Agenda Setting für eine nachhaltige EU-Verkehrspolitik. Berlin: Sigma.

Beck, Ulrich/Bonß, Wolfgang (Hrsg.), 2001: Die Modernisierung der Moderne. Frankfurt a. M.: Suhrkamp.

Beck, Ulrich, et. al., 2001: Theorie reflexiver Modernisierung - Fragestellung, Hypothesen, Forschungsprogramme. In: Beck/Bonß (Hrsg.): Die Modernisierung der Moderne. Frankfurt am Main: Suhrkamp, 11–59.

Béland, Daniel, 2009: Gender, Ideational Analysis, and Social Policy, Social Politics, 16 (4): 558–581.

Bendel, Petra, 2006: Migrations- und Integrationspolitik der Europäischen Union: Widersprüche, Trends und Hintergründe. In: Sigrid Baringhorst/Uwe Hunger/Karen Schönwälder: Politische Steuerung von Integrationsprozessen: Intention und Wirkung. Wiesbaden: Verlag für Sozialwissenschaften, 95–120.

Bendor, Jonathan, et al., 2001: Recycling the Garbage Can: An Assessment of the Research Program. In: American Political Science Review 95 (2): 169–190.

Beyer, Jürgen, 2005: Pfadabhängigkeit ist nicht gleich Pfadabhängigkeit! Wider den impliziten Konservatismus eines gängigen Konzepts. In: Zeitschrift für Soziologie 41 (1): 5–21.

Beyme, Klaus von, 2000: Parteien im Wandel. Von den Volksparteien zu den professionalisierten Wählerparteien. Opladen: Westdeutscher Verlag.

Birkland, Thomas A., 1997: After Disaster - Agenda Setting, Public Policy and Focusing Events. Washington D.C.: Georgetown UP.

Birkland, Thomas A., 1998: Focusing Events, Mobilization, and Agenda Setting. In: Journal of Public Policy 18 (1): 53–74.

Blankenau, Joe, 2001: The fate of national health insurance in canada and the united states: a multiple streams explanation. In: Policy Studies Journal 29 (1): 38–56.

Borrás, Susana/Radaelli, Claudio M., 2011: The Politics of Governance Architectures: Creation, Change and Effects of the EU Lisbon Strategy, introduction for a special issue on the Lisbon Strategy. In: Journal of European Public Policy 18 (4): 463–484.

Boscarino, J. E., 2009: Surfing for Problems: Advocacy Group Strategy in U.S. Forestry policy. In: Policy Studies Journal 37 (3): 415–434.

Brozus, Lars, et al., 2003: Vergesellschaftung des Regierens? Der Wandel nationaler und internationaler politischer Steuerung unter dem Leitbild der nachhaltigen Entwicklung. Opladen: Leske + Budrich.

Brunner, Steffen, 2008: Understanding Policy Change: Multiple Streams and Emission Trading in Germany. In: Global Environmental Change 18, 501–507.

Bubner, Rüdiger, 1984: Geschichtsprozesse und Handlungsnormen. Frankfurt a.M.: Suhrkamp.

Bundgaard, Ulrik/ Vrangbæk, Karsten, 2007: Reform by Coincidence? Explaining the Policy Process of Structural Reform in Denmark. In: Scandinavian Political Studies 30 (4): 491–520.

Cairney, Paul, 2009: The Role of Ideas in Policy Transfer: The Case of UK Smoking Bans since Devolution. In: Journal of European Public Policy 16 (3): 471–488.

Cohen, Michael D., et al., 1988: A Garbage Can Model of Organizational Choice. In: March, James G. (ed.): Decisions and Organizations. Oxford/New York: Basil Blackwell, 294–334.

Elster, Jon, 1987: The Possibility of Rational Politics. In: Arch. Europ. Socio. XXVIII: 67–103.

Göhler, Gerhard (Hrsg.), 1987a: Grundfragen der Theorie politischer Institutionen. Forschungsstand – Probleme – Perspektiven. Opladen: Westdeutscher Verlag.

Göhler, Gerhard, 1987b: Einleitung, in: ders. (Hrsg.), 7–14.

Göhler, Gerhard/Kühn, Rainer, 1999: Institutionenökonomik, Neo-Institutionalismus und die Theorie politischer Institutionen. In: Edeling, Thomas (Hrsg.): Institutionenökonomie und Neuer Institutionalismus. Opladen: Westdeutscher Verlag, 17–42.

Graeveitz, Gerhart von/Marquard, Odo (Hrsg.), 1998: Kontingenz. München: Wilhelm Fink.

Greven, Michael Th., 1999: Die politische Gesellschaft. Kontingenz und Dezision als Probleme des Regierens und der Demokratie. Opladen: Leske + Budrich.

Gunther, Richard, et al. (eds.), 2002: Political Parties. Old Concepts and New Challenges. Oxford: Oxford UP.

* Herweg, Nicole, 2013: Der Multiple-Streams-Ansatz - ein Ansatz, dessen Zeit gekommen ist?. In: Zeitschrift für Vergleichende Politikwissenschaft 7: 321–345.

Herweg, Nicole, 2013: Against all odds: The Liberalisation of the European Natural Gas Market. A Multiple Streams Perspective. In: IaTosun, Jale/ Schmitt, Sophie/ Schulze, Kai (eds.): Energy Policy Making in the EU: Building the Agenda. London: Springer.

Herweg, Nicole/Zohlnhöfer, Reimut, (im Erscheinen): Paradigmatischer Wandel in der deutschen Arbeitsmarktpolitik: Die Hartz-Gesetze, Zeitschrift für Politik.

Hoffmann, Jochen, 2003: Inszenierung und Interpenetration. Das Zusammenspiel von Eliten aus Politik und Journalismus, Wiesbaden: Westdeutscher Verlag.

Immergut, Ellen, 1992: The Rules of the Game: The Logic of Health Policy-Making in France, Switzerland, and Sweden, in: Steinmo, Sven et al. (eds.): Structuring Politics: Historical Institutionalism in Comparative Analysis, N.Y., Cambridge UP, 57–89.

Immergut, Ellen, 1997: The Normative Roots of the New Institutionalism: Historical-Institutionalism and Comparative Policy Studies. In: Arthur Benz/Wolfgang Seibel (Hrsg.): Theorieentwicklung in der Politikwissenschaft - eine Zwischenbilanz. Baden-Baden: Nomos, 325–356.

Kahnemann, David/Tversky, Amos, 1979: Prospect Theory: An Analysis of Decisions under Risk. In: Econometria 47 (2): 263–291.

Katz, Richard S./Mair, Peter, 2002: The Ascendancy of the Party in Public Office: Party Organizational Change in the Twentieth-Century Democracies. In: Gunther, Richard et al. (eds.): Political Parties. Old Concepts and New Challenges. Oxford: Oxford UP, 113–135.

Keeler, John T., 1993: Window of Reform. Mandates, Crisis, and Extraordinary Policy-Making. In: Comparative Political Studies 25 (4): 433–486.

Kingdon, John W., 1984: Agendas, Alternatives, and Public Policies. Boston/Toronto: Little & Brown.

Kingdon, John W., 1995: Agendas, Alternatives and Public Policy. New York: HarperCollins, 2nd ed.

* Kingdon, John, 2010: Agendas, Alternatives and Public Policy. New York: Pearsons, updated 2nd ed.

Klein, Ansgar/Nullmeier, Frank (Hrsg.), 1999: Masse-Macht-Emotionen. Zu einer politischen Soziologie der Emotionen. Wiesbaden: Westdeutscher Verlag.

Leif, Thomas/Speth, Rudolf (Hrsg.), 2003: Die Stille Macht. Lobbyismus in Deutschland. Wiesbaden: Westdeutscher Verlag.

Lieberman, Joyce M., 2002: Three Streams and Four Policy Entrepreneurs Converge: A Policy Window Opens. In: Education and Urban Society 34 (2): 438–450.

Lindblom, Charles E., 1959: The Science of Muddling Through. In: Public Administration Review 19: 79–88.

Lipson, Michael, 2007: A "Garbage Can Model" of UN Peacekeeping. In: Global Governance 13 (1): 79–97.

Liu, Xinsheng/Lindquist, Eric/Vedlitz, Arnold/Vincent, Kenneth, 2010: Understanding Local Policymaking: Policy Elites' Perceptions of Local Agenda Setting and Alternative Policy Selection. In: Policy Studies Journal 38 (1): 69–91.

Luhmann, Niklas, 2000: Die Politik der Gesellschaft. Frankfurt a.M.: Suhrkamp.

Luhmann, Niklas, 1968: Die Knappheit der Zeit und die Vordringlichkeit des Befristeten, Die Verwaltung 1: 3–30.

Mair, Peter, 2002: Party System Change. Approaches and Interpretations, Oxford: Clarendon Press.

Makropoulos, Michael, 1997: Modernität und Kontingenz. München: Wilhelm Fink.

Marchart, Oliver, 2013: Das unmögliche Objekt. Eine postfundamentalistische Theorie der Gesellschaft. Frankfurt a.M. Suhrkamp.

McLendon, Michael K., 2003: Setting the Government Agenda for State Decentralization of Higher Education. In: The Journal of Higher Education 74 (5): 479–515.

Meyer, Thomas, 2001: Mediokratie. Die Kolonisierung der Politik durch die Medien. Frankfurt a.M.: Suhrkamp.

Mucciaroni, Gary 1992: The Garbage Can Model and the Study of Policy Making: A Critique. In: Polity 24 (3): 459–482.

Münter, Michael, 2005: Verfassungsreform im Einheitsstaat. Die Politik der Dezentralisierung in Großbritannien. Verlag für Sozialwissenschaften. Wiesbaden.

Nagel, Andreas, 2009: Politische Entrepreneure als Reformmotor im Gesundheitswesen? Eine Fallstudie zur Einführung eines neuen Steuerungsinstrumentes im Politikfeld Psychotherapie. Wiesbaden: VS Verlag für Sozialwissenschaften.

Nill, Jan, 2002: Wann benötigt Umwelt-(innovations-) Politik politische Zeitfenster? Zur Fruchtbarkeit und Anwendbarkeit von Kingdons „policy window" Konzept. Diskussionspapier des Instituts für ökologische Wirtschaftsforschung 54/02. Berlin.

Oakeshott, Michael, 1966, Der Rationalismus in der Politik. In: Michael Oakeshott: Rationalismus in der Politik. Neuwied/Berlin: Luchterhand, 9–45.

Peters, Guy B., 1999: Institutional Theory in Political Science. The 'New' Institutionalism. London/New York: Continuum.

Peters, Guy/Pierre, Jon, 2002: Multi-Level Governance: A View from the Garbage Can. Manchester Papers on Politics. EPRU-Series 1/2002, Manchester.

Pierson, Paul, 1998: Irresistable Forces, Immovable Objects: Post-industrial Welfare States Confront Permanent Austerity. In: Journal of European Public Policy 5 (4): 539–560.

Pierson, Paul (ed.), 2001: The New Politics of the Welfare State. Oxford: Oxford UP.

Rhodes, R.A.W./Dunleavy, Peter (eds.), 1995: Prime Minister, Cabinet, and Core Executive. London: MacMillan.

Richardson, Jayson W., 2005: Toward Democracy: A Critique of a World Bank Loan to the United Mexican States, Review of Policy Research 22 (4): 473–482.

Richardson, Jeremy, 2006: Policy-Making in the EU: Interest, Ideas, and Garbage Cans of Primeval Soup. In: Jeremy Richardson (ed.): European Union: Power and Policy-Making. London: Routledge, 3–26.

Ridde, Valéry, 2009: Policy Implementation in an African State: An Extension of the Kingdons Multiple-Streams Approach. In: Public Administration 87: 938–54.

Robinson, Scott E./Eller, Warren S., 2010: Participation in Policy Streams: Testing the Separation of Problems and Solutions in Subnational Policy Systems, Policy Studies Journal 38 (2): 199–216.

Rosa, Hartmut, 2005: Beschleunigung. Die Veränderung der Zeitstrukturen in der Moderne. Frankfurt/M.: Suhrkamp.

Rowlands, Ian H., 2007: The Development of Renewable Electricity Policy in the Province of Ontario: The Influence of Ideas and Timing. In: Review of Policy Reserch 24 (3): 185–207.

Rüb, Friedbert W., 1999: Die Rückkehr der Barbarei. Nationalismus, ethnische Konflikte und Genozid im ehemaligen Jugoslawien. In: Ansgar Klein/Frank Nullmeier (Hrsg.): Masse-Macht-Emotionen. Zu einer politischen Soziologie der Emotionen. Wiesbaden: Westdeutscher Verlag, 40–65.

Rüb, Friedbert W., 2005: „Sind die Parteien noch zu retten?" Zum Stand der gegenwärtigen Parteien- und Parteiensystemforschung. In: Neue Politische Literatur 50 (3): 397–421.

Rüb, Friedbert W., 2008: Policy-Analyse unter den Bedingungen von Kontingenz. Konzeptionelle Überlegungen zu einer möglichen Neuorientierung. In: Frank Janning/Katrin Toens (Hrsg.): Die Zukunft der Policy-Forschung. Theorien, Methoden, Anwendungen. Wiesbaden: VS Verlag: 88–111.

Rüb, Friedbert W., 2009: Über das Organisieren der Regierungsorganisation und über die Regierungsstile. Eine praxeologische Perspektive. In: Österreichische Zeitschrift für Politikwissenschaft (1): 43–61.

Rüb, Friedbert W., 2011: Politische Entscheidungsprozesse, Kontingenz und demokratischer Dezisionismus. Eine policy-analytische Perspektive. In: Frank Janning/Katrin Toens (Hrsg.): Politik und Kontingenz. Festschrift für Michael Th. Greven. Wiesbaden: VS Verlag.

Rüb, Friedbert W., 2013: Mikropolitologie: Auf dem Weg zu einem einheitlichen Konzept? In: Karl-Rudolf-Korte/Timo Grunden (Hrsg.): Handbuch Regierungsforschung. Wiesbaden: Springer Verlag: 339–348.

Sabatier, Paul A. (ed.), 1999: Theories of the Policy Process. Oxford: Westview Press.

Sabatier, Paul A. (ed.), 2007: Theories of the Policy Process, sec. ed.. Boulder/Colorado: Westview Press.

Sarcinelli, Ulrich u.a. (Hrsg.), 1998: Politikvermittlung und Demokratie in der Mediengesellschaft, Bonn: Bundeszentrale für politische Bildung.

Schimank, Uwe, 2000: Theorien gesellschaftlicher Differenzierung, 2. Auflage. Opladen: Leske + Budrich.

Schlager, Edella, 1999: A Comparison of Frameworks, Theories, and Models of the Policy Process. In: Paul A. Sabatatier (ed.): 233–260.

Schlager, Edella, 2007: A Comparison of Frameworks, Theories, and Models of Policy Processes. In: Paul A. Sabatier (ed.): Theories of the Policy Process, sec. ed.. Boulder/Colorado: Westview Press, 293–319.

Simon, Herbert A., 1976: Administrative Behavior: A Study of Decision-Making Processes in Administrative Organizations, 3rd. ed.. New York: Free Press.

Simon, Herbert A., 1993: Homo Rationalis. Die Vernunft im menschlichen Leben. Frankfurt/New York: Campus.

Simon, Marc V./Alm, Les R., 1995: Policy Windows and Two-Level Games: Explaining the Passage of Acid-Rain Legislation in the Clean Air Act of 1990. In: Environment and Planning C: Government and Policy 13 (4): 459–478.

Storch, Sabine/Winkler, Georg, 2013: Coupling Climate Change and Forest Policy: A Multiple Streams Analysis of Two German Case Studies. In: Forest Policy and Economics 36: 14–26.

Sunstein, Cass R., 2005: Laws of Fear. Beyond the Precautionary Principle. Cambridge: Cambridge UP.

Tsebelis, Georg, 2002: Veto Players. How Political Institutions Work. Princeton: Princeton UP.

Wefer, Matthias, 2004: Kontingenz und Dissens. Postheroische Perspektiven des politischen Systems. Wiesbaden: VS Verlag.

Weick, Karl E., 1995: Der Prozeß des Organisierens. Frankfurt a.M.: Suhrkamp.

Wiesendahl, Elmar, 1998: Parteien in Perspektive. Opladen: Westdeutscher Verlag.

Wiesendahl, Elmar, 2006: Mitgliederparteien am Ende? Eine Kritik der Niedergangsdiskussion. Wiesbaden: VS Verlag.

Winter, Thomas von, 2004: Vom Korporatismus zum Lobbyismus. Paradigmenwechsel in Theorie und Analyse der Interessenvermittlung. In: Zeitschrift für Parlamentsfragen (4): 761–776.

Wolinetz, Stephen B, 2002: Beyond the Catch-All Party: Approaches to the Study of Parties and Party Organizations in Contemporary Democracies, in: Gunther, Richard et al. (ed.): Political Parties. Old Concepts and New Challenges. Oxford: Oxford UP, 136–165.

Woodward, Bob, 2003: Bush at War. München: Wilhelm Heine.

Woodward, Bob, 2004: Der Angriff. München: Deutsche Verlagsanstalt.

Zahariadis, Nikolaos, 1992: To Sell or Not to Sell? Telecommunications Policy in Britain and France. In: Journal of Public Policy 12: 355–376.

Zahariadis, Nikolaos, 1995: Markets, States, and Public Policy. Privatization in Britain and France, Ann Arbor: The University of Michigan Press.

Zahariadis, Nikolaos, 1996: Selling British Rail: An Idea Whose Time Has Come? Comparative Political Studies 29 (4): 514–530.

Zahariadis, Nikolaos, 1999: Ambiguity, Time and Multiple Streams. In: Paul A. Sabatier (ed.): Theories of the Policy Process. Boulder/Colorado: Westview Press, 73–93.

Zahariadis, Nikolaos, 2003: Ambiguity and Choice in Public Policy. Political Decision Making in Modern Democracies. Washington D.C.: Georgetown UP.

Zahariadis, Nikolaos, 2005: Essence of Political Manipulation. Emotion, Institutions, and Greek Foreign Policy. New York etc.: Peter Lang.

Zahariadis, Nikolaos, 2007: The Multiple Streams Framework: Structure, Limitations, Prospects. In: Paul A. Sabatier (ed.): Theories of the Policy Process, sec. ed.. Boulder/Colorado: Westview Press, 65–92.

Zahariadis, Nikolaos, 2008: Ambiguity and Choice in European Public Policy, Journal of European Public Policy 15 (4): 65–92.

Zahariadis, Nikolaos/Allen, Christopher S., 1995: Ideas, Networks, and Policy Streams: Privatization in Britain and Germany. In: Policy Studies Review 14 (1/2): 71–98.

Zahariadis, Nikolaos/Travis, Rick, 2002: A Multiple Streams Model of U.S. Foreign Policy. In: Political Studies 30 (4): 495–514.

Verständnisfragen

1. Was sind politisch relevante Probleme im Verständnis des Multiple-Streams-Ansatzes?

2. Welche drei Faktoren prägen den „Political Stream" nach Kingdon?

3. In welchem Verhältnis stehen Probleme, Optionen (Policies) und der „Political Stream"?

4. Was versteht der Multiple-Streams-Ansatz unter „politischen Unternehmern" und welche Rolle spielen diese bei der Formulierung von Entscheidungsalternativen?

5. Worin unterscheidet sich die Akteurskonzeption des Multiple-Streams-Ansatzes von der Perspektive der Neuen Politische Ökonomie (Rational Choice)?

6. Welche Bedeutung haben Argumente und Macht für den Multiple-Streams-Ansatz?

Transferfragen

1. Wie lässt sich aus der Perspektive des Multiple-Streams-Ansatzes die politische Problematisierung steigender Gesundheitsausgaben verstehen?

2. Erläutern Sie mit aus der Perspektive des Multiple-Streams-Ansatzes die Formulierung der unterschiedlichen Modelle zur materiellen Teil-Privatisierung der Deutschen Bahn AG.

Problematisierungsfragen

1. Vergleichen Sie die Akteurskonzeption „normaler" Policy-Maker in dem Ansatz mit der Akteurskonzeption politischer Unternehmer.

2. Welche Probleme können entstehen, wenn der Multiple-Streams-Ansatz nicht nur auf das Agenda-Setting und die Formulierung von Entscheidungsalternativen angewendet wird, sondern auch auf spätere Phasen des politischen Prozesses?

3. Was ist zu beachten, wenn der Multiple-Streams-Ansatz auf europäische politische Systeme angewendet wird?

4. Wie ist der Informationsgehalt des Multiple-Streams-Ansatzes zu beurteilen? Lassen sich nur Ex-post-Beschreibungen politischer Prozesse sondern auch allgemeine Hypothesen ableiten?

Simon Hegelich und David Knollmann
Punctuated Equilibrium Theory – Politische Veränderungen jenseits kleiner Schritte

1 Einleitung

Mit Entwicklung der „Punctuated Equilibrium Theory" (PET) versuchen die beiden amerikanischen Politikwissenschaftler Bryan D. Jones und Frank R. Baumgartner seit Anfang der 1990er-Jahre eine umfassende Theorie politischen Wandels und der Informationsverarbeitung durch Regierungen zu formulieren.

Das Konzept Punctuated Equilibrium stammt eigentlich aus der Evolutionsbiologie und diente den Autoren als Inspiration (Prindle 2006, 2012). Die Paläontologen Niles Eldrege und Stephen Jay Gould stellten in den 1970er-Jahren einen Teil der Darwin'schen Theorie der Artenbildung mit einem neuen Modell in Frage (1972, 1977): Auf der Basis von Fossilienfunden kamen die Forscher zu dem Schluss, dass die Artenbildung nicht etwa kleinschrittig mit infinitesimalen Veränderungen ablaufe wie es Darwin nahelege („phyletischer Gradualismus"), sondern bestimmte Arten – jedenfalls nach geologischen Maßstäben – plötzlich auftreten bzw. verschwinden[1]. Die Phase der Persistenz einer Art sei dann von relativer Nicht-Veränderung geprägt („stasis"). Die Funde sprächen für eine Evolutionsgeschichte „characterized by rapid evolutionary events punctuating a history of stasis" (Eldredge/Gould 1972: 108).

Am Anfang der politikwissenschaftlichen Begründung von Punctuated Equilibrium steht eine ähnliche Beobachtung: Politische Prozesse seien „generally characterized by stability and incrementalism, but occasionally [...] produce large-scale departures from the past." (True u. a. 2007: 155). Dieses Phänomen werde aber nur unzureichend durch populäre politikwissenschaftliche Ansätze erklärt, die inkrementelle, d. h. schrittweise und kontinuierliche Policy-Änderungen als Regelfall politischen Wandels in den Vordergrund stellen und vor allem zu erklären versuchen, warum sich bestimmte Policies *nicht* substanziell verändern (vgl. Lindblom 1959; Wildavsky 1964). Auch in der Wohlfahrtsstaatsforschung ist diese Perspektive prominent vertreten und wird oft unter den Begriffen „Pfadabhängigkeit" und „historischer Institutionalismus" diskutiert (Pierson 2001, 2004). PET verweist hingegen unter anderem auf besondere disruptive Eigenschaften des politischen Prozesses und erklärt so das regelmäßige Auftreten radikaler Policy-Veränderungen, insbesondere bei Betrachtung längerer Zeiträume. Die Theorie hat jedoch nicht zum Ziel,

---

1 Das evolutionsbiologische Konzept des Punctuated Equilibrium provozierte heftige Kritik in der Disziplin, vgl. exemplarisch Dawkins (1996).

inkrementelle Konzepte von politischem Wandel zu verdrängen oder für ungültig zu erklären, sondern diese an entscheidenden Punkten zu erweitern und insbesondere dort (bessere) Erklärungen zu liefern, wo Policies den eingeschlagenen Pfad verlassen und es zu Richtungswechseln kommt. Bei PET ist die abhängige, zu erklärende Variable also politischer Wandel und das Ziel, diesen nicht nur anhand eines konkreten Falles zu verstehen, sondern „to understand the nature of policy change more generally." (Baumgartner 2013)

Ein ähnliches Ziel hat auch Peter Hall (1993), der eine geläufige Typologie politischen Wandels entwickelt hat (Abbildung 1).

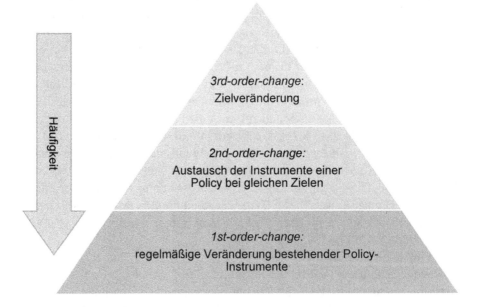

Abb. 1: Halls Modell zu den Voraussetzungen für die politische Umsetzung eines neuen wirtschaftspolitischen Paradigmas (Quelle: eigene Darstellung auf Grundlage von *Hall* 1989: 371)

In Fällen inkrementellen Policy-Wandels würde man mit Hall von „first-order [policy] change" sprechen, der als routinemäßige Anpassung bestehender Policies an sich regelmäßig ändernde Umweltbedingungen verstanden werden kann. Hier werden beispielsweise die Instrumente einer bestimmten Policy adjustiert (Beispiel: Erhöhung des Tabaksteuersatzes). „Second-order change" bedeutet, dass sich die Instrumente einer Policy ändern, während ihre Ziele beibehalten werden (Beispiel: Aufklärung statt Besteuerung). Beide Modi fallen bei Hall unter den Begriff des „normal policymaking". „Third-order change" bedeutet schließlich, dass sich die Ziele bzw. die Hierarchie der Ziele hinter einer bestimmten Policy ändern (Beispiel: Rauchen wird staatlich gefördert, Tabaksteuer abgeschafft). Hall spricht in diesem Fall auch von einem „paradigm shift". Vergleicht man diese Typologie mit der von

PET, dann kommt Halls „paradigm shift" oder „third-order change" dem nahe, was in PET als *Punctuated Equilibrium* oder *Punctuation* bezeichnet wird. PET lässt jedoch auf den ersten Blick eine ähnlich genaue Typologie und Ausdifferenzierung politischen Wandels vermissen. Wann das „equilibrium" in einem bestimmten politischen Subsystem zerstört („punctuated") und durch ein neues ersetzt wird, wird in der Regel fallbasiert entschieden. Policy-Subsysteme – in zahlreichen Arbeiten auch als „subgovernments" bezeichnet – können verstanden werden als „regularized patterns of making policy with more or less connected sets of actors who share vocabularies and issue definitions" (Pump 2011: 2). Viele Subsystem-Analysen setzen ex ante voraus, dass es einen richtungsweisenden und erklärungsbedürftigen Policy-Wandel gegeben hat, widmen sich jedoch nicht immer der Frage, wie dieser Wandel genauer zu qualifizieren ist. Anders verhält es sich mit quantitativ ausgerichteten Budgetanalysen unter den Prämissen von PET – hier können klare Grenzen gezogen werden, was als „punctuation" verstanden werden kann und was nicht (vgl. Kapitel 3). Ein zentraler Unterschied zwischen Halls Theorie politischen Wandels und der von PET ist, dass Hall für alle drei Modi politischen Wandels jeweils auch unterschiedliche politische Prozesse als unabhängige, erklärende Variablen heranzieht, während PET versucht, „to conceive a single process that can explain the full range of types of change, without asserting qualitative difference among them, or boundaries separating the three levels of change." (Baumgartner 2013: 2)

Die Theorie hat über den Entwicklungszeitraum von rund zwei Jahrzehnten zahlreiche inhaltliche Veränderungen und mithin auch wechselnde Schwerpunktsetzungen erfahren. Dies erklärt sich auch daraus, dass die Autoren ihren Ansatz in Kontrast zu dem, was sein Titel vermuten ließe, weniger als feste Theorie für die Policy-Analyse verstehen, sondern vielmehr als explorativen theoretischen Rahmen, dessen unterschiedliche Bausteine auch unabhängig voneinander für bestimmte Forschungszwecke eingesetzt werden können und in erster Linie als Anreiz für „fruitful research" dienen sollen.

PET wurde zunächst vorwiegend auf der Basis von Fallstudien entwickelt, die sich der Genese und der Veränderung von sogenannten Policy Equilibria in bestimmten politischen Subsystemen in den USA widmen. Später wurden jedoch auch vergleichende Länderanalysen durchgeführt sowie das institutionelle Mehrebenensystem der EU unter den Gesichtspunkten von PET beleuchtet. In Anlehnung an einen Übersichtsartikel von Baumgartner und Jones (2012) wollen wir die unterschiedlichen Bausteine der Theorie in drei Abschnitten vorstellen:

- Der erste Baustein (Kap. 2) beinhaltet die ursprüngliche Konzeption von PET (Baumgartner/Jones 2009). Hier stellen wir die grundlegenden Aspekte der Theorie vor. Außerdem wird in diesem Abschnitt die mikrotheoretische Fundierung von PET skizziert: Die Autoren gehen davon aus, dass sowohl Organisationen als auch einzelne Akteure *boundedly rational* Umweltinformationen rezipieren und Entscheidungen treffen. Diese mikrotheoretische Ausrichtung erklärt beispielsweise, warum in PET die politische Agenda eine zentrale Rolle spielt, wenn es darum geht, die besondere Dynamik des politischen Prozesses zu erklären.

- Der zweite Baustein (Kap. 3) beinhaltet Analysen, in denen die Entwicklung der Finanzhaushalte in westlichen Demokratien als abhängige Variable dient. In einer Reihe von vergleichenden Studien konnte so gezeigt werden, dass die Punctuation-Hypothese, die zuvor in Fallbeispielen bestätigt werden konnte, den Verlauf öffentlicher Budgets erklären kann. Deren jährliche Veränderungen folgen nicht einer Normalverteilung, sondern einem bestimmten Muster, das zu den Annahmen von PET passt. Aus der Punctuation-Hypothese wurde so ein „General Empirical Law of Public Budgets" (Jones u. a. 2009).

- Der dritte Baustein (Kap. 4) beinhaltet Studien, die zu verstehen versuchen, wie ambivalente Informationen als *Policy Inputs* in und von Regierungen verarbeitet, d. h. priorisiert und gedeutet werden (Jones/Baumgartner 2005; Workman u. a. 2009). In diesen Arbeiten wird PET als Realisierung einer größeren Theorie der Informationsverarbeitung durch Regierungen verstanden. Sie richten sich gegen Ansätze, die politischen Wandel vor allem durch geänderte Partei-, Politiker- und Wählerpräferenzen erklären und somit die Bedeutung von Wahlen in den Vordergrund stellen.

Der zweite und dritte Baustein sind klar mit dem Motiv einer stärkeren Generalisierung von PET ausgerichtet worden. Diese Ausrichtung hat den Vorteil, ein umfassenderes Verständnis des politischen Prozesses und seiner besonderen disruptiven Dynamik anzubieten. Gleichzeitig besteht so aber die Gefahr, dass zahlreiche hilfreiche Aspekte des ersten Bausteins, die für detaillierte Policy-Analysen gewinnbringend sein können, in den Hintergrund gedrängt werden: „[...] we may be left with grand theories that are not helpful and helpful theories that are not grand." (Weimer 2008: 493) Im letzten Abschnitt (Kap. 5) soll deshalb eine kritische Bestandsaufnahme des aktuellen Stands von PET formuliert werden. Wir möchten dort zukünftige Pfade der Theorieentwicklung und konkrete Anwendungsmöglichkeiten für weitere Forschungsbemühungen im Rahmen von PET aufzeigen. Durch die Bereitstellung eines umfassenden Datensatzes zumindest für die USA durch das *Policy-Agendas-Project* ist es auch ohne weiteres möglich, kleinere quantitative Arbeiten für Bachelor- und Masterexamen zu einem breiten Themenspektrum durchzuführen.

2 Punctuated Equilibrium Theory – Grundlagen

Zahlreiche Studien im Rahmen von PET widmen sich der Analyse von Wandlungsprozessen in Policy-Subsystemen, die sich um ein bestimmtes politisches Thema („issue") formieren. So untersuchten Baumgartner und Jones in einer frühen Arbeit über einen längeren Zeitraum die Subsysteme oder „issue areas": „urban policy", „nuclear power", „smoking and tobacco", „pesticides", „child abuse", „drug and alcohol abuse" sowie „automobile safety" ([1993], 2009). Typisch für Policy-Subsysteme ist, dass die Issues, die in deren Rahmen bearbeitet werden, nur unregelmäßig die politische Agenda der Öffentlichkeit und wichtiger Letztentscheider in der Regierung dominieren, was durch das Präfix „Sub-" bereits angedeutet wird. Somit sind auch gleich zwei unterschiedliche Bereiche der Politikbearbeitung und der Aufmerksamkeit für ein Issue gegeben: Oberhalb der Subsystem-Ebene ist konzeptionell die Ebene der sogenannten Makropolitik von großer Bedeutung. Hier sind für den US-Fall beispielsweise der Kongress und der Präsident angesiedelt, vergleichbare Institutionen in Deutschland wären Bundestag, Bundesrat oder das Bundeskanzleramt bzw. die Bundeskanzlerin.

Für alle untersuchten Subsysteme konnten die Autoren nun ihre Punctuation-Hypothese bestätigen: Sie zeigten über lange Zeiträume hinweg Stabilität und Kontinuität, wandelten sich aber von Zeit zu Zeit drastisch und mit ihnen auch die issue-spezifische Policy. Wann jedoch kommt es zu diesen drastischen Veränderungen und warum treten sie überhaupt auf?

PET unterscheidet zwei Modi des politischen Prozesses. Die in der Theorie hierfür verwendeten Begriffe des negativen oder positiven Feedbacks dürfen dabei nicht als die naheliegende Evaluation einer Nachricht durch ihren Empfänger missverstanden werden, die dann positiv oder negativ ausfällt, sondern sie verweisen grundsätzlich auf einen Rückkoppelungsmechanismus in einem informationsverarbeitenden System. Eine positive Rückkoppelung wirkt dementsprechend signalverstärkend, während eine negative stabilisierend wirkt. In PET werden so konkret unterschieden:

1. *Phasen des negativen Feedbacks*, in denen ein Issue innerhalb der Grenzen eines Subsystems bearbeitet („contained") wird und jenseits des Subsystems keine nennenswerte Aufmerksamkeit findet. Dies ist der Normalfall des Policy Making in politischen Subsystemen. Negatives Feedback begünstigt Inkrementalismus und ist vorherrschend in einem Policy Equilibrium bzw. Policy Monopoly. Ein Policy Monopoly besteht in der Theorie aus einem mehr oder weniger festen Akteursnetzwerk zusammengesetzt z. B. aus „specialists in the bureaucracy, legislative subgroups, and interested parties", die eine gemeinsame Problemdeutung sowie überwiegend gemeinsame Interessen teilen. Das Policy Monopoly ist in der Regel institutionell so ausgestaltet, dass Outsider mit divergierenden In-

teressen oder abweichender Problemdeutung nicht ohne weiteres Zugang zum Subsystem finden.

2. *Phasen des positiven Feedbacks*, das dazu führen kann, dass ein Issue die Grenzen des Subsystems verlässt und Zugang zur Agenda der Makropolitik findet. Positives Feedback entsteht beispielsweise, wenn sich die öffentliche Aufmerksamkeit für ein Issue erhöht, sich die Problemdeutung wandelt oder es zu personellen Veränderungen im Subsystem kommt. Positives Feedback begünstigt eine Destabilisierung des Policy Equilibriums bzw. des Policy Monopolys und mithin substanziellen Policy-Wandel.

Zugang zur Agenda der Makropolitik ist in PET also eine zentrale „precondition for major policy punctuations" (True u. a. 2007: 159). Die politische Agenda nimmt eine Schlüsselfunktion ein, weil erst Agendazugang drastischen Politikwandel ermöglicht (jedoch nicht zwingend zur Folge hat). Diese Schwerpunktsetzung erscheint vor allem dann nachvollziehbar, wenn man sich die mikrotheoretische Fundierung von PET verdeutlicht, die auf das Problem der Informationsverarbeitung im politischen Prozess und die zentrale Bedeutung von Entscheidungen durch Regierungsakteure verweist:

Ohne eine Vorstellung davon, welche Ziele politische Entscheidungsträger verfolgen, wie sie ambivalente Informationen deuten, Abwägungen treffen und Prioritäten setzen, lassen sich die Entscheidungsprozesse sowohl individueller als auch kollektiver Akteure nicht analysieren. Ein vielversprechender Ansatz, der zunächst im Bereich der Verwaltungs- und Organisationsforschung entwickelt wurde, ist dabei die Theorie der begrenzten Rationalität („bounded rationaliy"), die auf den Sozialwissenschaftler und Nobelpreisträger Herbert A. Simon zurück geht (Simon 1947; Simon u. a. 1950; Simon 1957, 1996). Verkürzt gesprochen wird dabei – im Gegensatz zu ökonomischen Theorien der Politik, die unter den Begriffen Rational Choice oder Public Choice zusammengefasst werden (Downs 1957; Mueller 1996, 2003; Gintis 2009) – davon ausgegangen, dass politische Entscheider keine einheitliche Nutzenfunktion haben, sondern verschiedene, nichtsubstituierbare Ziele verfolgen, in denen sie kein optimales, aber ein befriedigendes Ergebnis anstreben. Simon beschrieb dieses Vorgehen auch als *Satisficing* im Gegensatz zu *Maximization*: Die Entscheider legen ex ante ein Anspruchs- bzw. „Zufriedenheitsniveau" fest und entscheiden sich für eine Alternative, sobald dieses Niveau erreicht ist – in dem Wissen, dass es zwar durchaus eine „optimalere" Alternative geben könnte, diese jedoch mit (weiteren) ungewiss hohen Such- und Informationskosten verbunden ist. Basis dieses Verhaltens ist die Prämisse begrenzter kognitiver Ressourcen, die der Annahme allumfassender Rationalität widerspricht (Gigerenzer 2010): Politische Letztentscheider können nicht unendlich viele Informationen gleichzeitig einsehen und bewerten. Probleme werden sie deshalb in der Regel nur seriell – in einer „one-at-a-time fashion" (Simon 1990: 79) – und allenfalls einige wenige parallel bearbeiten können. Organisationen sind hingegen in der Lage, verschiedene Issues parallel und gleichzeitig zu managen. In Situationen allerdings, in denen diese gezwungen sind, schnell und umfassend in einer bestimmten Angelegenheit aktiv zu werden „at that point parallel processing shifts to serial, with its severe attention limits." (Jones/Baumgartner 2012: 4). Da Organisationen – auch im politischen Prozess – immer ein hierarchisches Strukturelement enthalten, hat dies zur Folge, dass zahlreiche Probleme auf den höheren Ebenen nicht bearbeitet werden können. Gleichzeitig muss ein demokratisches politisches System, um seine Legitimität aufrecht zu erhalten, natürlich derart funktionieren, dass es in der Lage ist, vielfältige gesellschaftliche Probleme und Interessen gleichzeitig zu adressieren. Hier kommen die oben erwähnten politischen Subsysteme ins Spiel, die diesem Zweck dienen: Sie funktionieren als Struktur der parallelen Problembearbeitung im politischen System. Subsysteme sind jedoch nicht immer gleichbleibend erfolgreiche Problembewältigungsstrukturen: Denkbar sind in PET auch Situationen, in denen negatives Feedback vorherrscht, *obwohl* das Subsystem nicht in der Lage ist, ein Problem adäquat zu adressieren und sich dieses in der Folge verschärft. Des Weiteren ist auch die Problemdeutung immer ambivalent und interessengeleitet. Es existiert also kein Automatismus, der die Ebene der Makropolitik aktiviert, sobald die Subsystem-Ebene nicht mehr effizient funktioniert. Die Mehrzahl politischer Probleme findet regelmäßig keinen Zugang zur Agenda der Letztentscheider. Diese Konzeption begrenzter Regierungsaufmerksamkeit kann schließlich auch erklären, warum in der Politikwissenschaft bislang kaum Verbindungen zwischen der objektiv feststellbaren Schwere eines sozialen Problems und dem Ausmaß von entsprechender Regierungsaktivität gefunden wurden (Baumgartner u. a. 2011).

Was genau sind nun die Faktoren, die das Entstehen und die Forcierung von negativem oder positivem Feedback beeinflussen? Zusätzlich zu der Annahme begrenzter Rationalität als mikrotheoretische Fundierung unterscheidet der Agenda-Setting-Ansatz von PET im Wesentlichen drei Aspekte, die die besondere Dynamik des politischen Prozesses determinieren:

1. Das *institutionelle Design* des politischen Prozesses ist unter anderem durch sogenannten Policy-Venues strukturiert[2]. Diese funktionieren als Zugangspunkte für bestimmte Issues und deren Advokaten („Policy Entrepreneurs"). Damit sind sie auch Ausgangspunkte für die Expansion eines konfliktreichen Issues jenseits der Subsystem-Grenzen. Policy-Entrepreneure versuchen Policy Venues strategisch zu nutzen, um Aufmerksamkeit für ihre „Pet Projects" zu erlangen. Diese strategische Suche und Praxis wird auch als „Venue Shopping" bezeichnet (Pralle 2003). Policy Venues können einerseits dynamisch im Kontext des legislativen Prozesses entstehen (informelle Expertenrunden, Anhörungen etc.), existieren aber auch statisch als dauerhafte potentielle Zugangspunkte im poli-

---

2 Im zweiten und dritten Baustein von PET wird der Begriff der Institution in einem anderen Kontext und auch mit einer anderen impliziten Bedeutung verwendet (vgl. Kap. 3).

tischen System (Ministerien, Gerichte etc.). Ein sich wandelndes institutionelles Design sowie erfolgreiches Venue Shopping durch Policy-Entrepreneure können positive Feedbackprozesse initiieren.

2. Darüber hinaus kommt der sozialen Konstruktion sogenannter *Policy-Images* eine zentrale Rolle zu. Mit deren Betonung wird auf die Annahme verwiesen, dass (issue-spezifische) Informationen im politischen Prozess ambivalent sind und sowohl von Policy-Experten als auch der Öffentlichkeit interpretiert und gedeutet werden müssen. So ging man beispielsweise in der deutschen Arbeitsmarktpolitik lange von einer „Nachfragelücke" aus, die das Phänomen Arbeitslosigkeit erkläre. Folglich wurde versucht, das Arbeitsangebot z. B. über Frühverrentungsmaßnahmen zu reduzieren, um die Arbeitslosigkeit zu senken. Diese Deutung wandelte sich jedoch im Rahmen der sukzessiven Einführung aktivierender Elemente in der deutschen Arbeitsmarktpolitik: Die Maßnahmen sahen in dem „stillgelegten" Teil des Arbeitsangebots ein zentrales Problem des deutschen Sozialstaats und zielten fortan auf die Mobilisierung, also Erhöhung des Arbeitsangebots. Ein Policy-Image hat somit immer zwei Komponenten: eine „objektive" empirische sowie eine „subjektive" evaluative. Letztere wird in PET auch als „tone" des Policy-Images bezeichnet. Wandelt sich dieser, z. B. im Zuge einer verstärkten Medienberichterstattung oder eines Skandalisierungsereignisses, dann haben „opponents of a policy [...] an opportunity to attack the existing policy arrangement." (Baumgartner/Jones 2009: 26) In PET gilt also: Herrscht im Rahmen des Subsystems und auch darüber hinaus ein weitgehender Konsens darüber, wie ein bestimmtes Issue bzw. issue-spezifische Informationen interpretiert bzw. evaluiert werden sollen, wird von einem stabilen Policy-Image ausgegangen, das negatives Feedback fördert. Dies ist insbesondere auch dann anzunehmen, wenn die öffentliche Aufmerksamkeit für das Problem vergleichsweise gering ausfällt. Wandelt sich hingegen die Problemdeutung und mithin auch das Policy-Image, können positive Feedbackprozesse und letztlich auch politischer Wandel initiiert werden.

3. Schließlich nimmt in PET die Analyse von *„changing levels of attention"* eine zentrale Rolle ein. Damit gemeint ist an dieser Stelle weniger die Konstruktion eines begrenzten Aufmerksamkeitsraums bei den politischen Letztentscheidern als zentralem Punkt der mikrotheoretischen Fundierung von PET, sondern das quantifizierbare öffentliche Interesse für ein bestimmtes Issue. In der Theorie wird dieses Aufmerksamkeitsniveau vermittels verschiedener Variablen operationalisiert: Für den US-Fall wird z. B. die Erwähnungshäufigkeit eines bestimmten Issues im Kontext von Congressional Hearings, State of the Union-Ansprachen des Präsidenten, New York Times Artikeln sowie demoskopischen Umfragen („Most Important Problem") gezählt. Positives Feedback entsteht dann, wenn die Werte von mehreren dieser Aufmerksamkeitsvariablen zur gleichen Zeit zunehmen. In diesen Fällen kann sich ein „window of opportunity" (Kingdon 2002) öffnen, das Policy-Entrepreneuren, die zuvor mit ihren Anliegen

keinen Zugang zum Subsystem gefunden haben, ermöglicht, ihre „Pet Projects" auf die politische Agenda zu bringen. Gleichzeitig sieht sich die Regierung in einer solchen Phase zunehmender öffentlicher Aufmerksamkeit regelmäßig einem hohen Handlungsdruck ausgesetzt (vgl. Kap. 4).

PET sieht positive Feedbackprozesse also gewissermaßen als ein „bottom-up"-Phänomen, bei dem unterschiedliche Faktoren zusammenspielen können: Wenn sich die institutionelle Struktur im Subsystem ändert, das Policy-Image einem Wandel unterliegt sowie die öffentliche Aufmerksamkeit für ein bestimmtes Issue zunimmt, kann das Policy-Equilibrium in Schieflage geraten. Das Issue verlässt die Subsystem-Grenzen, findet Zugang zur Ebene der Makropolitik und die Episode der „Neuordnung", die ein neues Equilibrium zur Folge hat, ist mit substanziellem Politikwandel verbunden. PET stellt also drei Elemente des politischen Prozesses in den Vordergrund: Issue Definition, Agenda Setting und „boundedly rational decision-making".

Zahlreiche fall- bzw. subsystembasierte Studien konnten Evidenz generieren, dass Punctuated Equilibrium eine generelle Charakteristik des politischen Prozesses in den USA ist: So z. B. Analysen, die die Kernenergie- (Baumgartner/Jones 1991), Verwaltungs- (Ceccoli 2003), Umwelt- (Pralle 2003; Salka 2004; Busenberg 2004; Repetto 2006; Wood 2006), Agrar- (Worsham/Stores 2012), Tabak- (Worsham 2006), Bildungs- (McLendon 2003; Robinson 2004; Manna 2006), Waffen- (True/Utter 2002) und Gesundheitspolitik (McDonough 1998) in den USA untersuchen. PET wurde auch bereits verwendet, um Agenda-Setting-Prozesse sowie Venue Shopping in der Europäischen Union zu analysieren (Sheingate 2000; Princen/Rhinard 2006; Princen 2011).

3 Budgetanalyse und PET

In dem Bemühen, das Verständnis von politischem Wandel über das Subsystem-Modell hinaus stärker zu generalisieren, nimmt ein großer Teil der Literatur zu PET die Veränderung von Staatsausgaben als abhängige Variable in den USA und in zahlreichen weiteren westlichen Demokratien in den Blick (Jones u. a. 1998, 2003; Jones/Baumgartner 2005; Breunig 2006; Jones u. a. 2009; Breunig u. a. 2010; Breunig 2011).

Für die USA existiert zu diesem Zweck ein umfangreicher Datensatz, der die Fiskaljahre 1947 bis 2012 umfasst und im Rahmen des Policy Agendas Project (http://www.policyagendas.org, PAP) erarbeitet wurde. Die Erarbeitung eines solchen Datensatzes ist nicht trivial. Haushaltsausgaben lassen sich unterschiedlich kategorisieren. So können beispielsweise für ein bestimmtes Jahr die aggregierten Ausgaben für den Posten „Soziales" quantifiziert werden, die Ausgaben eines bestimmten Ministeriums oder die Ausgaben eines bestimmten in der Regel projektbezogenen Programmtitels. Problematisch bei der Analyse langer Zeiträume ist neben der vergleichsweise einfach einzurichtenden Korrektur des Inflationseffekts, dass sich diese Kategorien über die Zeit verändern und „alte" Kategorien nicht zwangsläufig regelmäßig aktualisiert werden. Eine „off-the-shelf"-Analyse der Budgetdaten, also die ungeprüfte Übernahme von Daten aus offiziellen Dokumenten, wäre auch deshalb nicht robust, weil beispielsweise ein Ausgabenposten aus dem Kompetenzbereich eines Ministerium in den eines anderen wandern kann, ohne dass dies gesondert vermerkt wird. Auch wandeln sich die Bezeichnungen bestimmter Programmtitel und die Struktur der Ministerien ist nicht über lange Zeit stabil. Aus diesem Grund wurden im Rahmen des PAP die Budgetdaten aufwändig nach 19 Themen und 225 Unterthemen kodiert[3], um durch eine funktionale und exklusive Kategorisierung diese verfälschenden Effekte auszuschließen und eine Vergleichbarkeit über lange Zeiträume herzustellen (vgl. das Budget-Codebook des PAP (True 2009)). So können im Rahmen des PAP nun Budgetveränderungen z. B. in „functions" bzw. „topics" (bspw. „transportation") sowie „subfunctions" bzw. „subtopics" (bspw. „ground transportation") analysiert werden. Gleichzeitig enthält das PAP noch zwölf weitere Datensätze, die nach demselben Schema konsistent und einheitlich kodiert wurden und umfassende Informationen bezüglich der Policy-Aktivität und verschiedener Aufmerksamkeitsvariablen auf der Inputseite des politischen Systems in den USA vorhalten: Die Sammlung umfasst zahlreiche Kongressdaten (Bills, Hearings, Quarterly Almanac, Public Laws, Roll Call Votes), Executive Orders und State of the Union Speeches des Präsidenten, Supreme Court Fälle, Datensätze zur öffentlichen Meinung und Interessengruppen (Encyclopedia of Associations, Gallup's Most Important Problem, Policy Moods) sowie ein randomisiertes Sample aus 49.204 New-York-Times-Artikeln. Damit bieten sich dem interessierten Politikfeldanalysten umfangreiche Möglichkeiten, um die Policy-Dynamik eines bestimmten Themas oder Subthemas über einen langen Zeitraum hinweg zu untersuchen. Neben den Rohdatensätzen enthält das PAP ein Tool zur Trendanalyse, das einen schnellen ersten Einblick in den Datensatz erlaubt. Das PAP wird beständig aktualisiert. Ein neues Tool zur Generierung benutzerdefinierter Datensätze ist in Entwicklung. Neben dem PAP existiert seit geraumer Zeit auch das Comparative Agendas Project (http://www.comparativeagendas.info/), das zum Ziel hat, nach demselben Kodierschema weitere umfassende Datensätze für eine Reihe westlicher Demokratien aufzubauen.

Bei der Analyse der Haushaltspolitik im Rahmen von PET bleiben die unabhängigen Variablen aus dem Subsystem-Modell weiter von Bedeutung: Staatsausgaben werden als quantitatives Produkt kollektiver politischer Entscheidungen verstanden, die zum einen determiniert werden durch Institutionen, die die kollektiven

---

3 Vgl. das Topic Codebook des PAP, http://www.utexas.edu/cola/files/3072812.

Entscheidungen strukturieren. Mit dem Begriff Institution wird in diesem Zusammenhang jedoch nicht etwa primär auf die Bedeutung von Policy Venues verwiesen, wie dies im Subsystem-Modell der Fall ist. Gemeint sind auf einer abstrakteren Ebene einerseits relativ statische institutionelle Elemente im politischen System, die politisches Handeln einschränken. So beispielsweise die Erforderlichkeit, politische Mehrheiten zu organisieren, die Kompromisszwänge, die sich aus Koalitionsbildungen ergeben oder die Existenz einer zweiten Kammer als zusätzlichem institutionellen Vetopunkt. Andererseits ist mit dem Begriff auf ein Set von gemeinsamen Verhaltensregeln verwiesen, das bestimmte Akteure teilen. In beiden Fällen erzeugen Institutionen Kosten im politischen Prozess, die im Rahmen von PET als „friction" bezeichnet werden (Baumgartner u. a. 2009: 603): „friction" vermindert die Adaptionsfähigkeit und Responsivität des politischen Systems im Hinblick auf sich ändernde Umweltbedingungen („policy inputs") und begünstigt „stasis", also allenfalls inkrementellen Politikwandel. Neben Institutionen sind Entscheidungen wie auch im Subsystem-Modell Reaktionen auf dynamisch variierende Informationen und Aufmerksamkeitsniveaus unter der Prämisse von Bounded Rationality. Deren Bedeutung für das Ausgabenverhalten von Organisationen hob z. B. Padgett (1980, 1981) hervor: Er konnte in einer Untersuchung von Haushaltsplanungsroutinen in politischen Organisationen zeigen, dass die sequenzielle Suche nach akzeptablen Alternativen („serial judgement") bei der Haushaltsplanung unter den Bedingungen wechselnder politischer Zwänge „occasional radical [...] changes" produziere. Dementsprechend geht auch PET wie bei der Betrachtung des Wandels von Policy-Subsystemen davon aus, dass „budgets are highly incremental, yet occasionally are punctuated by large changes." (Jones u. a. 2009)

Empirisch wurde nun eine Verteilung der Budgetveränderungen diagnostiziert, die – und darin liegt eine der bahnbrechenden Entdeckungen dieser vergleichenden quantitativen Budgetanalysen im Rahmen von PET – über unterschiedliche Budgetkategorien hinweg und in unterschiedlichen demokratischen Systemen – untersucht wurden die Haushaltsdaten in den USA, Frankreich, Deutschland, Großbritannien, Belgien, Dänemark und Kanada – ähnliche Muster aufweisen. Plottet man diese Daten als Histogramm, d. h. stellt man auf der x-Achse beispielsweise die prozentualen jährlichen Veränderungen in einer bestimmten Budgetkategorie in k Intervallen und auf der y-Achse ihre Häufigkeit dar, dann lässt sich regelmäßig eine Verteilung erkennen, die

1. „*heavy tails*" zeigt, also vergleichsweise viele Veränderungen von maximal minus 100 und regelmäßig weit über 100 Prozent aufweist. Diese „heavy tails" sind in der Theorie das Ergebnis von (externen) Policy Punctuations oder einer internen Repriorisierung von politischen Zielen aufgrund von „boundedly rational" Informationsverarbeitung und variierender Aufmerksamkeit. Eine einfache quantitative Differenzierung zählt die oberen und unteren 5 Prozent aller Beobachtungen als Punctuations (Baumgartner/Epp 2013).

2. „*sharp central peaks*" zeigt, also sehr häufige kleine Veränderungen nahe Null. Sie sind Hinweis auf interne Unaufmerksamkeit und externe Stabilität und passen zu den Annahmen inkrementeller Budgetveränderung.
3. „*weak shoulders*" zeigt, also die relative Abwesenheit moderater Veränderungen. Sie legen ein Veränderungsmodell nahe, in dem entweder inkrementelle Phasen oder Phasen radikaler Anpassung vorherrschend sind (vgl. dazu weitergehend Kap. 4).

Statistisch wird dieses Phänomen auch als Leptokurtosis bezeichnet. Kurtosis ist eine Maßzahl für die Steilheit einer Verteilung. Bei einer symmetrischen, stark leptokurtischen Verteilung liegen deshalb viele Beobachtungen nahe des Mittelwertes. Die Gauß'sche Normalverteilung hat einen Kurtosis-Wert von 3 und einen L-Kurtosis-Wert[4] von 0,1226. Die Normalverteilung als Wahrscheinlichkeitsfunktion wird regelmäßig als vergleichender Maßstab herangezogen, um die Unterschiede zu einer leptokurtischen Verteilung deutlich zu machen. Die oben genannten drei Beobachtungen unterstreichen dies: Wären die Budgetveränderungen normalverteilt, würde man *weniger kleine*, *mehr moderate* und *sehr viel weniger sehr extreme* Veränderungen erwarten.

Um diese Charakteristika zu verdeutlichen haben wir in Abbildung 2 ein Histogramm aus einem künstlich generierten Sample erzeugt. Darüber hinaus ist eine Normalverteilung mit Mittelwert und der Standardabweichung des Samples in den Plot eingetragen worden.

---

4 L-Kurtosis ist eine standardisiertes Kurtosis-Maß, das weniger stark auf Extremwerte einer Verteilung reagiert und bei einer vergleichsweise niedrigen Fallanzahl reliablere Ergebnisse liefert (Breunig/Jones 2011).

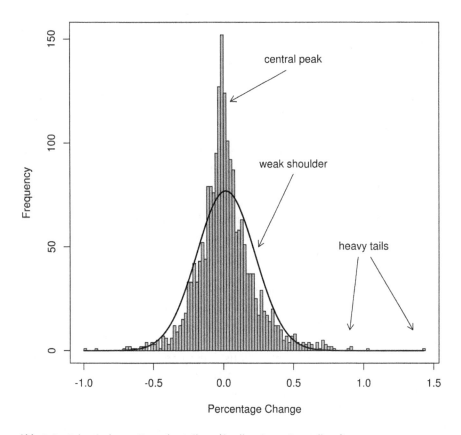

Abb. 2: Leptokurtische vs. Normalverteilung (Quelle: eigene Darstellung)

Jones et al. konnten das zuvor skizzierte Muster generell bestätigen und die Punctu-ation-Hypothese so auch auf die Ergebnisse der Haushaltspolitik westlicher Demo-kratien übertragen: Die Autoren stellten L-Kurtosis-Werte für alle untersuchten nationalen Budgets zwischen 0.379 und 0.611 fest, klar in Kontrast zu dem Wert, den ein normalverteilter Datensatz ausgeben würden (2009: 862). Es lässt sich also ein bestimmtes Output-Muster *unabhängig* von der institutionellen Verfasstheit des politischen Systems feststellen. Diese ist jedoch nicht unerheblich: Die Autoren erklären so die *Varianz* der Haushaltsoutputs der unterschiedlichen Länder. Institu-tionen werden dabei wiederum im Sinne von „friction" verstanden, das die Respon-sivität hinsichtlich bestimmter Policy Inputs einschränken kann. Die Hypothese in diesem Zusammenhang ist, dass politische Systeme mit höherer „friction" stärkere „punctuations" provozieren: Wenn das politische System nicht in der Lage ist, adä-quat auf bestimmte Inputs zu reagieren, können sich die dahinterliegenden sozialen Probleme verschlechtern. Wenn dann schließlich doch eine politische Reaktion erfolgt, ist diese meist als „overreaction" zu qualifizieren, in der Politiker versuchen für vergange Phasen der Nichtaufmerksamkeit zu kompensieren, was in Aussagen wie „Das Ausmaß des Problems war so bisher nicht bekannt" oder „Niemand konnte eine derartige Entwicklung voraussehen" zum Ausdruck kommt. Diese Überreaktion würde als Punctuation in den Haushaltsdaten abgebildet (drastische Budgetausweitung/-reduktion).

Jones et al. formulieren vier ceteris paribus-Annahmen hinsichtlich institutioneller „friction", die sie auf der Basis von Lijpharts *Patterns of Democracy* (2012) operationalisieren:

1. „friction" ist größer in Präsidialdemokratien als in parlamentarischen Demokratien, weil politischer Wandel in ersteren regelmäßig von der Zustimmung einer größeren Zahl von Institutionen abhängt,
2. „friction" ist größer in Koalitions- oder Minderheitsregierungen, weil diese Regierungsformen ein höheres Maß interner Verhandlungszwänge aufweisen,
3. „friction" ist größer in Zweikammersystemen, weil in diesen ein zusätzlicher institutioneller Vetopunkt im legislativen Prozess gegeben ist,
4. „friction" ist größer in föderalen System, weil in diesen auch Landesregierungen im Policy-Process beteiligt sind und auf diese Weise eine höhere Dezentralität der Entscheidungsfindung vorherrschend ist (Jones u. a. 2009: 868 f.).

Die Autoren finden eine starke Korrelation zwischen dieser groben Konzeption institutioneller Friktion und der Verteilungsstatistik der Budgetserien (r_s = .75): Wo also politische Responsivität dauerhaft durch vergleichsweise hohe institutionelle Kosten gehemmt ist, ist auch das Ausmaß größer, in dem der Output der Haushaltspolitik „punctuated" ist. Die quantitative vergleichende Forschung zu Staatsausgaben im Rahmen von PET hat einige weitere interessante Zusammenhänge aufgezeigt (vgl. Breunig 2011): So verhalten sich Ausgabenreduktionen (negative tail) und Ausgabenexpansionen (positive tail) grundsätzlich anders. Betrachtet man beide Tails getrennt voneinander, dann zeigt der negative Tail zwar ebenfalls Punctuations. Diese fallen jedoch regelmäßig schwächer aus als auf dem positiven Tail. Ein Erklärungsansatz ist hier, dass Entscheider die politischen Kosten der Haushaltskonsolidierung in bestimmten Politikfeldern, z. B. der Sozialpolitik, scheuen. Auch der Effekt erklärender Variablen variiert somit bei separater Tail-Betrachtung. Des Weiteren scheint Aufmerksamkeit als unabhängige Variable die Punctuations programmatischer Budgetfunktionen deutlich besser zu erklären als ideologisch gefärbte Präferenzen („parties matter") (Breunig 2011: 1081 f.). Wenn sich die Politik einem bestimmten Budget-Item zuwendet, werden Budgetreduktionen bzw. Budgetexpansionen, die im Rahmen von internen Handlungsroutinen nur minimal angepasst worden wären, verstärkt. Es kommt bei der Vorhersage etwaiger Effekte also beispielsweise nicht so sehr darauf an, wie eine Koalition in einem ideologischen Links-Rechts-Spektrum verortet werden kann, sondern vor allem darauf, *dass* sie ein bestimmtes Issue als dringend priorisiert. So reagierten Parteien und Koalition unterschiedlicher ideologischer Couleur auf die Finanzkrise 2007/2008 in westlichen Demokratien in ähnlich radikaler Art und Weise. Die Krise funktionierte hier als Katalysator und zwang politische Akteure, das Problem unmittelbar zu adressieren. Wie genau jedoch die Aufmerksamkeit von politischen Akteuren „getriggert" wird und wie ideologische Prädispositionen gegebenenfalls als Filter eingehender Informationen funktionieren, bleibt eine offene Forschungsfrage. Ebenso ist das Zusammenspiel von politischen Institutionen als Generatoren von „friction" und der besonderen Dynamik der Aufmerksamkeitsallokation im Rahmen dieser Institutionen noch vergleichsweise unklar (Breunig 2011: 1083 f.). Schließlich zeigt sich das durch die Punctuation-Hypothese determinierte „General Empiral Law of Public Budgets", das Jones et al. für aggregierte Ausgaben auf der nationalen Ebene feststellten, in spezifischen Policy-Bereichen nicht immer ähnlich ausgeprägt. So konnte Jensen (2009) für die Rentenausgaben in westeuropäischen Demokratien im Gegensatz zu den Ausgaben für Lohnersatzleistungen einen deutlichen geringeren L-Kurtosis-Wert feststellen. Breunig und Koski (2012) kommen zu ähnlich stark variierenden Ergebnissen bei der Analyse amerikanischer Policy-Bereiche. Sie legen nahe, dass Bereiche, die regelmäßig hohe öffentliche Aufmerksamkeit erfahren („Education"), nur wenig Punctuations aufweisen (L-Kurtosis < 0.2), während für Policy-Bereiche, bei denen dies nicht der Fall ist („Parks"), das Gegenteil zu beobachten ist (L-Kurtosis > 0.6).

Im folgenden Kapitel stellen wir den dritten Baustein von PET vor, der die besondere Rolle von Informationen im politischen Prozess in den Vordergrund rückt. Diese Theorie der Informationsverarbeitung greift zahlreiche bereits vorgestellte Aspekte von PET auf.

4 Informationen im politischen Prozess

Ein zentrale These dieses PET-Bausteins ist die der disproportionalen Informationsverarbeitung: „Man tends to react either by overestimaton or neglect." (Mandelbrot 1997: 280) Menschen reagieren also nicht immer adäquat auf die Stärke oder Intensität der Informationen, mit denen sie konfrontiert werden. Die Autoren von PET nehmen gleiches auch für das Verhalten von Regierungen an (Jones/Baumgartner 2005; Workman u. a. 2009): Deren Reaktionsmuster können zwischen Phasen der „underreaction", in denen einer Vielzahl von Problemen keine Aufmerksamkeit geschenkt wird, und solchen der „overreaction" wechseln, in denen versucht wird, die Phase der Nichtaufmerksamkeit für ein einzelnes Problem durch drastische Maßnahmen zu kompensieren. Dieses Muster lässt sich einerseits wie in Kapitel 3 gezeigt z. B. auf hohe Entscheidungskosten im politischen Prozess, also *„institutional friction"*, zurückführen. Andererseits führen die Autoren ein Konzept ins Feld, deren Wurzeln in der Prämisse von Bounded Rationality liegen und das ebenso eine adäquate Reaktion auf variierende Informationen hemmt: *cognitive friction*.

i „friction" in Punctuated Equilibrium Theory

„friction" ist ein hemmender Faktor im politischen Prozess und mindert die Responsivität des politischen Systems. Das bedeutet zum Beispiel, dass eine politische Reaktion auf sich verschärfende Problemlagen in der Umwelt in jedem Fall immer nur zeitverzögert und regelmäßig nicht problemadäquat erfolgt.

Es werden zwei Varianten unterschieden:

Quelle von *institutional friction* sind einerseits relativ statische institutionelle Elemente im politischen System, die politisches Handeln einschränken. So beispielsweise die Erforderlichkeit, politische Mehrheiten zu organisieren, die Kompromisszwänge, die sich aus Koalitionsbildungen ergeben oder die Existenz einer zweiten Kammer als zusätzlichem institutionellen Vetopunkt. Andererseits werden gemeinsame Verhaltensregeln, die bestimmte Akteure teilen und ihr Handeln beschränken, unter dem Begriff subsumiert.

Quelle von *cognitive friction* sind die begrenzten kognitiven Ressourcen politischer Akteure, die sich einem Übermaß ambivalenter Umweltinformationen konfrontiert sehen. Aufgrund der Annahme von Bounded Rationality können diese Informationen wiederum nicht adäquat verarbeitet oder gedeutet werden. Aufmerksamkeitsknappheit bedingt das Erfordernis, Informationen zu priorisieren und hat zur Folge, dass bestimmte „wichtige" Hinweise zu bestimmten neuen oder sich verschärfenden Problemlagen übersehen werden.

Regierungen sehen sich in der globalisierten Welt mit einem breiten Spektrum konfliktbehafteter, unzusammenhängender und oftmals schlecht verstandener sozialer Probleme konfrontiert. Das bedeutet jedoch nicht, dass die Regierungsakteure mit einem Informationsdefizit umgehen müssen. In Zeiten von „Big Data" (vgl. Mayer-Schönberger/Cukier 2013) gilt umso mehr: „The typical problem for decision makers is one posed by too much information, not too little." (Jones/Baumgartner 2005:274) Wo Informationen in einem Übermaß vorhanden sind, besteht die Schwierigkeit darin, zu wissen, welche Teile der Information zentral, welche richtig, welche nur teilweise relevant und welche überhaupt nicht wichtig sind mit Blick auf die zu treffende Entscheidung. In der Regel sind die Themenbereiche, in denen eine Entscheidung getroffen werden muss, außerordentlich komplex und erfordern eine gleichzeitige Evaluation mehrerer Unteraspekte. Allerdings sind dem Aufmerksamkeitsraum politischer Entscheider kognitive Grenzen gesetzt. So wird auch immer nur eine Auswahl sozialer Prozesse in der Umwelt einem aktiven Regierungsmonitoring unterzogen. Diese Auswahl funktioniert dann als ein Policy-Input. Aufmerksamkeitsknappheit erzeugt eine vorgelagerte Stufe im Entscheidungsprozess: Es muss nämlich kontinuierlich entschieden werden, welchem Problem oder Problemaspekt Aufmerksamkeit geschenkt wird und welchem nicht. So werden Prioritäten erzeugt – durch die Allokation von Aufmerksamkeit. Dieses Priorisierungserfordernis erzwingt „Ignoranz" gegenüber einer Vielzahl von Problemen, die sich in der Folge verschärfen können als ein Ergebnis von *kognitiver Friktion*. Des Weiteren müssen eingehende Informationen gedeutet und beurteilt werden. Dieser Prozess ist ebenfalls nicht „friktionsfrei": Neben zufälligen Fehlern („noise"), die permanent Unsicherheit bei der Deutung von Informationen provozieren, existieren zahlreiche kognitive und emotionale Mechanismen, die Friktion erzeugen und somit einen Status-quo-Bias (Simon 1956; Samuelson/Zeckhauser 1988; Kahneman u. a. 1991) begründen. So hat etwa Simon (1947) in seiner wegweisenden Studie zur Entscheidungsfindung in Organisationen der öffentlichen Verwaltung ein Phänomen beschrieben, das er „identification with the means" nennt: Verwaltungsmitarbeiter favorisieren weiterhin eine bestimmte, ihnen vertraute Lösung, obwohl Informationen zur Verfügung stehen, die anzeigen, dass die Nützlichkeit der favorisierten Lösung abgenommen hat und das Problem nicht mehr optimal löst. Im politischen Prozess könnte z. B. die ideologische Ausrichtung bestimmter Akteure ein solches problemignorierendes Verhalten erklären.

Die zuvor nur ansatzweise skizzierten Quellen von *cognitive friction* geben Hinweise darauf, warum es zu „underreaction" kommt. Bis hierhin ungeklärt ist allerdings die Frage, wann genau dieser Prozess zu einer „overreaction" führt und wie also die Dynamik eines „attention shifts" zu verstehen ist.

Die Autoren von PET verweisen an dieser Stelle auf „stick-slip-dynamics", die bei der Analyse nonlinearer komplexer Systeme (vgl. Érdi 2008) wie zum Beispiel Erdbeben zu beobachten sind. Die Punctuation-Hypothese spezifiziert eine Interaktion zwischen einem Informationsfluss, der auf das politische System trifft und einem Anpassungswiderstand, der diesem System inhärent ist. Es existieren also zwei gegeneinander gerichtete Kräfte. Ähnliches gilt für die Entstehung von Erdbeben: Die tektonischen Platten der Erde werden durch eine hemmende Kraft in Position gehalten („stick"), während dynamische Prozesse im Erdinneren dem entgegenwirken. Die Regel sind häufige kaum messbare Verschiebungen der Platten. Ist jedoch ein bestimmter Grenzwert erreicht und die hemmende Kraft ist schwächer als die forcierende Kraft, dann kommt es zum Erdbeben und die Verschiebungen der tektonischen Platten sind vergleichsweise drastisch („slip"). Die Verteilung der Plattenverschiebungen ist also nicht normalverteilt, sondern leptokurtisch oder „heavy tailed". PET überträgt diesen Mechanismus auf die Dynamik politischen Wandels:

> "[...] policy-making systems remain stable until the signals from outside exceed a threshold, and then they lurch forward – that is, a policy punctuation occurs; afterward, they resume 'equilibrium'. Disproportionate information processing, in which the system tends to alternate between under-adjusting to the flow of information and overresponding to it, is directly related to stick-slip dynamics." (Jones/Baumgartner 2012: 8 f.)

Wie lassen sich jedoch Grenzwerte quantifizieren, die für unterschiedliche Issues eine Neuausrichtung von Aufmerksamkeit und einen Wechsel von „underreaction" zu „overreaction" bedingen? In Einklang mit der Konzeption eines dynamischen politischen Prozesses sind Grenzwerte in PET keine fixen Größen, sondern kontingent und kontext-sensitiv, weil sie von zahlreichen interagierenden Variablen beeinflusst werden. So können im Zuge von externen Schocks oder Katastrophen thematisch eng miteinander verbundene Issues eine Grenzwertsenkung erfahren. Das

Musterbeispiel in diesem Zusammenhang ist der „war on terror" in den USA, der nach dem 11. September 2001 in einer Reihe von unterschiedlichen Politikfeldern Policy-Wandel nach sich zog. Dieser Mechanismus weist Ähnlichkeiten zu dem auf, was Kingdon als „window of opportunity" beschrieben hat (2002). Ein hoher Grenzwert für ein Issue kann ferner daraus resultieren, dass die Aufmerksamkeit der Regierung zur gleichen Zeit konzentriert auf ein anderes Issue gerichtet ist. So lässt sich beispielsweise die Hypothese formulieren, dass vor dem Hintergrund von kognitiver und institutioneller Friktion Regierungen „große" Reformen in einzelnen Politikfeldern nur seriell, aber nicht parallel durchführen können. Schließlich bringt die Einführung des Grenzwertbegriffs auch eine Anknüpfungsmöglichkeit an Theorien mit sich, die politischen Wandel durch Präferenzveränderungen aufgrund von Wahlen und mithin wechselnden Regierungen erklären („Replacement-These"). So favorisieren oder ignorieren unterschiedliche Regierungsmehrheiten unterschiedliche Issues abhängig von den erwünschten Effekten, die eine Reaktion bzw. Nicht-Reaktion auf die potenzielle Wählerschaft hat. Neue Regierungen können dann hinsichtlich eines bestimmten Issues einen anderen Grenzwert haben und versuchen, die Phase der bewussten Nicht-Aufmerksamkeit durch die Vorgängerregierung zu kompensieren („verlorene Zeit wieder aufholen"). Die kontingente Konzeption der Grenzwerte erklärt eine empirische Beobachtung zur Responsivität von Regierungen:

> "One cannot expect [...] that increases in a given social indicator (say, the poverty rate) will automatically and repeatedly generate a certain level of government response when they pass certain numerical points. The reason is that the agenda can handle only so many issues at a given time." (Baumgartner u. a. 2009: 608)

Abbildung 3 verdeutlicht die grobe Konzeption der Policy-Dynamik in PET und bezieht alle Bausteine der Theorie mit ein. Die Stufen Policy Input und Policy Process enthalten verschiedene unabhängige Variablen, die den Policy Output als abhängige Variable erklären können. Damit sind auch zwei unterschiedliche Informationsumgebungen definiert, die Erklärungen für drastischen politischen Wandel oder Inkrementalismus liefern können: Auf der Input-Seite werden Policy-Signale gesendet, die auf der Prozess-Seite empfangen und verarbeitet werden müssen. Beide Umgebungen können den Informationsfluss abschwächen oder beschleunigen (Pump 2011). Auch die Policy-Inputs folgen dabei keiner Normalverteilung, sondern können „punctuated" sein (Baumgartner u. a. 2009). So decken Medien die Nachrichtenlage nicht abschließend und umfassend ab, sondern ihre Berichterstattung springt von einem „hot topic" zum nächsten (Vasterman 2005).

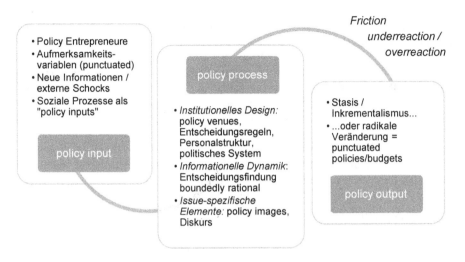

Abb. 3: Dynamik des Policy-Prozesses (Quelle: eigene Darstellung)

5 Ausblick und Kritik

Punctuated Equilibrium Theory hat das politikwissenschaftliche Verständnis von Policy-Wandel nachhaltig bereichert. Auf der Basis der wegweisenden Studien von Lindblom (1959) und Wildavsky (1964) konnte das inkrementelle Modell politischen Wandels weiterentwickelt und um ein Element erweitert werden, das auch die Beobachtungen „an den Rändern" in den Blick nimmt und zu erklären versucht (Howlett/Migone 2011). Insbesondere die quantitativen vergleichenden Analysen im Rahmen von PET haben die Relevanz dieser Perspektive nicht nur für den amerikanischen Fall eindrucksvoll unterstrichen. Die Weiterentwicklung des Comparative-Agendas-Projekts wird Möglichkeiten bieten, diese Studien noch für weitere Fälle zu vertiefen.

In dem Bemühen, PET weiter zu generalisieren, wird ferner versucht, auf einem hohen Abstraktionsniveau den Umgang mit Informationen im politischen System zu verstehen. Unterbelichtet scheinen uns dabei Erklärungsansätze, die ein *aktives* – präferenzbasiertes – Verfolgen von politische Zielen, also top-down-Steuerung und strategisches Verhalten, unterstellen. Überspitzt formuliert funktioniert das politische System in der generalisierten Variante von PET regelmäßig „nur" als reaktiver Mechanismus, um Policy-Inputs in Outputs zu übersetzen. Prindle zeigt darüber hinaus auf, dass die mechanistischen Analogien in PET nicht ohne Weiteres mit den Grundlagen menschlicher Entscheidungsfindung kompatibel sind (2012). Die Autoren selbst sehen die Generalisierungsbemühung hin zu einer „Theory of Government Information Processing" ebenfalls nicht unkritisch und formulieren einen prinzipiellen Zielkonflikt:

> "The more general approach, compared with the original PET formulation, has both costs and benefits. The benefits are the movement toward a more comprehensive theory of policy change. The costs are that the detailed substantive policy analyses that are the cornerstone of PET get submerged in the more general formulation." (Jones/Baumgartner 2012: 8)

Denn das Subsystem-Modell bietet ein exzellentes Framework, um Policy-Wandel in Politikfeldern zu studieren, die sich regelmäßig öffentlicher Aufmerksamkeit entziehen. Das Policy Agendas Project bietet dazu einen extrem umfassenden Datensatz, der es auch Studierenden relativ einfach ermöglicht, kleinere datenbasierte Studien zu bestimmten Topics oder Subtopics durchzuführen. Fraglich scheint uns jedoch, wie geeignet das Subsystem-Modell ist, um Wandel dort zu studieren, wo es um Issues geht, die man sich nur schwerlich als dauerhaft „under the radar" wichtiger Letztentscheider vorstellen kann: Kann beispielsweise bei Themen, die die Arbeitsmarktpolitik betreffen, der gleiche durch positives Feedback bedingte „bottom-up"-Prozess zugrunde gelegt werden, in dem ein Issue die Grenzen seines Subsystems verlässt, wie bei Themen, die die Forstpolitik betreffen? Ergebnisse aus der Budgetforschung im Rahmen von PET zeigen jedenfalls, dass zumindest der Output zwischen Policy-Bereichen, denen regelmäßig viel („Education") bzw. wenig („Parks") öffentliche Aufmerksamkeit gewidmet wird, sehr stark variiert. Anspruch von PET ist allerdings, unterschiedliche Ergebnisse aus *einem* Prozess heraus zu erklären.

Eine zentrale theoretische Frage bleibt die Verbindung von Budget-Daten und Aufmerksamkeitsvariablen. Diese zentrale Verbindung von abhängiger und unabhängiger Variable ist bislang nicht ausreichend theoretisch und methodisch bearbeitet worden. Neuere Studien liefern hier interessante Erkenntnisse: So konnte Wolfe (2012) in einer Analyse der Gesetzgebungsverfahren im 109. US-Kongress feststellen, dass erhöhte Medienberichterstattung den Gesetzgebungsprozess tatsächlich verlangsamt und somit eine Quelle der *Stabilität* für bestehende Policy-Arrangement sein könnte. Eine Implikation dieser Forschung könnte sein, stärker in konditionalen Wahrscheinlichkeiten zu denken, wenn es um den Zusammenhang von Medienberichterstattung und Agendazugang geht: „P(A) is the probability that an issue accesses the policymaking agenda – that is, a bill is introduced; P(L|A) is the probability that a bill becomes a law given that it is on the agenda (which is necessary but not sufficient). We might hypothesize that P(A) is directly related to media coverage, but that P(L|A) is inversely related to coverage." (Jones/Baumgartner 2012: 16)

Denkbar als eine neue, PET-erweiternde unabhängige Variable könnten an dieser Stelle interne Planungsprozesse sein, die sich der Einsicht von außen entziehen. Dabei unterziehen Regierungsstellen bestimmte Parameter einem regelmäßigen Monitoring. Ist ein bestimmter kritischer Wert erreicht, bekommt ein Issue *interne*

Priorität. Diese neue Priorisierung wird in externen Aufmerksamkeitsvariablen jedoch nicht abgebildet. Seltens „Aspiration Adaptation Theory", die ebenfalls in der Tradition von Simons Bounded Rationality steht, könnte ein geeignetes Framework sein, das erklärt, wie die Veränderung eines kritischen Werts zu einer Repriorisierung im bestehenden Anspruchsniveauschema führt und alte Entscheidungsmuster ablöst (Sauermann/Selten 1968; Selten 1998; Gigerenzer/Selten 2001). Diese Erweiterung passt zum Forschungsprogramm, das die Autoren für die Zukunft von PET ausgeben. Zuletzt plädierten Baumgartner und Epp für einen stärker qualitativ ausgerichteten Ansatz, der in Beobachtungsstudien der Frage nachgeht, wie Entscheidungsträger in Regierung und Verwaltung *tatsächlich* arbeiten:

> "Do they indeed 'over-attend' to a few dimensions of a complex issue? Do they indeed 'catch-up' with trends that overwhelm them? Does this process work by incumbents being overthrown and new leaders developing new decision-making routines, or do individual leaders change? Given the focus on decision-making in the literature on punctuated equilibrium, it is remarkable that so few observational studies have been done. Paradoxically, in an area of research on agendas that has moved perhaps the furthest in terms of methodological sophistication, the biggest gap may be in the simplest form of traditional process-tracing based on close observations of government officials at work." (Baumgartner/Epp 2013: 27)

Die Frage nach dem Zusammenhang von Punctuations und variierenden Levels von Aufmerksamkeit wird sich besonders im Zuge der Big-Data-Debatte verstärkt stellen. Die Zunahme an verfügbaren Daten wird zu neuen Formen der Aufmerksamkeit führen müssen, die einerseits noch selektiver sind im Verhältnis zur wachsenden Menge an Informationen. Gleichzeitig entstehen neue Mechanismen, diese Datenflut zu bewältigen. Sowohl für den politischen Entscheidungsprozess als auch für seine wissenschaftliche Analyse stellt sich somit die Frage, wie selektive Aufmerksamkeit und kontingente Informationen im konkreten Fall den Politikprozess beeinflussen.

6 Literatur

Baumgartner, Frank R., 2013: Ideas and Policy Change. In: Governance 26, 239–258.

* Baumgartner, Frank R./Breunig, Christian/Green-Pedersen, Christoffer/Jones, Bryan D./u. a., 2009: Punctuated Equilibrium in Comparative Perspective. In: American Journal of Political Science 53, 603–620.

Baumgartner, Frank R./Epp, Derek A., 2013: Explaining Punctuations, abrufbar unter: http://www.unc.edu/~fbaum/papers/Baumgartner-Epp-CAP-2013.pdf.

Baumgartner, Frank R./Jones, Bryan D., 1991: Agenda Dynamics and Policy Subsystems. In: The Journal of Politics 53, 1044–1074.

* Baumgartner, Frank R./Jones, Bryan D., 2009: Agendas and Instability in American Politics. University Of Chicago Press.

Baumgartner, Frank R./Jones, Bryan D./Wilkerson, John, 2011: Comparative Studies of Policy Dynamics. In: Comparative Political Studies 44, 947 –972.

Breunig, Christian, 2006: The more things change, the more things stay the same: a comparative analysis of budget punctuations. In: Journal of European Public Policy 13, 1069–1085.

Breunig, Christian, 2011: Reduction, Stasis, and Expansion of Budgets in Advanced Democracies. In: Comparative Political Studies 44, 1060–1088.

Breunig, Christian/Jones, Bryan D., 2011: Stochastic Process Methods with an Application to Budgetary Data. In: Political Analysis 19, 103–117.

Breunig, Christian/Koski, Chris, 2012: The Tortoise or the Hare? Incrementalism, Punctuations, and Their Consequences. In: Policy Studies Journal 40, 45–68.

Breunig, Christian/Koski, Chris/Mortensen, Peter B., 2010: Stability and Punctuations in Public Spending: A Comparative Study of Budget Functions. In: Journal of Public Administration Research and Theory 20, 703–722.

Busenberg, George, 2004: Wildfire Management in the United States: The Evolution of a Policy Failure, in: Review of Policy Research 21, 145–156.

Ceccoli, Stephen J., 2003: Policy Punctuations and Regulatory Drug Review. In: Journal of Policy History 15, 157–191.

Dawkins, Richard, 1996: The blind watchmaker: why the evidence of evolution reveals a universe without design, New York: Norton.

Downs, Anthony, 1957: An Economic Theory of Political Action in a Democracy. In: Journal of Political Economy 65, 135–150.

Eldredge, Niles/Gould, Stephen, 1972: Punctuated Equilibria: An Alternative to Phyletic Gradualism. In: Thomas J M Schopf: Models in Paleobiology. San Francisco: Freeman, Cooper, 82–115.

Érdi, Péter, 2008: Complexity explained. Berlin: Springer.

Gigerenzer, Gerd, 2010: Rationality for Mortals: How People Cope with Uncertainty. New York: Oxford University Press.

Gigerenzer, Gerd/Selten, Reinhard, 2001: Bounded Rationality: The Adaptive Toolbox. Cambridge: MIT Press.

Gintis, Herbert, 2009: Bounds of Reason: Game Theory and the Unification of the Behavioral Sciences. Princeton, NJ: Princeton University Press.

Gould, Stephan Jay/Eldredge, Niles, 1977: Punctuated equilibria; the tempo and mode of evolution reconsidered. In: Paleobiology 3, 115–151.

Hall, Peter A., 1989: Conclusion: The Politics of Keynesian Ideas, in: Peter A. Hall (ed.): The Political Power of Economic Ideas. Keynesianism Across Nations. Princeton: Princeton University Press, 361–391.

* Hall, Peter A., 1993: Policy Paradigms, Social Learning, and the State: The Case of Economic Policymaking in Britain. In: Comparative Politics 25, 275–296.

Howlett, Michael/Migone, Andrea, 2011: Charles Lindblom is alive and well and living in punctuated equilibrium land. In: Policy and Society 30, 53–62.

Jensen, Carsten, 2009: Policy Punctuations in Mature Welfare States. In: Journal of Public Policy 29, 287–303.

Jones, Bryan D./Baumgartner, Frank R., 2005: The Politics of Attention: How Government Prioritizes Problems. Chicago: University Of Chicago Press.

Jones, Bryan D./Baumgartner, Frank R., 2012: From There to Here: Punctuated Equilibrium to the General Punctuation Thesis to a Theory of Government Information Processing. In: Policy Studies Journal 40, 1–20.

Jones, Bryan D./Baumgartner, Frank R./Breunig, Christian/Wlezien, Christopher/u. a., 2009: A General Empirical Law of Public Budgets: A Comparative Analysis. In: American Journal of Political Science 53, 855–873.

Jones, Bryan D./Baumgartner, Frank R./True, James L., 1998: Policy Punctuations: U.S. Budget Authority, 1947–1995. In: The Journal of Politics 60, 1–33.

Jones, Bryan D./Sulkin, Tracy/Larsen, Heather A., 2003: Policy Punctuations in American Political Institutions. In: The American Political Science Review 97, 151–169.

Kahneman, Daniel/Knetsch, Jack L./Thaler, Richard H., 1991: Anomalies: The Endowment Effect, Loss Aversion, and Status Quo Bias. In: The Journal of Economic Perspectives 5, 193–206.

Kingdon, John W., 2002: Agendas, Alternatives, and Public Policies 2. Aufl.. Boston: Little, Brown.

Lijphart, Arend, 2012: Patterns of democracy: government forms and performance in thirty-six countries.. New Haven: Yale University Press.

Lindblom, Charles E., 1959: The Science of „Muddling Through". In: Public Administration Review 19, 79–88.

Mandelbrot, Benoit B, 1997: Fractals and scaling in finance: discontinuity, concentration, risk : selecta volume E,. New York: Springer.

Manna, Paul, 2006: School's in: Federalism and the National Education Agenda. Washington, D.C: Georgetown University Press.

Mayer-Schönberger, Viktor/Cukier, Kenneth, 2013: Big data: a revolution that will transform how we live, work, and think. Boston: Houghton Mifflin Harcourt.

McDonough, John E., 1998: Interests, ideas, and deregulation: the fate of hospital rate setting. Ann Arbor: University of Michigan Press.

McLendon, Michael K., 2003: The Politics of Higher Education: Toward an Expanded Research Agenda. In: Educational Policy 17, 165–191.

Mueller, Dennis C., 1996: Perspectives on Public Choice: A Handbook. Cambridge: Cambridge University Press.

Mueller, Dennis C., 2003: Public Choice III 3. Aufl.. Cambridge: Cambridge University Press.

Padgett, John F., 1980: Bounded Rationality in Budgetary Research. In: The American Political Science Review 74, 354.

Padgett, John F., 1981: Hierarchy and Ecological Control in Federal Budgetary Decision Making. In: American Journal of Sociology 87, 75–129.

Pierson, Paul, 2001: The new politics of the welfare state, Oxford [etc.]: Oxford University Press.

Pierson, Paul, 2004: Politics in Time: History, Institutions, and Social Analysis. Princeton, NJ: Princeton Univ. Press.

Pralle, Sarah B., 2003: Venue Shopping, Political Strategy, and Policy Change: The Internationalization of Canadian Forest Advocacy. In: Journal of Public Policy 23, 233–260.

Princen, Sebastiaan, 2011: Agenda-setting strategies in EU policy processes. In: Journal of European Public Policy 18, 927–943.

Princen, Sebastiaan/Rhinard, Mark, 2006: Crashing and creeping: agenda-setting dynamics in the European Union. In: Journal of European Public Policy 13, 1119–1132.

Prindle, David, 2006: Stephen Jay Gould as a Political Theorist. In: Politics and the Life Sciences 25, 2–14.

Prindle, David, 2012: Importing Concepts from Biology into Political Science: The Case of Punctuated Equilibrium. In: Policy Studies Journal 40, 21–44.

Pump, Barry, 2011: Beyond Metaphors: New Research on Agendas in the Policy Process. In: Policy Studies Journal 39, 1–12.

Repetto, Robert (ed.), 2006: Punctuated equilibrium and the dynamics of U.S. environmental policy. New Haven: Yale University Press.

Robinson, Scott E., 2004: Punctuated Equilibrium, Bureaucratization, and Budgetary Changes in Schools, in: Policy Studies Journal 32, 25–39.

Salka, William M., 2004: Mission Evolution: The United States Forest Service's Response to Crisis. In: Review of Policy Research 21, 221–232.

Samuelson, William/Zeckhauser, Richard, 1988: Status quo bias in decision making. In: Journal of Risk and Uncertainty 1, 7–59.

Sauermann, Heinz/Selten, Reinhard, 1968: Anspruchsanpassungstheorie der Unternehmung. In: Zeitschrift für die gesamte Staatswissenschaft 118, 577–597.

Selten, Reinhard, 1998: Aspiration Adaptation Theory, in: Journal of Mathematical Psychology 42, 191–214.

Sheingate, Adam D., 2000: Agricultural Retrenchment Revisited: Issue Definition and Venue Change in the United States and European Union. In: Governance 13, 335–363.

Simon, Herbert A., 1947: Administrative Behavior. New York: Macmillan Co.

Simon, Herbert A., 1956: Rational choice and the structure of the environment. In: Psychological Review 63, 129–138.

Simon, Herbert A., 1957: Models of man – social and rational. Oxford: Wiley.

Simon, Herbert A., 1990: Reason in Human Affairs. Stanford, Calif.: Stanford University Press.

Simon, Herbert A., 1996: The sciences of the artificial. Cambridge: MIT Press.

Simon, Herbert A./Thompson, Victor A./Smithburg, Donald W., 1950: Public Administration. New York: Knopf.

True, James L., 2009: Historical budget records converted to the present. Functional categorization with actual results for FY 1947-2008., abrufbar unter: http://www.utexas.edu/cola/files/1242387.

True, James L./Jones, Bryan D./Baumgartner, Frank R., 2007: Punctuated-Equilibrium Theory: Explaining Stability and Change in Public Policymaking. In: Sabatier, Paul (ed.): Theories of the Policy Process. Boulder, Colo.: Westview Press, 155–188.

True, James L./Utter, Glenn H., 2002: Saying "Yes,""No," and "Load Me Up" to Guns in America. In: The American Review of Public Administration 32, 216–241.

Vasterman, Peter L. M., 2005: Media-Hype Self-Reinforcing News Waves, Journalistic Standards and the Construction of Social Problems. In: European Journal of Communication 20, 508–530.

Weimer, David L., 2008: Theories of and in the Policy Process. In: Policy Studies Journal 36, 489–495.

Wildavsky, Aaron, 1964: The Politics of the Budgetary Process. Boston: Little, Brown.

Wolfe, Michelle, 2012: Putting on the Brakes or Pressing on the Gas? Media Attention and the Speed of Policymaking. In: Policy Studies Journal 40, 109–126.

Wood, Robert S., 2006: The Dynamics of Incrementalism: Subsystems, Politics, and Public Lands. In: Policy Studies Journal 34, 1–16.

Workman, Samuel/Jones, Bryan D/Jochim, Ashley E, 2009: Information Processing and Policy Dynamics. In: Policy Studies Journal 37, 75–92.

Worsham, Jeff/Stores, Chaun, 2012: Pet Sounds: Subsystems, Regimes, Policy Punctuations, and the Neglect of African American Farmers, 1935–2006. In: Policy Studies Journal 40, 169–190.

Worsham, Jeffrey, 2006: Up in Smoke: Mapping Subsystem Dynamics in Tobacco Policy. In: Policy Studies Journal 34, 437–452.

Verständnisfragen

1. Was versteht man unter einer „Punctuation"?

2. Wie grenzt sich Punctuated Equilibrium Theory von inkrementellen Modellen politischen Wandels ab?

3. Was versteht man unter einem Policy-Subsystem?

4. Worin unterscheiden sich negatives und positives Feedback und welche Folgen haben diese Mechanismen?

5. Warum spielt die politische Agenda eine zentrale Rolle in PET?

6. Welcher Verteilung folgen aggregierte Budgetveränderungen in westlichen Demokratien und warum stützt diese Verteilung die theoretischen Annahmen von PET?

7. Was versteht man in PET unter „friction" und welche Varianten lassen sich unterscheiden?

Transferfragen

1. Wie entsteht positives Feedback? – Skizzieren Sie idealtypische (fiktive) Szenarien.

2. Nennen Sie Beispiele für Quellen von „friction" im politischen Prozess.

3. Wählen Sie eine der am Ende von Kapitel 2 erwähnten Subsystem-Studien aus, lesen Sie den entsprechenden Journal-Artikel und beschreiben Sie, welche Forschungsfrage der Artikel in den Mittelpunkt stellt und welche Aspekte von PET er dabei aufgreift.

Problematisierungsfragen

1. Diskutieren Sie die Prämisse von Bounded Rationality vor dem Hintergrund des Spannungsfeldes zwischen realistischen Annahmen und deren Konsequenzen für die praktische Forschung.

2. Diskutieren Sie den Mechanismus der in PET zu drastischen Politikveränderungen führt – überzeugt Sie diese Darlegung?

Teil V: **Anwendungen und Reflektionen**

Fritz Sager und Markus Hinterleitner
Evaluation

1 Begriff – Was ist Evaluation?

Politikevaluation ist die Bewertung öffentlicher Politik. Auf die Vielschichtigkeit des Begriffs Evaluation weist bereits sein französischer etymologischer Ursprung hin: „évaluer" bedeutet ‚bewerten', ‚begutachten', ‚abschätzen', oder ‚taxieren'. Für eine zweckdienliche Begriffsbestimmung kann Evaluation im Policy-Cycle (siehe Jann/Wegrich in diesem Band) eingeordnet werden. Evaluation in diesem ursprünglichen und engen Verständnis schließt sich an Genese und Vollzug einer Politik an und debattiert deren Wirkungen. Ob man nun sämtliche Aktivitäten nach erfolgtem Vollzug bis zum Entscheid über Weiterführung, Neuausrichtung, oder gar Termination einer öffentlichen Politik unter dem Terminus Evaluation zusammenfasst bzw. nur die empirisch-wissenschaftliche Wirkungsanalyse als Evaluation begreift, zeigt weiteren begrifflichen Klärungsbedarf an. Dass mit dieser Einordnung in den Policy-Cycle der Begriff Evaluation noch nicht annähernd und befriedigend bestimmt ist, zeigt nicht zuletzt die Tatsache, dass zwischen vorausschauenden (ex ante), begleitenden und nachträglichen (ex post) Evaluationen differenziert werden kann.

Eine in Stein gemeißelte Definition des Begriffs Evaluation scheint im Licht einer sich rasant verändernden und ausbreitenden Tätigkeit bzw. Disziplin als schwierig, wenn nicht gar nachteilig. Vielmehr gilt es, sich der Evaluation über Schlüsselbegriffe oder Komponenten zu nähern, die dieser Begriff umfasst. So sprechen bspw. Widmer und deRocchi (2012: 11–13) bewusst von einer Arbeitsdefinition, die auf für das Begriffsverständnis unerlässliche Elemente fokussiert. Auch der vorliegende Beitrag orientiert sich an dieser Praxis, indem eine *funktions- bzw. zweckgeleitete Begriffsbestimmung* vorgeschlagen wird, die der Frage nachgeht: Was bezweckt eine Evaluation und welche begrifflichen Komponenten ergeben sich aus der Funktion von Evaluation? Drei zusammenhängende Komponenten ragen hierbei heraus: *Bewertung/Beurteilung, Wissenschaftlichkeit* und *Dienstleistungscharakter*.

Die *Bewertung* und *Beurteilung* durch eine Evaluation weist zunächst auf den Evaluationsgegenstand bzw. das Evaluationsobjekt hin. Gegenstand einer Evaluation ist in der Regel eine öffentliche Politik, die einzelne Maßnahmen genauso umfassen kann wie komplexe und weitreichende politische Programme. An dieser Stelle sei bereits erwähnt, dass nicht nur substanzielle Politiken, sondern auch institutionelle Politiken als Evaluationsgegenstand fungieren können (vgl. Abschnitt 4). Außerdem ist zu betonen, dass die Bewertung einer öffentlichen Politik im Rahmen einer Evaluation nicht politisch motiviert, sondern möglichst wissenschaftlich und transparent zu erfolgen hat und sich an den Zielen ausrichtet, die die öffentliche Politik zu erreichen versucht.

Mit einer wissenschaftlichen Evaluation nutzt die Bewertung das Renommee der Wissenschaft und muss sich daher auch an den dort üblichen Kriterien orientieren. Damit ist die *Wissenschaftlichkeit* einer Evaluation von unerlässlicher Bedeutung. Wissenschaftlichkeit bedeutet, dass die Evaluation intersubjektiv nachvollziehbar sowie reproduzierbar ist und nach allgemein anerkannten Standards systematisch und wissenschaftlich vorgegangen wird. Nur dies sichert ein Mindestmaß an Qualität, das auch im Hinblick auf die noch zu thematisierende (partei-)politische Instrumentalisierung von Evaluationen und Evaluationsergebnissen von verstärkter Bedeutung ist.

Schließlich gilt es zu berücksichtigen, dass Evaluationen im politischen Prozess nicht aus eigenem Antrieb erfolgen bzw. einem Selbstzweck gehorchen, sondern von externen Akteuren in Auftrag gegeben werden. Daraus folgt, dass Evaluationen meist auch einen gewissen *Dienstleistungscharakter* aufweisen. Die Auftraggeber erwarten von der Evaluation einen gewissen Nutzen, wie die Beantwortung von Fragen, die Aufdeckung von Problemen oder konkrete Verbesserungsvorschläge. Diese Ansprüche an die Evaluator/-innen müssen sowohl bei der Konzeption und der Durchführung der Evaluation, als auch bei der Kommunikation der Ergebnisse berücksichtigt werden.

Aus den drei Schlüsselkomponenten Bewertung/Beurteilung, Wissenschaftlichkeit und Dienstleistungscharakter geht zudem eindeutig hervor, was eine Evaluation *nicht* sein kann: Sie grenzt sich ab von der *Grundlagenforschung*, welche stärker durch Wissensgenerierung, Generalisierbarkeit der Ergebnisse und Theorieentwicklung als durch Nutzengenerierung für den Auftraggeber und Situationsbezug gekennzeichnet ist (Ritz 2003: 35, vgl. Tabelle 1).

Tab. 1: Abgrenzung von Evaluation und Grundlagenforschung

	Grundlagenforschung	Evaluation als angewandte Forschung
Ziel und Zweck	Wissensgenerierung	Nutzung und Nützlichkeit
Fragestellung	Forschungsdebatte, Theorie	Auftraggeber und Anspruchsgruppen
Ergebnisse	Generalisierbarkeit, Theorieentwicklung	Situationsbezug, Falltreue
Bewertung	Forschungsdebatte, Theorie	Programmziele, normative Kriterien, Auftraggeber
Kausalität	Kein Unterschied: abhängige, unabhängige und intervenierende Variablen	
Methoden	Kein Unterschied: gesamtes Methodenspektrum	
Kontext	Prinzip der Unabhängigkeit	Politischer Druck, Zeit- und Dienstleistungsdruck

Quelle: eigene Darstellung nach Ritz 2003:35

Die Evaluation unterscheidet sich von anderen Instrumenten der Wirkungsprüfung, wie dem wirtschaftlichen *Controlling* (permanentes und führungsorientiertes Überwachungs- und Steuerungssystem) und dem *Monitoring* (permanentes Überwachungssystem ohne Bewertungscharakter), wie aus Tabelle 2 hervorgeht.

Tab. 2: Unterscheidung von Evaluation, Controlling und Monitoring

	Evaluation	**Controlling**	**Monitoring**
Definition	Evaluationen sind *gezielte und zeitlich begrenzte* Untersuchungen, die insbesondere das Verständnis und die Erklärung nicht nur der Wirkungen, sondern auch der Wirksamkeit von staatlichen Maßnahmen zum Ziel haben.	Controlling ist eine unterstützende Führungstätigkeit und umfasst ein *permanentes System* für die Beobachtung und Beurteilung des gesamten Planungs- und Steuerungsprozesses in einem bestimmen Aufgabenbereich.	Monitoring ist die *routinemäßige, permanente* und systematische Sammlung von vergleichbaren Daten.
Ziel und Zweck	Spezifische Fragen im Hinblick auf die Wirkungen von Maßnahmen beantworten. Zweck kontextabhängig: Rechenschaft, Lernen usw.	Durch Informationen zur effektiven und effizienten Steuerung von Prozessen beitragen.	Veränderungen und/oder Trends bei der Umsetzung, beim Verhalten der Zielgruppen oder bei den Wirkungen feststellen.
Bewertung	Ja	Ja	Nein
Verhältnis zu anderen Instrumenten	Evaluation kann Monitoring-Daten und Resultate des Controlling berücksichtigen	Controlling kann Monitoring-Daten einbeziehen	Evaluation und Controlling können Hinweise für geeignete Monitoring-Indikatoren liefern

Quelle: Interdepartementale Kontaktgruppe „Wirkungsprüfungen" (IDEKOWI) 2004

Aus den oben genannten Komponenten der Evaluation ergibt sich folgende Gliederung dieses Beitrags. Eine dem Kriterium der Wissenschaftlichkeit gerecht werdende Evaluation stützt sich zunächst auf *theoretische Grundlagen*. Dementsprechend wird im folgenden Abschnitt ein Überblick zu Evaluationstheorien und -ansätzen gegeben. Da eine Evaluation in ihrem Kern eine Wirkungsanalyse ist, wird anschließend ein theoretisch fundiertes *Wirkungsmodell* vorgestellt, das die Wirkungsweise einer öffentlichen Politik darstellt, die Politik in ihre Bestandteile zerlegt, und Kriterien für die Bewertung letzterer bereitstellt. Im nächsten Abschnitt steht dann der Gegenstand der Evaluation nochmals im Vordergrund und es wird darauf eingegangen, inwiefern sich der Ablauf und das Vorgehen ändern, wenn nicht eine „klassische" substanzielle Politik, sondern eine *institutionelle Politik* evaluiert wird. Die letzten drei Abschnitte stehen dann im Zeichen der *Kontexteinbettung* von Evaluation. Die Verwendungsarten von Evaluation und deren Rolle und Bedeutung im politischen Prozess werden thematisiert. Anschließend werden mit den Stichwörtern Evidence-based Policymaking (EBP) und Regulatory Impact Assessments (RIAs) zwei eng mit der Evaluation verbundene Themenbereiche diskutiert, deren Kenntnis dazu dient, die Bedeutung von Evaluation für eine moderne Politikfeldanalyse erfassen zu können.

Die Gliederung unseres Beitrags streicht eine Tatsache hervor, die für das Verständnis von Evaluation von unerlässlicher Bedeutung ist: Eine Evaluation steht nicht frei im Raum, sondern ist auf zweifache Art *kontextsensitiv*. Einerseits muss bei der Evaluation der Kontext der öffentlichen Politik analysiert werden, um die Wirkungen selbiger überhaupt erst eindeutig erfassen und beurteilen zu können. Andererseits kann die Bedeutung von Evaluation im Rahmen der Politikfeldanalyse nur verstanden werden, wenn man den politischen und institutionellen Kontext thematisiert, in dem sie durchgeführt wird. Diesen beiden „kontextuellen Berührungspunkten" wird im Folgenden durchgehend Rechnung getragen.

2 Entwicklung und Theoriebildung

Auch wenn die Beschäftigung mit Evaluation als Forschungsgegenstand in den Sozialwissenschaften als relativ junge Disziplin gilt, existiert gleichwohl eine lebendige Theoriedebatte. Allerdings wäre es übertrieben, von einer einheitlichen und konsolidierten Evaluationstheorie zu sprechen. Vielmehr ist die Systematisierung der theoretischen Beiträge, wie bspw. von Guba und Lincoln (1989) versucht, im Bereich der Evaluationsforschung schwierig. Gründe hierfür sind vor allem in der starken Heterogenität evaluationstheoretischer Vorstellungen, der begrifflichen Vielfalt und der primär amerikanischen Literatur zu sehen (Ritz 2003: 57). Dessen ungeachtet kann eine gewisse Systematisierung gelingen, wenn man den jeweiligen politischen und institutionellen Kontext, vor dem sich die Politikevaluation in den letzten Jahrzehnten entwickelt hat, betrachtet (vgl. Derlien 1997). Im Rahmen dieses Beitrags muss eine Beschränkung auf vereinzelte Beiträge zur Entwicklung und Theorie von Evaluation erfolgen. Es werden Autorinnen und Autoren herausgegriffen, die das zeitgenössische Verständnis als auch die Durchführung von Evaluationen maßgeblich beeinflusst haben.

Mit den USA als Vorreiter entwickelte sich mit Beginn der Nachkriegszeit in Ländern der westlichen Hemisphäre eine Evaluationspraxis, die durch volle Staatskassen, Reformparteien und eine generelle Affinität zu den Sozialwissenschaften gekennzeichnet war. Das Interesse an der Funktions- und Wirkungsweise politischer Programme zur Zeit der „Experimenting Society" (Campbell 1969) resultierte für die Evaluation in der Aufgabe, bestehende und neue Maßnahmen und Programme effektiver zu machen (Derlien 1997: 7). Vor diesem Hintergrund wurde Evaluationsforschung als Teil der Grundlagenforschung verstanden und zum Zweck der Erkenntnisgewinnung durchgeführt. Im Zentrum stand die Entwicklung wissenschaftlicher Methoden, um Kausalzusammenhänge mit angemessenen Kriterien bestimmen zu können (Ritz 2003: 59–60). Auch wenn sich das theoretische Verständnis von Politikevaluationen seitdem beträchtlich weiterentwickelt hat, stammen aus dieser ersten Periode der Evaluationsforschung doch Erkenntnisse, die bis heute Gültigkeit haben. So betont Suchman (1967) die Unterscheidung von Programmfehler (heute Umsetzungsfehler), bei dem eine Aktivität falsch durchgeführt bzw. umgesetzt wird, und Theoriefehler, bei dem die an sich richtig ausgeführte Aktivität nicht zu den Programmzielen beiträgt. Campbell (1969) hat, basierend auf der realistischen Einsicht, dass der Bewertungsvorgang nie vollkommen ohne subjektive Werturteile auskommt, auf der transparenten Trennung von Fakten und Werturteilen in der Evaluation bestanden. In Anbetracht häufiger politischer Instrumentalisierungen von Evaluationen hat diese Unterscheidung bis heute nicht an Aktualität verloren.

Ende der 1970er-Jahre erfuhr der politische und sozioökonomische Kontext in den meisten westlichen Ländern tiefgreifende Veränderungen, die sich auch auf das Verständnis von und die formulierten Ansprüche an die Evaluationstätigkeit auswirkten. Durch den „Neoliberal Turn" (vgl. Harvey 2005) bestärkte konservative Regierungen (*Thatcherism*, *Reaganomics*) sahen in der Evaluation ein Mittel zur Durchsetzung effizienterer Programmgestaltung, um knapper werdende Ressourcen zu schonen. Auch wenn die Effektivitätssteigerung weiter ein Anliegen war, ging es nun doch primär um die Kostenfrage. Hierbei ist das Evaluationsinstrumentarium behilflich, indem es aufzeigt, wo politische Programme gekürzt werden können. Allgemein erfolgte eine Hinwendung zur Outputorientierung staatlichen Handelns. Von diesen Veränderungen blieben Evaluationstheorien nicht unberührt: Fortan wurde Evaluation zusehends als angewandte und nutzenorientierte Forschung konzipiert (z. B. Weiss 1974, Wholey 1983). Als Vorreiterin fungierte Carol H. Weiss, welche „die bisher zu wenig berücksichtigten Schwierigkeiten und Interessenkonflikte im Rahmen der politischen und organisatorischen Kontexte des Evaluationsobjekts" (Ritz 2003: 66) erkannte. Zentral ist dabei die Einsicht, dass Politik und Wissenschaft unterschiedlichen Logiken folgen. Will die Evaluation gehört werden (vgl. hierzu Abschnitt 5), muss sie in gewissem Maß die Sprache der Politik sprechen. Diese Tatsache schwingt noch heute in einem Evaluationsverständnis mit, das auf Anwendungsorientierung und Dienstleistungscharakter ausgerichtet ist.

Seit Mitte der 1990er-Jahre betonen Wissenschaftler wie Patton (1997) noch stärker die Anwendungsorientierung von Evaluationen, um den tatsächlichen Nutzen in Form von Programmverbesserungen zu forcieren. Hierfür ist es Patton zufolge unerlässlich, Evaluationen so zu gestalten, dass sie von Entscheidungsträgern direkt genutzt werden können. Dieses Verständnis von Nutzung und Nützlichkeit einer Evaluation wird unter den Schlagwörtern *Utilization*, *Usability*, und *Influence* zusammengefasst. In diesem Zusammenhang steht auch der Ansatz der „Realistic

Evaluation" nach Pawson und Tilley (1997). Die Kontextbedingtheit von objektiv erkennbaren Phänomenen impliziert, dass politische Programme und Instrumente je nach Kontext unterschiedliche Wirkungen zeitigen. Wirkungen dürfen nicht isoliert betrachtet, sondern müssen im jeweiligen programmspezifischen Kontext analysiert werden, um zu realistischen Aussagen zu gelangen.

Aus diesen Meilensteinen der Evaluationstheorieentwicklung resultiert ein aktuelles Bild von Evaluation, das einerseits wissensbasiert und theoriegeleitet ist, aber auch die Anwendungsorientierung und die Kontextabhängigkeit nicht vernachlässigt. Dieses Bild bestimmt den im nächsten Abschnitt dargelegten Ansatz der theoriegeleiteten Evaluation und das hierauf aufbauende Wirkungsmodell zur Analyse öffentlicher Politik.

3 Evaluationsansatz, Evaluationsgegenstände und Wirkungsmodell

Um den einleitend erläuterten Schlüsselkomponenten eines modernen Evaluationsverständnisses zu entsprechen und gleichzeitig die bisher aufgezeigten theoretischen Schwerpunkte zu integrieren, gilt es, ein wissenschaftlich fundiertes, theoriegeleitetes und kontextsensitives Evaluationsmodell zu erarbeiten, das der Evaluation konzeptuell zu Grunde liegt und in unterschiedlichen Politikfeldern zur Analyse öffentlicher Politik eingesetzt werden kann. Hierfür wird der theoriegeleitete Evaluationsansatz nach Rossi (Rossi et al. 1999) um den kontextsensitiven realistischen Evaluationsansatz nach Pawson und Tilley (1997) ergänzt.

Die *theoriegeleitete Evaluation* geht zunächst von der impliziten Programmtheorie der öffentlichen Politik aus:

> "Every program embodies a conception of the structure, functions, and procedures appropriate to attain its goals. This conception constitutes the 'logic' or plan of the program, which we have called program theory. The program theory explains why the program does what it does and provides the rationale for expecting that doing things that way will achieve the desired results." (Rossi et al. 1999: 156)

Hier setzt die Evaluation an, indem sie diese Programmtheorie einer wissenschaftlichen Untersuchung zugänglich macht. Zu diesem Zweck werden Bewertungskriterien, Indikatoren und Erhebungsmethoden benötigt. Dabei gilt es zu beachten, dass die der Evaluation zugrunde gelegte Programmtheorie, genau wie das Programm bzw. die öffentliche Politik selbst, disziplinübergreifend angelegt ist. Konkret bedeutet dies zumeist, dass eine Evaluation eine politikwissenschaftliche Perspektive verfolgt, aber gleichzeitig politikbereichsspezifische Besonderheiten nicht vernachlässigt werden. Auf diese Weise stellt der theoriegeleitete Evaluationsansatz sicher, dass Lernprozesse ausgelöst und soziale Interventionen optimiert werden können.

Der Evaluationsansatz der theoriegeleiteten Evaluation fokussiert auf die in der Programmtheorie implizierten Kausalketten, welche die Teile eines Programms mit den angestrebten Programmzielen verbinden. Die oben bereits thematisierten Kontextfaktoren, die den Erfolg oder Misserfolg eines Programms maßgeblich beeinflussen, werden von diesem Ansatz allerdings eher vernachlässigt. Um diese Schwäche zu beheben, können Teile des theoriegeleiteten Evaluationsansatzes mit Ideen des Ansatzes der „Realistic Evaluation" nach Pawson und Tilley (1997) kombiniert werden. Dieser Ansatz ist in seiner Forschungslogik zwischen Positivismus und Konstruktivismus angesiedelt, indem er die Kontextbedingtheit von objektiv erkennbaren Phänomenen betont. Übertragen auf die Evaluation einer öffentlichen Politik bedeutet dies, dass letztere je nach Kontext andere Wirkungen zeigt. Eine Evaluation kann also nur dann tatsächliche Wirkungen analysieren, wenn Wechselbeziehungen zwischen öffentlicher Politik und Kontext miteinbezogen werden. Um diese Wechselbeziehungen abzubilden, werden sogenannte *Context-Mechanism-Outcome-*Konfigurationen (kurz: CMO-Konfigurationen) modelliert. Bestimmte, von einer öffentlichen Politik ausgelöste Mechanismen (M) werden in spezifischen lokalen, historischen, soziokulturellen und institutionellen Umfeldern (C) wirksam und führen zu entsprechenden Outcomes (O). Aufgabe der Evaluation ist es nun zu untersuchen, welche CMO-Konfigurationen jeweils vorherrschen und wann, wie und wo eine öffentliche Politik wirkt (vgl. Befani et al. 2007, Sager/Andereggen 2012).

Die Elemente einer öffentlichen Politik, die von einer Politikevaluationen untersucht und abgebildet werden, können mittels unterschiedlicher theoretischer Modelle strukturiert werden. Hierfür empfiehlt sich eine Typisierung nach dem Policy-Cycle (vgl. Knoepfel et al. 2001; Jann/Wegrich in diesem Band). Dieser Heuristik liegt die Vorstellung zugrunde, dass eine öffentliche Politik verschiedene Stufen durchläuft. Generell können *drei Phasen* unterschieden werden: Politikformulierung, Implementierung respektive Umsetzung und Wirkungsentfaltung. In der Phase der *Politikformulierung* wird zunächst das Problem definiert und sodann ein Programm konzipiert, welches das Problem adressiert und möglichst beseitigt. Für die *Implementierung* werden Umsetzungsstrukturen konstituiert und Umsetzungsprozesse definiert, damit die tatsächliche Leistung erbracht werden kann. Mit diesen Leistungen soll eine *Wirkung*, genauer eine Verhaltensänderung bei den Adressaten des Programms hervorgerufen werden. Die Verhaltensänderungen der Adressaten tragen schließlich in gewissem Grad zur Lösung des in der Phase der Politikformulierung definierten Problems bei. Am Ende dieses Zyklus stellt sich zumeist die Frage, wie das existierende Programm verbessert bzw. an veränderte kontextuelle Bedingungen angepasst werden kann, womit eine neue Phase der Politikformulierung beginnt und der Zyklus von neuem durchlaufen wird. In jeder Phase des Policy-Cycle entstehen „Zwischenprodukte", die Gegenstände einer Evaluation sein können und mittels Evaluationskriterien untersucht werden. Diese Gegenstände mit den zugehörigen Evaluationskriterien werden im Folgenden dargestellt. Abbildung

1 stellt das Wirkungsmodell grafisch dar. Aufgrund der linearen Abfolge der Evaluationsgegenstände ist von einem linearen Wirkungsmodell die Rede.

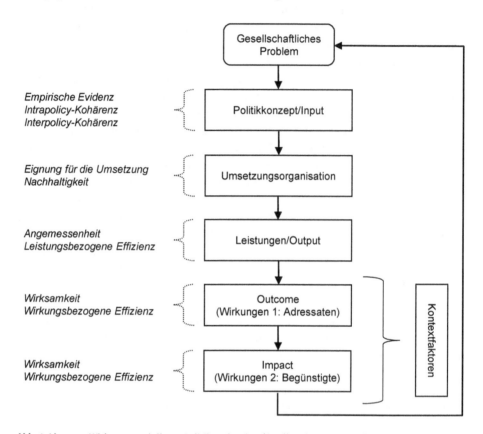

Abb. 1: Lineares Wirkungsmodell von Politikevaluation (Quelle: eigene Darstellung nach Knoepfel/Bussmann 1997)

Ursprung einer Policy ist das als gesellschaftlich relevant anerkannte Problem, zu dessen Lösung in der Politikformulierungsphase ein *Politikkonzept* entwickelt und beschlossen wird. Während das Problem Auslöser einer öffentlichen Politik ist, stellt es aber keinen Evaluationsgegenstand dar, da es in einer Politikevaluation keiner Bewertung unterzogen wird. Vielmehr geht es um die Bewertung der Lösung. Der erste Evaluationsgegenstand ist deshalb das *Politikkonzept*. Das *Politikkonzept* oder der *Input* bezeichnet die Gesamtheit der rechtlichen Bestimmungen und der diese konkretisierenden Vorgaben, die zu einer Politik formuliert wurden, also die Politik, wie sie auf dem Papier steht, noch ungeachtet ihrer tatsächlichen Umsetzung. Im Idealfall umfasst das Politikkonzept vier aufeinander abgestimmte Komponenten (vgl. Abbildung 2). Die *Problemdefinition* enthält Annahmen über die Art des Problems, dessen Ursachen, Intensität und Verbreitung. Hierfür werden im

Politikkonzept Kausalhypothesen formuliert, welche aufzeigen, wie das in einem bestimmten gesellschaftlichen Bereich ausgemachte Problem durch eine öffentliche Politik adressiert werden soll. Die Problemdefinition beinhaltet eine hohe politische Komponente (vgl. Jann/Wegrich in diesem Band). Die *Zielvorgaben* enthalten nun konkrete Vorgaben zur Zustandsänderung im Problemfeld. Es können *substanzielle*, die Wirkungen des Programms betreffende Vorgaben, und *operative*, die Umsetzungsstruktur regelnde Vorgaben unterschieden werden. Außerdem können entsprechend dem Zeithorizont und dem Konkretisierungsgrad Zielvorgaben gegliedert und analysiert werden. Um die Vision, die daraus abgeleiteten Haupt- und Unterziele sowie beabsichtigte Nebenwirkungen systematisieren zu können, empfiehlt sich die Abbildung in einem Zielsystem (vgl. Ledermann/Sager 2009). Damit die gemachten Zielvorgaben erreicht werden können, benötigt ein politisches Programm *operative Vorgaben*, welche Policy-Instrumente definieren, durchzuführende Aktivitäten beschreiben und Interventionsbereiche abstecken. Je nach Umfang des Politikkonzepts enthalten die operativen Vorgaben unterschiedliche Konkretisierungsstufen, Ansatzpunkte und modellierte Wechselwirkungen zwischen Aktivitäten. Schließlich enthält ein vollständiges Politikkonzept *organisatorische Vorgaben*, welche Zuständigkeiten definieren und benötigte Ressourcenausstattungen festlegen. Unterschieden werden strukturelle und prozedurale Vorgaben. Abbildung 2 fasst die dargelegten Komponenten des Politikkonzepts zusammen und stellt deren hierarchische Beziehung dar. Um den Evaluationsgegenstand *Politikkonzept* zu evaluieren, können folgende Evaluationskriterien herangezogen werden:

– *Empirische Evidenz*: Dieses Kriterium beschreibt die wissenschaftliche Abstützung des Politikkonzepts. Wird bei der Problemdefinition und den Interventionshypothesen auf wissenschaftliche Erkenntnisse zurückgegriffen, die das Politikkonzept in bestehender Form rechtfertigen bzw. unterstützen? Ist es somit realistisch und enthält überhaupt die reale Möglichkeit, dass die öffentliche Politik „funktioniert"?

– Zudem wird die *logische Kohärenz* sowohl des Politikkonzepts selbst (*Intrapolicy-Kohärenz*) als auch in Bezug auf andere politische Maßnahmen im jeweiligen gesellschaftlichen Problembereich (*Interpolicy-Kohärenz*) untersucht. Ist das Politikkonzept in sich stimmig und widerspruchsfrei, werden Synergien genutzt und befindet es sich in Einklang mit anderen Politiken?

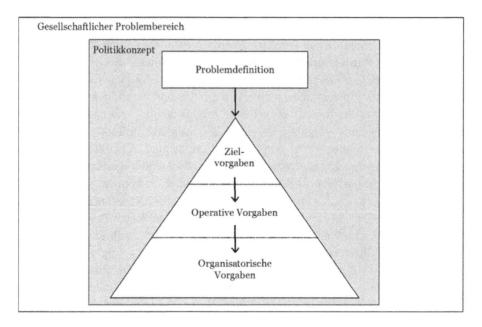

Abb. 2: Das Politikkonzept und seine Bestandteile (Quelle: Ledermann/Sager 2009: 10)

Die *Umsetzungsorganisation* oder das Behördenarrangement bezeichnen die Gesamtheit der *tatsächlich* existierenden Umsetzungsstrukturen und Umsetzungsprozesse einer öffentlichen Politik. Diese umfassen die gesamte Organisation, die den Ablauf und die Zusammenarbeit und Koordination zwischen den involvierten Akteuren bei der Umsetzung einer Politik regelt. Oft wird zwischen der Umsetzungsorganisation auf der Programmebene der öffentlichen Politik und den Projektebenen einzelner enthaltener Projekte oder Maßnahmen unterschieden. Für die Evaluation der Umsetzung empfehlen sich folgende Kriterien:

– *Eignung für die Umsetzung*: Die Umsetzungsorganisation (Behördenarrangement) wird auf ihre Eignung für den Vollzug analysiert. Sind die Aufgaben zweckmäßig verteilt bzw. eignen sich die Vollzugsträger prinzipiell für den Vollzug? Besitzen sie das entsprechende Know-how, einschlägige Erfahrung und genügend zeitliche und materielle Ressourcen?

– *Nachhaltigkeit*: Mit diesem Kriterium wird überprüft, ob die Umsetzungsorganisation institutionell verankert ist und eine Finanzierungssicherheit in Bezug auf die nötige Aufgabenerfüllung besteht, um die zukünftige Aufgabenerbringung entsprechend den Vorgaben aus dem Politikkonzept zu sichern.

Der *Output* beschreibt die Gesamtheit der Endprodukte des politisch-administrativen Umsetzungsprozesses, d. h. die Angebote und Leistungen der Verwaltung und weiterer in die Umsetzung der Politik involvierter Akteure. Er stellt die direkte Verbindung zwischen Umsetzungsakteuren und Adressaten dar. Oft werden Zwischenoutputs produziert, die von Akteuren „weiterverarbeitet" werden und erst dann die Adressaten erreichen. Der Output einer öffentlichen Politik kann unterschiedliche Formen annehmen. Die folgenden Kriterien dienen der Evaluation dieses Evaluationsgegenstands:

- Das Kriterium der *Angemessenheit* untersucht, ob die Leistung in Art, Umfang und Qualität den Vorgaben aus dem Politikkonzept entspricht. Es ist zu betonen, dass mit diesem Kriterium noch nicht die Wirkung der öffentlichen Politik evaluiert wird. So können zwar die Adressaten mit dem Output zufrieden sein, allerdings macht dies noch keine Aussage in Bezug auf die Wirkung und den Problemlösungsbeitrag der Politik.
- Die *leistungsbezogene Effizienz* fragt schließlich, ob das Verhältnis von Ressourceneinsatz und Leistungserbringung angemessen ist. Auch hier werden noch keine die Wirksamkeit der Politik betreffende Aussagen getroffen.

Der *Outcome* umschließt die Verhaltensänderung bei den Adressaten. Adressaten sind Personen oder Institutionen, deren Verhalten durch die Politik verändert werden soll, sodass bei den Endbegünstigten ein Nutzen generiert wird. Endbegünstigte sind Personen, Institutionen oder andere Subjekte, die von der öffentlichen Politik profitieren sollen. Folglich beschreibt der Outcome die Gesamtheit der durch die Politik ausgelösten Verhaltensänderungen, die bei den Adressaten beobachtet werden können. Besonderes Augenmerk gilt hierbei etwaigen nichtbeabsichtigten Verhaltensänderungen, die gegebenenfalls die Wirkung der Politik negativ beeinflussen können oder gar vollends zunichte machen. Um den Outcome zu evaluieren, werden folgende Kriterien herangezogen:

- Die *Wirksamkeit des Outcome* bestimmt den Grad der Übereinstimmung zwischen beabsichtigter und tatsächlich gezeigter Verhaltensänderung. Zeigen also die Adressaten eine Verhaltensänderung, die so im Politikkonzept angestrebt wurde?
- Mit der *wirkungsbezogenen Effizienz des Outcome* wird das Verhältnis von Ressourceneinsatz und den dadurch erzielten Verhaltensänderungen beurteilt. Hier stellt sich die konkrete Frage, ob die Verhaltensänderung auch ressourcenschonender hätte erreicht werden können.

Der *Impact* als letzter Evaluationsgegenstand umfasst die Gesamtheit der Veränderungen im gesellschaftlichen Problembereich, die sich ursächlich auf die Bestandteile der öffentlichen Politik zurückführen lassen. Zentral ist die Beantwortung der Frage, ob sich die Situation der Endbegünstigten tatsächlich entsprechend den im Politikkonzept formulierten Zielen verändert hat. Auch rücken etwaige indirekte Auswirkungen der öffentlichen Politik (auf die Gesamtgesellschaft und/oder auf die Volkswirtschaft) in den Fokus. Für die Bewertung des Impact bieten sich folgende Evaluationskriterien an, die den letztendlichen Erfolg der Politik beurteilen:

– Die *Wirksamkeit des Impact* misst den Grad der Übereinstimmung zwischen beabsichtigten und tatsächlich eingetretenen Wirkungen in Bezug auf den Problemlösungsbeitrag.
– Die *wirkungsbezogene Effizienz des Impact* bewertet schliesslich das Verhältnis von eingesetzten Ressourcen und eingetretenen Wirkungen der Politik.

Wie aus den dargestellten Evaluationsgegenständen des Wirkungsmodells ersichtlich wird, können diese bis zu einem gewissen Grad einzeln bzw. separat evaluiert werden. Diese Tatsache entspricht auch der Realität der Evaluationspraxis. Die meisten Evaluationen setzen bei der Bewertung und Beurteilung gewisse Schwerpunkte, sei dies aus zeitlichen, ressourcentechnischen oder praktischen Gründen. Allerdings liegt auf der Hand, dass diesen Schwerpunktsetzungen strenge Grenzen gesetzt sind, will man zu realistischen Erkenntnissen in Bezug auf Funktionieren und Wirken einer öffentlichen Politik gelangen. Das zeigt schon das zuletzt dargestellte Evaluationskriterium der *wirkungsbezogenen Effizienz des Impact*: Will man das Verhältnis von eingesetzten Ressourcen und eingetretenen Wirkungen der Politik beurteilen, müssen zuvor die Eignung der Umsetzung und die Wirkungen der Politik separat untersucht worden sein. Viele Beurteilungen und Bewertungen in einer Evaluation bauen also aufeinander auf. Generell hält die Verbindung von Konzept- und Umsetzungsevaluation in einer sog. *Globalevaluation* gewichtige Vorteile bereit: So erlaubt eine Globalevaluation die genaue Zurückführung von Wirkungsdefiziten auf *Policy Failure* (auch Theoriefehler) und *Implementation Failure* (auch Umsetzungsfehler) sowie die Aufdeckung von Wechselwirkungen zwischen diesen beiden Fehlerquellen, und stellt eine notwendige Bedingung für die Möglichkeit dar, zielführende Lehren für die Weiterentwicklung und Verbesserung der öffentlichen Politik ableiten zu können (Ledermann/Sager 2009).

4 Evaluation institutioneller Politik

Das im vorherigen Abschnitt dargestellte Wirkungsmodell stellt in obiger Form natürlich ein verallgemeinertes, idealtypisches Modell dar, das je nach Evaluationsobjekt und spezifischem Politikkontext angepasst werden muss (vgl. Sager/Rüefli 2005). Es versteht sich gerade nicht als starre Schablone, die für jede öffentliche Politik in dieser Form verwendet werden kann. Trotzdem sind die Änderungen, die sich für die Evaluation ergeben, dann besonders signifikant, wenn der Gegenstand der Evaluation keine substanzielle Politik, sondern eine *institutionelle Politik* darstellt. Deshalb wird in diesem Abschnitt die Evaluation institutioneller Politik eigens erläutert und auf wichtige Unterschiede bei dieser speziellen Form der Evaluation eingegangen.

Zunächst muss hierfür die institutionelle Politik von der substanziellen, nachgerade „klassischen" Politik abgegrenzt werden. Letztere versucht durch inhaltliche Vorgaben und unter Verwendung unterschiedlicher Policy-Instrumente das anvisierte Adressatenverhalten direkt zu verändern und somit das gesellschaftliche Problem zu lösen. Institutionelle Politik geht einen Umweg, indem sie das Institutionengefüge verändert und damit die Machtverteilung zwischen Akteuren und Prozessen beeinflusst, sodass durch die veränderte institutionelle Politik in einem zweiten Schritt auch Policy-Ziele erreicht werden können. Weiterhin müssen zwei Arten von institutioneller Politik unterschieden werden. Die erste Gattung institutioneller Politik umfasst *politische Institutionen* bzw. die Gestaltung derselben. Politische Institutionen sind anerkannte Regelsysteme politischer Willensbildung und Willensumsetzung wie Wahl- und Regierungssysteme sowie die gliedstaatliche Kompetenzverteilung in föderalistischen Staaten. Sie beziehen sich auf die Metaebene des politischen Systems und kennzeichnen dessen Inputseite (Sager 2009). Die zweite Gattung beschreibt *Institutionenpolitik*, die auf der tiefer gelegenen Meso-Ebene angesiedelt ist und die Outputseite des politischen Systems charakterisiert, indem sie die Voraussetzungen schafft, damit Sachpolitik ablaufen und wirken kann (Sager 2009). Für die Evaluation besonders relevante Beispiele sind Verwaltungsreformen und Reorganisationen im öffentlichen Sektor sowie Vollzugsstrukturen öffentlicher Politik (vgl. Kuhlmann 2008; 2009).

Speziell die *Institutionenpolitik* stellt Evaluator/-innen vor Herausforderungen, die sich zuvorderst auf die Anwendbarkeit des oben dargestellten Wirkungsmodells erstrecken. Konkret wird bei der Evaluation von Institutionenpolitik das Verwaltungshandeln nicht mehr als Teil der Umsetzungsorganisation einer substanziellen Politik evaluiert, sondern wird selbst primärer Gegenstand des Evaluationsinteresses. Die untersuchten Wirkungsketten verlaufen gänzlich innerhalb des Behördenarrangements und enden beim Output des Verwaltungshandelns (Sager 2009). In der Folge sind auch die oben dargestellten Wirkungsvariablen gänzlich *innerhalb des Behördenarrangements* angesiedelt. Dies stellt Evaluator/-innen oft vor Probleme, da die untersuchten Wirkungsketten im Vergleich zu substanziellen Politiken meist komplexer sind und oft einen hohen Abstraktionsgrad erfordern (Widmer 2002; Kuhlmann 2009). Zudem ist mit einem derartigen Wirkungsmodell noch nichts über die Wirkung der Institutionenpolitik außerhalb des Behördenarrangements gesagt. Verstärkt wird diese analytische Unzulänglichkeit noch dadurch, dass sich die eigentlichen Wirkungen von Institutionenpolitik häufig erst langfristig einstellen. In der Praxis behilft man sich deshalb oft mit der Verwendung von outputorientierten Zielgrößen, was allerdings Leistungserbringung mit Wirkungserzielung fälschlicherweise gleichsetzt. Weitere Herausforderungen für ein Wirkungsmodell zur Evaluation von Institutionenpolitik ergeben sich aus dem oft *nicht vorhanden Politikkonzept*, wodurch die Umsetzung einer Politik nicht mehr als realisiertes Politikkonzept begriffen werden kann und die Unterscheidung in Policy Failure und Implementation Failure erschwert wird. Schließlich stellt sich speziell im Fall einer Reformevaluation das Problem des *Moving Target*, nach dem die Umsetzungsorganisation zur Durchführung der Reform selbst Gegenstand der Veränderung ist. Dies birgt die Gefahr zirkulärer Wirkungsmodelle.

Zusammenfassend stellt die Evaluation institutioneller Politik große Herausforderungen an das Untersuchungsdesign und die Überprüfung der Wirksamkeit. Um diese Schwierigkeiten bei der Evaluation und daraus resultierende Qualitätsprobleme (Widmer 2002) in den Griff zu bekommen, empfiehlt sich eine stärkere Nutzenausrichtung der Evaluation, die in Anbetracht der zahlreichen Wechselwirkungen von Institutionenpolitik speziell eine stärkere Kontextsensitivität bei der Analyse impliziert (Sager 2009).

Bei der Evaluation von *politischen Institutionen* können generell zwei Arten von Evaluationen unterschieden werden. *Soll-Ist-Vergleiche* gehen davon aus, dass politische Institutionen gewisse Ziele auf der Politics- und Policy-Ebene verfolgen. Bei der Evaluation wird nun untersucht, inwieweit die politische Institution ihre Ziele erreicht und wo Funktionsprobleme zu finden sind. Ein Beispiel ist die Untersuchung eines föderalistischen Systems auf seine tatsächlichen Vorteile und Nachteile in den Bereichen Bürgerbeteiligung, ökonomische Performanz, Verteilungsgerechtigkeit, etc. (vgl. Vatter/Sager 1996). Im Unterschied zu Soll-Ist-Vergleichen versuchen *wirkungsorientierte Evaluationen* sämtliche Wirkungen einer politischen Institution zu eruieren. Im Allgemeinen findet die Evaluation von politischen Institutionen zumeist als Grundlagenforschung statt, auch weil die Reformfähigkeit selbiger aufgrund selbsterhaltender Mechanismen und Veto-Punkten (siehe dazu den Beitrag von Wenzelburger/Zohlnhöfer in diesem Band) stark beschränkt ist. Evaluationen haben deswegen in erster Linie die Aufgabe, die Wechselwirkungen von politischen Institutionen und der Gesellschaft reflektierend zu begleiten und so im besten Fall die Wahrnehmung von politischen Institutionen nachhaltig zu verändern.

5 Nutzung von Evaluationen

Nachdem die vorangegangenen Abschnitte die Entstehung der Evaluation als Disziplin, ihre Bestandteile sowie ihr Funktionieren erläutert haben, stellt sich im Folgenden die Frage nach der eingangs erwähnten Kontexteinbettung von Evaluation. Welche Bedeutung haben Evaluationen für den politischen Prozess, für die wissenschaftliche Politikfeldanalyse und für modernes Regierungs- und Verwaltungshandeln? Um diese Fragen zu beantworten und die Politikevaluation zu situieren, müssen die unterschiedlichen Verbindungen der Evaluation zum politisch-administrativen Komplex eines staatlichen Systems herausgearbeitet werden. Die Politikevaluation stellt eine wissenschaftlich abgestützte Form der Politikberatung dar, deren Erkenntnisse in unterschiedlicher Form im politischen Prozess nutzbar gemacht werden können. In Tabelle 3 sind die drei Dimensionen der Valorisierung zusammengefasst (vgl. Stockbauer 2000; Sager/Ledermann 2008).

Tab. 3: Drei Dimensionen von Nutzbarmachung von Evaluationen

Dimension	Erläuterung
Nutzung (Verwendung, Verwertung)	Wertfreier, objektiv beobachtbarer Gebrauch von Evaluationen
Nützlichkeit (Verwendbarkeit, Verwertbarkeit)	Beschreibt das Nutzungspotenzial von Evaluationen
Nutzen	Wertmäßige, subjektive Beurteilung der Qualität und Nützlichkeit von Evaluationen

Quelle: eigene Zusammenstellung

Wichtigste Dimension ist dabei die tatsächliche Nutzung von Evaluationen im politischen Prozess. Die Untersuchung von Bedingungen für und Arten von Nutzung hat im Fall von Evaluationen lange Tradition, rechtfertigt doch letztendlich die (positive) Beeinflussung des Politikprozesses durch die Evaluation die Durchführung selbiger. So wurde in den 1960er-Jahren die Verwendungsforschung durch die Einsicht initiiert, dass die durch die Evaluation erarbeiteten wissenschaftlichen Ergebnisse und Empfehlungen meist nicht umgesetzt wurden. Erklärungsgründe hierfür wurden in erster Linie im jeweiligen politischen Kontext und in der Rolle der an der Evaluation beteiligten Stakeholder, die häufig auch die Nutzer der Evaluationsergebnisse darstellen, ausgemacht. Auch wurde schnell offensichtlich, dass zwischen unterschiedlichen Verwendungsarten differenziert werden musste. So wurden Empfehlungen zwar selten direkt umgesetzt, allerdings kam es durch Evaluationsergebnisse häufig zu einem Umdenken der Stakeholder. Carol H. Weiss hat diese indirekte Form der Nutzung als Enlightenment- bzw. Aufklärungsnutzung bezeichnet. Diese Ausrichtung der Verwendungsforschung führte in den 1970er- und 1980er-Jahren zu zahlreichen, zumeist quantitativ ausgerichteten Studien, welche versuchten, die Determinanten der Nutzung von Evaluationen zu bestimmen. Allerdings kristallisierte sich kein eindeutiges Kompendium an die Nutzung bedingender Faktoren heraus, sodass in den 1990er-Jahren eine gewisse Ernüchterung in der Verwendungsforschung einkehrte und manche Forscher/-innen folgerten, dass die Evaluator/-innen den Einfluss der von ihnen durchgeführten Evaluation aufgrund ihrer Kontextabhängigkeit schlussendlich nicht beeinflussen könnten (vgl. Weiss 1988a; 1988b). Patton (1988) widersprach dieser Schlussfolgerung und setzte ihr die bereits im Theorieteil dieses Beitrags diskutierte verstärkte Anwendungsorientierung von Evaluationen entgegen, um die Nutzung von Evaluationsergebnissen zu forcieren.

In der Verwendungsforschung hat sich mittlerweile eine Differenzierung von Nutzungsarten herausgebildet, die hilft, die Analyse des Einflusses spezifischer Kontextsituationen auf die Nutzung genauer zu untersuchen. Generell wird zwischen vier Nutzungsarten unterschieden (vgl. Johnson 1998):

– *Instrumentelle Nutzung*: Die Ergebnisse und Empfehlungen einer Evaluation lösen konkrete Veränderungen aus. Aufgrund der Evaluation handeln die Nutzer/-innen entsprechend.
– *Konzeptuelle Nutzung*: Die Ergebnisse und Empfehlungen einer Evaluation lösen kognitive Veränderungen bei den Nutzer/-innen aus (Denken, Wahrnehmung).
– *Prozedurale Nutzung*: Durch die Teilnahme am Evaluationsprozess kommt es bei Nutzer/-innen zu konkreten Handlungsänderungen oder kognitiven Veränderungen.
– *Symbolische Nutzung*: Diese auch als legitimatorische, taktische oder persuasive Nutzung bezeichnete Form der Verwendung stellt keine wirkliche Veränderung dar. Evaluationsergebnisse und -empfehlungen werden lediglich instrumentalisiert, um eine bereits bestehende Haltung zu festigen bzw. zu begründen.

Diese vier Formen der Nutzung dienen in dieser oder leicht abgeänderter Form bis heute den meisten Studien zur Verwendungsforschung als Analyseraster (z.B. Balthasar 2006; Weiss et al. 2005). Allerdings konnten, trotz zahlreicher Studien, nur wenige generelle Erkenntnisse zur Verwendung von Evaluationen erarbeitet werden. So gilt es als wahrscheinlich, dass es aufgrund von Evaluationen dann kaum zu Veränderungen kommt, wenn Konflikte zwischen Stakeholdern existieren. In solchen Fällen dient die Evaluation meist nur zur Unterstützung der bereits bestehenden Position, es kommt also nur zu einer symbolischen Nutzung. Folglich wirken sich der Konfliktgrad und der Problemdruck im Evaluationsumfeld negativ auf die Verwendung aus (Ledermann 2012; Valovirta 2002). Eine zweite Erkenntnis betrifft den positiven Einfluss der Einbeziehung der Nutzer/-innen auf die Verwendung von Evaluationsergebnissen und -empfehlungen. Ein partizipativ ausgestalteter Evaluationsprozess erhöht die Nachvollziehbarkeit der Ergebnisse bei den Nutzer/-innen und kann dadurch die instrumentelle und konzeptuelle Nutzung steigern (Ledermann 2012).

Trotz ihrer ungebrochenen Popularität in der Verwendungsforschung wurden diese vier Formen der Nutzung auch kritisiert (Mark/Henry 2004). So fehlen klare Indikatoren für die einzelnen Nutzungsarten, was eine empirische Untersuchung der tatsächlichen Verwendung erschwert. Zudem ist die Kategorisierung nicht frei von Überschneidungen: Die Quelle der Veränderung ist im Fall der prozeduralen Nutzung die Teilnahme am Evaluationsprozess, im Fall der instrumentellen und konzeptuellen Nutzung sind es die Ergebnisse und Empfehlungen von Evaluationen. Zudem beschreiben die vier Kategorien unterschiedliche Typen von Veränderungen, die teils aufeinander aufbauen: Einer instrumentellen Nutzung geht häufig

eine konzeptuelle Nutzung, oder besser, Verinnerlichung von Evaluationserkennt-
nissen und -empfehlungen voraus.

Diese Abgrenzungs- und Operationalisierungsprobleme haben schließlich dazu
geführt, dass der Begriff ‚Verwendung' in Zusammenhang mit Evaluationen generell
in Frage gestellt wurde (Kirkhart 2000). Anstelle von Verwendung sollte der Begriff
Einfluss (Influence) treten, um diffuse, zeitlich schwer abgrenzbare und wenig zielgerichtete Wirkungen von Evaluationen ebenfalls erfassen zu können. Darauf aufbauend schlagen Mark und Henry (2004) vor, die einzelnen Prozesse, von allgemeinen, kognitiven und motivationalen Prozessen bis zu Verhaltensprozessen, die
durch Evaluationen beeinflusst werden, verstärkt zu untersuchen. Zudem lenken sie
die Aufmerksamkeit auf unterschiedliche Kontextbedingungen, die den Einfluss
von Evaluationen jeweils behindern oder fördern können.

Ob nun von Nutzung oder Einfluss im Zusammenhang mit Evaluationen gesprochen wird, ist es doch unzweifelhaft, dass professionell durchgeführte und
qualitativ hochwertige Evaluationen die *potenzielle Nutzung* bzw. den potenziellen
Einfluss im politischen Prozess zu steigern vermögen. Zu diesem Zweck wurden in
jüngerer Zeit vielfach *Evaluationsstandards* festgelegt, die gegenstandsunabhängige
und bereichsübergreifende Anforderungen an Evaluationen formulieren und nicht
nur von Evaluator/-innen, sondern von sämtlichen Stakeholdern berücksichtigt
werden müssen. Beispielsweise haben die deutsche und die schweizerische Evaluationsgesellschaft Standards publiziert, die sich in vier Gruppen untergliedern
(DeGEval 2002; SEVAL 2000):

– Die Einhaltung von *Nützlichkeitsstandards* soll dafür sorgen, dass eine Evaluation die Informationsbedürfnisse designierter Nutzer/-innen möglichst befriedigt
  sowie eindeutige und klar festgelegte Evaluationsziele verfolgt.
– *Durchführbarkeitsstandards* sollen gewährleisten, dass eine Evaluation realistisch, durchdacht und diplomatisch, aber auch kostenbewusst konzipiert und
  durchgeführt wird.
– *Fairness-Standards* bzw. *Korrektheitsstandards* sollen den fairen und respektvol-
  len Umgang mit sämtlichen Beteiligten während der Evaluation sowie eine
  rechtlich und ethisch korrekte Durchführung ermöglichen.
– Die *Genauigkeitsstandards* sollen schließlich sicherstellen, dass eine Evaluation
  gültige und verwendbare Informationen produziert und vermittelt.

Diese sowie vergleichbare Standards erfreuen sich steigender Akzeptanz in der Praxis, allerdings sind sie auch kontinuierlichem Veränderungsdruck ausgesetzt, nicht
zuletzt weil die Umsetzung und Operationalisierung der Standards weiterhin
schwierig ist sowie teilweise Überschneidungen und sogar Widersprüche existieren.

6 Evidenzbasierte Politik

Um die gestiegene Bedeutung von Evaluationen verstehen zu können, muss die Politikevaluation im Kontext des in jüngerer Zeit v. a. im deutschsprachigen Raum immer bekannter werdenden *Evidence-Based Policy-Making* (EBP) betrachtet werden (Frey/Ledermann 2010). Dieser Begriff orientiert sich an den etablierten Prinzipien der Evidence-Based Medicine und geht auf eine durch die Labour-Regierung unter Tony Blair in Großbritannien initiierte Reformbestrebung zurück, die unter dem Motto „What matters is what works" anstelle ideologiegetriebener Politik eine informierte, wissensgestützte Art der Politikformulierung setzen wollte. Politikformulierung sollte einem rationalen, bewährten Erkenntnissen folgenden Machbarkeitsdiktat unterworfen werden (Frey 2012; Frey/Ledermann 2010; Ledermann 2013).

Allerdings ist Evidenz im Kontext des EBP kein klar definierter Begriff. So herrscht geteilte Meinung, ob hiermit nur wissenschaftliche Erkenntnisse, oder auch gesicherte Informationen anderer Art gemeint sind. Eine enge Definition von Evidenz hat jedenfalls den Nachteil, dass viele Formen politikrelevanten Wissens vernachlässigt werden. Auch das britische *Cabinet Office* hat *evidence* recht breit definiert:

> "The raw ingredient of evidence is information. Good quality policy making depends on high-quality information, derived from a variety of sources – expert knowledge; existing domestic and international research; existing statistics; stakeholder consultation; evaluation of previous policies; new research, if appropriate; or secondary sources, including the internet." (Cabinet Office 1999: 33)

Anstelle einer unkontrollierten begrifflichen Ausweitung, die Gefahr läuft, Kausalzusammenhänge zu vernachlässigen, empfiehlt sich für Analysezwecke eine klare Abgrenzung von Evidenz zu anderen Formen politikrelevanten Wissens (Ledermann 2013). *Evidenz* kann als forschungsbasierte Information verstanden werden, die mittels eines systematischen Verfahrens generiert und in objektiv nachvollziehbarer Form festgehalten worden ist (Sager/Ledermann 2008). Evidenz ist objektgebunden und hat statischen Charakter. Dadurch unterscheidet sie sich von einer anderen Form politikrelevanten Wissens, der *Expertise*. Letztere ist durch ihre Personengebundenheit weitaus weniger statisch, dafür aber situativ anwendbar (Dreyfus/Dreyfus 2005). Zudem umfasst sie im Gegensatz zur Evidenz auch implizites Wissen (Nutley et al. 2003). Eine solche Abgrenzung, in der Definition des Cabinet Office im Übrigen noch nicht klar ersichtlich, hat den Vorteil, genau analysieren zu können, welche Formen politikrelevanten Wissens von welchen Akteuren ins System eingespeist und von welchen Akteuren unter welchen Kontextbedingungen genutzt werden. EBP wird so einer wissenschaftlichen Untersuchung zugänglich gemacht.

Im Rahmen des EBP kommt der Evaluation eine besondere Rolle zu: In vielen Situationen reicht die Zeit nicht aus, um durch eine ausführliche (und zeitaufwändige) Evaluation eine informierte Entscheidungssituation herbeiführen zu können. Die durch die Evaluation produzierte Evidenz kommt also oft zu spät, um in die Politikformulierung integriert werden zu können. Stattdessen ist die Evaluation im Zuge der *systematischen Zweitauswertung von existierendem Wissen* von großer Bedeutung. Diese *Metaanalysen von Evaluationen* werden im Rahmen des EBP immer wichtiger (vgl. bspw. Sager 2005, 2007). Dabei stellt sich die Frage, wie die in unterschiedlichen Evaluationen gewonnen Erkenntnisse aggregiert und für eine spezifische Entscheidungssituation aufbereitet werden können. Eine erste Möglichkeit besteht in *quantitativ ausgerichteten Metaanalysen*, eine zweite in sog. *Narrative Reviews*, welche die qualitative Zusammenführung existierender Einzelfallstudien beschreiben. Beide Möglichkeiten haben ihre Vor- und Nachteile, die zu einem Trade-Off zwingen. *Quantitative Metaanalysen* liefern generalisiertes Wissen, leiden aber an mangelnder Kontextberücksichtigung. *Narrative Reviews* hingegen sind kontextsensitiv, die Generalisierbarkeit der Erkenntnisse ist dafür beschränkt. Einen Mittelweg bietet die auf dem realistischen Evaluationsansatz basierende Realist Synthesis nach Pawson (2002). Dabei werden anlässlich von sog. *Systematic Reviews* die in Abschnitt 3 erläuterten CMO-Konfigurationen in einzelnen Studien ermittelt, um die Wechselwirkungen von unterschiedlichen Mechanismen und Kontexteinflüssen sowie deren Auswirkungen auf die Outcomes Studien übergreifend zu bestimmen. Dieses Vorgehen ermöglicht im Idealfall eine kontextsensitive Generalisierung von Evaluationsergebnissen.

Die im Zusammenhang der EBP-Bewegung gestiegene Bedeutung von Evaluationen wird noch verstärkt durch die Tatsache, dass in vielen Fällen auch seitens der Politik eine *verstärkte Nachfrage nach Evidenz* besteht. Diese Nachfragewirkung führt Solesbury (2002: 91) zufolge zu einer „utilitaristischen Wende", die das Umdenken in der Wissenschaft hin zu stärkerer Anwendungsorientierung beschreibt.

Allerdings muss auch über die *Grenzen des EBP* und damit über die Grenzen des Einflusses von Evaluationen auf die Politikformulierung gesprochen werden. Die Komplexität letzterer steht nämlich der Idealform von Wissenseinspeisung, die von EBP gewissermaßen impliziert wird, entgegen. Ideal wäre eine rationale Abwägung zwischen Handlungsalternativen, von denen jeweils sämtliche Konsequenzen im Voraus bekannt sind. Dies ist aber meist nicht der Fall. Die Gründe hierfür liegen auf der Hand: Die Komplexität des politischen Prozesses schmälert die Aussage und Prognosekraft von wissenschaftlichen Erkenntnissen (Sanderson 2006), sodass viele Konsequenzen und „nicht-intendierte Nebenwirkungen" unberücksichtigt bleiben. Zudem besteht nicht immer vollkommene Klarheit über das Problem, das gelöst werden muss (Parsons 2004: 50), was im Umkehrschluss bedeutet dass auch unklar bleibt, welche Formen öffentlicher Politik überhaupt einer evidenzbasierten Überprüfung unterzogen werden sollten, um das Problem zu adressieren (Ledermann 2013). Auch können aufgrund von Zeit- und Ressourcenbeschränkungen häufig schlicht nicht alle Maßnahmen ausgiebig überprüft werden. Schließlich muss Evidenz auch aufbereitet werden, um Kenntnis zu erlangen (Tenbensel 2004). Aufgrund dieser Beschränkungen sprechen manche Autoren auch von „evidence-informed" oder „evidence-inspired" und schwächen so die Rolle von Evidenz für die Politikformulierung ab (z. B. Nutley et al. 2003). Auch soll nicht unerwähnt bleiben, dass EBP manchen Formen der Nutzung von politikrelevantem Wissen in gewisser Weise diametral entgegensteht: EBP impliziert nämlich, dass bei den politischen Akteuren der *Wille zur Verwendung* von Evidenz stets vorhanden ist. Die im vorangegangenen Abschnitt thematisierte symbolische Nutzung unterstellt aber eine legitimatorische, taktische oder persuasive Nutzung von Evidenz. In solchen Fällen wird der zweifellos vorhandene Spielraum beim Rückgriff auf Evidenz genutzt.

Zusammenfassend gilt, dass dem Ansatz des EBP komplexitäts- und kontextbedingte Grenzen gesetzt sind. In diesem Zusammenhang ist das im nächsten Abschnitt erläuterte institutionalisierte Regulatory Impact Assessment (RIA) zu verorten.

7 Regulatory Impact Assessment (RIA)

Um die Berücksichtigung von Evidenz bei der Politikformulierung – trotz der im vorherigen Abschnitt erläuterten Grenzen des EBP-Ansatzes – zu fördern oder unter bestimmten Umständen gar zu erzwingen, existiert die Idee, die *Evidenzeinspeisung in die Politikformulierung zu institutionalisieren.* Das in vielen Staaten verankerte *Regulatory Impact Assessment* (RIA) ist ein Produkt dieser Bestrebungen. RIA ist ein ex-ante Instrument, dem die Annahme zugrunde liegt, dass die Folgen konkreter politischer Maßnahmen modelliert und damit zu einem guten Teil vorausgesagt werden können, indem auf bestehendes Wissen über die Wirksamkeit und Problemlösungskapazität unterschiedlicher Interventionen zurückgegriffen wird. In diesem Sinne basieren RIAs auf dem oben erläuterten EBP, reichen in ihrem Anspruch aber noch über letzteres hinaus.

Die Institutionalisierung des RIA-Ansatzes ist vielen Ländern ein Anliegen und wird durch die OECD standardisiert und gefördert (OECD 2008; 2012). Die Bertelsmann Stiftung misst im Rahmen des Sustainable Governance Indicators (SGI) Projekts systematisch die Nutzung von RIA in den OECD-Staaten, die letzten Daten liegen für das Jahr 2011 vor (www.sgi-network.org). Dem RIA-Ansatz kommt in der so genannten „Better-Regulation-Debatte", die durch die zahlreichen während der Finanzkrise aufgedeckten Regulierungsfehler neu befeuert wurde, eine Schlüsselrolle zu (Wegrich 2010). Chronisch finanzschwache Staaten haben ein besonderes Interesse daran, staatliche Eingriffe auf Erfolg und Rentabilität zu überprüfen (vgl. bspw. Lodge/Wegrich 2010).

Um dabei behilflich zu sein, geht der RIA-Ansatz zunächst von der Grundeinsicht aus, dass staatliche Eingriffe weitreichende, oft schwierig zu identifizierende Konsequenzen zeitigen: „they affect many different groups in society and the effects may be of many different types. Many of the effects are ‚hidden‘, or at least are difficult to identify when a regulation is being considered" (OECD 2008: 3). Um diese Konsequenzen bestimmen zu können, werden in einem ersten Schritt sämtliche verfügbaren und entscheidungsrelevanten Informationen gesammelt und ausgewertet. Kommt man zum Schluss, dass basierend auf diesen Informationen ein staatlicher Eingriff zielführend ist und das jeweilige gesellschaftliche Problem adressiert werden kann, wird die betrachtete staatliche Maßnahme auf ihre vermeintlichen Kosten untersucht. In einem letzten Schritt wird das ermittelte Kosten-Nutzen-Verhältnis der staatlichen Maßnahme mit anderen potentiell in Frage kommenden Policies verglichen. Dieser idealtypisch zu durchlaufende Prozess der Politikanalyse soll den politischen Prozess informieren und, den Zielen des EBP entsprechend, auf eine rationale, systematische und evidenzbasierte Grundlage stellen.

Werden RIAs bei der Politikformulierung vorgeschrieben, ist ersichtlich, wie Staaten versuchen, EBP zu institutionalisieren. Ein Beispiel hierfür ist die in der Schweiz gesetzlich verankerte Regulierungsfolgenabschätzung, die vorschreibt, dass sämtliche neu verabschiedeten Gesetzesbeschlüsse sowie Gesetzesänderungen einem RIA unterzogen werden müssen. Dabei werden zur Diskussion stehende Vorschläge, bevor im Parlament über ihre Umsetzung abgestimmt wird, einem Test unterzogen, der die Notwendigkeit und Möglichkeit staatlichen Handelns eruiert, Auswirkungen auf einzelne gesellschaftliche Gruppen und die Volkswirtschaft ermittelt sowie alternative Regelungen und die Zweckmäßigkeit im Vollzug untersucht.

Diese institutionalisierte Form wissenschaftlicher Politikformulierung klingt auf dem Papier einleuchtend, allerdings muss auch hier thematisiert werden, wie RIAs den tatsächlichen politischen Prozess beeinflussen bzw. in diesen integriert werden können. Um die komplexen Zusammenhänge und unklaren Grenzen zwischen der Folgenabschätzung und dem politischen Prozess untersuchen zu können, kann auf die in Abschnitt 5 erläuterten vier Arten der Nutzung politikrelevanten Wissens zurückgegriffen werden. „RIA is a particularly fascinating case for the analysis of the role of knowledge in policy-making because it has quasi-scientific ambitions, but also takes place at the heart of government" (Hertin et al. 2009: 413). Untersuchungen zeigen, dass für die Nutzung von Wissen im Politikprozess nicht nur die spezifische Ausgestaltung des RIA-Prozesses, sondern auch die Konstellationen relevanter, in die Prozesse involvierter Akteure und der Kontext des jeweiligen politischen Prozesses sowie institutionelle Gegebenheiten des politischen Systems entscheidende Faktoren sind (Rissi/Sager 2013; Sager/Rissi 2011). So scheint es zwar prinzipiell möglich, dass RIAs instrumentell und konzeptionell genutzt werden und dadurch den Prozess der Politikformulierung verbessern. Allerdings handelt es sich auch hier um Instrumente, die überwiegend symbolisch genutzt werden und somit

nicht ungeachtet ihres spezifischen politischen Kontexts erfolgreich eingeführt
werden können.

8 Fazit

Die Politikevaluation entstand aus dem Bedarf nach Wissen über die Wirksamkeit
von öffentlicher Politik heraus, sowohl um diese zu rechtfertigen als auch um sie zu
verbessern. Der hier nachgezeichnete Weg von der Evaluation als Grundlagenforschung zur nutzungsorientierten Bereitstellung von Wissen zeigt, dass die Nachfrage nach Evidenz in nächster Zeit nicht abbrechen wird. Ob damit der Schluss gezogen werden kann, dass der Evaluation eine goldene Zukunft bevorsteht, ist aber
fraglich. *Evidence-based Policymaking*, wissenschaftliche Politikformulierung, sowie
das *Regulatory Impact Assessment* haben nicht nur eine stärkere Nachfrage nach
Wissen erzeugt, sondern auch eine „utilitaristische Wende" in der Wissenschaft hin
zu Anwendungsorientierung und Einbezug der Nutzer/-innen mitverursacht. Gerade
im Falle der RIA stellt sich dabei auch die Frage, inwiefern Empirie, die bei der klassischen Politikevaluation im Zentrum steht, überhaupt noch eine Rolle spielt und
nicht von reinen Modellschätzungen abgelöst wird. Insgesamt bringt die Ära des
„Evidence-Based-Everything" (Pawson et al. 2011: 519) zahlreiche neue Herausforderungen. Wie insbesondere die Abschnitte 3 und 4 gezeigt haben, braucht es seitens der Evaluator/-innen ein großes Maß an Sachverstand und Expertise, um in
komplexen Politikbereichen qualitativ hochwertige und v.a. aussagekräftige Evaluationen durchführen zu können. Betrachtet man die in Abschnitt 2 dargelegte Theoriedebatte im Zeitraffer, wird klar, dass hierbei ein Spagat zwischen Wissenschaftlichkeit, Theoriefundierung und Qualität, sowie Anspruchsorientierung und
Berücksichtigung des „evaluativen Kontexts" vollzogen werden muss. Die verstärkte Bedeutung von Evaluationen im politischen Prozess formuliert neue Ansprüche
an Wissenschaft und Praxis und wird diese besondere Disziplin der Politikfeldanalyse noch lange beschäftigen.

9 Literatur

Balthasar, Andreas, 2006: The Effects of the Institutional Design on the Utilization of Evaluation. In:
Evaluation 12:3, 353–371.
Befani, Barbara/Ledermann, Simone/Sager, Fritz, 2007, Realistic Evaluation and QCA: Conceptual
Parallels and an Empirical Application. In: Evaluation 13:2, 25–46.
Cabinet Office, 1999: Professional Policy Making for the Twenty First Century. London.
Campbell, Donald T., 1969: Reform as Experiments. In: American Psychologist 24:4, 409–429.
DeGEval, 2002: Standards für Evaluation. Köln: Deutsche Gesellschaft für Evaluation (DeGEval).

Derlien, Hans-Ulrich, 1997: Die Entwicklung von Evaluationen im internationalen Kontext. In: Werner Bussmann/Ulrich Klöti/Peter Knoepfel (Hrsg.): Einführung in die Politikevaluation. Basel/Frankfurt a. M.: Helbing und Lichtenhahn, 4–12.

Dreyfus, Hubert L./Dreyfus, Stuart E., 2005: Peripheral Vision: Expertise in Real World Contexts. In: Organization Studies, 26:5, 779–792.

Frey, Kathrin, 2012: Evidenzbasierte Politikformulierung in der Schweiz: Gesetzesrevisionen im Vergleich. Baden-Baden: Nomos.

* Frey, Kathrin/Ledermann, Simone, 2010: Evidence-Based Policy: A Concept in Geographical and Substantive Expansion. In: German Policy Studies 6:2, 1–15.

Guba, Egon G./Lincoln, Yvonna S., 1989: Fourth Generation Evaluation. Newbury Park/London/ New Delhi: Sage Publications.

Harvey, David, 2005: A Brief History of Neoliberalism. Oxford: Oxford University Press.

Hertin Julia/Jacob Klaus/Pesch Udo/Pacchi Carolina, 2009: The Production and Use of Knowledge in Regulatory Impact Assessment – An Empirical Analysis. In: Forest Policy and Economics 11, 413–421.

Interdepartementale Kontaktgruppe «Wirkungsprüfungen» (IDEKOWI), 2004: Wirksamkeit von Bundesmassnahmen. Vorschläge zur Umsetzung von Artikel 170 der Bundesverfassung bei Bundesrat und Bundesverwaltung. Bericht der Interdepartementalen Kontaktgruppe „Wirkungsprüfungen" an die Generalsekretärenkonferenz der Schweizerischen Eidgenossenschaft. Bern.

Johnson, R. Burke, 1998: Toward a Theoretical Model of Evaluation Utilization. In: Evaluation and Program Planning 21:1, 93–110.

Kirkhart, Karen E., 2000: Reconceptualizing Evaluation Use: An Integrated Theory of Influence. In: Valerie J. Caracelli/Hallie Preskill (eds.): The Expanding Scope of Evaluation Use. San Francisco, CA: Jossey-Bass, 5–24.

* Knoepfel, Peter/Bussmann, Werner, 1997: Die öffentliche Politik als Evaluationsobjekt. In: Werner Bussmann/Ulrich Klöti/Peter Knoepfel (Hrsg.): Einführung in die Politikevaluation. Basel/Frankfurt a. M.: Helbing und Lichtenhahn, 58–77.

Knoepfel, Peter/Larrue, Corinne/Varone, Frédéric, 2001: Analyse et pilotage des politiques publiques. Genève/Bâle/Munich: Helbing & Lichtenhahn, 128–41.

Kuhlmann, Sabine, 2008 : Politik- und Verwaltungsreform in Kontinentaleuropa : Subnationaler Institutionenwandel im deutsch-französischen Vergleich. Habilitationsschrift an der Universität Potsdam. Baden-Baden: Nomos.

Kuhlmann, Sabine, 2009: Die Evaluation von Institutionenpolitik in Deutschland: Verwaltungsmodernisierung und Wirkungsanalyse im föderalen System. In: Thomas Widmer/Wolfgang Beywl/Carlo Fabian (Hrsg.): Evaluation. Ein systematisches Handbuch. Wiesbaden: VS Verlag für Sozialwissenschaften, 371–380.

Ledermann, Simone, 2012: Exploring the Necessary Conditions for Evaluation Use in Program Change. In: American Journal of Evaluation 33:2, 159–178.

Ledermann, Simone, 2013: Evidence-Based Policy – Die Rolle der Bundesverwaltung. Dissertation. Bern: Kompetenzzentrum für Public Management.

Ledermann, Simone/Sager, Fritz, 2009: Problem erkannt, aber nicht gebannt. Der Nutzen einer Verknüpfung von Konzept- und Umsetzungsevaluation am Beispiel der schweizerischen Strategie ‚Migration und Gesundheit'. In: Zeitschrift für Evaluation 1/2009, 7–25.

Lodge, Martin/Wegrich, Kai, 2010: Letter to the Editor of Public Administration Review in Response to a Recent Symposium on Financial Regulatory Reform. In: Public Administration Review 70:2, 336–341.

Mark, Melvin M./Henry, Gary T., 2004: The Mechanisms and Outcomes of Evaluation Influence. In: Evaluation 10:1, 35–57.

Nutley, Sandra/Walter, Isabel/Davies, Huw T. O., 2003: From Knowing to Doing: A Framework for Understanding the Evidence-into-Practice Agenda. In: Evaluation, 9:2, 125–148.

OECD, 2008: Introductory Handbook for Undertaking Regulatory Impact Analysis (RIA) online: http://www.oecd.org/gov/regulatory-policy/ria.htm (23.07.2013).

OECD, 2012: Recommendation of the Council on Regulatory Policy and Governance, online: http://www.oecd.org/gov/regulatory-policy/49990817.pdf (23.07.2013).

Parsons, Wayne, 2004: Not Just Steering But Weaving: Relevant Knowledge and the Craft of Building Policy Capacity and Coherence. In: Australian Journal of Public Administration, 63:3, 43–57.

Patton, Michael Q., 1988: The Evaluator's Responsibility for Utilization. In: Evaluation Practice 9:2, 5–24.

Patton, Michael Q., 1997: Utilization-Focused Evaluation: The New Century Text, Third Edition, Thousand Oaks/London/New Delhi: Sage Publications.

Pawson, Ray, 2002: Evidence-based Policy: The Promise of 'Realist Synthesis'. In: Evaluation 8:3, 340–358.

Pawson, Ray/Tilley, Nick, 1997: Realistic Evaluation, London/New Delhi.

Pawson, Ray/Wong, Geoff/ Owen, Lesley, 2011: Known knowns, known unknowns, unknown unknowns: The Predicament of Evidence-based Policy. In: American Journal of Evaluation 32:4, 518–546.

Rissi, Christof/Sager, Fritz, 2013: Types of Knowledge Utilization of Regulatory Impact Assessment (RIA). Evidence from Swiss Policy-making. In: Regulation & Governance 7:3, 348–364.

Ritz, Adrian, 2003: Evaluation von New Public Management – Grundlagen und empirische Ergebnisse der Bewertung von Verwaltungsreformen in der schweizerischen Bundesverwaltung. Bern/Stuttgart/Wien: Haupt.

Rossi, Peter H./Freeman, Howard E./Lipsey, Mark W., 1999: Evaluation. A Systematic Approach, Sixth Edition. London/New Delhi: Sage.

Sager, Fritz, 2005: Die Wirksamkeit verkehrspolitischer Massnahmen: Eine Meta-Analyse. In: Thomas Bieger/Christian Laesser/ Rico Maggi (Hrsg.): Schweizerische Verkehrswirtschaft – Jahrbuch 2004/2005, St. Gallen, 213–227.

Sager, Fritz, 2007: Making Transport Policy Work: Polity, Policy, Politics, and Systematic Review. In: Policy & Politics 35:2, 269–288.

* Sager, Fritz, 2009: Die Evaluation institutioneller Politiken in der Schweiz.. In: Thomas Widmer/ Wolfgang Beywl/Carlo Fabian (Hrsg.): Evaluation. Ein systematisches Handbuch. Wiesbaden: VS Verlag für Sozialwissenschaften, 361–370.

Sager, Fritz/Rüefli, Christian, 2005: Die Evaluation öffentlicher Politiken mit föderalistischen Vollzugsarrangements. Eine konzeptionelle Erweiterung des Stufenmodells und eine praktische Anwendung. In: Swiss Political Science Review 11:2, 101–129.

Sager, Fritz/Ledermann, Simone, 2008: Valorisierung von Politikberatung. In: Stefan Bröchler/Rainer Schützeichel (Hrsg.): Politikberatung. Stuttgart: Lucius & Lucius, 310–325.

Sager, Fritz/Rissi, Christof, 2011: The Limited Scope of Policy Appraisal in the Context of Referendum Democracy – the Case of Regulatory Impact Assessment in Switzerland. In: Evaluation 17:2, 151–164.

Sager, Fritz/Andereggen, Céline, 2012: Dealing with Complex Causality in Realist Synthesis: The Promise of Qualitative Comparative Analysis (QCA). In: American Journal of Evaluation 33:1, 60–78.

Sanderson, Ian, 2006: Complexity, 'Practical Rationality' and Evidence-Based Policy Making. In: Policy and Politics, 34:1, 115–132.

SEVAL, 2000: Evaluations-Standards der Schweizerischen Evaluationsgesellschaft (SEVAL-Standards), Schweizerischen Evaluationsgesellschaft (SEVAL).

Solesbury, William, 2002: The Ascendancy of Evidence. In: Planning Theory & Practice 3:1, 90–96.

Stockbauer, Uta, 2000: Was macht Evaluationen nützlich? Grundlagen und empirische Untersuchungen zum Thema Verwertung und Verwertbarkeit von Evaluationen, Dissertation. Salzburg: Universität Salzburg.

Suchman, Edward A., 1967: Evaluative Research: Principles and Practice in Public Service & Social Action Programs, New York: Russell Sage Foundation.

Tenbensel, Tim, 2004: Does more evidence lead to better policy?. In: Policy Studies, 25:3, 189–207.

Wegrich, Kai, 2010: Governing 'Better Regulation' in Europe: The Logic, Limits of and Prospects for a 'middle-aged' Reform Policy. In: CESifo DICE Report 1/2010.

Weiss, Carol H., 1974: Evaluierungsforschung: Methoden zur Einschätzung von sozialen Reformprogrammen. Opladen: Westdt. Verlag.

Weiss, Carol H., 1988a: Evaluation for Decisions: Is Anybody There? Does Anybody Care?. In: Evaluation Practice 9:1, 5–19.

Weiss, Carol H., 1988b: If Program Decisions Hinged Only on Information: A Response to Patton in: Evaluation Practice 9:3, 15–28.

Weiss, Carol H./Murphy-Graham, Erin/Birkeland, Sarah, 2005: An Alternate Route to Policy Influence: How Evaluations Affect D.A.R.E. In: American Journal of Evaluation 26:1, 12–30.

Wholey, Joseph S., 1983: Evaluation and Effective Public Management, Boston.

Widmer, Thomas, 2002: Staatsreformen und Evaluation: Konzeptionelle Grundlagen und Praxis bei den Schweizer Kantonen. In: Zeitschrift für Evaluation 1/2002, 101–114.

Widmer, Thomas/deRocchi, Thomas, 2012: Evaluation – Grundlagen, Ansätze und Anwendungen. Zürich/Chur: Rüegger.

Valovirta, Ville, 2002: Evaluation Utilization as Argumentation. In: Evaluation 8:1, 60–80.

Vatter, Adrian/Sager, Fritz, 1996: Föderalismusreform am Beispiel des Ständemehrs. In: Swiss Political Science Review 2:2, 165–200.

? Verständnisfragen

1. Erläutern Sie die drei begrifflichen Komponenten der Evaluation.

2. Worin liegt der Unterschied zwischen Programmfehler und Theoriefehler?

3. Erläutern Sie empirische Evidenz und logische Kohärenz politischer Konzepte.

4. Erläutern Sie die Begriffe „substanzielle Politik" und „institutionelle Politik".

5. Worin liegt der Unterschied zwischen Soll-Ist-Vergleichen und wirkungsorientierten Evaluationen?

6. Welche vier Nutzungsarten von Evaluationen unterscheidet der Text?

7. Welche vier Gruppen von Standards für Evaluationen unterscheiden die einschlägigen Fachgesellschaften?

8. Was ist Regulatory Impact Assessment?

Transferfragen

1. Erläutern Sie an einem selbst gewählten Beispiel, dass politische Programme und Instrumente in verschiedenen Kontexten unterschiedliche Wirkungen haben können.

2. Beschreiben Sie an einem selbst gewählten Beispiel mögliche nichtbeabsichtigte Verhaltensänderungen als negative Wirkungen von Politik.

Problematisierungsfragen

1. Diskutieren Sie, inwiefern Evaluationen neutral sein können.

2. Diskutieren Sie mögliche Interessenkonflikte, die bei der Durchführung von Evaluationen auftreten können.

Göttrik Wewer
Politikberatung und Politikgestaltung

Dieser Beitrag entstand unter Mitarbeit von Olaf Bull.

1 Politik machen: Mit „Kopf" oder „Bauch"?

Es gibt wohl kaum eine andere Berufsgruppe, die ständig so viele gute Ratschläge bekommt wie die Politiker: Ratschläge von Parteifreunden, von Journalisten, von Lobbyisten, von Familienmitgliedern; Ratschläge aus dem Parlament, aus der Verwaltung, aus der Wirtschaft, aus der Wissenschaft; Ratschläge in Veranstaltungen, bei Empfängen, auf der Straße, im Taxi; Ratschläge per Zuruf, per Telefon, per Brief, per Fax und per Mail; mündliche Ratschläge und schriftliche, öffentliche Ratschläge und vertrauliche, unverblümte Ratschläge und diskrete, kluge Ratschläge und dumme, uneigennützige Ratschläge und eigennützige, gutgemeinte Ratschläge und andere.

Politik ist ein bisschen wie das Wetter oder wie Fußball: jeder glaubt, mitreden zu können. Niemand würde es wagen, als Laie einem Biologen, einem Philosophen oder einem Unternehmer – also einem Fachmann oder einer Fachfrau – ähnlich kluge Ratschläge zu geben. Politiker gelten offenbar nicht als Experten für irgendetwas, oder aber Politik wirkt so simpel, dass sich diesen Job im Prinzip jeder zutraut. Das entspricht ja auch dem westlichen Demokratiemodell: Jeder kann für hohe und höchste politische Ämter kandidieren, ohne eine besondere Qualifikation nachweisen zu müssen. Man braucht weder Abitur noch Studium, keinerlei formale Abschlüsse und auch keine bestimmten, erfolgreich nachgewiesenen Karrierestufen. Man muss nur gewählt werden.

Man kann mit 54 oder mit 29 Jahren Minister werden, als gelernter Lehrer, als Pastor oder als Professorin und in Deutschland inzwischen sogar als früherer „Terroristenanwalt" oder Straßenkämpfer. Nichts ist (mehr) unmöglich. Ob es jemand schafft, der plötzlich ein Ministerium mit mehreren hundert oder gar tausend Mitarbeitern übernimmt, diesem Haus einen Stempel aufzuprägen, eigenes Profil zu gewinnen und Politik erkennbar zu gestalten, ist eine andere Frage. Quereinsteiger, die nicht über die politische „Ochsentour" kommen, haben sich in der Regel nicht lange gehalten, sind selten erfolgreiche Minister geworden. Eine anerkannte Professorin, ein kampferprobter Gewerkschafter oder ein erfolgreicher Unternehmer muss noch lange kein guter Politiker werden.

Offenbar macht es doch einen Unterschied, ein Institut oder eine Universität zu leiten, einen Verband oder einen Betrieb zu managen oder eben Politik zu machen. Was diejenigen lernen, die lange genug Politik machen, ist nicht nur, Mehrheiten zu organisieren, Kompromisse auszuhandeln, Entscheidungen herbeizuführen und öffentlich zu vertreten, Versammlungen, Veranstaltungen und Demonstrationen zu überstehen und mit ständiger Kritik zu leben. Sie entwickeln zugleich ein Sensorium, eine Antenne, ein Radar, einen Kompass, ein Gefühl, einen Instinkt, bestimmte Situationen – und eben auch bestimmte Ratschläge – politisch einzuschätzen. Diese Einschätzung kann richtig oder – bei Strafe der Abwahl – falsch sein.

Aber diesen „Bauch" kann man sich nicht in Lehrbüchern anlesen oder in Seminaren trainieren, nicht in einer Firma oder einem Verband lernen, sondern nur dadurch, dass man selbst aktiv Politik betreibt, sie nicht nur – teilnehmend oder teilnahmslos – vom Rand her beobachtet. Am Anfang mag der „Bauch", der sich allmählich entwickelt, der im wahrsten Sinne des Wortes reifen muss, noch zuweilen trügen. Wessen Instinkt zu häufig versagt, der dürfte freilich gar nicht erst in die Verlegenheit kommen, für wichtigere Ämter gehandelt zu werden. Insofern stellt die häufig geschmähte politische „Ochsentour" auch eine Art Ausleseprozess in einem Bereich dar, in dem formale Qualifikationen nichts gelten. Ob das dann reicht, ein Ministerium erfolgreich zu führen, steht auf einem anderen Blatt. Weil die wenigsten Politiker wirklich gelernt haben, eine größere Organisation zielgerecht zu steuern, hat Carl Böhret lange für eine Managementakademie speziell für diese Zielgruppe plädiert. Die SPD hat mittlerweile auf dieses Defizit reagiert und für hoffnungsvolle Talente eine Akademie der sozialen Demokratie eingerichtet.

---

i Politiker brauchen, wenn sie Ämter erfolgreich wahrnehmen wollen, Managementkompetenz und Organisationswissen, Sachverstand („Kopf") und Instinkt („Bauch").

Bei den erstgenannten Qualifikationen können sie eher Abstriche machen als bei der letzten. Natürlich müssen sie etwas von dem Politikfeld verstehen, das sie in der Fraktion oder in der Regierung, im Parlament und in der Öffentlichkeit zu vertreten haben. Aber das kann man lernen, außerdem arbeiten ihnen in einem Ministerium hunderte von Fachleuten zu, die alle Details kennen. Andernfalls wäre es kaum möglich, dass Politiker eine Zeitlang dieses Ministerium leiten, dann ein paar Jahre ein anderes, um später noch ein drittes zu übernehmen. Manche nehmen das gern als Beleg dafür, dass man letztlich keinen richtigen Sachverstand brauche, um Minister zu werden. Das ist natürlich Unsinn. Manager in der Wirtschaft wechseln auch zwischen Immobilien-, Maschinenbau- und Medienbranche. Sie bringen Erfahrungen in der Finanzierung oder im Personalwesen, im Controlling oder im Marketing mit, müssen sich in die Besonderheiten der neuen Branche aber erst einarbeiten. Das ist in der Politik ganz ähnlich.

Anders als in der Wirtschaft, wo das wichtiger sein mag, müssen Politiker nicht unbedingt gute Manager sein. Ihr politisches Überleben hängt nicht davon ab, ob sie ihr Ministerium gut oder schlecht organisieren, permanent rationalisieren oder die Zügel schleifen lassen. Das ist auch der Grund, weshalb sich Politiker relativ wenig für ihre Organisation und irgendwelche Verwaltungsreformen interessieren.

Die Mitarbeiter im Hause mögen schier verzweifeln, weil der Chef Papiere hortet, Spielregeln ignoriert und Entscheidungen verschleppt. So lange das intern bleibt und nicht nach außen dringt, ist das unschädlich. Die Mitarbeiter sind darauf geeicht, mit Marotten von Vorgesetzten zu leben, Fehler möglichst unauffällig zu beheben und Pannen auszubügeln. Viel wichtiger ist, wie der Minister draußen ankommt. So lange er eine „gute Presse" hat, kann intern durchaus das Chaos regieren. Das ist auch der Grund, weshalb Politiker nahezu „Junkies" sind, was Zeitungen und Nachrichten angeht, und weshalb der Arbeitstag in vielen Ministerien mit der „Presselage" beginnt. Auf diesem Feld wird über Sieg oder Niederlage entschieden.

Die öffentliche Wahrnehmung muss mit der Realität nicht unbedingt übereinstimmen. Auch das ist so lange unschädlich, wie das Image im Prinzip positiv bleibt. Politikern, die den Eindruck vermitteln, sie hätten nicht nur Kopf und Bauch, sondern auch ein Herz, sehen übrigens die Bürger Schwächen eher nach als Politikern, die sich als effiziente Manager inszenieren. Gerecht und sachkundig sind die Wähler, die Medien und die Kritiker ohnehin nicht. Was Minister wirklich leisten – auch im Vergleich zur Wirtschaft –, ist kaum bekannt und wird selten anerkannt. Eine falsche Rede – siehe Philipp Jenninger –, ein falscher Brief – siehe Jürgen Möllemann – kann einen Politiker das Amt kosten. Etwas kann sachlich richtig, aber politisch völlig falsch sein. Deshalb ist der Instinkt so wichtig, frühzeitig zu wittern, wo etwas anbrennen könnte und zwischen „politisch richtig" und „politisch falsch" entscheiden zu können – und zwar häufig ganz schnell, wenn einem nämlich das erste Mikrophon unter die Nase gehalten wird. Kein anderer Berufsstand verrichtet sein Handwerk derart im grellen Licht der Öffentlichkeit wie die Politiker.

Politik ist ständiges Handeln unter Unsicherheit. Um diese Situation bewältigen zu können, brauchen Politiker nicht nur einen Kopf, sondern auch viel Instinkt. Das meinen im Kern auch diejenigen, die sagen, Politik sei keine Wissenschaft, sondern eine Kunst. Und insofern wäre es völlig verfehlt, „Kopf" und „Bauch" gegeneinander auszuspielen. Das Problem von Politikern ist nicht, zu wenige Ratschläge zu bekommen, sondern in der Fülle der Informationen, die täglich auf sie einprasseln, die richtigen und wichtigen zu erkennen.

Wichtig sind Ratschläge, die politische Flurschäden zu vermeiden helfen und das Überleben im Amt sichern, richtig sind Ratschläge, die aktuell oder strategisch für die politische Profilbildung verwertbar sind.

In der Wirtschaft oder in der Wissenschaft mögen andere Ratschläge richtig und wichtig sein. Man sollte deshalb aber nicht den Stab über der Politik brechen, sondern zur Kenntnis nehmen, dass dort besondere Rationalitäten vorherrschen, denen sich Politiker nicht entziehen können. Diese Rationalitäten sind nicht moralisch besser oder schlechter als die in Wissenschaft oder Wirtschaft, sondern schlicht anders. Noch einmal: Was sachlich in einer bestimmten Situation angeraten sein kann, kann politisch völlig falsch sein. Die Enttäuschung vieler Politikberater rührt daraus, das nicht verstanden zu haben: „Da die meisten Konflikte eher auf unterschiedliche Interessen als auf unterschiedliche kognitive Möglichkeiten verweisen dürften, wäre auch die Hoffnung verfehlt, Sachverstand oder gar Wissenschaft könnten die Konflikte auflösen" (Hoffmann-Riem 1988: 54).

Milton Friedman, der geistige Vater des Monetarismus, hat auf die Frage, ob die britische Premierministerin Margret Thatcher, die sich als seine Anhängerin erklärt hatte, sein theoretisches Programm in die Praxis umsetze, einmal geantwortet, dass sie allenfalls drei von fünf Essentials praktizieren würde. Was er nicht gesagt und vermutlich auch nicht erkannt hat, ist, dass jeder Politiker, der dieses Programm strikt und stramm umsetzen würde, in einer westlichen Demokratie wenig Chancen auf Wiederwahl hätte, praktisch also politischen Selbstmord begehen würde. Aber das muss einen Ökonomen ja nicht interessieren (vgl. Cassel 2005).

Im Folgenden soll:

– überprüft werden, ob die Modelle von Politikberatung, die in der Wissenschaft kursieren, die äußerst vielfältige Beratungspraxis halbwegs angemessen abbilden (2.);

– dargelegt werden, auf welchen Stationen des Politikzyklus Politikberatung eine größere oder kleinere Rolle spielt (3.);

– versucht werden, Angebot und Nachfrage auf dem Beratungsmarkt genauer zu bestimmen (4.).

Das alles mündet in der Frage, ob die Politik in Deutschland gut oder schlecht beraten ist (5.). Diese Frage ist, wie die Ausführungen zeigen werden, gar nicht so einfach zu beantworten (zu anderen Ländern siehe u. a. Gehlen 2005; Fröschl/Kramer/Kreisky 2007; Peters/Barker 1993).

2 Modelle der Politikberatung

Drei Modelle sind es, die üblicherweise diskutiert werden, wenn es um die Beratung der Politik geht: das dezisionistische Modell, das technokratische Modell und das pragmatische Modell. Sie alle gehen auf einen Aufsatz „Verwissenschaftlichte Politik und öffentliche Meinung" zurück, den der Philosoph und Soziologe Jürgen Habermas 1963 erstmals publiziert hat. Die Zeitgebundenheit seiner Überlegungen – zwischen Technokratiedebatte und Planungseuphorie – gilt es im Auge zu behalten, wenn ihre Tauglichkeit im Internet-Zeitalter zu überprüfen ist (zu Phasen der Politikberatung in der Geschichte der Republik: Fisch/Rudloff 2004).

– Das **dezisionistische Beratungsmodell** geht von einer strikten Trennung zwischen den Funktionen des Sachverständigen und des Politikers aus und gesteht diesem letzlich die Entscheidung darüber zu, was mit den wissenschaftlichen Erkenntnissen gemacht wird. In letzter Instanz könne sich das politische Handeln nicht rational begründen, es realisiere vielmehr eine Entscheidung zwischen konkurrierenden Wertordnungen und Glaubensmächten, die wissenschaftlich nicht entscheidbar sind. Die Rationalität der Mittelwahl gehe zusammen mit der erklärten Irrationalität der Stellungnahme zu Werten, Zielen und Bedürfnissen (Habermas 1968: 121).

– Im **technokratischen Beratungsmodell** kehrt sich das Verhältnis von Fachmann und Politiker um – dieser wird zum Vollzugsorgan einer wissenschaftlichen Intelligenz, die unter konkreten Umständen den Sachzwang der verfügbaren Techniken und Hilfsquellen sowie der optimalen Strategien und Steuerungsvorschriften entwickelt. Politisch zu entscheiden gibt es im Grunde nichts mehr, der „Sachzwang" der Spezialisten scheint sich gegen die Dezision der Politiker durchzusetzen (Habermas 1968: 122). Der Soziologe Helmut Schelsky sah seinerzeit schon das „Ende der Ideologien" und eine Herrschaft der Experten heraufziehen: „Der Sachzwang der technischen Mittel, die unter der Maxime einer optimalen Funktions- und Leistungsfähigkeit bedient sein wollen, enthebt von diesen Sinnfragen nach dem Wesen des Staates. Die moderne Technik bedarf keiner Legitimität. Mit ihr ‚herrscht' man, weil sie funktioniert und solange sie optimal funktioniert. Sie bedarf auch keiner anderen Entscheidungen als der nach technischen Prinzipien; dieser Staatsmann ist daher gar nicht ‚Entscheidender' oder ‚Herrschender', sondern Analytiker, Konstrukteur, Planender, Verwirklichender. Politik im Sinne der normativen Willensbildung fällt aus diesem Raume eigentlich prinzipiell aus, sie sinkt auf den Rang eines Hilfsmittels für Unvollkommenheiten des ‚technischen Staates' herab" (Schelsky 1961: 25 und 29).

– Gegen das dezisionistische und gegen das technokratische Modell setzte Habermas sein **pragmatistisches Beratungsmodell**. Anstelle der strikten Trennung beider Funktionen trete darin ein kritisches Wechselverhältnis zwischen Sachverständigem und Politiker: Weder sei der Fachmann, wie im technokratischen Modell, souverän geworden gegenüber den Politikern, die faktisch nur noch Sachzwängen unterworfen seien und nur noch fiktiv entscheiden könnten; noch behielten diese, wie das dezisionistische Modell unterstelle, außerhalb der zwingend rationalisierten Bereiche der Praxis ein Reservat, in dem praktische Fragen nach wie vor durch Willensakt entschieden werden müssten. Vielmehr scheine eine wechselseitige Kommunikation derart möglich und nötig zu sein, dass einerseits wissenschaftliche Experten die Entscheidung fällenden Instanzen „beraten" und umgekehrt die Politiker die Wissenschaftler nach Bedürfnissen der Praxis „beauftragen" (Habermas 1968: 126 f.).

Nur ein solches Lernen voneinander schien Habermas das einer Demokratie angemessene Modell zu sein. Dieses könne aber nur dann entsprechend funktionieren, wenn in diesen Dialog die Öffentlichkeit einbezogen werde, also möglichst wenig abgeschirmtes „Herrschaftswissen" existiere. Die Öffentlichkeit tritt hier als dritter

Akteur in die Diskussion um das Verhältnis von Wissenschaft und Politik. „Als mündig könnte sich eine verwissenschaftlichte Gesellschaft nur in dem Maße konstituieren, in dem Wissenschaft und Technik durch die Köpfe der Menschen hindurch mit der Lebenspraxis vermittelt würden" (Habermas 1968: 144). Mit seinem Entwurf wandte er sich ausdrücklich auch gegen ein erweitertes dezisionistisches Modell, wie es etwa der Philosoph Hermann Lübbe vertrat: „Mochte einst der Politiker über den Fachmann, weil dieser bloß wusste und plante, was jener durchzusetzen verstand, im Respektverhältnis erhoben sein; nunmehr kehrt es sich um, sofern der Fachmann zu lesen versteht, was die Logik der Verhältnisse vorschreibt, während der Politiker Positionen in Streitfällen vertritt, für die es Instanzen irdischer Vernunft nicht gibt" (zitiert bei Habermas 1968: 124). Lübbe rügt am technokratischen Selbstverständnis der neuen Experten, dass sie als Logik der Sachen tarnen, was doch in Wahrheit Politik sei wie eh und je. Aber er meint auch, dass ein erweitertes Wissen den puren Dezisionismus einschränke auf einen Kern, einen Rest politischer Entscheidungen, der schlechterdings nicht weiter rationalisiert werden könne. Hier sei das originäre Feld der Politik.

Was die Chancen anging, sein Modell zu realisieren, zeigte sich Habermas eher skeptisch: „Diese prinzipiellen Erwägungen sollen freilich nicht darüber hinwegtäuschen, dass die empirischen Bedingungen für die Anwendung des pragmatistischen Modells fehlen. Die Entpolitisierung der Masse der Bevölkerung und der Zerfall einer politischen Öffentlichkeit sind Bestandteile eines Herrschaftssystems, das dazu tendiert, praktische Fragen aus der öffentlichen Diskussion auszuschließen. Der bürokratisierten Ausübung der Herrschaft entspricht vielmehr eine demonstrative Öffentlichkeit, die bei einer mediatisierten Bevölkerung für Zustimmung sorgt" (Habermas 1968: 138 f.).

Das Schema von Habermas hat mancherlei Widerspruch provoziert (u. a. von Lompe 1966), dient aber – jedenfalls in Deutschland – bis heute als Folie für einschlägige Untersuchungen (Euchner/Hampel/Seidl 1993: 11 ff.). Die drei idealtypischen Beratungsmodelle helfen zwar, die Gedanken zu ordnen, sie bilden aber die Wirklichkeit der Politikberatung nur unzureichend ab.

Zum einen beziehen sich alle Modelle nur auf die wissenschaftliche Politikberatung und blenden die vielen anderen Ratschläge, die Politiker tagtäglich bekommen, prinzipiell aus. Darin steckt eine beträchtliche Arroganz: So als könnten nur Professoren den Politikern erklären, wie die Welt funktioniert. Dieses Argument kann man getrost umdrehen: Tatsächlich dürften die wenigsten Professoren verstanden haben, wie Politik wirklich funktioniert. Das gilt beileibe nicht nur für Physiker, Informatiker oder Ökonomen und ist einer der Gründe für Enttäuschungen, wenn sie – rein sachlich natürlich – versuchen, auf diesem Felde Ratschläge zu geben. Wissenschaftler erkennen manchmal die politische Brisanz von Empfehlungen gar nicht, die sie der Politik geben. Die Sprache der Wissenschaft, die häufig als Barriere genannt wird, kommt nur noch hinzu.

Theoretisch trifft sicherlich zu, dass wissenschaftliche Erkenntnisse in modernen Gesellschaften immer bedeutsamer werden (Brohm 1987: 208 f.). Für die Informations- und Wissensgesellschaft unserer Tage gilt das mehr noch als früher. Bleibt die Frage, ob sich der abstrakte Bedarf an Beratung auch in konkreter Nachfrage durch die Politik niederschlägt (dazu unten mehr). Objektiv soll ja angeblich auch der Bedarf an Politologen steigen, unabhängig davon, was sie im Studium gelernt haben.

Empirisch dürfte es hingegen so sein, dass die wissenschaftliche Politikberatung – von der Quantität und von der Relevanz her – für Politiker im Alltag die geringste Bedeutung hat. Hier muss man zunächst die „Adressaten der Beratung", die sich in zwei große Gruppen unterteilen lassen, genauer unterscheiden. Das sind zum einen die **Mandatsträger**, die (teilweise ehrenamtlich) im Gemeinderat, im Landtag, im Deutschen Bundestag oder im Europäischen Parlament sitzen und zum anderen die **Amtsträger** als (hauptamtlicher) Bürgermeister oder Landrat, als Minister, Kanzler oder Kommissar. Generell lässt sich sagen: Je tiefer die Ebene, auf der Politik gemacht wird und je ausgeprägter das ehrenamtliche Element, desto geringer die Bedeutung von Wissenschaft. Wissenschaftliche Politikberatung hat etwas mit der Professionalisierung von Politik und Verwaltung zu tun.

Die meisten Ratschläge, die Politiker bekommen, dürften – jedenfalls im strengen Sinne – „unwissenschaftlich" sein. Sie stammen zwar häufig von Beratern, die eine akademische Ausbildung haben, aber diese würden selbst nicht den Anspruch erheben, Wissenschaft zu betreiben. Das ist nicht ihre Aufgabe, dafür haben sie gar keine Zeit. Das gilt schon für die Mitarbeiter in Parteien, Fraktionen, Parlamenten, Ministerien und nachgeordneten Behörden, die der Politik zuarbeiten und teilweise Beratungsprozesse organisieren (Jann 1994; Jasanoff 1990). Sie sind in erster Linie die Ansprechpartner der Politikberater, betreuen Beiräte und schreiben Gutachten aus, nicht die Politiker selbst. Und sie bereiten gutachterliche Stellungnahmen auf, „übersetzen" Expertisen so, dass die Politik ihre Relevanz erkennen kann, und verbinden das mit Vorschlägen für das weitere politische oder administrative Verfahren. Sie sind – auch weil sie das Vertrauen der Politiker genießen – die eigentlichen Berater, weniger die Gutachter.

Auch die Juristen, Ingenieure, Steuerberater und sonstigen „Consultants", die außerhalb der Verwaltung von Politikern beauftragt werden, erheben zumeist nicht den Anspruch, streng wissenschaftlich zu argumentieren. Sie wenden wissenschaftliche Erkenntnisse – mehr oder weniger – lediglich auf praktische Fragen an, betreiben selbst aber keine Wissenschaft und von daher auch keine wissenschaftliche Politikberatung. Bei rechtlichen Auskünften, bei organisatorischen Untersuchungen, bei „Headhuntern", die Personalvorschläge unterbreiten sollen oder bei technischen Gutachten zum Straßenbau, zum Küstenschutz, zu Biotopverbünden oder zur Reaktorsicherheit kann man schon streiten, ob es sich überhaupt um eine politische Beratung handelt. Trassenkorridore für Autobahnen rufen heute überall Protest und politische Verwerfungen hervor, orientieren sich jedoch nicht daran, sondern vorrangig an Kriterien wie dem prognostizierten Verkehrsaufkommen, den finanziellen Aufwendungen für Bau und Betrieb und an den ökologischen Auswirkungen. Die politischen Auswirkungen abzuwägen und zu bewerten, bleibt Sache der Politik.

Alle drei idealtypischen Beratungsmodelle, die im Gefolge von Habermas diskutiert werden, beziehen sich im Grunde nicht auf das Verhältnis von Wissenschaft und Politik, sondern auf das Verhältnis von Wissenschaft und Exekutive, also die Beratung von Regierung und Verwaltung. Schon die Expertise, die sich das Parlament über Anhörungen, Kommissionen und Gutachten besorgt, um nicht völlig von Lobbyisten und Bürokratie abhängig zu sein, passt nicht so recht ins Bild (Schüttemeyer 1989). Das gilt auch für andere Konzepte, die der Beratung „oben" – des Parlaments, der Regierung, der Ministerien – eine wissenschaftlich-politische Beratung von Initiativen, Vereinen und Verbänden entgegensetzen (Peters 1993). Wissenschaftsläden, die allen Bürgern offen stehen sollten, Bürgergutachten, Planungszellen und „Gegenöffentlichkeit" standen für Konzepte und Instrumente einer wissenschaftlichen Politikberatung „von unten" (Saretzki 1997). „Public Policy" sollte, wie Charles Lindblom gesagt hat, anstatt nur den Bedürfnissen der Bürokratie zu dienen, dem normalen Bürger dienen (deLeon 1993: 477).

Neben die administrative Perspektive trat ganz bewusst eine partizipatorische Perspektive von Beratung, wobei nicht nur in den USA, sondern in nahezu allen westlichen Demokratien das NIMBY-Prinzip einer lokalen Sichtweise („not in my backyard") mehr und mehr vom NIABY-Prinzip einer allgemeinen Betrachtung („not in anyone's backyard") abgelöst wurde (Fischer 1993; Saretzki 1997). Diese Vielfalt und die Gegenläufigkeit der Beratungsprozesse bildet das Modell von Habermas nicht hinreichend ab (hierzu u. a. Nullmeier 2007; Saretzki 2007).

Renate Mayntz hat an Beispielen aus der Forschungs- und Technologiepolitik gezeigt, wie wenig das „duale Modell" eines Wechselspiels von Politik und Wissenschaft die Wirklichkeit angemessen abzubilden vermag. Das Beispiel „Technology Assessment" mache deutlich, dass die Funktion solcher Einrichtungen sich von der Beratung der Politik weg bewege und hin zu öffentlicher Diskussion und Konsensbildung. Politik und Verwaltung seien gar nicht mehr die primären Adressaten dieser Expertise. In bestimmten Bereichen, folgert Mayntz, in denen die staatlichen Möglichkeiten der Steuerung begrenzt sind, verliere Politikberatung an praktischer Bedeutung und müsste, sofern Wissenschaft auf Wirkung aus sei, praktisch durch Formen einer „Gesellschaftsberatung" ersetzt werden (Mayntz 1994: 20; Leggewie 2007).

Neben Bereichen, in denen die wesentlichen Entscheidungen **außerhalb** des politischen Systems getroffen werden, gebe es Bereiche, schreibt Mayntz, in denen der Staat Kompetenzen, die ihm eigentlich zustünden, delegiert habe. Als Beispiel dienen ihr die ca. 150 privatrechtlich verfassten Organisationen (wie das Deutsche Institut für Normung [DIN]), die heute bestimmte Standards formulieren und verbreiten und unbestimmte Rechtsbegriffe wie „Stand der Technik" ausfüllen. Hier habe man es mit einer Form staatlich prozedural geregelter Selbststeuerung zu tun, bei der es weder politische Letztentscheider noch sie bloß beratende Wissenschaftler gebe (Mayntz 1994: 20 f.). Die Standards im Internet setzt heute sogar eine „private Regierung" wichtiger Unternehmen, die keinerlei öffentliches Mandat hat.

Bereiche, in denen der Staat nur begrenzte Kompetenzen oder in denen er Möglichkeiten der Steuerung auf andere übertragen habe, habe es immer gegeben, betont Mayntz. Dort finde Politikberatung nach dem dualen Modell kaum statt, obwohl Wissenschaftler an den Regelungsversuchen durchaus beteiligt seien. Ob diese Bereiche zunehmen würden, wie es den Anschein habe und das duale Modell deshalb erodiere, sei noch nicht sicher. Es gebe aber offenkundige strukturelle Veränderungen, die dieses Modell in Frage stellen würden: nämlich eine Tendenz zur Politikentwicklung in Netzwerken und eine Verschiebung von Kompetenzen auf die europäische Politikebene, die anders als nationale politische Systeme funktioniere (Mayntz 1994: 21 f.). In Netzwerken von Politik, Verwaltung, Wissenschaft und Wirtschaft werde nicht beraten (Wissenschaft) und entschieden (Staat), sondern verhandelt. Das komme im dualen Modell gar nicht zum Ausdruck.

Mayntz nennt hier die Forschungsförderung, wo Wissenschaftler als präsumptive Berater zugleich Adressaten der Politik sind. Politikentwicklung in Verhandlungssystemen sei nicht dasselbe wie Politikentwicklung durch Politiker oder Ministeriale, die im Gespräch mit ihren wissenschaftlichen Beratern seien. Im Netz sei die Entscheidungsmacht nämlich verteilt: „Das Ergebnis der Verhandlungen wird zwar politisch sanktioniert, ist jedoch in dem Sinne keine rein politische Entscheidung mehr, als sie nicht mehr allein von Akteuren des politischen Systems nach politischen Kriterien getroffen wird. Im Netz verliert sich infolgedessen die Dichotomie von Steuerungssubjekt und Steuerungsobjekt. Zugleich verliert sich das Gegenüber von politischer Logik und Sachlogik" (Mayntz 1994: 24).

Die Verlagerung von Kompetenzen auf Europa ist eine weitere Tendenz, die das duale Modell fragwürdig werden lässt. Die Entwicklung des Förderprogramms ESPRIT war, wie Mayntz zeigt, „ein bei umfangreicher Einspeisung wissenschaftlicher Expertise von den Adressaten gesteuerter Prozess", von den Mitarbeitern der Kommission ausdrücklich so gewollt. Mit der Verlagerung auf Europa kommt also nicht einfach eine neue Hierarchieebene hinzu, sondern diese Verlagerung geht einher mit der auch für die nationale Ebene konstatierten Tendenz zur Ausbildung von Policy Networks. Die daraus resultierenden Verhandlungssysteme seien aber nicht mehr horizontale Netze, sagt Mayntz, sondern höchst komplexe Mehrebenen-Strukturen (Mayntz 1994: 27; Dagger/Kambeck 2007).

Politikberatung und Selbststeuerung, Verhandlungen und Mehrebenennetze sind – das lassen die Beispiele von Renate Mayntz erkennen – weitaus vielschichtigere Phänomene, als dass sie nach dem einfachen Muster von Politik hier und Wissenschaft dort eingefangen werden könnten. Wissenschaftler fungieren in solchen Netzwerken und Verhandlungen nicht nur als Berater, sondern auch als Lobbyisten in eigener Sache, als Vertreter ihres Landes und als politische Mitentscheider. Wegen der Freiräume, die Verhandler grundsätzlich haben müssen, dominiert in manchen Gremien der technische Diskurs. Auch wenn die Experten politische und ökonomische Gesichtspunkte nicht völlig ignorieren können, gewinnt unter den skizzierten Bedingungen die wissenschaftliche Perspektive bzw. die Sachlogik ein stärkeres Gewicht, als ihr im dualen Modell zugestanden wird.

Erstens könnte die Erosion der Politikberatung nach diesem Modell zwar nicht den Einfluss von Wissenschaftlern, aber den Einfluss wissenschaftlicher Argumente in kollektiven Entscheidungsprozessen stärken. Zweitens könne es aber auch sein, dass gerade eine klare Rollentrennung zwischen wissenschaftlichem Sachverstand und verantwortlichen Entscheidern – also die explizite Auseinandersetzung zwischen verschiedenen Logiken anstelle ihrer intrapersonalen Vermittlung – am Ende zu besseren Ergebnissen führe (Mayntz 1994: 27 f.).

3 Politikberatung im Politikzyklus

Allgemein lassen sich vier Felder von Politikberatung unterscheiden:
– Beratung, die auf eine Verbesserung der Organisation, ihrer Abläufe, des Personals oder der Finanzen abzielt, wobei es sich hier um Parteien, Fraktionen, Stiftungen, Parlamente, Verwaltungen, Hochschulen und Forschungsstätten, öffentliche Unternehmen oder Kammern handeln kann (betriebswirtschaftliche **Organisationsberatung**);
– Beratung, die Lösungen für technische Probleme vorschlagen oder eine Auswahl unter denkbaren Alternativen vornehmen soll, wobei es sich häufig um naturwissenschaftliche oder ingenieurwissenschaftliche Fragen handelt, aber auch um empirische Fragen handeln kann und Rechtsfragen, die Kosten und ökologische Auswirkungen natürlich immer eine Rolle spielen (technische **Fachberatung**);
– Beratung, die auf die Gestaltung materieller Politik zielt, wobei es sich um die Planung, Durchsetzung oder Evaluierung politischer Programme, aber auch um das Besetzen bestimmter Themen handeln kann (materielle **Politikberatung**);
– Beratung, die mit dem politischen Wettbewerb zu tun hat (kompetitive **Politikberatung**).

In der Praxis lassen sich die vier Beratungsfelder nicht immer fein säuberlich trennen. Die kritische Analyse der eigenen Stärken und Schwächen im Vergleich zum politischen Gegner kann – bei Regierung wie Opposition – dazu führen, sich im nächsten Schritt bei der Konzipierung eines bestimmten politischen Programms von außen beraten zu lassen. Beide Arten politischer Beratung gehen ineinander über bzw. knüpfen aneinander an. Die Chancen der Regierung, ein Programm auch durchzusetzen, sind natürlich ungleich größer.

Aber auch die Opposition kann punkten, wenn sie ein Konzept vorlegt, das viele anspricht oder die Regierung sichtlich in Verlegenheit bringt. Wer ein Gesetz plant, das ein größeres Politikfeld reformiert, kann darauf stoßen, dass auch die Organisation geändert werden muss, wenn der Vollzug klappen soll. Hier wäre dann, weil das ganz andere Qualifikationen erfordert, eine zusätzliche Beratung nötig. Technische Gutachten wiederum können politische Schockwellen auslösen, gerade wenn sie völlig unpolitisch an ihre Fragestellung herangehen. Insofern darf man die analytische Trennung der vier verschiedenen Beratungsfelder auch nicht überbewerten.

Wenn von Politikberatung gesprochen wird, so ist häufig nur jene Art Beratung gemeint, die auf inhaltliche Politikgestaltung abzielt, also z. B. auf Fragen der Sicherheitspolitik (Schneckener 2007) oder der Arbeitsmarktpolitik (Siefken 2006).

Eine solche Betrachtung würde aber nur einen begrenzten Ausschnitt der Wirklichkeit erfassen. Die Nachfrage nach Beratung wiederum könnte man daran festmachen, dass Politiker selbst danach verlangen, einen konkreten Auftrag nach außen vergeben und bereit sind, dafür zu zahlen. Wenn die Verwaltung Beratungsbedarf hat, was weit häufiger vorkommen dürfte, muss sie zumindest bei größeren Aufträgen die Einwilligung der Hausspitze einholen. Die Etats der Ressorts weisen Mittel für Beratung und Gutachten auf, deren relativ geringe Höhe schon andeutet, wie hoch der Stellenwert von Politikberatung ist, jedenfalls externer, kommerzieller Beratung. Hinzu mögen Mittel kommen für Beiräte, Sachverständigenräte und andere Beratungsgremien, die mehr oder weniger regelmäßig tagen, ihre Berichte abliefern oder auch Sondergutachten anfertigen. Nicht jeder Minister kann mit diesen Räten, die er häufig „geerbt" hat und nur deshalb nicht auflöst, weil das nicht opportun erscheint, sonderlich viel anfangen. Ihnen genügt im Regelfall der fachliche Rat ihrer Mitarbeiter im Hause, die sich auf ihrem Gebiet meist gut auskennen.

Die technische Fachberatung ist eindeutig die Domäne der Verwaltung. Derartige Gutachten, die in bestimmten Verfahren sogar gesetzlich vorgeschrieben sind, werden in der Regel von Mitarbeitern von Behörden vorgeschlagen, ausgeschrieben, abgenommen und ausgewertet, die diese Sache fachlich nicht hinreichend beurteilen können oder neben ihren sonstigen Aufgaben nicht die Zeit für eine gründliche Untersuchung haben. Die Führung des Hauses interessiert sich für technische Details nur insoweit, als dass sie politische Auswirkungen haben können. Sie gibt „technische" Gutachten in Auftrag, wenn die Verwaltung das braucht und vorschlägt oder um eine politische Entscheidung fachlich zu legitimieren oder um sich gegenüber politischen Angriffen zu entlasten.

Betriebswirtschaftliche Organisationsuntersuchungen gehen meist auf Beratungen zwischen Apparat und politischer Führung zurück: Entweder haben Politiker Hinweise von außen darauf, dass die Verwaltung nicht optimal funktioniert, oder aber aus der Verwaltung selbst kommen Vorschläge, den Apparat zu straffen, Verfahren zu vereinfachen und Kosten zu sparen. Die Rationalisierung der Verwaltung hat nur dann politische Auswirkungen, wenn sie auf den Widerstand von Gewerkschaften und Berufsverbänden (wie dem Beamtenbund) oder von regionalen Würdenträgern (Abgeordneten, Bürgermeistern, Landräten) stößt. Zur kompetitiven Politikberatung zählen Meinungsumfragen, Wahlanalysen und Strategiepapiere, die sich mit dem eigenen Profil und mit dem politischen Gegner auseinandersetzen, aber auch gutachterliche Stellungnahmen zur Wahlkreiseinteilung, zur Abgeordnetenfinanzierung oder zu einem Parteienverbot.

Auch das ist Politik. Sie ist, soweit es sich nicht um gesetzliche Regelungszwänge handelt, die Domäne der Parteien, Fraktionen, Stiftungen und manchmal noch von Planungsstäben in Ministerien. Es gibt Regierungszentralen in Deutschland, die regelmäßig Meinungsumfragen in Auftrag geben, und andere, die überhaupt keine Umfragen machen lassen. Zeitungen, Magazine, Rundfunk- und Fernsehsender veröffentlichen ständig Umfrageergebnisse, die man auswerten kann. Politiker saugen durch ihre täglichen Kontakte außerdem unaufhörlich Informationen auf, wie eine bestimmte Politik in der Bevölkerung ankommt. Diese Art von Beratung ist, obwohl es dafür durchaus einen Markt gibt, meistens nicht gemeint, wenn über Politikberatung räsonniert wird. Während in den USA und anderswo Politiker und Parteien kaum noch eine Entscheidung treffen sollen, ohne vorher die „polls" zu befragen, ist das hierzulande noch lange nicht der Fall. Manche Politiker sollen wichtige Entscheidungen erst dann treffen, wenn sie ihre Ehefrau, einen Taxifahrer oder ihre Astrologin befragt haben. Kompetitive und materielle Politikberatung können im Übrigen – nicht nur in der Medienpolitik – in bestimmten Situationen und bei bestimmten Aufträgen ineinander übergehen.

Natürlich erfahren Beratung nicht nur einzelne Politiker, sondern auch kollektive Akteure – Organisationen wie Parteien, Fraktionen, Stiftungen bzw. deren Gremien, Institutionen wie Städte, Parlamente und Regierungen – und abstrakte Phänomene wie „die Medien" oder „die Öffentlichkeit". Nicht selten versuchen Wissenschaftler, die Politik auf dem Umweg über die Medien zu beeinflussen oder auf sich aufmerksam zu machen. Mit den Erkenntnissen, die ihnen Wissenschaftler vortragen oder zukommen lassen, können die Mitglieder von Gremien unterschiedlich umgehen: desinteressiert oder aufgeschlossen, zustimmend oder ablehnend, konstruktiv oder destruktiv, hilflos oder sachkundig.

Dass Parteivorstände, Fraktionen oder Kabinette einen einheitlichen Willen haben, wie das insbesondere die ökonomische Theorie der Politik annimmt, ist richtig und falsch zugleich: Richtig ist, dass es Beschlüsse gibt, die zumindest formal alle Mitglieder in gewissem Umfang binden und die nach außen möglichst gemeinsam vertreten werden sollen. Falsch ist aber die Annahme, dass alle Mitglieder wirklich so denken und handeln. Auch wissenschaftlich fundierte Empfehlungen werden danach beurteilt, wie sie politisch in die eigenen strategischen und taktischen Planungen passen. Jeder, der in einem solchen Gremium sitzt, kann deshalb ganz andere Schlüsse aus derartigen Ratschlägen ziehen.

Objektiv mag es sinnvoll sein, in bestimmten Punkten nach außen Geschlossenheit zu demonstrieren, weil die Wähler „Streiterei" nicht sonderlich mögen; für das eigene Weiterkommen kann es aber durchaus förderlich sein, gegen diese Regel zu verstoßen, wenn es einem Rivalen schadet oder die Chance bietet, eine alte Rechnung zu begleichen. Man muss das ja nicht unbedingt offen tun, sondern kann auch heimlich Journalisten instruieren. Wer immer nur brav die Parteilinie vertritt, also das sagt, was alle sagen, gewinnt nur schwer Profil. Manche Politiker machen sich gerade deshalb interessant, weil sie ständig gegen Parteibeschlüsse anstänkern oder dagegen verstoßen. Gerhard Schröder hat sich in diesem Sinne immer als ein Mann mit Ecken und Kanten inszeniert, der notfalls auch wider den Stachel seiner Partei löckt.

Eine derartige Strategie ist zwar eine Gratwanderung, weil die Mitglieder einer Partei, einer Fraktion oder einer Regierung niemanden mögen, der sich demonstrativ – oder auch verdeckt – permanent auf Kosten der anderen profiliert. Aber so lange sie auch davon profitieren, weil das beim Bürger und beim Wähler gut ankommt, nimmt man solche Eskapaden hin. Wenn die Strahlkraft einer „Wahllokomotive" nachlässt, setzt dann aber auch schnell die kollektive Erinnerung daran ein und wird abgerechnet. Nicht alles, was Politiker sagen oder tun, ist im Übrigen rational, kluge Strategie oder böse Absicht: Unbedachte Äußerungen haben schon so manchen Sturm im Wasserglas und schon so manches politische Erdbeben ausgelöst (man denke an Ronald Reagans Witzelei, in wenigen Minuten beginne die Bombardierung Russlands, oder an Helmut Kohls Vergleich von Gorbatschow mit Goebbels). Weil Politiker ständig im Rampenlicht stehen und beobachtet werden, müssen sie immer damit rechnen, dass auch „private" Äußerungen durchsickern und öffentlich werden. Ständig auf der Hut sein und die Worte wägen zu müssen, führt über kurz oder lang zu jener gekünstelten Politikersprache, die wir alle nicht mögen.

Abgeordnete in den Landtagen und im Bundestag können seit der „Kleinen Parlamentsreform" Ende der sechziger Jahre eine gewisse wissenschaftliche Infrastruktur in Anspruch nehmen. Sie dürfen persönliche Mitarbeiter einstellen, die über eine akademische Vorbildung verfügen können, und können darüber hinaus auf die Referenten der Fraktion zugreifen, für die das überwiegend auch gilt. Sie können zudem Aufträge an den Wissenschaftlichen Dienst erteilen, der fraktionsübergreifend Dienstleistungen für alle Abgeordneten anbietet (Backhaus-Maul 1990).

Die Wissenschaftlichkeit dieser Politikberatung darf man nicht übermäßig hoch veranschlagen. Das liegt weniger an der Qualifikation der Zuarbeiter, die häufig promoviert und teilweise hochqualifiziert sind, sondern vorrangig an den Bedingungen, unter denen die Zuarbeit stattfindet. Wenn die Politik einen Rat braucht, dann will sie ihn schnell. Während Professoren manchmal über Jahrzehnte ein Steckenpferd reiten und über Jahre Projekte betreiben, haben die akademisch trainierten Politikberater in den Apparaten manchmal nur Stunden, ein paar Tage und zuweilen einige Wochen, um Aufträge zu erledigen. Und meistens handelt es sich dabei um einen Auftrag unter vielen, die sie in dieser Zeitspanne abarbeiten müssen. Ihr Rat kann dann nicht annähernd so tiefgründig sein wie eine gutachterliche Stellungnahme, die zum Beispiel als externer Auftrag über Monate von Wissenschaftlern an einer Hochschule erarbeitet und dann als dicke Studie abgeliefert wird.

In der Regel wird das auch gar nicht erwartet: Kein Politiker hat ernsthaft die Zeit, mehrere hundert Seiten wissenschaftliche Expertise zu lesen. Das gilt schon für Abgeordnete, die sich auf ein bestimmtes Fachgebiet spezialisiert haben, und erst recht für Mitglieder von Kabinetten mit ihren prall gefüllten Terminkalendern. Mandatsträger wollen üblicherweise knappe Informationen über einen bestimmten Sachverhalt und häufig auch eine juristische Auskunft, bei der man streiten kann, ob es sich um eine wissenschaftliche Politikberatung oder um eine schlichte Rechtsberatung handelt. Wenn Abgeordnete wissenschaftliche Politikberatung wünschen, dann veranstalten sie eine Anhörung von Experten (Hearing), setzen eine Enquetekommission (Altenhof 2002) ein oder vergeben Gutachten (Petermann 1990).

Verglichen mit dem, was Abgeordnete sonst noch tun, sind das relativ seltene Fälle (Schindler 2000; Euchner/Hampel/Seidl 1993). Der Bedarf nach dieser Art Beratung hält sich – subjektiv, aus der Sicht der Parlamentarier – offenbar in Grenzen. Daneben erhalten sie ständig unaufgefordert Ratschläge, die sich häufig auch einen wissenschaftlichen Anstrich geben: Professoren schicken ihnen Aufsätze oder Bücher zu, Verbände schicken Expertisen zu diesem oder jenem Gesetz. Viele Lobbyisten nutzen wissenschaftlichen Sachverstand, um ihre Argumente zu untermauern: vom Institut der deutschen Wirtschaft bis zur Hans-Böckler-Stiftung der Gewerkschaften. Der Bund der Steuerzahler stützt sich auf sein Karl-Bräuer-Institut, um seine Forderungen mit dem Anschein wissenschaftlicher Seriosität zu versehen. Unabhängige „Denkfabriken", die nicht mehr oder weniger eng mit einem Verband oder einer Partei verbunden sind, sind in Deutschland selten anzutreffen (Gellner 1995; Reinicke 1996; Thunert 2003).

Der meiste Rat, den Politiker bekommen, ist „unwissenschaftlich". Das gilt für Parteien, Fraktionen, Parlamente, Kabinette und Verwaltungen gleichermaßen. Theoretisch kann Beratung in allen Phasen des Politikzyklus eine Rolle spielen: schon bei der Problemartikulation, bei der Problemdefinition, bei der Politikdefinition, bei der Programmentwicklung, bei der Implementation des Programms, bei seiner Evaluierung – und ggf. bei dessen späterer Neuformulierung als Reaktion darauf, wie das Programm „angenommen" wird. Auch in der Praxis dürfte das – wenn auch nicht in jedem Einzelfall – der Fall sein. Eine kontinuierliche wissenschaftliche Begleitung vom Aufkommen eines Problems über das politische „agenda setting" bis hin zur Überprüfung eines umgesetzten Programms dürfte die Ausnahme sein, nicht die Regel. Wissenschaftliche Politikberatung wird – abgesehen von ständigen Beiräten, Kommissionen und ähnlichen Gremien – von Parlamenten, Regierungen und Verwaltungen meistens punktuell in Anspruch genommen, wenn man an einer Stelle allein nicht weiter kommt, aber externe Berater werden – aus verschiedensten Gründen – selten als Partner über Jahre akzeptiert.

Folgende Beratungsformen lassen sich unterscheiden:

- eine zeitlich unbefristete, fachlich grob begrenzte Dauerberatung, die zumeist kollektiven Akteuren aufgegeben ist (Sachverständigenrat zur Begutachtung der gesamtwirtschaftlichen Entwicklung, Konjunkturrat, Finanzplanungsrat, Monopolkommission, Wissenschaftsrat, Normenkontrollrat, Ethikrat, Beiräte der Ministerien und Ähnliches mehr);
- eine zeitlich befristete, fachlich stärker eingegrenzte Beratung, die eigens dafür gegründeten Arbeitsgruppen übertragen wird (Projektgruppen, Ad-hoc-Ausschüsse, wie z. B. die Hartz-Kommission etc.);
- die sporadische, teilweise gesetzlich vorgeschriebene Beratung durch Sachverständige der Spitzenverbände bei bestimmten Vorhaben (in Anhörungen usw.);
- eine unregelmäßige, politisch gewollte wechselseitige Beratung von Politik, Wirtschaft, Gewerkschaften und Wissenschaft (z. B. Konzertierte Aktion, „Bündnis für Arbeit");
- Modellversuche, die einer generellen Verwirklichung neuer Konzepte vorgeschaltet werden, um praktische Erfahrungen zu sammeln;
- Mediationen zwischen unterschiedlichen Interessen, wenn Konflikte anders nicht aufzulösen sind;
- die gelegentliche, förmliche Vergabe von Gutachtenaufträgen an einzelne Personen, Institutionen oder Beratungsfirmen;
- informelle Gespräche zwischen Politikern und Beratern außerhalb der Verwaltung.

Alle diese Formen der Beratung haben Vorzüge und Nachteile und der Grad der Institutionalisierung zeichnet die faktische Funktion vor (Mayntz 2006: 116). Modellversuche werden üblicherweise wissenschaftlich begleitet; eine kontinuierliche wissenschaftliche Begleitung der vielen Gesetze, Verordnungen und Programme, die Parlamente und Regierungen beraten und entscheiden, findet hingegen nur in wenigen Fällen statt.

4 Angebot und Nachfrage auf dem Beratungsmarkt

Wo Nachfrage besteht, sagt das ökonomische Marktmodell, entwickelt sich auch ein Angebot; Angebote schaffen sich notfalls ihre Nachfrage selbst, beides pendelt sich allmählich in einer Art Gleichgewicht ein. Jedenfalls soll es in Marktwirtschaften so sein. Deutschland hat eine Marktwirtschaft. Entsprechen sich, bezogen auf den Beratungsmarkt, Angebot und Nachfrage? Diese Frage ist gar nicht so einfach zu beantworten. Immerhin wurde 2002 die Deutsche Gesellschaft für Politikberatung e. V.

gegründet, welche eine Zeit lang eine eigene Zeitschrift für Politikberatung herausgab, die allerdings über einige Jahrgänge nicht hinauskam.

Politiker bekommen, wie gesagt, ständig mehr oder minder gute Ratschläge. Will man das unübersichtliche Geschehen etwas ordnen, können vier Fragen das Feld schon deutlich lichten:

- Geht die Beratung auf einen förmlichen Auftrag eines Politikers oder eines kollektiven politischen Akteurs, also auf dessen konkrete Nachfrage zurück?
- Wird dieser Auftrag nicht nach innen vergeben, in den Apparat hinein, sondern nach draußen?
- Geht dieser Auftrag an jemanden, der unstreitig zur „scientific community" gehört?
- Ist der Auftraggeber bereit, diese Beratung finanziell zu honorieren, also dafür Geld in die Hand zu nehmen?

Legt man diese Kriterien an, scheiden die weitaus meisten Ratschläge, die Politiker, Parteien, Fraktionen oder Ministerien bekommen, von vornherein aus. Sie kommen ungefragt, unwissenschaftlich und/oder unentgeltlich. Anders gesagt: Wenn wir in diesem Sinne von Politikberatung reden, und zwar von wissenschaftlicher Politikberatung, reden wir nicht vom Normalfall politischer Praxis, sondern von relativ wenigen Ausnahmen.

Man kann in der Politik zwar manches lernen, aber Politik ist keine Fortbildung. Die wenigsten Politiker dürften die Muße und das Interesse haben, selbst Fachliteratur zu lesen. Dafür haben sie ihre „Übersetzer" in den Stäben und in der Linie, die ihnen Fachthemen mundgerecht aufbereiten, sofern und soweit das nötig ist. Meistens sind es diese Mitarbeiter in den Parteien, Fraktionen oder Ministerien und nicht die Politiker, die dafür plädieren, für diesen oder jenen Zweck einen Beratungsauftrag zu vergeben oder ein Gutachten einzuholen. Die Politiker müssen solchen Vorschlägen in der Regel zustimmen, und sie tun das meistens auch. Wenn Politiker selbst auf die Idee kommen, einen Berater einzusetzen oder ein Gutachten zu vergeben, dann treibt sie höchst selten ein fachliches Interesse, sondern dominieren zumeist politische Motive: um sich in politischer Bedrängnis erst einmal Luft zu verschaffen oder um den politischen Gegner in Bedrängnis zu bringen, um – nach der alten Weisheit der Verwaltung: „Wenn Du nicht mehr weiter weißt, gründe einen Arbeitskreis ..." – eine heftige öffentliche Debatte in geordnete Bahnen zu lenken, um angesichts von Kritik Handlungsfähigkeit zu demonstrieren, um getroffene Entscheidungen nachträglich wissenschaftlich legitimieren zu lassen, um ein bestimmtes Thema zu „besetzen" und Profil zu gewinnen usw.

Um daran gar keinen Zweifel aufkommen zu lassen: Das alles ist völlig legitim. Legitim ist es auch, wenn ein Abgeordneter der Opposition beim Wissenschaftlichen Dienst des Parlaments eine gutachterliche Stellungnahme bestellt in der Hoffnung, der Regierung damit eins auswischen zu können. Der Nutzen von Gutachten liegt für Politiker nicht in der fachlichen Information oder Aufklärung, die darin steckt, sondern vorrangig in dem Nutzen, der sich politisch daraus ziehen lässt. Politik ist kein wissenschaftlicher Diskurs.

Der politische Nutzen steuert in der Politik letztlich die Nachfrage nach Beratung, auch nach wissenschaftlicher Beratung.

Längst nicht jeder, der Politiker berät, versteht sich als Mitglied der „scientific community" oder würde dort ohne weiteres als solches akzeptiert. Das gilt beispielsweise für die Unternehmensberater, die zunehmend auch Staat und Verwaltung ihre Dienste andienen, für Rechtsanwälte, Wirtschaftsprüfer, Bauingenieure oder Künstler. Dass es sich um eine wissenschaftliche Beratung handelt, darf man wohl bei jenen unterstellen, die an Hochschulen forschen und lehren oder an öffentlichen Forschungsstätten (Wissenschaftszentrum Berlin, Max-Planck-Institut für Gesellschaftsforschung, Deutsches Institut für Wirtschaftsforschung, Stiftung Wissenschaft und Politik und anderen „Hochschulen ohne Studenten") arbeiten. Doch was ist mit Ratschlägen, die aus Forschungsstätten der Industrie stammen oder auf Forschungsaufträge von Unternehmen oder Verbänden zurückgehen? Ist das Wissenschaft oder Lobbyarbeit?

Die Investitionen in Forschung sind in der Wirtschaft ungleich höher als das, was in staatlicher Regie läuft. Das Institut der deutschen Wirtschaft, die Hans-Böckler-Stiftung des Deutschen Gewerkschaftsbundes oder das Karl-Bräuer-Institut des Bundes der Steuerzahler mögen seriöse Forschung betreiben, gelten aber nicht als unabhängig genug und nur bedingt als Teil der „scientific community". Ähnliches gilt für die Forschungsinstitute der Parteistiftungen oder kommerzielle Unternehmungen wie die Prognos AG und andere, die von Forschungs- und Beratungsaufträgen leben. Finanziell unabhängig sind Denkfabriken wie die Bertelsmann Stiftung oder die Schader-Stiftung, die aber – anders als das Hamburger Institut für Sozialforschung oder das Freiburger Öko-Institut – selbst nicht den Anspruch erheben, Wissenschaft zu betreiben. An der Grenze zwischen Wissenschaft und Geschäft operieren auch die Meinungs- und Wahlforscher – von der Forschungsgruppe Wahlen e. V. über das Institut für Demoskopie, Allensbach, bis hin zu Infratest. Dieser bunte Markt macht es zuweilen schwierig zu entscheiden, ob alles, was sich den Anstrich der Wissenschaft gibt, auch objektiv wissenschaftliche Politikberatung ist. Klar ist nur: Wissenschaft ist – entgegen dem Anschein, den idealtypische Beratungsmodelle bisweilen suggerieren – nicht bloß das, was im öffentlichen Sektor stattfindet. Und nicht jeder Rat ist wissenschaftlich abgesichert, nur weil ihn ein Professor erteilt. Die Grenzen sind fließend.

Hinzu kommt, dass es zu vielen Fragen unterschiedliche Lehrmeinungen gibt. Es ist ja nicht so, dass ein Politiker immer eine klare Antwort bekommt, wenn er nur die Wissenschaft befragt. Wissenschaftler neigen dazu, sich wegen der Komplexität der Welt nur ungern eindeutig festzulegen, während Politiker entscheiden müssen und dafür Rat und Hilfe suchen, mit der sie etwas anfangen können. Bei vielen politischen Auseinandersetzungen findet man Wissenschaftler auf beiden Seiten, dafür und dagegen. Der Streit um den künftigen Länderfinanzausgleich wurde vor dem Bundesverfassungsgericht mit dicken Klageschriften, Gutachten und Gegengutachten ausgetragen. Es gibt Politiker, die selbst „gelernte" Wissenschaftler sind. Andere bekommen Rat von Wissenschaftlern, mit denen sie befreundet sind oder mit denen sie zusammen in Parteigremien, Parlamenten oder Verwaltungsräten sitzen.

Diese Ratschläge, selbst wenn sie ausführlicher aufgeschrieben werden, sind im Allgemeinen nicht gemeint, wenn von wissenschaftlicher Politikberatung die Rede ist. Es gibt Wissenschaftler, die befreundete Politiker nicht nur beim Wein über neuere Entwicklungen informieren, sondern auch unentgeltlich Analysen, Reden und Buchbeiträge für sie schreiben. Und es gibt Politiker, die einen informellen Beraterkreis um sich geschart haben, in dem politische Strategien und Maßnahmen diskutiert werden. Diese Beispiele zeigen ebenfalls, wie schwer und wie falsch eine strikte Trennung von Politik und Wissenschaft ist.

Viele Ratschläge bekommen Politiker unentgeltlich, die meisten sind unerbeten. Unentgeltliche Expertise bekommen Politiker nicht nur aus ihrem Hause, sofern sie Minister sind – aus Fachreferaten oder Planungsstäben –, sondern auch von Wissenschaftlern, die ihnen persönlich oder politisch verbunden sind, von nachgeordneten Fachbehörden oder nahestehenden Stiftungen und von wissenschaftlichen Instituten diverser Verbände, deren Stellungnahmen ihnen unaufgefordert ins Haus flattern. Das meiste davon landet im Papierkorb oder in der Ablage. Von echter Nachfrage kann man lediglich dann sprechen, wenn Politiker bereit sind, gegen Entgelt aus der Wissenschaft Beratung einzuholen.

Selbst die Frage, ob es sich um politische Beratung handelt, ist nicht immer ohne weiteres zu beantworten. Bei der Festlegung einer Autobahntrasse kann es notwendig sein, die Flora und Fauna zu bestimmen, die davon beeinträchtigt wird. Wenn dort seltene Vogelarten gefunden werden, so ist das heutzutage ein Politikum. Aber handelt es sich auch um eine politische Beratung? Ähnliche Fragen lassen sich stellen, wenn es um mögliche Alternativen beim Küstenschutz oder um die Sicherheit in Atomkraftwerken geht. Rein technisch oder politisch? Wenn man die Nachfrage nach wissenschaftlicher Politikberatung in Deutschland quantifizieren wollte, müsste man jene Mittel addieren, die im Bund, in den Ländern und in den Kommunen von Parteien, Fraktionen, Parlamenten, Regierungen und Verwaltungen für Gutachten und ständige wissenschaftliche Beratergremien ausgegeben werden. Die Entschädigungen und Honorare für Sachverständige, die zu Anhörungen, Veranstaltungen oder Kongressen anreisen, gehörten in den Gesamtbetrag hinein, erstattete Reisekosten vielleicht nicht. Puristen müssten außerdem Entgelte für Unternehmens- und Rechtsberater, Architekten und Biologen abziehen, die sich nicht zum erlauchten Kreis der Wissenschaft zählen dürfen. Es mag an solchen Fragen liegen, warum es für diese Marktseite nicht einmal Näherungswerte gibt. Selbst die Anzahl der Gremien, die ständig oder zeitweilig die Bundesministerien beraten, ist bisher nicht präzise zu ermitteln gewesen (Murswieck 1994a: 10). Sie soll aber kräftig gestiegen sein: Von 91 im Jahre 1962 auf 146 im Jahre 1965, von 203 im Jahre 1969 auf 358 Mitte der 1970er Jahre mit insgesamt 5.600 Wissenschaftlern und sonstigen Sachverständigen. 1984 kam der Rechnungshof in einer vergleichbaren Aufstellung sogar auf 528 Beiräte und Kommissionen (Landfried 1986: 107; Brohm 1987: 223; zuletzt Mayntz 2006: 120.).

Beim Versuch, den Markt der Anbieter ein bisschen zu sortieren, kann man zunächst danach unterscheiden, ob der potentielle Auftragnehmer von Beratung leben muss oder nicht. Für alle, die fest im öffentlichen Dienst arbeiten, gilt das nicht. Zu den **kommerziellen Anbietern** zählen:

- Anwaltskanzleien, Steuerberater und Wirtschaftsprüfer sowie Consultingfirmen, die nicht auf politische Beratung spezialisiert sind, deren Rat aber zuweilen bei politischen Entscheidungen benötigt wird.
- Stadtplaner, Ingenieure oder Informatiker helfen bei „technischen" Entscheidungen, die aber erhebliche politische Auswirkungen haben können. Sie bereiten in der Regel politische Entscheidungen vor oder sichern sie ab.
- Private Institute (wie Prognos), die materielle Politikberatung anbieten, aber ansonsten eher in der Wirtschaft tätig sind.
- Die Meinungs- und Wahlforscher außerhalb der Universitäten (wie Infratest, das Institut für Demoskopie Allensbach u. a. m.).
- Institute von Verbänden, die vorrangig deren Positionen untermauern und die Mitglieder mit Expertise beliefern, aber auch öffentliche Aufträge übernehmen (Institut für Mittelstandsforschung u. ä.);
- Denkfabriken wie das Freiburger Öko-Institut oder das von Kurt Biedenkopf und Meinhard Miegel gegründete Institut für Wirtschafts- und Gesellschaftspolitik e. V., das von privaten und öffentlichen Aufträgen lebt und sich ansonsten durch Spenden finanziert.

Politische „Denkfabriken" wollen häufig nicht so sehr bei Gesetzesvorhaben beraten, sondern zielen mehr auf die öffentliche Meinung. Sie wollen die öffentliche Debatte beeinflussen und die „Lufthoheit über den Stammtischen" gewinnen, aber nicht praktische Probleme lösen.

Neben dem kommerziellen Beratermarkt gibt es potentielle Anbieter, die zwar nicht von Politikberatung leben, aber durchaus Aufträge mitnehmen, wenn es sich lohnt oder reizvoll erscheint. Neben den eben genannten Anbietern zählen dazu insbesondere die Hochschulen, d. h. einzelne Wissenschaftler oder Institute, und die Forschungsinstitute der Parteistiftungen.

Eine dritte Gruppe von potentiellen Anbietern muss beraten, ob sie will oder nicht. Sie können nicht immer auf Bezahlung bestehen, sondern müssen auch Aufträge erledigen, die ihnen erteilt oder angetragen werden. Zu dieser Gruppe zählen:

- Die Rechnungshöfe, die auf Anforderung des Parlaments oder der Regierung verpflichtet sind, gutachterliche Stellungnahmen abzugeben;
- die Bundesbank, die sich einem Wunsch nach Beratung nicht entziehen würde;

- nachgeordnete Behörden wie das Bundesumweltamt oder ein Landesamt für Natur und Umwelt, die selbst Labore und wissenschaftlichen Sachverstand vorhalten;
- eigens für die Politikberatung geschaffene Einrichtungen (wie die Stiftung Wissenschaft und Politik, Bundesamt für Bauwesen und Raumordnung oder das Institut für Arbeitsmarkt- und Berufsforschung der Bundesagentur für Arbeit);
- Institutionen der Grundlagenforschung (wie das Wissenschaftszentrum Berlin, das Max-Planck-Institut für Gesellschaftsforschung u. a.).

Die Beiräte, Kommissionen und sonstigen Gremien, die Politik beraten, ergänzen dieses Netzwerk an Institutionen.

Eine vierte Gruppe bilden Anbieter, die gegen Entgelt oder ohne Entgelt Politik beraten können, aber nicht von konkreten Aufträgen abhängig sind, weil sie über ausreichende eigene Mittel verfügen. Hierzu zählt zum Beispiel die Bertelsmann Stiftung, die sich aus dem Eigenkapital und Erträgen des Konzerns finanziert, ein eigenes Programm verfolgt und sich aufgrund ihrer finanziellen Unabhängigkeit aussuchen kann, ob sie mit der Politik kooperiert oder nicht. Solche Einrichtungen sind in Deutschland relativ selten (vgl. im Vergleich zu den USA u.a. Reinicke 1996 und Gellner 1995; Thunert 2003).

Für Politiker, die Rat suchen, ist der Markt relativ unübersichtlich. Sie müssen sich auf die verlassen, die ihnen zuarbeiten, oder auf jene, die sie selbst kennen. Vertrauen ist immer dann wichtig, wenn Berater Einblick in interne Unterlagen und politische Planungen bekommen müssen, um ihren Auftrag erfüllen zu können. Zuweilen kann es klug sein, eine Expertise von jemandem erstellen zu lassen, von dem alle wissen, dass er gerade nicht zum eigenen Lager gehört. Selbst die Vergabe von Gutachten ist bisweilen Politik.

---

i Von professioneller Politikberatung kann man eigentlich nur dann sprechen, wenn Anbieter das nicht nur gelegentlich tun, sondern mehr als die Hälfte ihres Umsatzes mit Aufträgen aus der Politik machen.

Wenn man dieses Kriterium anlegt, dürfte der Kreis professioneller Politikberater in Deutschland relativ klein sein (zur Anzahl und den Funktionen der amerikanischen „Think tanks" siehe u. a. Reinicke 1996: 34 ff.). Die meisten Beratungsfirmen machen ihr Hauptgeschäft noch immer in der Wirtschaft, die meisten Hochschullehrer akquirieren ihre Drittmittel entweder dort oder bei den öffentlichen Forschungsförderern. Überwiegend von Aufträgen aus der Politik leben allenfalls einige Werbeagenturen, die Wahlkämpfe unterstützen, sowie vielleicht einige in der Meinungs- und Wahlforschung. Einen spezialisierten Politikberatermarkt gibt es ansonsten nicht. Das entspricht der Nachfrage.

Das Angebot ist ebenfalls begrenzt. Längst nicht alle Wissenschaftler haben ein Interesse daran, zur Lösung praktischer Probleme beizutragen, oder wären in der

Lage, relativ kurzfristig praktikable Vorschläge zu entwickeln. Viele frönen lieber der reinen Lehre und haben Angst davor, den Maßstäben der Wissenschaft nicht mehr zu genügen, wenn sie sich in den Dienst der Praxis stellen. Andere befürchten, ihre Unschuld zu verlieren und politisch instrumentalisiert zu werden, wenn sie sich auf eine Beratung der Politik einlassen. Wieder andere haben mehr Freude daran, die „dumme" oder „böse" Politik durch mehr oder weniger kluge Beiträge zu entlarven, als ihre „gute" Wissenschaft dazu zu nutzen, bei der Bewältigung sozialer Probleme zu helfen.

Claus Offe hat in den 1970er Jahren des vergangenen Jahrhunderts im Verzicht auf Politikberatung die erfolgreichste Art der Beratung gesehen: Statt ihnen zu helfen, komme es darauf an, den Politikern qua Politikforschung ihre Realitätsverleugnung vorzuführen (Offe 1977: 322; vgl. Landfried 1986: 100 ff.).

Die Frage, ob die Wissenschaft der Politik überhaupt helfen kann, praktische Probleme (besser) zu bewältigen, stellt sich bei dieser Sichtweise überhaupt nicht. Sie könnte zwar, sie will aber nicht (nämlich „mit den Herrschenden konspirieren"). Umgekehrt gibt es aber auch Zweifel, ob die Wissenschaft kann, selbst wenn sie will. Politiker erwarten häufig unmittelbar anwendbare „Rezepte", während Wissenschaftler wissen, dass sie allenfalls dazu beitragen können, Politik von der Formulierung eines Programms bis hin zur praktischen Durchführung etwas rationaler zu gestalten (Landfried 1986: 101). Die Lösung aller Probleme darf man von wissenschaftlicher Beratung nicht erwarten. Die Wissenschaft kann längst nicht alle Nebenfolgen ihrer Empfehlungen kontrollieren, sie kann im Gegenteil selbst die Ursache für soziale und politische Probleme sein. Auch diese unterschiedlichen wechselseitigen Erwartungen und Ansprüche tragen dazu bei, dass der Beratermarkt in Deutschland relativ klein bleibt. Bei einer Umfrage unter Verwaltungsbeamten nach der Verlässlichkeit von Ergebnissen verschiedener wissenschaftlicher Disziplinen rangierte die Politikwissenschaft im Übrigen an letzter Stelle (Bruder 1980: 63; Friedrich 1970).

5 Politik in Deutschland: gut oder schlecht beraten?

Ist „die Politik" in Deutschland gut oder schlecht beraten? Würde es den Deutschen besser gehen, wenn sich ihre Politiker stärker beraten ließen? Bekommen Parteien, Parlamente und Regierungen den Rat, den sie brauchen, um vernünftig entscheiden zu können? Würde Deutschland im Vergleich zu anderen OECD-Ländern besser dastehen, wenn die Politik anders beraten würde? Alle diese Fragen sind schwer zu beantworten.

Das, was man in der Literatur lesen kann, stimmt nicht gerade hoffnungsfroh. Vieles deute darauf hin, meint etwa Wolfgang Petermann, dass es dem Deutschen Bundestag genau daran mangele, nämlich „an der Qualität von Beratung (nicht aber an Wegen und Mengen transferierter Informationen)" (Petermann 1990: 7). Es gebe aber auch andere Stimmen, wonach der Bundestag zu den bestinformierten Parlamenten der Welt gehöre. Liegt die Wahrheit, wie so häufig, womöglich irgendwo in der Mitte?

Versuche, solche Fragen empirisch zu klären, gibt es nicht, jedenfalls keine, die überzeugen. Sie müssten vorab die Maßstäbe klären, die sie anlegen wollen. Woran will man ablesen, ob die Politik in Deutschland gut oder schlecht beraten ist? An der Anzahl der Stunden, die (alle) Politiker im Gespräch mit Wissenschaftlern verbringen? An der Anzahl der Expertisen, die Parteien, Fraktionen, Parlamente, Regierungen und Verwaltungen in Bund, Ländern und Gemeinden Jahr für Jahr in Auftrag geben? Oder an der Menge der gutachterlichen Stellungnahmen, die Politikern ungefragt ins Haus flattern? An der Höhe der Mittel, die insgesamt für Gutachten und Beratung in die öffentlichen Haushalte eingestellt werden? Daran, ob diese Mittel steigen oder sinken? Oder am Anteil dieser Mittel im Vergleich zum Gesamtbudget? Solche Zahlen, Daten und Fakten, die noch niemand systematisch ermittelt hat, wären ein erster notwendiger Schritt für eine empirische Erfassung des Phänomens Politikberatung. Sie wären jedoch nur Hinweise auf die Quantität, nicht aber auf die Qualität der Beratung.

Wann sind Politiker gut beraten? Wenn sie den neuesten wissenschaftlichen Kenntnisstand kennen, also „objektiv" bestens informiert sind? Sollen und können Politiker fachlich mithalten, wenn Informatiker, Physiker und Biologen über den neuesten Stand der Technik berichten? Oder haben sie eine andere Aufgabe? Können sie tatsächlich beurteilen, wer recht hat, wenn sich Wissenschaftler widersprechen? Wer definiert eigentlich, was der neueste Stand der Wissenschaft ist? Gibt das Renommee eines einzelnen Wissenschaftlers den Ausschlag oder entscheidet letztlich die „scientific community"? Und wann entscheidet sie? Wenn der Politiker ein solches Votum braucht? Nach jahrelangen Diskussionen? Oder erst nach Jahrzehnten, wenn ein tradiertes Paradigma von einem neuen abgelöst wurde? Und wer legt fest, ob eine Debatte abgeschlossen ist oder nicht?

Die Qualität, nicht die Menge der Ratschläge oder der Aufwand für Beratung, ist bei der Antwort auf die Frage, ob Politiker gut beraten sind, das entscheidende Kriterium. Ein Politiker kann ziemlich viel Zeit im Kreise von Professoren verbringen und dennoch schlecht beraten sein, wenn diese drittklassig, Ideologen oder wissenschaftlich nicht auf der Höhe der Zeit sind. Ein Rat kann (und sollte!) kurz und knapp und deshalb gut sein, weil er im richtigen Moment und „auf den Punkt" kommt, also das Problem präzise beschreibt und die politischen Implikationen sowie mögliche Lösungen mit ihren Vorzügen und Nachteilen aufzeigt. Die Qualität eines Ratschlages oder eines Gutachtens messen Politiker nicht daran, ob andere Wissenschaftler dem Kollegen applaudieren oder ihm wenigstens Respekt für die erbrachte Leistung zollen. Politiker interessiert lediglich, ob sie mit den Ratschlägen in der politischen Praxis etwas anfangen können oder nicht. Das ist ihr Qualitätsmaßstab, und dieser Maßstab ist nicht nur dann legitim, wenn sie für die Beratung auch bezahlt haben.

Politikberatung ist kein Selbstzweck. Nachfrage und Angebot, Kosten und Nutzen, Aufwand und Ertrag kann man quantitativ und qualitativ zu erfassen versuchen – und dennoch keine endgültige Antwort auf die Frage haben, ob die Politik in Deutschland gut oder schlecht beraten ist. Letztlich ginge es nämlich nicht nur um das, was am Beratermarkt investiert (Input) und produziert (Output) wird, sondern um die Auswirkungen dieser Beratung (Outcome). Stünde Deutschland im Vergleich mit den anderen OECD-Staaten besser da, wenn die Politiker entweder mehr wissenschaftliche Beratung bekämen oder aber offener für Ratschläge aus der Wissenschaft wären? Stehen andere Staaten vielleicht nur deshalb besser da als wir, weil dort die Politik besser beraten ist? Wie hoch ist überhaupt der Anteil einer „guten", einer funktionierenden Politikberatung an der Leistungs- und Wettbewerbsfähigkeit von Nationen zu veranschlagen?

Alle diese Fragen sind beim gegenwärtigen Stand der Forschung (als Überblick: Murswieck 1994; Mayntz 2006; Nullmeier 2007) völlig offen. Angesichts der Komplexität des Gegenstandes ist das nicht weiter verwunderlich. Verwunderlich sind allenfalls manche pauschalen Urteile in dieser Sache, die man hier und da hören oder lesen kann.

Es ist aufwendig genug, aber noch relativ einfach, in Fallstudien die Bedeutung von zureichenden und zutreffenden Informationen und fundierter Analyse bei politischen Entscheidungen auszuloten (als Beispiel: Mansfield 1990). Seine Anwendung zu simulieren, um die Folgen eines Gesetzes abschätzen zu können, ist derart aufwändig, dass man das allenfalls für einige besonders wichtige Programme machen kann (Böhret/Konzendorf 2000a, 2000b). Aber es geht. Auch kann man die Beratungskanäle zusammenstellen, die Parlamente (Petermann 1990; Euchner/Hampel/Seidel 1993), Regierungen oder Verwaltungen nutzen (Murswieck 1994: 101 ff.) oder die Anbieter von Beratung sortieren und den deutschen Markt mit anderen vergleichen (Reinicke 1996; Gellner 1995). Kaum zu leisten ist aber eine systematische Erfassung des Phänomens. Das liegt nicht nur am gewaltigen Aufwand, der angesichts der Vielzahl der Kontakte und Akteure auf den verschiedenen staatlichen Ebenen zu leisten wäre. Empirisch ist dieses Phänomen auch deshalb schwer zu greifen, weil vieles informell läuft (Wewer 1998). Praktisch unmöglich ist es, auch noch die Qualität der Beratung im Einzelnen und im Durchschnitt zu beurteilen.

Die meisten Politiker in Deutschland haben offenbar nicht das Gefühl, schlecht oder nicht ausreichend beraten zu sein. Sonst könnten sie das jederzeit ändern. Oder aber ihre Erwartungen an die Wissenschaft sind nicht so, dass sie deren Ratschläge vermissen bzw. mehr Rat einfordern würden (Ritter 1982; König/Dose 1993). Die Nachfrage scheint geringer zu sein als das Angebot. Das muss nicht nur an den Politikern liegen. Wenn Politik und Verwaltung sich durch Experten von außen beraten lassen, so geht es ihnen nicht immer nur darum, ihr Sachwissen zu erweitern. Ganz andere – völlig legitime – Motive können für sie im Vordergrund stehen.

Politikberatung kann sehr unterschiedliche Funktionen erfüllen (Landfried 1986: 110; Brohm 1987: 220):

– **Problemerkennungs- oder Prognosefunktion**

Gutachten oder Szenarien können in Auftrag gegeben werden, um unabhängig von aktuellen Streitfragen in die Zukunft zu schauen und Probleme möglichst frühzeitig zu erkennen;

– **Unterstützungs- oder Autoritätsfunktion**

renommierte Wissenschaftler oder prominente Beratungsfirmen können eingeschaltet werden, um eine bestimmte Position gegenüber der Opposition oder der Regierung, gegenüber der Öffentlichkeit oder anderen Ressorts besser begründen und durchsetzen zu können;

– **Feigenblatt- oder Dekorfunktion**

wissenschaftliche Argumente können zur Absicherung dessen herangezogen werden, was man aus ganz anderen Motiven heraus anstrebt;

– **Verschiebungs- oder Befreiungsfunktion**

die Vergabe von Gutachten kann auch dazu dienen, sich in politischer Bedrängnis erst einmal Luft zu verschaffen oder eine Entscheidung auf die lange Bank zu schieben;

– **Konfliktschlichtungs- oder Schiedsrichterfunktion**

die Einschaltung von Beratern oder Moderatoren kann helfen, politisch kontroverse Fragen zu neutralisieren oder verhärtete Fronten aufzubrechen;

– **Evaluierungs- oder Kontrollfunktion**

Berater können helfen, Maßnahmen zu überwachen und innerhalb von Institutionen eine gewisse Kontrolle wahrzunehmen;

– **Legitimationsfunktion**

die Wissenschaft kann in Anspruch genommen werden, um bereits getroffene Entscheidungen nachträglich zu untermauern;

– **Erhöhungs- oder Prestigefunktion**

staatliche Instanzen können sich nur deshalb mit Wissenschaftlern und Expertisen schmücken, um von deren Ansehen zu profitieren und eine höhere Weihe zu bekommen.

Die unterschiedlichen Funktionen, die wissenschaftliche Beratung haben kann, machen deutlich, warum die Antwort auf die Frage, ob die Politik gut oder schlecht beraten ist, so einfach und so schwer zugleich ist: Aus der Sicht der Politik ist Beratung dann nützlich und erfolgreich, wenn sie ihren Zweck in einer bestimmten Situation erfüllt. Nicht mehr und nicht weniger. Das ist leicht zu verstehen und relativ einfach zu erfassen. Die Motive, aus denen heraus externe Beratung in Anspruch genommen wird, wechseln aber von Fall zu Fall und von Zeit zu Zeit (Krevert 1993). Insofern fehlt der eine Maßstab, an dem man „gut" oder „schlecht" einfach ablesen könnte, und ist es schwierig, eine Gesamtbilanz der Politikberatung in Deutschland zu erstellen.

Ein Gutachten mag wissenschaftlich fadenscheinig oder halbseiden sein – und kann politisch dennoch seinen Zweck erfüllen. Dafür gibt es zahllose Beispiele – im Übrigen nicht nur aus der Politik, sondern auch aus Wirtschaft und Wissenschaft. Auch gutachterliche Stellungnahmen zu Stipendien, Berufungen, Symposien oder Forschungsgeldern werden so geschrieben, dass sie möglichst ihren Zweck erfüllen. Auch dabei spielen nicht immer nur rein wissenschaftliche Überlegungen und Motive eine Rolle. Der Politik vorzuwerfen, sie habe ein primär instrumentelles Verhältnis zu wissenschaftlichen Ratschlägen, ist schon aus diesem Grunde reichlich verlogen. Wenn es um Drittmittel, das Unterbringen von Personen oder eigene Interessen und Privilegien geht, machen auch Wissenschaftler ganz handfest Politik. Juristen, die es gewohnt sind, je nach Bedarf in die Rolle des Anklägers, des Verteidigers oder des Richters zu schlüpfen, können sich damit offenbar leichter arrangieren als Disziplinen, in denen nach wie vor um das Ideal der einen alleinigen Wahrheit gefochten wird (Landfried 1986: 113 f.).

6 Literatur

Backhaus-Maul, Holger, 1990: Die Organisation der Wissensvermittlung beim Deutschen Bundestag. Am Beispiel der Wissenschaftlichen Dienste. In: Thomas Petermann (Hrsg.): Das wohlberatene Parlament. Berlin: Edition Sigma, 19–63.

Böhret, Carl/Konzendorf, Götz, 2000a: Moderner Staat - moderne Verwaltung. Leitfaden zur Gesetzesfolgenabschätzung. Berlin: bmi (Broschüre).

Böhret, Carl/Konzendorf, Götz 2000b: Handbuch zur Gesetzesfolgenabschätzung. Berlin: bmi.

Braß, Heiko, 1990: Enquete-Kommissionen im Spannungsfeld von Politik, Wissenschaft und Öffentlichkeit. In: Thomas Petermann (Hrsg.): Das wohlberatene Parlament. Berlin: Edition Sigma, 65–95.

Brohm, Winfried, 1987: Sachverständige Beratung des Staates. In: Josef Isensee/Paul Kirchhoff (Hrsg.): Handbuch des Staatsrechts der Bundesrepublik Deutschland, Bd. 2. Heidelberg: C.F. Müller Juristischer Verlag, 207–248.

Bruder, Wolfgang, 1980: Sozialwissenschaften und Politikberatung. Zur Nutzung sozialwissenschaftlicher Informationen in der Ministerialverwaltung. Opladen: Westdeutscher Verlag.

Dagger, Steffen/Kambert, Michael, 2007 (Hrsg.): Politikberatung und Lobbying in Brüssel. Wiesbaden: VS Verlag.

deLeon, Peter, 1993: Demokratie und Policy-Analyse: Ziele und Arbeitsweise. In: Adrienne Héritier (Hrsg.): Policy-Analyse. Opladen: Westdeutscher Verlag, 471–485.

Dietzel, Gottfried, 1978: Wissenschaft und staatliche Entscheidungsplanung. Rechts- und Organisationsprobleme der wissenschaftlichen Politikberatung. Berlin: Duncker & Humblot.

Euchner, Walter u. a., 1993: Länder-Enquete-Kommissionen als Instrumente der Politikberatung. Rechtliche Ordnung, Fallbeispiele und ihre Praxis im Urteil von Mitgliedern. Baden-Baden: Nomos.

Fischer, Frank, 1993: Bürger, Experten und Politik nach dem „Nimby"-Prinzip. In: Adrienne Heritier (Hrsg.): Policy-Analyse. Opladen: Westdeutscher Verlag, 451–470.

Friedrich, Hannes, 1970: Staatliche Verwaltung und Wissenschaft. Die wissenschaftliche Beratung der Politik aus der Sicht der Ministerialbürokratie. Frankfurt am Main: Europäische Verlagsanstalt.

Gellner, Winand, 1991: Politikberatung und Parteienersatz: Politische Denkfabriken in den USA. In: Zeitschrift für Parlamentsfragen 22/1, 134–149.

* Gellner, Winand, 1995: Ideenagenturen für Politik und Öffentlichkeit. Think tanks in den USA und in Deutschland. Opladen: Westdeutscher Verlag.

Habermas, Jürgen, 1968: Verwissenschaftliche Politik und öffentliche Meinung (1963). In: Jürgen Habermas (Hrsg.): Technik und Wissenschaft als „Ideologie". Frankfurt am Main: Suhrkamp, 120–145.

Hampel, Frank, 1991: Politikberatung in der Bundesrepublik: Überlegungen am Beispiel von Enquete-Kommissionen. In: Zeitschrift für Parlamentsfragen 22/1, 111–133.

Hennig, Klaus Jürgen, 1994: Beratung der Politik durch das Bundesgesundheitsamt. In: Axel Murswieck (Hrsg.): Regieren und Politikberatung. Opladen: Leske + Budrich, 59–71.

Héritier, Adrienne, 1993 (Hrsg.): Policy-Analyse. Kritik und Neuorientierung (= Politische Vierteljahresschrift, Sonderheft 24), Opladen.

Hoffmann-Riem, Wolfgang, 1988: Sachverstand: Verwendungsuntauglich? Eine Fallanalyse zur Politikberatung im Rahmen der Enquete-Kommission „Neue Informations- und Kommunikationstechniken". In: Jahrbuch für Rechtssoziologie und Rechtstheorie, 367 ff.

Hoffmann-Riem, Wolfgang/Ramcke, Udo, 1989: Enquete-Kommissionen. In: Hans-Peter Schneider/Wolfgang Zeh (Hrsg.): Parlamentsrecht und Parlamentspraxis in der Bundesrepublik Deutschland. Ein Handbuch, Berlin, 1261–1292.

Jaehrling, Karen, 1999: Der Einsatz wissenschaftlicher Beratung zur Strukturierung der politischen Kommunikation – eine „informelle Funktion" am Beispiel der Wehrpflichtdebatte. In: Zeitschrift für Parlamentsfragen 30/3, 686–699.

Jann, Werner, 1994: Wissenschaftler in der Regierung - Advokatoren der Verwissenschaftlichung der Politik. In: Axel Murswieck (Hrsg.): Regieren und Politikberatung. Opladen: Leske + Budrich, 159–174.

Jarren, Otfried/Sarcinelli, Ulrich/Saxer, Ulrich, 1998 (Hrsg.): Politische Kommunikation in der demokratischen Gesellschaft. Ein Handbuch mit Lexikonteil. Opladen: Westdt. Verlag.

Jasanoff, Sheila, 1990: The Fifth Branch: Science Advisers as Policymakers. Cambridge, Mass./London.

Ismayr, Wolfgang, 2000: Der Deutsche Bundestag im politischen System der Bundesrepublik Deutschland. Opladen: Leske + Budrich.

König, Klaus/Dose, Nicolai, 1993 (Hrsg.): Instrumente und Formen staatlichen Handelns, Köln usw.

Krevert, Peter, 1993: Funktionswandel der wissenschaftlichen Politikberatung in der Bundesrepublik Deutschland. Entwicklungslinien, Probleme und Perspektiven im Kooperationsfeld von Politik, Wissenschaft und Öffentlichkeit. Münster : Lit.

Krott, Max, 1999: Musterlösungen als Instrumentarien wissenschaftlicher Politikberatung. Das Beispiel des Naturschutzes. In: Zeitschrift für Parlamentsfragen 30/3, 673 ff.

Krüger, Jürgen, 1975: Wissenschaftliche Beratung und sozialpolitische Praxis. Die relevanz wissenschaftlicher Politikberatung für die Reformversuche um die Gesetzliche Krankenversicherung. Stuttgart : Enke.

Landfried, Christine, 1986: Politikwissenschaft und Politikberatung. In: Klaus von Beyme (Hrsg.): Politikwissenschaft in der Bundesrepublik Deutschland. Entwicklungsprobleme einer Disziplin. Opladen: Westdeutscher Verlag, 100–115.

Leggewie, Claus, 1987: Der Geist steht rechts. Ausflüge in die Denkfabriken der Wende. Berlin: Rotbuch.

Lompe, Klaus, 1966: Wissenschaftliche Beratung der Politik. Ein Beitrag zur Theorie anwendender Sozialwissenschaften. Göttingen, Schwartz.

Mai, Manfred, 1999: Wissenschaftliche Politikberatung in dynamischen Politikfeldern. Zur Rationalität von Wissenschaft und Politik. In: Zeitschrift für Parlamentsfragen 30/3, 659–673.

Mansfield, Michael W., 1990: Political Communication in Decision-Making Groups. In: David L. Swanson/Dan Nimmo (eds.): New Directions in Political Communication. A Resource Book. Newbury Park, Calif.: Sage Publications, 255–304.

Mayer, Klaus/Görgen, Roswitha, 1979: Die wissenschaftliche Beratung der Bundesministerien. In: Aus Politik und Zeitgeschichte B 38. Bonn, 31–38.

Mayntz, Renate, 1993: Policy-Netzwerke und die Logik von Verhandlungssystemen. In: Adrienne Héritier (Hrsg.): Policy-Analyse. Opladen: Westdeutscher Verlag, 39–56.

Mayntz, Renate, 1994: Politikberatung und politische Entscheidungsstrukturen: Zu den Voraussetzungen des Politikberatungsmodells. In: Axel Murswieck (Hrsg.): Regieren und Politikberatung, 17–30.

Müller, Edda, 1994: Zur Verwendung wissenschaftlicher Ergebnisse in der Umweltpolitik. Ein Kommentar aus der Regierungspraxis. In: Axel Murswieck (Hrsg.): Regieren und Politikberatung. Opladen: Leske + Budrich, 51–57.

Müller-Rommel, Ferdinand, 1984: Sozialwissenschaftliche Politikberatung. Probleme und Perspektiven. In: Aus Politik und Zeitgeschichte B 25. Bonn, 26–39.

* Murswieck, Axel (Hrsg.), 1994a: Regieren und Politikberatung. Opladen: Leske + Budrich.

Murswieck, Axel, 1994b: Wissenschaftliche Beratung im Regierungsprozeß. In: Axel Murswieck (Hrsg.): Regieren und Politikberatung. Opladen: Leske + Budrich, 103–119.

Pappi, Franz Urban, 1993: Policy-Netze: Erscheinungsformen moderner Politiksteuerung oder methodischer Ansatz? In: Adrienne Héritier (Hrsg.): Policy-Analyse. Opladen: Leske + Budrich, 84–94.

Petermann, Thomas (Hrsg.), 1990: Das wohlberatene Parlament. Orte und Prozesse der Politikberatung. Berlin: Edition Sigma.

ders., 1994: Das Büro für Technikfolgen-Abschätzung beim Deutschen Bundestag: Innovation oder Störfaktor?. In: Axel Murswieck (Hrsg.): Regieren und Politikberatung. Opladen: Leske + Budrich, 79–99.

Peters, B. Guy, 1993: Alternative Modelle des Policy-Prozesses: Die Sicht „von unten" und die Sicht „von oben", in: Adrienne Héritier (Hrsg.): Policy-Analyse. Opladen: Leske + Budrich, 289–303.

* Peters, B. Guy/Barker, Anthony (eds.), 1993: Advising West European Governments. Inquiries, Expertise and Public Policy. Pittsburgh, Pa.: University of Pittsburgh Press.

Prittwitz, Volker von, 1994: Politikanalyse. Opladen: Leske + Budrich.

Reinermann, Heinrich (Hrsg.), 2000: Regieren und Verwalten im Informationszeitalter. Unterwegs zur virtuellen Verwaltung. Heidelberg: V. Decker.

Reinicke, Wolfgang H., 1996: Lotsendienste für die Politik. Think tanks – amerikanische Erfahrungen und Perspektiven für Deutschland. Gütersloh: Verlag Bertelsmann Stiftung.

Ritter, Ernst Hasso, 1982: Perspektiven für die wissenschaftliche Politikberatung? In: Joachim Jens Hesse (Hrsg.): Politikwissenschaft und Verwaltungswissenschaft. Opladen: Westdeutscher Verlag, 459 ff.

Salz, Werner, 1994: Politikberatung im Bundesministerium für Forschung und Technologie. In: Axel Murswieck (Hrsg.): Regieren und Politikberatung. Opladen: Leske + Budrich, 73–78.

Saretzki, Thomas, 1997: Demokratisierung von Expertise? Zur politischen Dynamik der Wissensgesellschaft. In: Ansgar Klein/Rainer Schmalz-Bruns (Hrsg.): Politische Beteiligung und Bürgerengagement in Deutschland. Baden-Baden: Nomos, 277–313.

Scharpf, Fritz W., 1993: Positive und negative Koordination in Verhandlungssystemen, in: Adrienne Héritier (Hrsg.): Policy-Analyse. Opladen: Leske + Budrich, 57–83.

Schelsky, Helmut, 1961: Der Mensch in der wissenschaftlichen Zivilisation. Köln und Opladen: Westdeutscher Verlag.

Schindler, Peter, 2000: Datenhandbuch zur Geschichte des Deutschen Bundestages 1949-1999, (drei Bände). Baden-Baden: Nomos.

Schubert, Klaus, 1991: Politikfeldanalyse. Opladen: Leske + Budrich.

Schüttemeyer, Suzanne S., 1989: Öffentliche Anhörungen. In: Hans-Peter Schneider/Wolfgang Zeh (Hrsg.): Parlamentsrecht und Parlamentspraxis. Berlin/New York: De Gruyter, 1145–1159.

Sturm, Roland, 1999: Politik als Ware – wahre Politik? In: Gegenwartskunde 48/1, 7–10.

Wewer, Göttrik (Hrsg.), 1998a: Bilanz der Ära Kohl. Christlich-liberale Politik in Deutschland 1982 bis 1998. Opladen: Leske + Budrich.

Wewer, Göttrik, 1998b: Politische Kommunikation als formeller und informeller Prozeß. In: Jarren/Sarcinelli/Saxer (Hrsg.): Politische Kommunikation. Wiesbaden: Westdeutscher Verlag, 324–329.

Windhoff-Heritier, Adrienne, 1987: Policy-Analyse. Eine Einführung. Frankfurt/New York: Campus.

Zunker, Albrecht, 1994: Selbstverständnis und Wirksamkeit externer Politikberatung. In: Axel Murswieck (Hrsg.): Regieren und Politikberatung. Opladen: Leske + Budrich, 193–205.

Verständnisfragen

1. Vor welchem Problem steht nach Wewer die wissenschaftliche Politikberatung?

2. Mit welchen Argumenten kritisiert Wewer die von Habermas eingeführt Typologie wissenschaftlicher Politikberatung?

3. Inwiefern unterscheidet sich die Beziehung zwischen politischen und sachverständigen Akteuren in verschiedenen Bereichen der Techniksteuerung von der Vorstellung eines Beratungsverhältnisses?

4. Nach welchen Kriterien unterscheidet Wewer betriebswirtschaftliche Organisationsberatung, technische Fachberatung, materielle und kompetitive Politikberatung?

5. Welchen Nutzen können die Berater auf der einen und die Adressaten (Politiker) auf der anderen Seite aus einer Politikberatung ziehen?

Transferfragen

1. Diskutieren Sie die Probleme der politischen Umsetzung theoretischer Programme am Beispiel der Einführung einer Ökosteuer.

2. Gibt es neben den im Text genannten Beispielen weitere Felder, in denen der Staat Steuerungskompetenzen auf andere übertragen hat?

3. Bei welchen der von Wewer genannten Anbietern von politischen Expertisen können Politikfeldanalytiker tätig sein?

4. Welche Funktionen haben die regelmäßigen Wirtschaftsgutachten der sogenannten „Fünf Weisen"?

Problematisierungsfragen

1. Teilen Sie die Auffassung, dass politische Konflikte in der Regel auf Interessenkonflikten beruhen und daher kognitiv nicht lösbar sind? Versuchen Sie, sowohl Beispiele zu finden, die diese These stützen, als auch Beispiele für Konflikte zu benennen, bei deren Lösung Sachverstand einen wesentlichen Beitrag geleistet hat oder leisten könnte.

2. Wird durch die staatliche Delegation von Kompetenzen auf private Akteure die Demokratie gestärkt oder unterwandert?

3. Sind Sie der Meinung, dass sich trennscharfe Kriterien für die Unterscheidung zwischen wissenschaftlichen und nicht-wissenschaftlichen Expertisen benennen lassen?

Thomas Saretzki

Aufklärung, Beteiligung und Kritik: Die „argumentative Wende" in der Policy-Analyse

1 Einleitung

Stärker als andere „traditionelle" Zweige der Politikwissenschaft ist die Policy-Analyse durch eine Ausrichtung auf gesellschaftliche Probleme und durch die Suche nach Problemlösungsmöglichkeiten gekennzeichnet. Die Ausrichtung der Policy-Analyse auf Probleme und Problemlösungen geht zugleich mit einer starken Anwendungsorientierung einher. Von einer explizit problem- und problemlösungs-orientierten Wissenschaft erwartet man, dass ihre Ergebnisse und Erkenntnisse auch praktisch anwendbar sein sollen. Die Frage nach möglichen Anwendungen ist der Policy-Analyse damit weniger äußerlich als anderen Zweigen der Politikwissenschaft. Sie hatte bereits beim Entstehen der „policy sciences" nach dem Zweiten Weltkrieg eine grundlegende Bedeutung für die ganze Forschungsrichtung (Lerner/Lasswell 1951).

Fragt man heute nach möglichen praktischen Anwendungen der Policy-Analyse, dann fallen in der Regel zunächst einmal die Stichworte „Evaluation" und „Politikberatung". In beiden Bereichen haben sich bei dem Versuch, der Policy-Analyse praktische Relevanz zu verleihen und ihre Ergebnisse und Empfehlungen in politischen Prozessen umzusetzen, allerdings Schwierigkeiten gezeigt, die nicht nur mit den spezifischen Bedingungen einzelner Fälle zu tun haben. Vielmehr sind grundlegende Probleme einer anwendungsorientierten Policy-Forschung zutage getreten. Diese beziehen sich bei der Evaluation von politischen Programmen auf das Verhältnis von Wissen und Werten, bei der Politikberatung auf das Verhältnis von Wissenschaft und Politik, allgemeiner gesagt: von Wissen und Macht. Die zunächst naheliegende Vorstellung, es ginge bei der Policy-Analyse einfach darum, der Macht die Wahrheit zu sagen (Wildavsky 1979), erwies sich als sehr viel voraussetzungsvoller, als man auf der Basis der vorhandenen Modelle angewandter Wissenschaft zunächst gedacht hatte.

Die Vergegenwärtigung dieser Anwendungsprobleme hat bei den Policy-Analytikern zu einem grundsätzlichen Überdenken der eigenen Praxis geführt. Von dieser Reflexion sind auch die wissenschaftlichen Grundlagen der Policy-Analyse und das eigene Selbstverständnis der praktisch tätigen Policy-Analytiker nicht unberührt geblieben:

– Welche Art von Wissen wird im Rahmen einer Policy-Analyse erzeugt und welchen Status hat dieses Wissen?

– Welche Rolle spielen Policy-Analytiker im Verhältnis zur Wissenschaft einerseits und zur Politik andererseits, welche sollten sie spielen?

Empirische Untersuchungen zur Frage nach der Nutzung des sozialwissenschaftlichen Wissens durch politische Akteure lieferten zunächst ein ernüchterndes Bild (Rich/Oh 1994). Das von den Beratern angebotene wissenschaftliche Wissen wird bei der politischen Entscheidungsfindung sehr viel seltener genutzt als von den Beratern erhofft. Und wenn dies doch geschieht, dann meist nicht in der direkten und instrumentell gedachten Problemlösungsfunktion, die von den wissenschaftlichen Beratern in der Regel unterstellt wird. Allerdings ergaben sich im Rahmen der „Knowledge Utilization Research" einige Anhaltspunkte dafür, dass die wissenschaftliche Politikberatung andererseits auch nicht einfach völlig wirkungslos geblieben ist.

So hat etwa Weiss (1977) den Policy-Analysen bereits früh eine eher indirekte „Aufklärungsfunktion" zugeschrieben: sie beeinflussen politische Entscheidungen auf indirekte Weise, indem sie neue Informationen und Ideen vermitteln und dadurch mit der Zeit auch die Wahrnehmung und Bewertung von Problemen und Problemlösungsmöglichkeiten durch politische Akteure verändern. Über diese indirekte Aufklärungsfunktion kommt den Policy-Analysen im politischen Prozess zugleich eine gewisse Kritikfunktion zu (Weiss 1977: 544, 1991: 314), die von anderen Autoren auch aus normativen Überlegungen heraus gefordert wird (Schubert 1991: 197–198).

In dem Prozess der kritischen Selbstverständigung über die Voraussetzungen und möglichen Folgen ihrer Analysen haben Vertreter der US-amerikanischen Policy-Analyse sowohl in wissenschaftlicher als auch in praktischer Hinsicht für eine Neuorientierung plädiert. Ergebnis ist die Forderung nach einem „argumentative turn in policy analysis and planning" (Fischer/Forester 1993b). Diese „argumentative Wende" wird zumindest von einem Teil ihrer Befürworter auch als Rückbesinnung auf die demokratischen Intentionen der Gründergeneration der „policy orientation" verstanden (Lasswell 1951). Dabei geht es nicht zuletzt um die Frage, wie die Policy-Analyse den ursprünglich leitenden Visionen der „policy sciences of democracy" unter veränderten wissenschaftlichen, gesellschaftlichen und politischen Bedingungen entsprechen kann (deLeon 1997; Saretzki 2008).

Nach einem knappen Blick auf den Entstehungskontext und die Protagonisten eines „argumentative turn" in der Policy-Analyse soll im Folgenden zunächst gefragt werden, was inhaltlich mit der vorgeschlagenen argumentativen Wende gemeint ist und wie dieser Vorschlag begründet wird. Wie bei manch anderer „Wende", die in der Wissenschaft ausgerufen wurde, so steht auch der „argumentative turn" in der Policy-Analyse nicht für einen einheitlichen wissenschaftlichen Ansatz, sondern eher für einen Richtungs- und Perspektivenwechsel. Dieser ist allerdings mit einigen grundlegenden konzeptionellen und begrifflichen Umstellungen verbunden.

Und wie bei manch anderer Wende, so ist auch hier eher klar, wovon die Vertreter der argumentativen Wende sich abwenden wollen, während weniger Einigkeit darüber herrscht, wohin die Policy-Analyse denn nach vollzogener Wende streben soll. Unterschiede zeigen sich bereits beim Grad der Abwendung von dem Pfad, auf dem der Mainstream der Policy-Analyse bisher vorangeschritten ist. Diese Differenzen nehmen deutlich zu, wenn weiter gefragt wird, welchem Weg sich die Policy-Analyse denn nach der argumentativen Wende zuwenden soll und welches die Probleme sind, die dabei einer vorrangigen Bearbeitung bedürfen (vgl. Gottweis 2006).

Geht man von der Begriffsprägung selbst aus, so legt die Rede von einem „argumentative turn" in der Policy-Analyse zunächst zwei Lesarten nahe, die nicht völlig deckungsgleich sind. Die argumentative Wende könnte einerseits eine stärkere Hinwendung zu Argumenten als Gegenständen der Policy-Analyse implizieren. Argumente erscheinen bei dieser Lesart als Gegenstände, die bisher vernachlässigt wurden und die jetzt eine stärkere Aufmerksamkeit, wenn nicht bevorzugte Berücksichtigung in der Policy-Analyse erfahren sollen: Policy-Analyse wird in dieser Sichtweise zur Argumentationsanalyse, Policy-Analysten zu Interpreten und Produzenten von Argumenten. Die Forderung nach einer argumentativen Wende könnte aber auch so verstanden werden, als ob die Policy-Analyse bei ihrem Bemühen um Wirksamkeit in Zukunft nach vollzogener Wende nun selbst in stärkerem Maße „argumentativ" auf den politischen Prozess ausgerichtet sein solle: Policy-Analyse erscheint in dieser Perspektive als rhetorisch-persuasiv ausgerichtete Argumentation, Policy-Analysten als Anwälte von Argumenten.

2 Die „argumentative Wende" in der Policy-Analyse

In welchem *Kontext* ist der Ruf nach einer argumentativen Wende in der Policy-Analyse entstanden? Der „argumentative turn" stellt zunächst eine Reaktion auf die Anwendungsprobleme von Policy-Analysen im politischen Prozess einer Demokratie dar. Sie erwächst zugleich aus einer Reflexion übergreifender Veränderungen, die in der zweiten Hälfte des vergangenen Jahrhunderts im Anwendungsbereich der Policy-Analyse zwischen Wissenschaft und Politik zu beobachten sind (deLeon 1988). Auf der einen Seite steht dabei die Reflexion über den veränderten Status der *Wissenschaft*, der sich aus den epistemologischen und wissenschaftstheoretischen Diskussionen im Anschluss an den „linguistic turn" in der Philosophie und Erkenntnistheorie ergeben hat. Wissenschaft erscheint danach nicht mehr als Quelle objektiven und sicheren Wissens, und das nicht nur, weil wissenschaftskritische Bewegungen die Autorität von wissenschaftlichen Experten von außen in Zweifel ziehen, sondern auch, weil die Einsicht in die Sprachgebundenheit von Erkenntnis die Grundlagen eines positivistischen Wissenschaftsmodells auch innerhalb der Wissenschaft in Frage gestellt hat.

Auf der anderen Seite ist auch die *Politik* Veränderungen unterworfen: Politik hat es mit immer komplexeren Problemen zu tun, sie kann wegen der fortschreitenden Pluralisierung immer seltener einen grundlegenden Wertekonsens bei der Problembearbeitung unterstellen und sie muss mit steigenden Beteiligungsansprüchen der Bürgerinnen und Bürger rechnen. Die Veränderungen in den beiden Bezugssystemen Wissenschaft und Politik lassen zum dritten auch die überkommenen Modelle der Interaktion zwischen diesen beiden ausdifferenzierten Systemen problematisch erscheinen, seien diese nun eher „technokratisch" oder eher „dezisionistisch" ausgerichtet. Die überkommenen Modelle von *Politikberatung,* die darunter eine Beratung von Experten für Eliten verstehen, stoßen mittlerweile unter Legitimations- wie unter Effizienzgesichtspunkten auf zunehmende Probleme. Politikberatung muss heute sowohl mit einer Differenzierung ihrer Adressaten als auch mit einer Vervielfältigung ihrer Vermittlungsformen rechnen (Saretzki 2005; Leggewie 2007).

Der Ruf nach einer argumentativen Wende in der Policy-Analyse hat neben dem Wandel dieser allgemeinen Rahmenbedingungen im Verhältnis von Wissenschaft, Gesellschaft und Politik auch mit einem *länderspezifischen Kontext* zu tun. Wie die „policy science"-Bewegung der 1950er Jahre, so ist auch der „argumentative turn in policy analysis and planning" der 1990er Jahre zuerst in den USA proklamiert worden. Um zu verstehen, worum es den Protagonisten dabei geht, muss man sich vergegenwärtigen, welche Rolle Policy-Analysen im amerikanischen politischen System und in der amerikanischen (Politik-)Wissenschaft im Unterschied zur „Politikfeldanalyse" in der Bundesrepublik Deutschland spielen (vgl. dazu Saretzki 2006, 2007). Policy-Analyse ist in den USA nicht nur eine politikwissenschaftliche Teildisziplin, die an Universitäten vertreten ist. Policy-Analyse steht auch für eine außerhalb der Hochschulen beruflich tätige Profession.

Die Angehörigen dieser Profession sind als *Policy-Analysten* in Regierungen, Verwaltungen und Parlamenten auf nationaler, bundesstaatlicher und kommunaler Ebene, bei Nicht-Regierungsorganisationen, in Think Tanks oder freiberuflich auf dem Markt für Beratungsdienstleistungen tätig. Professionell tätige Policy-Analysten erstellen ihre Studien zunächst einmal für ihre Auftraggeber, die ihnen als „Klienten" gegenübertreten. Da es sich bei den Studien aber um Analysen öffentlicher Probleme handelt – weshalb im amerikanischen Kontext auch von „Public Policy Analysis" die Rede ist – haben sie neben ihren Klienten zumindest implizit immer auch einen weiteren Adressatenkreis, nämlich die anderen interessierten, betroffenen oder engagierten Interessengruppen und eine mehr oder weniger diffuse Öffentlichkeit, die sich um das Problem oder die vorgeschlagene Problemlösung herum gebildet hat oder bilden könnte.

Der „argumentative turn" ist zwar nicht von praktisch tätigen Policy-Analysten selbst ausgerufen worden, sondern von Vertretern der akademischen Policy-Analyse. Diese sind allerdings nicht nur in der wissenschaftlichen Policy-Forschung tätig, sondern auch in der akademischen Lehre. Sie bilden Studierende aus, die später zu einem großen Teil im außeruniversitären Bereich als Policy-Analysten beruflich tätig sein werden. Von daher sind sie zumindest von Zeit zu Zeit bei der Evaluation ihrer Studiengänge mit der Frage konfrontiert, ob ihre Absolventinnen und Absolventen während des Studiums auch die Kenntnisse und Fähigkeiten gelernt haben, die sie in ihrem beruflichen Alltag als Policy-Analysten tatsächlich brauchen, und ob die Rollendefinitionen, die ihnen im Studium vermittelt wurden, noch mit den Anforderungen ihrer beruflichen Praxis in Übereinstimmung stehen oder nicht. Der Ruf nach einem „argumentative turn" ergibt sich auch daraus, dass hier akademisch tätige Vertreter der Policy-Analyse in den USA wachsende Differenzen zwischen den im Studium vermittelten Fähigkeiten und Rollendefinitionen und der beruflichen Realität von Policy-Analysten ausgemacht haben und Konsequenzen aus dieser Differenzerfahrung ziehen wollen.

– Was ist inhaltlich mit dem „argumentative turn" in der Policy-Analyse gemeint?
– Und warum soll die Policy-Analyse eine solche Wende vollziehen?

Die Herausgeber des einschlägigen Sammelbandes über den „argumentative turn in policy analysis and planning" (Fischer/Forester 1993b) setzen bei der Erläuterung ihres programmatischen Titels nicht auf der begrifflichen Ebene an. Sie gehen vielmehr von der *Praxis der Policy-Analyse* aus, also von dem, was Policy-Analysten und Planer tatsächlich in ihrem beruflichen Alltag tun. Am Anfang des „argumentative turn" steht für sie die Einsicht: „Policy analysis and planning are practical processes of argumentation" (Fischer/Forester 1993a: 2). So gesehen bringt die argumentative Wende also zunächst nur zu Bewusstsein und auf den Begriff, was Policy-Analysten in ihrer täglichen Praxis immer schon tun (bisher nur allzu oft nicht richtig verstanden haben). Die „argumentative Wende" ist insoweit als Aufklärung zu verstehen, genauer: als empirisch orientierte Selbstaufklärung der Policy-Analyse über ihre eigene Praxis. Gefordert wird eine neue, realistische Sichtweise dieser Praxis: „This view can enhance our sense of realism simply because interpreting, marshaling, and presenting arguments is what analysts do all the time" (Fischer/Forester 1993a: 7–8).

Die Praxis der Policy-Analyse wurde von den Analysten selbst meist als wissenschaftliche Untersuchung dargestellt, die mit wissenschaftlichen Methoden und Techniken arbeitet und die sich primär an rationalen wissenschaftlichen Kriterien orientiert. Die Adressaten der Policy-Analysen im politischen System behandelten die Ergebnisse dieser Analysen dann oft als wissenschaftlich abgesicherte „Wahrheit", die Handlungsempfehlungen als die „besten" verfügbaren Problemlösungen, die von Policy-Analysten mit wissenschaftlichen Methoden identifiziert worden sind. Aber nicht nur die Produzenten und Adressaten haben die Policy-Analyse als „Wissenschaft" verstanden und entsprechend behandelt. Auch die theoretischen Konzepte der Policy-Analyse, die von wissenschaftlichen Policy-Theoretikern formuliert und an den Universitäten gelehrt wurden, orientieren sich an einem Paradigma von *„analysis as science"*.

Im Rahmen dieses objektivistischen Modells, so die Autoren des „argumentative turn", wird die tägliche Praxis der Policy-Analyse aber nur unzureichend und überdies äußerst einseitig reflektiert (Fischer/Forester 1993a: 5). Sie erscheint vorrangig, wenn nicht ausschließlich als Sammeln und Analysieren von Daten und Fakten, als Formulieren von Prognosen und als Identifizieren von optimalen Problemlösungen mit Hilfe von Kosten-Nutzen-Analysen oder Verfahren aus dem Bereich der „Operations Research" – eine „szientistische" Modellvorstellung, die der empirisch beobachtbaren Praxis von Policy-Analysten nicht gerecht werde:

> "In actual practise, policy analysts and planners do a great deal more than they have been given credit for doing. They scan a political environment as much as they locate facts, and they are involved with constructing senses of value even if they identify costs and benefits. When meeting with representatives of other agencies and affected parties, analysts protect working relationships as well as press on to gather data. As they attempt to foresee streams of consequences, analysts try not only to predict those consequences, but to understand why they are consequential, how they will matter ethically and politically." (Fischer/Forester 1993a: 2)

In der vielschichtigen Praxis der Policy-Analyse, so der Ausgangspunkt für die Autoren des „argumentative turn", hat bei Licht betrachtet nicht die Anwendung von abstrahierenden Modellen und quantitativen Analysemethoden nach dem Vorbild der „exakten" Naturwissenschaften, sondern sprachlich vermittelte Kommunikation einen zentralen Stellenwert. Policy-Analysten und Theoretiker der Policy-Analyse täuschen sich und andere, wenn sie auch bei der Beschäftigung mit komplexen, „verzwickten" Problemen, mit denen es die Politik heute in vielen Politikfeldern zu tun hat, noch an einem Modell von Analyse festhalten, das von sicheren empirischen Befunden und exakten Beweisen ausgeht. Nicht die aus der naturwissenschaftlichen Suche nach Wahrheit bekannten Vorgehensweisen von Experiment und externer Beobachtung, Messung und komplexen statistischen Datenanalysen bilden den übergreifenden Bezugspunkt für die tägliche Praxis von Policy-Analysten.

Vielmehr ist es die *Sprache*, die hier ins Zentrum rückt. Freilich nicht jede Form von sprachlicher Äußerung, sondern vornehmlich solche sprachlich vermittelten Aussagen, die sich an Kriterien rationaler Nachvollziehbarkeit orientieren und in Form von Argumenten auftreten. So heißt es am Anfang eines viel zitierten Buches von Giandomenico Majone: „As politicians know only too well but social scientists too often forget, public policy is made of language. Whether in written or oral form, argument is central in all stages of the policy process" (Majone 1989: 1). Kurzum: Die etablierte Modellvorstellung von „analysis as science" muss, so der übergreifende Impetus, ersetzt werden durch das Paradigma *„analysis as argument"* (Dryzek 1993). Von daher ergeben sich auch die Fragen, um die es den Autoren des „argumentative turn" geht: „We need to understand just what policy analysts and planners do, how language and modes of representation both enable and constrain their work, how their practical rhetoric depicts and selects, describes and characterizes, includes and excludes, and more" (Fischer/Forester 1993a: 2). Diese Fragen zielen auf ein *Untersuchungsprogramm*, das zunächst einmal den Analyseprozess selbst und damit auch die Rolle der Policy-Analysten in diesem Prozess ins Zentrum rückt. Dieses Untersuchungsprogramm soll damit auch der kritischen Selbstverständigung der Policy-Analyse über ihre eigene Praxis dienen.

– Wie kommen Policy-Analysten zu ihren Ergebnissen und Empfehlungen?
– Wie „produzieren" oder „konstruieren" sie Probleme und Problemlösungsmöglichkeiten?
– Wovon hängt es ab, ob ihre Argumente im politischen Prozess tatsächlich zur Anwendung kommen?

> "To see policy analysis and planning as argumentative practises is to attend closely to the day-to-day work analysts do as they construct working accounts of problems and possibilities. Recognizing these accounts as politically constrained, organizational accomplishments in the face of little time and poor data, we can evaluate the analysts' arguments not only for their truth or falsity but also for their partiality, their selective framing of the issues at hand, their elegance or crudeness of presentation, their political timeliness, their symbolic significance, and more." (Fischer/Forester 1993a: 2)

Versteht man die Ergebnisse der praktisch tätigen Policy-Analysten als Argumente, die auf den politischen Prozess bezogen sind, dann können sie nicht mehr einfach nur nach wissenschaftlichen Kriterien, d. h. als „wahr" oder „falsch" bewertet werden. Ihre Evaluation unterliegt anderen Kriterien, die sich eher aus dem politischen Prozess ergeben. Nicht nur die wissenschaftliche Wahrheit, sondern auch die genannten anderen Bewertungskriterien spielen für die praktische „Anwendbarkeit" und tatsächliche Nutzung der Argumente von Policy-Analysten im politischen Prozess eine große Rolle. Sie werden aber – und das ist die (selbst-)kritische Stoßrichtung des „argumentative turn" – in den theoretischen Modellen über die Praxis der Policy-Analyse in ihrer Bedeutung bisher nicht angemessen reflektiert.

Um zu verstehen, was Policy-Analysten tatsächlich tun und wie es um die *Anwendung von Policy-Analysen* bestellt ist, so Fischer und Forester (1993a: 3), muss man sich neben der Bindung an die Sprache auch die *politischen Bedingungen* vergegenwärtigen, unter denen sie arbeiten. Wie praktisch tätige Planer, so wüssten auch Policy-Analysten schon nach kurzer professioneller Tätigkeit meist sehr genau, dass und wie sie sorgfältig recherchierte und kohärent aufgebaute Studien erstellen könnten. Sie würden aber auch die Erfahrung machen, dass diese Studien in der Regel die angestrebte Wirkung auf den politischen Prozess weitgehend verfehlen, wenn die Analysten sich nur auf die wissenschaftliche Qualität und inhaltliche Kohärenz ihrer Studien konzentrierten und die Wahrnehmungen, Interessen und Werte ihrer Adressaten und der breiteren Öffentlichkeit aus dem Blick verlieren. Ihre Problemdiagnosen und Lösungsvorschläge müssten nicht nur auf inhaltlich fundierten Analysen beruhen, sondern in politischen Kontexten auch so artikuliert werden, dass sie im politischen Prozess Wirkung entfalten könnten.

Ein besonders schwieriges Element bei dieser Artikulation, so Fischer und Forester (1993a: 3) unter Hinweis auf die Erfahrungen eines Stadtplaners bei der Vermittlung von Analysen zu umstrittenen Projekten an politische Gremien, „is knowing what *not* to say" (Hervorheb. i. Orig.). Was nach innerwissenschaftlichen Normen eigentlich als unvertretbar gilt, nämlich das bewusste Verschweigen von relevanten Tatsachen oder normativen Implikationen, erscheint in einem politischen Kontext so als opportunes Verhalten, um für die eigenen Analysen überhaupt Gehör und Aufnahmebereitschaft zu finden.

In ihrer praktischen Arbeit sind die Policy-Analysten also mit *zwei* unterschiedlichen, sehr oft *widersprüchlichen Herausforderungen* konfrontiert. Ihre Arbeit soll inhaltlich den professionellen Standards einer rationalen Analyse genügen. Zugleich sollen diese Analysen im Prozess des „policy-making" aber politisch „anwendbar", zumindest „anschlussfähig" sein, ohne dabei in reine „propaganda" oder „sales talk" für vorab feststehende Positionen abzugleiten.

> "In practise, clearly, analysts must attend to the demands of both substantive analysis and cogent articulation. We can think of this necessary duality of practise – these moments of analysis and articulation – as reflecting the challenge of doing politically astute and rationally sound policy analysis and planning." (Fischer/Forester 1993a: 3–4)

Solange diese beiden Anforderungen allerdings als antithetisch oder gar als wechselseitige Bedrohung wahrgenommen werden, scheinen Policy-Analysten einen „unmöglichen" Job zu haben. Sie sind gefangen zwischen zwei Erwartungsmustern, die nicht miteinander vereinbar zu sein scheinen. Wenn sie der einen Rolle entsprechen wollen, müssen sie sich gleichzeitig für die andere entschuldigen.

Die argumentative Wende soll dazu beitragen, die doppelte Herausforderung für die Praxis der Policy-Analyse realistisch zu sehen. Hierin liegt zunächst ein Moment der empirischen Aufklärung über die Aufgaben, mit denen Policy-Analysten es tatsächlich zu tun haben. Was sie an Argumenten hervorbringen, muss in zwei verschiedenen Bezugssystemen überzeugen:

> "This is the practical challenge the argumentative turn illuminates: to do their work well, in real time, planners and policy analysts must make practical arguments that are internally coherent and externally compelling, persuasively gauged to real and thus diverse political audiences." (Fischer/Forester 1993a: 4–5, Hervorheb. i. Orig.)

Wollen sie dieser doppelten Aufgabe in ihrer Praxis entsprechen, dann ist in die professionelle Arbeit von Policy-Analysten unvermeidlich eine *ambivalente Rollendefinition* eingebaut. Die argumentative Wende zielt u. a. darauf, diese Rollenambiguität nicht nur zu erkennen, sondern auch im eigenen Selbstverständnis anzuerkennen. Sie richtet sich damit kritisch gegen eine einseitige Rollendefinition, die eine unrealistische Distanz der Analysten zum politischen Prozess behauptet. Ein professionelles Selbstverständnis und theoretische Modelle von Policy-Analyse als rationaler Untersuchung vor und jenseits jeder Politik halten einem praktischen Realitätstest nicht stand. Erkennt man die aus dem politischen Prozess erwachsenden Anforderungen an die Policy-Analysten aber an, so die Kritik der Vertreter des „argumentative turn", dann muss das verbreitete Selbstbild einer „unpolitischen" Politikanalyse aufgegeben werden (Fischer/Forester 1993a: 4).

Der „argumentative turn" beinhaltet aber nicht nur eine Kritik an einer unrealistischen Verweigerung gegenüber der doppelten Herausforderung der Policy-Analyse und an einer einseitig wissenschaftsorientierten Antwort auf diese doppelte Herausforderung. Neben Aufklärung über die Komplexität der Aufgaben und Kritik an einseitigen Aufgabenbewältigungsstrategien tritt als Drittes eine konstruktive Orientierung. Der „argumentative turn" soll auch Perspektiven auf eine *Integration von analytischen und politischen Anforderungen* eröffnen. Denn, so Fischer und Forester (1993a: 4) „the focus on the argumentative character of analysts' work integrates institutional and political concerns with substantive and methodological questions".

Die doppelte Herausforderung, vor der die praxisorientierte Policy-Analyse steht, und die Rollenambiguität, mit der die Policy-Analysten in ihrer professionellen Praxis umgehen müssen, finden mit der argumentativen Wende danach auf der begrifflichen Ebene eine Entsprechung in der doppelten Referenz des Begriffes Argument:

> "In assessing policy analysis and planning as argumentative, we wish to exploit the systematic ambiguity of the term argument, for it refers both to an analytic content ('the logic of the argument') and to a practical performance (‚the argument fell on deaf ears'). We argue that all policy analysis and planning is systematically ambiguous in this way, requiring attention to content and performance, to technical analysis and political articulation." (Fischer/Forester 1993a: 4)

Anders gesagt: Wer Policy-Analyse als praktischen Argumentationsprozess versteht, hat schon mit der Wahl dieses Begriffes unweigerlich auch die doppelte Herausforderung angenommen, vor der Policy-Analysten in ihrer beruflichen Praxis stehen:

> "Argumentation involves, at a minimum, two challenges: analysis (what is argued) and articulation (how the speaker or writer engages the attention of the practical audience). Analysis without articulation may never make a difference. Articulation without analysis may be empty at best, deceptive flimflam at worst." (Fischer/Forester 1993a: 15)

Was ist die argumentative Wende in der Policy-Analyse? Kritiker des „argumentative turn" haben bezweifelt, dass es den Herausgebern des einschlägigen Sammelbandes gelungen sei, eine eindeutige Antwort auf diese Frage zu geben und eine kohärente Botschaft zu vermitteln (Durning 1995). Versucht man, trotz aller Unterschiede zwischen den Autoren und Konzepten, auf die in den folgenden Abschnitten noch näher eingegangen wird, so etwas wie eine übergreifende Stoßrichtung der

Tab. 1: Herausforderungen und Aufgaben der Policy-Analyse nach der argumentativen Wende

Herausforderung	Ausgangspunkt	Aufgabe	Rolle der Policy-Analysten
Analyse	Bindung an Sprache	Policy-Analyse als Analyse von Argumenten	Interpreten von Argumenten
Artikulation	Politische Bedingungen	Policy-Analyse als argumentative Politikberatung	Anwälte von Argumenten

Quelle: eigene Darstellung nach Fischer/Forester 1993a

propagierten Wende auszumachen, dann lässt sich zusammenfassend zumindest so viel sagen: Die argumentative Wende ist ein Plädoyer für eine aufgeklärte *„realistische" Sichtweise der Praxis der Policy-Analyse* und für ein verändertes Verständnis der Rolle von Policy-Analytikern im politischen Prozess einer Demokratie. Sie ist damit zugleich eine *Kritik an etablierten Modellen der Policy-Analyse*, die Inhalt und Aufgabe dieser Praxis darzustellen versuchen, und an dem Selbstverständnis der Policy-Analysten, die sich an diesen Modellen orientieren (Fischer 2003).

3 Policy-Analyse als Analyse von Argumenten

Die argumentative Wende lässt sich bei einer inhaltlichen, auf den analytischen Aspekt fokussierten Lesart so verstehen, dass es dabei allererst um eine *Hinwendung zu Argumenten als Gegenständen der Policy-Analyse* geht. Offen bleibt dabei zunächst, ob diese Gegenstände am Anfang oder am Ende der Analyse stehen. Versteht man Policy-Analysten nicht mehr als „number cruncher", sondern als „producer of arguments" (Majone 1989: xii), dann bilden Argumente das Ergebnis eines Analyseprozesses, der selbst in Analogie zu einem „Produktionsprozess" dargestellt wird. Diese – von vielen Vertretern des argumentative turn geteilte – Sichtweise von Policy-Analysten als *Produzenten von Argumenten* sagt zunächst einmal etwas über den epistemologischen Status der „Produkte", die Policy-Analysten nach getaner Arbeit im Regelfall anzubieten haben. Es handelt sich nicht um Schlussfolgerungen, deren Wahrheit oder Richtigkeit exakt bewiesen oder demonstriert werden konnte, sondern um mehr oder weniger gut begründete, mehr oder weniger stark überzeugende Argumente (Majone 1989: 42). Wie die Argumente „produziert" werden, von welchen „Rohstoffen" die Policy-Analysten dabei ausgehen, das spielt für eine primär output-orientierte Sichtweise des „argumentative turn" zunächst keine Rolle. Wichtig ist nur, dass beim Verkauf dieser Produkte kein Etikettenschwindel betrieben wird – dass nicht das Qualitätssiegel „wahr" oder „wissenschaftlich bewiesen" auf dem Produkt steht, obwohl die Policy-Analysten bei realistischer Betrachtung eigentlich nur rational begründete Argumente anzubieten haben.

An dieser Stelle setzen einige Autoren an, die dem „argumentative turn" eine primär *methodologische Richtung* verleihen wollen. Argumente repräsentieren danach nicht nur den Output von Policy-Analysen. Sie können auch ihren Input bilden. Das kann etwa dann der Fall sein, wenn der Klient eines Policy-Analysten bereits eine vorgefasste Meinung zu dem Problem hat, um das es in der Policy-Analyse gehen soll – und der Policy-Analyst es für geboten hält, die vorhandene Position seines Klienten nicht einfach als gegeben zu unterstellen, sondern ihrerseits im Hinblick auf die Rationalität der zugrundeliegende Wahrnehmungen, Werte und Interessen zu analysieren. Argumente werden aber insbesondere dann nicht nur am Ende, sondern bereits am Anfang einer Policy-Analyse stehen, wenn bereits öffentlich über das bearbeitungsbedürftige Problem oder eine vorgeschlagene Problemlösung diskutiert wurde und interessierte, betroffene oder engagierte Gruppen sich dabei mit unterschiedlichen Positionen und Argumenten zu Wort gemeldet haben. Argumente bilden dann – um im Bild des „producers" zu bleiben – nicht nur das fertige Produkt, sondern auch die Rohstoffe für die Arbeit der Policy-Analysten. Und diese Rohstoffe sollten bei einer systematisch angelegten Policy-Analyse nicht irgendwie, sondern auf eine methodisch kontrollierte Art und Weise bearbeitet werden, damit am Ende ein Produkt von höherer Rationalität und besserem Gebrauchswert entsteht.

Natürlich kann ein Policy-Analyst eine bereits *vorhandene Argumentationslandschaft* bei seiner Arbeit auch einfach ignorieren und seine eigene Untersuchung mithilfe der bisher in der Policy-Analyse üblichen abstrahierenden und quantifizierenden Methoden – etwa mithilfe von Simulationen, ökonometrischen Modellen oder Kosten-Nutzen-Bilanzen – erarbeiten. Ganz gleich wie sich die Qualität der bereits vorgebrachten Argumente aus der Sicht von Experten darstellen mag – ein solches, von einem gegebenen Kontext abstrahierendes methodisches Vorgehen erscheint aus der Sicht der Autoren des „argumentative turn" allerdings wenig „realitätsgerecht" und politisch meist nicht „anschlussfähig".

Die Anwendbarkeit solcher von einem gegebenen Argumentationskontext abstrahierender Policy-Analysen erweist sich im politischen Prozess dann in der Folge oft als schwierig. Aus dieser Sicht des „argumentative turn" stellt sich für die Policy-Analyse hier in einem ersten Schritt die Aufgabe, die in einem Politikfeld vorhandenen, auf das untersuchungsbedürftige Problem bezogenen Argumentationen zu sammeln, zu interpretieren und zu analysieren. Policy-Analyse stellt sich insoweit in der Praxis erst einmal als Argumentationsanalyse dar.

Bei der Wahrnehmung dieser Aufgabe – der Sammlung und Interpretation, der Strukturierung und Analyse von Argumenten – so die Empfehlung der praktisch und methodologisch ausgerichteten Vertreter des „argumentative turn – kann und sollte die Policy-Analyse auf vorhandene Ansätze und Methoden der *Diskurs- und*

Argumentationsanalyse zurückgreifen bzw. diese in modifizierter Form in das eigene Methodenrepertoire übernehmen. Darüber hinaus erweisen sich diese Ansätze und Methoden – zumindest für einige Vertreter der argumentativen Wende – auch als geeignete Hilfsmittel, wenn es an die nächsten Aufgaben geht, denen sich die meisten praxisbezogenen Policy-Analysen stellen müssen: die Evaluation der analytisch aufbereiteten Argumentationslage zu Problemdiagnosen und Problemlösungsoptionen und ihre Integration zu handlungsorientierten Empfehlungen für die politische Praxis.

Bei der Evaluation und Integration von Policy-Argumentationen ziehen Policy-Analysten in der Regel sehr viel stärkere Kritik auf sich als bei den ersten Schritten der *Identifizierung, Interpretation* und *Analyse* vorhandener Argumentationsstränge. Kritik entzündet sich im Zweifelsfall zunächst an der Frage, ob alle problemrelevanten Argumente berücksichtigt sind und ob sie auf eine angemessene Art und Weise interpretiert wurden. Die explizite oder implizite *Bewertung* von Argumentationen (etwa als nicht konsistent oder nicht valide, zumindest aber als nicht einschlägig oder weniger wichtig), die sich bei der *Integration* einer komplexen Argumentationslage zu politischen Handlungsoptionen unvermeidlich ergibt, führt meist dazu, dass die Policy-Analysen selbst zum Gegenstand politischer und professioneller Kritik werden. Gleichwohl: Um die Fruchtbarkeit einer argumentationsbezogenen Policy-Analyse für die praktische Arbeit von Policy-Analysten zu verdeutlichen, verweisen die Vertreter des „argumentative turn" auf analytische Konzepte, die ursprünglich in den Sozial- und Sprachwissenschaften oder in der Philosophie entwickelt wurden. Diese Konzepte werden dabei allerdings meist auf spezifische Art und Weise interpretiert und damit zugleich im Hinblick auf ihre möglichen Anwendungen im Rahmen einer Policy-Analyse modifiziert.

Eine Aufgabe, die sich für viele Policy-Analysten zu Beginn ihrer Arbeit stellt, ist die Erhebung der „Vorgeschichte" eines Policy-Problems. Dieser historische Zugang ist oft nötig, um mit der Vorgeschichte auch die „Vorbelastungen" erkennen zu können, die sich aus früheren (gescheiterten) Problemlösungsversuchen ergeben. Einem methodologischen Trend in der Geschichtswissenschaft folgend liegt es nahe, bei dieser historisch ausgerichteten Analyse nicht nur auf „objektive Daten" zu bauen, die in Dokumenten und Statistiken zu finden sind, sondern auch die Erzählungen der direkt oder indirekt Beteiligten heranzuziehen, um so die Problemwahrnehmungen und Problemlösungsperspektiven der Akteure von vornherein mit in die Analyse einzubeziehen. „*Stories*", so der Ausgangspunkt von Thomas Kaplan (1993), könnten eine wichtige Rolle in einer argumentativen Policy-Analyse spielen. Policy-Akteure und Analysten organisieren danach ihre Argumente zu den unterschiedlichen Aspekten eines Policy-Problems in der Kommunikation mit anderen nämlich oft in Form einer erzählbaren Geschichte – mit einem Anfang, einer Mitte und einem Schluss.

Dabei hat insbesondere die Anordnung der Argumente zu einem lesbaren, kohärenten „Plot" eine hohe Bedeutung – man könnte auch sagen: der „Plot" ist „das

Argument" der Geschichte. Für die Policy-Analysten kommt es nun einerseits darauf an, solche ordnenden „Plots" in den Geschichten von Akteuren angemessen interpretieren zu können. Andererseits geht es für sie darum, die ungeordnete Vielfalt von Ereignissen, Bewertungen und Empfehlungen zu einem Policy-Problem am Ende der eigenen Analysen selbst zu „Policy-Narrativen" zusammenfügen zu können, die über solche ordnenden und sinnvermittelnden „Plots" verfügen (Kaplan 1993).

Policy-Analysten werden damit in ihrer beruflichen Praxis erst zu Zuhörern, dann selbst zu Erzählern von neuen, die anderen Erzählungen integrierenden Erzählungen. Kompetenzen zur Interpretation und zur Konstruktion von Policy-Narrativen gehören danach zu den methodischen Fähigkeiten, über die Policy-Analysten verfügen müssten. Versteht man die *„narrative" Sicht des „argumentative turn"* darüber hinaus nicht nur als Methode zur Interpretation und Konstruktion von „Policy-Geschichten", sondern als grundlegende Theorie der Policy-Analyse, dann hat jede Policy-Analyse letztlich selbst eine grundlegend „narrative Struktur" (Kaplan 1986).

Vor allem bei Policy-Problemen, deren Wahrnehmung und Bewertung angesichts großer Unsicherheit, hoher Komplexität und konfligierender Interessen und Werte sehr kontrovers ist, so ein anderer Vertreter der „narrativen" Policy-Analyse (Roe 1994), sei es sehr hilfreich, zunächst mit einer Analyse der vorhandenen Policy-Narrative zu beginnen. Neben den „Stories", die ein etabliertes Policy-Regime unterstützten, müssten dabei auch die „Gegengeschichten" anderer Akteure und eventuell vorhandene „Non-Stories" identifiziert werden – letztere verstanden als partielle „Narrative", denen ein Element einer vollständigen Story (also Anfang, Mitte oder Schluss bzw. ein instruktiver „Plot") fehlt. Die Aufgabe des Policy-Analysten besteht diesem narrativen Ansatz zufolge im nächsten Schritt darin, „Stories", „Counterstories" und „Non-Stories" miteinander zu vergleichen und daraus ein *„Meta-Narrativ"* zu konstruieren, mit dessen Hilfe die unterschiedlichen Aspekte der Streitfrage genauer beschrieben werden können. Dieses – vom Analysten produzierte – Meta-Narrativ kann dann auch mithilfe konventioneller Analysetechniken weiter bearbeitet werden (vgl. van Eeten 2007).

Kontroversen um Probleme, die angesichts unsicheren Wissens, hoher Komplexität und starker Werthaltigkeit als „wicked" oder „messy" gelten, haben auch bei anderen Vertretern einer reflektierten Praxistheorie Anlass zur Suche nach neuen, reflexiv angelegten Analysestrategien gegeben. Diese Suche führt u. a. zu Konzepten, die in der Lage sind, die unterschiedlichen Wahrnehmungs- und Bewertungshorizonte von Akteuren zu erfassen, aus denen heraus ein Policy-Problem überhaupt als problematisch erscheint. Dazu gehört etwa das in vielen Zusammenhängen diskutierte Konzept des *„Framing"*, das Martin Rein und Donald Schön auf den Prozess des „policy-making" angewendet haben. Bei ihrer praxisorientierten Aufnahme dieses Konzeptes werden insbesondere Möglichkeiten eines „Reframing" von „Policy-Diskursen" in den Blick gerückt (Rein/Schön 1993).

Diese „reflexive" Perspektive auf den jeweiligen Bezugsrahmen, in dem Kontroversen über Policies von den beteiligten Akteuren und Analysten wahrgenommen und interpretiert werden, verfolgt also ein durchaus praktisch motiviertes Interesse. Die Reflexion unterschiedlicher „Frames" in einem „frame-reflective discourse" soll Perspektiven auf die Lösung von komplexen Policy-Kontroversen eröffnen, die zunächst als „nicht traktierbar" erscheinen (Schön/Rein 1994).

Im Rahmen der argumentativen Wende wird nicht nur auf die narrative Struktur oder Konzepte zur Analyse des jeweiligen Bezugsrahmens von Policy-Argumentationen verwiesen. Vielmehr werden auch Ansätze und *Methoden der sprachwissenschaftlichen oder philosophischen Diskurs- und Argumentationsanalyse* herangezogen, mit deren Hilfe einzelne Argumente, bestimmte Argumentationsstrategien (und ihre Fallstricke) oder die argumentative Begründung ganzer Policies in verschiedener Hinsicht analysiert und im Hinblick auf ihre Rationalität bewertet werden können. So greift etwa William Dunn (1993) auf die bekannte Argumentationstheorie des Philosophen Stephen Toulmin zurück, mit deren Hilfe Toulmin versucht hat, nicht nur die formale, sondern auch die *„informale" Logik von praktischen Argumentationen* zu erfassen und zu rekonstruieren.

Mithilfe dieses analytischen Argumentationsmodells entwickelt Dunn ein mehrdimensionales System für die *Überprüfung von policy-relevanten Behauptungen* und identifiziert eine korrespondierende Liste von typischen „threats" für die Anwendbarkeit von Wissen im Rahmen von policy-relevanten Argumentationen. Dunn gewinnt damit eine Reihe von übergreifenden formalen Gesichtspunkten, unter denen Policy-Argumentationen nicht nur analysiert, sondern auch bewertet werden können. Der Rückgriff auf formale Argumentationstheorien liefert hier eine Art (Check-)Liste von typischen „Fehlschlüssen", die bei der Formulierung von Policy-Argumenten vermieden werden sollten.

Einen Schritt weiter im Hinblick auf die problembezogene *Bewertung von komplexen Policy-Argumentationen* geht etwa Robert Hoppe (1993). Hoppe greift auf eine „Logik von Policy Fragen" zurück, die Frank Fischer (1980) zunächst aus methodologischen Überlegungen heraus für die Evaluation von Policies entwickelt und zu einem mehrstufigen Analysemodell zusammengefasst hat (vgl. auch Fischer 1995). Dieses Modell besteht aus einer „logisch" aufeinander aufbauenden Abfolge von Fragen, die sich bei der Evaluation von politischen Programmen stellen oder die doch gestellt werden können und gestellt werden sollten, wenn kein für eine umfassende Urteilsbildung notwendiger Analyseschritt ausgelassen wird. Hoppe wendet Fischers *mehrdimensionales Modell zur Evaluation von Policies* auf ein ganzes Politikfeld an („Ethnicity Policy" in den Niederlanden), um damit Bewertungskriterien für den Prozess der Urteilsbildung und die Entstehung von „Policy Belief Systems" über einen Zeitraum von mehreren Jahrzehnten zu gewinnen.

Bei diesem Verständnis des „argumentative turn", demzufolge die Praxis der Policy-Analyse ausdrücklich als „production of political judgements" (Hoppe 1993: 78) zu verstehen ist, steht die Rekonstruktion einzelner Policy-Argumente nicht mehr im Zentrum der Analyse. Stattdessen rückt die Frage nach der übergreifenden Beurteilung politischer Programme und Problemlösungsstrategien in den Vordergrund. Fischers Modell der Policy-Evaluation liefert hier auf der methodologischen Ebene einen Standard für die Bewertung von Policy-Analysen im Hinblick auf die Vollständigkeit der Urteilsbildung. Mit einem solchen Modell bekommen praktisch arbeitende Policy-Analysten einen Maßstab an die Hand, mit dem sie die vorfindlichen Rechtfertigungen für oder gegen bestimmte Policy-Positionen nicht nur interpretieren und rekonstruieren, sondern auch aus professioneller Sicht im Hinblick auf methodologische Standards kritisieren können:

> "A policy analyst can use the model ... to exploit omissions and weaknesses in opponents' positions; to advocate the neglected, underdeveloped, or downplayed strands in policy reasoning; or to design a more comprehensively argued, and therefore more defensible, policy position." (Hoppe 1993: 98)

4 Policy-Analysten als Anwälte von Argumenten?

So umfassend und differenziert ihre argumentativen Analysen nach wissenschaftlichen Maßstäben auch immer ausfielen – um ihre Arbeit wirklich gut zu machen, so die praxisbezogene Forderung der Vertreter eines „argumentative turn", dürften Policy-Analysten sich nicht allein auf die „interne" Überzeugungskraft ihrer Argumente innerhalb der „policy analysis community" verlassen. Sie müssten vielmehr Argumente präsentieren, die nicht nur „internally coherent" sind, sondern auch „externally compelling" und das hieße: „persuasively gauged to real and thus diverse audiences" (Fischer/Forester 1993a: 4–5). Rationale Analyse von Argumenten ist nur die interne Seite der Arbeit von Policy-Analysten, die *wirkungsvolle Artikulation von Argumenten im politischen Prozess* ist die externe, für einige Vertreter der argumentativen Wende ungleich wichtigere Herausforderung. Analyse ohne Artikulation – so ihr Ausgangspunkt – ist eine politisch wirkungslose Analyse: sie macht keinen Unterschied für den politischen Prozess.

Was folgt aus dieser Forderung? Um der argumentativen Funktion der Policy-Analyse auch *nach außen* hin gerecht zu werden und unterschiedliche Adressatengruppen wirksam überzeugen zu können, so etwa die viel zitierten Überlegungen von Majone (1989), müssen die Policy-Analysten Fähigkeiten entwickeln, die über die Beherrschung traditioneller analytischer Methoden aus dem Bereich von Operations Research und mathematischer Modellbildung hinausgehen. Zur Beherrschung formaler statistischer Methoden bei der Analyse müssen *klassische rhetorische Fähigkeiten des adressatenspezifischen und publikumsbezogenen öffentlichen Argumentierens* hinzukommen:

"... if the purpose of policy analysis is not simply to find out what is a good or satisfactory policy but to ensure that the policy will actually be chosen and implemented, the traditional skills are not sufficient. The analyst must also learn rhetorical and dialectic skills – the ability to define a problem according to various points of view, to draw an argument from many different sources, to adapt the argument to the audience, and to educate public opinion." (Majone 1989: xii)

Wenn die Policy-Analysten versuchen, ihren Analysen im politischen Prozess Gehör zu verschaffen, dann wird die traditionell immer wieder betonte, scharfe Trennung zwischen professioneller Policy-Analyse einerseits, „policy advocacy" und „policy deliberation" andererseits allerdings fragwürdig. Policy-Analysten müssen sich – so Majone (1989) – verabschieden vom alten „image of technical, nonpartisan problem solvers". Suchte das alte Image des „analyst as problem solver" Parallelen zum Bild eines Wissenschaftlers oder Ingenieurs, so entspricht das neue, für Majone realitätsgerechtere Bild des Policy-Analysten eher der *Rolle eines Anwalts*:

"The policy analyst is a producer of policy arguments, more similar to a lawyer – a specialist in legal arguments – than to an engineer or a scientist. His basic skills are not algorithmical but argumentative: the ability to probe assumptions critically, to produce and evaluate evidence, to keep many threads in hand, to draw for an argument from many disparate sources, to communicate effectively. He recognizes that to say anything of importance in public policy requires value judgements, which must be explained and justified, and is willing to apply his skills to any topic relevant to public discussion." (Majone 1989: 21–22)

Hat man den sicheren Hort des Modells „analysis as science" mit seinen klaren Grenzen zwischen Wissenschaft und Politik erst einmal verlassen und sich auf das Konzept „analysis as argument" eingelassen, dann führt eine so verstandene argumentative Wende offenbar rasch noch einen Schritt weiter hin zu einem Verständnis von „analysis as persuasion" (vgl. White 1994). Welche Konsequenzen ergeben sich daraus für das *Selbstverständnis und die Rolle von Policy-Analysten* im politischen Prozess?

Majone (1989) begründet diesen Schritt hin zu einer rhetorisch-persuasiven Orientierung von Policy-Analysten gegenüber ihren Adressaten und einer breiten Öffentlichkeit nicht nur mit wissenschaftstheoretischen Einwänden gegen ein positivistisches Wissenschaftsmodell und praktischen Problemen eines dezisionistischen Modells von Politikberatung. Für ihn kommen *normative Erwartungen an den Beruf des Policy-Analysten in einer Demokratie* hinzu. Diese sieht er nicht zuletzt in der Förderung von innovativen Problemlösungen, etwa im Rahmen von Machbarkeitsstudien:

"... the job of the analyst is not only to find solutions within given constraints, but also to push out the boundaries of the possible in public policy. Major policy breakthroughs become possible only after public opinion has been persuaded to accept new ideas. But new ideas face powerful intellectual and institutional obstacles. Economic, bureaucratic, and political interests combine to restrict the range of options that are submitted to public deliberation or given serious consideration by the experts. ... objective analysis, unassisted by advocacy and persuasion, is seldom sufficient to achieve major policy innovation, Thus, in order to be effective, an analyst must often be an advocate as well." (Majone 1989: 35–36)

Die neue Rolle des Advokaten soll das alte Selbstverständnis des problembezogenen Analytikers dabei nicht einfach ersetzen. Sie tritt allerdings ergänzend hinzu, wenn es darum geht, die Ergebnisse von Policy-Analysen im politischen Prozess wirksam werden zu lassen. Der *Konflikt zwischen wissenschaftlicher Integrität und praktischer Effektivität* wird danach nicht grundsätzlich einseitig aufgelöst, in dem man sich ganz von der einen auf die andere Seite schlägt. Die Frage nach dem Verhältnis von rationaler Analyse und rhetorisch-persuasiver Argumentation stellt sich in der Praxis von Policy-Analysten nicht grundsätzlich, sondern kontext- und situationsabhängig.

Will man überhaupt Aufmerksamkeit für die Ergebnisse von Policy-Analysen in der Politik erzeugen, politische Unterstützung für neue Ideen gewinnen und vorhandene institutionelle Trägheiten überwinden, dann ist der Rückgriff auf rhetorisch-persuasiv angelegte, funktional auf Zustimmungsgewinn ausgerichtete Formen der Argumentation für praktisch tätige Policy-Analysten nicht zu vermeiden. „The practical question, therefore, is not whether to use persuasion, but which form of persuasion to use and when" (Majone 1989: 37).

Obwohl dieses Bild vom Policy-Analysten als Anwalt bei Umfragen unter praktisch tätigen Analysten überwiegend als zutreffend bezeichnet wurde (Durning/Osuna 1994), ist für einige andere Theoretiker der Policy-Analyse bei diesem offenen Imagewechsel hingegen eine Grenze überschritten, die es aus *berufsethischen* oder *professionspolitischen* Gründen doch besser zu erhalten gelte. Ist der Anspruch auf positivistische Objektivität und Wertneutralität erst einmal aufgegeben, so die Befürchtung, dann erscheint Policy-Analyse rasch als „käuflich", bestenfalls als eine Stimme unter vielen anderen im Kampf um Meinungen und Ideen. Soviel scheint klar: Wenn sie sich als Anwalt in einer öffentlichen Streitfrage oder für eine Interessengruppe engagieren, ergreifen Policy-Analysten offenkundig *Partei* und können nicht mehr die Rolle von neutralen „Sachverständigen" reklamieren, die für die mühsam erkämpfte Anerkennung als Profession so wichtig gewesen ist. Ob nun als „issue advocate" oder als „client's advocate", mit dem offenen Abschied der Policy-Analysten von der Rolle des „objective technician" (Weimer/Vining 1999: 44–47) wird auch der *Anspruch der Policy-Analyse auf unparteiliche Analyse* von „public policies" fraglich (vgl. Weiss 1991: 321–329).

Hat sich damit auch die Erwartung der Gründergeneration erledigt, die „policy science"-Orientierung „will be directed toward providing the knowledge needed to improve the practise of democracy" (Lasswell 1951: 15)? Ein *advokatorisches Verständnis von Policy-Analyse*, so die Kritik von Jennings (1993), scheint hier zunächst den Ausweg zu verbauen und im Hinblick auf die demokratischen Ambitionen der „policy science"-Bewegung nur defätistische Konsequenzen übrig zu lassen:

> "... policy analysis as advocacy maintains that policy advice will inevitably be informed by some particularistic interests that can be balanced but cannot be transformed into a more public-regarding civitas. One has either objective knowledge (as positivistic policy science claimed to provide) or subjective opinion; there is no middle ground." (Jennings 1993: 104)

Wer mit dieser Alternative aus normativen Gründen unzufrieden ist, muss Ausschau halten nach einer Form von „public policy analysis that can move beyond pluralistic advocacy and interest group liberalism" (Jennings 1993: 102).

5 Diskursive Verfahren

Wie kann die Policy-Analyse konstruktiv mit den Problemen wachsender kognitiver Unsicherheit in der Wissenschaft und zunehmender Pluralisierung von Weltbildern, Werten und Interessen in der Politik umgehen? Wie ist die in Aussicht genommene *Integration* der Forderungen nach institutionell vermittelbarer und *politisch wirksamer Argumentation* mit den inhaltlichen und methodologischen Anforderungen einer *rationalen Analyse* auf der Ebene praktischen Handelns zu denken?

Die konzeptionellen Antworten, die hier von den meisten Vertretern eines „argumentative turn" auf die anerkannte doppelte Herausforderung der Policy-Analyse in einer Demokratie gegeben werden, lassen sich unter den Stichworten *Partizipation* und *Prozeduralisierung* zusammenfassen. Die Antwort auf die Vermittlungsprobleme von Policy-Analysen in einer Demokratie besteht – verkürzt gesagt – in der *Demokratisierung der Policy-Analyse* selbst.

Diese praktische Konsequenz ziehen auch Policy-Theoretiker, die den wissenschaftstheoretischen Begründungen des „argumentative turn" eher skeptisch gegenüberstehen, die Rückkehr zu den Intentionen von Lasswells (1951) „policy sciences of democracy" aber begrüßen (deLeon 1997). Der Rekurs auf die Gründergeneration bietet hier eine Brücke. Bereits in den frühen Beiträgen Lasswells lässt sich eine „methodologisch-politische Konvergenz" ausmachen, in deren Zentrum „Partizipation" steht (Torgerson 1986: 42).

Die Ausweitung der *Partizipation* auf Bürger und gesellschaftliche Gruppen, die möglicherweise von den untersuchten Policies betroffen sind oder die an ihrer effektiven Umsetzung mitwirken müssen, soll die Defizite des bisher dominierenden Modells einer Politikberatung von Experten für Eliten beheben. Partizipation, so die Hoffnung, erlaubt eine bessere Erschließung des lokalen Wissens von Akteuren vor Ort und ermöglicht eine umfassendere Einbeziehung der Problemwahrnehmungen und Problembewertungen der beteiligten Bürger und Interessengruppen. Die partizipative Öffnung der bisher eher geschlossenen Analyse- und Beratungskanäle soll allerdings nicht ungeregelt erfolgen, sondern aufgabenbezogen in strukturierten *Verfahren* durchgeführt werden.

Die Grundidee dieser Form von partizipativer, prozedural geordneter Problemanalyse besteht darin, erweiterte Beteiligungsmöglichkeiten in analytisch-deliberativen Verfahren mit diskursiver Aufklärung und wechselseitiger Kritik zu verbinden – und zwar so, dass dies sowohl vom Prozess als auch vom Ergebnis her gesehen einer problembewussten demokratischen Bürgerschaft förderlich ist. Die vielfältigen Vermittlungsprobleme, die bei eher exklusiven Formen der Politikberatung zwischen wissenschaftlich fundierten Analysen von Experten einerseits und ihren Adressaten im politischen System andererseits oft beschrieben und beklagt wurden, sollen durch eine *intelligente Kombination von wissenschaftlicher Analyse und öffentlicher Deliberation* in geordneten Verfahren verringert werden. Was sonst im politischen Prozess eher selten ist, soll hier durch eine argumentationsorientierte Strukturierung der Verfahren sowie durch ein begleitendes argumentatives „enlightenment" und „empowerment" möglichst weitgehend gewährleistet werden: dass außer dem Zwang des besseren Argumentes keine politischen Restriktionen für den offenen Diskurs unter Freien und Gleichen bestehen.

Um die Kombination von Beteiligung und Verfahren zu charakterisieren, die mit dem „argumentative turn" anvisiert wird, gebraucht Dryzek (1990) übergreifend den Begriff von „discursive designs" – und macht damit zugleich deutlich, dass die *Aufgabe der Policy-Analytiker in einer partizipativ geöffneten und prozeduralisierten Policy-Analyse* zunächst einmal darin besteht, eine Struktur für die Verfahren zu entwerfen, in deren Rahmen die Policy-Probleme dann von den Beteiligten analysiert und bewertet werden sollen. Wenn sie keine vorgegebenen Verfahrensdesigns übernehmen (müssen), dann werden Policy-Analysten danach zuerst als *Konstrukteure* und ggf. auch als *Koordinatoren* von *Verfahren* tätig, bevor sich in einem zweiten Schritt die Frage stellt, welche Rolle sie innerhalb dieser analytisch-deliberativen Verfahren übernehmen (vgl. dazu Saretzki 2005: 359–366).

Wenn man fragt, welche Verfahren von den Vertretern des „argumentative turn" vorgeschlagen werden, um die angesprochene Integrationsaufgabe besser als bisher zu bewältigen, und welche Rollen Policy-Analysten in diesen Verfahren übernehmen sollen, dann zeigen sich nicht nur Gemeinsamkeiten, sondern auch Unterschiede. Das ist nicht weiter verwunderlich, wenn man sich klar macht, dass mit dem Schritt von „analysis as argument" zu „analysis as procedure" ein neuer *Möglichkeitsspielraum für Verfahrensstrukturierung und -kombinatorik* eröffnet wird, der – je nach Kontext, Aufgabe und Beteiligungsmodell – in sachlicher, sozialer, zeitlicher und institutioneller Hinsicht unterschiedlich konkretisiert werden kann – auch wenn weitgehend Einigkeit darüber herrscht, dass die Verfahren sowohl „partizipativ" als auch „diskursiv" anzulegen sind.

Unterschiede zwischen den vorgeschlagenen diskursiven Designs und den damit verbundenen *Aufgabenbeschreibungen für Policy-Analytiker* hängen auch damit zusammen, wie die Partizipationsforderung jeweils interpretiert und in konkrete Repräsentations- und Beteiligungsmodelle übersetzt wird. So befürwortet deLeon (1997) vornehmlich eine Form der *partizipatorischen Policy-Analyse*, die vor allem

auf eine Beteiligung von einzelnen Bürgern setzt. Diese sollen in ihrem gemeinwohlorientierten Bürgersinn angesprochen und gestärkt werden. Demgegenüber
verweist Fischer (1993) vorwiegend auf Fälle, in denen direkt betroffene Interessengruppen an partizipatorischen Projekten beteiligt werden. In diesen Projekten übernimmt der Policy-Analytiker die Rolle des „interpretierenden Mediators zwischen
theoretischem Wissen und konkurrierenden praktischen Argumenten" (Fischer
1993: 467). Darüber hinaus sieht Fischer den Policy-Analytiker auch in der Rolle
eines „Faciliator" – mit der Aufgabe, „Betroffene zu lehren, Klarheit zu gewinnen
und selbst zu entscheiden" (Fischer 1993: 465).

Dryzek (1995) schließlich sieht die Aufgaben des Policy-Analytikers in diskursiven Verfahrens zuallererst in der prozeduralen und interaktiven Dimension: Seine
Rolle besteht vor allem darin, auf die Bedingungen zu achten, unter denen sich die
Diskussion zwischen den Beteiligten vollzieht (vgl. auch die programmatische Weiterentwicklung zu einer „critical policy analysis" bei Dryzek 2006). Damit zeigt sich:
Die Vorschläge zur argumentativen Integration der doppelten, analytisch und politisch bedingten Anforderungen an die Policy-Analyse sind nicht zuletzt von unterschiedlichen *Vorstellungen über das anzustrebende Demokratiemodell* geprägt und
spiegeln insoweit die Konfliktlinien, die für die neuere demokratietheoretische Diskussion generell kennzeichnend sind: direkte Partizipation vs. Repräsentation,
Bürger- vs. Interessengruppendemokratie, aggregative vs. deliberative Demokratie
(Saretzki 1998).

6 Diskurskoalitionen

Ob sie nun als Advokaten auftreten oder im Rahmen von diskursiven Designs versuchen, ihren Argumenten Geltung zu verschaffen – skeptische Zeitgenossen werden
weiter fragen, ob und wie es den Policy-Analysten gelingen kann, tatsächlich auf
den politischen Prozess einzuwirken: *Does Analysis matter?* Do Analysts matter? In
dem Maße, wie die Argumente der Policy-Analysten erfolgreich sind, müssten sie
den politischen Prozess auf eine irgendwie feststellbare Art und Weise verändern.
Um diese Frage nach den externen Wirkungen einer argumentativ ausgerichteten
Policy-Analyse zu beantworten, muss man die Perspektive des problembezogen
argumentierenden Policy-Analysten zunächst verlassen und das Zusammenspiel
von Policy-Analyse und politischem Prozess von außen aus der Perspektive eines
externen Prozessbeobachters in den Blick nehmen. Das meistzitierte konzeptionelle
Angebot, das dazu von Autoren des „argumentative turn" vorgelegt wurde, heißt
„Diskurskoalitionen".

Nach der Interpretation, die Hajer (1993) diesem Konzept gibt, bilden Akteure
aus verschiedenen sozialen Zusammenhängen eine Koalition, die versucht, eine
bestimmte Definition eines Problems (in seinem Fall: „saurer Regen") mit Hilfe von

narrativen Darstellungen – „story lines" – gegenüber anderen Problembeschrei-
bungen durchzusetzen:

> "A discourse coalition is thus the ensemble of a set of story lines, the actors that utter these
> story lines, and the practises that confirm to these story lines, all organized around a discourse.
> The discourse coalition approach suggests that politics is a process in which different actors
> from various backgrounds form specific coalitions around specific story lines." (Hajer 1993: 47,
> vgl. auch Hajer 2008: 217–219)

Wirkung auf den politischen Prozess können wissenschaftliche Experten und Policy-Analysten nach dieser Konzeption u. a. dann entfalten, wenn sie problemdefinie-
rende „story lines" erzeugen und dazu beitragen, dass ihre Problemdefinitionen
zum Kristallisationspunkt einer Diskurskoalition werden. Eine solche Diskurskoalition kann als *erfolgreich* gelten, wenn sie zwei *Bedingungen* erfüllt: sie muss den
„diskursiven Raum" um ein Problem dominieren, d. h. „central actors are persuaded by, or forced to accept, the rhetorical power of a new discourse (condition of
discourse structuration)". Und die damit dominierende Diskurstrukturierung sowie
die zugehörigen Praktiken müssen in dem Politikfeld institutionalisiert werden, d.h.
„the actual policy process is conducted according to the ideas of a given discourse
(condition of discourse institutionalization)" (Hajer 1993: 48). Misslingt diese Institutionalisierung (wie Hajer am Beispiel des Diskurses „ökologische Modernisierung" zum sauren Regen in Großbritannien zeigt), so kann eine Diskurskoalition
zwar den diskursiven Raum zu einem Problem dominieren, aber auf der Ebene der
materiellen Problembearbeitung in einem Politikfeld weitgehend erfolglos bleiben.

Die Frage nach der Wirkung von intern und extern überzeugenden Argumenten
in einem Politikfeld weist damit analytisch über einen argumentations- oder dis-
kurszentrierten Ansatz im engeren Sinne hinaus. Erfolg oder Scheitern lassen sich
nach dem Konzept von Hajer nur durch eine Analyse erfassen, die auf einer *diskursanalytischen* und auf einer *institutionenbezogenen* Ebene vorgeht. Dazu heißt es
etwa bei Hajer (1993: 45):

> "The real challenge for argumentative analysis is to find ways of combining the analysis of the
> discursive production of reality with the analysis of the (extradiscursive) social practices from
> which social constructs emerge and in which actors that make these statements engage."

7 Zwanzig Jahre „argumentative Wende": Von Argumenten zu Diskursen – und zurück

Fast zwei Jahrzehnte nach der Veröffentlichung des „Argumentative Turn in Policy
Analysis and Planning" (Fischer/Forester 1993b) hat Frank Fischer als treibende
Kraft der argumentativen Wende mit einem anderen Mitherausgeber, dem Wiener

Politologen Herbert Gottweis, einen neuen Sammelband herausgegeben. Die Herausgeber nehmen ausdrücklich auf die grundlegende Publikation von 1993 Bezug: „The Argumentative Turn revisited" (Fischer/Gottweis 2012b). Dieser Titel legt eine Vergegenwärtigung der Veränderungen nahe, die sich in den letzten zwanzig Jahren ergeben haben – auf der Ebene der bearbeitungsbedürftigen Policy-Probleme, in der Art und Weise der politischen Bearbeitung dieser Probleme, aber auch in Theorie und Praxis der Policy-Analyse:

- Wie haben die Autoren, die seit 1993 mit der „argumentativen Wende" verbunden sind, auf die zwischenzeitlich eingetretenen Veränderungen reagiert?
- Welche theoretischen Ansätze wollen sie heranziehen, welche Forschungsperspektiven wollen sie weiter entwickeln?

Was die *Policy-Probleme* angeht, so sehen sich Regierungen und die anderen an der politischen Problembearbeitung beteiligten oder von ihr betroffenen Akteure nach der Diagnose der Herausgeber einer zunehmend turbulenten Welt gegenüber: Policy-Probleme sind insbesondere in den letzten zwanzig Jahren noch einmal komplexer, unsicherer und uneindeutiger geworden. Die Zahl der in vielerlei Hinsicht „verhexten" Probleme nimmt zu, während traditionelle technokratische Problemlösungsansätze gerade bei diesen „wicked problems" immer häufiger versagen und selbst neue Konflikte generieren. Damit steigt zugleich die Bedeutung der Frage, wie diese Probleme und Problembearbeitungsoptionen sowie deren Konfliktpotential zu interpretieren und zu beurteilen sind.

Wie insbesondere die globale Finanzkrise 2008 gezeigt hat, haben ökonomische Modelle sich in dieser Hinsicht nicht als geeignete Ansätze der *Policy-Analyse* erwiesen. Rational-Choice orientierte Ansätze vernachlässigen generell die Rolle von Kultur, Werten und Ideen, die bei der politischen Problembearbeitung aber von großer Bedeutung sind (Fischer/Gottweis 2012a: 3-6). Gegen diese ökonomisch geprägten Ansätze setzen Fischer und Gottweis ein Verständnis von Policy-Prozessen, das stark durch die Annahme „diskursiver Kämpfe" gekennzeichnet ist:

> "Policy making is fundamentally an ongoing discursive struggle over the definition and conceptual framing of problems, the public understanding of issues, the shared meanings that motivate policy responses, and criteria for evaluation (Stone 2002)." (Fischer/Gottweis 2012a: 7)

Mit der Charakterisierung von Policy-Prozessen als „discursive struggles" wird zugleich deutlich, dass es seit der Publikation des „argumentative turn" von 1993 auch in der *Policy-Theorie* einige begriffliche und konzeptionelle Veränderungen gegeben hat, mit denen sich andere Ansätze und Perspektiven für die Policy-Analyse verbinden. Dazu gehört zunächst der weitere Aufstieg der Begriffe „Diskurs" und „diskursiv". Diese tauchen im Index von Fischer/Gottweis (2012b: 379–380) schon von der Verbreitung in den Beiträgen her sehr viel häufiger auf als im Index von Fischer/Forester (1993b: 323–324). Die Kennzeichnung dieser diskursiven

Prozesse als „struggle" macht sodann deutlich, dass die politische Problembearbeitung hier nun weniger im Sinne einer problemlösungsorientierten Kooperation oder doch Koordination von Akteuren gedacht wird. Stattdessen verdeutlicht die Verwendung des Begriffes „Kampf", dass auch Policy-Prozesse hier eher als agonistische politische Auseinandersetzung konzeptualisiert werden. Beides verweist darauf, dass die begrifflichen und konzeptionellen Grundlagen der Policy-Theorie in dieser Forschungsrichtung nun stärker von poststrukturalistischen Ansätzen beeinflusst werden. Viele Autoren der „argumentativen Wende" von 1993 waren implizit oder explizit von der Technokratiekritik und der Diskursethik von Jürgen Habermas ausgegangen (Fischer/Gottweis 2012a: 1) und hatten auf dieser theoretischen Grundlage praktische Perspektiven in Richtung auf „partizipative Policy-Analyse" und „diskursive Designs" im System einer deliberativen Demokratie entwickelt (Fischer 2009). Nunmehr finden sich bei dem „Re-Visiting" des „argumentative turn" neben neueren Beiträgen in dieser Tradition auch verschiedene Ansätze, die theoretisch verstärkt auf die Diskurs- und Machttheorien von Michel Foucault und anderen poststrukturalistischen Theoretikern zurückgreifen oder sich an Ansätzen der Rhetorik oder Semiotik orientieren. Bei der empirischen Analyse und der Artikulation von Argumentationen in Policy-Prozessen finden darüber hinaus nun auch neue Medien (wie Internet und Film) Berücksichtigung.

Diese Verschiebungen in den theoretischen Referenzen und die damit einhergehenden Veränderungen in der empirischen Ausrichtung und praktischen Orientierung schaffen einerseits ein vielfältigeres Spektrum in Bezug auf die Herausforderungen von „Analyse" und „Artikulation". Sie werfen andererseits die Frage nach dem spezifischen *Profil der argumentativen Wende* nach ihrer erneuten Besichtigung auf: Was ist charakteristisch für eine „argumentative Policy-Analyse"? Worin liegt der Unterschied zwischen der „argumentativen Wende" und anderen Kehrtwenden, etwa einem „discursive", „deliberative" oder „rhetorical turn"? Die Herausgeber des „Argumentative Turn Revisited" sehen bei der Beschäftigung mit „kommunikativen Praktiken" in der Literatur zwar einen Trend hin zu Diskurskonzepten. Sie wollen begrifflich, analytisch und theoretisch indessen an der zentralen Bedeutung von „Argumentation" für die Policy-Analyse festhalten. Auf eine Formel gebracht, lautet ihre *Perspektive* daher: „From Argumentation to Discourse – and back again" (Fischer/Gottweis 2012a: 7). Mit der Konjunktur der Rede von „Diskursen" ist das Konzept der Argumentation für sie keineswegs auf den „Rücksitz" verschoben worden: „the concept of argumentation ... is not now an outmoded concept that can be replaced with the more fashionable concept of discourse." (Fischer/Gottweis 2012a: 9) Während „Diskurse" nach ihrer Lesart gesellschaftliche Werte und kulturelle Ideen zum Ausdruck bringen und auf der soziokulturellen Makroebene zu verorten sind (Fischer/Gottweis 2012a: 10–11), stellt das praktische Argument für sie immer noch den Ausgangspunkt und die grundlegende Einheit für die Policy-Analyse dar (Fischer/Gottweis 2012a: 2): Andere „kommunikative Praktiken" spielen aus dieser Sicht zwar auch eine wichtige Rolle für Policy-Prozesse und üben verschiedene

Funktionen aus. Für die Policy-Analyse hat Argumentation aber eine zentrale Bedeutung:

> "In the view here, however, it is argumentation that constitutes the primary consideration in the world of policy making. It is through argumentation, identified by the actors, that actors in the political process advance their goals and objectives." (Fischer/Gottweis 2012a: 14)

8 Die „argumentative Wende" in der Policy-Analyse: Fragen und Gegenargumente

Die Argumente für einen „argumentative turn" in der Policy-Analyse müssen, wenn man der vorgeschlagenen „argumentativen Wende" folgt, selbst auf den Prüfstand der Kritik und mit kritischen Fragen und möglichen Gegenargumenten konfrontiert werden. Wenigstens einige der grundlegenden Fragen, die sich bei einer Analyse der vorgetragenen Argumente für eine „argumentative Wende" stellen, sollen hier im Stile einer immanenten Kritik vorgebracht werden. Diese Fragen richten sich auf die Prämissen der Argumentation, die in den Ausgangspunkten formuliert werden, auf die Kohärenz der Argumentation, die sich bei einem Zusammenziehen der verschiedenen theoretischen und empirischen Quellen des „argumentative turn" ergibt, und auf die Reichweite der analytischen Perspektive, die mit einem Einschwenken auf die argumentative Wende verbunden ist.

Dabei fällt zuerst die „realistische" Präsentation der Ausgangspunkte ins Auge. Am Anfang des „argumentative turn", so Fischer und Forester (1993: 2), steht die profunde Einsicht: Policy Analyse und Planung sind praktische Prozesse der Argumentation. Eine theoretisch unvermittelte *„realistische" Sicht* auf die Wirklichkeit ist mit der überwiegend vertretenen post-positivistischen Erkenntnis- und Wissenschaftstheorie allerdings nicht ohne weiteres vereinbar. Die Praxis der Policy-Analyse realistisch sehen heißt nach der hier vorgetragenen Argumentation, sie als praktischen Argumentationsprozess sehen. Ganz so „selbstevident" ist es bei näherer Betrachtung freilich nicht, dass sich die Praxis der Policy-Analyse eindeutig als Argumentationsprozess und nur als solcher präsentiert.

In vielerlei Hinsicht – etwa bei der Festlegung der Rahmenbedingungen und der Präzisierung der Fragestellungen, dem Umfang und dem Differenzierungsgrad der Untersuchung – stellt sich die Praxis der Policy-Analyse nicht nur als Argumentations-, sondern auch als Verhandlungsprozess dar. Auch Diskussionsforen, auf denen eigentlich nur die Kraft des besseren Argumentes zählen soll, lassen sich bei einer genaueren empirischen Untersuchung als „verhandelte Diskurse" analysieren. *Verhandeln* ist aber nicht dasselbe wie *Argumentieren*. Wenn diese Unterscheidung Sinn macht, dann ergeben sich daraus zwei Anschlussfragen:

- Braucht man neben der Argumentationstheorie auch eine Verhandlungstheorie, um Kommunikationsprozesse angemessen analysieren zu können?
- Beruht die profunde Ausgangsannahme des „argumentative turn" über das, was Policy-Analyse und Planung „sind", allein auf einer „realistischen", empirischen Einsicht in ihr „Sein", oder gehen hier bereits normative Annahmen ein über das, was Policy-Analyse und Planung sein sollen?

„Public Policy is made of language" heißt es am Anfang des Buches von Majone (1989: 1). „Language only?" ist man versucht zu fragen. Will sagen: Politische Programme oder Projekte werden offenkundig nicht nur aus *Sprache* gemacht. Der Prozess des „policy making" und die Funktionsweise von Policies – beides geht auch mit der Allokation von ökonomischen Ressourcen, der Setzung von sanktionsbewehrten rechtlichen Regeln und anderen „materiellen" Umstrukturierungen einher, die nicht nur aus Sprache bestehen. Wie werden diese nicht-sprachlichen Dimensionen von politischen Prozessen und Programmen im Rahmen eines Ansatzes erfasst, der die Sprache ins Zentrum der Policy-Analyse rückt?

Die Autoren des „argumentative turn" betonen in ihren Fallstudien die *Bedeutung des gesellschaftlichen und politischen Kontextes*, in dem politische Akteure argumentieren und Policy-Analysten Argumente analysieren und rekonstruieren. Ein Text erhält seine politische Bedeutung immer erst in einem Kontext, der selbst nicht nur aus anderen Texten besteht. Argumentations- und Diskursanalysen untersuchen zunächst einmal Text:

- mit welchen Konzepten und Kategorien wird dann der Kontext analysiert, in dem diese Texte produziert und interpretiert werden?
- Lässt sich dieser Kontext überhaupt im Rahmen einer analytischen Perspektive erfassen, die selbst primär auf Argumentationsprozesse ausgerichtet ist?
- Oder muss die Argumentationsanalyse durch eine (nicht-argumentative) Kontextanalyse ergänzt werden, um auch die „extradiskursiven" Bedingungen des Argumentierens angemessen berücksichtigen zu können?

9 Literatur

deLeon, Peter, 1988: Advice and Consent. The Development of the Policy Sciences. New York : Russell Sage Foundation.

deLeon, Peter, 1997: Democracy and the Policy Sciences. Albany: State University of New York Press.

Dryzek, John S., 1990: Discursive Democracy. Politics, Policy, and Political Science. Cambridge; New York: Cambridge University Press.

Dryzek, John S., 1993: Policy Analysis and Planning: From Science to Argument. In: Frank Fischer/ John Forester (eds.): The Argumentative Turn in Policy Analysis and Planning. Durham, N.C.: Duke University Press. 213–232.

Dryzek, John S., 1995: Critical Theory as a Research Program. In: Stephen K. White (ed.): The Cambridge Companion to Habermas. Cambridge ; New York : Cambridge University Press, 97–119.

Dryzek, John S., 2006: Policy Analysis as Critique. In: Michael Moran/Martin Rein/Robert E. Goodin (eds.): The Oxford Handbook of Public Policy. Oxford; New York: Oxford University Press, 190–203.

Dunn, William N., 1993: Policy Reforms as Arguments. In: Frank Fischer/John Forester (eds.): The Argumentative Turn in Policy Analysis and Planning. Durham, N.C.: Duke University Press, 254–290.

Durning, Dan, 1995: Review of: Frank Fischer and John Forester, eds., The Argumentative Turn in Policy Analysis and Planning. In: Policy Sciences, Vol. 28, No. 1, 102–108.

Durning, Dan/Osuna, Will, 1994: Policy Analysts' Role and Value Orientations: an Empirical Investigation using Q Methodology. In: Journal of Policy Analysis and Management, Vol. 13, 629–657.

Fischer, Frank, 1980: Politics, Values and Public Policy: The Problem of Methodology. Boulder, Colo.: Westview Press.

Fischer, Frank, 1993: Bürger, Experten und Politik nach dem „Nimby"-Prinzip: ein Plädoyer für die partizipatorische Policy-Analyse. In: Adrienne Héritier (Hrsg.): Policy-Analyse. Kritik und Neuorientierung. Opladen: Westdeutscher Verlag, 451–470.

Fischer, Frank, 1995: Evaluating Public Policy. Chicago: Nelson-Hall Publishers.

* Fischer, Frank, 2003: Reframing Public Policy. Discursive Politics and Deliberative Practises. Oxford; New York: Oxford University Press.

Fischer, Frank, 2009: Democracy and Expertise. Reorienting Policy Inquiry. Oxford: Oxford University Press.

Fischer, Frank/Forester, John, 1993a: Editors' Introduction. In: Frank Fischer/John Forester (eds.): The Argumentative Turn in Policy Analysis and Planning. Durham, N.C.: Duke University Press, 1–17.

* Fischer, Frank/Forester, John (eds.), 1993b: The Argumentative Turn in Policy Analysis and Planning. Durham, N.C.: Duke University Press.

Fischer, Frank/Gottweis, Herbert, 2012a: Introduction: The Argumentative Turn Revisited. In: Frank Fischer/Herbert Gottweis (eds.): The Argumentative Turn Revisited: Public Policy as Communicative Practise. Durham: Duke University Press, 1–27.

* Fischer, Frank/Gottweis, Herbert (eds.), 2012b: The Argumentative Turn Revisited: Public Policy as Communicative Practise. Durham: Duke University Press.

Fischer, Frank/Miller, Gerald J./Sidney, Mara S. (eds.), 2007: Handbook of Public Policy Analysis. Theory, Politics, and Methods. Boca Raton : CRC/Taylor & Francis.

Gottweis, Herbert, 2006: Argumentative Policy Analysis. In: B. Guy Peters/Jon Pierre (eds.): Handbook of Public Policy. London; Thousand Oaks, CA : Sage Publications, 461–479.

Janning, Frank/Toens, Katrin (Hrsg.), 2008: Die Zukunft der Policy-Forschung. Theorien, Methoden, Anwendungen. Wiesbaden: Verlag für Sozialwissenschaften.

Hajer, Maarten A., 1993: Discourse Coalitions and the Institutionalizations of Practise: The Case of Acid Rain in Great Britain. In: Frank Fischer/John Forester (eds.): The Argumentative Turn in Policy Analysis and Planning. Durham, N.C.: Duke University Press, 43–76.

Hajer, Maarten A., 2008: Diskursanalyse in der Praxis: Koalitionen, Praktiken, Bedeutung. In: Frank Janning/Katrin Toens (Hrsg.): Die Zukunft der Policy-Forschung : Theorien, Methoden, Anwendungen. Wiesbaden: Verlag für Sozialwissenschaften, 211–222.

Hoppe, Robert, 1993: Political Judgement and the Policy Cycle: The Case of Ethnicity Policy Arguments in the Netherlands. In: Frank Fischer/John Forester (eds.): The Argumentative Turn in Policy Analysis and Planning. Durham, N.C.: Duke University Press, 77–100.

Jennings, Bruce, 1993: Counsel and Consensus: Norms of Argument in Health Policy. In: Frank Fischer/John Forester (eds.): The Argumentative Turn in Policy Analysis and Planning. Durham, N.C.: Duke University Press, 101–114.

Kaplan, Thomas J., 1986: The Narrative Structure of Policy Analysis. In: Journal of Policy Analysis and Management, Vol. 5, No. 4, 761–778.

Kaplan, Thomas J., 1993: Reading Policy Narratives: Beginnings, Middles, and Ends. In: Frank Fischer/John Forester (eds.): The Argumentative Turn in Policy Analysis and Planning. Durham, N.C.: Duke University Press, 167–185.

Lasswell, Harold D., 1951: The Policy Orientation. In: Daniel Lerner/Harold D. Lasswell (eds.): The Policy Sciences; recent Developments in Scope and Method. Stanford: Stanford University Press, 3–15.

Leggewie, Claus (Hrsg.), 2007: Von der Politik- zur Gesellschaftsberatung. Neue Wege öffentlicher Konsultation. Frankfurt; New York: Campus.

Lerner, Daniel/Lasswell, Harold D., 1951: The Policy Sciences. Recent Developments in Scope and Method. Stanford: Stanford University Press.

* Majone, Giandomenico, 1989: Evidence, Argument and Persuasion in the Policy Process. New Haven: Yale University Press.

Rein, Martin/Schön, Donald, 1993: Reframing Policy Discourse. In: Frank Fischer/John Forester (eds.): The Argumentative Turn in Policy Analysis and Planning. Durham, N.C.: Duke University Press, 145–166.

Rich, Robert F./Oh, Cheol H., 1994: The Utilization of Policy Research. In: Stuart S. Nagel (ed.): Encyclopedia of Policy Studies (Second Edition). New York : M. Dekker, 69–92.

Roe, Emery, 1994: Narrative Policy Analysis: Theory and Practise. Durham: Duke University Press.

Saretzki, Thomas, 1998: Post-positivistische Policy-Analyse und deliberative Demokratie. In: Michael Th. Greven/Herfried Münkler/Rainer Schmalz-Bruns (Hrsg.): Bürgersinn und Kritik. Festschrift für Udo Bermbach zum 60. Geburtstag. Baden-Baden: Nomos, 297–321.

Saretzki, Thomas, 2005: Welches Wissen – wessen Entscheidung? Kontroverse Expertise im Spannungsfeld von Wissenschaft, Öffentlichkeit und Politik. In: Alexander Bogner/Helge Torgersen (Hrsg.): Wozu Experten? Ambivalenzen der Beziehung von Wissenschaft und Politik. Wiesbaden: Verlag für Sozialwissenschaften, 345–369.

Saretzki, Thomas 2006: Policy-Analyse und Politikwissenschaft. In: Hubertus Buchstein/Rainer Schmalz-Bruns (Hrsg.) 2006: Politik der Integration. Symbole, Repräsentation, Institution. Baden-Baden: Nomos, 229–246.

Saretzki, Thomas 2007: The Policy Turn in German Political Science. In: Frank Fischer/Gerald J. Miller/Mara S. Sidney (eds.): Handbook of Public Policy Analysis: Theory, Politics, and Methods. Boca Raton: CRC/Taylor & Francis, 587–602.

Saretzki, Thomas, 2008: Policy-Analyse, Demokratie und Deliberation: Theorieentwicklung und Forschungsperspektiven der „Policy Sciences of Democracy". In: Frank Janning/Katrin Toens (Hrsg.): Die Zukunft der Policy-Forschung : Theorien, Methoden, Anwendungen. Wiesbaden: Verlag für Sozialwissenschaften, 34–54.

Schön, Donald A./Rein, Martin, 1994: Frame Reflection. Toward the Resolution of Intractable Policy Controversies. New York: Basic Books.

Schubert, Klaus, 1991: Politikfeldanalyse. Eine Einführung. Opladen: Leske und Budrich.

Torgerson, Douglas, 1986: Between Knowledge and Politics: Three Faces of Policy Analysis. In: Policy Sciences 19, 33–59.

van Eeten, Michel J.G. 2007: Narrative Policy Analysis. In: Frank Fischer/Gerald J. Miller/Mara S. Sidney (eds.): Handbook of Public Policy Analysis: Theory, Politics, and Methods. Boca Raton: CRC/Taylor & Francis, 251–269.

Weimer, David L./Vining, Aidan R., 1998: Policy Analysis. Concepts and Practise (Third Edition). Englewood Cliffs, N.J.: Prentice Hall.

Weiss, Carol, 1977: Research for Policy's Sake: The Enlightenment Function of Social Research. In: Policy Analysis, Vol. 3, No. 4, 531–545.

Weiss, Carol Hirschon, 1991: Policy Research: Data, Ideas, or Arguments?. In: Peter Wagner/Carol Hirschon Weiss/Björn Wittrock/Helmut Wollmann (eds.): Social Sciences and Modern States, Cambridge (u.a.): Cambridge University Press, 307–332.

White, Louise G., 1994: Policy Analysis as Discourse. In: Journal of Policy Analysis and Management, Vol. 13, No. 3, 506–525.

Wildavsky, Aaron, 1979: Speaking Truth to Power. The Art and Craft of Policy Analysis. Boston: Little, Brown.

Verständnisfragen

1. Worin besteht die doppelte Herausforderung, von der Frank Fischer und John Forester bei ihren Überlegungen für eine argumentative Wende in der Policy-Analyse ausgehen?

2. Welche unterschiedlichen Interpretationen der argumentativen Wende lassen sich unterscheiden? Warum sollten Policy-Analytiker eine solche Wende vollziehen?

3. Wie sind die Paradigmen „analysis as science" und „analysis as argument" zu interpretieren? Wie wird der Wechsel vom ersten zum zweiten Paradigma begründet?

4. Wie sind die Begriffe „Stories", „Counterstories" und „Non-Stories" zu verstehen? Was ist mit einem „Meta-Narrativ" gemeint und wie kommt dieses zustande?

5. Welche Folgen hat die Weiterentwicklung der Policy-Analyse in Form von partizipativ angelegten, diskursiven Verfahren für die Aufgaben der Policy-Analytiker?

6. Wie lässt sich eine Diskurskoalition definieren?

Transferfragen

1. Welche Konsequenzen können Unterschiede im professionellen Selbstverständnis eines Policy-Analysten für Anlage, Durchführung und Ergebnis einer Policy-Studie sowie für die Vermittlung ihrer Empfehlungen gegenüber Auftraggebern und der Öffentlichkeit haben? Beschreiben Sie die Konsequenzen, die sich aus unterschiedlichen idealtypischen Rollen des Policy-Analysten ergeben, am Beispiel einer Studie zu einem aktuellen Policy-Problem.

2. Welche Wirkungen können argumentationsorientierte Policy-Analysen im politischen Prozess entfalten und wie lassen sich solche Wirkungen empirisch untersuchen? Skizzieren Sie ein Design für die Untersuchung der Wirkungen des Handelns von Policy-Analysten am Beispiel einer ausgewählten Policy mithilfe des Konzepts der Diskurskoalitionen.

Problematisierungsfragen

1. Stimmt die Annahme, dass öffentliche Policies „aus Sprache gemacht" sind?

2. Treten Policy-Analysten als Anwälte von Argumenten auf, sollten sie dies tun? Welche Konsequenzen sind mit einem advokatorischen Verständnis von Policy-Analyse verbunden?

3. Vertreter der argumentativen Wende haben eine Demokratisierung der Policy-Analyse gefordert. Diskutieren Sie die Voraussetzungen und Folgen, die mit der Ausweitung der Beteiligung über den Kreis von wissenschaftlich ausgewiesenen Experten hinaus auf Bürger und Vertreter gesellschaftlicher Gruppen verbunden sind – für die Policy-Studien selbst und für den politischen Prozess, in dem diese Policy-Studien als Beratungsangebote genutzt werden sollen.

Nils C. Bandelow und Klaus Schubert

Perspektiven der Politikfeldanalyse zwischen Grundlagen und Anwendungen, Szientismus und Kritik

1 Einleitung

Die in diesem Lehrbuch vorgelegte Darstellung und Reflektion der wichtigsten Ansätze, Methoden und Anwendungsfelder der Politikfeldanalyse spiegelt die große Heterogenität des Faches wider. Diese Heterogenität ist teilweise schon in der Geschichte der Politikfeldanalyse angelegt (von Beyme und Schubert in diesem Band). Bereits die Ursprünge der Policy Science verbinden (schon begrifflich) die Idee einer naturwissenschaftlichen, also „szientistischen" Politikwissenschaft mit der Vorstellung einer praktisch anwendbaren und damit in die Zukunft gerichteten Beratung.

Mit dem Begriff der Policy Analysis wurde im Englischen eine Abgrenzungsmöglichkeit zwischen verschiedenen Perspektiven geschaffen, die aber nicht einheitlich genutzt wird. Aufgrund des Wortstamms ist es naheliegend, szientistische Forschung zur theoretischen Herleitung und empirischen Prüfung zwischen Gesetzmäßigkeiten bei der Politikproduktion als Policy Science zu bezeichnen. Mitunter wird dabei der Begriff auf quantitative Methoden begrenzt. Policy Analysis wird allerdings nur von wenigen Autoren als Gegenbegriff dazu genutzt und etwa auf qualitative Methoden beschränkt. Daher ist eine allgemein anerkannte Gegenüberstellung der heutigen Verwendung der beiden englischen Begriffe nicht möglich.

Die deutschen Begriffe Politikfeldanalyse und Policy Analyse werden üblicherweise deckungsgleich verwendet. Sie verzichten gleichermaßen auf begriffliche Positionierungen – anders als etwa die französischen Konzepte „Sociologie Politique" und „Action Publique" (Hassenteufel 2008), in denen die angelsächsische Begriffstrennung verbunden mit der speziellen französischen Perspektive aufgenommen wird. Politikfeldanalyse kann, wie die Beiträge des Bandes gezeigt haben, als Teil der szientistischen Politikwissenschaft mit einem speziellen Gegenstandsbereich aufgefasst werden (etwa bei Treib, Obinger, Schneider, Wenzelburger/Zohlnhöfer, Hegelich/Knollmann und Sager/Hinterleitner in diesem Band). Sie steht aber gleichermaßen auch für andere ontologische, epistemologische und normative Positionen. Diese können von einem technokratischen Politikverständnis bis zu konstruktivistischen und diskursanalytischen Positionen reichen (Bandelow, Wewer, Saretzki und indirekt Kaiser in diesem Band).

Die Perspektiven unterscheiden sich nicht nur im Hinblick auf das Wissenschaftsverständnis, sondern auch durch den Grad des jeweils explizit oder implizit vermittelten Anspruchs, mit der Analyse auch auf praktische Politik wirken zu wol-

len. Dabei finden sich alle denkbaren Positionen: Von einem explizit demokratie-
theoretisch und praxisorientierten Anspruch (Schubert und Saretzki in diesem
Band) bis zu rein akademisch orientierten Perspektiven (Schneider, Obinger, Wen-
zelburger/Zohlnhöfer und Hegelich/Knollmann in diesem Band). Andere Beiträge
nehmen entweder eine Zwischenstellung ein (Rüb in diesem Band) oder stellen
Ansätze mit unterschiedlichen Ansprüchen vor (Bandelow in diesem Band).

Angesichts der Vielfalt der Perspektiven stellt sich die Frage, was aus der Lektü-
re des Lehrbuchs für die eigene Arbeit gelernt werden kann. Gibt es so etwas wie
„gute" Politikfeldanalyse? Was sind die Kriterien dafür? Stehen sich die unterschiedlichen Perspektiven auch in der praktischen Arbeit so unversöhnlich gegenüber, wie es die abstrakten Darstellungen teilweise vermitteln?

Mit diesem abschließenden Ausblick wollen wir die Beiträge des Bandes unter
dieser Fragestellung reflektieren und vor dem Hintergrund der vorliegenden Erfahrungen grundlagenorientierter und angewandter Politikfeldanalyse mögliche Kriterien dafür formulieren, was gute Politikfeldanalyse ausmacht. Dazu werden im Folgenden zunächst die unterschiedlichen Perspektiven gegenübergestellt. Es wird
gezeigt, dass sich nicht nur szientistische und kritische Politikfeldanalyse einerseits, sowie grundlagenorientierten und angewandte Politikfeldanalyse andererseits
unterscheiden. Auch innerhalb der jeweiligen Perspektiven gibt es jeweils mehrere
Interpretationsmöglichkeiten.

Dennoch ist die Politikfeldanalyse nicht in jeder Hinsicht so fragmentiert, wie es
die abstrakte Gegenüberstellung der Perspektiven vermuten lässt. In unserem einleitenden Beitrag hatten wir bereits zu zeigen versucht, dass Theorie und Praxis
keineswegs in einem Antagonismus zueinander stehen, sondern miteinander verbunden sind (Schubert/Bandelow in diesem Band). Auch die gegensätzlich schei-
nenden Empfehlungen der szientistischen und kritischen Politikfeldanalyse fließen
ineinander und lassen übergreifende Empfehlungen zu, wie abschließend gezeigt
wird.

2 Ziele der Politikfeldanalyse

Versuche, Kriterien für „gute" Politikfeldanalyse festzulegen, orientieren sich oft an
der zu verwendenden Methode und Vorgehensweise. Dabei werden wünschenswerte Aspekte betont: Das politische Problem soll in all seinen Facetten analysiert werden, die Lösungsmöglichkeiten umfassend bewertet werden, die politischen Rahmenbedingungen bedacht und die Kräfteverhältnisse zwischen den Akteuren
berücksichtigt werden (Friedman 2002: 12). Neben der Methode werden gleichermaßen die Wirkungen der Politikfeldanalyse als Gütekriterium genutzt. So soll sie etwa
zur Verteilungsgerechtigkeit beitragen (Friedman 2002: 8). Der mögliche Zusam-

menhang zwischen Erkenntnismethode und politischer Wirkung ist nicht direkt ersichtlich. Daher ist es notwendig, die Anforderungen zunächst zu konkretisieren.

Grundlage jeder guten Wissenschaft sind klare Begriffe und Konzepte. Die Politikfeldanalyse hat sich zur Entwicklung von Basiskonzepten verschiedener Grundlagen nicht nur aus der Politikwissenschaft bedient. So entspricht etwa die Phasenheuristik Vorstellungen, die unter anderem auch in der Verwaltungswissenschaft und in der Fachdidaktik gebräuchlich sind (Döhler und Jann/Wegrich in diesem Band). Die neuere Governance-Debatte greift auf unter anderem auf Grundlagen der Institutionenökonomie zurück (Braun/Giraud in diesem Band). Die Idealtypen der Entscheidungsfindung und Konfliktlösung entstammen dem Kernbereich der Politikwissenschaft und spielen nicht nur für die Politikfeldanalyse eine zentrale Rolle (Eberlein/Grande in diesem Band). Lediglich die Spezifizierung des Verhältnisses von Policy und Politics verweist auf eine Debatte, die ihre unmittelbaren Wurzeln in der Politikfeldanalyse selbst hat (Heinelt in diesem Band).

Über klare Begriffe und Konzepte hinaus sind die konkreten Kriterien weitaus schwerer festzulegen. Wie erkennt man also gute Politikfeldanalyse? Bedeutet eine umfassende Berücksichtigung aller Interessen etwa die Verwendung besonders gesicherter Methoden (wie die Beiträge von Treib, Obinger, Schneider und Kaiser in diesem Band implizieren)? Oder muss Politikfeldanalyse auch und vor allem im Hinblick auf ihre politischen Wirkungen angelegt sein und ihre eigene politische Rolle kritisch reflektieren, wie Sager, Wewer und Saretzki in diesem Band aus unterschiedlichen Perspektiven fordern?

Tab. 1: Ziele und Kriterien guter Politikfeldanalyse

	szientistisch	**kritisch**
akademisch	*Ziel*: empirisch gestützte Erkenntnisse über kausale Zusammenhänge *Kriterium*: Verwendung von Methoden, die in der Wissenschaftsgemeinschaft anerkannt sind	*Ziel*: Verständnis politischer Entscheidungsprozesse *Kriterium*: Anerkennung der vorgeschlagenen Interpretationen durch die Wissenschaftsgemeinschaft
	1	2
	3	4
anwendungs-bezogen	*Ziel*: Entwicklung erfolgreicher politischer Programme und Strategien *Kriterium*: Bewährung der Lösungen in der politischen Praxis	*Ziel*: kritische Reflektion der politischen Praxis durch politische Akteure *Kriterium*: Anerkennung der vorgeschlagenen Interpretationen in der politischen Kommunikation

Quelle: eigene Zusammenstellung

Ein Vergleich der verschiedenen Perspektiven der aktuellen Politikfeldanalyse deutet darauf hin, dass die Unterschiede zwei Ebenen betreffen, die nicht deckungsgleich sind (Hegelich 2008; Tab. 1). Die erste Unterscheidung ist nicht spezifisch für die Politikfeldanalyse, sondern greift einen Konflikt auf, der alle Wissenschaften mehr oder weniger stark prägt. Dabei geht es um die Frage, ob Wissenschaft objektive Erkenntnisse produzieren kann und soll. Aus szientistischer Sicht ist es das Ziel guter Wissenschaft, die reale Welt möglichst umfassend, einfach, klar und „richtig" zu erklären (Tab. 1, Feld 1). Im akademischen Umfeld bedeutet dies, dass Wenn-dann-Aussagen mit möglichst hohem Informationsgehalt idealerweise deduktiv hergeleitet und dann empirisch geprüft werden. Konkret heißt dies für die Identifikation guter Wissenschaft, dass diese sich an bewährte Regeln des Erkenntnisgewinns zu halten hat. Die methodisch orientierten Beiträge dieses Lehrbuchs beschreiben und begründen die wichtigsten dieser Regeln. Bei standardisierten Studien gelten interpersonale Nachvollziehbarkeit (Reliabilität), Transparenz des Erkenntnisprozesses und vor allem auf Validität, also „Gültigkeit" der Methoden und Ergebnisse als zentrale Gütekriterien. Qualitative Arbeiten mit szientistischem Anspruch orientieren sich an ähnlichen Kriterien wie der Gegenstandsangemessenheit, intersubjektiven Nachvollziehbarkeit und empirischen Verankerung (Augustin-Dittmann 2010: 125–156).

Innerhalb des szientistischen Paradigmas sind unterschiedliche Teilperspektiven möglich. So ließe sich „gute" Wissenschaft etwa (primär) über einen großen Informationsgehalt der Thesen definieren. Alternativ wäre das Kriterium der empirischen Solidität der Belege denkbar. Auch Anforderungen an die Innovationskraft der Methoden oder Ergebnisse liegen in dieser Perspektive. In der Regel finden sich die genannten Kriterien bei jeder szientistischen Forschung. Sie können aber untereinander verschieden gewichtet werden. So sind dieser Sichtweise gleichermaßen spekulative und innovative sowie bisher nicht widerlegte Thesen zuzuordnen; bspw. aber auch Arbeiten, die zusätzliche empirische Evidenz für bekannte Thesen liefern.

Kritische Wissenschaft zeichnet sich durch Kritik an den Voraussetzungen der szientistischen Perspektive aus (Tab. 1, Feld 2). In der radikalsten, konstruktivistischen Fassung lehnt sie die Vorstellung einer objektiven Wahrheit grundsätzlich ab. Als kritisch sollen hier aber auch weniger radikale Perspektiven gefasst werden, die etwa „nur" die Anwendbarkeit der Vorstellung von gesetzmäßigen, kausalen Zusammenhängen zwischen Variablen in der Politikfeldanalyse kritisieren. Diese Kritik kann allgemein die Anwendung des Kausalitätsmodells auf Variablen betreffen, oder speziell für den Bereich der Kulturwissenschaften bzw. des Politischen darauf verweisen, dass die zu erklärenden Ergebnisse von Menschen geprägt werden und diese subjektiven Intentionen und keinen allgemeinen Regeln folgen. Kritische Politikfeldanalyse geht somit nicht davon aus, dass es Gesetze der wirklichen Welt gibt, die durch die Wissenschaft zu entdecken sind (Lincoln/Guba 1985:129–159, Schubert 2003: 57 ff).

Vor diesem Hintergrund ist es schwierig, intersubjektiv zuverlässige Regeln des Erkenntnisgewinns zu formulieren. Wissenschaft lässt sich aus einer kritischen Sicht nicht mehr über die Validität der Methoden definieren. Sie ist vielmehr ein soziales Kommunikationssystem, das auf sich selbst bezogen ist. Gute Wissenschaft verfolgt dabei das Ziel, in der wissenschaftlichen Kommunikation wahrgenommen zu werden, indem sie den Regeln dieser Kommunikation folgt. Sie lässt sich dann nicht über die Wahrheitsfindung identifizieren, sondern über die Stellung im wissenschaftlichen Diskurs. Gute Wissenschaft kann dann etwa daran etwa erkannt werden, dass sie den wissenschaftlichen Diskurs entscheidend prägt.

Auch innerhalb des kritischen Paradigmas lassen sich mehrere Teilperspektiven identifizieren. Diese orientieren sich daran, wie jeweils der wissenschaftliche Diskurs abgegrenzt wird. Ist Wissenschaft jede Kommunikation, die sich am Code der „Wahrheit" orientiert? Oder wird unter Wissenschaft jede Kommunikation verstanden, an der Akteure beteiligt sind, die Wissenschaft als Beruf betreiben? Möglich wäre es auch, inhaltlich (qualitative) Voraussetzungen zu formulieren, bevor etwas als „Wissenschaft" anerkannt wird. Einen relativ offenen und breiten Zugang bieten hier Internetdienste, welche die immer umfassendere Digitalisierung der schriftlichen wissenschaftlichen Kommunikation nutzen. Ein Beispiel ist die Ende 2004 vorgestellte und seitdem schrittweise erweiterte Suchmaschine Google Scholar (http://scholar.google.com/ oder http://scholar.google.de/). Sie nimmt relativ umfassend die wissenschaftliche Literatur auf und gibt nicht nur die Häufigkeit der Zitierung an, sondern ermöglicht zunehmend auch die qualitative Einsichtnahme in die konkreten Verweise. Google Scholar macht somit qualitativ und quantitativ die Stellung einzelner Arbeiten oder bestimmter Forscher in ihrer Community sichtbar.

Älter und bisher noch anerkannter sind spezielle Kataloge zur Erfassung eines gezielt selektierten Teils der wissenschaftlichen Kommunikation. Vor allem an süddeutschen Universitäten und großen Teilen der angelsächsischen Wissenschaft wird etwa das Web of Science (http://thomsonreuters.com/thomson-reuters-web-of-science/) des nordamerikanisch-britischen Medienkonzerns Thomson Reuters mit seinen fachspezifischen Zitationsindizees als zentraler Maßstab anerkannt. In der Politikwissenschaft dient entsprechend der Social Science Citation Index (SSCI; http://thomsonreuters.com/social-sciences-citation-index/) als Kriterium (teilweise ersetzt durch die billigere Datenbank Scopus der niederländischen Verlagsgruppe Elsevier; www.scopus.com). Der Index bezieht sich auf eine Auswahl von meist englischsprachigen Fachzeitschriften, die bestimmte Kriterien erfüllen müssen. Werte für die Zeitschriften, für einzelne Beiträge oder für Autoren lassen sich über die Häufigkeit der Zitierungen innerhalb der aufgenommenen Zeitschriften ermitteln.

Anders als Google Scholar setzt der SSCI grundsätzlich eine formalisierte Qualitätskontrolle voraus, da nur Journals berücksichtigt werden, die ein anonymes Gutachterverfahren bei der Entscheidung über die Annahme von Beiträgen verwenden. Dieses Gutachterverfahren stammt aus den Naturwissenschaften und orientiert sich entsprechend zumindest grundsätzlich am szientistischen Paradigma, indem methodische Kriterien fast immer eine zentrale Rolle spielen. Insofern stellt der SSCI eine Kombination von Kriterien szientistischer und kritischer Perspektiven dar. Er hat dadurch allerdings auch den Nachteil, nur die Schnittmenge dessen zu erfassen, was als „Wissenschaft" anerkannt wird: Aufgenommen werden nur Studien, die als „wahr" anerkannt wurden und in dem Diskurs an herausgehobener Stelle sichtbar sind.

Aus kritischer Sicht ist der SSCI als Kriterium problematisch, wenn Literatur mit großer Bedeutung für den Diskurs (etwa Fachbücher, die sich als Standardwerke etabliert haben) nicht berücksichtigt wird. Auch einer radikalen szientistischen Sicht entspricht der SSCI nicht vollständig, da auch Zeitschriften mit normativer und konstruktivistischer Ausrichtung vertreten sind und die Aufnahme von Beiträgen in die erfassten Zeitschriften von thematischen Ausrichtungen abhängig sein kann. Hinzu kommt, dass der Messwert der Zitationshäufigkeit nicht notwendigerweise einen Bezug zur Qualität des Beitrags selbst hat.

Eine Besonderheit der Politikfeldanalyse stellt die Nähe zur politischen Praxis dar. Daraus ergeben sich für beide wissenschaftlichen Paradigmen weitere Perspektiven. Aus szientistischer Sicht ist die Herausforderung der Praxis zunächst besonders groß (Tab. 1, Feld 3). Der szientistische Anspruch an objektiven Erkenntnisgewinn ist klassischerweise verbunden mit der Forderung nach einer Trennung zwischen Begründungszusammenhang einerseits und Entstehungs- sowie Verwertungszusammenhang von Wissenschaft andererseits. Szientistische Methoden sind zeitlich retrospektiv und folgen daher einer anderen Logik als die Politikgestaltung (Schubert 2003). In der Politikfeldanalyse wird allerdings dennoch keine Unvereinbarkeit von Theorie und Praxis angenommen. Vielmehr können die Erkenntnisse über kausale Zusammenhänge eine nützliche Grundlage für die politische Praxis sein (Bandelow/Widmaier 2000; Schubert 2003).

In der Praxis steht allerdings nicht die Erklärung, sondern die Wirkung von Politik im Mittelpunkt. Maßstab erfolgreicher Politik ist, dass sie ihre Ziele erreicht. Es geht also etwa nicht darum zu erklären, warum die Arbeitslosigkeit hoch ist. Vielmehr müssen Instrumente benannt werden, um die die Arbeitslosigkeit zu senken. Es tritt also eine „Um-zu-Logik" an die Stelle der kausalen (Wenn-dann-)Logik (vgl. auch Schubert 1995: 239)

Auch der Anwendungsbezug muss aber die Grundlagen des szientistischen Wirklichkeitsverständnisses nicht sprengen. So lässt sich auch gute Politikberatung am Kriterium von Wahrheit messen. Wahrheit meint dann nicht die Richtigkeit der Erklärung, sondern den Erfolg der Maßnahme. Ziel guter Politikfeldanalyse ist es also dafür zu sorgen, dass vorgegebene Ziele erreicht werden. Dabei steht die Forscherin vor dem Problem des Konfliktes zwischen wissenschaftlicher „Wahrheit" und politischen Machtverhältnissen. Die Forscherin muss aber an der Umsetzung ihrer Vorschläge interessiert sein, da sich der Wahrheitsanspruch nicht aus der Theorie sondern aus der Verwirklichung der Ziele ergibt – mit anderen Worten, daraus was sich von dem Vorhaben „bewahrheiten" lässt (vgl. Schubert 2003). Die Hypothesen dieser Perspektive sind die realen politischen Entscheidungen, deren Annahmen durch die Politikergebnisse bestätigt oder widerlegt werden können (Wildavsky 1979: 16). Persönlich kann das Spannungsverhältnis zwischen wissenschaftlicher Fundierung und praktischer Anwendung für jede Forscherin die Notwendigkeit einer Entscheidung zwischen akademischer Distanz und politischer Relevanz bedeuten (Mayntz 2013: 282).

Die Teilperspektiven innerhalb dieses Feldes sind von den jeweiligen Zielen abhängig. Geht es darum, vorgegebene Einzelziele effektiv zu verwirklichen? Oder soll ein besonders hohes Maß an Effizienz zwischen Aufwand und Zielerreichung erreicht werden? Bei inhaltlichen Zielen handelt es sich um eine problemorientierte Policy-Analyse. Politikwissenschaftliche Expertise spielt aber auch und vor allem dann eine Rolle, wenn nicht inhaltliche Instrumente zur Zielerreichung, sondern politische Wege zur Durch- und Umsetzung von Maßnahmen gefunden werden sollen. Konkret lässt sich zudem unterscheiden, ob Ziele als Politikergebnisse (Output) oder als Auswirkungen (Outcome) definiert werden (Jann/Wegrich in diesem Band). Andererseits kann eine szientistisch geprägte, und anwendungsorientiert ausgerichtete Policy-Forschung auch Beiträge zur Suche nach Win-win-Lösungen und Super-Optimum-Solutions erfassen (Bandelow in diesem Band).

Um dies exemplarisch zu verdeutlichen: Eine anwendungsorientierte szientistische Studie kann etwa zu dem Ergebnis kommen, dass eine konkrete Arbeitsmarktreform in einem bestimmten Zeitfenster – etwa kurz nach einer Bundestagswahl – durchsetzbar ist. Wenn dieser Ratschlag dann erfolgreich umgesetzt wird, entspricht der Output, also etwa das verabschiedete Gesetz, den vorgegebenen Zielen. Die Studie hat dann „richtig" gelegen.

Eine andere Studie könnte dagegen das Ziel verfolgen, Maßnahmen zur Senkung der Jugendarbeitslosigkeit zu entwickeln. Der Erfolg würde sich dann an den Auswirkungen politischer Programme (Outcome) – in diesem Fall etwa den Zahlen der Arbeitslosenstatistiken – messen lassen.

Win-win-Lösungen werden oft bei scheinbar gegensätzlichen Zielen angestrebt. Klassisch ist hier der mögliche Konflikt zwischen einer Wirtschaftspolitik, die primär Arbeitslosigkeit bekämpfen will und einer Wirtschaftspolitik, die primär auf Inflationsbekämpfung ausgerichtet ist. Win-win-Lösungen wären Maßnahmen, mit denen sich derartige Zielkonflikte versöhnen lassen könnten. In dem Beispiel beansprucht dies etwa der Vorschlag, Investitionsprogramme auf Bildung und Ausbildung zu konzentrieren.

Der kritischen Perspektive scheint die Anwendungsorientierung zunächst näher zu stehen als der szientistischen Sicht. Das Kriterium einer zentralen Rolle der Kommunikation lässt sich leicht von der wissenschaftlichen auf die politische Kommunikation übertragen (Tab. 1, Feld 4). Gute Politikfeldanalyse ist aus dieser Sicht daran zu erkennen, dass sie von den politischen Akteuren aufgegriffen wird. Hierzu sind andere Medien zu nutzen als für den Fachdiskurs: Politikfeldanalytiker können beispielsweise über Tageszeitungen, politische Talkshows oder auch Expertengremien Politik und Politiker beeinflussen. Wissenschaftliche Plattformen erreichen dagegen nur selten kurzfristige Sichtbarkeit für politische Akteure.

Die Binnendifferenzierung dieser Perspektive hängt von der jeweils adressierten politischen Teilgemeinschaft ab. Politikfeldanalyse kann etwa auf unterschiedlichen Ebenen bestrebt sein, Relevanz zu erlangen. Dafür sind verschiedene Strategien notwendig: Politik in Regionen verläuft nach anderen Regeln als Politik auf Bundesebene. Je nach Zielgruppe kann eine direkte Adressierung der Öffentlichkeit eine nützliche oder schädliche Strategie zur Gewinnung politischer Bedeutung durch den Forscher sein.

Zudem ist die kritische Politikfeldanalyse nicht auf eine herausgehobene Stellung im politischen Diskurs als Selbstzweck ausgerichtet, sondern verfolgt darüber hinaus inhaltliche Ziele. Diese können sich aus der Forschung selbst ergeben oder extern vorgegeben sein, indem etwa die Interessen oder Normen der Forscher und/oder ihrer Auftraggeber vorausgesetzt werden.

Keines der Kriterien der hier unterschiedenen vier Perspektiven kann allein einen überzeugenden Maßstab zur Bewertung guter Politikfeldanalyse bieten. Überraschend ist, dass die theoretisch nur schlecht zu vereinbarenden Kriterien in der Praxis durchaus zu ähnlichen Maßstäben führen können – etwa zu einer Verwendung von Zitierindizees bei der Beurteilung von wissenschaftlichen Arbeiten. Zu beachten ist weiterhin, dass wissenschaftliche und politische Kommunikation vor allem durch das Internet einer rasanten Veränderung unterworfen ist. Die vorher stärker abgeschotteten Kommunikationssysteme sind zunehmend füreinander einsehbar. Neue webbasierte Instrumente bieten immer umfassendere Möglichkeiten, um Informationen zu finden und zu bewerten. Sie erfordern dadurch ständig neue Selektionsmechanismen, um die als relevant akzeptierten Informationen von irrelevanten Informationen zu trennen. Vor diesem Hintergrund ist die Politikfeldanalyse eine äußerst dynamische Disziplin, die nicht nur kontinuierlich neue Ergebnisse hervorbringt, sondern auch ihre eigenen Regeln ständig weiterentwickelt.

3 Ausblick

Wie bei der Politikfeldanalyse selbst so hängt auch die Reflektion über die Politikfeldanalyse vom Wissenschaftsverständnis der Betrachterin ab. Die hier vorgeschlagenen Kriterien wurden so formuliert, dass sie möglichst offen für die verschiedenen Perspektiven sind, indem das Verhältnis zwischen den vier Feldern der Tabelle 1 nicht festlegt wurde. Die Typologie lässt sich – je nach eigener Perspektive – unterschiedlich interpretieren. Anhängerinnen eines szientistischen Paradigmas würden fordern, die Unterscheidung als Kategorien zu begreifen und mit klaren Operationalisierungen trennscharf messbar zu machen. Dann ließe sich etwa die Bedeutung der unterschiedlichen Perspektiven für die aktuelle Politikfeldanalyse empirisch vergleichen.

Aus verstehender Sicht würden die Kriterien dagegen als Idealtypen gesehen. Um die tatsächlichen Ziele von einzelnen Studien verstehen zu können, müsste der jeweilige subjektiv gemeinte Sinn der Akteurinnen – hier also der Forscherin – erkannt werden. Die Idealtypen würden dafür Unterscheidungen liefern.

Politikfeldanalyse ist als Disziplin nicht entweder praktisch oder theoretisch orientiert, sie ist nicht entweder szientistisch oder kritisch. In der Praxis spielen vielmehr auch theoretische Bezüge immer eine zentrale Rolle, der Abstraktionsgrad eines Arguments ist zudem nicht identisch mit der logischen Stringenz (Schubert/Bandelow in diesem Band). Gleichzeitig nutzen auch kritische Politikfeldanalysen oft szientistische Argumentationsmuster und Heuristiken. Der Verweis auf Daten kann etwa dazu beitragen, die eigene Bedeutung im Diskurs zu erhöhen. Szientistische Arbeiten wiederum sind faktisch nicht allein an der reinen Wahrheitssuche interessiert, sondern stets auch bemüht, die eigenen Ergebnisse sichtbar zu machen und in den Diskurs einzubringen.

Die aktuelle und zukünftige Entwicklung der Policy-Analyse ist daher weniger von den abstrakten ontologischen und epistemologischen Konflikten geprägt. Eine größere Bedeutung hat die institutionelle Einbettung des Faches. Anders als etwa in den USA war die deutsche Policy-Analyse zunächst überwiegend universitär verankert. Sie hat sich von den Anforderungen der Politik daher stärker gelöst als etwa in den USA. Dies hat sich aus verschiedenen Gründen in den letzten Jahren verändert: So hat der Wandel in den Hochschulen selbst einen starken Veränderungsdruck nicht nur auf die Politikfeldanalyse ausgelöst. Universitäten sind unter verstärkte Rechtfertigungszwänge geraten. Einzelne Forscherinnen müssen über etwa über die Einwerbung von Drittmitteln den Anwendungsnutzen ihrer Arbeiten konkret belegen. Grundlage ist unter anderem die Einführung des Neuen Steuerungsmodells, an der auch die Politikfeldanalyse selbst wiederum beteiligt ist (Döhler in diesem Band).

Zudem hat sich die institutionelle Einbettung der Policy-Analyse in Deutschland pluralisiert (Blum/Schubert 2013). Die Politikfeldanalyse ist auch in der Politikberatung zunehmend in Konkurrenz zu hier bereits etablierten Disziplinen getreten. Vor allem das Verhältnis zur Verwaltungswissenschaft ist dabei nicht nur von Konkurrenz geprägt, sondern von einem zunehmenden Austausch zwischen beiden Perspektiven (Döhler in diesem Band). Dagegen steht die deutsche Politikfeldanalyse oft noch in Konkurrenz zur Rechtswissenschaft oder zur Ökonomie, da diese Disziplinen sich in ihrem Mainstream an Paradigmen orientieren, die mit der heute zunehmend geforderten interdisziplinären Sichtweise nicht immer vereinbar sind.

Wissenschaftliches Wissen als theoretisches und – im Idealfall – experimentell gestütztes disziplinäres Wissen entspricht als sogenanntes „Mode-1"-Wissen nicht den kurzfristigen Anforderungen der angrenzenden gesellschaftlichen Teilsysteme. Von wachsender wirtschaftlicher und gesellschaftlicher Bedeutung ist das „Mode-2"-

Wissen, das sich durch Transdisziplinarität und Anwendungsorientierung auszeichnet (Gibbons et al. 1994).

Trotz dieser verstärkten Anwendungsorientierung nimmt die szientistische Grundlegung der akademischen Policy-Analyse in Deutschland nicht ab, sondern zu. Dies zeigt sich etwa darin, dass die Punctuated Equilibrium Theory (Hegelich/Knollmann in diesem Band), die fast ausschließlich für quantitative, scientistische Forschung genutzt wird, mit über 300 sichtbaren Publikationen als das aktivste Forschungsprogramm gelten kann (Cairney/Heikkila 2014: Table 10.2, P. 8334). Diese akademische Politikfeldanalyse strebt nicht danach, praktische Anwendbarkeit über methodische Beliebigkeit zu erkaufen. Dies gilt aber nicht immer für diejenigen Arbeiten, die nicht von universitätseigenen Ressourcen finanziert werden. So fragen viele Drittmittelgeber Beratungstätigkeiten nach, die nur eine begrenzte theoretische und methodische Fundierung erfordern. Auch begrifflich unterscheiden sich anwendungsbezogene Forschung und akademischer Diskurs oft. Während im akademischen Diskurs eine maximale Präzision von Begriffen angestrebt wird, übernimmt die anwendungsorientierte Forschung oft politische Konzepte. Dies lässt sich beispielsweise an dem eher akademisch geprägten Diskurs über Verbände in der Politikproduktion beobachten, die in der Politikberatung mit den eher normativ geprägten und analytisch weniger präzisen Begriffen Zivilgesellschaft oder Bürgergesellschaft geführt werden (vgl. Fraune/Schubert 2012). Teilweise werden auch gleiche Begriffe mit unterschiedlichen Bedeutungen verwendet, wie etwa an dem Beispiel politisches Lernen von Bandelow in diesem Band beschrieben wird.

Verschiedene handwerkliche Empfehlungen für gute politikfeldanalytische Arbeit können unabhängig von der jeweiligen Perspektive gegeben werden und sollten auch dann beachtet werden, wenn dies von Auftraggebern nicht direkt gefordert wird (Morgan/Henrion 2000: 37; Nørgaard 2007: 7–9). Transparenz und Nachvollziehbarkeit stehen dabei im Vordergrund: Neben einer klaren und möglichst eng gefassten Fragestellung und präzisen Begriffen sind umfassende Kenntnisse der Fachdebatte, geeigneter theoretischer Ansätze und der jeweiligen Besonderheiten Politikfelds wünschenswert. Die Auswahl der theoretischen Bezüge sollte so einfach und gleichzeitig so umfassend wie möglich und dem Gegenstand angemessen sein. Die eigenen Normen, subjektiven Entscheidungen und mögliche Alternativen sollten expliziert werden. Jeder Schritt der Vorgehensweise ist möglichst detailliert zu dokumentieren. Bei allen Schlussfolgerungen ist zu beachten, wie tragfähig die jeweiligen Begründungen sind, welche von der Analyse geliefert werden.

Der wichtigste Ratschlag bleibt aber in jedem Fall, die eigene Arbeit mit möglichst vielen Experten zu diskutieren. Diese Experten können Praktiker sein, sollten aber immer auch Kollegen mit anderen Sichtweisen umfassen. Die kritische und gleichzeitig konstruktive Kommunikation von Forschungsansätzen und Ergebnissen ist der beste Weg, um die Vielfalt der Perspektiven zu einer produktiven Weiterentwicklung zu nutzen. Wir hoffen, mit dem vorliegenden Lehrbuch einen Beitrag zu dieser übergreifenden Debatte leisten zu können.

4 Literatur

Augustin-Dittmann, Sandra, 2010: Politikwandel zwischen Kontingenz und Strategie (Policy Analyse 1). Baden-Baden: Nomos.

Bandelow, Nils/Widmaier, Ulrich, 2000: Ungenutzte Optionen – Perspektiven aktiver Politikgestaltung für deutsche Akteure, in: Knodt, Michèle/Kohler-Koch, Beate (Hrsg.): Deutschland zwischen Europäisierung und Selbstbehauptung (Mannheimer Jahrbuch für Europäische Sozialforschung, Band 5). Frankfurt a. M./New York: Campus, 411–436.

Blum, Sonja/Schubert, Klaus (eds.), 2013: Policy Analysis in Germany. Bristol: Policy Press.

* Cairney, Paul/Heikkila, Tanya, 2014: A Comparison of Theories of the Policy Process. In: Sabatier, Paul A./Christopher M. Weible (eds.): Theories of the Policy Process. 3rd ed. Boulder, Co.: Westview Press/Kindle-E-Book, Position 8123–8669.

Fraune, Cornelia/Schubert, Klaus, 2012: Grenzen der Zivilgesellschaft – Empirische Befunde und analytische Perspektiven. Münster/New York: Waxmann.

Friedman, Lee S., 2002: The Microeconomics of Public Policy Analysis. Princeton: Princeton University Press.

Gibbons, Michael/Limoges, Camille/Nowotny, Helga/Schwartzman, Simon/Scott, Peter/Trow, Martin, 1994: The New Production of Knowledge. Los Angeles et al.: Sage.

Hassenteufel, Patrick, 2008: Sociologie Politique: L'Action Publique. Paris: Armand Colin.

Hegelich, Simon, 2008: Policy Analysis – State of the Art, Vortrag bei der Masters Spring Academy/German Policy Studies Conference. 2.–4. April 2008. Münster.

Lincoln, Yvonna S./Guba, Egon G., 1985: Naturalistic Inquiry. Beverly Hills: Sage.

* Mayntz, Renate, 2013: Academics and policy analysis: tension between epistemic and practical concerns, in: Blum, Sonja/Schubert, Klaus (eds.): Policy Analysis in Germany (International Library of Policy Analysis). Bristol: Policy Press, 279–285.

Morgan, M. Granger/Henrion, Max, 1990: Uncertainty. A Guide to Dealing with Uncertainty in Quantitative Risk and Policy Analysis. Cambridge: Cambridge University Press.

Schubert, Klaus, 1995: Struktur-, Akteur- und Innovationslogik: Netzwerkkonzeptionen und die Analyse von Politikfeldern, in: Jansen, Dorothea/Schubert, Klaus (Hrsg.): Netzwerke und Politikproduktion – Konzepte, Methoden, Perspektiven. Marburg: Schüren, 222–240.

Schubert, Klaus, 2003: Innovation und Ordnung. Grundlagen einer pragmatistischen Theorie der Politik. Münster: Lit.

Nørgaard, Asbjørn, 2007: Polical Science: Witchcraft or Craftsmanschip? Standards for Good Research, in: World Political Science Review 4/1, article 5: 1–28.

* Wildavsky, Aaron, 1979: Speaking Truth to Power. The Art and Craft of Policy Analysis. Boston: Transaction Publishers.

? **Verständnisfragen**

1. Was versteht der Beitrag jeweils unter „Grundlagen", „Anwendungen", „Szientismus" und „Kritik"?

2. Worin unterscheiden sich der „Social Science Citation Index" und „Google Scholar"?

Transferfragen

1. Bewerten Sie die Beiträge des Lehrbuchs auf Grundlage der in Tabelle 1 vorgeschlagenen Typologie.

2. Wenden Sie die in dem Beitrag vorgeschlagene Typologie auf ausgewählte Politikfeldanalysen an.

Problematisierungsfragen

1. Gibt es eine „kritische" Politikfeldanalyse im Verständnis des Beitrags? Können also etwa verstehende Perspektiven und konstruktivistische Ansätze unter dieser Bezeichnung zusammengefasst werden?

2. Lässt sich der Beitrag selbst anhand der hier vorgeschlagenen Kriterien einordnen und bewerten?

Autorenverzeichnis

Bandelow, Nils C., Prof. Dr., Leiter des Lehrstuhls für Innenpolitik der TU Braunschweig, Nils.Bandelow@tu-braunschweig.de

Beyme, Klaus von, Prof. em. Dr., Fakultät für Wirtschafts- und Sozialwissenschaften der Universität Heidelberg, klaus.von.beyme@urz.uni-heidelberg.de

Braun, Dietmar, Prof. Dr., Institut d'Etudes Politiques et Internationales, Université de Lausanne, Schweiz, Dietmar.Braun@unil.ch

Döhler, Marian, Prof. Dr., Leiter des Arbeitsbereichs „Politikfeldanalyse und Verwaltungswissenschaft" der Universität Hannover, m.doehler@ipw.uni-hannover.de

Eberlein, Burkhard, Prof. Dr., Assocciate Professor for Public Policy, Schulich School of Business, York University, Kanada, beberlein@schulich.yorku.ca

Giraud, Olivier, Dr., Research Fellow am LISE-CNRS, Paris, Frankreich, oligiraud@ymail.com

Grande, Edgar, Prof. Dr., Leiter des Lehrstuhls für Vergleichende Politikwissenschaft am Geschwister-Scholl-Institut für Politische Wissenschaft der Ludwig-Maximilians-Universität München, grande@lrz.uni-muenchen.de

Hegelich, Simon, PD, Dr., Geschäftsführer des Forschungskollegs Siegen, simon.hegelich@uni-siegen.de

Heinelt, Hubert, Prof. Dr., Professor am Institut für Politikwissenschaften, Fachbereich Gesellschafts- und Geschichtswissenschaften an der TU Darmstadt, heinelt@pg.tu-darmstadt.de

Hinterleitner, Markus, M.A., Doktorand und wissenschaftlicher Assistent bei Prof. Dr. Fritz Sager an der Universität Bern, markus.hinterleitner@kpm.unibe.ch

Jann, Werner, Prof. Dr., Professor für Politikwissenschaft, Verwaltung und Organisation an der Wirtschafts- und Sozialwissenschaftlichen Fakultät der Universität Potsdam, jann@uni-potsdam.de

Kaiser, Robert, Prof. Dr., Professur für Internationalen Vergleich und Politische Theorie an der Universität Siegen, robert.kaiser@uni-siegen.de

Knollmann, David, M. A., Wissenschaftlicher Mitarbeiter des Forschungskollegs Siegen, david.knollmann@uni-siegen.de

Obinger, Herbert, Prof. Dr., Leiter der Abteilung „Institutionen und Geschichte des Wohlfahrtsstaates" der Universität Bremen, herbert.obinger@uni-bremen.de

Rüb, Friedbert W., Prof. Dr., Professor für Politische Soziologie und Sozialpolitik am Institut für Sozialwissenschaften der Humboldt-Universität zu Berlin, friedbert.rueb@sowi.hu-berlin.de

Sager, Fritz, Prof. Dr., Professor an der Universität Bern, Kompetenzzentrum für Public Management, fritz.sager@kpm.unibe.ch

Saretzki, Thomas, Prof. Dr., Professor für „Politische Theorie und Politikfeldanalyse" am Institut für Politikwissenschaft an der Leuphana Universität Lüneburg, thomas.saretzki@uni.leuphana.de

Schneider, Volker, Prof. Dr., Dekan der Sektion Politik – Recht – Wirtschaft der Universität Konstanz, Volker.Schneider@uni-konstanz.de

Schubert, Klaus, Prof. Dr., Professor für Deutsche Politik & Politikfeldanalyse an der Universität Münster, klaus.schubert@uni-muenster.de

Treib, Oliver, Prof. Dr., Professor für Vergleichende Policy-Forschung und Methoden empirischer Sozialforschung an der Universität Münster, oliver.treib@uni-muenster.de

Wenzelburger, Georg, Dr., Wissenschaftlicher Mitarbeiter am Seminar für Wissenschaftliche Politik der Universität Freiburg, georg.wenzelburger@politik.uni-freiburg.de

Wewer, Göttrik, Dr., Vice President E-Government bei der Deutsche Post Consult GmbH, Goettrik.Wewer@deutschepost.de

Wegrich, Kai, Prof. Dr., Professor für Public Management an der Hertie School of Governance, wegrich@hertie-school.org

Zohlnhöfer, Reimut, Prof. Dr., Professor für Politische Wissenschaft an der Universität Heidelberg, Reimut.Zohlnhoefer@ipw.uni-heidelberg.de